1,197 Respondents: Instructors illuminated us about course dynamics in two national surveys.

114 Symposium Attendees: Some of the brightest minds in the discipline created solutions to address core course needs.

76 Regional Focus-group Participants: These faculty deeply informed the organization of Connect as well as created guidelines for training and implementation.

172 Editorial Reviewers: Introductory Spanish instructors from around the country directly informed the development of the content of *Puntos*.

10 Digital Board of Advisors Members: This board reviewed digital content and functionality, contributing invaluable expert input.

8 *Mundo interactivo* Consultants: Each consultant vetted the content for and class tested **Mundo interactivo** with both undergraduate and graduate students.

3 Implementation Consultants: These professors blazed the trail to create materials to help you move from the previous edition to the new edition of *Puntos*.

1,633 Beta Testers: In the spring of 2011, this group of students tested every prompt of LearnSmart!

34 Beta-test integrated Le learning moc new

36 Graduate Student Board of Advisors: We captured substantial feedback on the beta test that helped us refine the final product. uate

17 Class-testing Institutions: For each class test, instructors swapped out a chapter of the previous edition for the new and shared the results of their hands-on experience with us.

22 Cultural Ambassadors: Each ambassador, representing a different Spanish-speaking country, provided cultural content corresponding to each chapter's topic and theme.

---

untos helps **you** administer **your** course more **efficiently** and **effectively.**

he time-saving facets of having seamless coordination online work and Blackboard are an excellent provement, especially as we are offering *Puntos* online w . . . The new digital offerings for the ninth edition e a necessary and welcome improvement as Web and brid classes increase in number, and also to keep up th a technological medium that students can relate to re easily."

herine Ortiz, *University of Texas at Arlington*

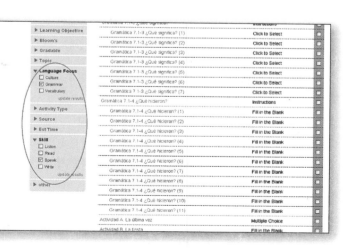

Puntos helps **you** achieve **consistent learning outcomes** across diverse instructional settings.

"Students also have an opportunity to put different skills into practice: listening, speaking, writing, and reading, sometimes within one single task. Connect is flexible enough to be used . . . in an F2F [face-to-face] course . . . being the sole teaching and learning tool for an online course."

Nuria López-Ortega, *University of Cincinnati*

PUNTOS—IT *WILL* TAKE YOU THERE!

Puntos de partida

Thalia Dorwick

Ana M. Pérez-Gironés
WESLEYAN UNIVERSITY

Anne Becher
UNIVERSITY OF COLORADO, BOULDER

Casilde A. Isabelli
UNIVERSITY OF NEVADA, RENO

Connect
Learn
Succeed™

Published by McGraw-Hill, an imprint of The McGraw-Hill Companies, Inc., 1221 Avenue of the Americas, New York, NY 10020. Copyright © 2012, 2009, 2005, 2001, 1997, 1993, 1989, 1985, 1981. All rights reserved. No part of this publication may be reproduced or distributed in any form or by any means, or stored in a database or retrieval system, without the prior written consent of The McGraw-Hill Companies, Inc., including, but not limited to, in any network or other electronic storage or transmission, or broadcast for distance learning.

This book is printed on acid-free paper.

8 9 0 DOW/DOW 1 0 9 8 7 6 5 4

ISBN: 978-0-07-338541-9 (Student Edition)
MHID: 0-07-338541-7

ISBN: 978-0-07-751172-2 (Instructor's Edition, **not for resale**)
MHID: 0-07-751172-7

Publisher and Sponsoring Editor: *Katie Stevens*
Executive Marketing Manager: *Craig Gill*
Development Editor: *Allen J. Bernier*
Editorial Coordinators: *Sara Jaeger, Erin Blaze, and Laura Chiriboga*
Production Editor: *Brett Coker*
Production Service: *Aaron Downey, Matrix Productions, Inc.*
Manuscript Editor: *Danielle Havens*
Cover Designer: *Preston Thomas*
Interior Designer: *Elise Lansdon*
Art Editor: *Patti Isaacs*
Illustrators: *Harry Briggs, Patti Isaacs, Dartmouth Publishing, Inc.*
Photo Researchers: *Jennifer Blankenship and Sonia Brown*
Senior Buyer: *Tandra Jorgensen*
Media Project Manager: *Sarah B. Hill*
Digital Product Manager: *Jay Gubernick*
Composition: *10/12 Palatino by Aptara®, Inc.*
Printing: *45# Influence Soft Gloss by R.R. Donnelley*

Vice President Editorial: *Michael Ryan*
Editorial Director: *William R. Glass*
Senior Director of Development: *Scott Tinetti*

Credits: The credits section for this book begins on page C-1 and is considered an extension of the copyright page.

Library of Congress Cataloging-in-Publication Data

Dorwick, Thalia, 1944–
  Puntos de partida : an invitation to Spanish / Thalia Dorwick … [et al.]. — 9th ed.
    p. cm.
  Previous ed.: 2009.
  ISBN 978-0-07-338541-9 (Student edition) — ISBN 978-0-07-751172-2 (Instructor's edition)
  1. Spanish language—Textbooks for foreign speakers—English.   I. Title.
  PC4129.E5P86 2011
  468.2′421—dc23
                                                              2011040555

The Internet addresses listed in the text were accurate at the time of publication. The inclusion of a website does not indicate an endorsement by the authors or McGraw-Hill, and McGraw-Hill does not guarantee the accuracy of the information presented at these sites.

Printed in the USA

www.mhhe.com

Muchas gracias to the many *students* who have learned Spanish with *Puntos.* It is you who make this text meaningful. We hope we have inspired you to make the Spanish language and Hispanic cultures a meaningful part of your lives. What you say and do in Spanish is what ultimately matters most.

«Cada maestrillo tiene su librillo», as the Spanish **refrán** says. This **librillo** (which is really a complete learning program, not just a book) would not be what it is without the many *instructors* who have used it and given us suggestions and direction. **Nuestro libro es su libro. ¡Muchas gracias!**

Preface

As one of the best-selling introductory Spanish titles, *Puntos de partida*, or *Puntos*, as it is commonly referred to, has offered over a million students a starting place for their language studies. Today, the Spanish classroom is changing as are the teaching and learning experiences. Professors are offering more hybrid and online courses, technology is providing functionality we could only dream about a few years ago, and the students we teach are ever-changing. To complement the changing environment, materials for inside and outside the classroom must change and evolve as well. By employing a wide array of research tools including surveys, focus groups, symposia, and ethnographic studies, we listened to our customers—students and professors—to determine the most effective components of *Puntos* and to take an important leap forward in digital innovation.

WHAT DID WE LEARN FROM THE RESEARCH?

Introductory Spanish instructors want to motivate students to develop confidence and ownership of their communication skills.

- **40%** of faculty said they are dissatisfied with their students' ability to communicate in Spanish when they complete the introductory course. For this reason, instructors would like a tool that helps their students gain the confidence they need to communicate successfully in Spanish beyond the classroom.

Introductory Spanish classrooms consist of students with varying levels of language proficiency.

- **48%** of faculty said they spend more time than they would like dealing with variation in student preparedness and would like a tool that helps them mitigate these differences.

Instructors strive for consistent learning outcomes across classroom settings, whether their courses are face-to-face, hybrid, or fully online.

- **60%** of faculty said they find it difficult to achieve consistent course outcomes across different course formats and would like a tool that helps them deliver a seamless learning experience regardless of how the class is delivered.

Many instructors would like to handle issues of course administration more efficiently.

- **43%** of faculty said they are spending more time than they would like on administrative tasks related to delivering their courses and would like a tool that helps them better manage their workload.

THE RESULT?

The result is, simply put, *Puntos*. Take a fresh look at *Puntos*—it's everything you wanted.

Puntos . . .

- breaks new ground to meet the changing needs of face-to-face, hybrid, and online Spanish programs.

- offers students more opportunities to develop their communication skills via **TelePuntos,** a new integrated video section with corresponding in-text and digital activities.

- innovates through LearnSmart, a first-of-its-kind adaptive learning system within Connect Spanish that adjusts to the learning needs of *every* student in *every* classroom.

Puntos—it WILL take you there!

Puntos motivates *students* to develop their **communication skills.**

In national surveys and through symposia, we've listened to over a thousand instructors and professors speak about their experiences and challenges in teaching introductory Spanish. 84% stated that developing communication skills in Spanish is a top goal for the course. 79% indicated that the development of cultural competence was a "very important" or "extremely important" course outcome, but only 49% of professors are satisfied with how their current program integrates culture. This research, in addition to anecdotes from the classroom, reveals that students with a positive attitude toward the target culture are more motivated to participate in class, continue their language study beyond the required sequence, and retain their language skills longer after finishing their language study.

Relying upon the power of digital solutions, we introduce **Mundo interactivo,** task-based scenarios available in Connect Spanish. In these scenarios, students play the role of a television production assistant as they prepare the reporting segments for *Salu2,* a morning talk show based on our new video program.

"[Connect Spanish] is a pioneering program that will take the teaching to a new amazing level in which the learning will be easier to evaluate by both the student and the teacher. It will also allow the student to feel less fear when speaking, which is the most difficult skill to acquire—due to inhibition. It could be revolutionary."

Lucero Tenorio,
Oklahoma State University

Students are transported into an immersive, story-based world where they experience the thrill of mastering relevant, task-based communication scenarios in real-world contexts. With functionality like synchronous and asynchronous video chat, students engage in communication practice online. This experience helps students gain the confidence to use their Spanish skills in the classroom and in their communities. Professors have access to a suite of media-rich content and tools to structure their students' experience and provide targeted feedback at just the right moments to maximize learning.

Professors also asked for more activities devoted to the four skill areas, and we responded. Within the text, *Puntos* offers instructors the necessary tools to help their students develop communicative proficiency in all four skill areas: listening and reading comprehension, and written and oral production. In each chapter, the new **A leer, A escuchar,** and **A escribir** sections expose students to written and aural language, drawing attention to reading, listening, and writing skills.

> "I am pleased to see that there are more communicative activities in place and that instructors have more tools and options to work with."
>
> **Martha Guerrero-Phlaum,**
> *Santa Ana College*

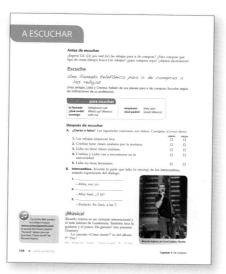

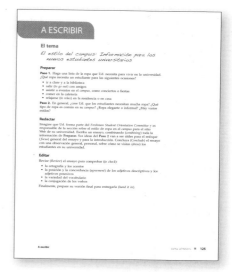

To give students more opportunities to communicate and thus improve their communicative proficiency, we've added new communicative objectives in the **En este capítulo** section of the chapter openers to let students know what they should be able to do by the end of the chapter. The new **En su comunidad** activity at the end of the **Un poco de todo** section asks students to interact and communicate directly with a Spanish speaker from their community about some cultural topic and then report their findings. The new two-page **TelePuntos** spread gives students opportunities to interact and communicate about each accompanying *Salu2* video segment, and the **Producción personal** feature prompts students to go out into their communities and create their own video segments, based on the topics presented in the *Salu2* segments.

> "You blow my mind with how well you have integrated the personal and the '3Ps' of the National Standards! Products and Practices are clearly linked to Perspectives and/or the environments of the featured countries."
>
> **Janet Burke Norden,**
> *Baylor University*

Puntos addresses *students'* varying levels of **language proficiency.**

Introductory Spanish classrooms typically contain a mix of true beginners, false beginners, and even heritage speakers in the same classroom. Based on our research, we learned that the varying levels of language proficiency among students represent one of the greatest course challenges for the majority of introductory Spanish instructors.

Puntos offers LearnSmart, a powerful adaptive learning system, beta-tested by over 1,600 students. As the student completes each chapter's grammar and vocabulary modules, LearnSmart identifies the main grammatical structures and vocabulary words that warrant more practice, based on student performance, and provides an individualized study program.

> "The adaptive diagnostic tool is very promising. It could be fruitfully added as a review tool, as tutoring support, or if sold as a free-standing item might even be used to place out of courses or to provide online testing. It provides the individualized feedback students need to take responsibility for their own learning and it stresses mastery."
>
> **Sandra Watts,** *University of North Carolina, Charlotte*

As the professor you can assign LearnSmart or you can simply say, "Go to LearnSmart and work on preterite vs. imperfect"—and off they go! LearnSmart allows you to quickly and easily choose how much content is covered within each module and to dig into very specific aspects of each grammar point rather than testing on an overall grammar point.

You will know exactly what your students know and where they continue to struggle.

What did we learn from our beta test students?

- **68%** agree or strongly agree that they were actively engaged in the LearnSmart activities.
- **75%** agree or strongly agree that LearnSmart increased their comprehension by studying vocabulary and grammar outside of the classroom.
- **93%** believe LearnSmart to be an effective way to review and learn concepts.
- **90%** would recommend LearnSmart to a friend.

In addition to addressing the variety of student levels in your classes, the *Puntos* program also appeals to students with diverse study habits. According to ethnographic research conducted by McGraw-Hill, four student types have emerged across disciplines.

Forward Learners

Interrupted Learners

Short-Term Learners

Delayed Learners

We took into consideration the diversity of student populations across the country and even within a single classroom when we designed *Puntos*. For example, for the Forward Learners, we provide a wealth of practice activities online and guide their workflow with options for additional practice. For the Interrupted Learners, we offer content downloadable to a laptop, iPod, or iPad, giving them the ability to study anywhere, anytime. Short-Term Learners can utilize LearnSmart to hone their weak areas so that they can use their study time more efficiently. And when Delayed Learners are cramming at the last minute, they will find all the study tools they need in one convenient location.

Puntos appeals to the individual needs of a wide variety of students by presenting interactive content and diagnostic tools that bring everyone to the same level of mastery.

"It suddenly started making sense when I started to use LearnSmart. I received a 95 on the essay after I started using LearnSmart, it is very helpful!"

Aaron De La Garza, Student, *Portland Community College*

Puntos helps **you** administer **your** course more **efficiently** and **effectively.**

Syllabus creation. Communicating with students outside of class. Assigning and grading homework. These are just a few of the administrative tasks that occupy instructors' time and diminish valuable opportunities to enrich teaching and learning experiences. Imagine a resource that efficiently handles these tasks and does so in a way that also allows you to easily administer your course to your goals and needs. Nearly half of the instructors surveyed told us that course administration issues are a huge obstacle to effective teaching. 91% of instructors stated that digital tools should save time in administering the course, but only 61% are satisfied with their current solution. 83% of instructors stated that they rely upon reporting features to manage their course, but only 60% are satisfied with their program.

Connect Spanish, as part of the *Puntos* program, provides online tools to reduce the amount of time and energy that instructors have to invest in administering their course. For example, when creating assignments, instructors can easily sort according to a variety of parameters that are important to their course in particular.

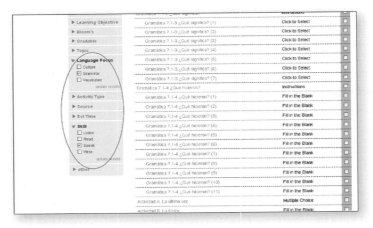

You can sort and assign based on language skill, grammar structure, vocabulary theme, the amount of time the activity takes, or the activity type (multiple choice, fill-in-the-blank, and so on). Once you create your section assignments, you can easily share your course with your colleagues, and as a course coordinator you can quickly see how all sections are progressing through the course assignments.

Blackboard

Do More

As a complement to Connect Spanish, McGraw-Hill and Blackboard have teamed up. What does this mean for your introductory Spanish course?

1. **Your life, simplified.** Now you and your students can access all McGraw-Hill Connect content directly from within your Blackboard course. Say good-bye to the days of logging in to multiple applications, and say hello to true, single sign-on.

2. **Deep integration of content and tools.** Not only do you get single sign-on with Connect, you also get deep integration of McGraw-Hill content and content engines right in Blackboard. Whether you're choosing a book for your course or building Connect assignments, all the tools you need are right where you want them—inside Blackboard.

3. **Seamless gradebooks.** Are you tired of keeping multiple gradebooks and manually synchronizing grades into Blackboard? We thought so. When a student completes an integrated Connect assignment, the grade for that assignment automatically (and instantly) feeds into your Blackboard grade center.

4. **A solution for everyone.** Whether your institution is already using Blackboard or you just want to try Blackboard on your own, we have a solution for you. McGraw-Hill and Blackboard can now offer you easy access to industry-leading technology and content, whether your campus hosts it or we do. Be sure to ask your local McGraw-Hill representative for details.

"The time-saving facets of having seamless coordination of online work and Blackboard are an excellent improvement, especially as we are offering *Puntos* online now . . . The new digital offerings are a necessary and welcome improvement as Web and hybrid classes increase in number, and also to keep up with a technological medium that students can relate to more easily."

Catherine Ortiz, *University of Texas at Arlington*

Puntos helps **you** achieve **consistent learning outcomes** across diverse instructional settings.

The context for teaching and learning can take many forms in today's world, including traditional face-to-face courses, fully online courses, and hybrid offerings. Nearly one-third of programs across the country are now offering hybrid or online sections. Given these trends, we created a unique online delivery of the *Puntos* program to provide consistent outcomes no matter which of these formats is used.

The content of *Puntos* is comprised of an array of integrated print and digital offerings, giving you the maximum flexibility to choose the most appropriate format for your courses. At the same time, you can be assured that regardless of the format, all content is directly tied to course learning objectives that are consistent across all components of the program.

Can students in an online course attain the same level of oral proficiency as those in a traditional classroom setting? With *Puntos*, the answer is yes! For example, in-class communicative activities are replicated in the online environment, allowing students to pair up with virtual partners for communication practice.

"I am very pleased with your continuous innovations and improvement of this program. Detecting needs, asking instructors, keeping updated with technology are all pluses . . . It's the very best program out there."

Lucero Tenorio,
Oklahoma State University

The video program is another example of flexibility: whether you have your students view the video online or you prefer to show the video in class, you can incorporate it into your face-to-face or online sections, depending on what works for you. Related activities can be done in class or online, so students receive the same amount of exposure and practice no matter what the class format.

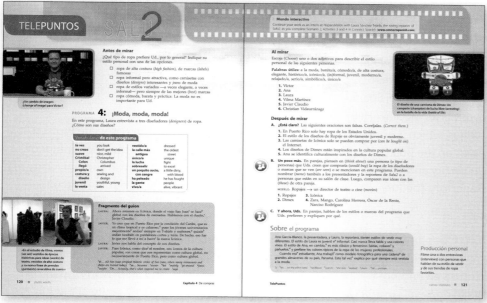

Just like the video, each component of *Puntos* ensures a seamless transition from the face-to-face classroom to the virtual classroom and everything in between.

"Students also have an opportunity to put different skills into practice: listening, speaking, writing, and reading, sometimes within one single task. Connect is flexible enough to be used . . . in a F2F [face-to-face] course, . . . being the sole teaching and learning tool for an online course."

Nuria López-Ortega,
University of Cincinnati

ABOUT THE AUTHORS

Thalia Dorwick has retired as McGraw-Hill's Editor-in-Chief for Humanities, Social Sciences, and Languages. For many years she was also in charge of McGraw-Hill's World Languages college list in Spanish, French, Italian, German, Japanese, and Russian. She has taught at Allegheny College, California State University (Sacramento), and Case Western Reserve University, where she received her Ph.D. in Spanish in 1973. She has been recognized as an Outstanding Foreign Language Teacher by the California Foreign Language Teachers Association. Dr. Dorwick is the coauthor of several textbooks and the author of several articles on language teaching issues. She is a frequent guest speaker on topics related to language learning, and was an invited speaker at the **II Congreso Internacional de la Lengua Española,** in Valladolid, Spain, in October 2001. In retirement she consults for McGraw-Hill, especially in the area of world languages, which is of personal interest to her. She also serves on the Board of Trustees of Case Western Reserve University and on the Board of Directors of the Berkeley Repertory Theatre.

Ana María Pérez-Gironés is an Adjunct Professor of Spanish at Wesleyan University, Middletown, Connecticut. She received a **Licenciatura en Filología Anglogermánica** from the Universidad de Sevilla in 1985, and her M.A. in General Linguistics from Cornell University in 1988. Her professional interests include second language acquisition and the integration of cultural competence and technology in language teaching. She has published a variety of pedagogical material, and is co-author of the programs *A otro nivel, Apúntate, Más,* and *Puntos en breve.* At Wesleyan, she teaches and coordinates Spanish language courses at all levels, including Spanish for heritage speakers, and she has directed the university's Program in Madrid.

Anne Becher received her M.A. in Hispanic Linguistics in 1992 from the University of Colorado, Boulder, where she coordinates Beginning Spanish and teaches pedagogy and methods courses for the Department of Spanish and Portuguese. She has taught beginning through advanced levels of Spanish since 1996, including several years teaching Modified Spanish classes for students with difficulty learning languages. She has published several reviews in *Hispania,* presents frequently at the Colorado Congress of Foreign Language Teachers (CCFLT) conferences, and has served on the boards of CCFLT and the Colorado chapter of American Association of Teachers of Spanish and Portuguese. She co-edited the bilingual literary journal *La selva subterránea* from 1987–1996.

Casilde A. Isabelli is an Associate Professor of Spanish Linguistics and formerly the Coordinator of the Basic Spanish Language Program at the University of Nevada, Reno, where she teaches graduate and undergraduate courses in language, linguistics, and methodology. She received her Ph.D. in Spanish Applied Linguistics with a concentration in Second Language Acquisition and Teacher Education (SLATE) at the University of Illinois at Urbana-Champaign in 2001, and an M.A. in Hispanic Literature and Linguistics at the University of Iowa in 1994. Dr. Isabelli's research and publications focus on the effects of immersion experiences and formal instruction on SLA and psycholinguistically motivated theories behind SLA (processing instruction and language transfer). She also served as a World Languages Training Advisory Board Member for the eighth edition of *Puntos de partida.*

ACKNOWLEDGMENTS

We would like to thank the overwhelming number of friends and colleagues who served on boards of advisors or as consultants, completed reviews or surveys, and attended symposia or focus groups. Their feedback was indispensible in creating the *Puntos* program. The appearance of their names in the following lists does not necessarily constitute their endorsement of the program or its methodology.

Digital Board of Advisors

Susann Davis
Western Kentucky University

Luis Latoja
Columbus State Community College

Jeffery Longwell
New Mexico State University, Las Cruces

Nuria López-Ortega
University of Cincinnati

Andrea Petri
Miracosta College

Victoria Russell
Valdosta State University

Rosalinda Sandoval
San Diego City College

Adriana Vega-Hidalgo
University of North Carolina, Charlotte

Sandra Watts
University of North Carolina, Charlotte

Mundo interactivo Consultants

Yuly Asención-Delaney
Northern Arizona University

Flavia Belpoliti
University of Houston

Esther Castro
San Diego State University

Ronna Feit
Nassau Community College

Theresa Minick
Kent State University

Christine Sabin
Sierra College

Bruce Williams
William Patterson University

Susanna Williams
Macomb Community College

Special Consultants

Timothy Foxsmith
University of Texas at Arlington

Melissa Logue
Columbus State Community College

Janet Norden
Baylor University

Justin White
Florida Atlantic University

Cultural Ambassadors

Roberto Arroyo, Chile
University of Oregon

Alicia María Barrón López, Spain
University of Colorado, Boulder

Alejandra Bonifacino, Uruguay
Wichita State University

Delna Bryan, Panama

Alessandra Chiriboga Holzheu, Guatemala
University of Pittsburgh

Mayra Cortés-Torres, Puerto Rico
Pima Community College

Emilio del Valle Escalante, Guatemala
University of North Carolina, Chapel Hill

Max Ehrsam, Mexico
Massachusetts Institute of Technology

Carlos Gómez Florentín, Paraguay
Stony Brook University

Talia González, U.S. Hispanics
Columbia University

Flor Cecilia Gutiérrez, Colombia
University of Nevada, Reno

Antonio Iacopino, Argentina
Harper College

Jazmina Johnston, Nicaragua

Wladimir Yllich Márquez, Venezuela
University of Colorado, Boulder

Chris Ashton Monge, Costa Rica

Olga Moran, Honduras
Saddleback College

Ana Ozuna, Dominican Republic
Indian River State College

Yansi Pérez, El Salvador
Carleton College

Alonso María Rabi Do Carmo, Peru
University of Colorado, Boulder

Edison Robayo, Ecuador

Estrella C. Rodríguez, Cuba
Florida State University

Verónica Saunero-Ward, Bolivia
New Mexico Highlands University

Symposia

Amelia Island, FL

Flavia Belpoliti
University of Houston

Sarah Bentley
Portland Community College

Sara Casler
Sierra College

Jorge Cubillos
University of Delaware

Paul Larson
Baylor University

María Elizabeth Mahaffey
University of North Carolina, Charlotte

Leticia McGrath
Georgia Southern University

Catherine Ortiz
University of Texas at Arlington

Yanira Paz
University of Kentucky

Carlos Ramírez
University of Pittsburgh

Carmen Sotolongo
El Camino College

Edda Temoche-Weldele
Grossmont College

Amy Uribe
Lone Star College

Karen Zetrouer
Santa Fe Community College

Key West, FL

Michelle Cipriano
Wright State University

Edward Erazo
Broward College–Central

Cindy Espinosa
Central Michigan University

Vanessa Lazo-Wilson
Austin Community College–Round Rock

Kathy Leonard
University of Nevada, Reno

Melissa Logue
Columbus State Community College

Germán Negrón
University of Nevada, Las Vegas

Sylvia Nikopoulos
Central Piedmont Community College

Isabel Parra
University of Cincinnati, Batavia

Carlos Pedroza
Palomar College

Beatriz Potter
Valdosta State University

Latasha Russell
Florida State College, South Campus

Nancy Stucker
Cabrillo College

Lucero Tenorio
Oklahoma State University, Stillwater

Lilia Vidal
Miracosta College

Spring 2011 Focus Groups

Orlando, FL

Rosalina Collins
Polk State College

Elizabeth Dowdy
State College of Florida Manatee

Dina Fabery
University of Central Florida

Roxana Levin
St. Petersburg College

Mónica Montalvo
University of Central Florida

Dora Romero
Broward College

Alicia J. von Lehe
Santa Fe College

Houston, TX

Flavia Belpoliti
University of Houston

Encarna Bermejo
Houston Baptist University

Rosa Dávila
Austin Community College

Silvia Huntsman
Sam Houston State University

Sheila Jones
Sam Houston State University

Alejandro Latínez
Sam Houston State University

María López
Houston Community College

Lizette Moon
Houston Community College

Norma Mouton
Sam Houston State University

Carmen Parrón
Sam Houston State University

David Quintero
Seattle Community College

Amy Uribe
Lone Star College

Dana Point, CA

Verónica Álvarez
Golden West College

Valeria Barragán
Saddleback College

Marius Cucurny
Golden West College

David Detwiler
Miracosta College

Martha Guerrero-Phlaum
Santa Ana College

Vanessa Gutiérrez
Palomar College

Carmenmara Hernández-Bravo
Saddleback College

Leticia López-Jaurequi
Santa Ana College

Verónica Pizano
Golden West College

Dora Schoenbrun-Fernández
San Diego Mesa College

Maribel Villaseñor
Santiago Canyon College

Dallas, TX

Bill Dooley
Baylor University

Raymond Elliott
University of Texas at Arlington

José Luis Escorcia
Baylor University

Christina Fox-Ballí
Eastfield College

Ann Ortiz
Campbell University

Jaime Palmer
Tarrant Community College

Natalia Verjat
Tarrant Community College

Natalie Wagener
University of Texas at Arlington

Kim White
El Centro College

New York, NY

Silvia Álvarez-Olarra
Borough of Manhattan Community College

María Cabrera
Westchester University of Pennsylvania

María Enrico
Borough of Manhattan Community College

Eda Henao
Borough of Manhattan Community College

Richard McCallister
Delaware State University

Abigail Méndez
Borough of Manhattan Community College

Celinés Villalba
Rutgers University

Fall 2011 Focus Groups

Dallas, TX

Flavia Belpoliti
University of Houston

Rosa Chávez
Tarrant County College

Darren Crasto
Houston Community College

Bill Dooley
Baylor University

Timothy Foxsmith
University of Texas at Arlington

César Grisales
Broward Community College

Leticia McDoniel
Southern Methodist University

Janet Norden
Baylor University

Dennis Pearce
McLennan Community College

Isaac Rivera
Tarrant County College

Margarita Rodríguez
Lone Star College

Susana Solera-Adoboe
Southern Methodist University

Kerri Stephenson
Johnson County Community College

Amy Uribe
Lone Star College

Laguna Beach, CA

Valeria Barragán
Saddleback College

Graciela Boruszko
Pepperdine University

Mayra Cortés-Torres
Pima Community College

Jaime Estrada-Olalde
San Diego City College

Juan Carlos Gallego
California State University, Fullerton

Javier Galván
Santa Ana College

Elena Grajeda
Pima Community College

Lynda Graveson
Saddleback College

Martha Guerrero-Phlaum
Santa Ana College

Debbie Kaaikiola Strohbusch
University of Wisconsin, Madison

Silvia López
Santiago Canyon College

Sara Lotz
Northern Arizona University

Andrea Petri
Miracosta College

Beatriz Robinson
University of Nevada, Reno

Jared White
University of California, Irvine

Fall 2011 Class Testers

Verónica Álvarez
Golden West College

Claudia Behnke
Northern Arizona University

Sara Casler
Sierra College

Ed Erazo
Broward Community College

Jaime Estrada-Olalde
San Diego City College

Anna Kalminskaia
University of Nevada, Reno

Constance Kihyet
Saddleback College

Kathleen Leonard
Unversity of Nevada, Reno

Catherine Ortiz
University of Texas at Arlington

Lynne Overesch-Maister
Johnson County Community College

Beatriz Potter
Valdosta State University

Fran Raucci
Dutchess Community College

Beatriz Robinson
University of Nevada, Reno

Dora Romero
Broward Community College

Rosalinda Sandoval
San Diego City College

Sam Sommerville
Johnson County Community College

Kerri Stephenson
Johnson County Community College

Lucero Tenorio
Oklahoma State University, Stillwater

Amy Uribe
Lone Star College

Amber Williams-Lara
Lone Star College

Melissa Ziegler
University of Wisconsin, Madison

LearnSmart

Beta Testing Instructors

María Amores
University of West Virginia

Sarah Bentley
Portland Community College

Graciela Boruszko
Pepperdine University

Sara Casler
Sierra College

Christopher DiCapua
Community College of Philadelphia

Bill Dooley
Baylor University

Donna Factor
El Camino College

Max Gartman
Chattanooga State Community College

Elena Grajeda
Pima County Community College

Vanessa Gutiérrez
Palomar College

Constance Kihyet
Saddleback College

Luis Latoja
Columbus State Community College

Roxana Levin
St. Petersburg College

Nuria López-Ortega
University of Cincinnati

Robert Martinsen
Brigham Young University

Ornella Mazzuca
Dutchess Community College

Bryan McBride
Eastern Arizona College

Libardo Mitchell
Portland Community College

Javier Morín
Delmar College

Ann Ortiz
Campbell University

Catherine Ortiz
University of Texas at Arlington

Lynne Overesch-Maister
Johnson County Community College

David Quintero
Seattle Central Community College

Carlos Ramírez
University of Pittsburgh

Beatriz Robinson
University of Nevada, Reno

Dora Romero
Broward College

Irene Schmitt
Johnson County Community College

Louis Silvers
Monroe Community College

Craig Stokes
Dutchess Community College

Patricia Tello
University of Oklahoma

Edda Temoche-Weldele
Grossmont College

Verónica Tempone
Indian River State College

Amy Uribe
Lone Star College

Justin White
Florida Atlantic University

Graduate Teaching Assistant Board of Advisors

Under the direction of Flavia Belpoliti—University of Houston

María Álvarez
Mónica Barba
Emily Bernate
Eloisa Blum
Sofía Gellon
Diana Hernández
Aaron Madson
Carlos Martínez
Sara Mason
Burcu Mutlu
María Pérez
Luna Rubén
Eugenia Ruiz
Vivian Santana

Edna Velázquez
Joseph Yoo
Laura Zubiate

Under the direction of Anne Becher—University of Colorado, Boulder

Alicia María Barrón López
Mariana Bolívar Rubín
Joseph Haymaker
Ximena Keogh
Katherine Meis

Under the direction of Muriel Gallego—Ohio University, Athens

Allison Buzzelli
Stephanie Creighton

Carolyn Crowner
Ericha Franke
Cherita King
Irene Ramos

Under the direction of Nuria López-Ortega—University of Cincinnati

Lia Buitrago
Derek Furnish
María Carmen Hernández
Patricia Marín Cepeda
Juliana Martínez
Milton Medellín
Miguel Ángel Rodríguez-Dávila
Milton Romero

Undergraduate Student Board of Advisors

Under the direction of Christopher DiCapua—Community College of Philadelphia

Cinquetta Brown
Nylz Childs
Lauren Danella
Simone Maitland
Nina Poltoranina
Rashni Stanford

Under the direction of Edda Temoche-Weldele—Grossmont College

Heather Burdett
Claudia Connors
Lacey Cool
Mireya Cortez

Breanna Durant
Casey Flannery
Sandra Gracia de León
Angela Hinton
Brittany Huffman
Anna Le
Betheny Lel
John Nicholson
Tensai Ocbmichael
Breanna Parton
Fernando Ramírez
Vonna Redmond
Natalie Relph
Golan Silverman
Frank Valdez
María Villegas

Matthew Wadsworth
Isaura Yánez

Under the direction of Amy Uribe— Lone Star College

Al Ali Bayan
Natalie Henry
Travis Hines
Lauren Hopkins
Taylor Lewis
Brandon Postell
Austin Powell
Anna Rashe
Kristen Risley
Sharon Siman-Toy
Kristen Troxler

Reviewers

Melania Aguirre-Rabón
Wake Technical Community College

Matthew Alba
Brigham Young University, Idaho

Verónica Álvarez
Golden West College

Davila Anderson
Kankakee Community College

Daniel Arroyo-Rodríguez
Colorado College

Yuly Asención-Delaney
Northern Arizona University

Lisa Barboun
Coastal Carolina University

Hilary Barnes
Fayetteville State University

Valeria Barragán
Saddleback College

Alicia María Barrón López
University of Colorado, Boulder

Luis Bejarano
Valdosta State University

Clare Bennett
University of Alaska, Southeast Ketchikan

Barbara Bessette
Cayuga Community College

Tomás Beviá
Cornell University

Kathleen Bizzarro
Colorado College

Graciela Susana Boruszko
Pepperdine University

Jesús Bottaro
Medgar Evers College

Patrick Brady
Tidewater Community College

Luisa Briones
Hamilton College

Mónica J. Brito
Pima Community College, Northwest

Suzanne Buck
Central New Mexico Community College

Bryan Byrd
College of Charleston

Eduardo Cabrera
Millikin University

Lina Callahan
Fullerton College

Mayra Camacho Cummings
Paris Junior College

Sarah Campbell
Montgomery College, Rockville Campus

Martín Camps
University of the Pacific

Irene M. Caridi-De Barraicua
Sierra College

Sara K. Casler
Sierra College

Obdulia Castro
Regis University

Elena Cataldo
Lone Star College, Kingwood

Marco Tulio Cedillo
Lynchburg College

Alberto Chamorro
Drury University

Matthieu Chan Tsin
Coastal Carolina University

Sharon Chesser
Truett McConnell College

Rosa María Chism
Pennsylvania State University, Abington

Joseph Collentine
Northern Arizona University

Carmen Collins
Lake Michigan College

Robert Colvin
Brigham Young University, Idaho

Cristina Cordero
Lone Star College, CyFair

Mayra Cortés-Torres
Pima Community College

Sister Angela Cresswell
Holy Family University

Haydn Tiago de Azevedo Mafra Jones
Campbell University

María L. De Panbehchi
Virginia Commonwealth University

Carol de Rosset
Berea College

María Lorena Delgadillo
University of North Carolina, Charlotte

John Deveny
Oklahoma State University

Kent Dickson
California State Polytechnic University, Pomona

Tracy Dinesen
Simpson College

Debbie DiStefano
Southeast Missouri State University

Bill Dooley
Baylor University

María Enciso
Saddleback College

Eddy Enríquez Arana
Penn State University, Mont Alto

Edward Erazo
Broward College

José Luis Escorcia
Baylor University

Kristin Fletcher
Santa Fe College

Diana Frantzen
University of Wisconsin, Madison

Ellen Lorraine Friedrich
Valdosta State University

Muriel Gallego
Ohio University

Heidi Gehman-Pérez
Southside Virginia Community College

Stephanie Gerhold
Washington College

Ransom Gladwin
Valdosta State University

Juan M. González
Northern State University

Elena Grajeda
Pima Community College

Margarita R. Groeger
Massachusetts Institute of Technology

Gail Grosso
Central New Mexico Community College

Betty Gudz
Sierra College

Martha Guerrero-Phlaum
Santa Ana College

María D. Guzmán de Atherley
Sierra College

Angela Haensel
*Cincinnati State Technical and
Community College*

Karen V. Hall Zetrouer
Santa Fe College

Sarah Harmon
Cañada College

Lucy Harney
Texas State University, San Marcos

Alan Hartman
Mercy College, Dobbs Ferry

William Hernández
Los Angeles Harbor College

Donna Hodkinson
Oklahoma City University

Milena M. Hurtado
Fayetteville State University

John J. Ivers
Brigham Young University, Idaho

William James
Cosumnes River College

Frank Johnson
Southern Nazarene University

Sheila B. Jones
Sam Houston State University

Alfred Keller
Broward College

Curtis Kleinman
Yavapai College

Alberto Landaveri
University of California, Irvine

Wayne Langehennig
South Plains College

Jeremy Larochelle
University of Mary Washington

Kajsa Larson
Northern Kentucky University

Kathleen Leonard
University of Nevada, Reno

Frederic Leveziel
Augusta State University

Lucía Llorente
Berry College

Melissa Logue
Columbus State Community College

Steve Lombardo
Purdue University, Calumet

María Helena López
Northwest Florida State College

Eder Maestre
Western Kentucky University

María Elizabeth Mahaffey
University of North Carolina, Charlotte

Monica Malamud
Cañada College

Dora Y. Marrón Romero
Broward College

María Isabel Martínez-Mira
University of Mary Washington

Thomas J. Mathews
Weber State University

Eric Mayer
Central Washington University

Ornella L. Mazzuca
Dutchess Community College

Bryan McBride
Eastern Arizona College

Dawn Meissner
Anne Arundel Community College

Marco Mena
MassBay Community College

José Mendoza
University of San Diego

Timothy B. Messick
Mohawk Valley Community College

William Miller
Indiana Wesleyan University

Ljiljana Milojevic
Ocean County College

Theresa Minick
Kent State University

José Luis Mireles
Coastal Carolina University

Rosa-María Moreno
*Cincinnati State Technical and
Community College*

Olga M. Muniz
Hillsdale College

Jerome Mwinyelle
East Tennessee State University

Ruth F. Navarro
Grossmont College

Louise Neary
Wesleyan University

Elizabeth Nichols
Drury University

Sylvia Juana Nikopoulos
Central Piedmont Community College

Gustavo Adolfo Obeso
Western Kentucky University

Dale Omundson
Anoka-Ramsey Community College

Michelle Orecchio
University of Michigan, Ann Arbor

Martha Oregel
University of San Diego

Catherine Ortiz
University of Texas at Arlington

Jodie Parys
University of Wisconsin, Whitewater

Dennis Pearce
McLennan Community College

Luis Peralta
Millikin University

Federico Pérez-Pineda
University of South Alabama

María E. Pérez-Sanjurjo
County College of Morris

Inmaculada Pertusa
Western Kentucky University

Harold Pleitez
Beverly Hills Lingual Institute

Sarah Pollack
College of Staten Island, CUNY

Beatriz Potter
Valdosta State University

Johanna Ramos
Florida A & M University

María D. Ramos
Macomb Community College

Frances Raucci
Dutchess Community College

Kay E. Raymond
Sam Houston State University

Julie Resnick
Nashua Community College

Elena Retzer
California State University, Los Angeles

María Rodríguez-Cintrón
Tallahassee Community College

Christine Sabin
Sierra College

Rosa Salinas Samelson
Palo Alto College

José Alejandro Sandoval
Coastal Carolina Community College

Roman C. Santos
Mohawk Valley Community College

Nidia A. Schuhmacher
Brown University

Gilberto Serrano
Columbus State Community College

Louis Silvers
Monroe Community College

Martha Slayden
Colorado College

Matthew Smith
Pima Community College

Natalie Sobalvarro-Butler
Merced College

Lissette Soto
Massachusetts Institute of Technology

Stacy Southerland
University of Central Oklahoma

Kerri Stephenson
Johnson County Community College

Craig Stokes
Dutchess Community College

Nancy Stucker
Cabrillo College

Georgette Sullins
Lone Star College, Montgomery

Lucero Tenorio
Oklahoma State University, Stillwater

Gigi Terminel
Fullerton College

Brisa Teutli
Cornell University

Katheryn A. Thompson
Chattanooga State Technical Community College

Gheorghita Tres
Oakland Community College

John Twomey
University of Massachusetts, Dartmouth

Amy Uribe
Lone Star College

Mavel Velasco
Virginia Wesleyan College

Patricia Villegas-Bonno
Fullerton College

Alicia J. von Lehe
Santa Fe College

Natalie S. Wagener
University of Texas at Arlington

Sandra Watts
University of North Carolina, Charlotte

Christopher Weimer
Oklahoma State University

Amber Williams-Lara
Lone Star College, Kingwood

Elizabeth Willingham
Calhoun Community College

Íñigo Yanguas
San Diego State University

Amina Yassine
University of California, Irvine

María Zielina
California State University, Monterey Bay

The authors wish to thank the following friends and professional colleagues. Their feedback, support, and contributions are greatly appreciated.

- Dulce Aldama, Alicia Barrón López, Beatriz Builes Gómez, Shauna Polson, Scott Spanbauer, and Matthew B. Troxel, for their work as user diarists

- The Teaching Assistants and colleagues of Anne Becher at the University of Colorado, Boulder, whose thought-provoking conversations and annotations truly shaped the revision of the grammar, vocabulary, and activities. "Their work was perhaps the single most important kind of input that I received for this edition."—Thalia Dorwick

- Dora Y. Marrón Romero and Claudia Sahagún (Broward Community College), for their helpful comments about culture

- Alejandro Lee (Central Washington University), for the many comments and suggestions on the eighth edition

- Laura Chastain, for her meticulous work on the language and linguistic accuracy of the manuscript, over many editions but especially this one

Finally, the authors would like to thank their families and close personal friends for all of their love, support, and patience throughout the creation of this edition. **¡Los queremos mucho!**

Contributing Writers

Janet Banhidi, Rodney Bransdorfer, Sara Casler, Mayra Cortés-Torres, Mar Freire-Hermida, Danielle Havens, Jane Johnson, Constance Kihyet, Lynne Lemley, Eileen Locke, Misha MacLaird, Leticia McGrath, Ann Morrill, Kimberley Sallee, Jan Underwood, Susanna Williams

Product Team

Editorial and Marketing: Hector Alvero, Jorge Arbujas, Allen J. Bernier, Susan Blatty, Erin Blaze, Meghan Campbell, Laura Chastain, Laura Chiriboga, Laura Ciporen, Craig Gill, William R. Glass, Kirsten Gokay, Helen Greenlea, Suzanne Guinn, Sara Jaeger, Jennifer Kirk, Pennie Nichols, Alexa Recio, Kimberley Sallee, Katie Stevens, Scott Tinetti, Nina Tunac-Basey

Digital: Nathan Benjamin, María Betancourt, Jennifer Blankenship, Kyle Constance, Kirk DouPonce, Jay Gubernick, Elise Lansdon, Dennis Plucinik, Jenny Pritchett, Stephen Singerman

Art, Design, and Production: Nora Agbayani, Harry Briggs, Sonia Brown, Brett Coker, Aaron Downey, Anne Fuzellier, Sarah B. Hill, Patti Isaacs, Tandra Jorgensen, Robin Mouat, Terri Schiesl, David Staloch, Preston Thomas

Media Partners: Aptara, BBC Motion Gallery, Dartmouth Publishing, Inc., Eastern Sky Studios, Hurix, Inkling, Klic Video Productions, Inc., Laserwords, LearningMate, Strategic Content Imaging

CONTENTS

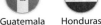

Capítulo

Capítulo

Capítulo	VOCABULARY & PRONUNCIATION	GRAMMAR

Capítulo

What's New for the Ninth Edition?

There have been many changes made for this edition. However those changes were not made lightly, nor without extensive feedback and confirmation from you, our clients, as evidenced by the lists of reviewers presented earlier in this front matter. Here are some of the highlights of this revision. For specific details, especially an exhaustive list of chapter-by-chapter changes, please see the Instructor's Manual (IM), available online at **www.connectspanish.com**.

General Details

- New interior design
- Larger trim size for the Instructor's Edition, allowing for a larger image of the Student Edition pages
- All new drawings and many new photos, and a greater use of photos (rather than drawings) whenever feasible
- The optional **Un paso más** section from the eighth edition (8e) has been replaced by the following "skills" sections, which appear before the end-of-chapter **En resumen: En este capítulo** section.
  - New two-page reading (**A leer**) spread, which includes **Lectura cultural** and **Del mundo hispano. Lectura cultural** offers many smaller chunks of cultural content, with comprehension and discussion questions. **Del mundo hispano** is a more traditional reading presentation with pre- and post-reading activities and discussion questions. The **Del mundo hispano** readings are author-written or based on authentic materials (e.g., ads, brochures) in the first ten chapters, and poems or short literary selections in **Capítulos 11–18.**
    - New listening (**A escuchar**) section with audio activity and **¡Música!** feature
    - New writing (**A escribir**) section
- Answers to all activities are in new on-page annotations (light blue text) or in the annotations wrap
- New "pointer boxes" help explain the text's features to students.
- Introduction of active vocabulary other than in **Vocabulario: Preparación** or in grammar paradigms is noted for instructors in the annotations wrap. (This is not a change; the system is just more salient now.)
- Exciting new technology: Connect Spanish, LearnSmart, Blackboard
- New DVD, with activities support in the text (**TelePuntos**) and IM
- Revised and combined Workbook and Laboratory Manual (one product, two volumes: Vol. 1 = **Capítulos 1–9;** Vol. 2 = **Capítulos 10–18**), available in print or online as part of Connect Spanish.

Organizational Changes

- 18 chapters: The preliminary chapter (**Ante todo**) from the 8e is now **Capítulo 1,** most other chapters have shifted forward, and **Capítulo 18** content from the 8e has been incorporated into **Capítulos 17** and **18.**
- The regional focus has changed for six chapters for a more logical organization, with corresponding changes to activities and readings.
- See the IM for detailed charts of the new organization.

Culture

- Virtually all new cultural content is based on information from the cultural ambassadors, natives of each country of focus, who sent us key phrases and cultural tidbits to be woven into the fabric of *Puntos*. Additional basic information about each country of focus has been added to the annotations wrap and IM.

- The new **Lectura cultural** feature gives students some highlights about each country of focus and a "feeling" for it, rather than encyclopedic knowledge.

- **Nota cultural** features are now all in Spanish and have been rewritten, with a personal question at the end.

- See "Cultural Content" in the "Using *Puntos* in the Classroom" section later in this front matter.

Vocabulary

- Many **Vocabulario: Preparación** presentations have been revised, with some adjustment of individual vocabulary items to reflect current usage and a major revision of technology vocabulary in **Capítulo 12.**

Grammar

- Grammar explanations have been revised to include more charts and summaries, more bullet-point explanations, and better-focused examples; many **Gramática en acción** presentations have been rewritten, and internal repetition within grammar sections helps to reinforce learning. (See "Grammar Explanations" in the "Using *Puntos* in the Classroom" section later in this front matter.)

- Spanish grammar terms are more salient throughout for those instructors who prefer to present grammar in Spanish.

Activities

- Activities thoroughly revised for relevance and for clarity to students

- Additional scaffolding provided for many activities in general and in the new **Estrategia** feature

- Many completely new activities

- Dehydrated activities (with slashes) largely recast or simplified

- More integration of culture into activities when feasible (not to excess)

- The **En su comunidad** feature added to each **Un poco de todo** offers interview activities for students to use with native speakers

Using *Puntos* in the Classroom

Developing Language Proficiency

The authors believe that students' (and instructors') class time is best spent using Spanish: listening to and speaking with their instructor and classmates, listening and viewing audiovisual materials of many kinds, and reading in-text and supplementary materials. For that reason, grammar explanations have been written to be self-explanatory, and sample answers for many activities are provided for students online at **www.connectspanish.com** so that they can check their work before going to class. Thus, instructors can spot-check homework as needed in class but devote more time to the multitude of extensions, follow-up suggestions, and special activities offered in the Instructor's Edition and Instructor's Manual. Consequently, class time can be focused on new material and novel language experiences that will maintain student interest and provide more exposure to spoken and written Spanish. Research in second language acquisition has revealed that environments that offer learners opportunities to use the language in meaningful ways provide an optimal learning situation. Students make few gains in language learning when all of their class time is spent correcting homework.

The preceding comments underscore the authors' conceptualization of *Puntos* throughout its many editions as a text that fosters students' proficiency in Spanish. The following features help realize this objective:

- a focus on the acquisition of vocabulary during the early stages of language learning (**Capítulo 1: Ante todo**) and then in each chapter throughout the text
- an emphasis on meaningful and creative use of language
- careful attention to skills development rather than grammatical knowledge alone
- a cyclical organization in which vocabulary, grammar, and language functions are consistently reviewed and reentered
- an integrated cultural component that embeds practice in a wide variety of culturally significant contexts
- content that aims to raise student awareness of the interaction of language, culture, and society

The overall text organization progresses from a focus on formulaic expressions, to vocabulary and structures relevant to the here and now (student life, family life), to survival situations (ordering a meal, travel-related activities), and to topics of broader interest (current events, social and environmental issues). This breadth of thematic diversity—coupled with the focus on vocabulary, grammatical structures, and language functions—helps develop students' language proficiency, thus preparing them to function in Spanish in situations that they are most likely to encounter outside the classroom.

Grammar Explanations

Many people say that students don't read. We think that that's not completely accurate. They read a lot, though it tends to be in the form of online articles, e-mail, updates on Facebook and Twitter, and so on. Students are therefore used to getting information in bits and pieces, not to reading lengthy technical explanations.

Recognizing that fact, the authors have tried to make the grammar explanations (dense, technical by their very nature) more accessible. The first major attempt to do something in this vein came in the fifth edition, when the grammar explanations were recast into a two-column format: left-hand column for prose explanations, right-hand column for charts, tables, and paradigms. The approach was field-tested with students, in focus groups, with students saying that the design was clearer to them and that it enabled them to scan more easily for important information.

In the ninth edition, revisions to the grammar explanations have been extensive. They were driven in large part by very detailed, on-page comments written by instructors and teaching assistants who created user diaries for the authors, and also by comments from co-authors who activity teach with the text. The salient features of the revisions to the grammar include:

- A reduction in overall length of explanations whenever possible
- A reduction in the number of words in explanations overall, to make them less dense
- The inclusion of information in bulleted lists whenever possible
- The introduction of more redundancy into explanations, so that the same information is conveyed in a number of ways within a given grammar explanation: in prose explanations, in bullet points, in charts and tables, in summary form (sometimes twice in a given explanation: once at the beginning of the explanation, once at the end). This happens most frequently with important grammar topics.
- The alignment of information in grammar displays so that important information "pops" more visually
- The recasting of examples in such a way as to make the grammar point more salient
- The use of "pointer boxes" to remind students about features of the text that help them learn, like the use of red highlighting and parenthetical information for verbs

Cultural Content

Historically in the evolution of *Puntos*, cultural materials have been rewritten every few editions. Initially the program did not have a large amount of cultural content, the thinking being that the teaching of language and culture should be done separately and that it was "too much" for students to absorb not only information about the language but also information about the culture. This (perhaps artificial) separation of language and culture eventually fell away, and the authors began to search for optimal ways to select what kinds of cultural information to include and how best to integrate it with the vocabulary and grammar content.

For this edition, about 90% of the cultural content of the text has been rewritten. The following principles guided our work.

- *Less is more.* = Do not attempt to convey in-depth cultural information about all of the countries of the Spanish-speaking world. Rather, try to convey a smaller number of facts about each country and try to convey a sense of the "spirit" of the country, what natives think is representative and important about it.

- *Get information from natives of the countries in question.* = The contributions of the cultural ambassadors guided us in selecting what information to include.

- *Integrate culture.* = Include cultural information in exercises, activities, and **Gramática en acción** features whenever possible, keeping in mind that students should not have to process unfamiliar cultural information and grammar at the same time.

- *Keep cultural information short.* = This led to the rewriting of most **Nota cultural** features into very short, sometimes bullet-organized paragraphs. It meant that the **Lectura cultural** feature also conveys information in small chunks rather than in extended readings. We feel that this approach is particularly appropriate for a first-year program.

- *Ask questions about cultural content.* = The **Nota cultural** and **Lectura cultural** features are followed by questions that relate the cultural content to students' own culture, to help them expand their cross-cultural competence and recognize their own cultural patterns.

Instructors will find explicit cultural content in the following places.

- In the new chapter-opening two-page spreads: The left-hand page has a photo from the country of focus and related to the chapter's theme. Questions on this page allow instructors to start a whole-class discussion about the theme. The right-hand page has a map of the country (or countries) with geographical context, as well as population figures and three bullet points of interest about the country (or countries).

- In **Nota cultural** features: Comprehension questions are in the annotations wrap.

- In some **Gramática en acción** features

- In some **Práctica** and **Conversación** activities, and in **Un poco de todo** sections

- In all **Lengua y cultura** activities (in **Un poco de todo**)

- In the all-new **En su comunidad** activities (in **Un poco de todo**)

- In the new two-page **A leer** reading spreads

- In the new **A escuchar** listening passage

- In the new DVD Program and accompanying activities in the **TelePuntos** section

- In photographs and realia throughout the text

Program Materials

Whether you're using the *Puntos de partida* program in print form or in the new exciting Connect Spanish platform, a variety of additional components are available to support the needs of your students and you. Many are free to adopting institutions. Please contact your local McGraw-Hill representative for details on policies, prices, and availability.

Connect Spanish: Used in conjunction with *Puntos de partida,* Connect Spanish brings the *Puntos* program into the twenty-first century by providing a digital solution for schools with online programs, whether they be 100% online or hybrid. Some of the key features and capabilities of Connect Spanish include:

- complete integration of text, workbook / laboratory manual, audio, and video material

- additional practice with key vocabulary, grammar, and cultural material

- interactive, task-based scenarios (**Mundo interactivo**) that explore a wide variety of topics within a cultural framework

- LearnSmart adaptive learning system that offers individualized study plans to suit individual students' needs

- fully integrated gradebook

- ability to customize a syllabus and assignments to fit the needs of individual programs

Connect Spanish Instructor's Guide: A helpful guide for adopters of Connect Spanish, available online at **www.connectspanish.com.**

Annotated Instructor's Edition: The Instructor's Edition, which has always been regarded as a principal teaching resource for both novice and experienced instructors, provides an enlarged trim size with a wide variety of additional instructional notes, suggestions, and activities. This very useful supplement contains suggestions for implementing activities, supplementary exercises for developing listening and speaking skills, and abundant variations and follow-ups on student text materials. A special feature of the *Instructor's Edition* is the **Bright Idea** suggestions, which were provided by instructors from across the country who use *Puntos de partida* on a daily basis. We are grateful for their wonderful ideas and suggestions. In addition, special features found in the annotations wrap space include Resources notes that identify digital transparencies and other key resources, notes and suggestions for adapting certain activities to accommodate Heritage Speaker students, Culture notes, and notes that identify activities that support the National Standards.

Workbook / Laboratory Manual: Written by Alice and Oswaldo Arana and María Sabló-Yates, the newly revised and combined Workbook and Laboratory Manual is offered in two volumes: **Capítulos 1–9** in Volume 1; **Capítulos 10–18** in Volume 2. Both volumes are available in print or as part of Connect Spanish.

DVD Program: The all-new two-disc DVD Program contains the *Salu2* video segments that correspond to the **TelePuntos** sections of each chapter. *Salu2* (short for **Saludos,** or *Greetings*) is a fictitious morning news show based in Los Angeles and hosted by two anchors, a Mexican-American man (Víctor) and a Panamanian woman (Ana). Their reports, based on chapter themes, are augmented by additional live reports from a roving field reporter from Mexico named Laura and in some cases by fans of the show that have sent in footage on a specific topic. Students will see footage from around the Spanish-speaking world, including from countries such as Argentina, Costa Rica, the Dominican Republic, Ecuador, Mexico, Peru, Puerto Rico, Spain, and the United States. There are pre-, during, and post-viewing activities in the **TelePuntos** sections as well as a **Producción personal** section that will prompt students to film related topics outside of the classroom environment and then share those video segments with others.

Audio Program: The Audio Program provides the audio content for the following program features and is available on audio CDs or in downloadable format (mp3 files) at **www.connectspanish.com.**

- Listening activities in the Workbook / Laboratory Manual
- Words and phrases from the vocabulary presentations
- **Gramática en acción** segments that introduce each grammar topic

Supplemental Materials to accompany Puntos de partida, *by Sharon Foerster and Jean Miller:* Comprising worksheets and a teacher's guide, these two supplements are a compilation of materials that include short pronunciation practice, listening exercises, grammar worksheets, integrative communication-building activities, comprehensive chapter reviews, and language games.

Instructor's Manual: Available electronically at **www.connectspanish.com,** the IM offers an extensive introduction to teaching techniques, general guidelines for instructors, suggestions for lesson planning in semester and quarter schedules, detailed chapter-by-chapter suggestions, and much more, thus making it an indispensible resource for any adopter of the *Puntos* program.

Testing Program (print): The print Testing Program, available in downloadable Word files from **www.connectspanish.com,** contains five different tests for each chapter, as well as sample mid-term and final exams.

EZ Test Test Generator (online): McGraw-Hill's EZ Test is a flexible and easy-to-use electronic testing platform that allows instructors to create tests from publisher-provided items. It accommodates a wide range of question types, and instructors may add their own questions. Multiple versions of a test can be created.

Digital Transparencies: PDF files of all **Vocabulario: Preparación** art and any art that is not permissions-restricted are available to instructors at **www.connectspanish.com.**

Online Resources (instructors only): The following resources are available only to instructors at **www.connectspanish.com.**

- Connect Spanish Instructor's Guide
- Instructor's Manual
- Testing Program (print and digital)
- Testing Audio Program (mp3s)
- Audioscript

- Videoscript
- Digital Transparencies (for the text)
- Image Bank
- Cultural PowerPoint Presentations
- Grammar PowerPoint Presentations

Online Resources (instructors and students): The following resources are available to both instructors and students at **www.connectspanish.com.**

- Textbook Answer Key
- Audio Program (mp3s)
- Grammar Tutorials

- Interactive Verb Charts
- iTunes Playlist (for **¡Música!** sections)

An Invitation to...

Puntos de partida

Puntos de partida

means *points of departure* in Spanish. This program will be your point of departure for learning Spanish and for learning about Hispanic cultures. With *Puntos de partida* you will get ready to communicate with Spanish speakers in this country and in other parts of the Spanish-speaking world. To speak a language means much more than just learning its grammar and vocabulary. To know a language is to know the people who speak it. *Puntos de partida* will provide you with cultural information to help you understand and appreciate the traditions and values of Spanish-speaking people all over the world. Get ready for the adventure of learning Spanish!

1

Ante todo°

Ante... *First of all*

Zócalo (*Main Plaza*), México, D.F., México

- Have you ever visited a Spanish-speaking country? Which one(s)?
- Where can you go in your country to hear Spanish spoken around you?
- Why do you want to learn Spanish?

Plaza de España, Sevilla, España

connect | SPANISH

www.connectspanish.com

El mundo hispanohablante*

- El español es la lengua oficial en aproximadamente 21 (veintún) países (*countries*) del mundo (*in the world*).

- El español ocupa el segundo lugar (*second place*) entre las lenguas más habladas (*most widely spoken*) del mundo: 450 millones (cuatrocientos cincuenta millones) de hablantes (*speakers*).

*El... *The Spanish-speaking world*

En este capítulo°

En... *In this chapter*

Saludos° y expresiones de cortesía

Greetings

Here are some words, phrases, and expressions for meeting and greeting others in Spanish. Can you tell the difference between those that are formal and those that are more informal or familiar (as on a first-name basis)?

Situaciones formales

1.   ELISA VELASCO: Buenas tardes, señor Gómez.

     MARTÍN GÓMEZ: Muy buenas, señora Velasco. ¿Cómo está?

     ELISA VELASCO: Bien, gracias. ¿Y usted?

     MARTÍN GÓMEZ: Muy bien, gracias. Hasta luego.

     ELISA VELASCO: Adiós.

2.   LUPE: Buenos días, profesor.

     MARTÍN GÓMEZ: Buenos días. ¿Cómo se llama usted, señorita?

     LUPE: Me llamo Lupe Carrasco.

     MARTÍN GÓMEZ: Mucho gusto, Lupe.

     LUPE: Igualmente.

Situaciones informales

3.   VERÓNICA: ¡Hola, Carmen!

     CARMEN: ¿Qué tal, Verónica? ¿Cómo estás?

     VERÓNICA: Muy bien. ¿Y tú?

     CARMEN: Regular. Nos vemos mañana, ¿eh?

     VERÓNICA: Bien. Hasta mañana.

4.   MIGUEL RENÉ: Hola. Me llamo Miguel René. ¿Y tú? ¿Cómo te llamas?

     KARINA: Me llamo Karina. Mucho gusto.

     MIGUEL RENÉ: Encantado, Karina. Y, ¿de dónde eres?

     KARINA: Soy de Venezuela. ¿Y tú?

     MIGUEL RENÉ: Yo soy de México.

> Translations of short dialogues like these will always be at the foot of the page, but you should try to read them without the translations first!

---

1. EV: *Good afternoon, Mr. Gómez.* MG: *Afternoon, Mrs. Velasco. How are you?* EV: *Fine, thank you. And you?* MG: *Very well, thanks. See you later.* EV: *Bye.*
2. L: *Good morning, professor.* MG: *Good morning. What's your name, miss?* L: *My name is Lupe Carrasco.* MG: *Nice to meet you, Lupe.* L: *Likewise.*
3. V: *Hi, Carmen!* C: *How's it going, Verónica? How are you?* V: *Very well. And you?* C: *OK. See you tomorrow, OK?* V: *Fine. Until tomorrow.*
4. MR: *Hello. My name is Miguel René. And you? What's your name?* K: *My name is Karina. Nice to meet you.* MR: *Nice to meet you, Karina. And where are you from?* K: *I'm from Venezuela. And you?* MR: *I'm from Mexico.*

	formal		informal
títulos	**señor (Sr.)** — Mr. **señora (Sra.)** — Mrs., ma'am **señorita (Srta.)** — Miss **profesor** (*for a man*) **profesora** (*for a woman*)		
saludos	**buenos días** — good morning **buenas tardes** — good afternoon/evening **buenas noches** — good evening/night **(muy) buenas** — good day (*any time*)		**hola**
preguntas (*questions*)	**¿Cómo está?** — How are you? **¿Y usted?** — And you? —**¿Cómo se llama (usted)?** —**Me llamo…** "What's your name?" "My name is . . ." —**¿De dónde es (usted)?** —**(Yo) Soy de…** "Where are you from?" "I'm from . . ."		**¿Cómo estás?** } How are **¿Qué tal?** } you? **¿Y tú?** — And you? —**¿Cómo te llamas (tú)?** —**Me llamo…** "What's your name?" "My name is . . ." —**¿De dónde eres (tú)?** —**(Yo) Soy de…** "Where are you from?" "I'm from . . ."

¡OJO!*

There is no Spanish equivalent for *Ms.;* use **Sra.** or **Srta.,** as appropriate.

¡OJO!

Note the accent marks on Spanish words that ask questions.

Nota **cultural**

Los saludos en el mundo° hispano

world

Hispanics all over the world hug and kiss when they are greeting each other a lot more frequently than do non-Hispanics in this country. Younger people especially greet in this way, even when they have just met. Two men will typically hug or pat each other on the back, and if they are family, they will sometimes give a kiss on the cheek and embrace, just like women do.

How do you greet your friends? Your relatives?

¿Qué pasa, hombre?

Así se dice (*That's how it's said*) introduces optional vocabulary from the Spanish-speaking world.

Así se dice

The following greetings express *What's up?, What's happening?,* or *How's it going?*

¿Qué hay? ¿Qué pasa? ¿Qué hubo? ¿Qué onda? (*Mexico*)

The phrase **por nada** is an alternative to **de nada.**

Nota **comunicativa**

Más expresiones de cortesía

—**Encantado.** (*for a man*)
—**Encantada.** (*for a woman*) } "Nice to meet you."
—**Mucho gusto.**
—**Igualmente.** — "Likewise."

Gracias. — Thanks. Thank you.
Muchas gracias. — Thank you very much.
De nada. / No hay de qué. — You're welcome.

por favor — please (*also used to get someone's attention*)

perdón — pardon me, excuse me (*to ask forgiveness or to get someone's attention*)

(con) permiso — pardon me, excuse me (*to request permission to pass by or through a group of people*)

---

*¡Ojo! means watch out! *or* pay attention! *in Spanish.*

Conversación

A. Expresiones de cortesía. How many different ways can you respond to the following greetings and phrases?

1. Buenas tardes.
2. Adiós.
3. ¿Qué tal?
4. ¡Hola!
5. ¿Cómo está?
6. Buenas noches.
7. Muchas gracias.
8. Hasta mañana.
9. ¿Cómo se llama usted?
10. Mucho gusto.
11. ¿De dónde eres?
12. Buenos días.

B. Situaciones. If the following people met or passed each other at the times given, what might they say to each other? Role-play the situations with a classmate.

1. Mr. Santana and Miss Pérez, at 5:00 P.M.
2. Mrs. Ortega and Pablo, at 10:00 A.M.
3. Ms. Hernández and Olivia, at 11:00 P.M.
4. you and a classmate, just before your Spanish class

C. Situaciones. What would you say in Spanish in the following situations?

1. Your classmate passes you a handout from the professor.
2. You need to be excused from class to go to the restroom.
3. You just dropped your drink on a friend's book.
4. Your professor thanks you for opening the door for her.
5. You need your professor's attention.

D. Más (More) situaciones. Are the people in this drawing saying **por favor, con permiso,** or **perdón? ¡OJO!** More than one response is possible for some items.

E. Entrevista (Interview)

Paso (Step) 1. Turn to a person sitting next to you and do the following.

- Greet him or her appropriately, that is, with informal forms.
- Ask how he or she is.
- Find out his or her name.
- Ask where he or she is from.
- Conclude the exchange.

Paso 2. Now have a similar conversation with your instructor, using the appropriate formal or familiar forms, according to your instructor's request.

El alfabeto español

The Spanish *alphabet* (**el alfabeto** or **el abecedario**) is slightly different from the English alphabet.

- It has 27 letters (not 26).
- The extra letter is **ñ.***
- The letters **k** and **w** appear only in words borrowed from other languages.

You will learn more about and practice the sounds of these and other letters whose pronunciation is different from English in **Práctica A.**

Letters	Names of Letters	Examples		
a	a	Antonio	Ana	(la) Argentina
b	be	Benito	Blanca	Bolivia
c	ce	Carlos	Cecilia	Cáceres
d	de	Domingo	Dolores	Durango
e	e	Eduardo	Elena	(el) Ecuador
f	efe	Felipe	Francisca	Florida
g	ge	Gerardo	Gloria	Guatemala
h	hache	Héctor	Hortensia	Honduras
i	i	Ignacio	Inés	Ibiza
j	jota	José	Juana	Jalisco
k	ca (ka)	(Karl)	(Karina)	(Kansas)
l	ele	Luis	Lola	Lima
m	eme	Manuel	María	México
n	ene	Nicolás	Nati	Nicaragua
ñ	eñe	Íñigo	Begoña	España
o	o	Octavio	Olivia	Oviedo
p	pe	Pablo	Pilar	Panamá
q	cu	Enrique	Raquel	Quito
r	ere	Álvaro	Rosa	(el) Perú
s	ese	Salvador	Sara	San Juan
t	te	Tomás	Teresa	Toledo
u	u	Agustín	Úrsula	(el) Uruguay
v	uve	Víctor	Victoria	Venezuela
w	doble uve	(Oswaldo)	(Wilma)	(Washington)
x	equis	Xavier	Ximena	Extremadura
y	ye	Pelayo	Yolanda	(el) Paraguay
z	ceta (zeta)	Gonzalo	Zoila	Zaragoza

> **¡OJO!**
> The **rr** combination occurs frequently in Spanish, but it is not a separate letter.

Práctica

A. ¡Pronuncie! The following letters and letter combinations represent the Spanish sounds that are the most different from English. Can you match the Spanish letters with their equivalent pronunciation?

EXAMPLES/SPELLING

1. _____ mucho: **ch**
2. _____ Geraldo: **ge** (also: **gi**); Jiménez: **j**
3. _____ hola: **h**
4. _____ gusto: **gu** (also: **ga, go**)
5. _____ me llamo: **ll**
6. _____ señor: **ñ**
7. _____ profesora: **r**
8. _____ Ramón: **r** (to start a word); Monterrey: **rr**
9. _____ nos vemos: **v**

PRONUNCIATION

a. like the *g* in English *garden*
b. similar to *tt* of *butter* when pronounced very quickly
c. like *ch* in English *cheese*
d. like Spanish **b**
e. similar to a "strong" English *h*
f. like *y* in English *yes* or like the *li* sound in *million*
g. a trilled sound, several Spanish **r**'s in a row
h. similar to the *ny* sound in *canyon*
i. never pronounced

The **ñ is similar to the sound of* ny *in English* canyon.

B. **¿Cómo se escribe... ?** (*How do you write . . . ?*)

Paso 1. Pronounce these U.S. place names in Spanish. Then spell the names aloud in Spanish. All of them are of Hispanic origin: **Toledo, Los Ángeles, Texas, Montana, Colorado, El Paso, Florida, Las Vegas, Amarillo, San Francisco.**

Paso 2. Spell your own name aloud in Spanish, and listen as your classmates spell their names. Try to remember as many of their names as you can.

MODELO: Me llamo María: **M** (eme) **a** (a) **r** (ere) **í** (i acentuada) **a** (a).

Nota **comunicativa**

Los cognados

As you study Spanish, note that many Spanish and English words are similar or identical in form and meaning. These related words are called *cognates* (**los cognados**). It's useful to begin recognizing and using cognates immediately; they will help you enrich your Spanish vocabulary and develop language proficiency more quickly. Here are some examples.

TO DESCRIBE PEOPLE		TO NAME PLACES AND THINGS	
cruel	paciente	banco	hotel
elegante	pesimista	bar	museo
importante	responsable	café	oficina
inteligente	sentimental	diccionario	parque
interesante	terrible	estudiante	teléfono
optimista	tolerante	examen	televisión

¿Cómo es usted?° (Part 1)°

¿Cómo... *What are you like?*

Ángela Suárez Del Pino

Ismael Figueroa García

> Remember to watch for the words in **red.** Check the translation at the bottom of the page only if you need to.

1. —¿Quién **es usted** y cómo **es**?
    —**Soy** Ángela Suárez Del Pino. **Soy** optimista y tolerante.

2. —¿Quién **eres tú**?
    —Me llamo Ismael Figueroa García y **soy** estudiante de universidad.
    —Ismael, ¿cómo **eres**?
    —**Soy** inteligente, romántico y responsable.

---

1. *"Who are you and what are you like?" "I'm Ángela Suárez Del Pino. I'm optimistic and tolerant."*
2. *"Who are you?" "My name is Ismael Figueroa García, and I'm a university (college) student." "Ismael, what are you like?" "I'm intelligent, romantic, and responsible."*

Use the following verb forms to describe yourself or another person.

ser (*to be*):* Formas singulares		
(yo)	soy	I am
(tú)	eres	you (*familiar*) are
(usted)	es	you (*formal*) are
(él, ella)	es	he/she is

a verb / **un verbo** = a word that describes an action or a state of being

Conversación

A. ¿Cómo es usted? Indique todas las palabras apropiadas (*appropriate words*).

Yo soy…

_____ diligente	_____ elegante	_____ importante
_____ idealista	_____ pesimista	_____ independiente
_____ impaciente	_____ materialista	_____ estudiante
_____ extravagante	_____ normal	_____ diferente
_____ prudente	_____ profesor	_____ profesora
_____ valiente	_____ ¿ ?	_____ ¿ ?

B. ¿Quién es… ? With a classmate, take turns asking and answering questions, following the model.

MODELO: eficiente →
   —¿Quién es eficiente?
   —El profesor / La profesora de español es eficiente. (Yo soy eficiente.)

1. arrogante
2. egoísta
3. emocional
4. rebelde
5. independiente
6. liberal
7. materialista
8. paciente
9. realista

C. Descripciones

Paso 1. Form complete sentences, using **no** when necessary.

El presidente de esta (*this*) nación (no) es…

1. pesimista
2. importante
3. inteligente
4. flexible
5. tolerante

Paso 2. Now compare your descriptions with those of two classmates to see if they match. You can ask: **En tu opinión, ¿cómo es el presidente?**

---

*You will learn more about **ser** in **Gramática 6 (Cap. 3)**.

¡Aquí se habla español!

If you sometimes have the feeling that Spanish is everywhere, that's because it's true, and it may become even more so during your lifetime. Here are some interesting facts.

- Spanish is spoken as a first or second language by about 450 million people. This makes Spanish the second most widely spoken language in the world. (Chinese is the most widely spoken.) Some Spanish speakers also speak an indigenous language, like **náhuatl** in Mexico, **mapuche** in Chile, or **catalán** in Spain.

La Misión Basílica San Diego de Alcalá, cerca de San Diego, California

- Spanish is an official language of twenty-one countries.
- Over 40 million people in the United States speak Spanish, making it the fourth largest Spanish-speaking country in the world.
- Spanish is the official language of Puerto Rico, an **Estado Libre** (*Free State*) associated with the United States.
- Spanish is present in Equatorial Guinea (where it is an official language) and in the Philippines as a heritage from the not so distant past when they were colonies of Spain.
- Spanish is second only to English in terms of the number of people studying it worldwide.

Knowing a second language has many personal and professional advantages. If you live in a country like the United States, there is no need to explain to you why it is a good thing to study Spanish. The language and its culture are part of the country's historical and cultural past. And, from an economic standpoint, Spanish speakers provide a huge market of consumers of all kinds of goods and services, including the entertainment industry and the world of art.

Spanish is also a great asset for traveling for business or pleasure, within this country or abroad. Like all languages spoken by a large number of people, modern Spanish varies from region to region. The Spanish of Madrid is different from that spoken in Mexico City, Buenos Aires, or Los Angeles. Although these differences are most noticeable in pronunciation ("accent"), they are also found in vocabulary and special expressions used in different areas of the world. But the majority of structures and vocabulary are common to the many varieties of Spanish.

Knowing Spanish also opens the door to a fascinating culture. Actually, *cultures*, plural, would be more accurate. Spanish was the language of one of the most impressive intersections of culture and civilization the world has ever known, when a small group of Spaniards landed on an island in the Caribbean over 500 years ago. No two of the Spanish-speaking

Comparing Origins of U.S. Hispanic Population
Total Hispanic Population
2010 Estimate*
50.5 Million

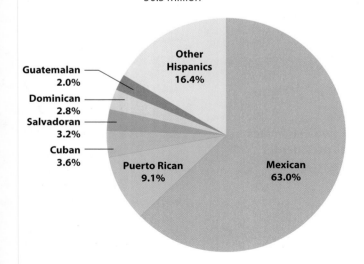

Guatemalan 2.0%
Dominican 2.8%
Salvadoran 3.2%
Cuban 3.6%
Other Hispanics 16.4%
Puerto Rican 9.1%
Mexican 63.0%

* Source: 2010 U.S. Census

American countries that arose from that fusion of European and indigenous cultures (including those of Africans, brought to work as slaves) are alike. They offer a rich and diverse cultural panorama, one that you will learn about in every chapter of *Puntos de partida*.

So . . . welcome to the Spanish-speaking world! Actually, you know, you are already in it.

*The United States is generally expressed as **los Estados Unidos** in Spanish. The phrase is abbreviated in a number of ways: **E.U., EE. UU.** (the double vowels indicate plurality), **EEUU** (without the periods), **USA,** and **U.S.A.** (the latter pronounced as one word). **U.S.A.** is not recommended usage. **Los Estados Unidos de América (E.U.A.)** is also used. The abbreviation **EEUU** will be used in Puntos de partida.*

▶ **Mundo interactivo**

You´ve been selected to work as an intern at a Spanish-language news station, HispanaVisión! Your guide, Laura Sánchez Tejada, will direct you to complete a series of tasks throughout the *Puntos* program. You should now be prepared to work with Laura to complete Scenario 1, Activity 1 in Connect Spanish (**www.connectspanish.com**).

Los números del 0 al 30; *Hay*

> *a noun* / **un sustantivo** = a word that denotes a person, place, thing, or idea

Hay **un** profesor.
Hay **tres** estudiantes.

En un salón de clase, en Los Ángeles, California

Los números del 0 al 30

0	cero				
1	uno	11	once	21	veintiuno
2	dos	12	doce	22	veintidós
3	tres	13	trece	23	veintitrés
4	cuatro	14	catorce	24	veinticuatro
5	cinco	15	quince	25	veinticinco
6	seis	16	dieciséis*	26	veintiséis
7	siete	17	diecisiete	27	veintisiete
8	ocho	18	dieciocho	28	veintiocho
9	nueve	19	diecinueve	29	veintinueve
10	diez	20	veinte	30	treinta

> **¡OJO!**
>
> **uno,** dos,… veinti**uno,** veintidós,…
> *but*
> **un** señor, veinti**ún** señores
> **una** señora, veinti**una** señoras

Nota **comunicativa**

El género (*gender*) y los números

The number *one* has several forms in Spanish. **Uno** is the form used in counting. The forms **un** and **una** are used before *nouns* (**los sustantivos**). How will you know which one to use? It depends on the *gender* (**el género**) of the noun.

All nouns are either masculine or feminine in Spanish. For example, the noun **señor** is masculine (*m.*) in gender, and the noun **señora** is feminine (*f.*). (Even nouns that are not sex-linked have gender.) To express *one* with these nouns, say **un señor** and **una señora.** The number **veintiuno** has similar forms before nouns: **veintiún señores, veintiuna señoras.** Just get used to using **un** and **una** with nouns now. You'll learn more about gender and number in **Capítulo 2.**

---

*The numbers 16 to 19 and 21 to 29 can be written as one word (**dieciséis… veintiuno…**) or as three words (**diez y seis… veinte y uno…**).*

Hay

The word **hay** expresses both *there is* and *there are* in Spanish. It can be made negative (**no hay**) and can also be used to ask a question: **¿Hay... ?** (*Is there . . . ? Are there . . . ?*)

—¿Cuántos estudiantes **hay** en la clase?
—(**Hay**) Treinta.

"How many students are there in the class?"
"(There are) Thirty."

Hay un teatro en esta universidad, pero **no hay** museo.

There's a theatre at this university, but there isn't a museum.

Práctica

A. Una canción infantil. (*A children's song.*) This is a popular song for children from all over the Spanish-speaking world. Complete it with the missing numbers. It's basic math!

Dos y dos son _____, y ocho _____,

cuatro y dos son _____, y ocho _____,

Seis y dos son _____, y _____ treinta y dos...

B. Los números. Practique los números, según (*according to*) el modelo.

MODELO: 1 señor ⟶ Hay **un** señor.

1. 4 señoras
2. 12 pianos
3. 1 café (*m.*)
4. 21 cafés (*m.*)
5. 14 días

6. 1 clase (*f.*)
7. 21 ideas (*f.*)
8. 11 personas
9. 15 estudiantes
10. 13 teléfonos

11. 28 naciones
12. 5 guitarras
13. 1 león (*m.*)
14. 30 señores
15. 20 oficinas

C. Problemas de matemáticas. Express the following simple mathematical equations in Spanish. Note: + (**y**), − (**menos**), = (**son**).

MODELOS: $2 + 2 = 4$ ⟶ Dos y dos son cuatro.
$4 − 2 = 2$ ⟶ Cuatro menos dos son dos.

1. $2 + 4 = 6$
2. $8 + 17 = 25$
3. $11 + 1 = 12$
4. $3 + 18 = 21$
5. $9 + 6 = 15$
6. $5 + 4 = 9$
7. $1 + 13 = 14$

8. $15 − 2 = 13$
9. $9 − 9 = 0$
10. $13 − 8 = 5$
11. $14 + 12 = 26$
12. $23 − 13 = 10$
13. $1 + 4 = 5$
14. $1 + 3 − 1 = 3$

15. $8 − 7 = 1$
16. $13 − 9 = 4$
17. $2 + 3 + 10 = 15$
18. $28 − 6 = 22$
19. $30 − 17 = 13$
20. $28 − 5 = 23$
21. $19 − 7 = 12$

Conversación

Intercambios (*Exchanges*)

1. ¿Cuántos (*How many*) estudiantes hay en la clase de español? ¿Cuántos estudiantes hay en clase hoy (*today*)? ¿Hay tres profesores o un profesor / una profesora?

2. ¿Cuántos días hay en una semana (*week*)? ¿Hay seis? (**No, no hay...)** ¿Cuántos días hay en un fin de semana (*weekend*)? ¿Cuántos días hay en el mes (*month*) de febrero? ¿en el mes de junio? ¿Cuántos meses hay en un año (*year*)?

3. En una universidad, hay muchos edificios (*many buildings*). En esta (*this*) universidad, ¿hay una cafetería? (**Sí, hay... / No, no hay...)** ¿un teatro? ¿un laboratorio de lenguas (*languages*)? ¿un bar? ¿una clínica? ¿un hospital? ¿un museo? ¿muchos estudiantes? ¿muchos profesores?

Los gustos° y preferencias (Part 1)*

Los... *Likes*

¡OJO!

En español, **fútbol** = *soccer* y **fútbol americano** = *football*.

—¿Te gusta el fútbol?
—Sí, ¡me gusta mucho!
—Y a usted, señor, ¿también le gusta el fútbol?
—No, no me gusta el fútbol, pero sí me gusta el fútbol americano.

El equipo (*team*) nacional español de fútbol, campeón de la Copa del Mundo (*World Cup*) en 2010 (dos mil diez)

Use these patterns with the verb **gustar** to express likes and dislikes.

I like _____.	**Me gusta** _____.
I don't like _____.	**No me gusta** _____.
You (don't) like _____.	**(No) Te gusta** _____. (*familiar*)
	(No) Le gusta _____. (*formal*)
Do you like?	**¿Te gusta** _____? (*familiar*)
	¿(A usted) Le gusta _____? (*formal*)

an infinitive / **un infinitivo** = a verb form that indicates action or state of being without referring to a specific person or time

In the following activities you will use **el** to mean *the* with masculine nouns and **la** with feminine nouns. Don't try to memorize which words are masculine or feminine. Just get used to using **el** and **la** with nouns.

You will also use Spanish verbs in the infinitive form, which always ends in **-r**. Here are some examples: **estudiar** = *to study*, **comer** = *to eat*. You will be able to guess the meaning of other infinitives from context (the surrounding words).

Práctica

A. ¿Yo, tú o usted? Indicate which pronoun you associate with each question or statement.

1. ¿Te gusta la pizza?
2. ¿Le gusta la Coca-Cola?
3. Me gusta mucho el chocolate.

B. Versión bilingüe. Match the ideas.

1. _____ —¿Te gusta esquiar?
   —No, no me gusta.
2. _____ —¿Le gusta esquiar?
   —Sí, me gusta.
3. _____ —Me gusta esquiar.
   —¿Sí? A mí no me gusta.

    a. "Do you (*formal*) like to ski?" "Yes, I like to."
    b. "I like to ski." "Yeah? I don't like to."
    c. "Do you (*familiar*) like to ski?" "No, I don't like to."

"Do you like soccer?" "Yes, I like it a lot!" "And (what about) you, sir, do you also like soccer?" "No, I don't like soccer, but I do like football."

*You will learn more about **gustar** in **Gramática 22** (**Capítulo 8**).*

Conversación

A. Los gustos y preferencias

Paso 1. Make a list of six things you like and six things you don't like, following the model. You may choose items from the **Vocabulario útil** box.

MODELO: Me gusta **la clase de español.** No me gusta **la clase de matemáticas.**

> **Vocabulario útil**
>
> > **Vocabulario útil** is not active; that is, you don't need to focus on learning it. But it will help you do this activity.
>
> **el actor** _____, **la actriz** _____
> **el café, el té, la limonada, la Coca-Cola**
> **el/la cantante** (singer) _____ (**¡OJO!** The word **cantante** is used for both men *and* women.)
> **el cine** (*movies*), **el teatro, la ópera, el arte abstracto, el fútbol**
> **la música moderna, la música clásica, el** *rap,* **la música** *country*
> **la pizza, la pasta, la comida** (*food*) **mexicana, la comida de la cafetería**

1. Me gusta _____. No me gusta _____.
2. _____
3. _____
4. _____
5. _____
6. _____

Paso 2. Now ask a classmate if he or she shares your likes and dislikes.

MODELO: **ESTUDIANTE 1:** ¿Te gusta la clase de español?
       ESTUDIANTE 2: Sí, me gusta (la clase de español).
       ESTUDIANTE 1: ¿Y la clase de matemáticas?
       ESTUDIANTE 2: Sí, también me gusta (la clase de matemáticas).

B. Más gustos y preferencias

Paso 1. Here are some useful verbs and nouns to talk about what you like. For each item, combine an infinitive (shaded) with a noun to form a sentence that is true for you. Can you use context to guess the meaning of verbs you don't know?

MODELO: Me gusta _____. → Me gusta **estudiar inglés.**

1. beber   café   chocolate   limonada   té
2. comer   enchiladas   ensalada   hamburguesas   pasta   pizza
3. estudiar   computación (*computer science*)   español   historia matemáticas
4. hablar   con mis amigos (*with my friends*)   español por teléfono (*on the phone*)
5. jugar   al basquetbol   al béisbol   al fútbol   al fútbol americano al tenis
6. tocar   la guitarra   el piano   el violín

Paso 2. Ask a classmate about his or her likes, using your own preferences as a guide.

MODELO: ¿Te gusta **comer enchiladas?**

Paso 3. Now ask your professor if he or she likes certain things. **¡OJO!** Remember to address your professor in a formal manner if that is his or her preference.

MODELO: ¿Le gusta **jugar al tenis?**

¿Qué hora es?

Es la una.

Son las dos.

Son las cinco.

¿Qué hora es? is used to ask *What time is it?* In telling time, one says *Es la una* but *Son las dos* (**las tres, las cuatro,** and so on).

Es la una y { cuarto. / quince.

Son las dos y { media. / treinta.

Son las cinco y diez.

Son las ocho y veinticinco.

Note that from the hour to the half-hour, Spanish, like English, expresses time by adding minutes or a portion of an hour to the hour.

Son las dos menos { cuarto. / quince.

Son las ocho menos diez.

Son las once menos veinte.

From the half-hour to the hour, Spanish usually expresses time by subtracting minutes or a part of an hour from the *next* hour.

¡OJO!

Es la… / Son las… = to tell time
A la… / A las… = to tell *at* what time something happens

Nota **comunicativa**

Cómo expresar la hora

de la mañana	A.M., in the morning
de la tarde	P.M., in the afternoon (and early evening)
de la noche	P.M., in the evening
en punto	exactly, on the dot, sharp
¿a qué hora… ?	(at) what time . . . ?
a la una (las dos,…)	at 1:00 (2:00, . . .)
Son las cuatro **de la tarde en punto.**	It's exactly 4:00 P.M.
—**¿A qué hora** es la clase de español?	"What time is Spanish class (at)?"
—Es **a las** once **de la mañana.**	"It's at 11:00 A.M."

Práctica

A. ¡Atención! Listen as your instructor says a time of day. Find the clock face that corresponds to the time you heard and say its number in Spanish.

1.

2.

3.

4.

5.

6.

7.

B. ¿Qué hora es? Express the time in full sentences in Spanish.

1. 1:00 P.M.
2. 6:00 P.M.
3. 11:00 A.M.

4. 1:30
5. 3:15
6. 6:45

7. 4:15
8. 11:45 exactly
9. 9:10 on the dot

10. 9:50 sharp

Conversación

A. Entrevista

Paso 1. Ask a classmate at what time the following events or activities take place. He or she will answer according to the cue.

MODELO: la clase de español (10:00 A.M.) →
    ESTUDIANTE 1: ¿A qué hora es la clase de español?
    ESTUDIANTE 2: A las diez de la mañana… ¡en punto!

1. la clase de francés (1:45 P.M.)
2. la sesión de laboratorio (3:10 P.M.)
3. la excursión (8:45 A.M.)

4. el concierto (7:30 P.M.)
5. la clase de física (11:50 A.M.)
6. la fiesta (10:00 P.M.)

Paso 2. Now ask at what time your partner likes to perform these activities. He or she will provide the necessary information.

MODELO: cenar (*to have dinner*) →
    ESTUDIANTE 1: ¿A qué hora te gusta cenar?
    ESTUDIANTE 2: Me gusta cenar a las ocho de la noche.

1. almorzar (*to have lunch*)
2. mirar (*to watch*) la television
3. ir (*to go*) al (*to the*) gimnasio

4. ir al cine
5. estudiar
6. ir a una fiesta

B. Una situación en la calle (*street*)**.** Complete el diálogo con un compañero / una compañera.

SR. ROLDÁN: Buenos días, Sra. Valdés. ¿Cómo _____?
SRA. VALDÉS: Muy bien. ¿_____, Sr. Roldán?
SR. ROLDÁN: _____. Perdón, ¿qué hora _____?
SRA. VALDÉS: _____ las _____ (*6:30*), señor.
SR. ROLDÁN: _____ gracias, señora.

> ▶ **Mundo interactivo**
>
> You should now be prepared to work with Scenario 1, Activity 2 in Connect Spanish (**www.connectspanish.com**).

Pronunciación: Las vocales:° a, e, i, o, u

vowels

There is a very close relationship between the way Spanish is written and the way it is pronounced. This makes it relatively easy to learn the basics of Spanish spelling and pronunciation.

Many Spanish sounds, however, do not have an exact equivalent in English, so you can't always trust English to be your guide to Spanish pronunciation. Even words that are spelled the same in both languages are usually pronounced quite differently.

English vowels can have many different pronunciations or may be silent. Spanish vowels are always pronounced, and they are almost always pronounced in the same way. They are always short and tense. They are never drawn out with a *u* or *i* glide as in English: **lo** ≠ *low*; **de** ≠ *day*.

> **a:** pronounced like the *a* in *father*, but short and tense
> **e:** pronounced like the *e* in *they*, but without the *i* glide
> **i:** pronounced like the *i* in *machine*, but short and tense*
> **o:** pronounced like the *o* in *home*, but without the *u* glide
> **u:** pronounced like the *u* in *rule*, but short and tense

Práctica

A. Palabras (*Words*). Repeat the following words after your instructor.

1. hasta tal nada mañana natural normal fascinante
2. me qué Pérez Elena rebelde excelente elegante
3. sí señorita permiso terrible imposible tímido Ibiza
4. yo con como noches profesor señor generoso
5. uno usted tú mucho Perú Lupe Úrsula

B. Las naciones

Paso 1. Here is part of a rental car ad in Spanish. Say aloud the names of the countries where you can find this company's offices. Can you recognize all of the countries?

Paso 2. Find the following information in the ad.

1. How many cars does the agency have available?
2. How many offices does the agency have?
3. What Spanish word expresses the English word *immediately*?

ai **Ansa International**

RENT A CAR

Si necesita un coche para su trabajo o placer, nosotros tenemos el adecuado para Vd.

Con una flota de 40.000 coches y 1.000 oficinas, estamos a su servicio en los siguientes países:

● ALEMANIA
● ARABIA SAUDITA
● ARGENTINA
● AUSTRIA
● BELGICA
● BRASIL
● CHIPRE
● DINAMARCA
● ESPAÑA
● FINLANDIA
● FRANCIA
● GRAN BRETAÑA
● GRECIA
● HOLANDA
● IRLANDA
● ISLANDIA
● ITALIA
● JAMAICA
● LUXEMBURGO
● MALASIA
● MARRUECOS
● MARTINICA
● PARAGUAY
● PORTUGAL
● SUECIA
● SUIZA
● URUGUAY
● U.S.A.

En la mayoría de los casos, podemos confirmar su reserva inmediatamente.

Cuando esto no sea posible, su reserva le será confirmada en un plazo máximo de 48 horas.

---

*The word **y** [and] is also pronounced like the letter **i**.

TELEPUNTOS

Mundo interactivo

You've been selected to work as an intern at a Spanish-language news station, HispanaVisión! Laura Sánchez Tejada will direct you to complete a series of tasks for the *Salu2* program. Work with Laura on Scenario 1, Activities 1 and 2 in Connect Spanish (**www.connectspanish.com**).

Antes de mirar°   Antes... *Before watching*

What is a morning news and talk television show usually like? Check all of the phrases that apply.

- ☐ un poco (*a little*) cómico
- ☐ un poco serio
- ☐ informativo
- ☐ muy dramático
- ☐ para (*for*) una audiencia diversa
- ☐ solo para las personas mayores (*only for older people*)

El presentador Víctor Gutiérrez es de California, de origen mexicano. La presentadora Ana García Blanco es de Panamá, pero ahora vive (*she now lives*) en Los Ángeles. La reportera es Laura Sánchez Tejada. Es de México.

PROGRAMA **1:**   ¡Salu2 desde° Los Ángeles!   *from*

You will not understand every word of *Salu2*, the morning television show that you are about to see, but you will easily be able to get the gist of the show and understand most of the greetings.

> Reading part of the script before watching each segment of *Salu2* will help you understand more of the show.

> These words and phrases (given in the order in which they appear in the show) will help you understand more when you watch this episode.

Fragmento del guion°   *script*

VÍCTOR: Muchas gracias, Laura. La presencia del español en la ciudad de Los Ángeles es impresionante, ¿no crees,[a] Ana?

ANA: Absolutamente. Y personas de todo tipo hablan español, no solo los hispanos. Bueno, es hora de decir[b] adiós por hoy. Espero que les haya gustado nuestro primer programa.[c] Nos vemos muy pronto.

VÍCTOR: Desde el estudio de *Salu2* en la ciudad de Los Ángeles, California, les mandamos[d] saludos a todos los telespectadores y esperamos verlos en nuestro próximo programa.[e] ¡Hasta entonces![f]

[a]¿no... *don't you think* [b]es... *it's time to say* [c]Espero... *I hope you liked our first program.* [d]les... *we send* [e]esperamos... *we hope to see you at our next program* [f]¡Hasta... *Until then!*

Vocabulario **de este° programa**   *this*

hoy les presentamos	today we're introducing . . . to all of you
un nombre	a name
los hispanohablantes	Spanish-speakers
antiguo	former
la ciudad	the city
el país	the country, nation
vamos a hablar/ escuchar	we're going to talk/listen to
cuarenta y ocho	forty-eight
les saludo	I'm greeting all of you
la playa	the beach
disculpa	pardon me
¿de dónde vienes?	**¿de dónde eres?**
(yo) vengo de	**(yo) soy de**

> If you scan **Después de mirar** *before* watching the show, you will understand more of what is in the program.

Después de mirar°

Después... *After watching*

¿Está claro? ¿Cierto o falso? Corrija (*Correct*) las oraciones falsas.

CIERTO FALSO

1. *Salu2* es un programa matinal (*morning*) de televisión.   ☐ ☐
2. Es un programa informativo para un público hispanohablante diverso.   ☐ ☐
3. El estudio está en San Francisco.   ☐ ☐
4. Hay tres presentadores (*anchors*) y una reportera.   ☐ ☐
5. Pocas (*Few*) personas hablan español en Los Ángeles.   ☐ ☐

Producción personal

Filme los saludos de dos o tres personas en español.

A LEER°

La geografía del mundo° hispano

world

Introducción

La geografía del mundo hispano es muy variada. ¡Hay de todo^a!

En América

La <u>cordillera</u> de los Andes, Chile

En México y la América Central hay muchos <u>volcanes</u> activos. También hay volcanes en la <u>cordillera</u> de los Andes, que cruza^b Sudamérica en el oeste del continente. En la Argentina y el Uruguay hay vastas <u>pampas.</u> En partes de Venezuela, Colombia, el Ecuador y el Perú hay regiones tropicales de <u>selvas</u> densas. En el Perú está^c el inmenso <u>río</u> Amazonas (que cruza también el Brasil, donde se habla portugués). El enorme lago Titicaca está en una <u>meseta</u> entre^d Bolivia y el Perú.

En el Caribe

Una <u>playa</u> de Puerto Rico

Cuba, Puerto Rico y la República Dominicana son tres <u>islas</u> situadas en el <u>mar</u> Caribe. Las <u>playas</u> del Caribe y de la Península de Yucatán son^e populares entre^f los turistas de todo^g el mundo.

^ade... *a bit of everything* ^bque... *that crosses* ^c*is* ^d*between* ^e*are* ^f*among* ^g*all around*

En la <u>Península</u> Ibérica y África

Una <u>meseta</u> de La Mancha, España

España comparte[h] la <u>Península</u> Ibérica con Portugal (donde también se habla portugués). España tiene una geografía muy variada. En el norte están los Pirineos, la <u>cordillera</u> que separa España del resto de Europa. El país[i] está rodeado de[j] una <u>costa</u> magnífica. La Guinea Ecuatorial está en la <u>costa</u> oeste del continente de África y en varias <u>islas</u>.

[h]*shares* [i]*country* [j]*rodeado… surrounded by*

¿Y las ciudades[k]?

Es importante mencionar las ciudades del mundo hispano. Hay ciudades fascinantes de una gran diversidad histórica y cultural: Madrid, España; San Juan, Puerto Rico; México, D.F. (Distrito Federal); Antigua, Guatemala; Cusco, Perú; Buenos Aires, Argentina; y muchas más.[l]

[k]*cities* [l]*muchas… many more*

Comprensión

Ejemplos (*Examples*). Give examples of similar geographical features found in this country or close to it. Then give examples from the Spanish-speaking world.

MODELO: un río ⟶ *the Mississippi*, el río Orinoco

1. un lago
2. una cordillera
3. un río
4. una isla
5. una playa
6. una costa
7. un mar
8. un volcán
9. una península

La ciudad de Montevideo, Uruguay

EN RESUMEN En este capítulo

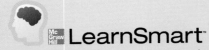 **LearnSmart**

Visit **www.connectspanish.com** to practice the vocabulary and grammar points covered in this chapter.

Vocabulario

Although you have used and heard many words in this first chapter of *Puntos de partida*, the following words are the ones considered to be active vocabulary. Be sure that you know all of them, including the meaning of the group titles, before beginning **Capítulo 2.**

Saludos y expresiones de cortesía

**Buenos días. Buenas tardes. Buenas noches.
  Muy buenas.
¡Hola! ¿Qué tal? ¿Cómo está? ¿Cómo estás?
Muy bien. Regular. Bien.
¿Y tú? ¿Y usted?
Adiós. Hasta mañana. Hasta luego. Nos vemos.**

**¿Cómo te llamas? ¿Cómo se llama usted?
  Me llamo _____.**

**¿De dónde eres (tú)? ¿De dónde es (usted)?
  (Yo) Soy de _____.**

**señor (Sr.), señora (Sra.), señorita (Srta.)
profesor, profesora**

**Gracias. Muchas gracias.
De nada. No hay de qué.
Por favor. Perdón. (Con) Permiso.
Mucho gusto. Igualmente. Encantado/a.**

el saludo   greeting

¿Cómo es usted?

All forms of infinitives highlighted in **red** can be found in Appendix 5.

ser: soy, eres, es

Los números del 0 al 30

cero	diez	veinte
uno	once	treinta
dos	doce	
tres	trece	
cuatro	catorce	
cinco	quince	
seis	dieciséis	
siete	diecisiete	
ocho	dieciocho	
nueve	diecinueve	

Los gustos y preferencias

**¿Te gusta _____? ¿(A usted) Le gusta _____?
(Sí,) Me gusta _____. (No,) No me gusta _____.**

los gustos   likes

¿Qué hora es?

**es la... , son las...
y/menos cuarto (quince)
y media (treinta)
en punto
de la mañana (tarde, noche)
¿a qué hora... ?, a la(s)...**

Las palabras interrogatives

¿cómo?	how?; what?
¿dónde?	where?
¿qué?	what?
¿quién?	Who?

Palabras adicionales

sí/no	yes/no
hay	there is/are
no hay	there is not / are not
¿hay?	is there / are there?
hoy/mañana	today/tomorrow
y/o	and/or
a	to; at (*with time*)
de	of; from
en	in; on; at
pero	but
también	also
la palabra	word

Vocabulario personal

Use this space for other words and phrases you learn in this chapter.

Español	Inglés

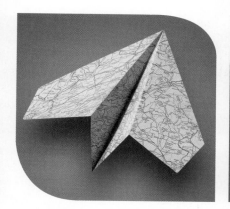

An Introduction to the Rest of...

Puntos de partida

Each chapter of the rest of this textbook has a chapter theme and follows a consistent organization. In addition, every chapter focuses on one or more countries of the Spanish-speaking world.

Puntos de partida

The opening pages of the chapter: Here you will begin to learn about the country or countries of focus as well as see an overview of the chapter's vocabulary and grammar content in **En este capítulo.**

Vocabulario: Preparación: This section presents vocabulary related to each chapter's theme.

Pronunciación: Found in **Capítulos 2–4,** this section presents important aspects of Spanish pronunciation and orthography.

Gramática: This section presents grammar points in context and offers many opportunities for you to practice Spanish, alone and with a partner or group. In a subsection of **Gramática** called **Un poco de todo** (*A bit of everything*), you will practice all of the grammar points from the chapter plus review important grammar topics from previous chapters.

TelePuntos: Here you can watch a video to learn more about what's happening in the Spanish-speaking world, as well as about the hosts of *Salu2* **(Saludos),** a Spanish-language news program from the Los Angeles area that you learned about in **Capítulo 1.**

A leer (*Let's read*)**:** In this reading section, you will learn more about the chapter's country of focus (**Lectura cultural**) and also read authentic materials from the Spanish-speaking world (**Del mundo hispano**), including literature.

A escuchar (*Let's listen*)**:** On this page you will practice authentic listening tasks and learn about Hispanic music.

A escribir (*Let's write*)**:** Here you will practice real-world writing tasks in Spanish.

En resumen: En este capítulo: This section shows you vocabulary and grammar you need to know from each chapter.

2

En la universidad

En un salón de clase universitario

- Are there many Hispanic students at your college or university? What about Hispanic professors?

- What languages are taught on your campus? Which is the most popular?

- Is there a foreign language requirement on your campus? Are there requirements for math or science?

www.connectspanish.com

Los Estados Unidos de América

310 (trescientos diez) millones de habitantes

- En los Estados Unidos hay más de 50 (cincuenta) millones de personas de origen hispano.

- Es el cuarto (*fourth*) país del mundo por (*country of the world in*) número de hispanohablantes.

- En todo el territorio estadounidense, especialmente en el suroeste, hay lugares (*places*) con nombres (*names*) en español.

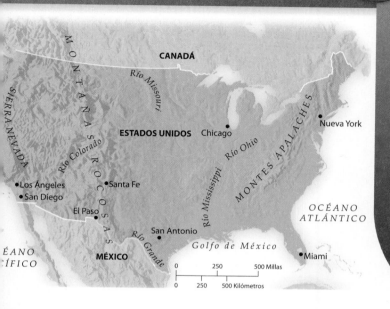

En este capítulo

VOCABULARIO

Preparación

En el salón de clase

el pizarrón (blanco)

la profesora

el profesor

la ventana

la puerta

la estudiante

el libro de texto

la silla

el diccionario

Rosa

la estudiante

el libro

el lápiz

la mesa

la mochila

Javier

el cuaderno

el papel

Paco

Nina

la calculadora

el teléfono celular

el escritorio

el bolígrafo

la computadora portátil

¿DÓNDE? Lugares en la universidad

la biblioteca	the library
la cafetería	the cafeteria
el edificio	the building
la librería	the bookstore
la oficina	the office
la residencia	the dormitory
el salón de clase	the classroom

¿QUIÉN? Personas

el bibliotecario	the (male) librarian
la bibliotecaria	the (female) librarian
el compañero (de clase)	the (male) classmate
la compañera (de clase)	the (female) classmate

el compañero de cuarto	the (male) roommate
la compañera de cuarto	the (female) roommate
el consejero	the (male) advisor
la consejera	the (female) advisor
el hombre	the man
la mujer	the woman
el secretario	the (male) secretary
la secretaria	the (female) secretary

¿QUÉ? Objetos

la computadora (portátil)	(laptop) computer
el dinero	money
el pizarrón (blanco)	(white) board
el teléfono (celular)	(cellular) telephone

Conversación

A. Identificaciones. ¿Es hombre o mujer?

MODELO: ¿El profesor? → Es hombre.

1. ¿La consejera?
2. ¿La estudiante?
3. ¿El secretario?
4. ¿El estudiante?
5. ¿La bibliotecaria?
6. ¿El compañero de cuarto?

B. ¿Dónde están (*are they*)**?** Tell where these people are and identify the numbered people and things.

MODELO: El dibujo 1: **Están** en el salón de clase.
1 → la profesora, 2 → la estudiante,...

Así se dice

el bolígrafo = la pluma, el birome, el esfero
la calculadora = la máquina de calcular
la computadora = el computador (*Latin America*),
 el ordenador (*Spain*)
la computadora portátil = el portátil (*Latin America, Spain*)
el escritorio = el mesabanco
el pizarrón = el encerado, la pizarra, el tablero
el salón de clase = el aula, la sala (de clase)

In general, use **el profesor / la profesora** to refer to a college teacher, or **el doctor / la doctora**, as appropriate. However, there are many institutional and national differences in usage. Ask your instructor what title to use to address or refer to him or her.

Young people often shorten some words. Can you guess what **el boli** and **la profe** mean?

1.

2.

3.

Nota cultural

Las universidades en el mundo° hispano
world

Las universidades más antiguas[a] del mundo hispano que funcionan todavía[b] son las siguientes.[c]

En España
- la Universidad de Salamanca, Salamanca (1220 = mil doscientos veinte)

En la América Latina
- la Universidad de San Marcos, ahora[d] la Universidad Nacional Mayor de San Marcos, Lima, Perú (1551 = mil quinientos cincuenta y uno)
- la Universidad de Córdoba, ahora la Universidad Nacional de Córdoba, Argentina (1621 = mil seiscientos veintiuno)
- la Universidad San Francisco Xavier de Chuquisaca, Sucre, Bolivia (1624 = mil seiscientos veinticuatro)
- la Universidad de San Carlos de Guatemala, Antigua, Guatemala (1676 = mil seiscientos setenta y seis)
- la Universidad de San Antonio Abad, ahora la Universidad Nacional de San Antonio Abad del Cusco, Perú (1692 = mil seiscientos noventa y dos)

El *campus* de la Universidad de San Marcos, en Lima, Perú

- la Universidad de San Jerónimo, ahora la Universidad de La Habana, Cuba (1728 = mil setecientos veintiocho)

¿Cuál es la universidad más antigua de su país[e]?

[a]más… *oldest*   [b]que… *that are still in existence*   [c]las… *the following*   [d]*now*   [e]su… *your country*

Las materias°

Las… *Subject areas*

The names for most of these subject areas are cognates. See if you can recognize their meaning without looking at the English equivalent. You should learn in particular the names of subject areas that are of interest to you.

la administración de empresas	business administration
las comunicaciones	communications
la economía	economics
el español	Spanish
la filosofía	philosophy
la literatura	literature
las matemáticas	mathematics
la sociología	sociology

la computación

el arte

la química

la física

$E = MC^2$

la sicología

Rosa

Javier

la historia

el inglés

English 101

Así se dice

la administración de empresas = el comercio, los negocios (*U.S.*)
la computación = la informática (*Spain*)
el español = el castellano (*Spain, Latin America*)

las ciencias	sciences
naturales	natural
políticas	political
sociales	social
las humanidades	humanities
las lenguas (extranjeras)	(foreign) languages

Conversación

A. Asociaciones. ¿Qué materia(s) asocia usted con (*with*) las siguientes (*following*) personas y cosas (*things*)?

1. Watson and Crick
2. el doctor Sigmund Freud, el profesor B.F. Skinner
3. CNN, NBC, ESPN
4. Sócrates, Aristóteles
5. Gabriel García Márquez, J.K. Rowling
6. Frida Kahlo, Pablo Picasso
7. Microsoft, IBM
8. la civilización azteca, la Guerra (*War*) Civil americana

B. ¿Qué estudia usted? Create sentences about your academic interests by using one word or phrase from each column. Can you guess the meaning of the phrases in the left-hand column? If you need help, they are translated at the bottom of the page*.

1. (No) Estudio _____.
2. (No) Deseo estudiar _____.
3. (No) Necesito estudiar _____.
4. (No) Me gusta estudiar _____.

+

español, francés, inglés
arte, filosofía, literatura, música
ciencias políticas, historia
antropología, sicología, sociología
biología, física, química
matemáticas, computación
¿ ?

Vocabulario **útil**

la contabilidad	accounting
la ingeniería	engineering
el mercadeo	marketing
el periodismo	journalism

These boxes will help you review content you already know on which new material is based.

 **¿Recuerda usted?°**

¿Recuerda... *Do you remember?*

In **Capítulo 1,** you used a number of interrogative words to get information: **¿cómo?, ¿dónde?, ¿qué?,** and **¿quién?** What do those words mean in the following sentences?

1. ¿Cómo estás?
2. ¿Cómo es usted?
3. ¿De dónde eres?
4. ¿Qué hora es?
5. ¿Quién es la consejera?

As you listen to your instructor say questions with those words, you will notice that, in Spanish, the voice falls at the end of questions that begin with interrogative words.

¿Qué hora es?   ¿Cómo es usted?

You will learn more about interrogatives in the **Nota comunicativa** on the next page and in **Gramática 4** in this chapter.

an interrogative word / **una palabra interrogativa** = a word used to ask a question about specific information (*who?, where?,* and so on)

---

*1. *I'm studying (I'm not studying)* 2. *I want to study (I don't want to study)* 3. *I need to study (I don't need to study)* 4. *I like to study (I don't like to study)*

Nota **comunicativa**

C. Intercambios (*Exchanges*)

¿Dónde le gusta estudiar a usted?

Paso 1. Answer the following questions. Pay attention to the words and endings in bold—you have seen most of them before and should be able to guess what they mean.

1. —¿Qué **estudias** este (*this*) semestre/trimestre?
   —**Estudio** _____.

2. —¿Cuál es **tu** (*your*) materia favorita?
   —**Mi** materia favorita es el/la _____.

3. —¿Quién es **tu** profesor favorito o profesora favorita?
   —**Mi** profesor favorito / profesora favorita es
   _____. Es el profesor / la profesora
   de _____ (materia).

4. —¿Cuántas horas **estudias** por día (*per day*)?
   —**Estudio** _____ horas por día.

5. —¿Dónde **estudias**?
   —**Estudio** en _____ (la residencia, la biblioteca, mi
   cuarto, la cafetería…).

6. —¿**Te gusta** estudiar por (*in*) la mañana, por la tarde o por la noche
   (*at night*)?
   —**Me gusta** estudiar por _____.

Paso 2. Now practice the conversation in **Paso 1** with a classmate. Use **¿Y tú?** to ask about your partner.

MODELO: ESTUDIANTE 1: ¿Qué **estudias** este semestre/trimestre?
ESTUDIANTE 2: **Estudio** matemáticas, historia, literatura y español. ¿Y tú?
ESTUDIANTE 1: **Yo estudio** español, biología, física y arte.

> ▶ **Mundo interactivo**
>
> You should now be prepared to work with Scenario 1, Activity 3 in Connect Spanish (**www.connectspanish.com**).

PRONUNCIACIÓN

Diphthongs and Linking

¿Recuerda usted?

Review what you already know about the pronunciation of Spanish vowels by saying the following names and nicknames aloud.

1. Ana   **2.** Pepe   **3.** Pili   **4.** Momo   **5.** Lulú

Two successive weak vowels (**i, u**) or a combination of a strong vowel (**a, e, o**) and a weak vowel (**i, u**) are pronounced as a single syllable in Spanish, forming a *diphthong* (**un diptongo**): **Lu**is, s**ie**te, c**ua**derno.

    When words are combined to form phrases, clauses, and sentences, they are linked together in pronunciation. In spoken Spanish, it is often difficult to hear the word boundaries—that is, where one word ends and another begins.

> *a diphthong /* **un diptongo** = a combination of two vowel sounds in one syllable

Práctica

A. Vocales. Más práctica con las vocales.

1. hablar	regular	reservar	compañera
2. trece	clase	papel	general
3. pizarrón	oficina	bolígrafo	libro
4. hombre	profesor	dólares	los
5. universidad	gusto	lugar	mujer

B. Diptongos. Practique las siguientes (*following*) palabras.

1. historia	secretaria	gracias	estudiante	materia
2. bien	Oviedo	siete	ciencias	diez
3. secretario	biblioteca	adiós	diccionario	Antonio
4. cuaderno	Eduardo	el Ecuador	Guatemala	Managua
5. bueno	nueve	luego	pueblo	Venezuela

C. Frases y oraciones (*sentences*). Practice saying each phrase or sentence as if it were one long word, pronounced without a pause.

1. el papel y el lápiz
2. la profesora y la estudiante
3. las ciencias y las matemáticas
4. la historia y la sicología
5. la secretaria y el profesor
6. el inglés y el español
7. la clase en la biblioteca
8. el libro en la librería
9. Es la una y media.
10. Hay siete estudiantes en la oficina.
11. No estoy muy bien.
12. No hay consejero aquí (*here*).

GRAMÁTICA

¿Recuerda usted?

As you know, in English and in Spanish, a noun is the name of a person, place, thing, or idea. You have been using nouns since the beginning of *Puntos de partida*. Remember that **el** and **la** mean *the* before nouns. If you can change the Spanish words for *the* to *one* in the following phrases, you already know some of the material in **Gramática 1**.

1. el libro   **2.** la mesa   **3.** el profesor   **4.** la estudiante

1 Naming People, Places, Things, and Ideas (Part 1)
Singular Nouns: Gender and Articles*

Grammar Tutorial 1
Mc Graw Hill **connect** | SPANISH
www.connectspanish.com

Gramática en acción: La lista de José María

> Note the use of **red** in **Gramática en acción** to indicate examples of the grammar point of focus.

Para Español 30 / Profesor Durán
• un diccionario español-inglés
• la novela Don Quijote
• un cuaderno

Para Cálculo 2 / Profesora Lifante
• los libros de texto (2)
• una calculadora
• la tarjeta de acceso para el cuaderno en línea
• un cuaderno

Y
• una agenda
• unos bolígrafos

Comprensión

	CIERTO	FALSO
1. La profesora de matemáticas es la profesora Durán.	☐	☐
2. El cuaderno es para (*for*) la clase de literatura.	☐	☐
3. La agenda es para la clase de matemáticas.	☐	☐

You use nouns to name people, places, things, and ideas. In Spanish, all *nouns* (**los sustantivos**) have either masculine or feminine *gender* (**el género**). This is a purely grammatical feature; it does not mean that Spanish speakers perceive things or ideas as having male or female attributes.

Since the gender of all nouns must be memorized, it is best to learn the definite article along with the noun; that is, learn **el lápiz** rather than just **lápiz.** The definite article is given with nouns in vocabulary lists in this book.

José María's list *For Spanish 30 / Professor Durán • a Spanish-English dictionary • the novel Don Quijote • a notebook. For Calculus 2 / Professor Lifante • the textbooks (2) • a calculator • the access card for the online workbook • a notebook. And • a calendar/datebook • a few ballpoint pens*

*The grammar sections of Puntos de partida *are numbered consecutively throughout the book. If you need to review a particular grammar point, the index will refer you to its page number.*

Nouns / **Los sustantivos**				
	Masculine / **Masculino**		Feminine / **Femenino**	
Definite Articles / **Los artículos definidos**	el hombre el libro	the man the book	la mujer la mesa	the woman the table
Indefinite Articles / **Los artículos indefinidos**	un hombre un libro	a man a book	una mujer una mesa	a woman a table

an article / **un artículo** = a determiner that sets off a noun

a definite article / **un artículo definido** = an article that indicates a specific noun (*the*)

an indefinite article / **un artículo indefinido** = an article that indicates an unspecified noun (*a, an*)

Note the two-column format of grammar explanations. Explanations are on the left, examples are on the right, and red highlighting will help you see what's important.

Gender / **El género**

1. Masculine Nouns

Nouns that refer to male beings and most other nouns that end in **-o** are *masculine* (**masculino**) in gender.

sustantivos masculinos | hombre, libro

2. Feminine Nouns

Nouns that refer to female beings and most other nouns that end in **-a**, **-ión**, **-tad**, and **-dad** are *feminine* (**femenino**) in gender.

sustantivos femeninos | mujer, mesa, nación, libertad, universidad

3. Other Endings

Nouns that have other endings and that do not refer to either male or female beings may be masculine or feminine. The gender of these words must be memorized.

el lápiz, el papel, el salón de clase
la clase, la noche, la tarde

4. Spelling Changes

Many nouns that refer to people indicate gender . . .

- by changing the last vowel

    OR

el compañero   ⟶   la compañera
el bibliotecario   ⟶   la bibliotecaria

- by adding **-a** to the last consonant of the masculine form to make it feminine

un profesor   ⟶   una profesora

5. Articles and *e* ⟶ *a*

Many other nouns that refer to people have a single form for both masculine and feminine genders. Gender is indicated by an article.

However, a few such nouns that end in **-e** also have a feminine form that ends in **-a**.

Masculino	**Femenino**
el estudiante	la estudiante
el dentista	la dentista
el presidente	la presidenta
el cliente	la clienta
el dependiente (*clerk*)	la dependienta

¡OJO!

A common exception to the normal rules of gender is the word **el día**, which is masculine in gender. Many words ending in **-ma** are also masculine: **el problema, el programa, el sistema,** and so on.

Articles / Los artículos

1. Definite Articles

In English, there is only one *definite article* (**el artículo definido**): *the*. In Spanish, there are two definite articles for singular nouns, one masculine (**el**) and one feminine (**la**).

> **Artículo definido:** *the*
> m. sing. → **el**
> f. sing. → **la**

2. Indefinite Articles

In English, the singular *indefinite article* (**el artículo indefinido**) is *a* or *an*. In Spanish, the indefinite article, like the definite article, must agree with the gender of the noun: **un** for masculine nouns, **una** for feminine nouns. **Un** and **una** can mean *one* or *a/an*, depending on context.

> **Artículo indefinido:** *a, an*
> m. sing. → **un**
> f. sing. → **una**

> **¡OJO!**
> Only the *indefinite* article (never the definite article) is used directly after the word **hay:** Hay **un** libro / **unos** cuadernos en la mesa.

Gender Summary

MASCULINO	FEMENINO
el, un	**la, una**
-o	-a
-ma	-ión
	-dad, -tad

Autoprueba

Brief **Autopruebas** (*Self-tests*) appear at the end of grammar explanations. Take them to see if you understand the basics of the grammar point.

Give the correct definite article: **el** or **la.**

1. _____ libro
2. _____ mujer
3. _____ oficina
4. _____ escritorio
5. _____ libertad
6. _____ acción

Answers: 1. *el* 2. *la* 3. *la* 4. *el* 5. *la* 6. *la*

Práctica

A. Los artículos

Paso 1. Dé (*Give*) el artículo definido apropiado (**el, la**).

1. escritorio
2. biblioteca
3. bolígrafo
4. mochila
5. hombre
6. diccionario
7. universidad
8. dinero
9. mujer
10. nación
11. bibliotecario
12. calculadora

Paso 2. Ahora (*Now*) dé el artículo indefinido apropiado (**un, una**).

1. día
2. mañana
3. problema
4. lápiz
5. clase
6. papel
7. condición
8. programa

B. Escenas de la universidad

Paso 1. Haga una oración (*Form a sentence*) con las palabras indicadas.

MODELO: estudiante / librería → Hay un estudiante en la librería.

1. consejero / oficina
2. profesora / salón de clase
3. lápiz / mesa
4. cuaderno / escritorio
5. libro / mochila
6. bolígrafo / silla
7. palabra / papel
8. oficina / residencia
9. compañero / biblioteca
10. diccionario / librería

Paso 2. Now create new sentences by changing one of the words in each item in **Paso 1.** Try to come up with as many variations as possible.

MODELOS: Hay un estudiante en la residencia. Hay una profesora en la librería.

Conversación

A. Definiciones. En parejas (*pairs*), definan las siguientes palabras en español, según (*according to*) el modelo.

MODELO: biblioteca / ¿ ? → ESTUDIANTE 1: ¿Qué es una biblioteca?
ESTUDIANTE 2: Es un edificio.

Categorías: edificio, materia, objeto, persona

1. cliente / ¿ ?
2. bolígrafo / ¿ ?
3. residencia / ¿ ?

4. dependienta / ¿ ?
5. hotel (*m.*) / ¿ ?
6. computadora / ¿ ?

7. computación / ¿ ?
8. inglés / ¿ ?
9. ¿ ?

B. Nuestra (*Our*) universidad. En parejas, hagan oraciones (*form sentences*) sobre su (*about your*) universidad.

MODELOS: mi consejero/a → El profesor Márquez es mi consejero.
cafetería → Hay una cafetería. Se llama (*It's called*) Foster Hall.

1. mi consejero/a
2. mi profesor(a) de _____ (materia)
3. edificio de _____ (materia)

4. biblioteca principal
5. cafetería
6. edificio de clases

---

2 Naming People, Places, Things, and Ideas (Part 2)
Nouns and Articles: Plural Forms

Grammar Tutorial 2
McGraw Hill **connect** |SPANISH
www.connectspanish.com

Gramática en acción: Un anuncio

Cursos de Idiomas en el **Extranjero**[a]

Financiación **SIN INTERESES** en 3, 6 ó 12 meses

- Cursos para jóvenes de 7 a 17 años
- Cursos para adultos a partir de 18 años
- Cursos en Universidades: Idioma general y/o técnico
- Minimasters en Universidades
- USA, Inglaterra e Irlanda
- Programa residencial en Sevilla y/o Madrid con inglés
- Preparación para TOEFL, GMAT, SAT, GRE, USMLE
- Cursos de idiomas en Madrid

Instituto ProLengua ofrece pagar su curso aplazado en 3, 6 ó 12 meses

INSTITUTO PROLENGUA

Infórmate
902-253 797

[a]en... *abroad*

You don't have to understand all of the words in this ad (**anuncio**) to get its general meaning.

Comprensión

1. How many nouns (including proper nouns) can you find in the ad? Can you guess the meaning of most of them?

2. Some of the nouns in the ad are plural. Can you tell how to make nouns plural in Spanish?

3. Look for the Spanish equivalent of these words: *adults, preparation, program, courses.*

4. The word **idioma** is a false cognate; it never means *idiom*. What do you think it means?

	Singular	Plural	
Nouns Ending in a Vowel	el libro la mesa un libro una mesa	los libros las mesas unos libros unas mesas	the books the tables some books some tables
Nouns Ending in a Consonant	la universidad un papel	las universidades unos papeles	the universities some papers

1. Plural Endings

Spanish nouns that end in a vowel form plurals by adding **-s.** Nouns that end in a consonant add **-es.** Nouns that end in the consonant **-z** change the **-z** to **-c** before adding **-es: lápiz** ⟶ **lápices.**

Sustantivos plurales

vowel + **-s**
consonant + **-es**
-z ⟶ **-ces**

2. Plural of Articles

The definite and indefinite articles also have plural forms: **el** ⟶ **los, la** ⟶ **las, un** ⟶ **unos, una** ⟶ **unas. Unos** and **unas** mean *some, several,* or *a few.*

Artículos plurales

el ⟶ **los**   **un** ⟶ **unos**
la ⟶ **las**   **una** ⟶ **unas**

3. Groups of People

In Spanish, the masculine plural form of a noun is used to refer to a group that includes both males and females.

los amigos = *the friends* (all male or both male and female)
las amigas = *the friends* (only female)
unos extranjeros = *some foreigners* (all male or both male and female)
unas extranjeras = *some foreign women*

Plural Forms Summary

el ⟶ **los**   **un** ⟶ **unos**
la ⟶ **las**   **una** ⟶ **unas**

vowel + **-s**
consonant + **-es**
-z ⟶ **-ces**

Autoprueba

Match the noun with the correct article.

1. libros   a. el
2. hombre   b. las
3. librería   c. los
4. profesoras d. una

Answers: 1. c 2. a 3. d 4. b

Práctica

A. Singular ⟶ plural. Dé (*Give*) la forma plural.

1. la mesa
2. el papel
3. el amigo
4. la oficina
5. un cuaderno
6. un lápiz
7. una universidad
8. un bolígrafo
9. un teléfono

B. Plural ⟶ singular. Dé la forma singular.

1. los profesores
2. las computadoras
3. las bibliotecarias
4. los estudiantes
5. unos hombres
6. unas tardes
7. unas residencias
8. unas sillas
9. unos escritorios

Conversación

A. Identificaciones. Nombre (*Name*) las personas, los objetos y los lugares.

MODELOS: Hay _____ en _____. → Hay **unos estudiantes** en **el salón de clase.**
Hay **un profesor** en **el laboratorio.**

1.   2.

Vocabulario **útil**

el experimento
el laboratorio
la planta

B. ¡Ojo alerta!*

Paso 1. ¿Cuáles son las semejanzas (*similarities*) y las diferencias entre (*between*) los dos cuartos? Hay por lo menos (*at least*) seis diferencias.

MODELOS: En el dibujo A, hay _____.
En el dibujo B, hay solo (*only*) _____.
En el escritorio del dibujo A, hay _____.
En el escritorio del dibujo B, hay _____.

Vocabulario **útil**

la cama   bed
la lámpara
el monitor
la televisión

Paso 2. Ahora indique qué hay en su propio (*your own*) cuarto. Use palabras del **Paso 1.**

MODELO: En mi cuarto hay _____. En mi escritorio hay _____.

---

*In Spanish, activities like this one are often called **¡Ojo alerta!** = *Eagle Eye!*

¿Recuerda usted?

These sentences contain Spanish verbs that you have already used. Pick them out.

1. Soy estudiante en la Universidad de _____.
2. Este (*This*) semestre/trimestre, estudio español.
3. En el futuro, deseo estudiar francés.

If you selected **estudiar** in addition to three other words, you did very well! You will learn more about Spanish verbs and how they are used in **Gramática 3**.

3 Expressing Actions
Subject Pronouns (Part 1): Present Tense of **-ar** Verbs; Negation

Grammar Tutorial 3
connect |SPANISH
www.connectspanish.com

Gramática en acción: Una escena en la biblioteca

- Dos estudiantes trabajan hoy en esta sección de la biblioteca.
- Yo no trabajo en la biblioteca.
- Hoy Manuel y yo estudiamos para un examen de historia.
- Un profesor habla por teléfono con un amigo.
- ¿Habla Ud. por teléfono en la biblioteca? No se permite, ¿verdad?

Comprensión

En la escena...

1. ¿cuántos estudiantes trabajan?
2. ¿cuántos estudiantes estudian?
3. ¿quién habla?
4. ¿quién habla por teléfono?

Subject Pronouns / **Los pronombres personales**

a subject / **un sujeto** = the person or thing that performs the action in a sentence

a pronoun / **un pronombre** = a word that takes the place of a noun or represents a person

Singular		Plural	
yo	I	**nosotros / nosotras**	we
tú	you (*fam.*)	**vosotros / vosotras**	you (*fam. Sp.*)
usted (Ud.)*	you (*form.*)	**ustedes (Uds.)***	you (*form.*)
él	he	**ellos**	they (*m., m. + f.*)
ella	she	**ellas**	they (*f.*)

A scene at the library • *Two students are working in this section of the library today.* • *I don't work at the library.* • *Today Manuel and I are studying for a history test.* • *A professor is talking to a friend on the phone.* • *Do you talk on the phone in the library? It's not allowed, is it?*

*****Usted** *and* **ustedes** *are frequently abbreviated in writing as* **Ud.** *or* **Vd.,** *and* **Uds.** *or* **Vds.,** *respectively.*

Capítulo 2 En la universidad

1. Subject Pronouns

The person that performs the action in a sentence is expressed by *subject pronouns* (**los pronombres personales**).

In Spanish, many subject pronouns have masculine and feminine forms. The masculine plural form is used to refer to a group of males as well as to a group of males and females.

Manuel →	*he* →	**él**
Sara →	*she* →	**ella**
Manuel + Juan →	*they* →	**ellos**
Manuel + Sara →	*they* →	**ellos**
María + Sara →	*they* →	**ellas**

2. Pronouns for *you*

Spanish has different words for *you*. In general, **tú** is used to refer to a close friend or a family member, while **usted** is used with people with whom the speaker has a more formal or distant relationship. The situations in which **tú** and **usted** are used also vary among different countries and regions.

tú → close friend, family member
usted (Ud.) → formal or distant relationship

3. Plural of *you*

In Latin American Spanish, the plural for both **usted** and **tú** is **ustedes.** In Spain, however, **vosotros/vosotras** is the plural of **tú,** while **ustedes** is used as the plural of **usted** exclusively.

Latin America

tú ⎫
usted (Ud.) ⎬ → **ustedes (Uds.)**

Spain

tú → **vosotros/vosotras**
usted (Ud.) → **ustedes (Uds.)**

4. Omitting Subject Pronouns

Subject pronouns are not used as frequently in Spanish as they are in English, and they may usually be omitted. You will learn more about the uses of Spanish subject pronouns in **Gramática 8 (Capítulo 3).**

Present Tense of -ar Verbs / El tiempo presente de los verbos -*ar*

1. Infinitives

As you know, the *infinitive* (**el infinitivo**) of a verb indicates the action or state of being, with no reference to who or what performs the action or when it is done (present, past, or future). Infinitives in English are indicated by *to: to* speak, *to* eat, *to* live. In Spanish, all infinitives end in **-ar, -er,** or **-ir.**

-ar:	**hablar**	to speak
-er:	**comer**	to eat
-ir:	**vivir**	to live

an infinitive / **un infinitivo** = a verb form that indicates action or state of being without reference to person, tense, or number

a tense / **un tiempo** = the quality of a verb form that indicates time: present, past, or future

2. Conjugating Verbs

To *conjugate* (**conjugar**) a verb means to give the various forms of the verb with their corresponding subjects: *I speak, you speak, she speaks,* and so on. All regular Spanish verbs are conjugated by adding *personal endings* (**las terminaciones personales**) that reflect the subject doing the action. These are added to the *stem* (**la raíz** or **el radical**), which is the infinitive minus the infinitive ending.

Infinitive / **Infinitivo**		Stem / **Raíz**
habl**ar**	→	habl-
com**er**	→	com-
viv**ir**	→	viv-

3. Present Tense Endings

The right-hand column shows the personal endings that are added to the stem of all regular **-ar** verbs to form the *present tense* (**el presente**).

las terminaciones *-ar* del tiempo presente
-o, -as, -a, -amos, -áis, -an

hablar (*to speak; to talk*): **habl-**					
Singular			**Plural**		
(yo)	habl**o**	I speak	(nosotros) (nosotras)	habl**amos**	we speak
(tú)	habl**as**	you speak	(vosotros) (vosotros)	habl**áis**	you speak
(Ud.) (él) (ella)	habl**a**	you speak / he speaks / she speaks	(Uds.) (ellos) (ellas)	habl**an**	you speak / they (*m., m. + f.*) speak / they (*f.*) speak

4. Important *-ar* Verbs

Here are some **-ar** verbs used in this chapter.

Los verbos *-ar*

bailar	to dance
buscar	to look for
cantar	to sing
comprar	to buy
desear	to want
enseñar	to teach
escuchar	to listen (to)
estudiar	to study
hablar	to speak; to talk
mandar un mensaje	to (send a) text
necesitar	to need
pagar	to pay (for)
practicar	to practice
regresar	to return (*to a place*)
tocar	to play (*a musical instrument*)
tomar	to take; to drink
trabajar	to work

¡OJO!

Note that in Spanish the meaning of the English word *for* is included in the verbs **buscar** (*to look for*) and **pagar** (*to pay for*); *to* is included in **escuchar** (*to listen to*).

---

5. Conjugated Verb + *Infinitive*

As in English, when two Spanish verbs are used in sequence and there is no change of subject, the second verb is usually in the infinitive form.

Necesito mandar un mensaje.
I need to send a text (message).

Me gusta bailar.
I like to dance.

6. Tense

In both English and Spanish, conjugated verb forms also indicate the *time* or *tense* (**el tiempo**) of the action: *I speak* (present), *I spoke* (past).

Some English equivalents of the present tense forms of Spanish verbs are shown at the right.

hablo
- I speak — *Simple present tense*
- I am speaking — *Present progressive (indicates an action in progress)*
- I will speak — *Near future action*

¡OJO!
The exact English equivalent of a Spanish verb form depends on the context in which the verb appears. In the following sentence, the word **mañana** indicates a future action, so **hablo** means *I will:* **Hablo con Juan mañana.**

Negation / **La negación**

In Spanish the word **no** is placed before the conjugated verb to make a negative sentence.

subject + **no** + *verb*

El estudiante **no habla** español.
The student doesn't speak Spanish.

No, **no necesito** dinero.
No, I don't need money.

Práctica

A. Asociaciones. ¿Qué verbos asocia Ud. con las siguientes ideas? Dé infinitivos.

1. español
2. mucho (*a lot of*) dinero
3. en la librería
4. en el salón de clase
5. un coche (*car*)
6. a la residencia
7. Coca-Cola o café (*coffee*)
8. la música

B. ¡Anticipemos! Mis compañeros y yo

Paso 1. ¿Sí o no? Cambie (*Change*) las oraciones falsas.

MODELO: Toco el piano → Sí, toco el piano.
(No, no toco el piano. Toco la guitarra.)

1. Necesito más (*more*) dinero.
2. Trabajo en la biblioteca.
3. Canto en un coro (*choir*) de la universidad.
4. Tomamos ocho clases cada (*every*) semestre/trimestre.
5. Bailamos salsa en el salón de clase.
6. Deseamos hablar español correctamente.
7. El profesor / La profesora enseña italiano.
8. El profesor / La profesora habla muy bien el alemán (*German*).

Paso 2. En parejas (*pairs*), hagan y contesten preguntas (*ask and answer questions*) basadas en el **Paso 1.**

MODELO: Toco el piano. →
ESTUDIANTE 1: ¿Tocas el piano?
ESTUDIANTE 2: Sí, **toco** el piano. (No, no **toco** el piano.)

¡Anticipemos! means *Let's look ahead!* These activities allow you to use new grammar but without having to come up with the forms on your own. As you do these activities, think about the grammar point you are practicing (**-ar** verbs, in this case) and how it is used in the activity.

C. Una o más personas

Paso 1. Cambie por (*Change to*) un sujeto plural.

MODELOS: Él no desea tomar café. →
Ellos no **desean** tomar café.
Yo no deseo tomar café. →
Nosotros no **deseamos** tomar café.

1. Ella no desea estudiar francés (*French*).
2. Ud. baila muy bien el tango.
3. ¿Mandas muchos (*a lot of*) mensajes?
4. Escucho la radio con frecuencia.

Paso 2. Ahora cambie por un sujeto singular. En los números 2 y 4 hay más de una opción.

1. Ellas no buscan el dinero.
2. Los estudiantes no necesitan seis clases.
3. Pagamos mucho dinero de matrícula (*tuition*).
4. ¿Compran Uds. muchos libros?

D. En una fiesta.

The following paragraphs describe a party. First scan the paragraphs to get a general sense of their meaning. Then complete the paragraphs with the correct form of the numbered infinitives.

¿A Ud. le gustan las fiestas?

Esta noche[a] hay una fiesta en el apartamento de Marcos y Julio. Todos[b] los estudiantes (cantar[1]) y (bailar[2]). Una persona (tocar[3]) la guitarra y otras personas (escuchar[4]) la música.

Jaime (buscar[5]) una Coca-Cola. Marta (hablar[6]) con un amigo. María José (desear[7]) enseñarles a todos[c] un baile[d] de Colombia. Todas las estudiantes desean (bailar[8]) salsa con el estudiante mexicano —¡él (bailar[9]) muy bien!

La fiesta es estupenda, pero todos (necesitar[10]) regresar a casa[e] o a su[f] cuarto temprano.[g] ¡Hay clases mañana!

[a]Esta... *Tonight* [b]*All* [c]enseñarles... *to teach everyone* [d]*dance*
[e]a... *home* [f]*their* [g]*early*

Comprensión

	CIERTO	FALSO
1. Marcos es profesor de español.	☐	☐
2. A Jaime le gusta el café.	☐	☐
3. María José es de Colombia.	☐	☐
4. Los estudiantes desean bailar.	☐	☐

Conversación

A. Oraciones lógicas. Form at least eight complete logical sentences by using one word or phrase from each column. The words and phrases may be used more than once, in many combinations. Be sure to use the correct form of the verbs. Make any of the sentences negative, if you wish.

MODELO: Yo no estudio francés.

| yo
tú (un[a] estudiante)
nosotros (los miembros de esta clase)
los estudiantes de aquí
el extranjero
un secretario
una profesora de español
una dependienta | **+** | (no) { buscar
comprar
enseñar
estudiar
hablar
mandar
pagar
regresar
tocar
tomar
trabajar | **+** | la guitarra, el piano, el violín
el edificio de ciencias
en la cafetería, en la universidad, en casa
en una oficina, en una librería
a casa muy tarde (*very late*)/temprano (*early*)
a la biblioteca a las dos
muchos/pocos mensajes
francés, alemán, italiano, inglés
bien el español
los libros de texto con un cheque
libros y cuadernos en la librería |

> **¡OJO!**
> Remember that the verb form that follows **desear** or **necesitar** is the infinitive, just as in English.

| | **+** | (no) { desear
necesitar | **+** | tomar una clase de computación
hablar bien el español
estudiar más
comprar una calculadora, una mochila
pagar la matrícula en septiembre |

Nota **comunicativa**

Cómo expresar las partes del día

You can use the preposition **por** to mean *in* or *during* when expressing the part of the day in which something happens.

Estudio **por** la mañana y trabajo **por** la tarde. **Por** la noche, estoy en casa.
I study in the morning and I work in the afternoon. At night I'm at home.

> **¡OJO!**
> Remember that **de la mañana (tarde, noche)** are used when a specific hour of the day is mentioned. Also, remember to use **a la una / a las dos (tres…)** to express a specific time of day.
>
> Generalmente estudio en casa **por** la mañana.
>
> Hoy estudio con Javier en la biblioteca **a las** diez **de** la mañana.

B. Intercambios (*Exchanges*)

Paso 1. Use los siguientes verbos y frases para crear (*create*) cinco preguntas (*questions*) interesantes.

MODELO: ¿**Cantas** bien?

| 1. cantar o bailar
2. estudiar o trabajar
3. necesitar
4. tomar
5. tomar | **+** | bien/mal (*poorly*), mucho/poco (*a little*)
muchas/pocas (*few*) horas, todos los días
dinero, libros, ropa (*clothing*), pagar la matrícula
_____ (número de clases) / café o té por la mañana
clases por la mañana / por la tarde / por la noche |

Paso 2. En parejas, túrnense (*take turns*) para hacer y contestar (*answer*) sus (*your*) preguntas del **Paso 1.**

MODELO: **ESTUDIANTE 1:** ¿Cantas bien?
        ESTUDIANTE 2: Sí, **canto** bien. (No, **canto** mal.)

Nota **comunicativa**

El verbo *estar*

Estar is a Spanish **-ar** verb that means *to be*. You have already used forms of it to ask how others are feeling or to tell where things are located. Here is the complete present tense conjugation of **estar.** Note that the **yo** form is irregular. The other forms take regular **-ar** endings, and some have an accent to maintain the stress pattern.

yo	**est**o**y**	nosotros/as	**estamos**
tú	**est**á**s**	vosotros/as	**est**á**is**
Ud., él, ella	**est**á	Uds., ellos, ellas	**est**á**n**

You will learn the uses of the verb **estar,** along with those of **ser** (a second Spanish verb that means *to be*) gradually, over the next several chapters. Review what you already know by answering these questions.

1. ¿Cómo está Ud. en este momento (*right now*)?
2. ¿Cómo están sus (*your*) compañeros? (Mis compañeros…)
3. ¿Dónde está Ud. en este momento?

You will use **estar** in **Conversación C.**

C. **¿Dónde están?** Tell where these people are and what they are doing.

> MODELO: FOTO 1: La Sra. Martínez _____. →
> La Sr. Martínez **está en una oficina. Trabaja por la tarde.**
> **Necesita…**

Estrategia

Remember to use the definite article with titles when you are talking *about* a person: **el señor Santana, la profesora Aguilar,** and so on.

Vocabulario **útil**

hablar por teléfono	**tomar apuntes**
mandar un mensaje	to take notes
preparar la lección	**usar una computadora**
pronunciar las palabras	

1. La Sra. Martínez _____.

   Trabaja por _____.

   Necesita _____.

   Busca _____.

2. Estas (*These*) personas _____.

   El profesor _____.

   Una estudiante _____.

   Un estudiante _____.

Getting Information (Part 1)
Asking Yes/No Questions

Gramática en acción: La matriculación

PENÉLOPE:	. . . y ahora necesito una clase más por la mañana. ¿Hay sitio en la clase de Sociología 2?
JAVIER:	A ver. . . No, no hay.
PENÉLOPE:	¿Hay un curso de historia o de matemáticas?
JAVIER:	Solo por la noche. ¿Deseas tomar una clase por la noche?
PENÉLOPE:	¡Ay, chico, es imposible! Trabajo por la noche.
JAVIER:	Pues. . . ¿qué tal la clase de Literatura latinoamericana?
PENÉLOPE:	¡Perfecto! ¡Me gustan mucho las novelas de Isabel Allende y la poesía de Pablo Neruda! ¿Cuándo es la clase?

Comprensión

1. ¿Necesita Penélope dos clases más?
2. ¿Hay sitio en Sociología 2?
3. ¿Cuál es el problema con los cursos de historia y matemáticas?
4. ¿Qué curso recomienda Javier por fin?

You have been asking questions since the beginning of *Puntos de partida*, and you learned more about asking questions in **Nota comunicativa (Vocabulario: Preparación).** This section will help you review all that you know about this topic as well as learn another way to ask questions in Spanish.

1. **Types of Questions**
   There are two kinds of questions (**preguntas**) in English and in Spanish.
   - *Information questions* ask for information, for facts. They typically begin with *interrogative words* (**las palabras interrogativas**). You have already learned a number of them.

Preguntas informativas

—¿**Qué** lengua habla Ud.?
—Hablo español.

¡OJO!

Remember that intonation drops at the end of an information question in Spanish, whereas it rises in English.

   - *Yes/No questions* can be answered by a simple **sí** or **no.**

Preguntas sí/no

—¿Habla Ud. francés?
—No.

Registration PENÉLOPE: . . . and now I need one more class in the morning. Is there room in Sociology 2? JAVIER: Let's see . . . No, there isn't (room). PENÉLOPE: Is there a history or a math course? JAVIER: Only at night. Do you want to take a night class? PENÉLOPE: Come on, that's impossible! I work at night. JAVIER: Well . . . what about the Latin American Literature class? PENÉLOPE: Perfect! I love Isabel Allende's novels and Pablo Neruda's poetry. When's the class?

2. Forming Yes/No Questions

There are two ways to form this kind of question.

- **Rising intonation:** The simplest way is to make your voice rise at the end of a statement. Doing so makes the statement into a question.
- **Inversion:** Another way to form yes/no questions is to invert (transpose) the order of the subject and verb, in addition to making your voice rise at the end of the question. You can also put the subject all the way at the end of the question.

STATEMENT: Ud. trabaja aquí todos los días.
You work here every day.

QUESTION: ¿Ud. trabaja aquí todos los días?
Do you work here every day?

STATEMENT: **Ud.** trabaja aquí todos los días.

QUESTIOÇN: ¿Trabaja **Ud.** aquí todos los días?

STATEMENT: **María** manda muchos mensajes.

QUESTION: ¿Manda muchos mensajes **María**?

Autoprueba

Give the English equivalent for these yes/no questions.

1. ¿Habla Ud. inglés?
2. ¿Necesitan Uds. otra clase?
3. ¿Tomas biología?
4. ¿Trabajo mañana?

Answers: 1. Do you speak English? 2. Do you (pl.) need another class? 3. Are you taking (a) biology (class)? 4. Do (Will) I work tomorrow?

Práctica

A. Opciones

Paso 1. Ask the following yes/no questions, being sure to make your voice rise at the end of each one.

1. ¿Alicia toca el violín?
2. ¿Uds. compran mochilas en la librería?
3. ¿Ud. habla español en clase?
4. ¿Miguel René y Silvia estudian por la tarde?
5. ¿Muchos estudiantes mandan mensajes?

Paso 2. Now change the order of subject and verb to ask the questions in another way.

MODELO: **1.** ¿Alicia toca el violín? ⟶ ¿Toca **Alicia** el violín?

When you do item 1, ask the question in a way that is different from that given in the model.

B. Una conversación entre (between) Diego y Lupe.
Diego and Lupe recently met each other. While having coffee, Lupe asks Diego some questions to find out more about him. Ask Lupe's questions that led to Diego's answers.

MODELO: Sí, estudio antropología. ⟶ ¿**Estudias** antropología?

1. Sí, soy estadounidense (*from the United States*).
2. Sí, estudio con frecuencia.
3. No, no toco el piano. Toco la guitarra clásica.
4. No, no deseo trabajar más horas.
5. No, no hablo francés, pero hablo italiano un poco.
6. No, no soy reservado. ¡Soy muy extrovertido!

Conversación

A. Intercambios: Sus (*Your*) actividades

Paso 1. Use the following cues as a guide to form questions that you will ask a classmate. You may ask other questions as well. Write the questions on a sheet of paper. **¡OJO!** Use the **tú** form of the verbs.

MODELO: escuchar música por la mañana →
        ¿**Escuchas** música por la mañana?

1. estudiar en la biblioteca por la noche
2. practicar español con un amigo o amiga
3. tomar un poco de (*a little bit of*) café por la mañana
4. bailar mucho en las fiestas
5. tocar un instrumento musical
6. regresar a casa muy tarde/temprano
7. comprar los libros en la librería de la universidad
8. hablar mucho por teléfono
9. trabajar los fines de semana (*weekends*)
10. usar (*to use*) un diccionario bilingüe

Paso 2. Now use the questions to get information from your partner. Jot down his or her answers for use in **Paso 3.**

MODELO: **ESTUDIANTE 1:** ¿Escuchas música por la mañana?
        ESTUDIANTE 2: Sí, (No, no) **escucho** música por la mañana.

Paso 3. With the information you gathered in **Paso 2,** report your partner's answers to the class. (You will use the **él/ella** form of the verbs when reporting.)

MODELO: Jenny no **escucha** música por la mañana.

B. ¿Qué clases tomas?

Paso 1. Make a list in Spanish of the classes you are taking. Ask your instructor or use a dictionary to find the names of classes you don't know how to say in Spanish. If you ask your instructor, remember to ask in Spanish: **¿Cómo se dice _____ en español?**

Paso 2. Circulate, asking yes/no questions to find classmates who are taking the same classes as you. Write down their answers.

MODELO: **ESTUDIANTE 1:** Carlos, ¿tomas una clase de matemáticas?
        ESTUDIANTE 2: Sí, tomo matemáticas. Tomo Cálculo 2.

Paso 3. Report back the information you have learned to the whole class.

MODELO: Carlos y yo tomamos matemáticas. Jennie y yo… Solo yo tomo geología.

▶ **Mundo interactivo**

You should now be prepared to work with Scenario 1, Activity 4 in Connect Spanish (**www.connectspanish.com**).

Un poco de todo ♻

A. Intercambios: En la universidad

Paso 1. Tell what you and others do at the following university locations. Give as many actions as you can think of for each place.

MODELO: en el salón de clase ⟶ En el salón de clase la profesora enseña español y los estudiantes hablamos (hablan) español.

1. en el salón de clase
2. en la librería
3. en la biblioteca
4. en la oficina del consejero

Paso 2. Now form questions about things that typically happen at a university. Use the options given with the infinitives or provide your own options. Then use your questions to interview one of your classmates. You will answer his or her questions.

MODELO: comprar / libros ⟶
¿Compras libros en la librería del *campus*? ¿Qué compras en la librería?

1. estudiar en la biblioteca / todos los días / los fines de semana
2. trabajar en el *campus* / buscar trabajo
3. tocar en la orquesta de la universidad / la guitarra en casa
4. tomar / seis clases este semestre/trimestre

B. Lengua y cultura: Dos universidades fabulosas... y diferentes.
Complete the following description of two well-known universities. Give the correct form of the verbs in parentheses, as suggested by context. When the subject pronoun is in *italics*, don't use it in the sentence. When two possibilities are given in parentheses, select the correct word.

La Colección Latinoamericana Benson, una colección comprensiva de libros, documentos, revistas (*magazines*) y periódicos (*newspapers*) relacionados con (*related to*) Latinoamérica

¿**B**usca Ud. la universidad perfecta? (Hay/Es¹) dos (universidad/universidades²) muy famosas en los Estados Unidos. La primeraᵃ es (el/la³) Universidad de Texas, en Austin. ¡Es (un/una⁴) universidad muy grandeᵇ! Hay veinticuatro grupos sociales para estudiantes hispanos y una (librería/biblioteca⁵) con una colección latinoamericana fantástica, la Colección Latinoamericana Benson. (Los/Las⁶) materias más populares en la UT son: administración de empresas, ingeniería, humanidades y comunicaciones. Muchos estudiantes (tomar⁷) cursos en (el/la⁸) Instituto de Estudios Latinoamericanos y en (el/la⁹) Centro para Estudios Mexicoamericanos.

Stanford, en (el/la¹⁰) estado de California, es una universidad menos grande.ᶜ Tieneᵈ una residencia para estudiantes de español, la Casa Zapata. Allí,ᵉ (los/las¹¹) estudiantes (practicar¹²) español y (participar¹³) en celebraciones hispanas. Las materias más populares en Stanford son:ᶠ biología, economía, inglés y ciencias políticas. (El/La¹⁴) problema en Stanford es que los estudiantes (pagar¹⁵) mucho porᵍ la matrícula.

¿Prefiere Ud. la UT o Stanford? ¿(*Ud.:* Desear¹⁶) (estudia/estudiar¹⁷) en California o en Texas?

ᵃLa... *The first one* ᵇ*big* ᶜmenos... *smaller* ᵈ*It has* ᵉ*There* ᶠ*are* ᵍ*for*

Comprensión. The following statements are false. Correct them.

1. En la Universidad de Texas hay dos grupos sociales para estudiantes hispanos.

2. En el Instituto de Estudios Latinoamericanos hay pocos (*few*) estudiantes.

3. La Universidad de Stanford está en Texas.

4. La Casa Zapata es una biblioteca importante.

C. **¿Qué pasa** (*What's happening*) **en la fiesta?**

Paso 1. En parejas, describan la escena.

MODELO: En la fiesta, Pilar y Ana bailan. Nora…

Pilar · José · ¡Hola, amor! · Nora · Arturo · Ana · Pedro · Felipe · Juan

Vocabulario útil

descansar to rest
escuchar
fumar to smoke
hablar
mirar to watch
   una película a movie
   la tele TV
tocar
   la batería drum set
   la guitarra
   el piano
tomar
   refrescos soft drinks

Paso 2. Ahora comparen la escena con las fiestas en su (*your*) universidad. Usen **nosotros.**

MODELO: En las fiestas, mis amigos y yo **bailamos.**

En su° comunidad
your

All Spanish-speaking countries use the word **universidad** to refer to colleges or universities, big or small, public or private. But there is a lot of variation in the words that Spanish speakers use for *elementary school*, *middle school*, and *high school*. There is also great variation in how the following words and phrases are expressed: (*academic*) *grade* (and what symbols are used to give grades), *to pass, to fail.*

PREGUNTAS POSIBLES

• Ask someone who was raised in a Hispanic country what language is used in his or her country to express different levels of schooling and the grading system.

• Ask the person to describe his or her educational experience in the country of origin.

• If relevant, ask for a comparison with the educational system in this country.

La Universidad de Guanajuato, México, fundada en 1744 (mil setecientos cuarenta y cuatro)

Antes de mirar°   Antes... *Before watching*

El Programa 2 está relacionado con la universidad. Antes de mirar, conteste las siguientes preguntas.

1. ¿Cuál es su concentración (*your major*)? (Mi concentración...)
2. ¿Desea Ud. estudiar español en otro país (*country*)? ¿En cuál (*which one*)?
3. ¿Estudian muchos estudiantes de su (*your*) universidad en el extranjero (*abroad*)?

PROGRAMA **2:**   **¡Qué bacán!°**   ¡Qué... *How great!*

You will not understand every word of this episode. But if you pay close attention to the images and listen for recognizable cognates and vocabulary that you already know, you will be able to get the gist of the show's content.

> Remember that these words and phrases (given in the order in which they appear in the show) will help you understand more when you watch this episode.

Vocabulario **de este° programa**   *this*

la vida	life	**vamos**	let's go
el/la periodista	reporter, journalist	**está a cuatro**	is four hours
pasé	I spent	**horas de**	away from
vamos a ver	we're going to see	**caminan**	(they) walk
la ciudad	city	**el orfanato**	orphanage
los barrios	neighborhoods	**es divertido**	it's fun
atrae (atraer)	it attracts (to attract)	**yo debo**	I should
aprenden (aprender)	they learn (to learn)	**que tengan un**	have a good day
como decimos	as we say	**buen día**	

> Remember that reading part of the script before watching each segment of *Salu2* will help you understand more of the show.

Fragmento del guion°   *script*

VÍCTOR: Pero, Ana, el tema[a] de la universidad no es interesante solo para los universitarios. También lo es[b] para los padres,[c] que con frecuencia pagan la universidad, ¿no?

ANA: Es cierto. La universidad es bien cara.[d] A propósito,[e] Víctor, ¿qué carrera estudiaste[f] en la universidad?

VÍCTOR: ¿Mi *major*? ¿Mi concentración? Tengo una doble concentración en inglés y sociología de UCLA, la Universidad de California, en Los Ángeles. Y después estudié para una maestría[g] en medios de comunicación, en UCLA también. ¿Y cuál fue[h] tu concentración?

ANA: Mi concentración, o mi carrera, como se dice en mi país, es comunicación social. Y yo soy de la Ciudad de Panamá y estudié[i] en la Universidad de Panamá.

[a]*topic*   [b]*También... It is also (interesting)*   [c]*parents*   [d]*bien... very expensive*   [e]*A... By the way*
[f]*¿qué... in preparation for what career did you study?*   [g]*después... then I did a Master's*   [h]*was*
[i]*I studied*

Ana y Víctor, los presentadores de *Salu2*

Mundo interactivo

Continue your work as an intern at HispanaVisión with Laura Sánchez Tejada, the roving reporter of *Salu2*, as you complete Scenario 1, Activities 3 and 4 in Connect Spanish (**www.connectspanish.com**).

Al mirar°

Al… *While you watch*

Mientras (*While*) mira el programa, indique los temas que aparecen (*appear*) en el programa. **¡OJO!** No todos los temas de la lista aparecen.

1. ☐ los estudios universitarios de los presentadores
2. ☐ los estudios universitarios de Laura, la reportera
3. ☐ el costo de estudiar en la universidad
4. ☐ universidades en el extranjero

El Centro de Idiomas, una de las modernas instalaciones de la Universidad del Pacífico

Después de mirar°

Después… *After watching*

A. ¿Está claro? ¿Cierto o falso? Corrija (*Correct*) las oraciones falsas.

	CIERTO	FALSO
1. Víctor estudió (*studied*) arquitectura en la universidad.	☐	☐
2. Ana estudió un semestre en la Argentina.	☐	☐
3. La Universidad del Pacífico está en Lima, Perú.	☐	☐
4. Los estudiantes extranjeros pueden ser (*can be*) voluntarios en Guanajuato, México.	☐	☐
5. La Universidad de Guanajuato tiene (*has*) un estupendo Centro de Idiomas (*Languages*).	☐	☐

Remember that if you scan all of the activities in **Después de mirar** *before* watching the show, you will understand more of what is in the program.

B. Un poco más. Conteste las siguientes preguntas.

1. ¿Qué tipo de institución es la Universidad del Pacífico, privada o pública?
2. ¿Por qué es un buen lugar para estudiar la Universidad del Pacífico? (Tiene [*It has*]…)
3. ¿Qué actividades hacen (*do*) los estudiantes en la Universidad de Guanajuato?

C. Y ahora, Uds. En grupos, hablen de (*talk about*) su deseo o intención de estudiar en el extranjero.

MODELO: ESTUDIANTE 1: ¿Te gustaría (*Would you like*) estudiar en el extranjero?
ESTUDIANTE 2: No, no deseo estudiar en el extranjero.
ESTUDIANTE 3: Me gustaría (*I'd like*) estudiar en el extranjero, en (país).

Sobre° el programa

About

Víctor es de origen mexicano por ambos lados[a] de su[b] familia: su padre[c] es mexicoamericano de primera[d] generación y su madre es mexicoamericana de tercera[e] generación.

Víctor prefiere identificarse como chicano. «Chicano/a» es una palabra originalmente peyorativa[f] que fue reivindicada[g] de manera positiva durante el movimiento de los derechos civiles[h] en los años 60.[i] Hoy, en muchas universidades estadounidenses hay departamentos de estudios chicanos.

[a]por… *on both sides* [b]*his* [c]*father* [d]*first* [e]*third* [f]*negative* [g]que… *that was reclaimed* [h]derechos… *Civil Rights*
[i]en… *in the 60s*

Producción personal

Filme una entrevista (*interview*) con dos o tres estudiantes sobre las materias que estudian y su (*their*) concentración universitaria.

A LEER°

Lectura cultural
Los Estados Unidos

Un treinta y cinco por ciento de los latinos estadounidenses que[a] terminan la secundaria[b] continúan con los estudios universitarios. Algunos[c] estudian cerca de[d] casa, tal vez viviendo[e] con su familia por razones económicas o culturales. Otros estudian en universidades más distantes. En un ambiente[f] universitario es común encontrar[g] organizaciones latinas que apoyan[h] a los alumnos.[i] Estas organizaciones pueden estar dedicadas[j] a un grupo específico de latinos, como **Fuerza Quisqueyana** (dominicanos) o **Raza** (chicanos), o pueden ser para todos los latinos, como **Latinos Unidos.** Las organizaciones latinas coordinan eventos sociales y académicos —un baile con música salsa y merengue o una charla[k] con un escritor[l] latino. En algunas universidades hasta[m] hay una **Casa Latina,** donde los miembros de la organización viven juntos.[n]

> ¿Es Ud. miembro de algunas organizaciones estudiantiles? ¿De cuáles?

[a]*who* [b]*high school* [c]*Some* [d]*cerca… close to* [e]*tal… possibly living* [f]*environment* [g]*to find* [h]*que… that support* [i]*students* [j]*pueden… can be devoted* [k]*talk* [l]*writer* [m]*even* [n]*viven… live together*

En **otros** países° hispanos

countries

- **En todo el mundo[a] hispanohablante** Hay universidades nacionales que son gratuitas[b] o muy económicas en comparación con las universidades privadas. Las universidades nacionales son con frecuencia las más prestigiosas y antiguas[c] del país.

- **En el Ecuador** Hay dos ciclos escolares: uno para la región de la Sierra, de octubre a junio, y el otro para la costa, de abril a enero.[d] La diferencia existe para evitar que haya escuela en los meses de lluvia,[e] porque[f] hay peligro de inundaciones.[g]

[a]*world* [b]*que… that are free* [c]*las… oldest* [d]*January* [e]*para… to avoid having school in the months of the rainy season* [f]*because* [g]*peligro… danger of flooding*

Tres símbolos latinos en los Estados Unidos

- **Los Departamentos de Estudios Latinos** Estos[a] demuestran que la presencia de la población latina estadounidense es cada vez mayor[b] en el mundo académico.

- **La bodega** Es todo un supermercado en una tienda pequeña[c] y toda una institución latina en el barrio.[d]

[a]*These* [b]*cada… increasingly greater* [c]*tienda… small shop* [d]*Hispanic neighborhood*

*La memoria de nuestra tierra (**our land**)*, parte de un mural de **Judith Baca**

- **Los murales y el arte urbano** La tradición muralista mexicana con motivos[e] indigenistas está muy presente en las comunidades latinas de los Estados Unidos.

[e]*themes, elements*

Una cita°

quote

"We would like you to know
we are not all brown.
Genetic history has made
some of us blue eyed as any
German immigrant
and as black as a descendant
of an African slave.
We never claimed to be
a homogeneous race."

Ana Castillo, autora chicana, del poema «We would like you to know»

COMPRENSIÓN

1. ¿Qué porcentaje de latinos estadounidenses estudia en la universidad?
2. ¿Por qué viven con su familia algunos estudiantes universitarios latinos?
3. Si un estudiante no es dominicano o latino de origen, ¿cuál de las organizaciones latinas que (*that*) se mencionan en el texto es la mejor (*best*) para él?

Del mundo hispano°

Del... *From the Hispanic world*

Antes de leer°

Antes... *Before reading*

What is a good way for an adult to learn English? If in school (**una escuela**), what kind of school? With how many other learners in class? How many hours a day or a week?

Lectura: Un anuncio° de Inglés USA

Lectura... *Reading: An ad*

CURSOS INTENSIVOS INDIVIDUALES en CINCINNATI, OHIO, USA.

especial para empresas y altos ejecutivos

Hotel y almuerzo de lunes a sábado incluídos en el precio paquete

PROGRAMA:
7 horas diarias de clases, lunes a sábado con una hora de descanso para el almuerzo con el profesor.

Duración de 2 a 4 semanas

Para mayor información:

FUNDADA EN 1972ª

322 East Fourth Street
Cincinnati, Ohio 45202 U.S.A.
(513) 721-8782
FAX: (513) 721-8819
www.cincilingua.com

ªmil novecientos setenta y dos

Comprensión

A. Traducciones (*Translations*)**.** Empareje (*Match*) las frases en español del anuncio con sus equivalentes en inglés.

1. _____ para empresas y altos ejecutivos
2. _____ lunes a sábado
3. _____ una hora de descanso
4. _____ el almuerzo
5. _____ semanas
6. _____ mayor

   a. *an hour-long break*
   b. *more*
   c. *for businesses and corporate executives*
   d. *weeks*
   e. *Monday through Saturday*
   f. *lunch*

B. En el anuncio. Busque (*Look for*) la siguiente información en el anuncio. Si no está (*If it doesn't appear*), conteste (*answer*) **No hay información.**

1. ¿Cómo se llama la escuela?
2. ¿Dónde está la escuela?
3. ¿Cuántos estudiantes hay en una clase?
4. ¿Cómo son (*are*) los profesores de la escuela?
5. ¿Qué tipo de estudiantes hay en la escuela?
6. ¿De dónde son los estudiantes?
7. ¿Cuántas horas de clase hay al (*per*) día?

A ESCUCHAR°

A... *Let's listen*

Antes de escuchar°

Antes... *Before listening*

Have you ever taken a summer course or courses? Why do you or other people take them? How many weeks do summer courses last, in your experience?

Escuche°

Listen

Un anuncio para los cursos de verano de la Universidad Internacional

A university advertises its summer courses on the radio.

Listen according to the instructions from your professor.

Después de escuchar°

Después... *After listening*

A. Información básica. Indique las respuestas (*answers*) apropiadas.

1. El periodo de matrícula es en...

   _____ mayo _____ junio _____ julio _____ agosto

2. Hay cursos de...

   _____ 2 semanas _____ 4 semanas _____ 8 semanas _____ 10 semanas

3. Con seguridad (*For sure*) hay cursos de... según (*according to*) el anuncio.

   _____ sociología _____ arte _____ matemáticas _____ literatura

4. Por Internet se ofrecen (*are offered*) cursos de...

   _____ alemán _____ filosofía _____ italiano _____ portugués

B. Más información. Dé (*Give*) la siguiente información, según el anuncio.

1. El nombre de la Residencia
2. La dirección de la página web
3. El número de teléfono de contacto

¡Música!

La cantante cubanoamericana Gloria Estefan es muy famosa en todo el mundo.[a]

Gloria y su esposo,[b] el productor Emilio Estefan, son sin duda[c] los latinos más influyentes en el panorama musical de los Estados Unidos.

La canción[d] «Esta fiesta no va a acabar[e]» es del álbum *90 millas*.[f]

[a]todo... *the whole world* [b]su... *her husband* [c]sin... *without a doubt* [d]*song* [e]no... *will never end* [f]*miles*

Gloria Estefan, en Los Ángeles, California

Capítulo 2 En la universidad

El tema

Este° semestre/trimestre en la universidad   *This*

Preparar

Paso 1. Fill out the chart with your personal information.

Me llamo
Mi especialización (*major*) es
Clases que (*that*) tomo este semestre/trimestre:
Mi clase favorita es
Trabajo en

Paso 2. Now interview a classmate to fill out the following chart with his/her information.

You can ask most of the questions, but here are two that you will need.

¿Cuál es **tu** especialización?

¿Cuál es **tu** clase favorita?

¿Qué clases toma Ud. este semestre?

Se llama
Su (*His/Her*) especialización es
Clases que toma este semestre/trimestre:
Su (*His/Her*) clase favorita es
Trabaja en

Redactar°

Writing

Combine the information from the two charts in **Preparar** to write the first draft of your essay. Before you begin to write, organize your information into two lists: what you and your classmate have in common and what you don't.

Editar

Review your essay to check for:

- word spelling and accent marks
- gender and number agreement between articles and nouns
- verb conjugation
- use of subject pronouns only when they are needed

Now prepare the final draft of your essay.

Vocabulario **útil**	
además	besides
pero	but
también	also, too

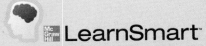

LearnSmart™

Visit **www.connectspanish.com** to practice the vocabulary and grammar points covered in this chapter.

Gramática en breve

1. **Singular nouns: Gender and Articles**

   Noun Endings

   Masculine: **-o**

   Feminine: **-a, -ión, -dad, -tad**

   Masculine or feminine: **-e**

2. **Nouns and Articles: Plural Forms**

   Plural Endings

   -o $\longrightarrow$ -os

   -a $\longrightarrow$ -as

   -e $\longrightarrow$ -es

   consonant + -es

	Definite Articles	Indefinite Articles
Masculine	**el** $\longrightarrow$ **los**	**un** $\longrightarrow$ **unos**
Feminine	**la** $\longrightarrow$ **las**	**una** $\longrightarrow$ **unas**

3. **Subject Pronouns; Present Tense of -*ar* Verbs; Negation**

   Subject Pronouns

   yo, tú, Ud., él, ella, nosotros/as, vosotros/as, Uds., ellos/as

   Regular -ar *Verb Endings*

   -o, -as, -a, -amos, -áis, -an

4. **Asking Yes/No Questions**

   - Rising intonation
   - Inversion of word order:
     subject + *verb* $\longrightarrow$ *verb* + *subject*

Vocabulario

¡OJO!

Infinitives listed in colored text in **Vocabulario** lists are conjugated in their entirety (all tenses and moods) in Appendix 5. Be sure that you know the meaning of the group headings in addition to the meaning of the words in each group. (If the word or words in a group heading are not close cognates, their meaning will be given elsewhere in the **Vocabulario** section. If you are not sure of the meaning of a word, you can always look it up in the end-of-book Spanish-English Vocabulary.)

Los verbos

bailar	to dance
buscar	to look for
cantar	to sing
comprar	to buy
desear	to want
enseñar	to teach
escuchar	to listen (to)
estar **(estoy, estás,...)**	to be
estudiar	to study
hablar	to speak; to talk
hablar por teléfono	to talk on the phone
mandar un mensaje	to (send a) text
necesitar	to need
pagar	to pay (for)
practicar	to practice
regresar	to return (*to a place*)
regresar a casa	to go home
tocar	to play (*a musical instrument*)
tomar	to take; to drink
trabajar	to work

Los lugares

el apartamento	apartment
la biblioteca	library
la cafetería	cafeteria
el cuarto	room
el edificio	building
la fiesta	party
la librería	bookstore
el lugar	place
la oficina	office
la residencia	dormitory
el salón de clase	classroom
la universidad	university

Las personas

el/la amigo/a	friend
el/la bibliotecario/a	librarian
el/la cliente/a	client
el/la compañero/a (de clase)	classmate
el/la compañero/a de cuarto	roommate
el/la consejero/a	advisor
el/la dependiente/a	clerk
el/la estudiante	student
el/la extranjero/a	foreigner
el hombre	man
la mujer	woman
el/la secretario/a	secretary

Repaso: el/la profesor(a)

Repaso (*Review*) indicates vocabulary listed as active in this chapter that you learned in previous chapters.

Los objetos

el bolígrafo	pen
la calculadora	calculator
la computadora	computer
la computadora portátil	laptop (computer)
el cuaderno	notebook
el diccionario	dictionary
el dinero	money
el escritorio	desk
el lápiz (*pl.* lápices)	pencil
el libro (de texto)	(text)book
la mesa	table
la mochila	backpack
el papel	paper
el pizarrón (blanco)	(white)board
la puerta	door
la silla	chair
el teléfono (celular)	(cell) phone
la ventana	window

Las materias

la administración de empresas	business administration
la ciencia	science
la computación	computer science
la física	physics
la materia	subject area
la química	chemistry
la sicología	psychology

Cognado(s) lists vocabulary whose meaning you should be able to recognize because the words are close cognates of English.

Cognados: el arte, las ciencias naturales/políticas/sociales, las comunicaciones, la economía, la filosofía, la historia, las humanidades, la literatura, las matemáticas, la sociología

Las lenguas (extranjeras)

el alemán	German
el español	Spanish
el francés	French
el inglés	English
el italiano	Italian
la lengua (extranjera)	(foreign) language

Otros sustantivos

el café	coffee
la clase	class (*of students*); class, course (*academic*)
el día	day
la matrícula	tuition

Las palabras interrogativas

¿cuál?	what?; which?
¿cuándo?	when?
¿cuánto?	how much?
¿cuántos/as?	how many?

Repaso: ¿cómo?, ¿dónde?, ¿qué?, ¿quién?

¿Cuándo?

ahora	now
con frecuencia	frequently
el fin de semana	weekend
por la mañana/tarde	in the morning/afternoon
por la noche	at night, in the evening
tarde/temprano	late/early
todos los días	every day

Los pronombres personales

yo, tú, usted (Ud.), él/ella, nosotros/nosotras, vosotros/vosotras, ustedes (Uds.), ellos/ellas

Palabras adicionales

aquí	here
con	with
en casa	at home
mal	poorly
más	more
mucho	much; a lot
muy	very
poco	(a) little
un poco (de)	a little bit (of)
solo	only

Repaso: no

Vocabulario personal

Remember to use this space for other words and phrases you learn in this chapter.

Español	Inglés

3

La familia

Una familia mexicana, en una celebración especial

- Do you have a large family?

- How does your family celebrate holidays and special occasions? Do family members of several generations gather together often?

- Do you know any holidays that are specific to Mexicans? What other holidays do you think many Mexicans celebrate?

México

112 (ciento doce) millones de habitantes

- El nombre oficial de México es Estados Unidos Mexicanos. Hay 31 estados mexicanos.

- Es el primer país del mundo por (*number one country in the world in*) número de hispanohablantes.

- Un 60% (sesenta por ciento) de los hispanos de los Estados Unidos de América son de origen mexicano.

ESTADOS UNIDOS

Baja California

Golfo de California

SIERRA MADRE OCCIDENTAL

Chihuahua

Río Grande

• Monterrey

SIERRA MADRE ORIENTAL

MÉXICO

Golfo de México

OCÉANO PACÍFICO

Guadalajara•

Bahía de Campeche

Ciudad de México ✲   • Puebla

•Oaxaca

BELICE

GUATEMALA

250   500 Millas

250   500 Kilómetros

En este capítulo

La familia y los parientes°

relatives

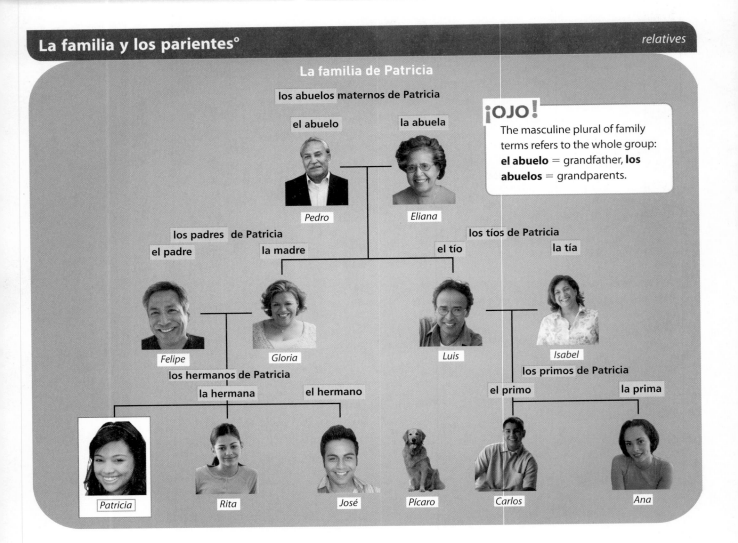

La familia de Patricia

los abuelos maternos de Patricia

el abuelo — *Pedro*
la abuela — *Eliana*

¡OJO!

The masculine plural of family terms refers to the whole group: **el abuelo** = grandfather, **los abuelos** = grandparents.

los padres de Patricia
el padre — *Felipe*
la madre — *Gloria*

los tíos de Patricia
el tío — *Luis*
la tía — *Isabel*

los hermanos de Patricia
la hermana
el hermano

los primos de Patricia
el primo
la prima

Patricia — *Rita* — *José* — *Pícaro* — *Carlos* — *Ana*

la madre (mamá)	mother (mom)
el padre (papá)	father (dad)
los padres	parents
la hija	daughter
el hijo	son
los hijos	children
la esposa	wife
el esposo	husband
la nieta	granddaughter
el nieto	grandson
la sobrina	niece
el sobrino	nephew

Las mascotas°

Las... *Pets*

el gato	cat
el pájaro	bird
el perro	dog

Formas del verbo tener° *to have*

Remember that the complete conjugation of infinitives in red is given in Appendix 5.

tengo	I have
tienes	you (*fam.*) have
tiene	you (*form.*) have, he/she has

Learn as many of the following terms for additional family relationships as you need to describe your own family as completely as possible. Write the terms you learn in **Vocabulario personal** (page 95).

el padrastro / la madrastra	stepfather / stepmother
el hijastro / la hijastra	stepson / stepdaughter
el hermanastro / la hermanastra	stepbrother / stepsister
el medio hermano / la media hermana	half-brother / half-sister
el suegro / la suegra	father-in-law / mother-in-law
el yerno / la nuera	son-in-law / daughter-in-law
el cuñado / la cuñada	brother-in-law / sister-in-law
...(ya) murió	. . . has (already) died

The terms **mamá/mami** and **papá/papi** are used to speak *to* one's parents.

Many Spanish speakers use the terms **abuelito/tata** and **abuelita/nana** to speak *to* their grandparents.

Conversación

A. ¿Cierto o falso? Look at the drawings of the family that appear on page 60. Decide whether each of the following statements is true (**cierto**) or false (**falso**) according to the drawings. Correct the false statements.

	CIERTO	FALSO
1. José es el hermano de Ana.	☐	☐
2. Eliana es la abuela de Patricia.	☐	☐
3. Ana es la sobrina de Felipe y Gloria.	☐	☐
4. Patricia y José son primos.	☐	☐
5. Gloria es la tía de José.	☐	☐
6. Carlos es el sobrino de Isabel.	☐	☐
7. Pedro es el padre de Luis y Gloria.	☐	☐
8. Isabel y Gloria son las esposas de Luis y Felipe, respectivamente.	☐	☐

B. ¿Quién es?

Paso 1. Complete las siguientes oraciones lógicamente.

1. La madre de mi (*my*) padre es mi _____.
2. El hijo de mi tío es mi _____.
3. La hermana de mi padre es mi _____.
4. El esposo de mi abuela es mi _____.

Paso 2. Ahora defina la relación de estas (*these*) personas, según (*according to*) el modelo de las oraciones del **Paso 1.**

MODELOS: El _____ de mi _____ es mi _____.
La _____ de mi _____ es mi _____.

1. prima   **2.** sobrino   **3.** tío   **4.** abuelo

C. Intercambios. Find out as much as you can about the family of a classmate, using the following dialogue as a guide.

MODELO: E1:* ¿Cuántos hermanos tienes?
E2: Bueno (*Well*), tengo seis hermanos y una hermana.
E1: ¿Y cuántos primos?
E2: ¡Uf! Tengo un montón (*bunch*). Más de (*than*) veinte.

¿cuántos? (*with male relatives*)
¿cuántas? (*with female relatives*)

From this point on in the text, ESTUDIANTE 1 *and* ESTUDIANTE 2 *will be abbreviated as* E1 *and* E2, *respectively.*

Los números del 31 al 100

Continúe las secuencias:

- treinta y uno, treinta y dos...
- ochenta y cuatro, ochenta y cinco...

31	treinta y uno	**40**	cuarenta
32	treinta y dos	**50**	cincuenta
33	treinta y tres	**60**	sesenta
34	treinta y cuatro	**70**	setenta
35	treinta y cinco	**80**	ochenta
36	treinta y seis	**90**	noventa
37	treinta y siete	**100**	cien
38	treinta y ocho		
39	treinta y nueve		

Beginning with 31, Spanish numbers are *not* written in a combined form. **Treinta y uno,* cuarenta y dos, sesenta y tres,** and so on, must be three separate words.

Cien is used before nouns and in counting.

cien casas
noventa y ocho, noventa y nueve, **cien**

a (one) hundred houses
ninety-eight, ninety-nine, one hundred

Eliana
setenta y ocho años

Felipe
cincuenta y cinco años

Isabel
treinta y nueve años

Luis
cuarenta y cinco años

Gloria
cuarenta y siete años

Pedro
ochenta y cinco años

Patricia

«El abuelito Pedro tiene 85 años.»

«La abuelita Eliana tiene 78 años.»

Conversación

A. Más problemas de matemáticas. Recuerde (*Remember*): **+ y, − menos, = son.**

1. $30 + 50 = 80$ **3.** $32 + 58 = 90$ **5.** $100 - 40 = 60$
2. $45 + 45 = 90$ **4.** $77 + 23 = 100$

Nota cultural

El sistema hispano de apellidos°
last names

En los países hispanos las personas llevan sistemáticamente dos apellidos oficiales. Típicamente, el primer[a] apellido es el del[b] padre y el segundo,[c] el de la madre.

PADRE	MADRE
Antonio **Lázaro** Ochoa	Marina **Aguirre** Salmero

HIJOS
Marta **Lázaro Aguirre**
Jacobo **Lázaro Aguirre**

Según el sistema hispano, ¿cómo se llamaría Ud.?[d]

[a]*first*   [b]*el... that of the*   [c]*second*   [d]*¿cómo... what would your name be?*

MARCELA CAROLINA
& ALBERTO ANDRÉS

EN COMPAÑÍA DE SUS PADRES
LILIA MERCEDES
BADILLO VDA[a] DE MARINO

ALBERTO BARROSO OSORIO
URSULA CABARCAS
DE BARROSO

PARTICIPAN[b]
LA CEREMONIA RELIGIOSA
QUE SE CELEBRARÁ[c]
EN LA
IGLESIA ERMITA[d]
DEL CABRERO
CARTAGENA DE INDIAS
25 DE DICIEMBRE DE 2010, 9 P.M.
RECEPCIÓN
CASA DE RAFAEL NUÑEZ
BARRIO EL CABRERO
CALLE REAL No 41 - 89

[a]viuda (*widow*)   [b]*will take part in*   [c]*se... will be celebrated*   [d]*iglesia... hermitage church*

Remember that when **uno is part of a compound number (**treinta y uno,** and so on), it becomes **un** before a masculine noun and **una** before a feminine noun: **setenta y un hombres; cincuenta y una mesas.***

B. Los números de teléfono

Paso 1. Here is part of a page from a Mexican telephone book. What do you know about the names?

Paso 2. With a classmate, practice giving telephone numbers at random from the list. Your partner will listen and identify the person. **¿OJO!** In many Hispanic countries phone numbers are said differently than in this country. Follow the model.

MODELO: 415 0046 (4-15-00-46) →

      E1: Es el *cuatro-quince-cero-cero-cuarenta y seis.*

      E2: Es el número de *A. Lázaro Aguirre.*

Paso 3. Now give your classmate your phone number and get his or hers.

MODELO: Mi número es el…

LAZARO AGUIRRE, A. –Schez Pacheco, 17	415 0046
LAZCANO DEL MORAL, A. –E. Larreta, 14	215 8194
LAZCANO DEL MORAL, A. –Ibiza, 82	274 6868
LEAL ANTON, J. –Pozo, 8	222 3894
LIEBANA RODRIGUEZ, A.	
Guadarrama, 10	463 2593
LOPEZ BARTOLOME, J. –Palma, 69	232 2027
LOPEZ CABRA, J. –E. Solana, 118	407 5086
LOPEZ CABRA, J. –L. Van, 5	776 4602
LOPEZ GONZALEZ, J. A. –Ibiza, 27	409 2552
LOPEZ GUTIERREZ, G. –S. Cameros, 7	478 8494
LOPEZ LOPEZ, J. –Alamedilla, 21	227 3570
LOPEZ MARIN, V. –Illescas, 53	218 6630
LOPEZ MARIN, V. –N. Rey, 7	463 6873
LOPEZ MARIN, V. –Valmojado, 289	717 2823
LOPEZ NUÑEZ, J. –Pl. Pinazo, s/n	796 0035
LOPEZ NUÑEZ, J. –Rocafort, Bl. 321	796 5387
LOPEZ RODRIGUEZ, C. –Pl. Jesús, 7	429 3278
LOPEZ RODRIGUEZ, J. –Pl. Angel, 15	239 4323
LOPEZ RODRIGUEZ, M. E.	
B. Murillo, 104	233 4239
LOPEZ TRAPERO, A. –Cam. Ingenieros, 1	462 5392
LOPEZ VAZQUEZ, J. –A. Torrejón, 17	433 4646
LOPEZ VEGA, J. –M. Santa Ana, 5	231 2131
LORENTE VILLARREAL, G. –Gandia, 7	252 2758
LORENZO MARTINEZ, A. –Moscareta, 5	479 6282
LORENZO MARTINEZ, A. –P. Laborde, 21	778 2800
LORENZO MARTINEZ, A.	
Av. S. Diego, 116	477 1040
LOSADA MIRON, M. –Padilla, 31	276 9373
LOSADA MIRON, M. –Padilla, 31	431 7461
LOZANO GUILLEN, E.	
Juan H. Mendoza, 5	250 3884
LOZANO PIERA, F. J. –Pingüino, 8	466 3205
LUDEÑA FLORES, G. –Lope Rueda, 56	273 3735
LUENGO CHAMORRO, J.	
Gral Ricardos, 99	471 4906
LUQUE CASTILLO, J. –Pto Arlabán, 121	478 5253
LUQUE CASTILLO, L. –Cardeñosa, 15	477 6644

Nota **comunicativa**

Cómo expresar la edad:° *tener… años*

    age

  NORA: ¿Cuántos **años tienes**, abuela?

ABUELA: Setenta y ocho. ¿Y cuántos **años tienes tú**?

  NORA: Yo **tengo** ocho.

In Spanish, age is expressed with the phrase **tener… años** (literally, *to have . . . years*).

C. Hablemos (*Let's talk*) **de la edad** (*age*)

Paso 1. Complete las siguientes oraciones.

1. Yo tengo _____ años.
2. La persona mayor (*oldest*) de mi familia es **mi** _____. Tiene _____ años.
3. La persona más joven (*youngest*) de mi familia es **mi** _____. Tiene _____ años.
4. En mi opinión, una persona es vieja (*old*) cuando tiene _____ años.
5. La edad ideal para casarse (*for getting married*) es a los _____ años.
6. La edad ideal para tener hijos es a los _____ años.

Paso 2. Ahora haga (*form*) preguntas basadas en las oraciones del **Paso 1** y haga (*conduct*) una encuesta (*poll*) entre (*with*) un mínimo de seis compañeros de clase.

MODELO: **2.** ¿Quién es la persona mayor de **tu** familia? ¿Cuántos años tiene?

Paso 3. Finalmente, presente sus (*your*) resultados a la clase.

> ### Estrategia
>
> Cambie (*Change*) la palabra **mi** (en negrilla) para formar las preguntas, según el modelo:
>
> **mi → tu**

Los adjetivos

guapo	handsome; good-looking
bonito	pretty
feo	ugly
grande	large, big
pequeño	small
simpático	nice, likeable
antipático	unpleasant
corto	short (*in length*)
largo	long
bueno	good
malo	bad
listo	smart; clever
tonto	silly, foolish
trabajador	hardworking
perezoso	lazy
rico	rich
pobre	poor
delgado	thin, slender
gordo	fat

To describe a masculine singular noun, use **alto, bajo,** and so on; use **alta, baja,** and so on for feminine singular nouns.

Conversación

A. Descripciones

Paso 1. En parejas, describan estas (*these*) imágenes opuestas (*opposite*).

MODELO: Un _____ es _____ y el otro es _____.

1.

2.

3.

4.

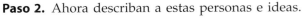

Paso 2. Ahora describan a estas personas e ideas.

MODELO: fumar (*to smoke*) → Fumar es malo. No es bueno.

1. bailar
2. Einstein
3. Bill Gates
4. trabajar por siete dólares la hora
5. Adam Sandler
6. Frankenstein
7. el presidente

B. ¿Cómo es? Describe a famous male personality, using as many adjectives as possible so that your classmates can guess who the person is. Use cognate adjectives that you have seen in **Capítulos 1** and **2**.

MODELO: Es un hombre importante; controla una compañía de *software* muy importante. Es muy trabajador y muy rico. → Bill Gates

▶ **Mundo interactivo**

You should now be prepared to work with Scenario 2, Activity 1 in Connect Spanish (**www.connectspanish.com**).

PRONUNCIACIÓN

Stress and Written Accent Marks (Part 1)

Some Spanish words have *written accent marks* over one of the vowels. That mark is called **el acento (ortográfico).** It means that the syllable containing the accented vowel is stressed when the word is pronounced, as in the word **bolígrafo (bo-LÍ-gra-fo),** for example.

Although all Spanish words of more than one syllable have a stressed vowel, most words do not have a written accent mark. Most words have the spoken stress exactly where native speakers of Spanish would predict it. These two simple rules tell you which syllable is accented when there is no written accent on the word.

1. Words ending in a vowel, **-n,** or **-s = las palabras llanas**

Las palabras llanas have the word stress on the *second-to-last syllable* (**la penúltima sílaba**). When they end in a vowel, **-n,** or **-s,** they don't need a written stress mark. This is the largest group of Spanish words; it includes most nouns and adjectives as well as their plurals, most verb forms, and so on. Here are some examples.

me-sa   me-xi-ca-no   e-xa-men   gra-cias   e-res

2. Words ending in consonants other than **-n** or **-s = las palabras agudas**

Las palabras agudas have the word stress on the *last syllable* (**la última sílaba**). When they end in consonants other than **-n** or **-s** (typically **-d, -l,** and **-r**), they don't need a written stress mark. This group includes all infinitives and many common words that end in **-dad, -or,** and **-al.** Here are some examples.

us-ted   es-pa-ñol   pro-fe-sor   es-tar   doc-tor

¡**OJO**!

You will learn about words that have a written accent mark in **Capítulo 4.**

Práctica

A. Tipos de palabras: ¿Llanas o agudas? None of these words needs a written accent mark. Categorize each one as **llana** or **aguda,** then pronounce the word.

1. can-tan
2. ar-te
3. cla-se
4. mu-jer
5. me-sa
6. es-pa-ñol
7. a-mi-gos
8. us-ted
9. se-ñor
10. na-tu-ral
11. com-pu-ta-do-ra
12. bai-las

B. Vocales. Indicate the stressed vowel in the following words.

1. mo-chi-la
2. me-nos
3. re-gu-lar
4. i-gual-men-te
5. E-cua-dor
6. e-le-gan-te
7. li-be-ral
8. hu-ma-ni-dad

Estrategia

Llana: ends in a vowel, **-n,** or **-s** = stress on the second-to-last syllable

Aguda: ends in a consonant other than **-n** or **-s** = stress on the last syllable

GRAMÁTICA

5 Describing

Adjectives: Gender, Number, and Position

Gramática en acción: Un poema sencillo

Amigo	Amiga
Fiel	Fiel
Amable	Amable
Simpático	Simpática
¡Lo admiro!	¡La admiro!

¿Y Ud.?

According to their form, which of the following adjectives can be used to describe each person? Which can refer to you?

Marta:
Mario: fiel   amable   simpática   simpático

Adjectives (**Los adjetivos**) are words used to talk about nouns or pronouns. Adjectives may describe or tell how many there are.

You have been using adjectives to describe people since **Capítulo 1.** In this section, you will learn more about describing the people and things around you.

> *an adjective* / **un adjetivo** = a word used to describe a noun or a pronoun

> ***large*** *desk*   ***few*** *desks*
> ***tall*** *woman*   ***several*** *women*

Adjectives with **ser** / Los adjetivos con *ser*

In Spanish, forms of **ser** are used with adjectives that describe basic, inherent qualities or characteristics of the nouns or pronouns they modify. **Ser** establishes the "norm," that is, what is considered basic reality: *snow is cold, water is wet.*

> Tú **eres amable.**
> *You're kind. (You're a kind person.)*
>
> El diccionario **es grande.**
> *The dictionary is big.*
>
> Mi hermana **es trabajadora.**
> *My sister is hardworking.*

A simple poem   *Friend Loyal Kind Nice I admire him/her!*

Forms of Adjectives / Las formas de los adjetivos

> agreement / **la concordancia** = when one word "agrees," or must be coordinated, with an aspect of another (for example, *he* + *speaks* but *you* + *speak*)

Spanish adjectives agree in gender and number with the noun or pronoun they modify. Each adjective has more than one form.

1. Adjectives Ending in -o

Adjectives that end in **-o (alto)** have four forms, showing gender and number.

Adjetivos con 4 formas		
	Masculino	**Femenino**
Singular	amigo alto	amiga alta
Plural	amigos altos	amigas altas

2. Adjectives Ending in -e or a Consonant

Adjectives that end in **-e (amable)** or in most consonants (**fiel**) have only two forms, a singular and a plural form. The plural of adjectives is formed in the same way as that of nouns, by adding **-s** or **-es**.

[Práctica A–D]

> Notes in brackets let you know you are now ready to do the indicated activities, in this case, **Práctica A–D** on pages 69–70.

Adjetivos con 2 formas		
	Masculino	**Femenino**
Singular	amigo amable amigo fiel	amiga amable amiga fiel
Plural	amigos amables amigos fieles	amigas amables amigas fieles

3. Adjectives Ending in -dor

Like adjectives that end in **-o,** these adjectives also have four forms.

Adjetivos con 4 formas		
	Masculino	**Femenino**
Singular	amigo trabajador	amiga trabajadora
Plural	amigos trabajadores	amigas trabajadoras

4. Nationality Adjectives

Most adjectives of nationality have four forms.

	Masculino	**Femenino**
Singular	el doctor mexicano español	la doctora mexicana española
Plural	los doctores mexicanos españoles	las doctoras mexicanas españolas

> **¡OJO!**
> Nationality adjectives ending in **-e** generally have only two forms: **estadounidense(s)** (from the United States), **canadiense(s).**

5. Names of Languages

The names of many languages—which are masculine in gender—are the same as the masculine singular form of the corresponding adjective of nationality.

[Práctica E]

Lengua	Adjetivo
el inglés	inglés, inglesa, ingleses, inglesas
el francés	francés, francesa, franceses, francesas
el italiano	italiano/a/os/as
el alemán	alemán, alemana/es/as

> **¡OJO!**
> Note that in Spanish the names of languages and adjectives of nationality are not capitalized, but the names of countries are: **el español, española,** but **España.**

Position of Adjectives / **La posición de los adjetivos**

As you have probably noticed, adjectives do not always precede the noun in Spanish as they do in English. Note the following rules for adjective placement.

1. **Adjectives of** Quantity

   Like numbers, adjectives of quantity *precede* the noun, as do the interrogatives **¿cuánto/a?** and **¿cuántos/as?**

   Hay **muchas sillas** y **dos escritorios.**
   There are many chairs and two desks.

   ¿Cuánto dinero necesitas?
   How much money do you need?

   Busco **otro coche.**
   I'm looking for another car.

   ¡OJO!

   Otro/a by itself means *another* or *other.* The indefinite article is never used with **otro/a.**

   ---

2. **Adjectives of** Quality

   Adjectives that describe the qualities of a noun and distinguish it from others generally *follow* the noun. Adjectives of nationality are included in this category.

   un **perro listo**
   un **dependiente trabajador**
   una **mujer delgada** y **morena**
   un **profesor español**

3. ***Bueno* and *malo***

   The adjectives **bueno** and **malo** may *precede or follow* the noun they modify. When they precede a masculine singular noun, they shorten to **buen** and **mal,** respectively.

   un **buen perro** / un **perro bueno**
   una **buena perra** / una **perra buena**
   un **mal día** / un **día malo**
   una **mala noche** / una **noche mala**

4. ***Grande***

   The adjective **grande** may also *precede or follow* the noun. When it precedes a singular noun—masculine or feminine—it shortens to **gran** and means *great* or *impressive.* When it follows the noun, it means *large* or *big.*

   Nueva York es una **ciudad grande.**
   New York is a large city.

   Nueva York es una **gran ciudad.**
   New York is a great (impressive) city.

   [Conversación]

Forms of *this/these* / **Formas de *este/estos***

1. *This/These*

   The demonstrative adjective *this/these* has four forms in Spanish.* Learn to recognize them when you see them.

este hijo	this son
esta hija	this daughter
estos hijos	these sons
estas hijas	these daughters

2. **Esto**

   You have already seen the neuter demonstrative **esto.** It refers to something that is as yet unidentified.

   ¿Qué es **esto**?
   What is this?

---

*You will learn all forms of the Spanish demonstrative adjectives (this, that, these, those) in **Gramática 9 (Cap. 4).**

Autoprueba

Give the correct adjective endings.

1. una casa viej_____
2. los tíos español_____
3. un primo alt_____
4. un sobrino guap_____
5. las hermanas rubi_____
6. buen_____ amigos

Answers: 1. vieja 2. españoles 3. alto 4. guapo 5. rubias 6. buenos

> Remember that the purpose of **¡Anticipemos!** is to show you a new grammar point in context before you begin to use it actively in conversation. Here, pay special attention to the endings on adjectives. Most of them are plural. Can you tell why the adjective **fácil** (*easy*) in items 5 and 6 is not plural?

Práctica

A. ¡Anticipemos! Hablando (*Speaking*) **de la universidad.** Tell what you think about aspects of your university by telling whether you agree (**Estoy de acuerdo.**) or disagree (**No estoy de acuerdo.**) with the statements. If you don't have an opinion, say **No tengo opinión.**

1. Hay suficientes actividades sociales.
2. Los estudiantes son dedicados.
3. Las residencias son buenas.
4. Hay suficientes gimnasios.
5. Es fácil aparcar el coche.
6. Es fácil llegar (*to get*) a la universidad en autobús.
7. Hay suficientes zonas verdes (*green*).
8. Los restaurantes, cafeterías y cafés son buenos.
9. Los precios de la librería son bajos.
10. Los bibliotecarios son amables.

B. Descripciones

Paso 1. Haga (*Form*) oraciones con los siguientes adjetivos para describirse (*to describe yourself*). **¡OJO!** Use la forma apropiada del adjetivo.

Soy…
No soy…

1. alto
2. trabajadora
3. estadounidense
4. rico
5. rubia
6. fiel
7. simpático
8. europeo
9. moreno
10. hispana (latina)*
11. dedicado
12. social
13. estudiosa
14. listo
15. gordo

Paso 2. Ahora haga oraciones para describir a su (*your*) padre/madre, a su esposo/a o a su mejor amigo/a (*best friend*).

MODELOS: Mi mejor amiga es moren**a**, simpátic**a** y pobre.
Mi esposo es alt**o**, trabaja**dor** y muy dedica**do**.

*****Hispano/a** *is a general term used by most Hispanics to refer to themselves. The term* **latino/a** *is often used by Hispanics born in this country.*

C. La familia de Carlos. Estos son los parientes de Carlos (página 60). Complete las oraciones con los adjetivos apropiados según su forma.

1. **El tío Felipe** es _____. (trabajador / alto / nueva / gran / amable)
2. **Los abuelos** son _____. (rubio / antipático / inteligentes / viejos / religiosos / sinceras)
3. **Mi tía Gloria,** la madre de Patricia, es _____. (rubio / elegante / sentimental / buenas / gordas / simpática)
4. **Mis primos** son _____. (trabajadores / morenos / lógica / bajas / mala)

D. ¡Dolores es igual! Cambie (*Exchange*) **Diego** por **Dolores.**

Diego es un buen estudiante. Es listo y trabajador y estudia mucho. Es estadounidense de origen mexicano, y por eso[a] habla español. Desea ser profesor de antropología. Diego es moreno, guapo y atlético. Le gustan las fiestas grandes y tiene buenos amigos en la universidad. Tiene parientes estadounidenses y mexicanos. Diego tiene 20 años.

[a]por... *for that reason*

Nota **comunicativa**

Otras nacionalidades

You learned many nationality adjectives on page 67. Here are some more. If you don't find the adjective(s) you need to describe yourself and your family, ask your instructor. Write the adjectives you need in **Vocabulario personal** (page 91).

Centroamérica		Sudamérica		Europa y Asia	
costarricense	nicaragüense	argentino/a	ecuatoriano/a	chino/a	japonés, japonesa
guatemalteco/a	panameño/a	boliviano/a	paraguayo/a	coreano/a	pakistaní (*pl.* pakistaníes)
hondureño/a	salvadoreño/a	brasileño/a	peruano/a	indio/a	palestino/a
		chileno/a	uruguayo/a	israelí (*pl.* israelíes)	ruso/a
		colombiano/a	venezolano/a	iraní (*pl.* iraníes)	tailandés, tailandesa
				iraquí (*pl.* iraquíes)	vietnamita

E. ¿Cuál es su (*their*) **nacionalidad?**

Paso 1. Diga (*Tell*) la nacionalidad de las siguientes (*following*) personas.

1. Monique es de Francia; es _____.
2. Piero y Andri son del Uruguay; son _____.
3. Indira y su (*her*) hermana son de la India; son _____.
4. Ronaldo y Ronaldinho son del Brasil; son _____.
5. Saji es un hombre del Japón; es _____.
6. La familia Musharraf es de Pakistán; son (*they are*) _____.
7. Paul es de Liverpool; es _____.
8. Samuel y su (*his*) hermana son de Guatemala; son _____.
9. Sonia es de Buenos Aires; es _____.
10. Ramón y José son de Bogotá; son _____.
11. Jimena es de San José, Costa Rica; es _____.
12. Bill y Susan son de California; son _____.

Paso 2. En parejas, hagan oraciones con las nacionalidades hispanas, según el modelo. Busquen (*Look for*) los nombres de las naciones hispanas en el mapa de la página 11.

MODELO: **E1:** ¿Una mujer de Costa Rica?
E2: Es **costarricense**. ¿Y un hombre?
E1: Es **costarricense**. ¿Una mujer de El Salvador?
E2: Es…

Conversación

A. Asociaciones. En grupos, hablen (*talk*) de las personas o cosas (*things*) que (*that*) asocian con las siguientes frases. Expresen acuerdo (*agreement*) o desacuerdo (*disagreement*) con **(No) Estoy de acuerdo.**

MODELO: un gran hombre ⟶
E1: Creo que (*I believe that*) **el presidente** es un gran hombre.
E2: No estoy de acuerdo.

1. un mal restaurante
2. un buen programa de televisión
3. una gran mujer, un gran hombre
4. un buen libro (¿una novela?), un libro horrible
5. un buen coche

B. Descripciones. En parejas, describan a su (*your*) familia, haciendo (*forming*) oraciones completas con estas palabras, con cualquier (*any*) otro adjetivo que conozcan (*that you may know*) y con los adjetivos de nacionalidad. **¡OJO!** Cuidado (*Be careful*) con la forma de los adjetivos.

MODELO: Mi familia no es grande. Es pequeña. Mi padre tiene 50 años. Es pakistaní de nacimiento (*by birth*).

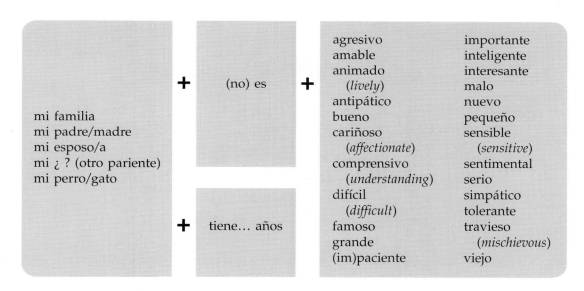

Before beginning **Gramática 6,** review the forms and uses of **ser** that you know already by answering these questions.

1. ¿Es Ud. estudiante o profesor(a)?
2. ¿Cómo es Ud.? ¿Es una persona sentimental? ¿inteligente? ¿paciente? ¿elegante?
3. ¿Qué hora es? ¿A qué hora es la clase de español?
4. ¿Qué es un hospital? ¿Es una persona? ¿un objeto? ¿un edificio?

6 · Expressing *to be*

Present Tense of *ser;* Summary of Uses (Part 2)

Grammar Tutorial 6
connect |SPANISH
www.connectspanish.com

Gramática en acción: Presentaciones

—¡Hola! Me llamo Francisco Durán, pero todos me llaman Pancho.

- Soy profesor de la universidad.
- Soy alto y moreno.
- Soy de Guanajuato, México.

—¿Y Lola Benítez, mi esposa?

- Es _____ (profesión).
- Es _____ y _____ (descripción).
- Es de _____ (origen).

ser (*to be*)			
(yo)	soy	(nosotros/as)	somos
(tú)	eres	(vosotros/as)	sois
(Ud.)		(Uds.)	
(él)	es	(ellos)	son
(ella)		(ellas)	

As you know, there are two Spanish verbs that mean *to be:* **ser** and **estar.** They are not interchangeable; the meaning that the speaker wishes to convey determines their use. In this chapter, you will review the uses of **ser** that you already know and learn some new ones. Remember to use **estar** to express location and to ask how someone is feeling. You will learn more about the uses of **estar** in **Gramática 15–16 (Cap. 6).**

Some basic functions of **ser** are presented on the following pages. You have used or seen all of them already in this and previous chapters.

_____

Introductions *Hello! My name is Francisco Durán, but everyone calls me Pancho. • I'm a university professor. • I'm tall and brunet. • I'm from Guanajuato, Mexico. And Lola Benítez, my wife? • She's _____. • She's _____ and _____. • She's from _____.*

Identification / La identificación

To *identify* people (including their profession) and things

[Práctica A]

¡OJO!

Note that the indefinite article is not used after **ser** before unmodified (undescribed) nouns of profession: **Ella es profesora.** *but* **Ella es una buena profesora.**

Yo **soy estudiante.**
Alicia y yo **somos hermanas.**
La doctora Ramos **es profesora.**
Esto **es un libro.**

Description / La descripción

To *describe* people and things*

Soy sentimental.
I'm sentimental (a sentimental person).
El coche **es muy viejo.**
The car is very old.

Origin / El origen

With **de,** to express *origin*

[Práctica B–C]

Somos de los Estados Unidos, pero nuestros padres **son de la Argentina. ¿De dónde es** Ud.?
We're from the United States, but our parents are from Argentina. Where are you from?

Generalizations / Las generalizaciones

To express *generalizations* (with **es** + *adjective*)

¡OJO!

Note that **es** + *adjective* is followed by an infinitive in this context, just like in English.

[Conversación B]

Es necesario estudiar. Por eso no **es posible** mirar la televisión todos los días.
It's necessary to study. For that reason (That's why) it's not possible to watch television every day.

Here are two basic functions of **ser** that you have not yet practiced.

Possession / Las posesiones

With **de,** to express *possession*

¡OJO!

Note that there is no **'s** in Spanish.

[Práctica D]

—Este **es** el perro **de Carla.** ¿De quién son las gatas?
—**Son** las gatas **de Jorge.**
"This is Carla's dog. Whose are those (female) cats?"
"They're Jorge's cats."

Destination / El destino

With **para,** to tell for whom or what something *is intended*

[Conversación A]

¿Romeo y Julieta? **Es para** la clase de inglés.
Romeo and Juliet? It's for English class.

—¿**Para** quién **son** los regalos?
—**(Son) Para** mi nieto.
"Who are the presents for?"
"(They're) For my grandson."

---

*You practiced this language function of **ser** in **Gramática 5** *in this chapter.*

Give the correct forms of **ser.**

1. yo _____ **3.** tú _____ **5.** Inés y yo _____
2. Ud. _____ **4.** Pedro _____ **6.** ellos _____

Answers: 1. soy 2. es 3. eres 4. es 5. somos 6. son

Práctica

A. ¡Anticipemos! Los parientes de Gloria. Mire (*Look at*) el dibujo (*drawing*) de la familia de Gloria en la página 60. Indique si (*if*) las siguientes oraciones son ciertas o falsas para Gloria.

1. Felipe y yo somos hermanos.
2. Pedro es mi esposo.
3. Pedro y Eliana son mis (*my*) padres.
4. Carlos es mi sobrino.
5. Mi hermano es el esposo de Isabel.
6. El padre de Felipe no es abuelo todavía (*yet*).
7. Mi familia no es muy grande.

B. Nacionalidades

Paso 1. ¿De dónde son, según los nombres, apellidos y ciudades?

MODELO: João Gonçalves, Lisboa →
João Gonçalves **es de** Portugal.

1. John Doe, Nueva York
2. Karl Lotze, Berlín
3. Graziana Lazzarino, Roma
4. Mongkut, Bangkok
5. María Gómez, San Salvador
6. Claudette Moreau, París
7. Timothy Windsor, Londres
8. Hai Chow, Beijing

Paso 2. Ahora, dé su (*your*) información personal. ¿De dónde es Ud.? ¿De este estado / esta provincia? ¿de una metrópoli? ¿de un área rural? ¿Es Ud. de una ciudad de nombre hispano? ¿Es de otro país?

C. Personas extranjeras

Paso 1. ¿Quiénes son, de dónde son y dónde trabajan ahora?

MODELO: **Teresa:** actriz / de Madrid / en Cleveland →
Teresa **es** actriz. **Es de** Madrid. **Ahora trabaja** en Cleveland.

1. Carlos Miguel: médico / de Cuba / en Milwaukee
2. Pilar: profesora / de Barcelona / en Miami
3. Mariela: dependienta / de Buenos Aires / en Nueva York
4. Juan: dentista* / de Lima / en Los Ángeles

Paso 2. Ahora hable sobre (*talk about*) un amigo o pariente, según el modelo del **Paso 1.**

Naciones

Alemania
China
El Salvador
los Estados Unidos
Francia
Inglaterra
Italia
Portugal
Tailandia

Estrategia

There are verbs missing (indicated by **/**) from these phrases. Form complete sentences by supplying them, as in the model.

Nota **comunicativa**

La contracción del

The masculine singular article **el** contracts with the preposition **de** to form **del.** No other article contracts with **de.**

Es la casa **del** abuelito. Es la casa **de la** abuelita.

You will use the *contraction* (**la contracción**) **del** in **Práctica D.**

de + el → del

*A number of professions end in **-ista** in both masculine and feminine forms. The article indicates gender: **el/la dentista, el/la artista,** and so on.*

D. **Usemos** (*Let's use*) **la lógica.** ¿De quién son estas cosas (*things*), de la rica actriz Jennifer Sánchez o de Martín Osborne, el estudiante (pobre, naturalmente)? En parejas, hagan y contesten preguntas. Las respuestas pueden (*can*) variar.

MODELO: la mochila →
  E1: ¿De quién es la mochila?
  E2: Es la mochila **del** estudiante.

1. la casa grande
2. la computadora
3. la limosina
4. los libros de texto
5. el Óscar
6. los exámenes
7. los ex esposos
8. el teléfono celular
9. los mensajes

Estrategia

Use **son** with plural items: ¿De quién son los... ? Son...

E. **¡Somos como una familia!** Complete el párrafo con las formas correctas de **ser.**

Me llamo Antonia y _____¹ de Chicago. (Yo) _____² estudiante de ingeniería en la Universidad de Illinois. Mis amigos _____³ de todas partes[a] y muchos de ellos _____⁴ hispanos. Mi familia _____⁵ de origen mexicano y aunque nunca he vivido[b] en México, hablo bastante bien[c] el español. Me gusta hablar español con mi amigo Javier. Javier _____⁶ de Costa Rica y estudia ingeniería también. Javier y yo _____⁷ los asistentes del profesor Thomas; por eso pasamos mucho tiempo juntos.[d] Javier _____⁸ muy guapo y simpático, pero nosotros solo _____⁹ buenos amigos. Javier _____¹⁰ el novio[e] de mi mejor[f] amiga.

[a]*places* [b]*aunque… although I have never lived* [c]*bastante… rather well* [d]*pasamos… we spend a lot of time together* [e]*boyfriend* [f]*best*

Comprensión

	CIERTO	FALSO
1. Antonia es una persona muy sociable.	☐	☐
2. Es de México.	☐	☐
3. Antonia y Javier son novios.	☐	☐

Conversación

Nota **comunicativa**

Cómo dar° **explicaciones**   *to give*

In conversation, it is often necessary to explain a decision or tell why something is so. Here are some simple words and phrases for offering explanations.

porque because

—¿Por qué necesitamos una televisión nueva?

—Pues… **para** mirar el partido de fútbol… ¡Es la Copa Mundial!

—¿Por qué trabajas tanto?

—¡**Porque** necesitamos dinero!

para + *inf.* in order to (*do something*)

"Why do we need a new TV set?"

"Well . . . (in order) to watch the soccer game . . . It's the World Cup!"

"Why do you work so much?"

"Because we need money!"

¡OJO!

Note the differences between **porque** (one word, no accent) and the interrogative **¿por qué?** (two words, accent on **qué**), which means *why?*

A. El regalo ideal

Paso 1. Look at Diego's list of gifts and what his family members like. With a partner, decide who receives each gift and why. The first one is done for you.

MODELO: **1.** la novela de J. K. Rowling →
    E1: ¿Para quién es la novela de J. K. Rowling?
    E2: Es para la prima.
    E1: ¿Por qué?
    E2: Porque lee (*she reads*) novelas.

LOS REGALOS DE DIEGO

2. _____ la calculadora
3. _____ los libros de literatura clásica
4. _____ los CDs de Bach
5. _____ la televisión
6. _____ el teléfono celular
7. _____ el dinero

LOS MIEMBROS DE LA FAMILIA DE DIEGO

a. el padre: Mira las noticias (*news*).
b. los abuelos: Escuchan mucho la música clásica.
c. la madre: Habla por teléfono mucho.
d. el hermano: Lee historias viejas.
e. la hermana: Necesita pagar la matrícula.
f. el primo: Estudia matemáticas.
g. la prima: Lee novelas.

Paso 2. With a partner, exchange ideas about good gifts for members of your family and also about good gifts for you.

MODELO: Para mi mamá, deseo comprar ropa, porque ella necesita ropa nueva. Yo necesito ropa nueva también.

Vocabulario útil

el coche
el radio
la ropa clothing

B. ¿Qué opina Ud.? Exprese opiniones originales, afirmativas o negativas, con estas palabras.

MODELO: En mi opinión, es importante hablar español en la clase de español.

(no) es importante
(no) es muy práctico
(no) es necesario
(no) es absurdo
(no) es fascinante
(no) es una lata (*pain, drag*)
(no) es posible

+

mirar la televisión todos los días
hablar español en la clase
tener muchas (*many*) mascotas
llegar a clase puntualmente
tomar café en el salón de clase
hablar con los animales / las plantas
tomar mucho café y fumar cigarrillos
trabajar dieciocho horas al día
tener muchos hermanos
ser amable con todos los miembros de la familia
estar mucho tiempo (*a lot of time*) con la familia

 **¿Recuerda Ud.?**

You have already learned one way to express possession in Spanish: **de** + *noun*. Express these ideas in Spanish.

1. Juan's house
2. Jorge and Estela's grandfather
3. the man's niece
4. the student's book

You will learn another way to express possession in **Gramática 7.**

7 Expressing Possession
Unstressed Possessive Adjectives (Part 1)*

Grammar Tutorial 7
connect |SPANISH
www.connectspanish.com

Gramática en acción: Invitación y posesión

Los señores Ortega

Los señores Gil

Juanita

Joaquín

A. «¡Pasen, por favor! Nuestra casa es su casa.»

B. «¡No son tus juguetes! ¡Son mis juguetes!»

Comprensión

1. En el dibujo A, ¿de quién es la casa?
2. ¿Quiénes visitan la casa?
3. En el dibujo B, ¿de quién son los juguetes?
4. ¿Quién desea jugar (*to play*) con los juguetes?

Possessive adjectives (**Los adjetivos posesivos**) are words that tell *to whom* or *to what* something belongs: *my* (book), *his* (sweater). You have already seen and used several possessive adjectives in Spanish. Here is the complete set.

Possessive Adjectives / Los adjetivos posesivos

my	mi **hijo / hija** mis **hijos / hijas**	our	nuestro **hijo** nuestros **hijos**	nuestra **hija** nuestras **hijas**
your (*fam.*)	tu **hijo / hija** tus **hijos / hijas**	your (*fam.*)	vuestro **hijo** vuestros **hijos**	vuestra **hija** vuestras **hijas**
your, his, her, its }	su **hijo / hija** sus **hijos / hijas**	your, their }	su **hijo / hija** sus **hijos / hijas**	

> *a possessive adjective /* **un adjetivo posesivo** = an adjective that expresses who owns or has something

1. **Agreement with Person or Thing Possessed**

   In Spanish, the ending of a possessive adjective agrees in form with the person or thing possessed, not with the owner or possessor. Note that these possessive adjectives are placed before the noun.

   Son { mis / tus / sus } hermanos.

   The possessive adjectives **mi(s)**, **tu(s)**, and **su(s)** show agreement in number only. **Nuestro/a/os/as** and **vuestro/a/os/as**, like all adjectives that end in **-o**, show agreement in both number and gender.

   Es { nuestra / vuestra / su } familia.

Invitation and Ownership **A.** *"Come in, please! Our house is your house."* **B.** *"They're not your toys! They're my toys!"*

*Another kind of possessive is called the stressed possessive adjective. It can be used as a noun. You will learn more about using stressed possessive adjectives in Capítulo 17.

2. Su(s)

The word **su(s)** has several equivalents in English: *your* (sing.), *his, her, its, your* (pl.), and *their*. Usually its meaning is clear in context. When the meaning is not clear, the construction **de** + *pronoun* is used to indicate possession.

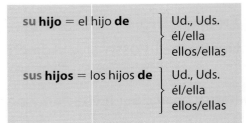

su **hijo** = el hijo **de**	Ud., Uds. él/ella ellos/ellas
sus hijos = los hijos **de**	Ud., Uds. él/ella ellos/ellas

3. Su(s) versus vuestro/a/os/as

The forms **vuestro/a/os/as** are the possessives that correspond to the subject pronoun **vosotros**. They are only used in Spain.

Latin America

Uds. ⟶ su, sus

Spain

vosotros ⟶ vuestro/a/os/as
Uds. ⟶ su, sus

Autoprueba

Give the correct possessive adjective.

1. la casa de nosotros = _____ casa

2. los perros de Juan = _____ perros

3. las clases de Luisa = _____ clases

Answers: 1. nuestra 2. sus 3. sus

Práctica

A. Las posesiones. Indique los sustantivos correctos para cada (*each*) adjetivo posesivo según su forma.

1. su: problema   primos   dinero   tías   escritorios   familia
2. tus: perro   idea   hijos   profesoras   abuelo   examen
3. mi: ventana   médicos   cuarto   coche   abuela   gatos
4. sus: animales   oficina   nietas   padre   hermana   abuelo
5. nuestras: guitarra   libros   materias   lápiz   sobrinas   tía
6. nuestros: gustos   consejero   parientes   puertas   clases   residencia

B. ¿Qué significan su y sus? Tell what the words **su** and **sus** mean in the following sentences. **¡OJO!** You may not be able to answer in all cases!

1. su hijo
a. ¿Dónde está su hijo?
b. ¿Dónde están Elena y su hijo?
c. ¿Dónde están Pablo y su hijo?
d. Señor, ¿dónde está su hijo?
e. María y Ramón, ¿dónde está su hijo?
f. Señores, ¿dónde están sus hijos?
g. ¿Dónde están Pablo y Elena y su hijo?

2. sus hijos
a. ¿Dónde están sus hijos?
b. ¿Dónde están Elena y sus hijos?
c. ¿Dónde están Pablo y sus hijos?
d. Señor, ¿dónde están sus hijos?
e. María y Ramón, ¿dónde están sus hijos?
f. Señores, ¿dónde están sus hijos?
g. ¿Dónde están Pablo y Elena y sus hijos?

C. La familia de Maribel

Paso 1. Change the following sentences, spoken by Maribel, to reflect a plural noun. The noun is indicated in magenta. Note that the possessive adjective itself does not change; only its form changes.

MODELO: «Mi hermano es alto.» ⟶ «**Mis** hermanos son altos.»

1. «Mi hermana es lista.»
2. «Mi primo está en California.»
3. «Mi tío habla español.»
4. «Mi abuela mira mucho la tele (televisión).»

Paso 2. Now restate the sentences in **Paso 1** to quote what Maribel said. The possessive adjective itself will change from first person (**mi**) to third person singular (**su**).

MODELO: «Mi hermano es alto.» ⟶ **Su** hermano es alto.

Paso 3. Now restate the sentences in **Paso 1** to make them express what Maribel and her brother Julio would say about their family. The possessive adjective itself will change from first person singular (**mi**) to first person plural (**nuestro**).

MODELO: «Mi hermano es alto.» ⟶ **Nuestro** hermano es alto.

D. David y su familia

Paso 1. Complete las oraciones según el modelo y, según el dibujo.

MODELO: familia / pequeño ⟶
 Su familia **es** pequeña.

1. hijo / guapo
2. perro / feo
3. hija / rubio
4. padre / viejito
5. esposa / bonito

Paso 2. Imagine que Ud. es David y modifique (*change*) las respuestas (*answers*).

MODELO: familia / pequeño ⟶
 Mi familia es pequeña.

Paso 3. Imagine que Ud. es la esposa de David. Hable por (*Speak for*) Ud. y por su esposo. Modifique solo las respuestas del 1 al 3.

MODELO: familia / pequeño ⟶
 Nuestra familia es pequeña.

David

Estrategia

You must provide a possessive adjective for the noun, then a verb, as in the model. Then be sure that the adjective agrees with the noun!

Conversación

A. **¿Sí o no?** Are the following things or people in your classroom right now? In these items, **su** = *your* (**de Ud.**).

MODELOS: ¿su libro? ⟶ Sí, **mi** libro está en mi mochila. (No, **mi** libro está en casa.)
 ¿los amigos de Uds.? ⟶ No, **nuestros** amigos no están en el salón de clase. Están en la cafetería.

1. ¿su computadora portátil?
2. ¿los libros de Uds.?
3. ¿el profesor / la profesora de Uds.?
4. ¿la computadora del profesor / de la profesora de Uds.?
5. ¿los teléfonos celulares de Uds.?
6. ¿su silla?
7. ¿sus padres? / ¿su esposo/a?
8. ¿la mochila de otro estudiante?
9. ¿su dinero? (la cartera = *wallet*)

Estrategia

Remember to use forms of **estar** to express location.

B. Intercambios. Take turns asking and answering questions about your families. Talk about what family members are like, their ages, some things they do, and so on. Use the model as a guide. Take notes on what your partner says. Then report the information to the class.

MODELO: tu abuela →
    E1: Mi abuela es alta. ¿Y tu abuela? ¿Es alta?
    E2: Bueno, no. Mi abuela es baja.
    E1: ¿Cuántos años tiene?…

1. tu familia en general
2. tus padres
3. tus abuelos
4. tus hermanos/hijos
5. tu esposo/a / compañero/a de cuarto/casa

¿Recuerda Ud.?

The personal endings used with **-ar** verbs share some characteristics with **-er** and **-ir** verbs, which you will learn in **Gramática 8.** Review the present tense endings of **-ar** verbs by telling which subject pronoun(s) you associate with each of these endings.

1. -amos   2. -as   3. -áis   4. -an   5. -o   6. -a

8 | Expressing Actions
Present Tense of **-er** and **-ir** Verbs; Subject Pronouns (Part 2)

Grammar Tutorial 8
connect |SPANISH
www.connectspanish.com

Gramática en acción: Un estudiante típico

- Se llama Samuel Flores Toledo.
- Estudia en la UNAM (Universidad Nacional Autónoma de México).
- Vive con su familia en la Ciudad de México, el D.F. (Distrito Federal).
- Come pizza y tacos con frecuencia.
- Bebe café por la mañana.
- Recibe muchos e-mails y cartas de sus primos del Canadá.
- Lee y escribe mucho para su especialización.
- Aprende inglés porque desea visitar a su familia en Ontario.

¿Y Ud.? Conteste estas preguntas de Samuel. Use formas verbales que terminan en **-o** (= **yo**).

1. ¿Dónde vives tú?
2. ¿Comes muchos tacos?
3. ¿Recibes muchos e-mails?
4. ¿Lees y escribes mucho para tu especialización? ¿O no tienes especialización todavía (*yet*)?

Samuel Flores Toledo

A typical student • *His name is Samuel Flores Toledo.* • *He studies at UNAM (the National Autonomous University of Mexico).* • *He lives with his family in Mexico City,* **el D.F.** *(Federal District).* • *He frequently eats pizza and tacos.* • *He drinks coffee in the morning.* • *He gets a lot of e-mails and letters from his cousins in Canada.* • *He reads and writes a lot for his major.* • *He's learning English because he wants to visit his family in Ontario.*

Present Tense of -er/-ir Verbs / El tiempo presente de los verbos *-er/-ir*

1. Present Tense Endings

The present tense of **-er** and **-ir** verbs is formed by adding personal endings to the stem of the verb (the infinitive minus its **-er/-ir** ending). The personal endings for **-er** and **-ir** verbs are the same except for the first and second person plural.

comer (*to eat*)				vivir (*to live*)			
(yo)	**como**	(nosotros/as)	**comemos**	(yo)	**vivo**	(nosotros/as)	**vivimos**
(tú)	**comes**	(vosotros/as)	**coméis**	(tú)	**vives**	(vosotros/as)	**vivís**
(Ud.) (él) (ella)	**come**	(Uds.) (ellos) (ellas)	**comen**	(Ud.) (él) (ella)	**vive**	(Uds.) (ellos) (ellas)	**viven**

Las terminaciones **-er/-ir** del tiempo presente			
-er		**-ir**	
-o	-emos	-o	-imos
-es	-éis	-es	-ís
-e	-en	-e	-en

2. Important *-er/-ir* Verbs

These are the frequently used **-er** and **-ir** verbs you will find in this chapter.

comer

beber

leer

escribir

-er verbs		**-ir** verbs	
aprender	to learn	**abrir**	to open
aprender + a + *inf.*	to learn how to (*do something*)	**asistir (a)**	to attend, go to (*a class, function*)
beber	to drink		
comer	to eat	**escribir**	to write
comprender	to understand	**recibir**	to receive
creer (en)	to think; to believe (in)	**vivir**	to live
deber + *inf.*	should, must, ought to (*do something*)		
leer	to read		
vender	to sell		

- **Deber,** like **desear** and **necesitar,** is followed by an infinitive.

- **Aprender** + **a** + *infinitive* means *to learn how to* (*do something*).

Debes leer tus e-mails todos los días.
You should read your e-mails on a daily basis.

Muchos niños **aprenden a hablar** español con sus abuelos.
Many children learn to speak Spanish with their grandparents.

---

3. English Equivalents of the Present Tense

Remember that the Spanish present tense has a number of present tense equivalents in English. It can also be used to express future meaning.

> **como** = *I eat, I am eating, I will eat*

Uses of Subject Pronouns / **Los usos de los pronombres personales**

In English, a verb must have an expressed subject (a noun or pronoun): *the train arrives, she says.* In Spanish, however, as you have probably noticed, an expressed subject is not required. Verbs are accompanied by a subject pronoun only for clarification, emphasis, or contrast.

- *Clarification:* When the context does not make the subject clear, the subject pronoun is expressed. This happens most frequently with third person singular and plural verb forms.

- *Emphasis:* Subject pronouns are used in Spanish to emphasize the subject when in English you would stress it with your voice.

- *Contrast:* Contrast is a special case of emphasis. Subject pronouns are used to contrast the actions of two individuals or groups.

> **Ud. / él / ella** vende
> **Uds. / ellos / ellas** venden

> —¿Quién debe pagar? *"Who should pay?"*
> —¡**Tú** debes pagar! *"**You** should pay!"*

> **Ellos** leen mucho; **nosotros** leemos poco.
> ***They** read a lot; **we** read little.*

¡OJO!

Avoid using subject pronouns in Spanish when they are not necessary. The overuse of subject pronouns sounds overbearing to native speakers of Spanish.

Autoprueba

Give the correct verb forms.

1. Elena (comer) _____
2. yo (beber) _____
3. nosotros (leer) _____
4. José (escribir) _____
5. Uds. (vivir) _____
6. tú (abrir) _____

Answers: 1. come 2. bebo 3. leemos 4. escribe 5. viven 6. abres

¿Cuántas personas viven en el D.F.? Busque (*Look up*) el número de habitantes de la ciudad en el Internet.

Práctica

A. Asociaciones. ¿Qué verbos asocia Ud. con las siguientes ideas? Dé infinitivos.

1. un libro o una revista (*magazine*)
2. una composición, un ensayo (*essay*) o una carta
3. un café o una Coca-Cola
4. en la cafetería
5. las materias
6. la opinión de un pariente
7. una librería o un supermercado
8. una puerta o una ventana
9. clases y conciertos
10. en la residencia o en una casa
11. estudiar más
12. regalos

B. En la clase de español

Paso 1. ¡Anticipemos! ¿Cierto o falso para su clase? Corrija (*Correct*) las oraciones falsas.

MODELO: Bebemos café en el salón de clase. → Cierto. (Falso. No bebemos café en el salón de clase. Bebemos café en casa.)

	CIERTO	FALSO
1. Debemos estudiar más esta materia.	☐	☐
2. Leemos los capítulos completos de *Puntos de partida*.	☐	☐
3. Todos comprendemos bien el español de nuestro profesor / nuestra profesora.	☐	☐
4. Asistimos a esta clase todos los días.	☐	☐
5. Abrimos los libros con frecuencia en esta clase.	☐	☐
6. En esta clase escribimos mucho.	☐	☐
7. En esta clase aprendemos a hablar y comprender español.	☐	☐
8. Vendemos nuestros libros al final del año.	☐	☐

Paso 2. Now turn to the person next to you and rephrase each sentence, using **tú** forms of the verbs. Your partner will indicate whether the sentences are true for him or her.

MODELO: Bebemos café en el salón de clase. →
  E1: **Bebes** café en el salón de clase, ¿verdad (*right*)?
  E2: Sí, bebo café en el salón de clase. (No, no bebo café en el salón de clase. Bebo café en la cafetería.)

C. Diego habla de su padre. Complete el siguiente párrafo con la forma correcta de los verbos entre paréntesis.

Mi padre (vender[1]) coches y trabaja mucho. Mis hermanos y yo (aprender[2]) mucho de papá. Según mi padre, los jóvenes (deber[3]) (asistir[4]) a clase todos los días, porque es su obligación. Papá también (creer[5]) que no es necesario mirar la televisión por la noche. Es más interesante (leer[6]) el periódico,[a] una revista o un buen libro. Por eso nosotros (leer[7]) o (escribir[8]) por la noche y no miramos la televisión. Yo admiro a mi papá y (creer[9]) que él (comprender[10]) la importancia de la educación.

[a]*newspaper*

Comprensión. ¿Cierto o falso? Corrija (*Correct*) las oraciones falsas.

	CIERTO	FALSO
1. Diego y sus hermanos venden coches.	☐	☐
2. Diego mira mucho la televisión.	☐	☐
3. El padre de Diego lee mucho.	☐	☐

Tamalada (Making Tamales), **por** (*by*) **Carmen Lomas Garza (estadounidense)**

D. Este domingo (*Sunday*)**, tamalada.**
Form complete sentences based on the words given, in the order given. Add words when necessary and make adjectives agree with nouns. Conjugate the infinitives. Don't use the subject pronouns in parentheses. The first two sentences are done for you as models.

Una tamalada consiste en hacer (*making*) y comer tamales, una comida (*food*) típica de México y Centroamérica. Hay ocasiones en que hacer tamales es una fiesta familiar. Este domingo es un día especial para la familia de la pintura. Habla Luis.

MODELOS:
1. hay / tamalada hoy / por / tarde →
   Hay **una** tamalada hoy por **la** tarde.

2. todo / familia / asistir / tamalada en / nuestra casa →
   Tod**a la** familia asiste **a la** tamalada en nuestra casa.
3. mi / padres / celebrar / su aniversario de boda (*wedding*)
4. la / mujeres / de la familia / y / un / hombres / preparar la comida (*meal*)
5. mi / tíos / beber / café / y / mirar la tele
6. mi / primas / pequeño / leer / revistas para niños
7. mi hermano / deber estudiar / pero / leer / noticias (*news*) del fútbol de México / en el Internet
8. (él) no / comprender todo / porque / su español / no / ser perfecto
9. (yo) creer que / mi / mamá / y / tías / ser cocineras (*cooks*) / excelentes
10. (yo) desear ser / uno / bueno / cocinero también

Conversación

Nota **comunicativa**

Cómo expresar la frecuencia de las acciones

OFTEN AT THE END OF OR WITHIN A SENTENCE	OFTEN AT THE BEGINNING OF A SENTENCE
a veces at times	**casi nunca** almost never
con frecuencia frequently	**nunca** never
siempre always	
todos los días every day	
una vez a la semana once a week	

Hablo con mis amigos **todos los días.** Hablo con mis padres **una vez a la semana. Casi nunca** hablo con mis abuelos. Y **nunca** hablo con mis tíos que viven en Italia.

A. ¿Con qué frecuencia?

Paso 1. How frequently do you do the following things? Indicate the frequency of each activity with one of the indicated phrases, then say each sentence aloud. Remember to put **casi nunca** and **nunca** at the beginning of the sentence.

todos los días   **con frecuencia**   **a veces**   **casi nunca**   **nunca**

MODELOS: **Casi nunca** asisto al laboratorio de computadoras.
Asisto al laboratorio **a veces.**

1. Recibo e-mails y cartas.
2. Escribo poemas.
3. Leo novelas románticas.
4. Como en una pizzería.
5. Recibo y leo revistas.
6. Aprendo palabras nuevas en español.
7. Asisto a todas las clases.
8. Compro regalos para los amigos.
9. Vendo los libros al final del semestre/ trimestre.

Paso 2. Now compare your answers with those of a classmate. Then answer the following questions. **¡OJO! los/las dos** = *both (of us)*; **ninguno/a** = *neither*.

	YO	MI COMPAÑERO/A	LOS/LAS DOS	NINGUNO/A
1. ¿Quién es muy estudioso/a?	☐	☐	☐	☐
2. ¿Quién come mucha pizza?	☐	☐	☐	☐
3. ¿Quién compra muchas cosas?	☐	☐	☐	☐
4. ¿Quién es muy romántico/a?	☐	☐	☐	☐
5. ¿Quién recibe muchos e-mails?	☐	☐	☐	☐
6. ¿Quién escribe mucho?	☐	☐	☐	☐
7. ¿Quién lee mucho?	☐	☐	☐	☐

B. Intercambios. Use the following cues to interview a classmate. Include expressions of frequency when appropriate.

MODELO: leer + novelas de horror ⟶ Carmen, ¿lees novelas de horror?

| (nombre de estudiante), tú
tus padres/hijos
tus abuelos
tu mejor (*best*) amigo/a | **+** | abrir
beber
comprender
escribir
leer
recibir
vender
vivir
¿ ? | **+** | mucho / poco

la situación / los problemas de los estudiantes
Coca-Cola/café antes de (*before*) la clase
tu ropa (*clothing*), un estéreo viejo
la puerta a (*for*) las mujeres / los hombres

novelas de ciencia ficción / de horror
el periódico / una revista todos los días
muchas/pocas cartas, novelas, revistas
muchos/pocos ejercicios, libros, regalos

en una casa / un apartamento / una residencia
en otra ciudad / en otro estado/país
en un cuaderno / con un bolígrafo/lápiz |
| | **+** | deber | **+** | mirar mucho la televisión
llegar a casa temprano |

▶ Mundo interactivo

You should now be prepared to work with Scenario 2, Activity 2 in Connect Spanish (**www.connectspanish.com**).

Un poco de todo ♻

A. Un árbol genealógico. When you flesh them out by adding words, conjugating infinitives, and making adjectives agree with nouns, the following sentences will create the description of a family in which there is a new grandchild. The first sentence is done for you as a model. Use the names in parentheses and the information in all of the sentences, including the model, to fill out the family tree. Then answer the questions in **Comprensión.**

MODELO: **1.** yo / ser / Laura / y / ser / mexicano →
Yo **soy** Laura y **soy** mexican**a**.

2. nuevo / nieto / ser de / Estados Unidos (Fernando)
3. padre / de / nieto / ser / mi hijo (Juan)
4. abuelo / ser / mi esposo / pero / ya murió (*has already passed away*) (Fernando)
5. uno / de las tías / de / nieto / ser / médica (Pilar)
6. otro / tía / ser / artista / famoso (Julia)
7. madre / de / niño / ser estadounidense (Paula)
8. hermana / de / niño / se llama, Laura como yo

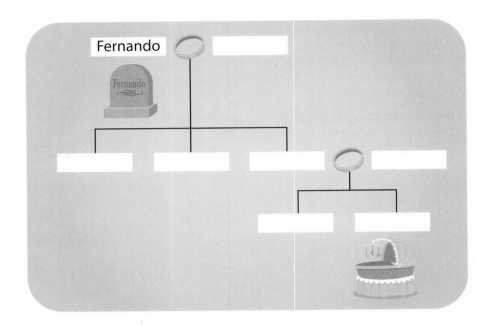

Comprensión. Conteste estas preguntas, según la descripción de la familia.

1. ¿De dónde es la familia paterna?
2. ¿Dónde vive la familia del nuevo nieto?
3. ¿Cómo se llama el abuelo de la familia?

B. Lengua y cultura: Las familias. Complete the following paragraphs about families. Give the correct form of the words in parentheses, as suggested by context.

¿**E**xiste la familia hispana típica? La idea de que las familias hispanas son muy (grande¹) es un estereotipo del pasado,ª especialmente en las (grande²) ciudades. Ahora, la norma (ser³) una familia con dos o tres hijos. Es difícil tener (mucho⁴) hijos cuando el padre y la madre

ª*past*

(trabajar[5]) fuera de la casa,[b] y cuando los abuelos o tías no (vivir[6]) en casa para cuidar[c] a los niños. A pesar de[d] la reducción en el número de hijos, los hispanos (creer[7]) que la familia es su institución (principal[8]). Muchos hispanos mantienen[e] relaciones con parientes que (estar[9]) en otro país y muchos les mandan[f] dinero y regalos para ayudarlos.[g] En las reuniones (familiar[10]) también es frecuente incluir a parientes de (vario[11]) generaciones.

En su opinión, ¿hay (mucho[12]) diferencias entre su familia y las familias hispanas que conoce[h]?

[b]fuera... *outside the home* [c]cuidar... *care for* [d]A... *In spite of* [e]*keep up, maintain* [f]*send to them* [g]*help them* [h]*you know*

Comprensión. ¿Cierto o falso? Corrija (*Correct*) las oraciones falsas.

1. Todas las familias hispanas son grandes.
2. Por lo general (*Generally*), las familias urbanas son pequeñas.
3. Para los hispanos, la familia es una institución social fundamental.

C. Una fiesta. There is a Spanish saying, "**Una fiesta se hace** (*is made*) **con tres personas: una canta, otra baila y la otra toca.**" Working in groups of four, use this saying as a model to tell what the following things are "made of." Use as many **-ar, -er,** and **-ir** verbs as you can, as well as the irregular verbs **ser** and **estar,** the forms of **tener** that you know (**tengo, tienes, tiene**), and the verb form **hay.**

MODELO: una clase ⟶ Una clase se hace con un profesor o una profesora. Esta persona enseña la clase. También hay unos estudiantes. Desean aprender la materia y estudian mucho. Leen su libro de texto y escriben informes (*papers*). También hay un salón de clase, un pizarrón...

¿Cómo se hace... ?

1. una clase de español
2. una fiesta en esta universidad
3. una universidad
4. una familia

Frida y Diego Rivera (1931), por Frida Kahlo: ¿Una familia hispana típica?

En su comunidad

Entreviste a (*Interview*) una persona hispana de su universidad o ciudad sobre (*about*) su familia.

PREGUNTAS POSIBLES

- ¿Tiene esta persona una familia grande o pequeña? ¿Cuáles son los miembros de la familia?
- ¿Cuál es el país de origen de los abuelos de la persona? ¿Viven solos (*alone*) o con un pariente?
- ¿Los parientes se reúnen (*get together*) con frecuencia? ¿En qué ocasiones?

SALU2

Antes de mirar° Antes... *Before watching*

Indique los distintos tipos de familias que Ud. conoce (*are familiar with*) personalmente.

- ☐ familia tradicional (padre y madre casados [*married*] y que viven juntos [*together*])
- ☐ familia monoparental
- ☐ familia reconstituida (uno de los padres o ambos [*both*], divorciados y casados con [*married to*] otra persona)
- ☐ familia con ambos padres del mismo (*same*) sexo

Una familia mexicana que extraña (*misses*) a sus parientes mexicanos: Minerva (a la derecha [*on the right*]), Araceli y sus hijos

PROGRAMA **3:** **Padres modernos**

You will not understand every word of this episode. Remember that if you pay close attention to the images and listen for recognizable cognates and vocabulary that you already know, you will be able to get the gist of the show's content.

Vocabulario **de este programa**

disfrutar	enjoy	**dos mil cinco**	2005	**cumplió 15 años**	turned 15
enfermo/a	sick	**no es nada extraño**	isn't unusual at all	**fue**	she went; it was
cansado/a	tired	**único/a**	unique; only	**la quinceañera**	fifteenth
cuidar a/de	to take care of	**una vida mejor**	a better life		birthday
los padrinos	godparents	**mil novecientos**	1999		celebration
el padrino	godfather	**noventa y nueve**		**ver**	to see
la madrina	godmother	**han crecido juntos**	they've grown	**¿te acuerdas**	do you
el/la ahijado/a	godson/goddaughter		up together	**de... ?**	remember...?
hace (10, 30,...	(10, 30, . . . years)	**dejar atrás**	to leave behind		
años)	ago	**hubo**	there was		

Fragmento del guion° *script*

LAURA: En este parque barcelonés, hablamos con José Lorca y su familia. José nos explica quién se preocupa[a] del cuidado[b] de sus hijos, especialmente de la pequeña.

JOSÉ: Normalmente nos lo repartimos.[c] Su madre, unos días, un día sí, un día no. Y yo un día sí, un día no. Porque nuestro trabajo nos lo permite.[d]

LAURA: Gracias a su flexibilidad laboral,[e] José y su esposa alternan los días en que cuidan a su hija pequeña desde por la mañana hasta la noche. Así[f] la niña no pasa tiempo sola[g] en casa.

JOSÉ: Nos repartimos las faenas[h]... . Las faenas de casa nos las repartimos... también... El día que se queda uno[i]... pues... desde que se levanta[j]... les prepara el desayuno.[k] Los... a ella la ayuda[l]... a prepararse un poco para ir al colegio.[m]

[a]se... *is concerned* [b]care [c]nos... *we share it* [d]nuestro... *our work allows us to do that* [e]*work* [f]*In that way* [g]*alone* [h]*chores* [i]*El... The day that one (of us) stays home* [j]desde... *from when he or she gets up* [k]les... *he or she prepares breakfast* [l]a... *he or she helps her [the daughter]* [m]ir... *go to school*

José Lorca, un padre español con su hjia, en Barcelona, la segunda (*second*) ciudad más grande de España

▶ **Mundo interactivo**

Continue your work as an intern at HispanaVisión with Laura Sánchez Tejada, the roving reporter of *Salu2*, as you complete Scenario 2, Activities 1 and 2 in Connect Spanish (**www.connectspanish.com**).

Al mirar°

Al... *While you watch*

Mientra (*While*) mira el programa, indique las familias que se mencionan específicamente en este programa. **¡OJO!** En el programa no se menciona la familia de cada (*each*) persona de la lista.

La familia de...

1. ☐ Víctor **3.** ☐ Laura **5.** ☐ Minerva
2. ☐ Ana **4.** ☐ José Lorca **6.** ☐ Araceli

Después de mirar°

Después... *After watching*

A. ¿Está claro? ¿Cierto o falso? Corrija las oraciones falsas.

	CIERTO	FALSO
1. Víctor está casado.	☐	☐
2. Ana tiene una hija.	☐	☐
3. José es un padre barcelonés que tiene una hija pequeña.	☐	☐
4. Minerva y su hija no tienen familia en California.	☐	☐

B. Un poco más. Conteste las siguientes preguntas.

1. ¿Quién cuida a la hija enferma de Víctor hoy?
2. ¿Quién es padrino o madrina, Víctor o Ana?
3. En casa de José, ¿quién hace (*does*) las faenas de casa?
4. ¿El año pasado (*Last year*), ¿qué tipo de celebración hubo en México en la familia de Minerva y Araceli?

C. Y ahora, Uds. En grupos, hablen de (*talk about*) la familia. ¿Es importante la familia extendida en su caso? ¿Qué parientes incluye? ¿Incluye a padrinos y ahijados? ¿a parientes que viven en otro país? ¿Cómo es su familia? ¿Es tradicional? ¿patriarcal? ¿matriarcal?

Sarita, la hija adoptada de Víctor y su esposa

Sobre° el programa

About

Sara Gutiérrez Rojo es la hija de Víctor y su esposa, Marina Rojo. Sara es adoptada. Su llegada[a] a la familia fue[b] un acontecimiento[c] muy celebrado por todos. Sara es guatemalteca de nacimiento;[d] tiene 5 años y es una niña extrovertida y simpática. Víctor y Marina tienen una sorpresa para Sarita: en unos meses[e] —si todo va bien[f]— Sarita va a tener[g] un hermanito o una hermanita,[h] también de Guatemala.

[a]*arrival* [b]*was* [c]*event* [d]*de... by birth* [e]*months* [f]*si... if all goes well* [g]*va... is going to have* [h]*hermanito... little brother or little sister*

Producción personal

Filme una o dos entrevistas (*interviews*) con personas que hablan de sus familias.

Lectura cultural

México

Por tradición,[a] las familias en México son muy unidas. Esto tiene muchas ventajas[b] en el desarrollo[c] de los niños y los adolescentes, que sienten el apoyo[d] de sus padres, hermanos y parientes cercanos.[e] Es raro oír hablar[f] de las desventajas[g] de la extrema unión familiar. Sin embargo,[h] en México muchos creen que esta gran unión resulta, a veces, en que los jóvenes pierdan[i] parte de su identidad individual, ya que permanecen bajo[j] la protección de sus padres hasta que[k] son

> **¿Cómo se comparan las familias de este país con las familias de México?**

adultos. No es extraño[l] que la vida responsable y la autosuficiencia de un joven se pospongan[m] hasta el momento en que contrae matrimonio.[n]

[a]Por... *Traditionally* [b]*advantages* [c]*development* [d]sienten... *feel the support* [e]*close* [f]oír... *to hear talk* [g]*disadvantages* [h]Sin... *However* [i]*lose* [j]ya... *since they remain under* [k]hasta... *until* [l]*unusual* [m]se... *are postponed* [n]en... *when he or she gets married*

Una familia mexicana que visita el cementerio para celebrar el Día de los Muertos (*Dead*), San Pedro Tlahuac, México

Una importante figura histórica

Sor[a] Juana Inés de la Cruz: Poeta del siglo[b] XVII, publicó su obra en vida.[c] Es una de los grandes poetas de la lengua española y una mujer muy ilustrada.[d] Escribió[e] lo siguiente sobre sus estudios: «Yo no estudio para saber[f] más, sino[g] para ignorar[h] menos».

[a]*Sister* [b]*century* [c]publicó... *she published her work during her lifetime* [d]*learned* [e]*She wrote* [f]para... *so that I know* [g]*but rather* [h]para... *so that I am ignorant of*

En **otros** países hispanos

- **En todo el mundo hispanohablante** Es impresionante cómo los hispanos de todos los países coinciden en cuanto a[a] la importancia de la familia. También es típico en todo el mundo hispano que los hijos se independicen tarde.

- **En Chile** «Estar casados[b] a la chilena» = vivir juntos[c] en pareja.[d]

- **En la Argentina y España** En los dos países el matrimonio entre personas del mismo[e] sexo es legal.

[a]en... *with regards to* [b]*married* [c]*together* [d]en... *out of wedlock* [e]*same*

COMPRENSIÓN

1. ¿Por qué la familia mexicana tiene normalmente una influencia muy buena en los hijos?
2. ¿Por qué puede tener (*can it have*) una mala influencia?
3. ¿La familia mexicana es única en el mundo hispano?

Tres símbolos mexicanos

- **La bandera y el himno[a] nacional** Es increíble el respeto y la emoción que estos emblemas inspiran en los mexicanos.

- **La tortilla de maíz[b]** Es el alimento[c] esencial de los mexicanos desde[d] 1500 A.C. (mil quinientos antes de Cristo).

- **Los centros arqueológicos** Hay muchos por todo el país, pero los más importantes son las ruinas mayas de Chichén Itzá (cerca de[e] Cancún), el complejo[f] de Teotihuacán (cerca del D.F.) y las ruinas zapotecas (cerca de Oaxaca).

[a]La... *The flag and anthem* [b]*corn* [c]*food* [d]*since* [e]cerca... *close to* [f]*building complex*

Del mundo hispano

Antes de leer°

Antes... *Before reading*

Match the sentences with the numbers given in **Números útiles.** If you don't know, guess! All numbers will be used. **¡OJO!** In Spanish, decimals are marked with a comma: 3.4 = **3,4 (tres coma cuatro).**

Números útiles: 1,32; 1,65; 2; 2,06; 2,2; 3; 4; 5; 6; 8; 40

1. _____: número de semanas de un embarazo (*pregnancy*) normal
2. _____: número de bebés, si son mellizos o gemelos (*twins*)
3. _____: número de bebés, si son octillizos
4. _____: número de bebés, si son sextillizos
5. _____: número de bebés, si son quintillizos
6. _____: número de bebés, si son trillizos
7. _____: número de libras (*pounds*) en 1 kilogramo
8. _____: promedio (*average number*) de hijos por mujer en Puerto Rico
9. _____: promedio de hijos por mujer en España
10. _____: promedio de hijos por mujer en los Estados Unidos

Lectura: Un parto° excepcional en Puerto Rico

birth

SEXTILLIZOS EN PUERTO RICO

Emilio Figueroa observa el 27 de diciembre en Puerto Rico, a uno de sus hijos, luego que[a] su esposa, Máxima Pérez, 33, quien se sometió[b] a un tratamiento de fertilidad, dio a luz[c] a sextillizos mediante una cesárea. Los bebés nacieron[d] tras[e] 29 semanas de embarazo y pesaron[f] entre 800 y 1.000 gramos. Es la primera vez[g] que en el país se produce un parto de seis criaturas. EFE

[a]luego... *after*   [b]se... *went through*   [c]dio... *gave birth*   [d]*were born*   [e]*after*
[f]*they weighed*   [g]la... *the first time*

Comprensión

A. Resumen de la noticia (*Summary of the news item*). Para resumir la información de la noticia, complete las oraciones con las palabras apropiadas.

esposo fertilidad isla padres seis sextillizos

Noticias de la _____[1] de Puerto Rico:

La Sra. Máxima Pérez y su _____,[2] el Sr. Emilio Figueroa, son ahora los _____[3] de _____[4] hijos, gracias a un tratamiento de _____.[5] No hay otro caso de _____[6] en la historia de Puerto Rico.

B. En el texto. Encuentre (*Find*) las siguientes ideas y palabras en la noticia.

1. *birth*
2. *babies* (*2 words*)
3. *through a C-section*
4. *fertility treatment*

A ESCUCHAR

Antes de escuchar

¿Tiene Ud. hermanos casados (*married*)? ¿Tiene buenas relaciones con sus cuñados (*in-laws*)? ¿Tiene padrinos (*godparents*) o es padrino o madrina de un niño?

Escuche°

La familia de Lucía

Listen

Una persona describe la familia de Lucía Jiménez Flores. Escuche según las indicaciones de su profesor(a).

Después de escuchar°

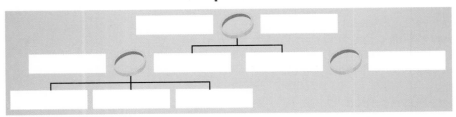

Después… *After listening*

A. El árbol genealógico de la familia. Complete el árbol genealógico con los nombres de los miembros de la familia.

B. ¿Quién es quién? Complete las oraciones.

1. La cuñada de Lucía se llama _____.
2. El cuñado de José se llama _____.
3. Lucía tiene tres _____.
4. La abuela de Camila tiene _____ años.
5. El nombre del padre de Lucía es _____.
6. La familia de Lucía es de _____ (ciudad).
7. En México, Lucía tiene muchos _____.

¡Música!

La cantante[a] de música pop Julieta Venegas nació[b] en California, pero se crió[c] en Tijuana, México. Además de[d] cantar, toca varios instrumentos musicales (guitarra, acordeón y teclados[e]). Su canción «Bien o mal» es del álbum *Otra cosa*.[f]

[a]*singer* [b]*was born* [c]*se… grew up* [d]*Además… Besides* [e]*keyboards* [f]*thing*

Julieta Venegas, en Houston, Texas

Go to the iMix section in Connect Spanish (**www.connectspanish.com**) to access the iTunes playlist "*Puntos9*," where you can purchase "Bien o mal" by Julieta Venegas.

El tema

Mi familia

Preparar

Dibuje (*Draw*) un árbol genealógico de su familia, similar a los que ha visto (*those that you've seen*) en este capítulo. Incluya (*Include*) un mínimo de 10 miembros de su familia con:

- el nombre de cada (*each*) persona y su edad (*age*)
- su origen o nacionalidad
- una característica interesante y particular (*unique*) de cada persona

Redactar°   *Writing*

Escriba (*Write*) un ensayo (*essay*) sobre (*about*) su familia, combinando toda la información de **Preparar.**

Empiece (*Start*) el ensayo con una frase descriptiva sobre su familia.

MODELOS: Mi familia es una familia típica americana.
Mi familia no es una de las familias típicas de este país.
Creo que mi familia es muy interesante.

Luego (*Then*) escriba unas oraciones sobre cada miembro de su familia.

MODELO: Mi padre se llama John. Tiene 63 años. Es estadounidense y es muy trabajador.

Concluya (*Conclude*) el ensayo con una explicación sobre su familia. Por ejemplo: ¿Es una familia típica? ¿unida? ¿Por qué sí o por qué no?

Editar

Revise (*Review*) el ensayo para comprobar (*to check*):

- la ortografía (*spelling*) y los acentos
- la posición y la concordancia (*agreement*) de los adjetivos descriptivos y los adjetivos posesivos
- la variedad del vocabulario
- la conjugación de los verbos

Finalmente, prepare su versión final para entregarla (*hand it in*).

EN RESUMEN En este capítulo

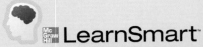

Visit **www.connectspanish.com** to practice the vocabulary and grammar points covered in this chapter.

Gramática en breve

5. Adjectives: Gender, Number, and Position

Adjective Endings

Singular	Plural
-o	**-os**
-a	**-as**
-e	**-es**
-[consonant]	**-[consonant]** + **-es**

6. Present Tense of *ser*; Summary of Uses

ser: soy, eres, es, somos, sois, son

Uses of **ser:** identification, description, origin, generalizations, possession, destination

de + el ⟶ del

7. Unstressed Possessive Adjectives

yo ⟶ **mi(s)**   nosotros ⟶ **nuestro/a(s)**
tú ⟶ **tu(s)**   vosotros ⟶ **vuestro/a(s)**
Ud., él, ⟶ **su(s)**   Uds., ellos, ⟶ **su(s)**
ella   ellas

8. Present Tense of *-er* and *-ir* Verbs; Subject Pronouns

Regular **-er** *Verb Endings*

-o, -es, -e, -emos, -éis, -en

Regular **-ir** *Verb Endings*

-o, -es, -e, -imos, -ís, -en

When to use subject pronouns: for clarification, emphasis, and contrast

Vocabulario

Los verbos

abrir	to open
aprender	to learn
aprender a + *inf.*	to learn how to (*do something*)
asistir (a)	to attend, go to (*a class, function*)
beber	to drink
comer	to eat
comprender	to understand
creer (en)	to think; to believe (in)
deber + *inf.*	should, must, ought to (*do something*)
escribir	to write
leer	to read
llegar	to arrive
mirar	to look at, watch
mirar la tele(visión)	to watch television
recibir	to receive
ser (soy, eres,…)	to be
vender	to sell
vivir	to live

La familia y los parientes

el/la abuelo/a	grandfather/grandmother
los abuelos	grandparents
el/la esposo/a	husband/wife
el/la hermano/a	brother/sister
los hermanos	siblings
el/la hijo/a	son/daughter
los hijos	children
la madre (mamá)	mother (mom)
el/la nieto/a	grandson/granddaughter
el/la niño/a	small child; boy/girl
el padre (papá)	father (dad)
los padres	parents
el pariente	relative
el/la primo/a	cousin
los primos	cousins
el/la sobrino/a	nephew/niece
el/la tío/a	uncle/aunt
los tíos	aunts and uncles

Las mascotas

el gato	cat
la mascota	pet
el pájaro	bird
el perro	dog

Otros sustantivos

la carta	letter
la casa	house, home
la ciudad	city
el coche	car
el estado	state
el/la médico/a	(medical) doctor
el mundo	world
el país	country
el periódico	newspaper
el regalo	present, gift
la revista	magazine

Los adjetivos

alto/a	tall
amable	kind; nice
antipático/a	unpleasant

bajo/a	short (*in height*)
bonito/a	pretty
buen, bueno/a	good
corto/a	short (*in length*)
delgado/a	thin, slender
este/a	this
estos/as	these
feo/a	ugly
fiel	faithful
gordo/a	fat
gran, grande	large, big; great
guapo/a	handsome; good-looking
joven	young
largo/a	long
listo/a	smart; clever
mal, malo/a	bad
moreno/a	brunet(te)
mucho/a	a lot (of)
muchos/as	many
nuevo/a	new
otro/a	other, another
pequeño/a	small
perezoso/a	lazy
pobre	poor
rico/a	rich
rubio/a	blond(e)
simpático/a	nice, likeable
todo/a	all; every
tonto/a	silly, foolish
trabajador(a)	hardworking
viejo/a	old

Cognados: hispano/a, inteligente, necesario/a, posible

Los adjetivos de nacionalidad

alemán/alemana	German
español(a)	Spanish
estadounidense	U.S.
inglés/inglesa	English
mexicano/a	Mexican

Los adjetivos posesivos

mi(s)	my
tu(s)	your (*fam. sing.*)
nuestro/a(s)	our
vuestro/a(s)	your (*fam. pl. Sp.*)
su(s)	his, hers, its, your (*form. sing.*); their, your (*form. pl.*)

Los números del 31 al 100

treinta, cuarenta, cincuenta, sesenta, setenta, ochenta, noventa, cien

¿Con qué frecuencia… ?

a veces	sometimes, at times
casi	almost
casi nunca	almost never
nunca	never
siempre	always
una vez a la semana	once a week

Repaso: con frecuencia, todos los días

Palabras adicionales

¿de quién?	whose?
del	of the, from the
estar de acuerdo / no estar de acuerdo	to agree / to disagree
esto	this (*neuter*)
para	(intended) for; in order to
por eso	for that reason
¿por qué?	why?
porque	because
que	that, which; who
según	according to
si	if
tener… años (tengo, tienes, tiene)	to be . . . years old

Repaso: ¿de dónde es Ud.?

Vocabulario personal

Remember to use this space for other words and phrases you learn in this chapter.

Español	Inglés

4

De compras°

De... *Shopping*

En un mercado (*market*), en Tecpán, Guatemala

- Have you ever seen these kinds of textiles? Where?
- Where can you buy clothing in your area?
- What clothing items do you buy most frequently?

Guatemala

13,5 (trece y medio) millones de habitantes

Honduras

8 millones de habitantes

- Guatemala es el centro de la civilización maya. También hay población maya en Honduras, México, El Salvador y Belice.

- Honduras tiene una población afroindígena muy grande: los garífunas, que viven a lo largo del (*along the*) Golfo de Honduras, de Belice a Nicaragua.

En este capítulo

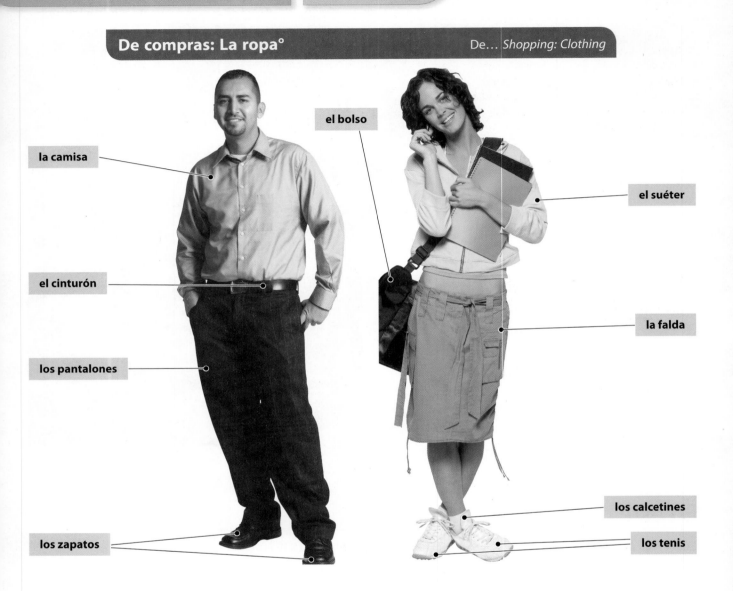

De compras: La ropa°　　　　　　　　　　De... *Shopping: Clothing*

la camisa

el bolso

el suéter

el cinturón

la falda

los pantalones

los zapatos

los calcetines

los tenis

Los verbos

comprar	to buy
llevar	to wear; to carry; to take
regatear	to haggle, bargain
usar	to wear; to use
vender	to sell
venden de todo	they sell (have) everything

Los lugares

el almacén	department store
el centro	downtown
el centro comercial	shopping mall

el mercado	market(place)
la plaza	plaza
la tienda	shop, store

¿Cuánto cuesta(n)?

la ganga	bargain
el precio	price
el precio fijo	fixed (set) price
las rebajas	sales, reductions
barato/a	inexpensive
caro/a	expensive
cómodo/a	comfortable

Otras palabras y expresiones útiles

el abrigo	coat	el traje	suit
la blusa	blouse	el traje de baño	bathing suit
la camiseta	T-shirt	el vestido	dress
la cartera	wallet; handbag		
la chaqueta	jacket	de cuadros	plaid
la corbata	tie	(lunares, rayas)	(polka-dot, striped)
la gorra	baseball cap		
el impermeable	raincoat	es de (algodón,	it is made of (cotton,
las medias	stockings	cuero, lana, oro,	leather, wool,
la ropa interior	underwear	plata, seda)*	gold, silver, silk)
las sandalias	sandals	Es de última	
el sombrero	hat	moda.	It's trendy (hot).
		Está de moda.	

Así se dice

el almacén = los grandes almacenes (*Spain*)

el bolso = la bolsa (*Mexico*)

la camiseta = la polera (*Argentina*), el polo (*Peru*)

la cartera = la billetera (*Argentina, El Salvador*); *coin purse* = el monedero

la falda = la pollera (*Argentina, Uruguay*)

los *jeans* = los mahones (*Puerto Rico, Dominican Republic*), los vaqueros (*Spain*)

el suéter = el jersey (*Spain*), el pulóver (*Argentina*)

De moda is often expressed as **en onda** (*Mexico*) or **en voga.**

To talk about sales, you can say **hay rebajas** or say that something **está de/en rebaja** or **está en liquidación/venta.**

Conversación

A. La ropa

Paso 1. ¿Qué ropa llevan estas personas?

Personas: el chico (*guy*), la chica (*girl*), el hombre, la mujer

1. 2. 3.

Paso 2. De estas personas, ¿quién trabaja hoy? ¿Quién no trabaja en este momento? ¿Quién va a (*is going to*) una fiesta?

---

*Note another use of **ser** + **de:** to tell what material something is made of.

B. Asociaciones. Complete las siguientes oraciones lógicamente con palabras de **De compras: La ropa.**

1. Un _____ es una tienda grande, con muchos departamentos.
2. No es posible _____ cuando hay precios fijos.
3. En la librería, _____ de todo: textos y otros libros, cuadernos, lápices,…
4. Hay grandes _____ en las tiendas al final de la temporada (*season*), en las cuales (*in which*) todo es muy barato.
5. Siempre hay *boutiques* en los _____.
6. El _____ de una ciudad es la parte céntrica.
7. Esta ropa no es para hombres: _____.
8. Esta ropa es para hombres y mujeres: _____.
9. La ropa de _____ (material) es muy elegante.

C. El estilo personal. Complete las siguientes oraciones lógicamente para hablar de sus preferencias con relación a la ropa.

1. Para ir a la universidad, llevo _____.
2. Para ir a las fiestas con los amigos, llevo _____.
3. Para pasar un día en la playa (*beach*), me gusta llevar _____.
4. Para estar en casa todo el día, me gusta llevar _____.
5. Nunca uso _____.
6. No puedo vivir sin (*I can't live without*) _____ y _____.

Nota **comunicativa**

Preguntas coletilla (*tag*)

Tag phrases can change statements into questions.

Aquí venden de todo, {	¿no?	*They sell everything here, right?*
	¿verdad?	*(don't they?)*
No necesito impermeable hoy, **¿verdad?**		*I don't need a raincoat today, do I?*

¿Verdad? is found after affirmative or negative statements; **¿no?** is usually found after affirmative statements only.

D. Intercambios. Usen las coletillas **¿no?** y **¿verdad?** para intercambiar (*exchange*) información de sus hábitos y preferencias sobre (*about*) las compras.

MODELO: Hay un buen centro comercial cerca de (*close to*) tu casa. →
    E1: Hay un buen centro comercial cerca de tu casa, ¿no? (¿verdad?)
    E2: Sí, hay un centro comercial muy grande a cinco millas (*five miles away*) de mi casa. (No, no hay un buen centro comercial cerca de mi casa.)

1. Hay un buen centro comercial cerca de tu casa.
2. Te gusta la ropa deportiva (*sports*) más que la ropa elegante.
3. Tienes muchos zapatos.
4. Te gusta llevar ropa de moda.
5. No compras en las tiendas de ropa usada (*used*).
6. Compras muchas cosas (*things*) por el Internet.
7. No hay muchos mercados en esta ciudad.

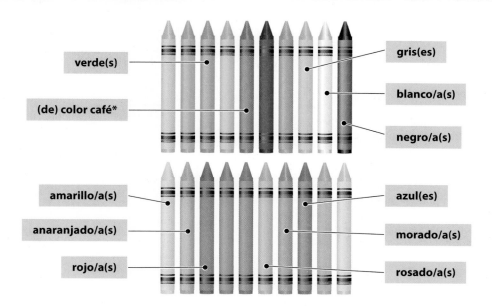

verde(s)

(de) color café*

gris(es)

blanco/a(s)

negro/a(s)

amarillo/a(s)

anaranjado/a(s)

rojo/a(s)

azul(es)

morado/a(s)

rosado/a(s)

¡OJO!

The names of colors are masculine, like the word **color: el rojo, el azul,** and so on. Note that three colors (**azul, gris, verde**) have only one singular form for masculine and feminine: **el traje** azul, **la camisa** azul.

Conversación

A. Muchos colores. ¿Cuántos colores hay en este cuadro (*painting*) de Erwin Guillermo? ¿Cuáles son?

El cortejo (*Courting*), por Erwin Guillermo (1951–, Guatemala)

Así se dice

anaranjado = naranja
(de) color café = marrón, pardo
morado = (de) color violeta, púrpura, purpúreo
rosado = (de) color rosa, rosa

Note that some Spanish speakers use **marrón** for objects and **pardo** for animals. Hair and eye color are usually expressed with **castaño.**

The expression (de) color café *is invariable:* el sombrero (de) color café, la falda (de) color café, los pantalones (de) color café.

Nota cultural

La ropa en el mundo hispano

Para los jóvenes
No hay grandes diferencias entre[a] la ropa juvenil[b] de los Estados Unidos y el Canadá y la[c] del mundo hispanohablante.

Para los adultos y los profesionales
En general, a los hispanos les gusta llevar ropa bonita y elegante. Además,[d] las mujeres profesionales tienen otras opciones en lugar del traje de chaqueta[e] que generalmente usan las mujeres en los Estados Unidos, y llevan ropa claramente más femenina.

La ropa tradicional
La ropa tradicional en el mundo hispano es muy diversa, porque hay muchos países y regiones diferentes. Algunas prendas[f] son ahora conocidas[g] en todo el mundo:
- la guayabera[h] (Caribe)
- el poncho (los Andes)
- el traje de flamenca (España)

En los países de cultura maya
En estos países hay tejidos muy bellos y coloridos,[i] que varían según la región y que forman parte de la ropa habitual de las mujeres indígenas. Una prenda distintiva es el huipil, una especie de blusa, que varía de región a región.

Una mujer guatemalteca que hace tejidos (is weaving)

¿Hay ropa tradicional en este país?

[a]between [b]worn by young people [c]that [d]In addition [e]en… instead of the suits [f]articles of clothing [g]known [h]elegant short-sleeved shirt worn outside the pants [i]tejidos… beautiful and colorful textiles

B. Asociaciones. ¿Qué colores asocia Ud. con… ?

1. el dinero
2. la una de la mañana
3. una mañana bonita
4. una mañana fea
5. el demonio
6. este país
7. una jirafa
8. un pingüino
9. un limón
10. una naranja
11. un elefante
12. las flores (*flowers*)

C. ¡Ojo alerta! ¿Escaparates (*Window displays*) idénticos? These window displays are almost alike . . . but not quite! Can you find at least nine differences between them?

MODELO: En el dibujo A hay _____, pero en el dibujo B hay _____.

A

B

D. ¿De qué color es?

Paso 1. Tell the color of things in your classroom, especially the clothing your classmates are wearing.

MODELO: El bolígrafo de Anita es amarillo. Un libro de Anita es azul…

Paso 2. Now describe what someone in the class is wearing, without revealing his or her name. Can your classmates guess whom you are describing?

MODELO: **E1:** Lleva botas negras, una camiseta blanca y *jeans*.
　　　　 E2: Es Anne.

Los números a partir del 100° | a… *from 100 on*

Continúe las secuencias:

- noventa y nueve, cien, ciento uno…
- mil, dos mil…
- un millón, dos millones…

100	cien, ciento	**700**	setecientos/as
101	ciento uno/una	**800**	ochocientos/as
200	doscientos/as	**900**	novecientos/as
300	trescientos/as	**1.000**	mil
400	cuatrocientos/as	**2.000**	dos mil
500	quinientos/as	**1.000.000**	un millón
600	seiscientos/as	**2.000.000**	dos millones

¡Doscientos quince dólares!

$215

- **Cien** is used in counting and when referring to exactly one hundred of something. **Ciento** is used to express the numbers 101 through 199: …noventa y nueve, **cien, ciento** uno, **ciento** dos…
- **Cien** is used before numbers greater than 100: **cien mil, cien millones.**
- When counting, the masculine form of words containing **cientos** is used: **…doscientos uno, doscientos dos…**
- To talk about the quantity of something, words containing **cientos** take the gender of the noun they quantify: **doscientos veintiún dólares, quinientas ocho sillas.**
- **Mil** means *one thousand* or *a thousand*. It does not have a plural form in counting, but **millón** does. When followed directly by a noun, **millón (dos millones,** and so on) must be followed by **de.**

　　mil gracias
　　3.000 habitantes　　　　tres mil habitantes
　　14.000.000 **de** habitantes　　catorce millones **de** habitantes

¡OJO!

In many parts of the Spanish-speaking world, a period in numerals is used where English uses a comma, and a comma is used to indicate the decimal where English uses a period.

$1.500　$1.000.000　$10,45　65,9%

- Note how years are expressed in Spanish.

　　1899　　　mil ochocientos noventa y nueve
　　2008　　　dos mil ocho

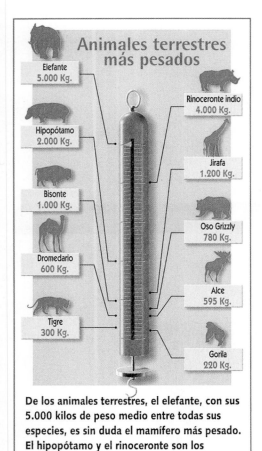

Animales terrestres
más pesados

Elefante
5.000 Kg.

Rinoceronte indio
4.000 Kg.

Hipopótamo
2.000 Kg.

Jirafa
1.200 Kg.

Bisonte
1.000 Kg.

Oso Grizzly
780 Kg.

Dromedario
600 Kg.

Alce
595 Kg.

Tigre
300 Kg.

Gorila
220 Kg.

De los animales terrestres, el elefante, con sus
5.000 kilos de peso medio entre todas sus
especies, es sin duda el mamífero más pesado.
El hipopótamo y el rinoceronte son los
siguientes en la lista, y el hombre, ni aparece.

1 kilo = 2,2 libras

Conversación

A. ¿Cuánto pesan? (*How much do they weigh?*)

Paso 1. Estos son los animales terrestres más grandes. ¿Cuánto pesan en kilos? **¡OJO!** Use el artículo masculino para todos los nombres, menos para (*except for*) **jirafa.**

MODELO: El elefante pesa cinco mil kilos.

Paso 2. Pregúntele (*Ask*) a un compañero o compañera cuánto pesan aproximadamente en libras los siguientes animales y objetos.

1. un perro/gato
2. su mochila con los libros
3. un coche
4. su libro de español
5. el animal más grande del mundo

B. ¿Cuánto cuestan? Exprese los siguientes precios en dólares en español.

1. unos *jeans* de moda: $100
2. unos tenis tipo NBA: $150
3. un anillo (*ring*) de diamantes: $1.200
4. unos aretes (*earrings*) de oro: $225
5. una tela (*fabric*) de artesanía local de excelente calidad: $400
6. un cinturón de cuero de un diseñador (*designer*) famoso: $330
7. un coche europeo: $75.000
8. una casa grande en una zona residencial muy exclusiva: $2.000.000
9. un edificio de apartamentos: $15.800.000

C. Más o menos

Paso 1. With a classmate, determine how much the following items probably cost, using **¿Cuánto cuesta(n)… ?** Keep track of the prices that you decide on. Follow the model.

MODELO: una chaqueta de cuero →
  E1: ¿Cuánto cuesta una chaqueta de cuero?
  E2: Cuesta doscientos dólares.

1. una calculadora pequeña
2. un coche nuevo/usado
3. una computadora portátil Mac o IBM
4. un reloj Timex / de oro
5. unos tenis (**¡OJO! cuestan**)
6. una casa en esta ciudad
7. un teléfono celular
8. un iPod

▶ **Mundo interactivo**

You should now be prepared to work with, Scenario 2, Activity 3 in Connect Spanish (**www. connectspanish.com**).

Paso 2. Now compare the prices you selected with those of others in the class. What is the most expensive thing on the list? (**¿Cuál es el objeto más caro** [*most expensive*]**?**) What is the least expensive? (**¿Cuál es el más barato?**)

Stress and Written Accent Marks (Part 2)

 **¿Recuerda Ud.?**

In the **Pronunciación** section of **Capítulo 3**, you learned that most Spanish words do not need a written accent mark because their pronunciation is completely predictable. Review the two basic rules of Spanish word stress by looking at the examples and completing the rules. The stressed syllable is underlined.

- Examples: **<u>li</u>bro, <u>me</u>sa, e<u>xa</u>men, i<u>ma</u>gen, <u>e</u>res, <u>gra</u>cias**

  A word that ends in a _____, _____, or _____ is stressed on the next-to-last syllable.

- Examples: **bai<u>lar</u>, us<u>ted</u>, pa<u>pel</u>, es<u>toy</u>**

  A word that ends in _____ is stressed on the last syllable.

The written accent mark is used in the following situations.

- A written accent mark is needed when a word does not follow the two basic rules reviewed in **¿Recuerda Ud.?**

- Look at the words in this group.

ta-bú	a-le-mán	in-glés
ca-fé	na-ción	es-tás

The preceding words end in a vowel, **-n,** or **-s,** so one would predict that they would be stressed on the *second-to-last syllable* (**la penúltima sílaba**). But the written accent mark shows that they are in fact accented on the *last syllable* (**la última sílaba**).

- Now look at the words in this group.

lá-piz	dó-lar	ál-bum	á-gil	dó-cil

The preceding words end in a consonant (other than **-n** or **-s**), so one would predict that they would be stressed on the last syllable. But the written accent mark shows that they are in fact accented on the next-to-last syllable.

- All words that are stressed on the *third-to-last syllable* (**la antepenúltima sílaba**) must have a written accent mark, regardless of which letter they end in. These are called **palabras esdrújulas.**

bo-lí-gra-fo	ma-trí-cu-la	ma-te-má-ti-cas

- When two consecutive vowels do not form a diphthong (see **Pronunciación, Cap. 2**), the vowel that receives the spoken stress will usually have a written accent mark. This pattern is very frequent in words that end in **-ía.**

Ma-rí-a   po-li-cí-a   as-tro-no-mí-a
dí-a   bio-lo-gí-a

¡OJO!

Contrast the pronunciation of those words with the following words in which the vowels **i** and **a** *do* form a diphthong: **Patricia, Francia, infancia, distancia.**

- Some one-syllable words have accents to distinguish them from other words that are pronounced the same but have different meanings. This type of accent does not follow the general rules of accentuation; it is called the *diacritic accent* (**el acento diacrítico**).

él (*he*)/el (*the*)
sí (*yes*)/si (*if*)
tú (*you*)/tu (*your*)
mí (*me*)/mi (*my*)

- Interrogative and exclamatory words have a written accent on the stressed vowel. For example:

¿quién?
¿dónde?
¡Qué ganga! (*What a bargain!*)

Práctica

A. **Sílabas.** The following words have been separated into syllables for you. Read them aloud, paying careful attention to where the spoken stress should fall. Don't worry about the meaning of words you haven't heard before. The rules you have learned will help you pronounce them correctly.

1. a-quí   pa-pá   a-diós   bus-qué
2. prác-ti-co   mur-cié-la-go   te-lé-fo-no   ar-chi-pié-la-go
3. Ji-mé-nez   Ro-drí-guez   Pé-rez   Gó-mez
4. si-co-lo-gí-a   so-cio-lo-gí-a   sa-bi-du-rí-a   e-ner-gí-a
5. his-to-ria   te-ra-pia   Pre-to-ria   me-mo-ria

B. **Reglas** (*Rules*). Indicate the stressed vowel of each word in the following list. Give the rule that determines the stress of each word.

1. exámenes
2. lápiz
3. necesitar
4. perezoso
5. actitud
6. acciones
7. dólares
8. francés
9. están
10. hombre
11. peso
12. mujer
13. plástico
14. María
15. Rodríguez
16. Patricia

GRAMÁTICA

¿Recuerda Ud.?

You learned the four forms of the demonstrative adjective **este** in **Gramática 5 (Cap. 3).** Review them now by completing these phrases.

1. est_____ pantalones   **2.** est_____ falda   **3.** est_____ blusas   **4.** est_____ abrigo

9 Pointing Out People and Things
Demonstrative Adjectives (Part 2) and Pronouns

Grammar Tutorial 9

connect |SPANISH
www.connectspanish.com

Gramática en acción: Suéteres a buenos precios

el vendedor
Jorge   Susana

Susana busca un suéter en el mercado con su amigo Jorge.

SUSANA: ¿Cuánto cuesta este suéter?

VENDEDOR: Bueno, ese que Ud. tiene en la mano cuesta 800 quetzales. Este aquí cuesta 700 quetzales.

SUSANA: ¡Qué caros!

VENDEDOR: Es que todos son de pura lana. Mire aquellos suéteres de rayas sobre aquella mesa. Solo cuestan 300 quetzales. Son acrílicos.

SUSANA: Muchas gracias.

Comprensión

¿Quién habla, Susana, su amigo Jorge o el vendedor?

1. «Estos suéteres de rayas son bonitos. Y solo cuestan 300 quetzales.»

2. «Los suéteres en aquella mesa no son de pura lana.»

3. «Compro este suéter. Me gusta la ropa de lana.»

4. «Estos suéteres acrílicos son más baratos que aquellos de lana.»

Demonstrative Adjectives / Los adjetivos demostrativos

Singular			Plural			Adverbs / Los adverbios
this	este abrigo	esta gorra	these	estos abrigos	estas gorras	aquí = here
that	ese abrigo / aquel abrigo	esa gorra / aquella gorra	those	esos abrigos / aquellos abrigos	esas gorras / aquellas gorras	allí = there / allá = way over there

---

Sweaters at good prices *Susana is looking for a sweater in the market with her friend Jorge.*
SUSANA: How much is this sweater? SALESMAN: Well, that one that you have in your hand costs 800 quetzales. This one here costs 700 quetzales. SUSANA: (They're) So expensive! SALESMAN: It's because they're all pure wool. Take a look at those striped sweaters on that table (over there). They only cost 300 quetzales. They're acrylic. SUSANA: Thanks a lot.

¡OJO!
Note that the final **-e** in the singular forms **este** and **ese** changes to an **-o-** in the plural: **estos, esos.**

1. Agreement

Demonstrative adjectives are used to indicate a specific noun or nouns. In Spanish, **los adjetivos demostrativos** precede the nouns they modify. They also agree in number and gender with the nouns.

> *a demonstrative adjective / **un adjetivo demostrativo** =* an adjective used to indicate a particular person, place, thing, or idea

> *an adverb / **un adverbio** =* a word (such as *very* and *quickly*) that modifies a verb, adjective, or another adverb

2. Using *este* and *ese*

When two people are speaking, the forms of **este** (*this/these*) are used to refer to nouns that are close to the speaker in space or in time. The forms of **ese** (*that/those*) refer to nouns that are close to the person spoken *to*. When the point of view in the conversation changes, the use of **este** and **ese** may change as well, just like in English: what is *this*/**este** for one person becomes *that*/**ese** for the other. When the noun is distant from both speakers, **ese** is used in Spanish.

3. Using *ese* and *aquel*

There are two ways to say *that/those* in Spanish. The forms of **ese** refer to nouns that are not close to the speaker(s), as you just learned. The forms of **aquel** refer to nouns that are even farther away from the speaker(s).

In the preceding chart, the words **aquí, allí,** and **allá** are associated with the forms of **este, ese,** and **aquel,** respectively. However, it is not obligatory to use these words with the demonstrative adjectives.

Este niño es mi hijo. **Ese** joven allí es mi hijo también. Y **aquel** señor allá es mi esposo.
This boy is my son. That young man there is also my son. And that man way over there is my husband.

Demonstrative Pronouns / Los pronombres demostrativos

1. Demonstrative Pronouns

In English, the *demonstrative pronouns* are the demonstrative adjective + *one(s)*, as in the examples to the right. In Spanish, **los pronombres demostrativos** are the same as demonstrative adjectives, except that the noun is not used and there is no direct equivalent for English *one(s)*.*

2. Agreement

In Spanish, demonstrative pronouns agree in gender and number with the noun they are replacing: **ese libro, en la mesa** ⟶ **ese, en la mesa.**

[Práctica A]

—¿Te gusta **aquella** casa allá?
—¿Cuál?
—**Aquella,** la de las ventanas grandes.
—¡Ah, **aquella**! Sí, me gusta mucho. Mucho más que **esta** . . .

*"Do you like **that** house way over there?"*
"Which one?"
***"That one,** the one with the big windows."*
*"Oh, **that one**! Yes, I like it a lot. A lot more than **this one** . . . "*

---

*Some Spanish speakers still prefer to use accents on these forms: **este coche y ése, aquella casa y ésta.** However, it is correct in modern Spanish, according to the **Real Academia Española** in Spain, to omit the accent on these forms when context makes the meaning clear and no ambiguity is possible. To learn more about these forms, consult Appendix 2.

3. Neuter Demonstratives

Use the neuter demonstratives **esto, eso,** and **aquello** to refer to as yet unidentified objects or to a whole idea, concept, or situation.

[Práctica B–C]

¿Qué es **esto**?
What is this?

Eso es todo.
That's it. That's all.

¡**Aquello** es terrible!
That's terrible!

¡OJO!

Esto es una mochila. (to identify in general)
This is a backpack.

Esta es mi mochila. (to identify one out of a group)
This (one) is my backpack.

Autoprueba

Match each word with the corresponding meaning in English.

1. _____ estas
2. _____ aquellos
3. _____ ese
4. _____ esas
5. _____ este

a. *that*
b. *those* (*over there*)
c. *these*
d. *this*
e. *those*

Answers: 1. c 2. b 3. a 4. e 5. d

Práctica

A. Cambios (*Changes*)

Paso 1. Cambie (*Change*) las formas de **este** por **ese** y añada (*add*) **también,** según el modelo.

MODELO: Este abrigo es muy grande. →
Ese abrigo **también** es muy grande.

1. Esta falda es muy pequeña.
2. Este diccionario es muy largo.
3. Este libro es muy bueno.
4. Esta corbata es muy fea.

Paso 2. Ahora cambie **este** por **aquel** y añada **allá.**

MODELO: Este abrigo es muy grande. →
Aquel abrigo **allá también** es muy grande.

Paso 3. Finalmente, cambie las oraciones del singular al plural.

MODELO: Este abrigo es muy grande. →
Est**os** abrigo**s son** muy grande**s**.

B. Situaciones. Empareje (*Match*) cada (*each*) situación de la columna A con un comentario de la columna B.

A

1. _____ Aquí hay un regalo para Ud.
2. _____ Ocurre un accidente de coche.
3. _____ No hay clases mañana.
4. _____ La matrícula cuesta más este semestre/ trimestre.
5. _____ Ud. tiene A en su examen de español.

B

a. ¡Eso es un desastre!
b. ¡Eso es magnífico!
c. ¿Qué es esto?
d. ¡Eso es terrible!

C. En una tienda

Paso 1. Complete el siguiente diálogo con los demostrativos apropiados. Asuma (*Take*) el punto de vista (*point of view*) del vendedor y el cliente.

VENDEDOR: ¿Qué suéter le gusta? ¿_____¹ rojo que está aquí?

CLIENTE: No, el rojo no.

VENDEDOR: ¿_____² suéter amarillo?

CLIENTE: No, tampocoª el amarillo. ¡Me gusta _____³ anaranjado de allá!

ªNo... *No, not* [*the yellow one*] *either*

Paso 2. Ahora empareje (*match*) el color de los pantalones con el demostrativo apropiado, según la distancia.

1. _____ los pantalones negros
2. _____ los pantalones azules
3. _____ los pantalones color kaki

a. estos
b. esos
c. aquellos

Conversación

En la alcoba (*bedroom*) **de Ernesto.** Working with a partner, imagine that you are the person depicted in the drawing, who is looking into Ernesto's bedroom. Some objects and items of clothing are close to you, some are a bit farther away, and some are at the other end of the room. Describe them as accurately as you can, using the appropriate demonstrative adjectives and all of the vocabulary you have learned so far.

MODELOS: _____ gato es blanco y _____ gato es negro. _____ libro es verde.

Vocabulario **útil**	
la cama	bed
el estante	book shelf
la mesita	nightstand

¿Recuerda Ud.?

You began using the singular forms of the verb **tener** in **Capítulo 3**. Review them by completing the following verb forms.

1. tú t___nes **2.** yo te__o **3.** Julio t__ne

You will learn about similar patterns in **Gramática 10**.

---

10 Expressing Actions and States
Tener, venir, poder, preferir, querer;
Some Idioms with **tener**

Grammar Tutorial 10
connect |SPANISH
www.connectspanish.com

Gramática en acción: Un mensaje telefónico

Hola, Jorge. Soy Jaqui. Esta tarde tengo que comprar un regalo para Miguel y no quiero ir sola. ¿Vienes conmigo? Podemos encontrarnos en ese centro comercial que está cerca de tu casa. O si prefieres, puedo pasar por ti antes. ¡Llámame!

Comprensión

Ahora vuelva a contar (*retell*) el mensaje de Jaqui. Estas formas verbales son como **tiene**.

1. Jaqui tien_____ que comprar un regalo.

2. Quier_____ ir de compras con Jorge.

3. Pued_____ encontrarse con Jorge en el centro comercial.

4. O si Jorge prefier_____, Jaqui pued_____ pasar por la casa de él.

Tener, venir, poder, preferir, querer

> Remember that infinitives in red are conjugated in their entirety in Appendix 5.

tener (to have)		venir (to come)		poder (to be able, can)		preferir (to prefer)		querer (to want)	
tengo	tenemos	vengo	venimos	puedo	podemos	prefiero	preferimos	quiero	queremos
tienes	tenéis	vienes	venís	puedes	podéis	prefieres	preferís	quieres	queréis
tiene	tienen	viene	vienen	puede	pueden	prefiere	prefieren	quiere	quieren

---

A phone message Hello, Jorge. It's Jaqui. This afternoon I have to buy a gift for Miguel, and I don't want to go alone. Will you come with me? We can meet at that shopping center that's near your house. Or if you prefer, I can come by for you ahead of time. Call me!

The five verbs shown on the preceding page share a number of characteristics.

- The **yo** forms of **tener** and **venir** are irregular.

- In other forms of **tener** and **venir,** and in **preferir** and **querer,** when the stem vowel **e** is stressed, it becomes **ie.**

- Similarly, the stem vowel **o** in **poder** becomes **ue** when stressed.

- The verbs **poder, preferir,** and **querer** can be followed by an infinitive, in the same way as **deber, desear,** and **necesitar.** Verbs like these are called *stem-changing verbs.* You will learn more verbs of this type in **Gramática 13 (Cap. 5).**

tener: yo **tengo,** tú **tienes** (e → ie)…
venir: yo **vengo,** tú **vienes** (e → ie)…

preferir, querer: (e → ie)

poder: (o → ue)

In vocabulary lists, these changes are shown in parenthesis after the infinitive: **poder (puedo).**

¿**Puedes correr** muy rápido?
Can you run very fast?

¿Qué **quieres/prefieres hacer** hoy?
What do you want/prefer to do today?

¡OJO!
The **nosotros** and **vosotros** forms of these verbs do not have changes in the stem vowel because it is not stressed.

¡OJO!
You will learn to use the verb hacer (*to do or to make*) in **Gramática 12 (Cap. 5).** Learn to recognize it in questions and direction lines.

Some Idioms with **tener** / Algunos modismos con *tener*

1. Conditions or States

Many ideas expressed in English with the verb *to be* are expressed in Spanish with *idioms* (**los modismos**) that use **tener.** Idioms are often different from one language to another. For example, in English, *to pull Mary's leg* usually means *to tease her,* not *to grab her leg and pull it.* In Spanish, *to pull Mary's leg* is **tomarle el pelo a Mary** (lit., *to take hold of Mary's hair*).

You already know one **tener** idiom: **tener… años.** Here are some more **tener** idioms. They all describe a condition or state.

an idiom / **un modismo** = an expression whose meaning cannot be inferred from the literal meaning of the words that form it

tener **sueño**

tener **prisa**

tener **razón**

no tener **razón**

tener **miedo (de)**

2. *Tener* Idioms + *Infinitive*

Other **tener** idioms include the following:

tener ganas de + *infinitive* = to feel like (*doing something*)

tener que + *infinitive* = to have to (*do something*)

¡OJO!

Note that the English equivalent of the infinitive in expressions with **tener ganas** is expressed with *-ing,* not with the infinitive as in Spanish.

Tengo ganas de comer.
I feel like eating.

¿No **tiene** Ud. **que leer** este capítulo?
Don't you have to read this chapter?

Autoprueba

Give the missing letters in each verb.

1. p____des
2. pr____fiere
3. ve____o
4. t____nemos
5. qu____ro
6. t____nen

Práctica

A. ¡Sara tiene mucha tarea (*homework*)**!**

Paso 1. Haga (*Form*) oraciones completas con las palabras indicadas. Añada (*Add*) palabras si es necesario.

MODELO: Sara / tener un examen / mañana →
 Sara **tiene** un examen mañana.

1. por eso / (ella) tener que estudiar / mucho hoy
2. (ella) venir a universidad / todos los días
3. hoy / trabajar / hasta nueve de noche
4. preferir estudiar / en la biblioteca
5. querer leer más / pero / no poder
6. por eso / regresar a casa
7. tener / ganas de leer más
8. pero unos amigos / venir / a mirar televisión
9. Sara / decidir / mirar la televisión con ellos

Paso 2. Now retell the same sequence of events, first as if they had happened to you, using **yo** as the subject of all but item 8, then as if they had happened to you and your roommate, using **nosotros/as.**

B. Situaciones. Match each statement with the appropriate response.

SITUACIONES

1. _____ El niño es muy joven.

2. _____ En esa casa, hay un perro grande y furioso.

3. _____ Son las tres de la mañana.

4. _____ Pablito dice (*says*): «Dos y dos son... seis».

5. _____ Ahora Pablito dice: «Buenos Aires es la capital de la Argentina».

6. _____ Tenemos que estar en el centro a las tres y ya son (*it's already*) las tres menos cuarto.

7. _____ Los exámenes de la clase de español son muy fáciles (*easy*).

RESPUESTAS

a. Tengo mucho sueño.
b. Yo tengo miedo del perro.
c. Solo tiene dos años.
d. Tiene razón.
e. Por eso no tengo que estudiar mucho.
f. No tiene razón.
g. Por eso tenemos mucha prisa.

Conversación

A. Los estereotipos. Draw some conclusions about Isabel based on this scene. Think about things that she has, needs to or has to do or buy, likes, and so on. When you have finished, compare your predictions with those of a classmate. Did you reach the same conclusions?

MODELO: Isabel tiene cuatro gatos. Tiene que…

Nota **comunicativa**

Mucho y poco

In this chapter, you learned that words like **aquí, allí,** and **allá** are *adverbs* (**los adverbios**), words that modify a verb (*run **quickly***), an adjective (***very** smart*), or another adverb (***very** quickly*). One very common Spanish adjective that you have used frequently is **muy** (*very*).

In the first chapters of *Puntos de partida,* you have used the words **mucho** and **poco** as both adjectives and adverbs. In English and in Spanish, adverbs are invariable in form. Spanish adjectives, however, agree in gender and number with the words they modify, as you know.

ADVERBIOS:	**mucho**	Rosa estudia **mucho.**	*Rosa studies a lot.*
	poco	Julio come **poco.**	*Julio doesn't eat much.*
ADJETIVOS:	**mucho/a**	Rosa tiene **mucha** ropa.	*Rosa has a lot of clothes.*
		Tiene **muchos** zapatos.	*She has a lot of shoes.*
	poco/a	Julio come **poca** pasta.	*Julio doesn't eat much pasta.*
		Come **pocos** postres.	*He eats few desserts.*

Many adverbs are used in **Conversación B** and **C** on the following page.

Circunstancias personales

Paso 1. Choose a partner, but before working with him or her, try to predict the choices he or she will make in each of the following cases.

MODELO: Tiene muchos / pocos libros. →
   Mi compañero tiene pocos libros.

   1. Estudia mucho / poco este semestre/trimestre.
   2. Tiene mucho / poco dinero. Es muy rico/a / pobre.
   3. Viene en coche / en autobús / a pie (*on foot*) a la universidad todos los días.
   4. Prefiere estudiar en la biblioteca / casa / la residencia.
   5. Quiere comprar un abrigo de cuero / una sudadera con el logotipo (*logo*) de la universidad.
   6. Puede correr (*run*) una milla en menos / más de (*than*) cinco minutos.
   7. Tiene muchas ganas de estudiar / bailar esta noche.
   8. Tiene mucha / poca ropa.
   9. Su color favorito es el verde / rojo / amarillo.
   10. Prefiere usar botas / zapatos / sandalias.

Paso 2. Now, using tag questions, ask your partner questions to find out if you guessed correctly in **Paso 1.**

MODELO: E1: Tienes muchos libros, ¿verdad?
   E2: Sí, tengo muchos libros. (No, tengo pocos libros.)

C. **Intercambios.** En parejas, túrnense (*take turns*) para entrevistarse sobre los siguientes temas. Deben añadir (*add*) una pregunta original para cada (*each*) verbo.

VERBO INICIAL	OPCIONES
preferir	¿los gatos o los perros? ¿mirar una película (*movie*) en casa o en el cine (*movie theater*)? ¿la ropa elegante o la ropa cómoda? ¿ ?
tener	¿mucho dinero o muchas deudas (*debts*)? ¿una familia grande o pequeña? ¿sueño en clase con frecuencia? ¿ ?
venir	¿a clase tarde o temprano? ¿de una familia anglosajona, hispana o de otro origen? ¿a clase todos los días? ¿ ?
(¿qué?) querer	¿comprar esta semana? ¿ser en el futuro (profesión)? ¿mirar en la tele esta noche? ¿ ?
poder	¿hablar una lengua extranjera? ¿vivir sin (*without*) dinero? ¿escribir poesías? ¿ ?

11 Expressing Destination and Future Actions

Ir; The Contraction **al; Ir** + **a** + *Infinitive*

Gramática en acción: ¿Adónde vas?

El Mercado Central, Ciudad de Guatemala

Rosa y Casandra son compañeras de casa.

CASANDRA: ¿Adónde vas?

ROSA: Voy al Mercado Central.

CASANDRA: ¿Qué vas a hacer allá?

ROSA: Voy a comprar unos regalos para mi familia en Nueva Jersey.

CASANDRA: ¿Vas a viajar a los Estados Unidos pronto?

ROSA: Sí, en quince días.

Comprensión

¿Cierto o falso? Corrija las oraciones falsas.

	CIERTO	FALSO
1. Rosa va a estudiar.	☐	☐
2. Rosa va a comprar regalos.	☐	☐
3. Casandra va a los Estados Unidos.	☐	☐

The Verb ir / El verbo *ir*

ir (*to go*)			
(yo)	**voy**	(nosotros/as)	**vamos**
(tú)	**vas**	(vosotros/as)	**vais**
(Ud., él, ella)	**va**	(Uds., ellos/as)	**van**

Ir is the irregular Spanish verb used to express *to go*.

Rosa **va** al centro.
Rosa is going downtown.
¿Adónde **vas** tú?
Where are you going?

The first person plural of **ir, vamos** (*we go, are going, do go*), is also used to express *let's go*.

Vamos a clase ahora mismo.
Let's go to class right now.

The Contraction al / La contracción *al*

As you can see in the preceding examples, the verb **ir** is often followed by the preposition **a** to indicate where someone is going (to).

When **a** is followed by **el**, it contracts to **al**, just as **de** + **el** → **del** (Capítulo 3). **Al** and **del** are the only *contractions* (**las contracciones**) in Spanish.

a + **el** → **al**

Voy **al** centro comercial.
I'm going to the mall.

Vamos a la tienda.
We're going to the store.

Where are you going? *Rosa and Casandra are housemates.* CASANDRA: *Where are you going?* ROSA: *I'm going to the Central Market.* CASANDRA: *What are you going to do there?* ROSA: *I'm going to buy some presents for my family in New Jersey.* CASANDRA: *Are you going to travel to the United States soon?* ROSA: *Yes, in two weeks.*

Ir + a + Infinitive

Ir + a + *infinitive* is used to describe actions or events in the near future.

> Van a **venir** a la fiesta esta noche.
> *They're going to come to the party tonight.*

¡OJO!

This structure is like **aprender** + **a** + *infinitive*, which you learned in **Gramática 8 (Cap. 3)**.

Using *ir* to Talk About the Future / El uso de *ir* para hablar del futuro

You can use the verb **ir** + **a** + *infinitive* to talk about the near future in Spanish.

¡OJO!

This use of **a** is different from the use of **a** to indicate where someone is going. Some Spanish verbs when they are followed by an infinitive simply take **a** (like **aprender** + **a** + *infinitive* [**Gramática 8, Cap. 3**]) or another preposition or another word (like **tener que** + *infinitive*).

> Van a **venir** a la fiesta esta noche.
> *They're going to come to the party tonight.*
>
> Voy a **comer** en un restaurante en el centro.
> *I'm going to eat at a downtown restaurant.*
>
> but
>
> Voy al **centro** para comer.
> *I'm going downtown to eat.*

Práctica

A. ¿Adónde van de compras? Haga oraciones completas, usando (*using*) **ir.** ¡OJO! **a** + **el** → **al.**

MODELO: Marta / el centro → Marta **va al** centro.

1. tú y yo / la *boutique* Regalitos
2. Francisco / el almacén Goya
3. Juan y Raúl / el centro comercial
4. (tú) / el Mercado Central
5. Ud. / la tienda Gómez
6. yo / ¿ ?

B. Mañana

Paso 1. Use las siguientes frases para expresar lo que (*what*) Ud. va a hacer o no hacer mañana.

MODELO: estudiar → Mañana **no voy a** estudiar.

1. ir a un centro comercial
2. comer en la cafetería de la universidad
3. estudiar en la biblioteca
4. escribir e-mails
5. venir a la clase de español
6. poder hacer toda mi tarea (*homework*)
7. bailar en una discoteca

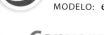

Paso 2. Ahora use las frases del **Paso 1** para entrevistar a un compañero o compañera.

MODELO: estudiar → ¿**Vas a** estudiar mañana?

Conversación

A. ¿Adónde va Ud. si... ? ¿Cuántas oraciones puede hacer?

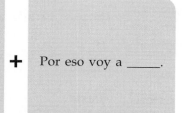

Me gusta **+**

leer.
ir de compras.
buscar gangas y regatear.
hablar con mis amigos.
comer en restaurantes.
mirar programas de detectives.
ver películas (*movies*).

+ Por eso voy a _____.

Mundo interactivo

You should now be prepared to work with Scenario 2, Activity 4 in Connect Spanish (**www.connectspanish.com**).

B. Intercambios. En parejas, túrnense (*take turns*) para hacer y contestar preguntas sobre sus planes para el fin de semana. Aquí hay unas actividades posibles. Traten de obtener (*Try to get*) mucha información. **¡OJO! ¿adónde?** = *where to?*

MODELO: ir de compras → ¿**Vas a ir** de compras **este fin de semana**? ¿Adónde vas a ir? ¿Por qué vas a ese centro comercial? ¿Qué vas a comprar?

1. ir de compras
2. leer una novela
3. asistir a un concierto
4. estudiar para un examen
5. ir a una fiesta
6. escribir una carta
7. ir a bailar
8. escribir un ensayo (*essay*)
9. practicar un deporte (*sport*)
10. mirar mucho la televisión

Estrategia

Remember that all of the phrases in the middle column are followed by the infinitive. You must conjugate only the verbs in the middle column.

Un poco de todo

A. ¿Qué prefieren? Haga oraciones completas, usando una palabra o frase de cada (*each*) columna. Puede formar oraciones negativas también.

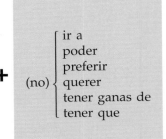

yo mi mejor (*best*) amigo/a mi esposo/a mis padres/hijos nuestro profesor / nuestra profesora mi familia tú y yo	**+** (no) { ir a poder preferir querer tener ganas de tener que	**+** estudiar en la biblioteca visitar mi universidad ir de compras al centro comprar cuando hay rebajas escribir un informe (*report*) para la clase de ¿ ? ir al cine (*movies*) llevar ropa cómoda leer novelas de ciencia ficción / terror / ¿ ?

B. Lengua y cultura: Pero, ¿no se puede* (can't one) regatear? Complete the following paragraphs about shopping. Give the correct form of the words in parentheses, as suggested by context. When two possibilities are given in parentheses, select the correct word.

Una zapatería, en Quetzaltenago, Guatemala

¿A Ud. le gusta ir de compras? En (los/las[1]) ciudades hispanas, hay una (grande[2]) variedad de tiendas para (ir[3]) de compras. Hay almacenes, centros comerciales y *boutiques* (elegante[4]), como en (este[5]) país, en donde los precios son siempre (fijo[6]).

También hay tiendas que (vender[7]) un solo[a] producto. Por ejemplo,[b] en una zapatería solo hay zapatos. En español el sufijo **-ería** se usa[c] para (formar[8]) el nombre de la tienda. ¿Dónde (creer[9]) Ud. que venden papel y (otro[10]) artículos de escritorio? ¿A qué tienda (ir[11]) a ir Ud. a comprar fruta?

Finalmente, vamos (a/de [12]) mencionar los mercados porque hay muchos en el mundo hispano. En (este[13]) mercados hay (pequeño[14]) tiendas permanentes o temporales[d]

[a]*single*   [b]*Por... For example*   [c]*se... is used*   [d]*temporary*

Note that placing the word **se before a verb changes its meaning slightly: **puede** = he/she/you can; **se puede** = one can. You will learn how to use this structure in **Capítulo 8.***

donde Ud. (poder[15]) encontrar[e] desde comida[f] típica hasta artesanías[g] locales o ropa interior. Allí los compradores[h] (regatear[16]) los precios, porque el primer[i] precio casi siempre (ir[17]) a ser muy alto.

[e]*find* [f]*food* [g]*arts and crafts* [h]*shoppers, buyers* [i]*first*

Comprensión. Complete las oraciones.

1. En las ciudades hispanas hay *boutiques*, tiendas, _____, _____ y _____.

2. El nombre de muchas tiendas especializadas en un tipo de producto termina en _____.

3. Una tienda de zapatos se llama una _____.

4. Si a Ud. le gusta practicar español y regatear, debe ir a _____.

C. Encuesta (*Poll*)

Paso 1. Entreviste a (*Interview*) un mínimo de seis compañeros de clase para saber la siguiente información. Apunte (*Write down*) sus respuestas.

- un aspecto de la moda actual (*current*) que tiene ganas de tener o llevar
- algo (*something*) dictado por la moda que cree que es absurda

---

Vocabulario útil

un agujero (*hole*) **en la nariz** (*nose*) / **la lengua** (*tongue*)
unos aretes de oro
unos *jeans* **de Ralph Lauren o Narciso Rodríguez**
llevar faldas muy, muy cortas
llevar la gorra de atrás para adelante (*backwards*)
llevar los pantalones muy bajos (*low*)
los tatuajes

Paso 2. Organice los resultados de su encuesta para presentarlos al resto de la clase. **¡OJO! nadie** = *no one*.

MODELO: Seis estudiantes quieren tener tatuajes. Nadie quiere comprar aretes de oro. Tres estudiantes creen que es bueno llevar faldas muy, muy cortas. Uno/a cree…

En su comunidad

Entreviste a (*Interview*) una persona hispana de su universidad o ciudad para informarse de (*find out about*) sus preferencias con respecto a las compras y la moda.

PREGUNTAS POSIBLES

- ¿Cuáles son las tiendas favoritas de esta persona para comprar comida (*food*)? ¿para comprar ropa?

- ¿Hay mercados en su país de origen? ¿Qué venden en los mercados? ¿Se puede regatear allí?

- En su opinión, ¿dónde hay más preocupación por la ropa, en este país o en su país de origen?

TELEPUNTOS

SALU2

¿Un cambio de imagen
(*change of image*) para Víctor?

Antes de mirar

¿Qué tipo de ropa prefiere Ud., por lo general? Indique su estilo personal con una de las opciones.

☐ ropa de alta costura (*high fashion*), de marcas (*labels*) famosas

☐ ropa informal pero atractiva, como camisetas con diseños (*designs*) interesantes y *jeans* de moda

☐ ropa de estilos variados —a veces elegante, a veces informal— pero siempre de las mejores (*best*) marcas

☐ ropa cómoda, barata y práctica: La moda no es importante para Ud.

PROGRAMA **4:** **¡Moda, moda, moda!**

En este programa, Laura entrevista a tres diseñadores (*designers*) de ropa. ¿Cómo son sus diseños?

Vocabulario **de este programa**

te ves	you look	**vestido/a**	dressed
no creas	don't get the idea	**la calle más**	the oldest
suave	nice, mild	**antigua**	street
Cristóbal	Christopher	**único/a**	unique
Colon	Columbus	**la lucha**	fight
llegó	arrived	**sobresalir**	to excel
propio/a	own	**un poquito sucio,**	a little dirty,
costura y	sewing and	**con sangre**	with blood
diseño	design	**ha peleado**	he has fought
juvenil	youthful, young	**la gente**	people
la venta	sales	**vivo/a**	alive, vibrant

«En el estudio de Vilma, vemos
(*we see*) vestidos de épocas
históricas para obras (*works*) de
teatro, vestidos de alta costura
y su nueva línea de prendas
(*garments*) reversibles de cuero.»

Fragmento del guion

LAURA: Ahora estamos en Icónica, donde el viejo San Juan[a] se hace[b] global con los diseños de camisetas. Hablamos con el dueño,[c] Javier Claudio.

JAVIER: Yo creo que en Puerto Rico por la condición del Caribe, que es un clima tropical y es caluroso,[d] pues los jóvenes universitarios mayormente[e] andan[f] siempre en T-shirts y mahones,[g] quizás[h] andan también en pantalones cortos y tenis. De hecho, eso fue lo que me llevó a mí a hacer[i] la marca Icónica.

LAURA: Javier nos habla del concepto de sus diseños.

JAVIER: Pues Icónica, como dice[j] el nombre, son íconos de la cultura popular, son cosas que nos representan como cultura global, no necesariamente de Puerto Rico, pero como cultura global.

[a]el… *old San Juan (original historic center of San Juan, where many restaurants and shops are located today)* [b]se… *becomes* [c]*owner* [d]*hot* [e]*mainly* [f]*go around* [g]*jeans* [h]*maybe* [i]De… *Actually, that's what inspired me to create* [j]*says*

> **Mundo interactivo**

Continue your work as an intern at HispanaVisión with Laura Sánchez Tejada, the roving reporter of *Salu2*, as you complete Scenario 2, Activities 3 and 4 in Connect Spanish (**www.connectspanish.com**).

Al mirar

Escoja (*Choose*) uno o dos adjetivos para describir el estilo personal de las siguientes personas.

Palabras útiles: a la moda, bonito/a, cómodo/a, de alta costura, elegante, histórico/a, icónico/a, (in)formal, juvenil, moderno/a, relajado/a, serio/a, simbólico/a, único/a

1. Víctor
2. Ana
3. Laura
4. Vilma Martínez
5. Javier Claudio
6. Christian Vidaurrázaga

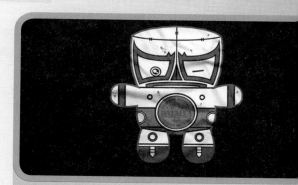

El diseño de una camiseta de Dimex: Un campeón (*champion*) de lucha libre (*wrestling*) en la batalla de la vida (*battle of life*)

Después de mirar

A. ¿Está claro? Las siguientes oraciones son falsas. Corríjalas. (*Correct them.*)

1. En Puerto Rico solo hay ropa de los Estados Unidos.
2. El estilo de los diseños de Ropaje es obviamente juvenil y moderno.
3. Las camisetas de Icónica solo se pueden comprar por (*can be bought on*) el Internet.
4. Los diseños de Dimex están inspirados en la cultura popular global.
5. Ana se identifica culturalmente con los diseños de Dimex.

B. Un poco más. En parejas, piensen en (*think about*) una persona (o tipo de personas) que Uds. creen que compraría (*would buy*) la ropa de los diseñadores o marcas que se ven (*are seen*) o se mencionan en este programa. Pueden nombrar (*name*) también a los presentadores y la reportera de *Salu2* o a personas que están en su salón de clase. Luego, comparen sus ideas con las (*those*) de otra pareja.

MODELO: Ropajes → un director de teatro o cine (*movies*)

1. Ropajes
2. Dimex
3. Icónica
4. Zara, Mango, Carolina Herrera, Óscar de la Renta, Narciso Rodríguez

C. Y ahora, Uds. En parejas, hablen de los estilos o marcas del programa que Uds. prefieren y expliquen por qué.

Sobre el programa

Ana García-Blanco, la presentadora, y Laura, la reportera, tienen estilos de vestir muy diferentes. El estilo de Laura es juvenil e[a] informal. Casi nunca lleva falda y usa colores vivos. El estilo de Ana, en cambio,[b] es más clásico y femenino: faldas, collares[c] y pañuelos,[d] y prefiere los colores típicos de la ropa de las mujeres profesionales.

Cuando era[e] estudiante, Ana trabajó[f] como modelo fotográfica para una cadena[g] de grandes almacenes de su país, Panamá. Esto tal vez[h] explica por qué siempre está vestida a la moda.

[a]y   [b]en... *on the other hand*   [c]*necklaces*   [d]*scarves*   [e]*she was*   [f]*worked*   [g]*chain*   [h]tal... *perhaps*

Producción personal

Filme una o dos entrevistas (*interviews*) con personas que hablan de su estilo de vestir y de sus tiendas de ropa favoritas.

Lectura cultural
Guatemala y Honduras

En Guatemala y Honduras hay mercados donde se puede comprar artículos de artesanía[a] a buen precio. Son famosos los mercados guatemaltecos de las ciudades de Guatemala, Antigua, Chichicastenango y Quezaltenango. En estos mercados existe la costumbre[b] del «regateo»: el comprador[c] de un artículo debe negociar el precio con el vendedor.[d] Los vendedores invitan a los compradores a regatear y con frecuencia se escucha decir:[e] « …pero tiene rebaja, ofrezca un precio[f]».

El Oakland Mall, en la Ciudad de Guatemala, Guatemala

> **¿Hay mercados de artesanías en la zona donde Ud. vive?**

Entre toda la hermosa[g] artesanía guatemalteca es necesario mencionar los tejidos[h] de tradición maya, famosos por su colorido y belleza.[i] En Honduras, además de[j] las artesanías tradicionales, hay varios artículos codiciados por[k] los turistas: el café, el ron,[l] la vainilla, la cerámica y los puros.[m]

[a]*arts and crafts* [b]*custom* [c]*buyer, customer* [d]*seller* [e]*se… one hears people say* [f]*pero… but a discount is possible, make an offer* [g]*bonita* [h]*weavings* [i]*beauty* [j]*además… besides* [k]*codiciados… coveted by* [l]*rum* [m]*puros… cigars*

En **otros** países hispanos

- **En todo el mundo hispanohablante** Por supuesto[a] se puede encontrar[b] todo tipo de tiendas y centros comerciales (llamados[c] «el *Mall*» en algunos[d] países), generalmente en las ciudades grandes. En muchos de estos negocios,[e] no es aceptable regatear, aunque[f] en los mercados centrales y artesanales, regatear es común. Allí se puede comprar todo tipo de productos comestibles,[g] cosméticos, ropa y artículos para la casa. Algunos mercados son muy turísticos, pero la mayoría son para la gente[h] local.

- **En Cuba** En este país las compras se hacen[i] en familia. Debido a que[j] el libre[k] comercio no existe en la Isla, los viajes para hacer compras[l] son bien limitados. Pero es posible que esto cambie[m] en el futuro.

[a]*Por… Of course* [b]*find* [c]*called* [d]*some* [e]*businesses* [f]*although* [g]*edible* [h]*people* [i]*se… are done* [j]*Debido… Since* [k]*free* [l]*los… shopping trips* [m]*will change*

Tres símbolos guatemaltecos y hondureños

- **El *Popol Vuh*** La cultura maya es el sustrato fundamental de Guatemala y Honduras. El *Popol Vuh* es el libro sagrado[a] de los mayas, escrito en el siglo XVI.[b] Es la historia de la creación del mundo, según las creencias[c] mayas.

- **Los tamales y las tortillas de maíz** Estos son alimentos muy básicos y tradicionales. Se dice[d] que en Guatemala un plato de comida[e] sin tortillas de maíz, no es comida.

- **Los productos agrícolas** Honduras es el mayor[f] productor de café en Centroamérica, y el tercero[g] en Latinoamérica. Las bananas son otro producto muy importante de este país.

[a]*sacred* [b]*escrito… written in the 16th century* [c]*beliefs* [d]*Se… It is said* [e]*food* [f]*largest* [g]*third*

Una cita[o]
quote

«Jaquin ka retzelaj ri uwachulew, kuretzelaj ri ub'aqil.»
«Aquel que se hace[a] enemigo de la tierra,[b] se hace enemigo de sí mismo.[c]»

Proverbio maya-quiché

[a]*Aquel… He who becomes* [b]*earth, land* [c]*sí… himself*

COMPRENSIÓN

1. ¿En qué lugares hay mercados de artesanías en Guatemala?
2. ¿Qué cosas compran muchos turistas en Honduras?
3. ¿Qué opciones tiene la persona que quiere ir de compras en el mundo hispanohablante?

Del mundo hispano

Antes de leer

Conteste las siguientes preguntas.

1. ¿Qué significa para Ud. la frase «ropa activa»? ¿Cuándo debe uno llevar ropa activa?

2. ¿En qué ocasiones es buena idea usar ropa activa en una ciudad grande?

3. Para Ud., ¿es importante que la ropa tenga (*have*) las siguientes cualidades? Explique por qué sí o por qué no.
   - Repele los mosquitos.
   - Sirve para proveer (*provide*) protección solar.
   - Es impermeable.
   - Neutraliza malos olores (*odors*).

Algo[a] más que ropa
por Gregori Dolz

➡ Desde[b] las calles[c] de Manhattan a las colinas nevadas[d] de Aspen, Exofficio proporciona[e] a sus clientes algo más que ropa activa. Parte de sus beneficios ayudan a[f] causas medioambientales[g] como la Conservation Alliance o World Concern, que auxilian[h] a comunidades necesitadas[i] de todo el mundo. Además,[j] sus prendas[k] proporcionan protección contra los insectos, contra el sol[l] y el agua, contra los olores corporales[m] y muchas otras inconveniencias.

» www.exofficio.com

[a]*Something* [b]*From* [c]*streets* [d]*colinas… snowy hills* [e]*offers* [f]*ayudan… help* [g]*environmental* [h]*help* [i]*needy* [j]*In addition* [k]*ropa* [l]*sun* [m]*bodily*

Lectura: Algo más que ropa

Comprensión

A. Un resumen del artículo

Las tres oraciones del artículo «Algo más que ropa» describen tres de las características de la compañía Exofficio y de la ropa que vende. Empareje (*Match*) las tres oraciones del artículo con los siguientes resúmenes.

NÚMERO DE ORACIÓN	RESÚMENES
_____	**a.** La compañía dona (*donates*) parte de sus ganancias (*earnings*) a organizaciones conservacionistas y humanitarias.
_____	**b.** La ropa de Exofficio protege (*protects*) contra diversos inconvenientes.
_____	**c.** Uno puede usar la ropa de Exofficio en muchos lugares diferentes.

B. Ud. y Exofficio

Indique la importancia que tienen para Ud. las siguientes características de Exofficio y la ropa que produce. Luego explique su respuesta.

	MUY IMPORTANTE	IMPORTANTE	POCO IMPORTANTE	NADA IMPORTANTE
1. La compañía dona parte de sus ganancias a varias causas.	☐	☐	☐	☐
2. Es ropa protectora.	☐	☐	☐	☐
3. Es «ropa activa» que uno puede usar en muchas situaciones.	☐	☐	☐	☐

A ESCUCHAR

Antes de escuchar

¿Espera Ud. (*Do you wait for*) las rebajas para ir de compras? ¿Para comprar qué tipo de cosas (*things*) busca Ud. rebajas? ¿para comprar ropa? ¿objetos electrónicos?

Escuche

Una llamada telefónica para ir de compras a las rebajas

Unas amigas, Lidia y Cristina, hablan de sus planes para ir de compras. Escuche según las indicaciones de su profesor(a).

> ### Vocabulario **para escuchar**
>
> | | | | |
> |---|---|---|---|
> | **la llamada** | (telephone) call | **empiezan** | they start |
> | **¿Qué onda?** | What's up? (*Mexico*) | **¡Qué padre!** | Great! (*Mexico*) |
> | **conmigo** | with me | | |

Después de escuchar

A. ¿Cierto o falso? Las siguientes oraciones son falsas. Corríjalas (*Correct them*).

	CIERTO	FALSO
1. Las rebajas empiezan hoy.	☐	☐
2. Cristina tiene clases mañana por la mañana.	☐	☐
3. Lidia no tiene clases mañana.	☐	☐
4. Cristina y Lidia van a encontrarse en la universidad.	☐	☐
5. Lidia no tiene hermanos.	☐	☐

B. Intercambios. Invente la parte que falta (*is missing*) de los intercambios, usando expresiones del diálogo.

1. —_____

—Hola, soy yo.

2. —_____

—Muy bien. ¿Y tú?

3. —_____

—Perfecto. En Zara, a las 7.

Ricardo Arjona, en Coral Gables, Florida

¡Música!

Ricardo Arjona es un cantante internacional y el más famoso de Guatemala. También toca la guitarra y el piano. Ha ganado[a] dos premios Grammy.

La canción «Cómo duele»[b] es del álbum *5to Piso*.[c]

[a]Ha… *He has won*   [b]«Cómo… *"It hurts so much"*   [c]5to… *5th Floor*

Go to the iMix section in Connect Puntos (**www.connectspanish.com**) to access the iTunes playlist "*Puntos9*," where you can purchase "Cómo duele" by Ricardo Arjona.

El tema

El estilo del campus: Información para los nuevos estudiantes universitarios

Preparar

Paso 1. Haga una lista de la ropa que Ud. necesita para vivir en la universidad. ¿Qué ropa necesita un estudiante para las siguientes ocasiones?

- ir a clase y a la biblioteca
- salir (*to go out*) con amigos
- asistir a eventos en el *campus,* como conciertos o fiestas
- comer en la cafetería
- relajarse (*to relax*) en la residencia o en casa

Paso 2. En general, ¿cree Ud. que los estudiantes necesitan mucha ropa? ¿Qué tipo de ropa es común en su *campus*? ¿Ropa elegante o informal? ¿Hay varios estilos?

Redactar

Imagine que Ud. forma parte del *Freshman Student Orientation Committee* y es responsable de la sección sobre el estilo de ropa en el *campus* para el sitio Web de su universidad. Escriba un ensayo, combinando (*combining*) toda la información de **Preparar.** Sus ideas del **Paso 2** van a ser útiles para el enfoque (*focus*) general del ensayo y para la introducción. Concluya (*Conclude*) el ensayo con una observación general, personal, sobre cómo se visten (*dress*) los estudiantes en su universidad.

Editar

Revise (*Review*) el ensayo para comprobar (*to check*):

- la ortografía y los acentos
- la posición y la concordancia (*agreement*) de los adjetivos descriptivos y los adjetivos posesivos
- la variedad del vocabulario
- la conjugación de los verbos

Finalmente, prepare su versión final para entregarla (*hand it in*).

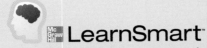

Gramática en breve

9. Demonstrative Adjectives and Pronouns

this → these	that/those	that/those (over there)
este → estos	ese → esos	aquel → aquellos
esta → estas	esa → esas	aquella → aquellas
neuter: esto	neuter: eso	neuter: aquello

10. Tener, venir, poder, preferir, querer; Some Idioms with tener

tener: tengo, tienes, tiene, tenemos, tenéis, tienen

venir: vengo, vienes, viene, venimos, venís, vienen

poder: puedo, puedes, puede, podemos, podéis, pueden

preferir: prefiero, prefieres, prefiere, preferimos, preferís, prefieren

querer: quiero, quieres, quiere, queremos, queréis, quieren

Idioms with **tener:**

tener miedo de / prisa / razón / sueño
no tener razón
tener ganas de + inf. **/ que** + inf.

11. Ir; The Contraction al; Ir + a + Infinitive

ir: voy, vas, va, vamos, vais, van

a + el → al

Vocabulario

Los verbos

ir (voy, vas,…)	to go
ir a + infinitive	to be going to (do something)
poder (puedo)	to be able, can
preferir (prefiero)	to prefer
querer (quiero)	to want
tener (tengo, tienes,…)	to have
venir (vengo, vienes,…)	to come

> Remember that changes like **e → ie** and **o → ue** will be shown like this in vocabulary lists.

La ropa

llevar	to wear; to carry; to take
usar	to wear; to use

el abrigo	coat
los aretes	earrings
la blusa	blouse
el bolso	purse
las botas	boots
los calcetines	socks
la camisa	shirt
la camiseta	T-shirt
la cartera	wallet; handbag
las chanclas	flip-flops
la chaqueta	jacket
el cinturón	belt
la corbata	tie
la falda	skirt
la gorra	baseball cap
el impermeable	raincoat
los jeans	blue jeans
las medias	stockings
los pantalones	pants
los pantalones cortos	shorts
el reloj	watch
la ropa	clothing
la ropa interior	underwear
las sandalias	sandals
el sombrero	hat
la sudadera	sweatshirt
el suéter	sweater
los tenis	tennis shoes
el traje	suit
el traje de baño	swimsuit
el vestido	dress
los zapatos	shoes

De compras

ir (voy, vas…) de compras	to go shopping
regatear	to haggle, bargain

Repaso: comprar, vender

la ganga	bargain
el precio (fijo)	(fixed, set) price
las rebajas	sales, reductions
¿cuánto cuesta(n)?	how much does it (do they) cost?
de todo	everything
Es de última moda. } Está de moda. }	It's trendy (hot).

Los materiales

de...
cuadros	plaid
lunares	polka-dot
rayas	striped

es de...   it is made of . . .
algodón (*m.*)	cotton
cuero	leather
lana	wool
oro	gold
plata	silver
seda	silk
el material	material

Los lugares

el almacén	department store
el centro	downtown
el centro comercial	shopping mall
el mercado	market(place)
la tienda	shop, store

Cognado: la plaza

Los colores

amarillo/a	yellow
anaranjado/a	orange
azul	blue
blanco/a	white
(de) color café	brown
gris	gray
morado/a	purple
negro/a	black
rojo/a	red
rosado/a	pink
verde	green

Otros sustantivos

el/la chico/a	guy/girl
el examen	exam, test

Los adjetivos

barato/a	inexpensive
caro/a	expensive
cómodo/a	comfortable
poco/a	little, few

Repaso: mucho/a

Los números a partir del 100

ciento, ciento uno, ciento dos... ciento noventa y nueve, doscientos/as, trescientos/as, cuatrocientos/as, quinientos/as, seiscientos/as, setecientos/as, ochocientos/as, novecientos/as, mil, un millón (de)

Repaso: cien

Las formas demostrativas

aquel, aquella, aquellos/as	that, those ([way] over there)
ese/a, esos/as	that, those
eso, aquello (neuter)	that, that ([way] over there)

Repaso: este/a, esto (neuter), estos/as

Palabras adicionales

¿adónde?	where (to)?
al	to the
allá	(way) over there
allí	there
sobre	about

tener...
ganas de + *inf.*	to feel like (*doing something*)
miedo (de)	to be afraid (of)
prisa	to be in a hurry
que + *inf.*	to have to (*do something*)
razón	to be right
sueño	to be sleepy
no tener razón	to be wrong
vamos	let's go
¿no? ¿verdad?	right, don't they (you, and so on)?

Repaso: aquí, mucho (*adv.*), poco (*adv.*), tener... años

Vocabulario personal

5

En casa

Una casa de la ciudad de San Juan del Sur, Nicaragua

- What kinds of housing would you expect to find in a typical Central American town of 100,000 people?

- What is housing like in your area? What types of housing are available? What are the advantages and disadvantages of each?

- What do you think the house in the photo is like inside? Do you think that this home has a garden or patio?

Mc Graw Hill connect™
| SPANISH

www.connectspanish.com

El Salvador

6 millones de habitantes

- El Salvador es el país más pequeño de Centroamérica, pero tiene la densidad de población más alta de la América continental.

Nicaragua

6 millones de habitantes

- Nicaragua tiene diecisiete volcanes y dos lagos inmensos.

Mar Caribe

MÉXICO   BELICE

GUATEMALA   HONDURAS

San Salvador   San Miguel

EL SALVADOR   • Puerto Cabezas

NICARAGUA

Managua ⊛   Lago de Nicaragua

Granada

OCÉANO PACÍFICO

COSTA RICA

PANAMÁ

| 0 | 100 | 200 Millas |
| 0 | 100 | 200 Kilómetros |

En este capítulo

Los muebles,° los cuartos y otras partes de la casa (Part 1*)

Los... *Furniture*

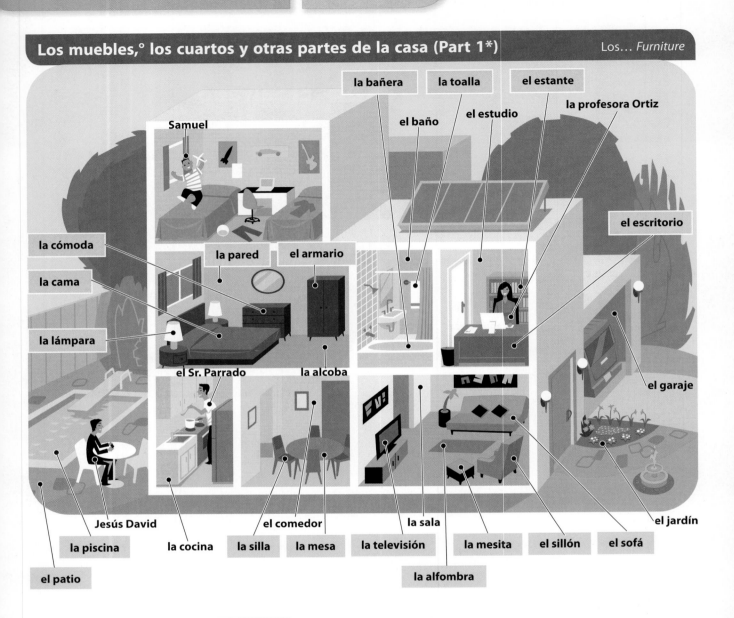

la bañera
la toalla
el estante
la profesora Ortiz
el baño
el estudio
Samuel
el escritorio
la cómoda
la pared
el armario
la cama
la lámpara
el Sr. Parrado
la alcoba
el garaje
Jesús David
el comedor
la sala
el jardín
la piscina
la cocina
la silla
la mesa
la televisión
la mesita
el sillón
el sofá
el patio
la alfombra

Así se dice

el armario = el ropero
la bañera = la tina
el estudio = el despacho (*Sp.*)
el lavabo = la pileta (*L.A.*)

la piscina = la alberca (*Mex.*), la pileta (*Arg.*)
la sala = el living
la televisión = el televisor

There is great variation in the ways in which Spanish-speakers refer to the bedroom. It is called **la habitación** (also a synonym for any room of a house) by many native speakers, **el dormitorio** by Argentines, and **la recámara** by Mexicans.

---

*This is the first group of words you will learn for talking about where you live and the things found in your house or apartment. You will learn additional vocabulary for those topics in **Capítulos 10** and **12**.

Conversación

A. Asociaciones. ¿Qué cuarto(s) o lugar de la casa asocia Ud. con estas actividades? **¡OJO!** se + *verb* = *one* + *verb*.

1. Es donde se trabaja en la computadora.
2. Es donde se come con toda la familia.
3. La parte de la casa para el coche.
4. Allí se nada (*one swims*).
5. Allí se duerme (*one sleeps*).
6. Es donde se prepara la comida (*food*).

B. Asociaciones

Paso 1. En parejas, hagan y contesten preguntas para hacer una lista de los muebles o partes de la casa que Uds. asocian con las siguientes actividades.

1. estudiar para un examen
2. dormir la siesta (*to take a nap*) por la tarde
3. pasar (*to spend*) una noche en casa con la familia
4. celebrar con una comida (*meal*) especial
5. lavar (*to wash*) el perro
6. hablar de temas (*topics*) serios con los amigos (padres, esposo/a, hijos)

Paso 2. Ahora comparen sus respuestas con las (*those*) del resto de la clase. ¿Tienen todos las mismas costumbres (*same customs*)?

C. ¿Qué hay en esta casa? En parejas, digan (*say*) los nombres de las partes de esta casa y lo que (*what*) hay en cada cuarto.

MODELO: 7 →

    E1: El número 7 es el patio.
    E2: ¿Qué hay en el patio?
        ¿Hay piscina?
    E1: No, solo hay plantas.

D. Diseño (*Design*) o decoración

Paso 1. En parejas, dibujen (*draw*) el plano de un apartamento o casa con al menos (*at least*) dos alcobas y un baño. Luego (*Then*) amueblen (*furnish*) el apartamento o casa con los muebles necesarios. (Si prefieren, pueden dibujar su propio [*own*] cuarto o un cuarto ideal.)

Paso 2. Ahora describan su apartamento o casa a otra pareja de compañeros. Ellos deben dibujar el plano de la casa que Uds. describen sin (*without*) mirar el dibujo de Uds.

Nota cultural

Las casas en el mundo hispano

La palabra **casa** se usa de manera genérica en español para significar hogar,[a] como en estos ejemplos.

ir/regresar a casa	to go/return home
estar en casa	to be at home
Estás en tu casa.	Welcome. (*Lit.* You're in your home.)

Hay una gran variedad de tipos de casas en el mundo hispano y no se puede decir que haya[b] «una casa típica». Las construcciones dependen del[c] uso, de la zona (rural o urbana), del clima y de las tradiciones históricas y culturales. Y, por supuesto,[d] del factor económico. En las ciudades, la mayoría de las personas no vive en casas sino[e] en apartamentos. Otras palabras para apartamento son **piso** (España) y **departamento** (México, Argentina).

[a]*home* [b]*decir… say that there is* [c]*on the* [d]*por… of course* [e]*but rather*

El Museo Casa Natal de Rubén Darío, en Ciudad Darío, Nicaragua

¿Y su familia? ¿Vive en una casa o en un apartamento? ¿Es común en su ciudad o estado vivir en una casa?

¿Qué día es hoy?

¡OJO!

Do not use **en** with days of the week in Spanish. Use **el** (for singular) or **los** (to generalize), as appropriate.

lunes

1. Javier asiste a clase el lunes a las ocho.

martes

2. Javier mira la televisión el martes.

miércoles

3. Javier va al gimnasio el miércoles.

jueves

4. Javier trabaja cuatro horas el jueves.

viernes

5. El viernes va al mercado con unos amigos.

el fin de semana (sábado y domingo)

6. El fin de semana juega al basquetbol con sus amigos.

Hoy es viernes (domingo,...).	Today is Friday (Sunday, . . .).
Mañana es sábado (lunes,...).	Tomorrow is Saturday (Monday, . . .).
Ayer fue martes (miércoles,...).	Yesterday was Tuesday (Wednesday, . . .).
el fin de semana	the weekend
pasado mañana	the day after tomorrow
anteayer	the day before yesterday
el próximo jueves (viernes,...) **el jueves (viernes,...) que viene**	next Thursday (Friday, . . .)
la semana que viene **la próxima semana**	next week

- In Spanish-speaking countries, the week usually starts with **lunes.**
- The days of the week are not capitalized in Spanish.
- Except for **el sábado / los sábados** and **el domingo / los domingos,** all the days of the week use the same form for the plural as they do for the singular: **el lunes / los lunes.**

Nota **comunicativa**

Cómo expresar *on* con los días de la semana

The definite article (singular or plural) is used to express **on** with the days of the week in Spanish.

> Esta semana, tengo que ir al mercado **el** lunes.
> *This week, I have to go to the market on Monday.*

> Por lo general voy al gimnasio **los** domingos.
> *I generally go to the gym on Sundays.*

As in the preceding examples, use **el** before a day of the week to refer to a specific day (**el lunes** = *on Monday*), and **los** to refer to that day of the week in general (**los lunes** = *on Mondays*).

Conversación

A. La semana

Paso 1. Complete las oraciones.

1. Hoy es _____. Mañana es _____.
2. Ayer fue _____ y anteayer fue _____.
3. Si hoy es sábado, mañana es _____. Ayer fue _____.
4. Si ayer fue domingo, hoy es _____ y mañana es _____.
5. Hay clase de español los _____, _____ y _____.
6. No tengo clases los _____ ni (*nor*) los _____.
7. Mi próximo examen de _____ es este _____.
8. Trabajo los _____ por la mañana/tarde/noche.
9. Los _____ por la tarde nunca estudio en la biblioteca.
10. Casi todos los _____ salgo (*I go out*) con mis amigos.

Paso 2. En parejas, intercambien (*exchange*) la información de los números 6–10. Luego digan (*tell*) a la clase las actividades que tienen en común.

B. Mi semana. Exprese una actividad para cada (*each*) día de la semana, según el modelo.

MODELOS: **El lunes** tengo que ir al gimnasio.
Por lo general (Generalmente) voy al gimnasio **los lunes.**
Voy a ir al gimnasio **el lunes.**

Estrategia

Remember to use an infinitive after **ir a** if you want to use a verb. To express a place after **ir a,** remember to form the contraction **al** if necessary. The infinitive is used after all of the other verbs in the middle column.

| lunes
martes
miércoles
jueves
viernes
sábado
domingo | **+** | ir a + *place*
ir a + *inf.*

deber
desear
necesitar
poder
preferir
tener ganas de
tener que | **+** | el bar
la biblioteca
el centro
el cine (*movies*)
el gimnasio
el museo
el parque
¿ ?

descansar (*to rest*) en cama hasta muy tarde
jugar (*to play*) al (tenis, golf, voleibol, basquetbol)
¿ ? |

¿Cuándo? • Las preposiciones (Part 1)*

1. Antes de la fiesta, Rosa prepara la ensalada.

2. Durante la fiesta, Rosa baila.

3. Después de la fiesta, Rosa limpia la sala.

The prepositions (as well as the words that they link) are indicated in the first two sentences. Can you pick out the prepositions in the last two?

a preposition / **una preposición** = a word or phrase that specifies the relationship of one word to another

1. The book is *on* the table.
2. The homework is *for* tomorrow.
3. Los sábados descanso en cama hasta muy tarde.
4. Voy a estar con la familia de mi esposo este fin de semana.

---

*You will learn prepositions that express spatial relationships in the **Vocabulario: Preparación** section of **Capítulo 6.***

Some common Spanish prepositions you have already used include **a, con, de, en, hasta** (*until,* as in **hasta mañana**), **para,** and **por** (*in, during,* as in **por la mañana**).

¡OJO!

As you know, the infinitive is the only verb form that can follow a preposition.

¿Adónde vas **después de** estudiar?
Where are you going after studying (after you study)?

Conversación

A. ¿Cuándo?

Paso 1. Complete las siguientes oraciones lógicamente. Puede usar sustantivos, infinitivos, días de la semana, etcétera.

1. Por lo general, prefiero estudiar antes de / después de mirar la tele.
2. Siempre tengo mucho sueño durante la clase de _____.
3. Voy a la clase de español antes de / después de _____ la clase de _____.
4. Los _____ (día o días), estoy en la universidad hasta _____ (hora).
5. No puedo ir a fiestas durante la semana. Voy los _____ (día o días).
6. Tengo que estudiar en esta universidad hasta el año _____, para poder graduarme.

Paso 2. Ahora entreviste a (*interview*) un compañero o compañera, usando (*using*) las oraciones del **Paso 1.**

MODELOS: ¿Prefieres estudiar antes de mirar la tele?
¿Prefieres estudiar antes o después de mirar la tele?
¿Cuándo prefieres estudiar, antes o después de mirar la tele?

B. Intercambios. En parejas, túrnense para entrevistarse. Hagan sus preguntas, usando una palabra o frases de cada columna.

| estudiar
hablar por teléfono
leer
trabajar
¿ ? | **+** | antes de
después de
durante
hasta | **+** | tu programa favorito de televisión
las clases
las conferencias (*lectures*) de _____
los viernes por la noche, los domingos por la mañana…
estudiar, mirar la tele,…
las tres de la mañana, medianoche (*midnight*), muy tarde,…
¿ ? |

▶ **Mundo interactivo**

You should now be prepared to work with Scenario 3, Activity 1 in Connect Spanish (**www.connectspanish.com**).

GRAMÁTICA

♻ **¿Recuerda Ud.?**

Most of the verbs presented in **Gramática 12** share a first person singular irregularity with two verbs that you learned in **Capítulo 4.** Review what you know about those two verbs by completing their first person forms.

(yo) ven____o   (yo) ten____o

▶ **Grammar Tutorial** 12

www.connectspanish.com

12 Expressing Actions
Hacer, oír, poner, salir, traer, ver

Gramática en acción: Aspectos de la vida de Rigoberto

1. Traigo muchos libros al salón de clase.

2. No oigo bien. Por eso hago muchas preguntas en clase.

3. Pongo la tele y veo mi programa favorito.

4. Salgo con Elena los fines de semana.

Comprensión

1. ¿Qué trae Rigoberto al salón de clase? ¿Qué tiene en la mochila?
2. ¿Por qué hace muchas preguntas en clase? ¿Ve bien? ¿Oye bien?
3. ¿A qué hora pone la tele? ¿Por qué prefiere mirar la tele a esa hora?
4. ¿Con quién sale? ¿Es una relación nueva o vieja?

hacer *(to do; to make)*		oír *(to hear)*		poner *(to put; to place)*		salir *(to leave; to go out)*		traer *(to bring)*		ver *(to see)*	
hago	hacemos	oigo	oímos	pongo	ponemos	salgo	salimos	traigo	traemos	veo	vemos
haces	hacéis	oyes	oís	pones	ponéis	sales	salís	traes	traéis	ves	veis
hace	hacen	oye	oyen	pone	ponen	sale	salen	trae	traen	ve	ven

Aspects of Rigoberto's life **1.** *I bring a lot of books to class.* **2.** *I don't hear well. That's why I ask a lot of questions in class.* **3.** *I turn on the TV and watch my favorite program.* **4.** *I go out with Elena on weekends.*

1. hacer

Hacer expresses English *to do* or *to make*. It is also used in a number of common idioms, which are illustrated in the examples at the right.

> **hacer ejercicio**
> **hacer ejercicios**
> **hacer un viaje**
> **hacer una pregunta**

Note that the phrase **hacer ejercicio** is used to express physical exercise; an exception is **hacer ejercicios aeróbicos**. An exercise for an academic class is expressed with **ejercicio** (singular or plural).

¿Por qué no **haces** la tarea?
Why aren't you doing the homework?

Hace ejercicio en el gimnasio, pero **hace ejercicios aeróbicos** en casa.
She exercises in the gym but does aerobics at home.

Alicia **hace los ejercicios** en el cuaderno.
Alicia does the exercises in the notebook.

Quieren **hacer un viaje** al Perú.
They want to take a trip to Peru.

Los niños siempre **hacen muchas preguntas.**
Children always ask a lot of questions.

2. oír

Oír means *to hear*. The command forms of **oír** are used to attract someone's attention in the same way that English uses *Listen!* or *Hey!*

oye (tú)   **oiga** (Ud.)   **oigan** (Uds.)

¡OJO!

oír = to hear
escuchar = to listen to
Some native speakers of Spanish use **oír** to mean *to listen to* things like music or the news. But **escuchar** can never mean *to hear*.

Oye, Juan, ¿vas a la fiesta?
Hey, Juan, are you going to the party?

¡Oigan! ¡Silencio, por favor!
Listen! Silence, please!

No **oigo** bien a la profesora.
I can't hear the professor well.

Oímos/Escuchamos música en clase.
We listen to music in class.

No **oigo** bien por el ruido.
I can't hear well because of the noise.

3. poner

Poner means *to put* or *to place*. Many Spanish speakers use **poner** with appliances to express *to turn on*.

Voy a **poner** la televisión.
I'm going to turn on the TV.

Siempre **pongo** leche y mucho azúcar en el café.
I always put milk and a lot of sugar in my coffee.

4. salir

Salir means *to leave* or *to go out*. Note in the example at the right how different prepositions are used with it to express different meanings.

> **salir de** + *place*
> **salir con** + *person*
> **salir para** + *destination*

Here's another useful expression: **salir bien/mal,** which means *to turn/come out well/poorly, to do well/poorly.*

Salgo con el hermano de Cecilia.
I'm going out with / dating Cecilia's brother.

Salimos para la sierra pasado mañana.
We're leaving for the mountains the day after tomorrow.

Todo va a **salir bien.**
Everything is going to turn out OK (well).

No quiero **salir mal** en esta clase.
I don't want to do poorly in this class.

Salen de la clase ahora.
They're leaving class now.

5. traer

Traer means *to bring*.

¿Por qué no **traes** ese radio a la cocina?
Why don't you bring that radio to the kitchen?

> **¡OJO!**
>
> **la televisión** (set, medium), but **el radio** (set), **la radio** (medium)

6. ver

Ver means *to see*. It can also mean *to watch* as in watching television or a movie, which is also expressed with the verb **mirar**.

No **veo** bien sin mis lentes.
I don't see well without my glasses.

Los niños **ven/miran** una película.
The kids are watching a movie.

> **¡OJO!**
>
> **Mirar** never expresses *to see* (except with movies). It only means *to watch, look at.*

Autoprueba

Give the correct present tense **yo** forms for these verbs.

1. hacer
2. ver
3. poner
4. oír
5. traer
6. salir

Answers: 1. hago 2. veo 3. pongo 4. oigo 5. traigo 6. salgo

Práctica

A. Cosas rutinarias

Paso 1. ¡Anticipemos! ¿Cierto o falso?

	CIERTO	FALSO
1. Hago ejercicio en el gimnasio con frecuencia.	☐	☐
2. Veo a mis amigos los viernes por la tarde.	☐	☐
3. Nunca salgo con mis primos.	☐	☐
4. Siempre hago los ejercicios para la clase de español.	☐	☐
5. Salgo para la universidad a las ocho de la mañana.	☐	☐
6. Nunca pongo la ropa en la cómoda o en el armario.	☐	☐
7. Siempre traigo todos los libros necesarios a clase.	☐	☐
8. Siempre oigo la radio durante el camino (*on the way*) a la universidad.	☐	☐

Paso 2. Now rephrase each sentence in **Paso 1** as a question and interview a classmate. Use the **tú** form of the verb.

MODELO: Hago ejercicio en el gimnasio con frecuencia. →
   ¿Haces ejercicio en el gimnasio con frecuencia?

B. Lógicamente

Paso 1. Complete las siguientes oraciones con la forma apropiada de **hacer, oír, poner, salir, traer** o **ver**. Use **no** cuando es necesario para que (*so that*) las oraciones sean (*will be*) apropiadas para Ud.

MODELO: Los estudiantes de esta clase _____ mucha tarea. →
Los estudiantes de esta clase **hacemos/hacen** mucha tarea.

1. (Yo) _____ la tele por la noche.

2. Siempre (tú) _____ los sábados por la noche con tus amigos.

3. (Nosotros) _____ el libro de texto de español a clase.

4. Muchas personas no _____ ejercicio.

5. Los hispanos _____ mucho la radio.

6. Yo _____ azúcar (*sugar*) en mi café.

7. Mi mejor (*best*) amigo va a _____ un viaje a Nicaragua en diciembre.

8. En general, (yo) _____ bien en los exámenes.

9. Me gusta _____ películas extranjeras.

Paso 2. Use las respuestas del **Paso 1** para hacerle preguntas a un compañero o compañera. ¿Está siempre de acuerdo con Ud. su compañero/a?

MODELO: Los estudiantes de esta clase **hacemos** mucha tarea. →
¿**Crees que** los estudiantes de esta clase hacemos mucha tarea?

C. Del periódico. Lea el anuncio (*ad*) de un periódico de Venezuela y conteste las preguntas.

1. ¿Cómo se expresan en inglés las primeras dos líneas del anuncio?

2. Encuentre (*Find*) los cognados y las palabras en inglés en el anuncio.

3. ¿Qué tipo de proyectos hace este grupo?

4. ¿Por qué es «intenso» el grupo?

Conversación

A. Consecuencias lógicas. En parejas, indiquen acciones lógicas o consecuencias relacionadas con cada situación. No se limiten a usar los verbos de esta sección del libro. ¡Sean (*Be*) creativos y audaces (*daring*)!

El Lago de Nicaragua, el segundo lago de Latinoamérica por extensión (*size*), con el volcán Maderas al fondo (*in the background*)

1. Me gusta esquiar en las montañas. Por eso…
2. Todos los días usamos este libro en la clase de español. Por eso…
3. Mis hijos / compañeros de cuarto hacen mucho ruido en la sala. Por eso…
4. La televisión no funciona. Por eso…
5. Hay mucho ruido en la clase. Por eso…
6. Estoy en la biblioteca y ¡no puedo estudiar más! Por eso…
7. Queremos bailar y necesitamos música. Por eso…
8. No comprendo la lección. Por eso…
9. Me gusta hacer ecoturismo y hablar español. Por eso…

B. Intercambios

Paso 1. En parejas, hagan y contesten las siguientes preguntas.

EN CASA

1. ¿Qué pones en el armario? ¿y en la cómoda? ¿en el cajón (*drawer*) del escritorio?
2. ¿Pones la televisión con frecuencia cuando estás en casa? ¿Qué programa(s) ves todos los días? ¿Qué programa muy popular no ves nunca? (Nunca veo…) ¿Cuál es el canal de televisión que más miras? ¿Por qué te gusta tanto (*so much*)?
3. ¿Pones el radio con frecuencia? ¿Prefieres oír las noticias (*news*) por radio o verlas (*to see them*) en la televisión? ¿Cuál es la estación de radio que más escuchas? ¿Por qué te gusta tanto?

4. ¿Qué haces los _____ (día) por la noche? ¿Cuándo sales con los amigos? ¿Adónde van cuando salen juntos (*together*)?

5. ¿Te gusta hacer ejercicio? ¿Haces ejercicios aeróbicos? ¿Dónde haces ejercicio?

PARA LAS CLASES

6. Generalmente, ¿qué traes a clase todos los días? ¿Crees que traes más cosas (*things*) que tus compañeros o menos? ¿Sales a veces para la clase sin tu libro de texto? ¿sin dinero? ¿Qué trae tu profesor(a) de español a clase?

7. ¿A qué hora sales para las clases los lunes? ¿A qué hora sales de clase los viernes?

8. ¿Cuándo haces la tarea? ¿Por la mañana? ¿Dónde haces la tarea? ¿En casa? ¿Haces la tarea mientras (*while*) ves la televisión? ¿mientras oyes música?

9. ¿Siempre sales bien en los exámenes? ¿En qué clase no sales bien? ¿Qué haces si sales mal en un examen?

Paso 2. Ahora digan a la clase dos o tres cosas que Uds. tienen en común.

MODELO: Jim y yo nunca ponemos la ropa en el armario. Hacemos ejercicio todos los días: Jim hace ejercicios aeróbicos y yo voy al gimnasio. Los dos vemos el programa *House* los lunes por la noche; es nuestro programa favorito.

 **¿Recuerda Ud.?**

The change in the stem vowels of **preferir, querer,** and **poder** follows the same pattern as that of the verbs presented in **Gramática 10.** Review the forms of **preferir, querer,** and **poder** now.

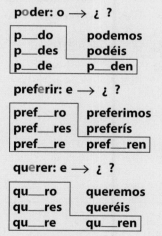

poder: o → ¿ ?

p__do	podemos
p__des	podéis
p__de	p__den

preferir: e → ¿ ?

pref__ro	preferimos
pref__res	preferís
pref__re	pref__ren

querer: e → ¿ ?

qu__ro	queremos
qu__res	queréis
qu__re	qu__ren

If you could complete those verb forms correctly, you already know most of the important information in **Gramática 13.**

13 Expressing Actions
Present Tense of Stem-changing Verbs (Part 2)

Gramática en acción: ¿Una fiesta exitosa?

- Aurora duerme en el sofá.
- Samuel juega a las cartas… a solas.
- Ernesto sirve las bebidas. Kevin pide una Coca-Cola.
- Noemí sale y vuelve con más amigas.
- ¿Es una fiesta exitosa? ¿Qué piensa Ud.? ¿Por qué?

¿Y Ud.? ¿Qué hace en las fiestas?

1. ¿Duerme Ud. en el sofá?
2. ¿Juega a las cartas?
3. ¿Sirve las bebidas?
4. ¿Pide Coca-Cola?
5. ¿Sale y vuelve con más amigos?

e → ie: p**e**nsar (to think)		o → ue: v**o**lver (to return)		e → i: p**e**dir (to ask for; to order)	
pienso	pensamos	vuelvo	volvemos	pido	pedimos
piensas	pensáis	vuelves	volvéis	pides	pedís
piensa	piensan	vuelve	vuelven	pide	piden

1. **Stem-changing Verbs**

   You have already used three *stem-changing verbs* **(los verbos que cambian el radical): poder, preferir,** and **querer.** And you also know two other verbs that are similar (**tener** and **venir**), but whose first person singular forms are irregular.

A successful party? *Aurora is sleeping on the couch. • Samuel is playing cards . . . alone. • Ernesto is serving beverages. Kevin asks for a Coke. • Noemí leaves and comes back with more friends. • Is it a successful party? What do you think? Why?*

2. Stem Vowel Changes

In these verbs, the stem vowels **e** and **o** become **ie** and **ue**, respectively, in stressed syllables. There is also another group in which the stem vowel **e** becomes **i**. The stem-changing pattern of all three groups is shown at the right. The stem vowels are stressed (and so they change) in all present tense forms except **nosotros** and **vosotros**. All three groups follow this regular pattern, which looks like a boot.

¡OJO!

Nosotros and **vosotros** forms *do not* have a stem vowel change.

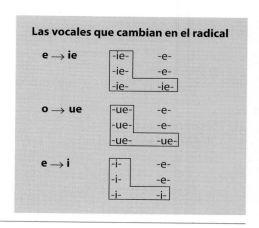

Las vocales que cambian en el radical

e → ie		
-ie-		-e-
-ie-		-e-
-ie-		-ie-

o → ue		
-ue-		-e-
-ue-		-e-
-ue-		-ue-

e → i		
-i-		-e-
-i-		-e-
-i-		-i-

3. Important Stem-changing Verbs

Some stem-changing verbs practiced in this chapter include the following.

e → ie	o (u) → ue	e → i

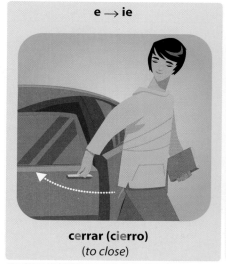

cerrar (cierro)
(to close)

dormir (duermo)
(to sleep)

servir (sirvo) (para)
(to serve; to be used [for])

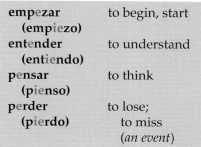

empezar (empiezo)	to begin, start
entender (entiendo)	to understand
pensar (pienso)	to think
perder (pierdo)	to lose; to miss *(an event)*

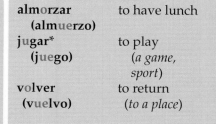

almorzar (almuerzo)	to have lunch
jugar* (juego)	to play *(a game, sport)*
volver (vuelvo)	to return *(to a place)*

pedir (pido)	to ask for; to order

As you learned with **poder, preferir,** and **querer,** stem-changing verbs will be indicated in vocabulary lists with the **yo** form in parentheses, as shown here.

---

*Jugar is the only u → ue stem-changing verb in Spanish. **Jugar** is usually followed by **al** when used with the name of a sport: **Juego al tenis.** Some Spanish speakers, however, omit the **al**.

4. *Verb + a + Infinitive*

Like **aprender** and **ir,** the stem-changing verbs **empezar** and **volver** are followed by **a** before an infinitive. The meaning of **empezar** does not change in this structure, but **volver a** + *infinitive* expresses *to do* (something) *again.*

Uds. **empiezan a hablar** muy bien el español.
You're starting to speak Spanish very well.

¿Cuándo **vuelves a jugar** al tenis?
When are you going to play tennis again?

5. *Conjugated Verb + Infinitive*

Like other verbs you already know (**desear, necesitar, deber,...**), **pensar** can be followed directly by an infinitive. In that case, it expresses *to intend, plan.*

The phrase **pensar en** can be used to express *to think about.*

¿Cuándo **piensas** almorzar?
When do you plan to eat lunch?

—¿**En** qué **piensas**?
—**Pienso en** las cosas que tengo que hacer el domingo.
"What are you thinking about?"
"I'm thinking about the things I have to do on Sunday."

6. Present Tense Equivalents

Remember that the Spanish present tense has a number of present tense equivalents in English. It can also be used to express future meaning.

> **cierro** = *I close, I am closing, I will close*

Stem-Change Summary

emp**e**zar (emp**ie**zo)
j**u**gar (j**ue**go)
v**o**lver (v**ue**lvo)
p**e**dir (p**i**do)

Autoprueba

Complete the verb forms with the correct letters.

1. ent_____ndemos
2. d_____rmo
3. c_____rras
4. j_____gan
5. s_____rve
6. alm_____rzo

Answers: **1.** *entendemos* **2.** *duermo* **3.** *cierras* **4.** *juegan* **5.** *sirve* **6.** *almuerzo*

Práctica

A. Asociaciones

Paso 1. Dé por lo menos un infinitivo que asocia con las siguientes ideas y cosas.

1. una bebida
2. una lección
3. la casa
4. una cama
5. una hamburguesa
6. el tenis
7. una opinión
8. una puerta
9. las llaves (*keys*)

Paso 2. Explique para qué sirven las siguientes cosas.

MODELO: las cartas ⟶ **Sirven para** jugar.

1. las llaves
2. un diccionario
3. una bandeja (*tray*)
4. un menú

B. ¡Anticipemos!

Paso 1. ¿Cierto o falso? Si la declaración es cierta, diga en qué lugar de la casa o de la universidad Ud. hace las siguientes cosas.

1. Duermo la siesta casi todos los días.
2. Cierro la puerta para dormir la siesta.
3. Almuerzo solo/a (*alone*) con frecuencia.
4. Juego a las cartas con mis padres (mis hijos, mi esposo/a).
5. Por la mañana, pienso en las cosas que tengo que hacer.
6. Con frecuencia pido una pizza para almorzar.
7. Pierdo mis llaves con frecuencia.
8. Vuelvo a leer la lección de español antes de la clase.
9. Hay mucho que no entiendo en la clase de matemáticas.

Paso 2. En parejas, túrnense para entrevistarse, usando las declaraciones del **Paso 1.**

MODELO: ¿**Duermes** la siesta casi todos los días?

Paso 3. Ahora digan a la clase dos cosas que Uds. tienen en común.

MODELO: Nosotras dormimos la siesta casi todos los días. Dormimos en un sofá en una sala del centro estudiantil.

C. Una tarde típica en casa. ¿Cuáles son las actividades de todos? Haga oraciones completas, usando una palabra o frase de cada columna.

yo	almorzar	descansar, dormir
mi padre/madre	dormir	en un sillón / en la cocina
mi esposo/a	empezar a	toda la tarde / la siesta
los niños	entender	su pelota (*ball*), sus llaves, su mochila
mi amigo/a ____ y yo	jugar a	tarde/temprano a casa
el perro/gato	(no) pedir	en el patio / en la piscina / afuera (*outside*)
mi compañero/a	pensar	el golf (tenis, voleibol...), las cartas
	perder	las películas viejas/recientes
	preferir	la lección, la oración
	volver	hablar bien el español
	volver a	ver una película con frecuencia
	¿ ?	¿ ?

+ (no) **+**

Conversación

A. Una semana ideal… ¡y posible!

Paso 1. ¿Qué va a hacer Ud. la semana que viene? Organice la próxima semana en la siguiente agenda. Escriba frases con el infinitivo, por ejemplo: **ver la televisión.** Incluya actividades que tiene que hacer, pero también algunas (*some*) que tiene ganas de hacer.

Estrategia

e ⟶ ie
o ⟶ ue
e ⟶ i

	por la mañana	**por la tarde**	**por la noche**
lunes			
martes			
miércoles			
jueves			
viernes			
sábado			
domingo			

Paso 2. En parejas, hablen de su horario (*schedule*) para esta semana, basándose (*based on*) en la agenda del **Paso 1.**

MODELO: ver la televisíon ⟶
    E1: ¿Qué **piensas** hacer el domingo por la tarde?
    E2: **Pienso** ver la televisión. Y tú, ¿qué haces el domingo?
    E1: El domingo **juego** al tenis con mi amigo Alex.

B. Intercambios.

En parejas, túrnense para hacer y contestar preguntas sobre los temas (*topics*) siguientes con las frases sugeridas (*suggested*).

Estrategia

generalizations: present tense
future: **ir + a** + *inf.*
definite plans: **pensar** + *inf.*

MODELOS: almorzar (¿dónde? ¿con quién? ¿a qué hora?) ⟶
    Por lo general, ¿dónde **almuerzas** de lunes a viernes?
    ¿Con quién **vas a almorzar** hoy?
    ¿A qué hora **piensas almorzar** el domingo?

1. almorzar (¿dónde? ¿con quién? ¿a qué hora?)
2. perder (¿qué? ¿dónde? ¿con frecuencia? ¿siempre?)
3. dormir (¿cuántas horas? ¿mucho o poco? ¿siestas frecuentes o infrecuentes? ¿largas o cortas?)
4. jugar (¿juegos de mesa [*board games*]? ¿cuáles? ¿con quién? ¿dónde?)

 **¿Recuerda Ud.?**

In **Capítulo 1,** you learned how to ask what someone's name is and express your own name by using phrases with the verb **llamar.** Show what you remember by completing the following phrases.

1. (yo) _____ llamo   2. (tú) _____ llamas   3. Ud. _____ llama

The words with which you completed those phrases are part of a pronoun system that you will learn about in **Gramática 14.**

14 Expressing -self/-selves
Reflexive Pronouns (Part 1)*

Gramática en acción: La rutina diaria de Andrés

La rutina de Andrés empieza a las siete y media.

1.

2.

3.

4.

5.

6.

7.

(1) Me despierto a las siete y media y me levanto en seguida. Primero, (2) me ducho y luego (3) me cepillo los dientes. (4) Me peino, (5) me pongo la bata y (6) voy al cuarto a vestirme. Por fin, (7) salgo para la universidad. No tomo nada antes de salir porque, por lo general, ¡tengo prisa!

¿Y Ud.? ¿Cómo es su rutina diaria?

1. Yo me levanto a las _____.
2. Me ducho por la mañana/noche.
3. Me visto en el baño / mi cuarto.
4. Me peino antes de / después de vestirme.
5. Antes de salir para las clases, tomo / no tomo el desayuno.

Reflexive Pronouns / Los pronombres reflexivos

bañarse (to take a bath)					
(yo)	me baño	I take a bath	(nosotros)	nos bañamos	we take baths
(tú)	te bañas	you take a bath	(vosotros)	os bañáis	you take baths
(Ud.)		you take a bath	(Uds.)		you take baths
(él)	se baña	he takes a bath	(ellos)	se bañan	they take baths
(ella)		she takes a bath	(ellas)		they take baths

Andrés's daily routine *Andrés's routine begins at seven-thirty. (1) I wake up at seven-thirty and I get up right away. First, (2) I take a shower and then (3) I brush my teeth. (4) I comb my hair, (5) I put on my robe, and (6) I go to my room to get dressed. Finally, (7) I leave for the university. I don't eat or drink anything before leaving because I'm generally in a hurry!*

*You will learn more about using reflexive pronouns to express each other in **Gramática 32 (Cap. 11).***

Gramática

1. Reflexive Pronouns

The pronoun **se** at the end of an infinitive indicates that the verb is used reflexively. The *reflexive pronoun* (**el pronombre reflexivo**) in Spanish reflects the subject doing something to or for himself, herself, or itself. When the verb is conjugated, the reflexive pronoun that corresponds to the subject must be used.

Los pronombres reflexivos

me	myself		nos	ourselves
te	yourself (*fam., sing.*)		os	yourselves (*fam. pl. Sp.*)
se	himself, herself, itself; yourself (*form. sing.*)		se	themselves; yourselves (*form. pl.*)

bañarse = to take a bath (to bathe oneself)
me baño = I take a bath (bathe myself)
te bañas = you take a bath (bathe yourself)

¡OJO!

Many English verbs that describe parts of one's daily routine—to get up, to take a bath, and so on—are expressed in Spanish with a reflexive construction.

2. Important Reflexive Verbs

Here are some reflexive verbs you will find useful as you talk about daily routines.

¡OJO!

Notice that some of these reflexive verbs also have stem changes:
e ⟶ ie, o ⟶ ue, e ⟶ i.

| **despertarse (me despierto)** | **ducharse** | **afeitarse** | **vestirse (me visto)** | **sentarse (me siento)** |

Note the **-se** on the end of these infinitives. This is how reflexive verbs will be shown in vocabulary lists.

acostarse (me acuesto)	to go to bed	**ducharse**	to take a shower
afeitarse	to shave	**levantarse**	to get up (out of bed); to stand up
bañarse	to take a bath	**llamarse**	to be called
cepillarse los dientes	to brush one's teeth	**peinarse**	to brush/comb one's hair
despertarse (me despierto)	to wake up	**ponerse (me pongo)**	to put on (*an article of clothing*)
divertirse (me divierto)	to have a good time, enjoy oneself	**quitarse**	to take off (*an article of clothing*)
		sentarse (me siento)	to sit down
dormirse (me duermo)	to fall asleep	**vestirse (me visto)**	to get dressed

3. Placement of Reflexive Pronouns

Reflexive pronouns are placed before a conjugated verb. In a negative sentence, they are placed between the word **no** and the conjugated verb: **No** *se* **bañan.**

When a conjugated verb is followed by an infinitive, the pronouns may either precede the conjugated verb or be attached to the infinitive.

Me levanto temprano todos los días.
I get up early every day.
No me levanto temprano todos los días.
I do not get up early every day.

Me tengo que levantar temprano.
Tengo que **levantarme** temprano.
I have to get up early.

Debo **acostarme** más temprano.
Me debo acostar más temprano.
I should go to bed earlier.

4. Nonreflexive Use of Verbs

All of these verbs can also be used nonreflexively, often with a different meaning. Some examples of this appear at right.

dormir = to sleep	**dormirse** = to fall asleep
poner = to put, place	**ponerse** = to put on

¡OJO!
After **ponerse** and **quitarse**, the definite article, not the possessive as in English, is used with articles of clothing.

Se pone el abrigo.
He's putting on his coat.

Se quitan el sombrero.
They're taking off their hats.

¡OJO!
The reflexive pronoun must be repeated with each verb in a series of verbs.

Me levanto a las siete, **me ducho** y **me visto** antes de peinar**me**.

Mi esposo **se baña**, yo **me ducho** y los dos **nos peinamos** antes de las seis.

Reflexive Pronoun Summary

yo	→	me
tú	→	te
Ud., él, ella	→	se
nosotros/as	→	nos
vosotros/as	→	os
Uds., ellos, ellas	→	se

Práctica

A. Asociaciones. Dé todas las palabras que pueda (*you can*) asociar con los siguientes infinitivos. Piense (*Think*) en grupos de palabras que Ud. ya conoce (*you already know*): los cuartos de una casa, los muebles, la ropa, otros verbos, los adverbios, etcétera.

1. llamarse	**3.** bañarse	**5.** vestirse	**7.** divertirse
2. levantarse	**4.** sentarse	**6.** despertarse	**8.** acostarse

B. ¡Anticipemos! Su rutina diaria

Paso 1. ¿Hace Ud. lo mismo (*the same thing*) todos los días? Indique los días que hace las siguientes cosas.

	LOS LUNES	LOS SÁBADOS
1. Me levanto antes de las ocho.	☐	☐
2. Siempre me baño o me ducho.	☐	☐
3. Siempre me afeito.	☐	☐
4. Me pongo un traje / una falda.	☐	☐
5. Me quito los zapatos después de llegar a casa.	☐	☐
6. Me acuesto antes de las once de la noche.	☐	☐

Paso 2. ¿Es diferente su rutina los sábados? ¿Qué día prefiere? ¿Por qué?

Nota comunicativa

Cómo expresar una secuencia de acciones

The following adverbs and expressions will help you indicate the sequence of actions or events.

primero	first	**finalmente**	finally
después	then, later	**por fin**	finally
en seguida	immediately		
luego	then, afterward, next		

Primero, me ducho y me visto. **Luego,** tomo un café y leo el periódico. **Después,** me cepillo los dientes. **Finalmente,** salgo para el trabajo.

C. Mi rutina diaria

Paso 1. ¿Qué acostumbra Ud. hacer en un día típico? Use las siguientes frases para describir su rutina diaria. Añada (*Add*) otras ideas si quiere. Use las palabras de la **Nota comunicativa** en sus oraciones.

MODELO: despertarse a (hora) → Me despierto a las siete y me levanto **en seguida. Luego** me ducho. Me visto en la alcoba y **después** voy a la cocina para tomar café. **Finalmente** salgo…

1. despertarse a (hora)
2. levantarse a (hora)
3. (no) ducharse/bañarse por la mañana
4. vestirse antes/después de tomar algo
5. ir a la universidad y asistir a (número) clases
6. almorzar a (hora) y sentarse en (lugar) para estudiar
7. volver a (lugar) a (hora)
8. comer con (otra persona / otras personas o solo/a)
9. acostarse tarde/temprano
10. dormirse a (hora)

Paso 2. Use las oraciones del **Paso 1** para indicar lo que Ud. va a hacer mañana. Añada información si puede.

MODELO: despertarse a (hora) → Primero, **voy a despertarme (me voy a despertar)** a las diez. ¡Es sábado! Pienso… Debo… pero no voy a hacerlo (*do it*).

D. Un día típico

Paso 1. Complete las siguientes oraciones lógicamente para describir su rutina diaria. Use el pronombre reflexivo cuando sea necesario. **¡OJO!** Use el infinitivo después de las preposiciones.

1. Me levanto después de _____.

2. Primero (yo) _____ y luego _____.

3. Me visto antes de / después de _____.

4. Luego me siento a la mesa para _____.

5. Me gusta estudiar antes de _____ o después de _____.

6. Por la noche me divierto y luego _____.

7. Me acuesto antes de / después de _____ y finalmente _____.

Paso 2. Con las oraciones del **Paso 1,** describa los hábitos de su esposo/a, su compañero/a de cuarto/casa, sus hijos…

Conversación

A. Hábitos.
Indique en qué cuarto o parte de la casa Ud. hace cada actividad. Debe indicar también los muebles y otros objetos que usa.

MODELO: estudiar →
    Por lo general, estudio en la alcoba. Uso el escritorio, una silla, los libros y la computadora.

1. estudiar
2. dormir la siesta
3. quitarse los zapatos
4. bañarse o ducharse
5. despertarse
6. tomar el desayuno
7. sentarse a almorzar
8. vestirse
9. divertirse
10. acostarse

B. Intercambios: Su rutina

Paso 1. En parejas, túrnense para entrevistarse. Hagan preguntas, usando las ideas de las tres columnas y otras de su imaginación. Usen una palabra o frase de cada columna y traten de (*try to*) explicar sus acciones.

MODELO: **E1:** ¿A qué hora te acuestas?
    E2: Siempre me acuesto muy tarde porque trabajo hasta las once de la noche en un restaurante. Luego tengo que estudiar un poco.

¿a qué hora? ¿con quién? ¿cuándo? ¿dónde? ¿durante ____? ¿hasta qué hora?	acostarse afeitarse cepillarse los dientes despertarse dormirse ducharse/bañarse levantarse peinarse sentarse vestirse/ponerse ____ volver	los días de la semana los fines de semana los lunes (martes…) todos los días tarde/temprano solo/a

+ between column 1 and 2, **+** between column 2 and 3.

Paso 2. Ahora digan a la clase un detalle (*detail*) interesante, raro o indiscreto de la vida (*life*) de su compañero/a.

MODELO: Sebastián se duerme a la una todas las noches con su perro y con sus dos gatos. ¡Debe tener una cama muy grande!

> **▶ Mundo interactivo**
>
> You should now be prepared to work with Scenario 3, Activity 2 in Connect Spanish (**www.connectspanish.com**).

Un poco de todo ♻

A. Un día normal. Ángela es dependienta en una tienda de ropa para jóvenes en El Paso. ¿Cómo es un día normal de trabajo para ella? Complete la narración con los verbos apropiados, según los dibujos. **¡OJO!** Algunos verbos se usan más de una vez (*more than once*).

1.

2.

3.

4.

5.

6.

Vocabulario útil

almo**rzar (alm**ue**rzo)**
ce**rrar (c**ie**rro)**
comer
do**rmir (d**ue**rmo)**
empe**zar (emp**ie**zo)**
hablar
ir
pe**dir (p**i**do)**
ser
vo**lver (v**ue**lvo)**

1. Llego a la tienda a las diez menos diez de la mañana con mis compañeras de trabajo. Primero (yo) _____ mi trabajo, ordenando (*putting in order*) la ropa. La ropa de la tienda _____ muy bonita.

2. A las diez abren la tienda y los clientes _____ a llegar.

3. Mis compañeras no _____ español. Por eso yo siempre atiendo a los clientes hispanos.

4. (Yo) _____ a las doce y media con mi amiga Susie, que trabaja en una zapatería. Generalmente (nosotras) _____ en la pizzería San Marcos y casi siempre _____ pizza.

5. Luego, (yo) _____ a la tienda y _____ a trabajar. Nunca _____ la siesta.

6. Por fin, la supervisora _____ la tienda a las seis en punto. Luego yo _____ a casa.

B. Lengua y cultura: Una tradición extendida —El Día de la Cruz (*Cross*).
Complete the following paragraphs about a special holiday. Give the correct form of the words in parentheses, as suggested by context. When two possibilities are given in parentheses, select the correct word.

Nicaragua y El Salvador tienen tradiciones que reflejan su mezcla[a] étnica y cultural. Una de estas tradiciones es la fiesta (del / de la[1]) Día de la Cruz, una fiesta religiosa que se celebra (el/ la[2]) 3 de mayo en El Salvador, en Nicaragua y en otros países hispanohablantes, incluyendo España. ¿(Por qué / Porque[3]) es una tradición tan[b] extendida la celebración del Día de la Cruz? Porque todos son países en donde muchas personas (pero no todas) observan las (tradición[4]) católicas.

En algunos[c] pueblos y (ciudad[5]) hay procesiones[d] que (salir[6]) por los barrios.[e] Muchas familias salvadoreñas (poner[7]) una cruz en su patio. Las (cruz[8]) están adornadas con mucha fruta y con fruta y flores[f] (con/de[9]) papel. Las personas (vestirse[10]) con ropa especial y (celebrar[11]) el día con comidas y bebidas típicas, con (su[12]) familia y con sus amigos.

En El Salvador la celebración del 3 de mayo (unir[g13]) el culto a la cruz de los cristianos con el culto a la tierra[h] de los indígenas. En el mes de mayo se cosecha[i] la fruta y también (empezar[14]) las lluvias.[j] (Por/Para[15]) eso es un (bueno[16]) momento para dar gracias[k] a la tierra. Además,[l] los campesinos (pedir[17]) una buena cosecha para el año entrante,[m] según la tradición indígena. Esto es solo *un* ejemplo de cómo la influencia indígena y la española se unen en las tradiciones latinoamericanas.

[a]reflejan... *show their mixture* [b]*so* [c]*some* [d]*religious parades, processions*
[e]por... *out from (individual) neighborhoods* [f]*flowers* [g]*to join, unite* [h]*earth*
[i]*se... is harvested* [j]*rains* [k]*dar... to thank* [l]*Besides* [m]*coming*

El Día de la Cruz en Panchimalco, El Salvador

Comprensión. ¿Cierto o falso? Corrija las oraciones falsas.

	CIERTO	FALSO
1. Nicaragua y El Salvador tienen mucho en común.	☐	☐
2. El Día de la Cruz es una celebración política.	☐	☐
3. No hay comidas y bebidas especiales para el Día de la Cruz.	☐	☐
4. En la celebración del Día de la Cruz, se unen las tradiciones cristianas con las indígenas.	☐	☐

En **su** comunidad

Entreviste a (*Interview*) una persona hispana de su universidad o ciudad sobre las viviendas (*housing*) de su país de origen.

PREGUNTAS POSIBLES

- ¿En qué tipo de vivienda vive la mayoría de las personas en su país de origen?
- ¿Hay un tipo o estilo de casa «típico»? ¿Cómo es?
- ¿Dónde vive su familia?

TELEPUNTOS SALU2

Antes de mirar

¿Dónde vive Ud. ahora, mientras asiste a la universidad? ¿En una residencia universitaria? ¿en un apartamento compartido (*shared*) con otros estudiantes? ¿con su familia? ¿Dónde vive la mayoría de los estudiantes de su universidad?

PROGRAMA **5:** Vivir con la familia

Este programa trata de (*deals with*) los lugares (*places*) donde viven los estudiantes universitarios hispanos mientras (*while*) estudian. Y una señora mexicana habla de por qué quiere rentar un cuarto de su casa a un estudiante extranjero.

«Bueno, mientras (*while*) asisto a la universidad vivo con mis padres. Lo mejor (*The best part*) de vivir con mis padres es la convivencia (*living together*) con ellos y lo peor (*the worst thing*) es que tengo que acatar sus reglas (*follow their rules*).»

Vocabulario **de este programa**

les vuelven a dar la bienvenida	welcome you again
enfocarse en	to focus on
en efecto	that's right
hay que sumar	one must add
la colonia	neighborhood (*Mex.*)
el apoyo	support
quejarse (de)	to complain (about)
parecer	to seem

así lo hice yo	that's what I did
¿dónde viviste?	where did you live?
güero/a	blonde (*Mex.*)
la comida	food
libre de	free from
acomodar	to provide a home (for)
despedirse (me despido)	to say good-bye

Fragmento del guion

LORENA: Estoy ofreciendo un cuarto a un estudiante extranjero porque mi hija se va a casar.[a] Entonces...[b] no quiero quedarme sola.[c] Y quiero que una persona tenga[d] la oportunidad de venir y de disfrutar[e] un poco la vida[f] en familia que tenemos aquí en mi país.

LAURA: ¿Por qué es bueno vivir con esta familia?

LORENA: Bueno, aquí en casa va a tener todas las comodidades como si estuviera en su propia casa.[g] Porque a mí me gusta tener ordenado el cuarto, entonces no va a haber necesidad de que él vaya a pagar lavandería,[h] aquí mismo lo podemos hacer. Va a comer comida casera[i] muy rica. Y aparte[j] va a tener compañía todo el tiempo...

LAURA: La hija que se va a casar se llama Lorena, como su mamá. Lorena es la actual[k] habitante del cuarto.

LA HIJA DE LORENA: Bueno, este es mi cuarto. Es el cuarto que vamos a rentar para un estudiante extranjero. Este... es muy cómodo,[l] debido a que tiene mucha luz.[m] Cuentas con[n] tu televisión propia, Internet y, obviamente, teléfono. Aparte, es muy espacioso. Y seguro, se la va a pasar muy bien.[ñ]

«Bueno, los estudiantes aquí en México viven con sus padres por lo regular hasta que terminan de estudiar una carrera. Y hasta que no se casan ellos salen del hogar. (*And they don't leave home until they marry.*)»

[a]se... *is going to get married* [b]*Then* [c]quedarme... *to be left alone* [d]quiero... *I want a person to have* [e]*enjoy* [f]*life* [g]comodidades... *comforts as if he were in his own home* [h]no... *there will be no need for him to pay for laundry* [i]comida... *home-cooked food* [j]*besides* [k]*current* [l]*comfortable* [m]debido... *due to the fact that it has a lot of light* [n]Cuentas... *Tienes* [ñ]seguro... *for sure, he is going to have a great time*

▶ **Mundo interactivo**

Continue your work as an intern at HispanaVisión with Laura Sánchez Tejada, the roving reporter of *Salu2*, as you complete Scenario 3, Activities 1 and 2 in Connect Spanish (**www.connectspanish.com**).

Al mirar

Empareje (*Match*) las siguientes citas (*quotes*) con estas personas: **Lorena, un estudiante de México, Víctor, Ana, una estudiante de El Sol y la Luna.**

1. «Lo mejor son las facilidades (*conveniences*) que tengo,… Y lo peor son las reglas (*rules*)… »
2. «En cambio, en los países hispanos, la mayoría de los estudiantes no deja su hogar (*don't leave home*) para ir a la universidad.»
3. «El primer semestre viví (*I lived*) con mi familia, porque era (*it was*) mucho más barato. Pero después me independicé (*I struck out on my own*)… »
4. «Ya aprendieron (*they learned*) mucho… Se envuelven (*They get involved*) en todo lo que hacemos.»
5. «Es una costumbre (*custom*) que se tiene (*we have*) de que el hijo viva (*lives*) con los padres hasta esa época.»

«Yo vivo aquí en el… la residencia el Sol (*Sun*) y la Luna (*Moon*) porque… quería (*I wanted*) estar rodeada de gente (*surrounded by people*) que hablara (*spoke*) mi… el mismo idioma (*same language*) que yo… que tuviera (*had*)… algunas de las costumbres y tradiciones que yo también tengo. Y… lo hice para que pudiera (*I did it so that I could*) acostumbrarme a la vida en la universidad… »

Después de mirar

A. ¿Está claro? ¿Cierto o falso? Corrija las oraciones falsas.

	CIERTO	FALSO
1. La mayoría de los estudiantes mexicanos entrevistados (*interviewed*) vive con su familia.	☐	☐
2. Víctor cree que, para los estudiantes universitarios, vivir con su propia (*own*) familia es una cosa buena.	☐	☐
3. Solo estudiantes hispanas viven en la residencia El Sol y la Luna.	☐	☐
4. Un estudiante extranjero vive ya (*already*) en casa de Lorena.	☐	☐

B. Un poco más. Conteste las siguientes preguntas.

1. Según los estudiantes mexicanos entrevistados, ¿qué es lo mejor de vivir con la familia? ¿Y lo peor?
2. ¿Dónde vivió (*lived*) Víctor de (*as a*) estudiante? ¿Y Ana?
3. ¿Cómo es la casa de Lorena? Y el cuarto que va a rentar, ¿cómo es?
4. ¿En qué están de acuerdo Ana y Víctor al final del programa?

C. Y ahora, Uds. En grupos, expresen sus opiniones sobre la idea de vivir con la familia mientras uno asiste a la universidad. Expliquen su respuesta.

Sobre el programa

El hogar de Ana y el[a] de Víctor representan diferentes maneras de vivir. El apartamento donde vive Ana en Los Ángeles está en una comunidad donde hay muchos profesionales de treinta y tantos[b] años. Son apartamentos diseñados[c] para personas solteras o parejas[d] sin hijos. Por eso los apartamentos tienen solo una o dos alcobas. Las cocinas son pequeñas. Víctor, en cambio,[e] vive en una casa en zona residencial en las afueras[f] de Los Ángeles, donde hay casas cómodas para familias con niños. Su casa tiene cuatro alcobas, una cocina amplia y un jardín pequeño con su propia[g] piscina.

[a]*that* [b]*treinta… thirty-something* [c]*designed* [d]*couples* [e]*en… on the other hand* [f]*outskirts, suburbs* [g]*own*

Producción personal

Filme una o dos entrevistas con estudiantes de su universidad que hablan del lugar donde viven mientras asisten a la universidad.

Lectura cultural

El Salvador y Nicaragua

Como en todo el mundo, la vivienda[a] en El Salvador y Nicaragua puede variar mucho, desde lujosas[b] mansiones para las personas ricas hasta casas muy pobres y humildes[c] que tienen un solo cuarto para toda una familia. En las ciudades principales hay viviendas modernas comparables a las que[d] se ven en otros países.

En las ciudades de León y Granada, en Nicaragua, hay hermosas[e] casas de la época colonial. Estas casas cuentan con[f] muchos cuartos y tienen techos de tejas,[g] un jardín en medio de la casa y un patio trasero.[h]

Una casa de barajeque, en Nicaragua

> **¿Cómo son las viviendas en el lugar donde Ud. vive? ¿De qué tipos son?**

[a]*housing* [b]*desde... from luxurious* [c]*humble, simple* [d]*las... those that* [e]*beautiful* [f]*cuentan... tienen* [g]*techos... tiled roofs* [h]*out back*

En otros países hispanos

- **En todo el mundo hispanohablante** Los hispanos en general tiene un concepto muy generoso de la hospitalidad y sienten[a] mucha satisfacción al ofrecer algo[b] de comer y beber a sus invitados.[c] Sin embargo,[d] hay algo típico en la hospitalidad de los hispanos: su hogar[e] suele ser[f] un lugar mucho más privado que el estadounidense. Los invitados hispanos comprenden y respetan este sentido[g] de privacidad. Por ejemplo, es una falta[h] de respeto abrir el refrigerador en la casa de un amigo sin su permiso, aun[i] cuando se trate de[j] la casa de un amigo íntimo.

- **En Centroamérica y Sudamérica** Las casas tradicionales de origen indígena son de bajareque, un tipo de construcción que consiste en paredes de palos[k] sostenidos por barro y cañas.[l]

[a]*they feel* [b]*al... when they offer something* [c]*guests (in their home)* [d]*Sin... Nevertheless* [e]*home* [f]*suele... is usually* [g]*sense* [h]*lack* [i]*even* [j]*se... it involves* [k]*sticks or logs* [l]*sostenidos... held up by mud and reeds*

Tres símbolos salvadoreños y nicaragüenses

- **El volcán Izalco** Este volcán salvadoreño es todo un símbolo del país. Recibe el nombre de «El Faro[a] del Pacífc». Nicaragua y El Salvador son países volcánicos que están dentro del llamado[b] Arco[c] Volcánico Centroamericano. En Nicaragua solamente[d] hay diecisiete volcanes.

[a]*Lighthouse* [b]*dentro... inside the so-called* [c]*Arch* [d]*alone*

- **El lago de Nicaragua** Este es uno de los lagos más grandes del mundo. En él hay volcanes, islas y... ¡más de 400 islotes[e]!

- **La marimba** Este instrumento musical caracteriza la música de Centroamérica, sobre todo la de estos dos países.

[e]*small islands*

Una cita°

quote

«Para cambiar[a] un sistema opresivo, solo se requiere de[b] la existencia de un hombre con un mínimo de dignidad.»

Augusto César Sandino (1895–1934), líder revolucionario nicaragüense

[a]*change* [b]*se... se necesita*

COMPRENSIÓN

1. ¿En qué son similares las viviendas en El Salvador y Nicaragua a las (*those*) del resto del mundo?
2. En general, ¿cómo es la hospitalidad de los hispanos?
3. ¿Qué es una casa de bajareque?

Del mundo hispano

Antes de leer

¿Cómo es su casa? Piense (*Think*) en la casa de su familia o en el lugar donde vive ahora y dé la siguiente información.

1. Nº (Número) de alcobas y de baños
2. Área en pies cuadrados (*square feet*), aproximadamente
3. ¿Tiene cocina? ¿patio? ¿jardín? ¿garaje? (¿Para cuántos coches?)
4. ¿Está en una comunidad privada con portón (*gate*) y guardia?
5. ¿Qué otras comodidades (*facilities*) tiene? (piscina, gimnasio, etcétera)

Lectura: Anuncios de bienes raíces°

Anuncios... *Real estate ads*

RESIDENCIAL Santa Fe

$1'450,000

3rec, 3baños, 2plantas
109m2C, 126m2T
Cocina integral[a] amplia, closet, cuarto de servicio,[b] cochera 2 autos, jardín exterior, patio interior, acabados de primera[c]

Tel. 11372885
ID. 52*131133

📷 **RESIDENCIAL SANTA MARGARITA** 3rec, 2,5baños, 2plantas, 106m2C, 100m2T, $850M Casa en coto privado,[d] seguro, portón eléctrico, estancia cocina integral, patio, estacionamiento 2 autos, trámite de crédito gratuito[e] 04433 11770400, 39442933

TUZANIA

Zapopan
3 Recs, 1 Baño, 1 planta, 89mts construcción, 89mts terreno, Bonita Casa

$449.000   Tel. 3629 6555

CULTURA Inmobiliaria

PROVIDENCIA

Departamento en Torre Ontario, planta baja, 232m2 terreno, 238m2 const., 2 niveles, 3 recámaras, 3,5 baños, jardín común, cochera 2 autos, seguridad 24hrs $4.200.000

37002053 • 15683392

www.culturainmobiliaria.com.mx

Bugambilias

4 recámaras con vestidor y baño, Star TV, gimnasio, terraza, cocheras, en coto, 480m2C, 404m2T

$5.300.000

04433 12451107
04433 12862475

[a]cocina... *kitchen with built-in cabinets and kitchen appliances* [b]cuarto... *servant quarters* [c]acabados... *first-class finishing touches* [d]coto... *private gated community*
[e]trámite... *free credit check*

Comprensión

A. Características de las viviendas mexicanas. Para cada vivienda, busque la siguiente información: número de recámaras y baños, tamaño (*size*) de la construcción y del terreno, número de espacios para coches, precio, otros atractivos.

B. Estas viviendas. Conteste las siguientes preguntas.

1. ¿Cuál es la vivienda más grande (*biggest*)? ¿más pequeña? ¿más cara?
2. En los anuncios, hay dos maneras de expresar «garaje». ¿Cuáles son?
3. ¿Cuántos dígitos tienen los números de teléfono en esta ciudad?
4. ¿Cuál es la vivienda más apropiada para las siguientes personas: una familia con 3 hijos, una pareja sin hijos, Ud. solo/a? Explique su respuesta.

A ESCUCHAR

Antes de escuchar

¿Qué es más usual entre los estudiantes universitarios: alquilar (*to rent*) un apartamento amueblado o uno sin amueblar (*furnished or unfurnished*)? ¿Tiene Ud. muchos muebles propios (*of your own*) donde Ud. vive? En su cuarto, casa o apartamento, ¿qué cosas son de Ud.?

Escuche

Una conversación para amueblar un nuevo apartamento

Enrique y Víctor hablan de los muebles que necesitan. Escuche según las indicaciones de su profesor(a).

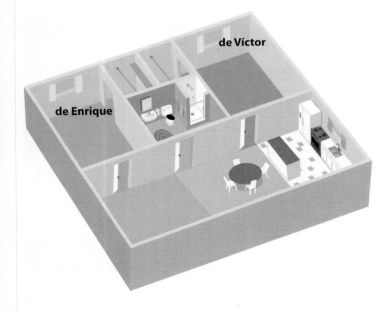

de Víctor

de Enrique

Después de escuchar

A. **¿Qué necesitan?** Enrique y Víctor acaban de alquilar (*have just rented*) un apartamento que tiene muy pocos muebles, pero no importa porque ellos tienen varias cosas. Dibuje o escriba en el plano del apartamento el nombre de los muebles y cosas que ellos ya tienen para cada cuarto.

B. **Más detalles.** Conteste las siguientes preguntas.

1. ¿Qué cosas tienen que comprar Víctor y Enrique para sus alcobas?

2. ¿Qué parte de la casa no mencionan en la conversación?

3. ¿Qué muebles no necesitan comprar para la sala comedor?

4. ¿Cuántos televisores tienen entre los dos?

¡Música!

La música de Carlos de Nicaragua es una fusión de reggae con otras influencias latinas, especialmente de la salsa y el rock. Canta con su grupo Familia.

La canción «Suena[a] el reggae» es del álbum *Militante*.

[a]*Is playing*

Go to the iMix section in Connect Spanish (**www.connectspanish.com**) to access the iTunes playlist *"Puntos9,"* where you can purchase "Suena el reggae" by Carlos de Nicaragua.

Carlos de Nicaragua, en Dublin, Irlanda

A ESCRIBIR

El tema

Una semana típica para estudiantes universitarios

Preparar

En una hoja de papel aparte, complete una tabla como la siguiente con información sobre 5 o 6 actividades que Ud. hace de lunes a viernes y durante el fin de semana en una semana típica. Luego entreviste a (*interview*) dos compañeros de clase sobre sus actividades y complete la tabla con su respectiva información.

	l m m j v	s d
Ud.		
compañero/a A		
compañero/a B		

Redactar

Escriba un ensayo sobre la semana típica de los estudiantes de esta universidad, combinando (*combining*) toda la información de **Preparar.** Asegúrese (*Be sure*) de que tiene un párrafo introductorio, con una idea central para el ensayo, y un párrafo de cierre (*closing*).

Editar

Revise el ensayo para comprobar:

- la ortografía y los acentos
- la posición y la concordancia (*agreement*) de los adjetivos descriptivos y adjetivos posesivos
- la variedad del vocabulario
- la conjugación de los verbos

Finalmente, prepare su versión final para entregarla.

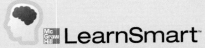

Visit **www.connectspanish.com** to practice the vocabulary and grammar points covered in this chapter.

Gramática en breve

12. Present Tense of *hacer, oír, poner, salir, traer, ver*

hacer: hago, haces, hace, hacemos, hacéis, hacen

oír: oigo, oyes, oye, oímos, oís, oyen

poner: pongo, pones, pone, ponemos, ponéis, ponen

salir: salgo, sales, sale, salimos, salís, salen

traer: traigo, traes, trae, traemos, traéis, traen

ver: veo, ves, ve, vemos, veis, ven

13. Present Tense of Stem-changing Verbs

Stem-changing Patterns

14. Reflexive Pronouns

yo → me	nosotros/as → nos
tú → te	vosotros/as → os
Ud./él/ella → se	Uds./ellos/ellas → se

Vocabulario

Los verbos

almorzar (almuerzo)	to have lunch
cerrar (cierro)	to close
descansar	to rest
dormir (duermo)	to sleep
dormir la siesta	to take a nap
empezar (empiezo)	to begin, start
empezar a + *inf.*	to begin to (*do something*)
entender (entiendo)	to understand
hacer	to do; to make
hacer ejercicio	to exercise
hacer un viaje	to take a trip
hacer una pregunta	to ask a question
jugar (juego) (a, al)	to play (*a game, sport*)
oír (oigo, oyes,...)	to hear; to listen to (*music, the radio*)
pedir (pido)	to ask for; to order
pensar (pienso) (en)	to think (about)
pensar + *inf.*	to intend, plan to (*do something*)

perder (pierdo)	to lose; to miss (*an event*)
poner (pongo)	to put; to place; to turn on (*an appliance*)
salir (salgo) (de)	to leave (*a place*)
salir bien/mal	to turn/come out well/badly; to do well/poorly
salir con	to go out with, date
salir para	to leave for (*a place*)
servir (sirvo)	to serve
servir para	to be used for
traer (traigo)	to bring
ver (veo)	to see
volver (vuelvo)	to return (*to a place*)
volver a + *inf.*	to (*do something*) again

Los verbos reflexivos

acostarse (me acuesto)	to go to bed
afeitarse	to shave
bañarse	to take a bath
cepillarse los dientes	to brush one's teeth
despertarse (me despierto)	to wake up
divertirse (me divierto)	to have a good time, enjoy oneself
dormirse (me duermo)	to fall asleep
ducharse	to take a shower
levantarse	to get up (out of bed); to stand up
llamarse	to be called
peinarse	to brush/comb one's hair
ponerse (me pongo)	to put on (*an article of clothing*)
quitarse	to take off (*an article of clothing*)
sentarse (me siento)	to sit down
vestirse (me visto)	to get dressed

Los cuartos y otras partes de una casa

la alcoba	bedroom
el baño	bathroom
la cocina	kitchen
el comedor	dining room
el estudio	office (*in a home*)
el jardín	garden
la pared	wall
el patio	patio; yard
la piscina	swimming pool
la sala	living room

Cognado: el garaje

Repaso: la casa, el cuarto

Los muebles y otras cosas de una casa

la alfombra	rug
el armario	armoire, free-standing closet
la bañera	bathtub
la cama	bed
la cómoda	bureau; dresser
el estante	bookshelf
la lámpara	lamp
el lavabo	(bathroom) sink
la mesita	end table
el mueble	piece of furniture
el plato	dish; plate
el sillón	armchair
la toalla	towel

Cognado: el sofá

Repaso: el escritorio, la mesa, la silla, la televisión

Otros sustantivos

la bebida	drink
el cine	movies; movie theater
la cosa	thing
el diente	tooth
el ejercicio	exercise
la llave	key
la película	movie
la pregunta	question
el ruido	noise
la rutina	routine
la tarea	homework
el viaje	trip

Los adjetivos

cada *inv.**	each, every
diario/a	daily
siguiente	following
solo/a	alone

Las preposiciones

antes de	before
después de	after
durante	during
sin	without

Repaso: a, con, de, en, hasta, para, por (*in, during*)

¿Qué día es hoy?

los días de la semana
    lunes, martes, miércoles, jueves, viernes, sábado, domingo

anteayer	the day before yesterday
ayer fue (miércoles...)	yesterday was (Wednesday . . .)
el lunes (martes...)	on Monday (Tuesday . . .)
los lunes (los martes...)	on Mondays (Tuesdays . . .)
pasado mañana	the day after tomorrow
el próximo (martes...)	next (Tuesday . . .)
la próxima semana	next week
la semana (el lunes...) que viene	next week (Monday . . .)

Repaso: el día, el fin de semana, hoy, mañana

Palabras adicionales

después *adv.*	afterwards
en seguida	immediately
finalmente	finally
lo que	what, that which
luego	then, afterward, next
por fin	finally
por lo general	generally
primero	first

Vocabulario personal

The abbreviation inv. *means* invariable (*in form*). *The adjective* **cada** *is used with masculine and feminine nouns* (**cada libro, cada mesa**), *and since its meaning* (each) *is singular, it is never used with plural nouns.*

6

Las estaciones y el tiempo°

Las... *Seasons and the weather*

El bosque tropical lluvioso (*tropical rain forest*) de Costa Rica

- What kind of climate would you expect to find in Costa Rica?
- What do you like to do when the weather is good?
- What's the climate like where you live?

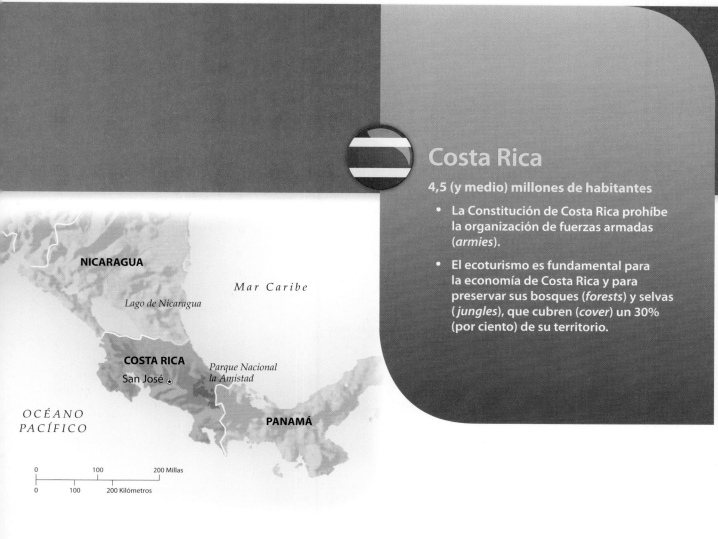

Costa Rica

4,5 (y medio) millones de habitantes

- La Constitución de Costa Rica prohíbe la organización de fuerzas armadas (*armies*).

- El ecoturismo es fundamental para la economía de Costa Rica y para preservar sus bosques (*forests*) y selvas (*jungles*), que cubren (*cover*) un 30% (por ciento) de su territorio.

NICARAGUA

Mar Caribe

Lago de Nicaragua

COSTA RICA
San José ⍟

*Parque Nacional
la Amistad*

*OCÉANO
PACÍFICO*

PANAMÁ

```
0        100        200 Millas
0    100    200 Kilómetros
```

En este capítulo

VOCABULARIO   Preparación

¿Qué tiempo hace hoy?°

¿Qué... *What's the weather like today?*

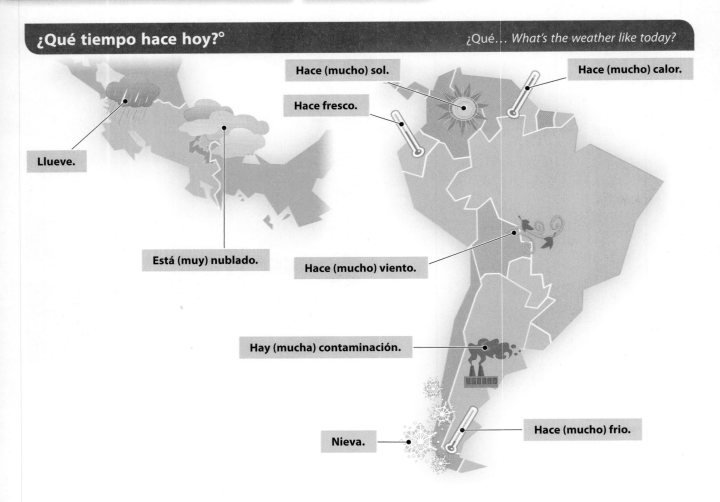

Hace (mucho) sol.

Hace (mucho) calor.

Hace fresco.

Llueve.

Está (muy) nublado.

Hace (mucho) viento.

Hay (mucha) contaminación.

Nieva.

Hace (mucho) frío.

In Spanish, many weather conditions are expressed with the verb form **hace,** and there is no literal English equivalent for it. The adjective **mucho** is used with the nouns **frío, calor, viento,** and **sol** to express *very.*

> **Hace (muy) buen/mal tiempo.**   It's (very) good/bad weather. *It's (very) nice/bad out.*

Pronunciation hint: Remember that, in most parts of the Spanish-speaking world, **ll** is pronounced exactly like **y: llueve.** Also remember that the letter **h** is silent in Spanish.

Así se dice

Here are some other weather expressions that you might hear. However, it's best to stick with the standard phrases presented in **¿Qué tiempo hace hoy?**

Está nublado. = Está nubloso.
Nieva. = Está nevoso.
Llueve. = Está lluvioso.
Hace sol. = Está soleado.

Conversación

A. El tiempo y la ropa. Diga qué tiempo hace, según la ropa de cada persona.

MODELO: Todos llevan traje de baño y chanclas. →
Hace calor. (Hace buen tiempo.)

1. María lleva pantalones cortos y una camiseta.
2. Juan lleva suéter, pero no lleva chaqueta.
3. Roberto lleva sudadera y chaqueta.
4. Ramón lleva impermeable y botas y también tiene paraguas (*umbrella*).
5. Todos llevan abrigo, botas y sombrero.

B. El clima en el mundo

Paso 1. ¿Qué clima o condición asocia Ud. con las siguientes ciudades?

1. Seattle, Washington
2. Los Ángeles, California
3. San Juan, Puerto Rico
4. Buffalo, Nueva York
5. las Islas Hawai
6. Chicago, Illinois

Paso 2. ¿Qué clima o condición asocia Ud. con los siguientes lugares?

1. un desierto
2. una playa (*beach*)
3. una montaña muy, muy alta
4. una ciudad grande
5. la Antártida
6. una zona tropical
7. una zona templada
8. Londres

C. El tiempo y las actividades.
Haga oraciones completas, indicando una actividad apropiada para cada situación. Es necesario conjugar los verbos a la derecha (*right*).

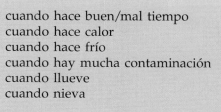
+ (no) +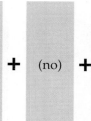

cuando hace buen/mal tiempo
cuando hace calor
cuando hace frío
cuando hay mucha contaminación
cuando llueve
cuando nieva

jugar al basquetbol/voleibol con mis amigos
almorzar afuera (*outside*) / en el parque
divertirse en el parque / la playa con mis amigos
salir de casa
volver a casa
trabajar o estudiar
quedarse (*to stay*) en casa

Nota **comunicativa**

Otras expresiones con *tener*

Several other conditions are expressed in Spanish with **tener** idioms—not with *to be*, as in English.

tener (mucho) calor	to be (very) warm, hot
tener (mucho) frío	to be (very) cold

These expressions are used to describe people or animals only. *To be comfortable*—neither hot nor cold—is expressed with **estar bien.**

D. ¿Tienen frío o calor? ¿Están bien?
En parejas, describan el tiempo que hace en cada dibujo. También deben indicar cómo están las personas. Si Uds. creen que no tienen ni (*neither*) frío ni (*or*) calor, pueden decir (*say*): «**Está(n) bien**».

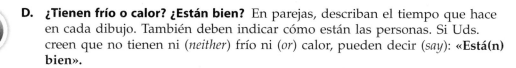

1.   2.   3.   4.   5.   6.

Los meses y las estaciones° del año

seasons

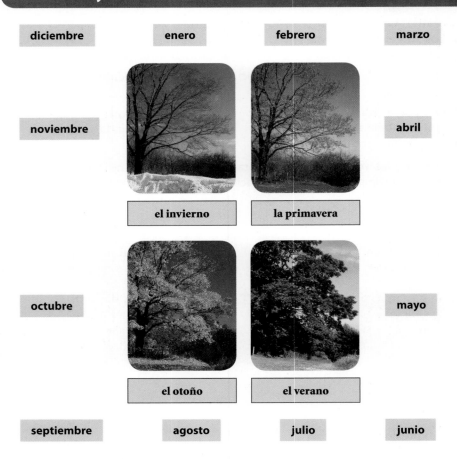

diciembre   enero   febrero   marzo

noviembre   abril

el invierno   **la primavera**

octubre   mayo

el otoño   **el verano**

septiembre   agosto   julio   junio

Así se dice

Other ways to ask what day it is include:

¿En qué fecha estamos?
¿Qué día es hoy?
¿A cuántos estamos?

In the last sentence, **cuántos** is masculine because it refers to **días** (*m*.).

¿Cuál es la fecha de hoy?
¿Qué fecha es hoy? } What's today's date?

(Hoy) Es el primero de abril. (Today is) It's the first of April.
(Hoy) Es el cinco de febrero. (Today is) It's the fifth of February.

- The ordinal number **primero (1°)** is used to express the first day of the month. Cardinal numbers (**dos, tres,** and so on) are used for other days.
- The definite article **el** is used before the date. However, when the day of the week is expressed, **el** is omitted: **Hoy es jueves, 3 de octubre.**
- As you know, **mil** is used to express the year (**el año**) after 999.

  1950 mil novecientos cincuenta   2011 dos mil once

Conversación

A. Un poema. Complete el siguiente poema sobre los meses del año. ¿Cuál es el equivalente del poema en inglés?

_____¹ (número) días tiene noviembre,
con abril, junio y _____.²
De veintiocho solo hay uno,
Y los demás,ª treinta y _____.³

ªlos... *the rest*

B. Las fechas

Paso 1. Exprese estas fechas en español. ¿En qué estación caen (*do they fall*)?

MODELO: February 15 → Es el quince de febrero. Cae (*It falls*) en invierno.

1. March 7
2. August 24
3. December 1
4. June 5

5. September 19, 1997
6. May 30, 1842
7. January 31, 1660
8. July 4, 1776

Paso 2. ¿Cuándo se celebran?* ¿Y en qué día de la semana caen este año?

1. el Día del Año Nuevo
2. el Día de los Enamorados (de San Valentín)
3. la Navidad (*Christmas*)

4. el Día de los Inocentes (*Fools*), en los Estados Unidos
5. su cumpleaños (*birthday*)
6. el cumpleaños de su novio/a (*boyfriend/girlfriend*), esposo/a, mejor (*best*) amigo/a,...

Nota **cultural**

El clima en el mundo hispano

El mundo hispanohablante es inmenso. Se extiende en las Américas desde los Estados Unidos hasta la Tierra del Fuego, en la Argentina. Por eso, el clima de los países hispanohablantes es muy variado.

- No todos los países tienen cuatro estaciones. Hay países, como Costa Rica y otros países centroamericanos y sudamericanos, que solo tienen dos: una estación seca[a] y otra húmeda, con mucha lluvia. Esto es normal en los países de la zona tropical.
- El Niño es un fenómeno meteorológico muy importante que afecta directamente a varios países hispanos. Está caracterizado por temperaturas más calientes de lo normal[b] en la zona ecuatorial del océano Pacífico. El fenómeno se llama El Niño porque se presenta típicamente alrededor de[c] Navidad, época en que nace el Niño Jesús.[d] El fenómeno opuesto[e] a El Niño es La Niña, que trae temperaturas excepcionalmente frías.

[a]*dry* [b]*más... warmer than normal* [c]*alrededor... around* [d]*nace... Baby Jesus is born (Christian faiths)* [e]*opposite*

La costa del Perú, donde se descubrió (*was discovered*) el fenómeno de El Niño en el siglo (*century*) XIX

¿Cómo es el clima de su estado o país? ¿Están las estaciones bien diferenciadas?

C. Entrevista

Paso 1. En parejas, túrnense para entrevistarse sobre los siguientes temas. Deben obtener detalles interesantes y personales de su compañero/a.

MODELO: la fecha de su cumpleaños →
¿Cuál es la fecha de tu cumpleaños? ¿Qué tiempo hace, generalmente, ese día? ¿Cómo celebras tu cumpleaños?

1. la fecha de su cumpleaños
2. su signo del horóscopo
3. su estación favorita
4. una estación que no le gusta

Paso 2. Digan a la clase lo que Uds. tienen en común.

MODELO: Nosotras tenemos el cumpleaños en abril. La fecha de María es el 16 y mi fecha es el 18. Nuestro signo es Aries. Las dos (*Both of us*) preferimos la primavera. ¿Por qué? Porque nuestro cumpleaños es en primavera y es una estación muy bonita.

Los signos del horóscopo	
Aries	Libra
Tauro	Escorpión
Géminis	Sagitario
Cáncer	Capricornio
Leo	Acuario
Virgo	Piscis

---

*Note that the word **se** before a verb changes the verb's meaning slightly. **¿Cuándo se celebran?** = When are they celebrated? You will see this construction throughout Puntos de partida.*

> Nueva York está **al norte de** Miami. México está **al sur de** los Estados Unidos.

Pablito está **a la derecha de** Teresa.

Teresa está **entre** Carmen y Pablito.

El libro **está encima de** la mesa.

La mochila está **debajo de** la mesa.

cerca de	close to	**delante de**	in front of
lejos de	far from	**detrás de**	behind
debajo de	below	**a la derecha de**	to the right of
encima de	on top of	**a la izquierda de**	to the left of
al lado de	alongside of	**al norte/sur/**	to the north/south/
entre	between, among	**este/oeste de**	east/west of

Nota **comunicativa**

Los pronombres preposicionales

In Spanish, the pronouns that are objects of prepositions are identical in form to the subject pronouns, except for **mí** and **ti**.

Julio está **delante de mí**.	*Julio is in front of me.*
María está **detrás de ti**.	*María is behind you.*
Me siento **a la izquierda de ella**.	*I sit on her left.*

Mí and **ti** combine with the preposition **con** to form **conmigo** (*with me*) and **contigo** (*with you*), respectively.

—¿Vienes **conmigo**?	*"Are you coming with me?"*
—Sí, voy **contigo**.	*"Yes, I'll go with you."*

¡OJO!

Note that **mí** has a written accent, but **ti** does not. This is to distinguish the object of a preposition (**mí**) from the possessive adjective (**mi**).

Conversación

A. ¿Quién o qué? Escoja a (*Choose*) una persona o un objeto en el salón de clase. Luego, sin nombrarlo/la (*without naming him/her/it*), use las preposiciones de lugar para explicar dónde está. La clase va a adivinar (*guess*) qué persona, objeto o mueble es.

MODELO: Está a la derecha de Paul ahora, pero generalmente se sienta detrás de mí. Siempre llega a clase con Paul. ¿Quién es?

B. ¿De qué país se habla?

Paso 1. Escuche (*Listen to*) la descripción de un país de Sudamérica que da (*gives*) su profesor(a). ¿Puede Ud. decir (*tell*) cuál es ese país?

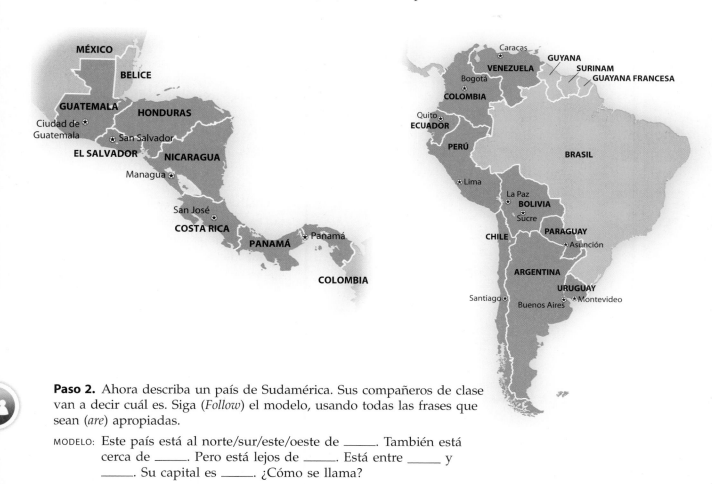

Paso 2. Ahora describa un país de Sudamérica. Sus compañeros de clase van a decir cuál es. Siga (*Follow*) el modelo, usando todas las frases que sean (*are*) apropiadas.

MODELO: Este país está al norte/sur/este/oeste de _____. También está cerca de _____. Pero está lejos de _____. Está entre _____ y _____. Su capital es _____. ¿Cómo se llama?

C. Intercambios. Find out as much information as you can about the location of each others' hometown or state, or country of origin. You should also tell what the weather is like, and ask if the other person would like to go there with you.

MODELO: E1: ¿De dónde eres?
E2: Soy de Tylertown.
E1: ¿Dónde está Tylertown?
E2: Está cerca de…

▸ **Mundo interactivo**

You should now be prepared to work with Scenario 3, Activity 3 in Connect Spanish (**www.connectspanish.com**).

GRAMÁTICA

15 ¿Qué están haciendo?
Present Progressive: **Estar + -ndo**

Gramática en acción: ¿Qué **está haciendo** Elisa?

Elisa es periodista. Por eso escribe y habla mucho por teléfono en su trabajo. Pero ahora mismo no está trabajando. Está descansando en casa. Está oyendo música, leyendo una novela y tomando un café.

¿Y Uds.?

En el salón de clase, ¿quién está haciendo las siguientes cosas en este momento? **¡OJO!** **nadie** = *nobody*.

1. _____ está hablando en su teléfono celular.
2. _____ está leyendo un periódico.
3. _____ está tomando un café.
4. _____ está mandando mensajes.
5. _____ está escuchando su iPod.

The Progressive / **El progresivo**			
estoy estás está estamos estáis están	tom**ando** escrib**iendo** abr**iendo**	I am you (*fam.*) are he, she, it, you (*form.*) are we are you (*pl. fam.*) are they, you (*pl. form.*) are	drinking writing opening

Uses of the Progressive / **Los usos del progresivo**

1. The Progressive
Spanish and English form the *progressive* (**el progresivo**) in similar ways, as you can see in the preceding chart, but the use of the progressive is not the same in both languages.

the progressive / **el progresivo** = a verb form that expresses continuing or developing action

---

What's Elisa doing? *Elisa is a journalist. That's why she writes and talks a lot on the phone in her job. But she's not working right now. She's resting at home. She's listening to music, reading a novel, and having a cup of coffee.*

2. Uses of the Progressive

English uses the present progressive to tell what *is happening right now* (sentence 1 to the right). It also uses the present progressive to tell what *is happening over a period of time* (sentence 2) and what *is going to happen* (sentence 3).

However, in Spanish, the present progressive is used only to express an action that *is happening right now* (sentence 1). To express actions that are happening over a period of time, Spanish uses the simple present tense (sentence 2). To express actions that are going to happen, Spanish uses the simple present tense or **ir** + **a** + *infinitive* (sentence 3), but never the progressive.

1. *Ramón is eating right* now.
Ramón **está comiendo** ahora mismo.

2. *Adelaida is studying chemistry this semester.*
Adelaida **estudia** química este semestre.

3. *We're buying the house tomorrow.*
Compramos (Vamos a comprar) la casa mañana.

Forming of the Present Progressive / La formación del presente progresivo

1. Spanish Present Progressive

The Spanish *present progressive* (**el presente progresivo**) is formed with **estar** plus the *present participle* (**el gerundio**).

The present participle is formed by adding **-ando** to the stem of **-ar** verbs and **-iendo** to the stem of **-er** and **-ir** verbs.*

The present participle never varies; it always ends in **-o.**

> a present participle / **un gerundio** = the verb form that ends in *-ing* in English

> **estar** + *present participle*
>
> | | | |
> |---|---|---|
> | tom**ar** | → **tom**ando | taking; drinking |
> | comprend**er** | → **comprend**iendo | understanding |
> | abr**ir** | → **abr**iendo | opening |

¡OJO!

Unaccented **i** represents the sound [y] in the participle ending **-iendo: comiendo, viviendo.** Unaccented **i** between two vowels becomes the letter **y.**

> leer: le + iendo → le**y**endo
> oír: o + iendo → o**y**endo

2. Present Participle of *-ir* Stem-changing Verbs

-Ir stem-changing verbs also have a stem change in the present participle. In these verbs, the stem vowel **e** changes to **i** and the stem vowel **o** changes to **u.** Sometimes that change is the same as in the present tense (e.g., **pedir**) and sometimes it is different (e.g., **preferir** and **dormir**).

In vocabulary lists from this point on in *Puntos de partida,* this stem change will be shown in parentheses after the first person singular form of the verb. The verbs you have learned so far that show this change are: **divertirse, dormir(se), pedir, preferir, servir,** and **vestirse.**

> pref**e**rir (pref**ie**ro) (**i**) → pref**i**riendo
> p**e**dir (p**i**do) (**i**) → p**i**diendo
> d**o**rmir (d**ue**rmo) (**u**) → d**u**rmiendo
>
> Note that (**duermo**) shows you the present tense stem change for **dormir: o → ue.** The (**u**) shows you the change in the present participle of **dormir: o → u (durmiendo).**

3. Position of Reflexive Pronouns

Reflexive pronouns can be attached to a present participle or precede the conjugated form of **estar.** Note the accent on the present participle when pronouns are attached.

> Pablo **se está** bañando.
> Pablo está **bañándose.**
> } *Pablo is taking a bath.*

****Ir, poder,** and **venir** *have irregular present participles:* **yendo, pudiendo, viniendo.** *These three verbs, however, are seldom used in the progressive.*

Form the correct present participle.

a. -ando   **b.** -iendo   **c.** -yendo

1. pid_____   **4.** le_____
2. bañ_____   **5.** durm_____
3. hac_____   **6.** estudi_____

Now tell which of the following sentences is expressed by the Spanish present progressive.

1. I'm texting right now.
2. I'm leaving for Costa Rica tomorrow.
3. I'm exercising a lot this term.

Answers: 1. b 2. a 3. b 4. c 5. b 6. a; Only sentence 1.

Práctica

A. ¡Anticipemos! Un sábado típico

Paso 1. Imagine que es un sábado típico para Ud. Indique lo que Ud. está haciendo a las horas indicadas. En algunos (*some*) casos hay más de una respuesta posible.

A las ocho de la mañana…   **SÍ**   **NO**
     1. estoy durmiendo. ☐ ☐
     2. estoy duchándome. ☐ ☐
     3. estoy haciendo ejercicio. ☐ ☐
     4. estoy trabajando. ☐ ☐
     5. estoy _____. ☐ ☐

Al mediodía (*noon*)…   **SÍ**   **NO**
     1. estoy almorzando. ☐ ☐
     2. estoy estudiando. ☐ ☐
     3. estoy tomando un café. ☐ ☐
     4. estoy viendo una película. ☐ ☐
     5. estoy _____. ☐ ☐

A las diez de la noche…   **SÍ**   **NO**
     1. estoy preparándome para salir. ☐ ☐
     2. estoy bailando en una fiesta. ☐ ☐
     3. estoy trabajando. ☐ ☐
     4. estoy hablando por teléfono. ☐ ☐
     5. estoy _____. ☐ ☐

Paso 2. Ahora, en parejas, túrnense para determinar si hacen las mismas (*same*) cosas a la misma hora.

MODELO: **E1:** A las ocho de la mañana los sábados, ¿estás durmiendo?
         E2: No, a esa hora estoy trabajando.

B. La familia de Lola.
Hoy no es un día como todos los días para la familia de Lola, porque su tío de Costa Rica está de visita. Complete las siguientes oraciones para expresar lo que está pasando (*happening*).

MODELO: Casi siempre, Lola almuerza con su hija. Hoy Lola…
         (almorzar con su tío en un restaurante) →
         Hoy Lola **está almorzando** con su tío en un restaurante.

     1. Generalmente, Lola pasa la mañana en la universidad. Hoy Lola… (pasar el día con su tío Ricardo)
     2. Casi siempre, Lola va a casa después de sus clases. Hoy Lola y su tío… (tomar un café en casa)
     3. De lunes a viernes, Marta, la hija de Lola, va a la escuela (*school*) por la tarde. Pero esta tarde ella… (jugar con Ricardo)
     4. Generalmente, la familia cena (*has dinner*) a las nueve. Esta noche todos… (cenar a las diez)

C. En casa con la familia Duarte

Paso 1. Describa lo que pasa en cada dibujo, explicando quién está haciendo la acción —el padre, la madre, la hija, los gemelos (*twins*), el perro— y a qué hora. Use los verbos de la lista u otros verbos, si desea. Puede hacer más de (*than*) una oración para cada dibujo, si quiere. **¡OJO!** Hay verbos reflexivos en las listas.

MODELO: salir de la ducha (*shower*) → El padre **está saliendo** de la ducha a las seis de la mañana.

Por la mañana: A las seis de la mañana

1.

2.

3.

4.

Verbos

dormir todavía (*still*)
leer el periódico
levantarse
salir de la ducha
tomar un café

Más tarde: A las ocho de la mañana

5.

6.

7.

8.

Verbos

desayunar
leer sus e-mails
pensar en el examen que tiene hoy
salir para la universidad
trabajar en la oficina
vestirse

Por la tarde: A las seis y media de la tarde

10.

9.

11.

12.

Verbos

hacer la tarea
jugar
leer su libro de texto
preparar la cena (*dinner*)
quitarse la ropa

Paso 2. Ahora explique qué hacen Ud. y otros miembros de su familia o sus compañeros de cuarto/casa a la misma hora que ve en los dibujos.

Conversación

Nota comunicativa

El gerundio con otros verbos

As in English, the Spanish present participle (**el gerundio**) can be used with verbs other than **estar.** The following verbs are commonly used with the present participle.

- **pasar tiempo** + *present participle*

  ¿**Pasas** mucho tiempo **viendo** la televisión?

  to spend time (doing something)

  Do you spend a lot of time watching television?

- **seguir (sigo) (i) / continuar (continúo)*** + *present participle*

  Sigue lloviendo en Nueva York.

  to continue (doing something)

  It continues to rain in New York.

- **divertirse (me divierto) (i)** + *present participle*

  ¿Te **diviertes** mucho **tocando** el piano?

  to enjoy (doing something)

  Do you have a good time playing the piano?

> Remember that the letter in parentheses indicates the change in the present participle of the verb, which in this case would be **siguiendo.**

Intercambios

Paso 1. En parejas, túrnense para entrevistarse sobre los siguientes temas. Deben obtener detalles interesantes y personales de su compañero/a.

MODELOS: ¿Pasas mucho tiempo mirando la tele? ¿Cuántas horas al (*per*) día? ¿Qué programas te gusta mirar? ¿Cómo te diviertes más, bailando o tocando un instrumento musical?

continuar/seguir divertirse estar pasar más tiempo pasar mucho/poco tiempo	**+**	**infinitivo ⟶ gerundio** bailar hasta la medianoche (*midnight*) estudiar hablar español después de la clase leer ¿ ? mandar mensajes mirar la tele oír música ser amigo/a de tu mejor (*best*) amigo/a de la escuela primaria trabajar (en ¿ ?) ¿ ?

Paso 2. Digan a la clase lo que Uds. tienen en común.

Note the present tense conjugation of* **continuar, *which has an accent on the* **u** *when it is stressed:* **continúo, continúas, continúa, continuamos, continuáis, continúan.**

You have been using forms of **ser** and **estar** since **Capítulo 1.** The following section will help you consolidate everything you know so far about these two verbs, both of which express *to be* in Spanish. You will learn a bit more about them as well.

Before you begin **Gramática 16,** think in particular about the following questions: **¿Cómo está Ud.? ¿Cómo es Ud.?** What do these questions tell you about the difference between **ser** and **estar**?

16 ¿*Ser o estar?*
Summary of the Uses of **ser** and **estar**

 **Grammar Tutorial** 16
connect |SPANISH
www.connectspanish.com

Gramática en acción: Una conversación a larga distancia

Aquí hay un lado de la conversación entre una esposa que está en un viaje de negocios y su esposo, que está en casa. Habla el esposo.

Aló. [...] ¿Cómo estás, querida? [...] ¿Dónde estás ahora? [...] ¿Qué hora es allí? [...] ¡Huy!, es muy tarde. Y el hotel, ¿cómo es? [...] Oye, ¿qué estás haciendo ahora? [...] Ay, lo siento. Estás muy ocupada. ¿Con quién tienes cita mañana? [...] ¿Quién es el dueño de la compañía? [...] Ah, él es de Costa Rica, ¿verdad? [...] Bueno, ¿qué tiempo hace allí? [...] Muy bien. Hasta luego, ¿eh? [...] Adiós.

Comprensión

Complete las oraciones con **es** o **está.**

1. El esposo _____ en casa.
2. La esposa _____ una mujer de negocios.
3. La esposa _____ en un viaje de negocios.
4. ¿Cómo _____ el hotel? No lo sabemos. (*We don't know.*)
5. _____ muy tarde donde está la esposa.
6. La esposa _____ trabajando ahora.
7. El dueño de la compañía _____ de Costa Rica.

A long-distance conversation   *Here is one side of a conversation between a wife who is on a business trip and her husband, who is at home. The husband is speaking. Hello . . . How are you, dear? . . . Where are you now? . . . What time is it there? . . . Boy, it's very late. And how's the hotel? . . . Hey, what are you doing now? . . . Gosh, I'm sorry. You're very busy. Who do you have an appointment with tomorrow? . . . Who's the owner of the company? . . . Ah, he's from Costa Rica, isn't he? . . . Well, what's the weather like there? . . . Very well. See you later, OK? . . . Good-bye.*

Summary of the Uses of ser / Resumen de los usos de ser

- To *identify* people (including their profession) and things

  Ella **es doctora.**
  Tikal **es una ciudad maya.**

- To express *nationality;* with **de** to express *origin*

  Son cubanos.
  Son de La Habana.

- With **de** to tell of what *material* something is made

  Este bolígrafo **es de plástico.**

- With **de** to express *possession*

  Es de Carlota.

- With **para** to tell *for whom something is intended*

  El regalo **es para** Sara.

- To tell *time* and give the date

  Son las once.
  Es la una y media.
  Hoy **es martes,** tres de octubre.

- With *adjectives* that describe *basic, inherent characteristics*

  Ramona **es inteligente.**

- To form many *generalizations* (only **es**)

  Es necesario llegar temprano.
  Es importante estudiar.

Summary of the Uses of estar / Resumen de los usos de estar

- To tell *location*

  El libro **está en la mesa.**

- To describe *health*

  Estoy muy **bien,** gracias.

- With *adjectives* that describe *conditions*

  Estoy muy **ocupada.**

- In a number of *fixed expressions*

  (No) Estoy de acuerdo.
  Está bien. (*It's fine, OK.*)

- With *present participles* to form the *progressive tense*

  Estoy estudiando ahora mismo.

Ser and estar with Adjectives / *Ser y estar con adjetivos*

1. *Ser* = Fundamental Characteristics

Ser is used with adjectives that describe the fundamental qualities (**las características fundamentales**) of a person, place, or thing.

Esa mesa **es** muy **baja.**
That table is very short.

Sus calcetines **son morados.**
His socks are purple.

Este sillón **es cómodo.**
This armchair is comfortable.

Sus padres **son cariñosos.**
Their parents are affectionate people.

2. *Estar* = Conditions

Estar is used with adjectives to express conditions or observations that are true at a given moment but that do not describe inherent qualities of the noun. The adjectives at right are generally used with **estar**.

Temporary Conditions / **Las condiciones temporales**			
abierto/a	open	**limpio/a**	clean
aburrido/a	bored	**loco/a**	crazy
alegre	happy	**molesto/a**	annoyed
cansado/a	tired	**nervioso/a**	nervous
cerrado/a	closed	**ocupado/a**	busy
congelado/a	frozen; very cold	**ordenado/a**	neat
contento/a	content, happy	**preocupado/a**	worried
desordenado/a	messy	**seguro/a**	sure, certain
enfermo/a	sick	**sucio/a**	dirty
furioso/a	furious, angry	**triste**	sad

3. *Ser* or *estar*?

Many adjectives can be used with either **ser** or **estar**, depending on what the speaker intends to communicate. In general, when *to be* implies *looks, feels,* or *appears*, **estar** is used. Compare the pairs of sample sentences.

Daniel **es guapo.**
Daniel is handsome. (He is a handsome person.)
Daniel **está** muy guapo esta noche.
Daniel looks very nice (handsome) tonight.

—¿Cómo **es** Amalia?
—**Es simpática.**
"What is Amalia like (as a person)?"
"She's nice."

—¿Cómo **está** Amalia?
—**Está enferma** todavía.
"How is Amalia (feeling)?"
"She's still sick."

Autoprueba

¿Ser o estar?

		SER	ESTAR
1.	to describe a health condition	☐	☐
2.	to tell time	☐	☐
3.	to describe inherent characteristics	☐	☐
4.	to tell where a thing or person is located	☐	☐
5.	to tell someone's profession	☐	☐
6.	to say who something belongs to	☐	☐
7.	to tell where someone is from	☐	☐
8.	to describe a temporary condition	☐	☐
9.	to make a generalization	☐	☐
10.	to tell what something is intended for	☐	☐

Answers: **1.** *estar* **2.** *ser* **3.** *ser* **4.** *estar* **5.** *ser* **6.** *ser* **7.** *ser* **8.** *estar* **9.** *ser (es)* **10.** *ser*

Práctica

A. Un regalo estupendo. Use **es** o **está** para describir el siguiente regalo que los padres de su compañero/a de cuarto acaban de comprarle (*have just bought for him*).

La computadora…

1. _____ en la mesa del comedor.
2. _____ un regalo de cumpleaños.
3. _____ para mi compañero de cuarto.
4. _____ de la tienda Computec.
5. _____ en una caja (*box*) verde.
6. _____ de los padres de mi compañero.
7. _____ un regalo muy caro, pero estupendo.
8. _____ de metal y plástico gris.
9. _____ una IBM, el último (*latest*) modelo.
10. _____ muy fácil (*easy*) de usar.

B. Descripciones. Haga oraciones con **soy** o **estoy**. Corrija las ideas incorrectas.

Yo (no)…

1. _____ estadounidense.
2. _____ de Nevada.
3. _____ estudiante de primer año en la universidad. (2nd = segundo, 3rd = tercer, 4th = cuarto)
4. _____ muy cansado/a hoy.
5. _____ bien en este momento.
6. _____ de acuerdo con las ideas del presidente / primer ministro.
7. _____ estudiando química en este momento.
8. _____ muy inteligente.

Nota **comunicativa**

El uso de adjetivos + *por*

Por often expresses *because of* or *about*, especially with adjectives such as **contento/a, furioso/a, nervioso/a,** and **preocupado/a.**

Amalia está preocupada **por** los exámenes finales.
Amalia is worried about her final exams.

The word **por** is used in this way in **Prácticas C** and **D.**

C. ¿Quiénes son? En parejas, hagan oraciones con **ser** o **estar,** inventando detalles para describir a las personas y cosas que se ven en la foto.

1. ¿quiénes?
2. ¿de qué país?
3. simpáticos/antipáticos / ¿ ?
4. en este momento, contentos/tristes / ¿ ?
5. molestos/cansados por el viaje / ¿ ?
6. aquí por un mes / una semana / ¿ ?
7. ¿ ?

Gabriela   Julio

Nuestros primos de San José

D. Publicidad. Complete el siguiente anuncio (*ad*) con la forma apropiada de **ser** o **estar,** según el contexto.

Costa Rica... belleza[a] natural

¿(*T**ú:* _____[1]) de una gran ciudad? ¿(*Tú:* _____[2]) una persona aventurera? ¿(_____[3]) la naturaleza una gran atracción en tu vida[b]? ¿(_____[4]) preocupado/a por los cambios[c] en el clima global? Entonces,[d] Costa Rica (_____[5]) el país para ti. Imagina: (_____[6]) en un lugar cerca del mar[e] en donde hay increíbles especies de animales y plantas: iguanas, caimanes, tortugas, orquídeas, heliconias...

(*Nosotros:* _____[7]) los expertos en turismo natural en Costa Rica. Todos nuestros guías[f] (_____[8]) costarricenses de nacimiento,[g] pero (*ellos:* _____[9]) contentos de conocer[h] a personas de todo el mundo y hacer nuevos amigos. Con sus conocimientos,[i] con su gran paciencia, con su español, (*ellos:* _____[10]) como profesores... pero sus clases (_____[11]) mucho más interesantes que las clases académicas... ¡y menos difíciles!

No (_____[12]) necesario viajar[j] a Costa Rica en una estación específica. (_____[13]) bueno viajar a Costa Rica en cualquier[k] mes del año.

¡Ven![l] ¡Costa Rica (_____[14]) esperándote[m]!

[a]*beauty* [b]*life* [c]*changes* [d]*Then* [e]*ocean* [f]*guides* [g]*de... by birth* [h]*de... to meet* [i]*knowledge* [j]*to travel* [k]*any* [l]*Come (to visit)!* [m]*waiting for you*

Una heliconia

Comprensión. ¿Cierto o falso? Corrija las oraciones falsas.

	CIERTO	FALSO
1. En Costa Rica, la naturaleza tiene mucha importancia para el turismo.	☐	☐
2. El turista no va a ver animales exóticos en Costa Rica.	☐	☐
3. El turista puede aprender español allí.	☐	☐
4. En Costa Rica, no todas las estaciones son apropiadas para el turismo.	☐	☐

E. Una conversación a large distancia

Paso 1. En parejas, vuelvan a leer (*re-read*) lo que el esposo le dice (*says*) a su esposa, que está en un viaje de negocios (columna A). Luego, emparejen sus palabras con las frases de la columna B, que son las respuestas de la esposa.

A

1. _____ Aló.
2. _____ ¿Cómo estás, querida?
3. _____ ¿Dónde estás ahora?
4. _____ ¿Qué hora es allí?
5. _____ ¡Huy!, es muy tarde. Y el hotel, ¿cómo es?
6. _____ Oye, ¿qué estás haciendo ahora?
7. _____ Ay, lo siento. Estás muy ocupada. ¿Con quién tienes cita mañana?
8. _____ ¿Quién es el dueño de la compañía?
9. _____ Ah, él es de Costa Rica, ¿verdad?
10. _____ Bueno, ¿qué tiempo hace allí?
11. _____ Muy bien. Hasta luego, ¿eh?
12. Adiós.

B

a. muy moderno / me gusta mucho
b. sí / pero / vivir en Nueva York ahora
c. las once de la noche
d. hola, querido / ¿qué tal?
e. el Sr. Cortina
f. tener que trabajar todavía
g. sí / hasta pronto
h. en Nueva York
i. un poco cansada / pero / bien
j. buen tiempo / pero / un poco nublado
k. con un señor de Computec

Paso 2. Ahora inventen la conversación completa entre los esposos. Primero, hagan oraciones completas, usando **ser, estar** o **hacer** cuando no hay otro verbo, con las frases de la columna B. Luego lean la conversación, haciendo los papeles (*roles*) de los dos esposos.

F. Una tarde terrible

Paso 1. Hoy es un día desastroso para la familia Castañeda. Ud. va a describir su casa en el **Paso 2**. Para prepararse, repase (*review*) primero unos adjetivos, cambiando (*exchanging*) las palabras rosadas por antónimos en las siguientes oraciones.

1. No hace buen tiempo; hace _____.
2. El bebé no está bien; está _____.
3. El gato no está limpio; está _____.
4. El esposo no está tranquilo; está _____ por el bebé.
5. El garaje no está cerrado; está _____.
6. Los niños no están ocupados; están _____, porque tienen miedo.
7. La esposa no está contenta; está _____ por el tiempo.
8. El baño no está ordenado; está _____.

Paso 2. Ahora use los adjetivos del **Paso 1** y otros que Ud. conozca (*you know*) para expresar lo que *están haciendo* todos los miembros de la familia *en este momento*. Póngales (*Give*) nombres a todos y exprese el estado de ánimo de ellos (*their feelings*) o sus deseos. ¡Use su imaginación! Si puede, diga también lo que *usualmente hacen* estas personas a esta hora.

Estrategia

lo que están haciendo =
  el presente progresivo
el estado de ánimo =
  el presente simple
lo que usualmente hacen =
  el presente simple

Vocabulario útil

la cena	dinner	**ladrar**	to bark
cenar	to have dinner	**llorar**	to cry
cocinar	to cook	**los truenos y**	thunder and
conducir (conduzco)*	to drive	**relámpagos**	lightning

---

*Only the first person singular of the verb **conducir** is irregular, as noted. The other forms of the present tense are regular: **conduces, conduce…**

Conversación

A. Ana y Estela. Conteste las preguntas para describir el siguiente dibujo de un cuarto de dos estudiantes. **¡OJO!** Invente otros detalles necesarios.

Vocabulario útil

el cajón drawer
el cartel poster
la foto

1. ¿Quiénes son las dos compañeras de cuarto?
2. ¿Dónde estudian? ¿Qué estudian?
3. ¿De dónde son?
4. ¿Cómo son?
5. ¿Dónde están en este momento?
6. ¿Qué hay en el cuarto?
7. ¿Cómo está el cuarto?
8. ¿Son ordenadas las dos o desordenadas?

B. Intercambios. ¿Cómo están Uds. en estas situaciones? En parejas, túrnense para hacer y contestar preguntas, según el model.

MODELO: cuando / tener mucha tarea →
　　　E1: ¿Cómo estás cuando **tienes** mucha tarea?
　　　E2: Estoy cansado y estresado, como ahora. ¿Y tú?
　　　E3: Yo también.

1. cuando / tener mucha tarea / una tarea fácil/difícil
2. cuando / no tener trabajo académico
3. cuando / sacar (to get) A/D en un examen
4. en verano/invierno
5. cuando llueve/nieva
6. los lunes por la mañana / los domingos por la tarde / los…
7. después de una fiesta / un examen
8. durante la clase de
9. ¿ ?

Vocabulario útil

agobiado/a overwhelmed
desahogado/a relieved
enérgico/a
estresado/a

Gramática en acción: Buenos Aires y San José

El centro de Buenos Aires, Argentina

El centro de San José, Costa Rica

- Buenos Aires es más grande que San José.
- Tiene más edificios altos que San José.
- Generalmente, en Buenos Aires no hace tanto calor como en San José.

Pero…

- San José es menos antigua que Buenos Aires.
- No tiene tantos habitantes como Buenos Aires.
- Sin embargo, los costarricenses son tan simpáticos como los argentinos.

¿Y Ud.?

1. Mi ciudad/pueblo…
   - es / no es tan grande como Chicago.
   - es más/menos cosmopolita que Quebec.

2. Me gusta _____ (nombre de mi ciudad/pueblo)…
   - más que _____ (nombre de otra ciudad).
   - menos que _____ (nombre de otra ciudad).
   - tanto como _____ (nombre de otra ciudad).

In English *comparisons* (**las comparaciones**) are formed in a variety of ways. Equal comparisons are expressed with the word *as*. Unequal comparisons are expressed with the adverbs *more* or *less,* or by adding *-er* to the end of the adjective.

as cold **as**
as many **as**

more intelligent,
less important,
tall**er**, smart**er**

a comparative / **un comparativo** = a form of or structure with nouns, adjectives, and adverbs used to compare nouns, qualities, or actions

---

Buenos Aires and San José *Buenos Aires is bigger than San José. • It has more tall buildings than San José. • It is not as hot in Buenos Aires as it is in San José, generally. But… San José is newer (lit., less ancient) than Buenos Aires. • It doesn't have as many inhabitants as Buenos Aires. • Nevertheless, Costa Ricans are as nice as Argentines.*

Comparatives / **Los comparativos**

Inequality / **La desigualdad**				Equality / **La igualdad**	
más... que	more . . . than	**menos... que**	less . . . than	**tan... como**	as . . . as
más que	more than	**menos que**	less than	**tanto/a/os/as... como**	as much/many as
				tanto como	as much as

Inequality / **La desigualdad**

1. Comparing Adjectives, Adverbs, and Verbs

Para describir:

$\left. \begin{array}{l} \text{more/less} + \textit{adjective} \\ \textit{adjective} + \textit{-er} \end{array} \right\} + \textit{than}$

más/menos + *adjective* + **que**

Juan es **más alto que** Elena.
Juan is taller than Elena (is).

Elena es **menos alta que** Juan.
Elena is shorter than Juan (is).

Para describir cómo se hace una acción:

$\left. \begin{array}{l} \text{more/less} + \textit{adverb} \\ \textit{adverb} + \textit{-er} \end{array} \right\} + \textit{than}$

más/menos + *adverb* + **que**

Juan corre **más rápido que** Elena.
Juan runs faster (more quickly) than Elena (does).

Elena corre **menos rápido que** Juan.
Elena runs slower (less quickly) than Juan (does).

¡OJO!
While the repetition of the verb is optional in English, as shown in the examples, the second verb is *never* repeated in Spanish.

Para expresar la frecuencia o intensidad de una acción:

verb + *more/less than*

verb + **más/menos que**

Juan **corre más que** Elena.
Juan runs more than Elena (does).

Elena **corre menos que** Juan.
Elena runs less than Juan (does).

2. Comparing Nouns

Para comparar la cantidad:

more/less (fewer) + *noun* + *than*

más/menos + *noun* + **que**

Rigoberto tiene **más coches que** Carmen.
Rigoberto has more cars than Carmen (does).

Carmen tiene **menos coches que** Rigoberto.
Carmen has fewer cars than Rigoberto (does).

3. *More/Less than + number*

¡OJO!
The preposition **de** is used instead of **que** when the comparison is followed by a number.

Para expresar una cantidad:

more/less (fewer) than + *number* + *noun*

más/menos de + *number* + *noun*

Juan tiene **más de dos** lápices.
Juan has more than two pencils.

Elena tiene **menos de dos** lápices.
Elena has less than two pencils.

Equality / La igualdad

1. Comparing Adjectives, Adverbs, and Verbs

Ernesto
Patricia

> **¡OJO!**
> Remember that the second verb, optional in English, is *never* repeated in Spanish.

Ernesto
Patricia

MARTES

JUEVES

SÁBADO

> **Para describir:**
> *as + adjective + as*
> **tan** + *adjective* + **como**

Patricia es **tan alta como** Ernesto. También es **tan delgada como** él.
Patricia is as tall as Ernesto (is). She's also as thin as he (is).

> **Para describir cómo se hace una acción:**
> *as + adverb + as*
> **tan** + *adverb* + **como**

Patricia juega al tenis **tan bien como** Juan. También juega **tan agresivamente como** él.
Patricia plays tennis as well as Juan (does). She also plays as aggressively as he (does).

> **Para expresar la frecuencia o intensidad de una acción:**
> *verb + as much as*
> *verb* + **tanto como**

Patricia **juega** al tenis **tanto como** Juan. También **gana tanto como** él.
Patricia plays tennis as much as Juan (does). She also wins as much (often) as he (does).

2. Comparing Nouns

Ernesto   Patricia

> **¡OJO!**
> Like all adjectives, **tanto** must agree in gender and number with the noun it modifies: **tanto dinero, tanta prisa, tantos abrigos, tantas hermanas.**

Patrica

Ernesto

> **Para comparar la cantidad:**
> *as much/many + noun + as*
> **tanto/a/os/as** + *noun* + **como**

Ernesto tiene **tantos trofeos como** Patricia. También tiene **tantas raquetas de tenis como** ella.
Ernesto has as many trophies as Patricia (does). He also has as many tennis rackets as she (does).

Patricia y Ernesto tienen **tantas hermanas como** hermanos.
Patricia and Ernesto each have as many sisters as (they have) brothers.

Irregular Forms / **Las formas irregulares**

- **bueno/a/os/as** *adj.* → mejor, mejores

  Estos coches son **buenos,** pero esos son **mejores.**
  These cars are good, but those are better.

- **bien** *adv.* → mejor

  Yo hablo español **bien,** pero mi amigo Dennis lo habla **mejor.**
  I speak Spanish well, but my friend Dennis speaks it better.

- **malo/a/os/as** *adj.* → peor, peores

  La nueva película de este director es **mala,** pero su primera es **peor.**
  This director's new movie is bad, but his first one is worse.

- **mal** *adv.* → peor

  La profesora canta **mal,** pero yo canto **peor.**
  The professor sings badly, but I sing worse.

- **viejo/a/os/as** → mayor, mayores

  La abuela es **viejita,** pero el abuelo es **mayor** que ella.
  Grandmother is old, but grandfather is older than she (is).

- **joven, jóvenes** → menor, menores

  Delia es **joven,** pero su esposo es todavía **menor** que ella.
  Delia is young, but her husband is even younger than she (is).

Comparison Summary

más... que	menos... que	tan... como
más que	menos que	tanto/a/os/as... como
		tanto como

Práctica

A. Alfredo y Gloria. Compare lo que tienen Alfredo y Gloria, según los modelos.

+ → **más**   − → **menos**   = → **la misma** (*same*) **cantidad**

MODELO: Alfredo: + bicicletas → Alfredo tiene **más** bicicletas **que** Gloria.

1. Alfredo: − camisetas
2. Gloria: + sudaderas
3. Alfredo: = canciones (*songs*) en su iPod
4. Gloria: = clases
5. Alfredo: = amigos
6. Gloria: + amigos de habla española

MODELO: Gloria: + alcobas → El apartamento de Gloria tiene **más** alcobas **que** el apartamento de Alfredo.

7. Alfredo: − cuartos en total
8. Gloria: = baños
9. Alfredo: = camas
10. Gloria: = estantes

MODELO: Alfredo: = estudiar → Alfredo estudia **tanto como** Gloria.

11. Gloria: = hacer ejercicio
12. Alfredo: + salir con los amigos
13. Gloria: − dormir
14. Alfredo: = mirar su Facebook

B. Opiniones. Modifique las siguientes declaraciones para expresar su opinión personal. Si Ud. está de acuerdo con la declaración, diga: «**Estoy de acuerdo**».

MODELO: El cine es tan interesante como la televisión →
Para mí, el cine es **más** interesante **que** la televisión.

1. El fútbol es tan divertido (*entertaining*) como el fútbol americano.
2. La clase de historia es más interesante que la clase de español.
3. En esta universidad, las artes son tan importantes como los deportes (*sports*).
4. El español es tan difícil como el inglés.
5. Me divierto tanto con mis amigos como con mis padres.
6. Los niños duermen menos que los adultos.
7. Los profesores trabajan más que los estudiantes.
8. Aquí llueve más en primavera que en invierno.

C. Más opiniones

Paso 1. Compare las siguientes personas y cosas para expresar su opinión sobre ellas. Puede añadir (*add*) más palabras si quiere.

MODELO: el basquetbol y el golf:
interesante, rápido, fácil de aprender →
El basquetbol es **menos** interesante **que** el golf.

1. Meryl Streep y Cameron Díaz:
joven, bonito, tener premios Óscar, actriz
2. Ud. y sus padres (hijos):
joven, conservador, tener experiencia, desordenado
3. un Prius y un Cadillac:
grande, barato, gastar (*to use*) gasolina, elegante
4. los perros y los gatos:
independiente, inteligente, cariñoso, activo
5. Orlando Bloom y Tom Cruise:
joven, guapo, serio, actor
6. Texas y Delaware:
grande, habitantes, petróleo, lejos de California

Paso 2. En parejas, comparen sus opiniones. Traten de (*Try to*) explicar sus razones.

MODELO: el basquetbol y el golf:
interesante, rápido →
E1: El basquetbol es **menos** interesante **que** el golf.
E2: No estoy de acuerdo. El basquetbol es **más** interesante **que** el golf porque es **más** rápido.

Conversación

A. Comparaciones. Complete las siguientes oraciones según su opinion personal.

1. En mi familia, yo soy mayor que _____ y menor que _____.
2. En esta clase, _____ estudia tanto como yo.
3. En esta universidad, los estudiantes _____ más que _____.
4. _____ es más guapo que Juanes.
5. _____ es más guapa que Shakira.
6. _____ tiene tanto talento como Carlos Santana.

Conversación

A. La familia de Lucía y Miguel

Paso 1. En parejas, miren la foto e identifiquen a los miembros de la familia de Lucía. Piensen en la edad (*age*) de cada persona.

MODELO: Sancho es mayor que sus hermanos.

Paso 2. Comparen a cada miembro de la familia con otra persona.

MODELO: Amalia es menor que Sancho pero es más alta que él.

Paso 3. Ahora comparen a los miembros de su propia (*own*) familia. Haga por lo menos cinco declaraciones.

MODELOS: E1: Mi hermana Mary es mayor que yo, pero yo soy más alto que ella.

E2: Mi abuela es mayor que mi abuelo, pero ella es más activa que él.

el abuelo Jaime Lucía Miguel la abuela Lucía Amalia

Lucía, con su esposo, sus padres y sus hijos.

Sami Sancho

B. La rutina diaria... en invierno y en verano

Paso 1. ¿Es diferente nuestra rutina diaria en cada estación? Complete las siguientes oraciones sobre su rutina.

	EN INVIERNO	EN VERANO
1. me levanto a _____ (hora)	_____	_____
2. almuerzo en _____	_____	_____
3. me divierto con mis amigos / mi familia en _____	_____	_____
4. estudio _____ horas todos los días	_____	_____
5. estoy / me quedo en _____ (lugar) por la noche	_____	_____
6. me acuesto a _____	_____	_____

> ### Vocabulario útil
>
> **el gimnasio**
> **el parque**
>
> **afuera** outside

Paso 2. En parejas, comparen sus actividades de invierno con las de verano.

MODELO: E1: En invierno, ¿te levantas más temprano que en verano?
E2: No, en invierno, me levanto tan temprano como en verano. (No, en invierno, me levanto a la misma hora que en verano.)

Paso 3. Ahora digan a la clase una o dos cosas que Uds. tienen en común.

MODELO: Nosotros nos levantamos más tarde en verano que en invierno. En verano no hay clases y, por lo general, nos acostamos más tarde.

> ### ▶ Mundo interactivo
>
> You should now be prepared to work with Scenario 3, Activity 4 in Connect Spanish (**www.connectspanish.com**).

Un poco de todo ♻

A. ¿Qué están haciendo?

Paso 1. Diga qué están haciendo las siguientes personas, usando una palabra o frase de cada columna y la forma progresiva. Si Ud. no sabe (*know*) qué están haciendo esas personas, ¡use su imaginación!

MODELO: (Yo) Estoy escribiendo la tarea.

yo mi mejor amigo/a mis padres mi equipo (*team*) deportivo favorito el rector / la rectora (*president*) de la universidad el/la líder (*leader*) de este país el profesor / la profesora de español _____ (un compañero / una compañera que está ausente hoy)	**+** descansar dormir(se) escribir hacer jugar (al) leer practicar trabajar viajar (*to travel*) ¿ ?	**+** fútbol/basquetbol un libro / una novela a los estudiantes / a sus consejeros la tarea un informe ejercicio físico ¿ ?

Paso 2. Ahora complete las siguientes oraciones con un gerundio.

MODELO: Me divierto más _____. → Me divierto más **jugando al fútbol.**

1. Me divierto más _____.

2. Mi mejor amigo/a se divierte más _____.

3. Sigo _____ mucho, aunque (*although*) no es bueno.

4. Mi mejor amigo/a continúa _____, aunque no me gusta.

B. Lengua y cultura: Dos hemisferios.
Complete the following paragraphs with the correct forms of the words in parentheses, as suggested by context. When two possibilities are given in parentheses, select the correct word.

Es diciembre en Buenos Aires.
¿Qué tiempo hace?

¿**S**abe Ud.ª algo de las diferencias entre los hemisferios del norte y del sur? Hay (mucho¹) diferencias entre el clima del hemisferio norte y el del hemisferio sur. Cuando (ser/estar²) invierno en este país, por ejemplo, (ser/estar³) verano en la Argentina, en Bolivia, en Chile… Cuando yo (salir⁴) para la universidad en enero, con frecuencia tengo que (llevar⁵) abrigo y botas. En (los/las⁶) países del hemisferio sur, un estudiante (poder⁷) asistir (a/de⁸) un concierto en febrero llevando solo pantalones (corto⁹), camiseta y sandalias. En muchas partes de este país, (antes de / durante¹⁰) las vacaciones de diciembre, casi siempre (hacer¹¹) frío y a veces (nevar¹²). En (grande¹³) parte de Sudamérica, al otro lado del ecuador, hace calor y (muy/mucho¹⁴) sol durante (ese¹⁵) mes. A veces en los periódicos, hay fotos de personas que (tomar¹⁶) el sol y nadanᵇ en las playas sudamericanas en enero.

Tengo un amigo que (ir¹⁷) a (hacer/tomar¹⁸) un viaje a Buenos Aires. Él me diceᶜ que allí la Navidadᵈ (ser/estar¹⁹) una fiesta de verano y que todos (llevar²⁰) ropa como la queᵉ llevamos nosotros en julio. Pareceᶠ increíble, ¿verdad?

ª¿Sabe… *Do you know* ᵇ*are swimming* ᶜÉl… *He tells me* ᵈ*Christmas* ᵉla… *that which* ᶠ*It seems*

Comprensión. ¿Probable o improbable?

	PROBABLE	IMPROBABLE
1. Los estudiantes argentinos van a la playa en julio.	☐	☐
2. Muchas personas sudamericanas hacen viajes de vacaciones en enero.	☐	☐
3. En Santiago (Chile) hace frío en diciembre.	☐	☐

C. Expresiones

Paso 1. Las comparaciones se usan mucho en refranes y expresiones populares e idiomáticas. En parejas, lean las siguientes expresiones. ¿Tienen equivalentes en inglés?

1. pesar (*to weigh*) menos que un mosquito
2. ser más pesado (*overbearing, boring*) que el matrimonio
3. ser más bueno que el pan (*bread*)
4. ser más largo que un día sin pan
5. estar más claro que el agua (*water*)
6. ser más alto que un pino (*pine tree*)
7. ser tan rápido como un chisme (*rumor*)

Paso 2. Ahora, en parejas, inventen por lo menos cuatro expresiones que se parecen a (*resemble*) las del **Paso 1.** Pueden cambiar la terminación de las expresiones del **Paso 1** (pesar menos que… ¿ ?) o crear expresiones originales (ser tan divertido como… , ser más larga que una semana sin…).

Al crear (*When you are creating*) las expresiones, piensen en cosas y cualidades que, en la cultura de este país, son generalmente positivas o negativas. En las expresiones del **Paso 1,** por ejemplo, se usa la palabra **pan** dos veces (*times*). ¿Cómo se presenta el pan en la cultura hispana en estas expresiones, como una cosa muy positiva o negativa?

En su comunidad

Entreviste a (*Interview*) una persona hispana de su universidad o ciudad sobre el clima de su país de origen y los horarios (*schedules*) de clases durante el año.

PREGUNTAS POSIBLES

- ¿Hay en su país cuatro estaciones o solo dos?
- ¿Coinciden con las estaciones del lugar donde Ud. vive ahora?
- ¿Cómo es el clima en cada estación?
- ¿En qué mes empiezan las clases en las escuelas? ¿Y en qué mes terminan?
- ¿Es igual para los ciclos de la universidad?

TELEPUNTOS

SALU2

El monumento a la Mitad del Mundo (*Middle of the World*): «Aquí, turistas ecuatorianos y de todos los países vienen a poner un pie (*foot*) en cada (*each*) hemisferio».

Antes de mirar

Conteste las siguientes preguntas sobre el clima y la geografía.

1. ¿En qué hemisferio están los Estados Unidos, en el hemisferio norte o el hemisferio sur? ¿Al norte de qué trópico están los Estados Unidos, al norte del Trópico de Cáncer o del Trópico de Capricornio?
2. ¿Cuáles son dos de los países latinoamericanos que atraviesa (*crosses*) la línea del ecuador (*equator*)?
3. ¿Qué tipo de clima asocia Ud. con una zona tropical?

PROGRAMA 6: En la Mitad del Mundo

Este programa presenta aspectos del clima y la artesanía (*traditional crafts*) del Ecuador.

Vocabulario de este programa

disfrutar	to enjoy	la banda	strip
la nieve	snow	atravesar (atravieso)	to cross
la temporada	season	rodear	to surround
la lluvia	rain	contrarrestar	to counteract
seco/a	dry	lluvioso/a	rainy
mejor te quedas	you'd better stay	la bufanda	scarf
me gustaría	I would like	la lana	wool
infatigable	tireless	era muy duro	it was very hard

Fragmento del guion

LAURA: La lengua materna de José es el quechua, la lengua que hablaban[a] los incas y que hoy siguen hablando muchas personas desde Ecuador hasta Chile. José nos enseñó[b] cómo él mismo[c] hace los tintes[d] para la lana que usa en los tejidos de su taller.[e] Estos tintes son completamente naturales y los colores son increíbles. Vemos cómo un insecto tan pequeño, la cochinilla, produce un intenso color rojo.

JOSÉ: Si es que le guardo[f] un año o dos años mejor todavía más fuerte[g]... y bueno un poco de ácido natural... llegó [a ser] un poquito claro.[h]

LAURA: José Cotocachi no ha cambiado[i] su arte para la venta[j] masiva como otros artesanos de Otavalo. Él nos explicó[k] cómo ha cambiado[l] el mercado de Otavalo y los negocios.

JOSÉ: Porque antes, antes era[m] solo el sábado, la feria. Eso era feria auténtica, ¿no? Bueno, todos los artesanos trabajábamos[n] hasta... de lunes a viernes... sábado a las cuatro de la mañana ya salíamos[ñ] a vender. Ahora ya no es así.[o]

[a]*used to speak* [b]*nos... showed us* [c]*él... he himself* [d]*dyes* [e]*tejidos... fabrics of his shop* [f]*Si... If I keep it* [g]*todavía... even stronger* [h]*llegó... it got lighter* [i]*no... hasn't changed* [j]*sale* [k]*Él... He explained to us* [l]*ha... has changed* [m]*antes... before it was* [n]*used to work* [ñ]*we were already going out* [o]*ya... it's no longer like that*

El Sr. José Cotocachi, maestro tejedor (*master weaver*) de tercera (*third*) generación que mantiene (*maintains*) la tradición textil de su familia

▶ **Mundo interactivo**

Continue your work as an intern at HispanaVisión with Laura Sánchez Tejada, the roving reporter of *Salu2*, as you complete Scenario 3, Activities 3 and 4 in Connect Spanish (**www.connectspanish.com**).

Al mirar

Mientras mira el programa, indique las condiciones meteorológicas que se ven en este programa en la columna de la izquierda y la ropa que lleva la gente (*people*) en la columna de la derecha.

CONDICIONES METEOROLÓGICAS
- ☐ cielos sin nubes (*cloudless skies*)
- ☐ cielos con muchas nubes
- ☐ lluvia

ROPA
- ☐ gente con ropa de verano
- ☐ gente con ropa abrigada (*warm*)
- ☐ gente con ropa para protegerse de la lluvia

«Quito está en el corazón (*heart*) de los Andes ecuatorianos, a casi 3.000 metros de altura (*high*) y es la segunda (*second*) entre las capitales más elevadas del mundo.»

Después de mirar

A. ¿Está claro? Las siguientes oraciones son falsas. Corríjalas (*Correct them*).

1. A Ana no le gusta la nieve.
2. El clima de Panamá es muy diferente del clima del Ecuador.
3. La Mitad del Mundo es una ciudad del Ecuador.
4. En los países tropicales hay dos temporadas, una cálida (*hot*) y otra fría.
5. En Quito no llueve mucho.
6. Otavalo es una ciudad ecuatoriana donde hay muchas fábricas (*factories*).
7. Otavalo está en la costa del Ecuador.

B. Un poco más. Conteste las siguientes preguntas.

1. ¿Es muy cálido el clima en todas las zonas tropicales del mundo? Dé un ejemplo.
2. ¿Qué factor geográfico afecta el clima del Ecuador?
3. Además del (*Besides*) español, ¿qué otra lengua se habla en el Ecuador y en otros países andinos?
4. ¿Qué prendas (*items*) textiles producen los otavaleños?
5. ¿Qué pasa en una feria?

C. Y ahora, Uds. En parejas, hablen sobre si les gustaría (*you would like*) vivir en un lugar con un clima como el (*that*) de Quito o como el de la costa ecuatoriana, que es mucho más cálido. Expliquen por qué.

MODELO: Me gustaría vivir en un lugar con un clima similar al (*to that*) de Quito porque me gusta la lluvia…

Sobre el programa

Víctor tiene un hermano mayor que se llama Miguel. No está casado,[a] pero vive con su novia desde hace[b] cinco años. Víctor y Miguel están muy unidos y su relación es como la[c] de dos mejores amigos, aunque[d] no viven en el mismo lugar. Miguel es meteorólogo y trabaja para la NASA, en la Florida. Le encanta[e] su trabajo pero no le gusta que la gente le pida[f] el pronóstico del tiempo[g] constantemente. Su frase favorita sobre el clima es: «No siempre llueve al gusto de todos[h]».

[a]*married* [b]*vive… he has been living with his girlfriend for* [c]*that* [d]*although* [e]*Le… He really likes* [f]*que… for people to ask him for* [g]*pronóstico… weather forecast* [h]*a… to everyone's liking*

Producción personal

Filme el pronóstico del tiempo sobre los próximos tres días.

Lectura cultural
Costa Rica

Se puede decir[a] que el clima de Costa Rica es tropical. Esto significa que propiamente[b] no tiene una estación de invierno. Lo que sí tiene son dos temporadas:[c] una seca[d] y otra lluviosa.[e] En la mayor parte del país, esta última[f] ocurre entre mayo y noviembre. En las zonas más lluviosas del país, las lluvias son muy copiosas[g] y llegan a ocasionar muchas inundaciones.[h]

Sin embargo, el clima de Costa Rica es muy diverso. Esto llama mucho la atención de los turistas, ya que[i] en pocas horas se puede pasar de un clima lluvioso en las montañas a uno caluroso[j] en la playa.

Una carreta de Sarchí, Costa Rica

[a]*say* [b]*really* [c]*seasons* [d]*dry* [e]*rainy* [f]*last one (i.e., last season)* [g]*heavy* [h]llegan… *they cause a lot of floods* [i]ya… *since* [j]uno… *a warm one (i.e., warm climate)*

> ¿Es muy variado el clima en el estado / la provincia donde Ud. vive? ¿Cómo es?

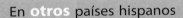

En otros países hispanos

- **En todo el mundo hispanohablante** Hay muchos tipos de climas en el mundo hispanohablante. Solo hay que pensar en que se habla español desde la Antártida, que comprende territorio chileno y argentino, hasta los Estados Unidos y el Canadá, en otras palabras, en los hemisferios sur y norte. Y no olvidemos[a] a España (en Europa) y la Guinea Ecuatorial (en África).

- **En Chile** En este país se encuentra[b] el desierto de Atacama, el más seco del mundo.

- **En España** La diversidad climática y geográfica de este país europeo es espectacular para su tamaño.[c] La zona más caliente de Europa (el área de Córdoba y Sevilla) coexiste con una de las cordilleras[d] más altas del continente (la Sierra Nevada). Hasta hay una zona desértica (en Almería).

[a]no… *let's not forget* [b]se… *is found* [c]*size* [d]*mountain ranges*

Tres símbolos costarricenses

- **La paz** Esta es la cualidad que más caracteriza al país. Hay una expresión que lo ilustra: «Donde haya un costarricense, habrá paz».[a]

[a]Donde… *Wherever there is a Costa Rican, there will be peace*

- **La democracia** Este concepto va unido al anterior.[b] Costa Rica se caracteriza por tener una de las democracias más estables de todo el mundo.

- **La carreta** Es un medio de transporte tradicional y ahora es considerada un símbolo de la patria.[c]

[b]va… *goes with the last one* [c]*nation (in the patriotic sense)*

Un concepto importante

Costa Rica tiene una importante industria ecoturística que, al mismo tiempo que preserva su biodiversidad, la explota.[a] Es un modelo que debe ser imitado por otros países.

[a]la… *exploits it*

COMPRENSIÓN

1. ¿Por qué no tiene el clima costarricense cuatro estaciones?
2. ¿Cuáles son los meses secos en Costa Rica?
3. ¿Dónde hace un frío glacial en el mundo hispanohablante?

Del mundo hispano

Antes de leer

Conteste las siguientes preguntas.

1. ¿Cree Ud. que es posible usar los calendarios de años anteriores (*previous*) a este año?
2. Mire el calendario que aparece en esta lectura. ¿Qué día de la semana se representa con la X? ¿Por qué cree que se usa la X?
3. ¿Cuál es el primer día de la semana en los calendarios de los países hispanos?

Vocabulario **útil**

guardar   to save, keep
promover   to promote, encourage
el reciclaje   recycling

Lectura: ¿Se pueden usar calendarios de otros años?

CURIOSIDADES   ¿Se pueden usar calendarios de otros años?

ENERO							
L	M	X	J	V	S	D
			1	2	3	4
5	6	7	8	9	10	11
12	13	14	15	16	17	18
19	20	21	22	23	24	25
26	27	28	29	30	31	

FEBRERO						
L	M	X	J	V	S	D
						1
2	3	4	5	6	7	8
9	10	11	12	13	14	15
16	17	18	19	20	21	22
23	24	25	26	27	28	

MARZO						
L	M	X	J	V	S	D
						1
2	3	4	5	6	7	8
9	10	11	12	13	14	15
16	17	18	19	20	21	22
23/30	24/31	25	26	27	28	29

ABRIL						
L	M	X	J	V	S	D
	1	2	3	4	5	
6	7	8	9	10	11	12
13	14	15	16	17	18	19
20	21	22	23	24	25	26
27	28	29	30			

MAYO						
L	M	X	J	V	S	D
			1	2	3	
4	5	6	7	8	9	10
11	12	13	14	15	16	17
18	19	20	21	22	23	24
25	26	27	28	29	30	31

JUNIO						
L	M	X	J	V	S	D
1	2	3	4	5	6	7
8	9	10	11	12	13	14
15	16	17	18	19	20	21
22	23	24	25	26	27	28
29	30					

JULIO						
L	M	X	J	V	S	D
	1	2	3	4	5	
6	7	8	9	10	11	12
13	14	15	16	17	18	19
20	21	22	23	24	25	26
27	28	29	30	31		

AGOSTO						
L	M	X	J	V	S	D
					1	2
3	4	5	6	7	8	9
10	11	12	13	14	15	16
17	18	19	20	21	22	23
24/31	25	26	27	28	29	30

SEPTIEMBRE						
L	M	X	J	V	S	D
1	2	3	4	5	6	
7	8	9	10	11	12	13
14	15	16	17	18	19	20
21	22	23	24	25	26	27
28	29	30				

REPETIMOS CADA 28 AÑOS

¿Alguien[a] guarda el calendario de hace 28 años? Si la respuesta es afirmativa, es el momento de sacarlo,[b] ya que[c] coincide día por día con el de este año 2010. Esa ha sido[d] la curiosa iniciativa que la asociación ecologista más importante de Italia, Legambiente, ha puesto en marcha[e] para promover el reciclaje. Resulta que, cada 28 años, los calendarios se repiten, siendo iguales en todas sus fechas. La explicación es que cada año solo puede comenzar en un día de la semana, por lo que existirían[f] 7 calendarios posibles... si no existieran años bisiestos.[g] Según los cálculos, al repetirse los años bisiestos cada 4 años, y los normales cada 7, el ciclo dura 28 años.

Y la próxima...
¿Cuándo nació la corbata?

---

[a]*Someone*   [b]*take it out*   [c]*ya... since*   [d]*ha... has been*   [e]*ha... has put in motion*   [f]*por... in which case, there would be*   [g]*años... leap years*

Comprensión

A. Según el texto. Conteste las siguientes preguntas.

1. ¿Cómo se llaman los años de 366 días?
2. ¿Con qué frecuencia se repiten los calendarios?
3. ¿Qué es Legambiente?
4. ¿Qué acción recomienda Legambiente?

B. Comentario. ¿Cree Ud. que es buena idea seguir la recomendación de Legambiente? ¿Es algo práctico y fácil de hacer? Explique sus razones.

A ESCUCHAR

Vocabulario **para escuchar**

despejado	clear, no clouds
los grados	degrees
soleado	sunny
la franja	coastal area
el granizo	hail
la borrasca	storm
la bajada	dip, lowering
bajo	below

Antes de escuchar

¿Mira Ud. el pronóstico (*report*) del tiempo todos los días? ¿Lo ve (*Do you see it*) en la tele o en el Internet o lo oye (*do you hear it*) en la radio? ¿Le gustan los pronósticos con muchos detalles o solo quiere saber (*know*) la información básica, como la temperatura máxima y mínima y si se espera sol o lluvia?

Escuche

El pronóstico del tiempo

¿Qué tiempo va a hacer este fin de semana en la Argentina? Escuche según las indicaciones de su profesor(a).

Después de escuchar

A. Temperaturas y condiciones atmosféricas.
Complete los espacios en blanco (*blanks*) en el mapa con las temperaturas máximas y mínimas. También dibuje (*draw*) el símbolo correspondiente a las condiciones atmosféricas que se mencionan.

Se espera nieve. Se espera lluvia.

Se espera granizo. Se espera sol.

B. El pronóstico en general. Conteste las siguientes preguntas.

1. ¿Qué tiempo va a hacer el domingo en la mayoría de las regiones argentinas?

2. ¿Qué estación es hoy en la Argentina?

Go to the iMix section in Connect Spanish (**www.connectspanish.com**) to access the iTunes playlist "*Puntos9*," where you can purchase "No me diga" by Evolución.

¡Música!

Evolución es un grupo de San José que empezó[a] haciendo rock alternativo. Ahora hace música con influencias más variadas y melódicas. Su canción «No me diga»[b] es del álbum *Amor artificial*.

[a]*started* [b]*No… "Don't tell me"*

Evolución, en concierto

A ESCRIBIR

El tema

Las estaciones y el tiempo

Preparar

Paso 1. Piense en la estación del año que Ud. prefiere. ¿Por qué prefiere esa estación? ¿Con qué la asocia (*do you associate it*)? ¿Cuál es la estación del año que menos le gusta? ¿Por qué? Complete el cuadro con su información.

Paso 2. Entreviste a dos compañeros de clase sobre la estación del año que más les gusta y la que (*that which*) menos les gusta. También debe preguntarles por qué. Luego complete el cuadro con su respectivo información.

nombre	estación preferida	estación que menos le gusta	¿por qué?
yo			
compañero/a 1			
compañero/a 2			

Redactar

Escriba un ensayo comparativo, combinando toda la información de **Preparar**. Asegúrese (*Be sure*) de que tiene una idea que desarrollar (*to develop*).

MODELOS: No todos estamos de acuerdo sobre nuestra estación preferida.
Todas las estaciones del año tienen su encanto (*charm*).

No se olvide de (*Don't forget to*) incluir un párrafo de cierre (*closing paragraph*) que señale la idea más interesante de su ensayo.

Editar

Revise el ensayo para comprobar (*to check*):

- la ortografía y los acentos
- la posición y la concordancia de los adjetivos descriptivos
- los usos de **ser** y **estar**
- la variedad del vocabulario
- la conjugación de los verbos

Finalmente, prepare su versión final para entregarla.

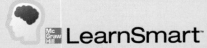

Gramática en breve

15. Present Progressive

estar + -ndo

-ar ⟶ -ando

-er/-ir ⟶ -iendo

Unaccented -i- ⟶ -y- (le**y**endo)

-ir Stem-changing Verbs:

e ⟶ i (p**i**diendo)

o ⟶ u (d**u**rmiendo)

16. Summary of the Uses of *ser* and *estar*

ser	estar
inherent qualities, characteristics	mental, physical, health conditions
identification (including profession)	location present progressive
nationality, origin	
possession	
time and date	
generalizations	

Idioms with **tener** (expressing *to be*)

tener (mucho) calor, (mucho) frío

17. Comparisons

Comparisons of Inequality	Comparisons of Equality
más/menos... que	**tan... como**
más/menos que	**tant**o/a/os/as**... como**
más/menos de + *número*	
mejor/peor que	
mayor/menor que	

Vocabulario

Los verbos

celebrar	to celebrate
continuar (continúo)	to continue
pasar	to spend (*time*); to happen
quedarse	to stay, remain (*in a place*)
seguir (sigo) (i)	to continue

Repaso: divertirse (me divierto) (i)

Remember that the parenthetical letter gives you the stem change for the present participle.

¿Qué tiempo hace?

el clima	climate
el tiempo	weather; time
está (muy) nublado	it's (very) cloudy, overcast
hace...	it's . . .
(muy) buen/mal tiempo	(very) good/bad weather (very) nice out
(mucho) calor	(very) hot
fresco	cool
(mucho) frío	(very) cold
(mucho) sol	(very) sunny
(mucho) viento	(very) windy
hay (mucha) contaminación	there's (lots of) pollution
llover: llueve	to rain (it's raining)
nevar: nieva	to snow (it's snowing)

Los meses del año

el año	year
la fecha	date (*calendar*)
el mes	month
¿Cual es la fecha de hoy? **¿Qué fecha es hoy?**	What's today's date?
el primero de	the first of (*month*)

enero	julio
febrero	agosto
marzo	septiembre
abril	octubre
mayo	noviembre
junio	diciembre

Las estaciones del año

la estación	season
la primavera	spring
el verano	summer
el otoño	fall, autumn
el invierno	winter

Los lugares

la capital	capital city
la playa	beach

Otros sustantivos

el cumpleaños	birthday
la medianoche	midnight
el mediodía	noon
el/la novio/a	boyfriend/girlfriend
la respuesta	answer

Los adjetivos

abierto/a	open
aburrido/a	bored
alegre	happy
cansado/a	tired
cariñoso/a	affectionate
cerrado/a	closed
congelado/a	frozen; very cold
contento/a	content, happy
desordenado/a	messy
difícil	hard, difficult
enfermo/a	sick
fácil	easy
furioso/a	furious, angry
limpio/a	clean
loco/a	crazy
mismo/a	same
molesto/a	annoyed
nervioso/a	nervous
ocupado/a	busy
ordenado/a	neat
preocupado/a	worried
querido/a	dear
seguro/a	sure, certain
sucio/a	dirty
triste	sad

Las comparaciones

más/menos de + number	more/less than + number
más/menos… que	more/less (-er) . . . than
tan… como	as . . . as
tanto como	as much as
tanto/a(s)… como	as much/many . . . as
mayor	older
mejor	better; best
menor	younger
peor	worse

Las preposiciones

a la derecha de	to the right of
a la izquierda de	to the left of
al lado de	alongside of
cerca de	close to
debajo de	below
delante de	in front of
detrás de	behind
encima de	on top of
entre	between, among
lejos de	far from

Los puntos cardinales

el norte, el sur, el este, el oeste

Palabras adicionales

afuera	outdoors
ahora mismo	right now
conmigo	with me
contigo	with you (*fam.*)
esta noche	tonight
está bien	it's fine, OK
estar bien	to be comfortable (*temperature*)
mí (*obj. of prep.*)	me
por	about; because of
sin embargo	nevertheless
tener (mucho) calor	to be (very) warm, hot
tener (mucho) frío	to be (very) cold
ti (*obj. of prep.*)	you (*fam.*)
todavía	still

Vocabulario personal

7

¡A comer!°

¡A… Let's eat!

12

Una frutería, en la Ciudad de Panamá, Panamá

- ¿Qué tipo de comida espera Ud. encontrar (*to find*) en Panamá?

- ¿Hay restaurantes de cocina (*cuisine*) hispana en su ciudad? ¿Come Ud. allí con frecuencia? ¿Cuál es su comida o plato favorito de origen hispano?

- Por lo general, ¿qué comida (*meal*) del día le gusta más: el desayuno (*breakfast*), el almuerzo o la cena?

SPANISH

www.connectspanish.com

Panamá

3,5 (y medio) millones de habitantes

- El Canal de Panamá fue originalmente una idea de los españoles del siglo (*century*) XVI, pero su construcción no comenzó (*didn't begin*) hasta 1904. Se abrió al comercio en 1914.

- El arroz con pollo (*chicken with rice*) es uno de los platos panameños más típicos. Los tamales y los frijoles también son parte de la comida en Panamá, pero no son exactamente como los mexicanos.

NICARAGUA

Mar Caribe

COSTA RICA

Ciudad de Panamá

PANAMÁ

David

COLOMBIA

OCÉANO PACÍFICO

0   100   200 Millas

0   100   200 Kilómetros

En este capítulo

La comida y las comidas°

La... *Food and meals*

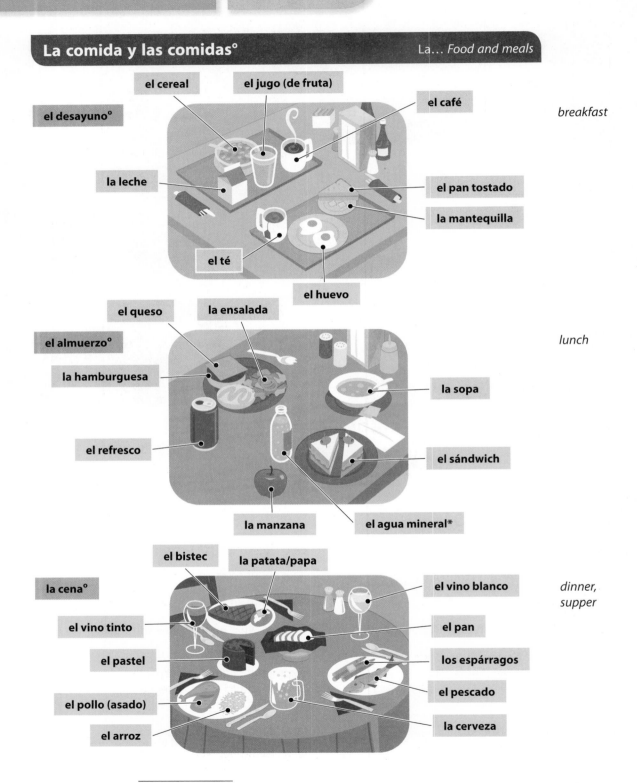

el cereal

el jugo (de fruta)

el café

el desayuno° *breakfast*

la leche

el pan tostado

la mantequilla

el té

el huevo

el queso

la ensalada

el almuerzo° *lunch*

la hamburguesa

la sopa

el refresco

el sándwich

la manzana

el agua mineral*

el bistec

la patata/papa

la cena° *dinner, supper*

el vino blanco

el vino tinto

el pan

el pastel

los espárragos

el pescado

el pollo (asado)

la cerveza

el arroz

*The noun **agua** (water) *is feminine, but the masculine articles are used with it in the singular:* **el agua.** *Adjectives that modify it are feminine:* **el agua fría.** *This occurs with all feminine nouns that begin with a stressed* **a** *sound, for example,* **el/un ama de casa** (homemaker).

Otras frutas

la banana	banana
la naranja	orange
el tomate	tomato

Otras verduras

las arvejas	green peas
los champiñones	mushrooms
los frijoles	beans
la lechuga	lettuce
la zanahoria	carrot

Otras carnes

la barbacoa	barbeque
la chuleta (de cerdo)	(pork) chop
el jamón	ham
el pavo	turkey
la salchicha	sausage; hot dog

Otros pescados y mariscos

el atún	tuna
los camarones	shrimp

la langosta	lobster
el salmón	salmon

Otros postres

los dulces	sweets; candy
el flan	(baked) custard
la galleta	cookie
el helado	ice cream

Otras comidas

el aceite	oil
el azúcar	sugar
la pimienta	pepper
la sal	salt
el yogur	yogurt

Los verbos

desayunar	to have (eat) breakfast
almorzar (almuerzo)	to have (eat) lunch
cenar	to have (eat) dinner, supper
cocinar	to cook

Así se dice

In **La comida y las comidas,** you learned two words for *potato:* **la papa** (*L.A.*) and **la patata** (*Sp.*). There is great variety in the words used to refer to foods in the Spanish-speaking world. The following are only a few of the most common ones.

las arvejas = los guisantes (*Sp.*)   el jugo = el zumo (*Sp.*)
los camarones = las gambas (*Sp.*)   el refresco = la gaseosa, la soda (**¡OJO!** = *soda water* in some areas)

There are many ways to express **la tienda de comestibles** (*grocery store*): **la abacería, el almacén** (which you have learned means *department store* in most areas), **la bodega** (popular in the Caribbean), **la pulpería** (*C.A., S.A.*), **la trucha** (*C.A.*).

Nota **comunicativa**

Más vocabulario para hablar de la comida

tener (mucha) hambre/sed	to be (very) hungry/thirsty
merendar (meriendo)	to snack
la merienda	snack
los comestibles	groceries, foodstuff
el plato	dish (*food prepared in a particular way*)
el plato principal	main course
caliente	hot (*in temperature, not taste*)
frito	fried
picante	hot, spicy
rico/a	tasty, savory; rich (*in the caloric sense*)

La merienda (typically a late afternoon snack) is a traditional custom in those countries where the dinner hour is quite late, such as Spain, for example, where people may have dinner at 10:00 or 11:00 P.M. or even later. **La merienda** tides people over until the late evening meal.

Conversación

A. ¿Qué quiere tomar? Empareje las descripciones con las comidas.

DESCRIPCIONES

1. _____ una sopa fría, langosta, espárragos, ensalada de lechuga y tomate, vino blanco y, para terminar, un pastel

2. _____ jugo de fruta, huevos con jamón, pan tostado y café

3. _____ un vaso (*glass*) de leche y unas galletas

4. _____ pollo asado, arroz, arvejas, agua mineral y, para terminar, una manzana

5. _____ una hamburguesa con patatas fritas, un refresco y un helado

COMIDAS

a. un menú ligero (*light*) para una dieta

b. una comida rápida

c. una cena elegante

d. un desayuno estilo norteamericano

e. una merienda

B. Definiciones

Paso 1. Dé las palabras definidas.

1. un plato de lechuga y tomate
2. una bebida alcohólica blanca o roja
3. una verdura anaranjada
4. una carne típica para una barbacoa en este país

5. la comida favorita de los ratones (*mice*)
6. una verdura que se come frita con las hamburguesas
7. una fruta roja o verde

Paso 2. Ahora, en parejas, túrnense para crear (*create*) definiciones de comidas y bebidas, según el modelo del **Paso 1.** Una persona da (*gives*) la definición y la otra da la palabra correspondiente.

Nota cultural

La comida del mundo hispano

No se puede hablar de una sola comida hispana, porque en el mundo hispanohablante hay una gran variedad culinaria. La comida cambia de país a país, dependiendo de los productos locales y de influencias nativas y externas. Sin embargo, sí hay productos de origen americano que se utilizan[a] en prácticamente todas las cocinas latinoamericanas:

- el maíz, las papas, los frijoles, los tomates, los aguacates[b]

El arroz es también fundamental, pero es de origen asiático. Fue introducido en América por[c] los españoles.

Una de las influencias básicas en la cocina[d] de todos los países latinoamericanos es la cocina española. Se combina con la tradición culinaria indígena de cada región y, en algunos[e] países, también con la tradición culinaria africana, gracias a la influencia de los esclavos[f] que fueron traídos[g] a América. Otros grupos de inmigrantes también dejaron claramente su huella[h] en la cocina de algunos países, como es el caso de los italianos en la Argentina y de los chinos en el Perú.

[a]se... *are used* [b]*avocados* [c]*by* [d]*cuisine* [e]*some* [f]*slaves* [g]fueron... *were brought* [h]dejaron... *left a clear imprint*

El maíz, uno de los ingredientes básicos de casi todos los países latinoamericanos, en Lima, Perú

¿Cuáles son los ingredientes básicos de la cocina de su familia o su país?

C. Consejos (*Advice*) **a la hora de comer.** ¿Qué debe comer o beber su compañero o compañera en las siguientes situaciones? Déle consejos, según el modelo.

MODELO: Tengo mucha/poca hambre (sed). →
    E1: Tengo mucha hambre.
    E2: Debes comer un bistec con papas fritas.

1. Tengo mucha/poca hambre (sed).
2. Tengo hambre a las cuatro de la mañana, después de una fiesta.
3. Estoy a dieta.
4. Estoy de vacaciones en Maine (Texas, California, la Florida,…).
5. Es hora de merendar. Estoy en (casa, la universidad).
6. Soy un vegetariano estricto / una vegetariana estricta.

D. Las preferencias gastronómicas

Paso 1. Complete las siguientes oraciones para describir lo que Ud. come y no come.

1. Por la mañana siempre como _____.

2. En el desayuno me gusta comer _____.

3. Para cenar, prefiero comer _____.

4. Nunca como _____ y nunca bebo _____.

5. No me gusta comer _____, pero lo/la como (*I eat it*) en casa de mis padres/hijos/abuelos.

Paso 2. Haga una lista de los tres tipos de cocinas (*cuisines*) que Ud. prefiere.

Paso 3. Entre todos, comparen las listas. ¿Cuáles son los platos, lugares para comer y cocinas favoritos de la clase? ¿Cuáles son los ingredientes más necesarios para cocinar sus platos favoritos?

¿Qué sabe Ud. y a quién conoce?

As you know, two Spanish verbs express *to be:* **ser** and **estar.** They are not interchangeable, and their use depends on the meaning the speaker wishes to express. Similarly, two Spanish verbs express *to know:* **saber** and **conocer.** **Conocer** is frequently used with the word **a** when referring to a person (as in the phrase **¿a quién conoce?** from the title of this section).

un número de teléfono   saber   un nombre (Juan, María)

tocar el piano

la letra (palabras) de una canción

una dirección (Avenida Juárez 47)

conocer

a una persona

una ciudad o un país

una cosa o una situación

¡OJO!

Note the **a** before the phrase **una persona.** You will learn about this **a** in **Gramática 18** in this chapter. For now, always use it when you see it in the text.

saber = to know (*facts or information*); to know how to (*do something*)		**conocer** = to know (*a person*); to meet (*a person*); to be acquainted, familiar with (*a place or thing*)	
sé	sabemos	conozco	conocemos
sabes	sabéis	conoces	conocéis
sabe	saben	conoce	conocen

Conversación

A. ¡Anticipemos!

Paso 1. ¿Cierto o falso? Diga si las siguientes declaraciones son ciertas o falsas para Ud. Corrija las declaraciones falsas.

	CIERTO	FALSO
1. Sé la dirección de e-mail de mi profesor(a) de español.	☐	☐
2. Sé los nombres de las capitales de todos los países latinoamericanos.	☐	☐
3. Sé la letra del himno nacional de este país.	☐	☐
4. Sé tocar un instrumento musical.	☐	☐
5. Conozco al padre / a la madre de mi mejor amigo/a.	☐	☐
6. Conozco a un actor famoso / una actriz famosa.	☐	☐
7. Conozco Panamá.	☐	☐
8. Conozco un restaurante panameño.	☐	☐

Paso 2. Ahora, en parejas, túrnense para hacer y contestar preguntas basadas en las oraciones del **Paso 1.**

MODELO: E1: ¿**Sabes** la dirección de e-mail del profesor / de la profesora?
E2: No, no lo sé. ¿Y tú?
E1: Yo sí. / Yo tampoco. (*Me either.*)

B. Los usos de *saber* y *conocer*

Paso 1. Llene (*Fill in*) los espacios en blanco con la forma apropiada de **saber.** Luego dé su equivalente en inglés.

—¿(Tú) _____[1] la dirección de un restaurante panameño?

—¡Cómo no!ª Hay uno en la calleᵇ Park. El chef, Felipe, (_____[2]) hacer unos platos muy originales.

—¿(Tú) _____[3] a qué hora abren los sábados?

—No (yo) _____[4] exactamente. ¿Por qué no llamamos al restaurante?

ª¡Cómo… *Of course!*   ᵇ*street*

Paso 2. Ahora llene los espacios en blanco con la forma apropiada de **conocer.** Luego dé su equivalente en inglés.

—¿(Tú) _____[1] ese restaurante panameño que está en la calle Park?

—Sí, y también (yo) _____[2] al chef, Felipe.

—¿Ah sí? Yo quiero _____[3] a Felipe. Es muy famoso.

C. ¿Dónde cenamos?

Lola y Manolo quieren salir a cenar. Complete su diálogo con la forma apropiada de **saber** o **conocer.**

LOLA: ¿(Tú) _____[1] adónde quieres ir a cenar?

MANOLO: No _____[2] ¿Y tú?

LOLA: No, pero hay un restaurante nuevo en la calle Betis. Creo que se llama Guadalquivir. ¿_____[3] el restaurante?

MANOLO: No, pero (yo) _____[4] que tiene mucha fama. Es el restaurante favorito de Pepa. Ella _____[5] al dueño.ª

LOLA: ¿(Tú) _____[6] qué tipo de comida tienen?

MANOLO: No, pero podemos llamar a Pepa. ¿(Tú) _____[7] su teléfono?

LOLA: Está en mi teléfono celular. Llámalaᵇ y pregúntaleᶜ si ella _____[8] si aceptan reservaciones o no.

MANOLO: De acuerdo.

ª*owner*   ᵇ*Call her*   ᶜ*ask her*

Estrategia

Use the word **lo** (*it*) when expressing *I know* (**Lo sé**) and *I don't know* (**No lo sé.**) in Spanish when you are referring to knowing a specific piece of information that has just been mentioned, as in the model (**lo** = the e-mail address).

Comprensión

1. ¿Saben Lola y Manolo dónde quieren cenar?
2. ¿Conocen el nuevo restaurante?
3. ¿Saben qué tipo de comida se sirve allí?
4. ¿Saben el número de teléfono de Maripepa?
5. ¿Conocen al dueño del restaurante?

D. ¿Sabe Ud. mentir (*to lie*) **bien?**

Paso 1. Escriba dos oraciones con **saber** sobre algunas (*some*) cosas que sabe hacer y dos con **conocer** sobre personas interesantes que conoce. Algunas oraciones deben ser falsas. **¡OJO!** No se olvide de (*Don't forget*) usar la **a** con **conocer.**

Paso 2. En grupos de tres, túrnense para presentar sus oraciones. Los compañeros que escuchan deben adivinar (*guess*) cuáles son las oraciones falsas.

E. Encuesta (*Poll*) **sobre los talentos especiales de la clase**

Paso 1. Haga una lista de tres cosas interesantes que Ud. sabe hacer bien. Use infinitivos, según el modelo.

MODELO: tocar el acordeón, hacer paella, esquiar

Paso 2. Ahora haga una encuesta entre por lo menos (*at least*) siete compañeros de clase para ver si los talentos de Ud. son únicos o comunes en su clase. Si sus compañeros tienen un talento que Ud. también tiene, deben firmar (*sign*) en el espacio indicado.

MODELO: tocar el acordeón → ¿**Sabes** tocar el acordeón? Si **sabes, firma** aquí.

Talento 1: _____	**Talento 2:** _____	**Talento 3:** _____

F. Intercambios

1. ¿Qué restaurantes conoces en esta ciudad? ¿Cuál es tu restaurante favorito? ¿Por qué es tu favorito? ¿Es buena la comida allí? ¿Qué tipo de comida sirven? ¿Te gusta el ambiente (*atmosphere*)? ¿Comes allí con frecuencia? ¿Llamas para hacer reservaciones?
2. ¿Qué platos sabes hacer? ¿Tacos? ¿enchiladas? ¿pollo frito? ¿hamburguesas? ¿Te gusta cocinar? ¿Cocinas con frecuencia? ¿Qué ingredientes usas con más frecuencia? ¿Tienes una receta (*recipe*) favorita?

▶ **Mundo interactivo**

You should now be prepared to work with Scenario 4, Activity 1 in Connect Spanish (**www.connectspanish.com**).

GRAMÁTICA

18 Expressing *what* or *who(m)*
Direct Objects: The Personal **a;** Direct Object Pronouns

Gramática en acción: De compras en el supermercado

¿Y Ud.?

Indique cuáles de estas declaraciones expresan lo que Ud. hace.

1. **la fruta**
   - La como todos los días. Por eso tengo que comprarla con frecuencia.
   - La como de vez en cuando (*once in a while*). Por eso no la compro a menudo (*often*).
   - Nunca la como. No necesito comprarla.

2. **el pollo**
   - Lo como todos los días. Por eso tengo que comprarlo con frecuencia.
   - Lo como de vez en cuando. Por eso no lo compro a menudo.
   - Nunca lo como. No necesito comprarlo.

3. **los refrescos**
   - Los bebo todos los días. Por eso tengo que comprarlos con frecuencia.
   - Los bebo de vez en cuando. Por eso no los compro a menudo.
   - Nunca los bebo. No necesito comprarlos.

4. **las bananas**
   - Las como todos los días. Por eso tengo que comprarlas con frecuencia.
   - Las como de vez en cuando. Por eso no las compro a menudo.
   - Nunca las como. No necesito comprarlas.

The Personal a / La *a* personal

1. Direct Objects

In English and in Spanish, the *direct object* (**el complemento directo**) of a sentence answers the question *what?* or *who(m)?* in relation to the subject and verb.

SUBJECT (S)	VERB (V)	DIRECT OBJECT (DO)
Ana	is preparing	**dinner.**
They	can't hear	**the waiter.**

What is Ana preparing? → **dinner**
Who(m) can't they hear? → **the waiter**

> the direct object / **el complemento directo** = the noun or pronoun that receives the action of the verb

Indicate the subjects, verbs, and direct objects in the following sentences.

1. *I don't see Betty and Mary here.*
2. *We don't have any money.*
3. No veo a Betty y María aquí.
4. No tenemos dinero.
5. Julio va a poner la sopa en la mesa.
6. ¿Necesitas el libro y un bolígrafo?

2. The Personal *a*

In Spanish, the word **a** immediately precedes the direct object of a sentence when the direct object refers to a specific person or persons or a pet. This **a**, called the personal **a** (**la *a* personal**), has no equivalent in English.*

The personal **a** is not used when the direct object is a nonspecific person or an unknown person.

Vamos a visitar **a nuestros abuelos.**
We're going to visit our grandparents.
but
Vamos a visitar **la casa de nuestros abuelos.**
We're going to visit our grandparents' house.

Necesitan **a sus padres.**
They need their parents.
but
Necesitan **el coche de sus padres.**
They need their parents' car.

Conozco **a un buen chef.**
I know a great chef.
but
Necesito **un buen chef para una fiesta.**
I need a great chef for a party.

¡OJO!
The personal **a** is used before the interrogative words **¿quién?** and **¿quiénes?** when they function as direct objects.

¿A quién llamas? ¿**al** camarero?
Who(m) are you calling? The waiter?

¡OJO!
The English verbs *to listen **to** / look **at** / wait **for*** are all followed by prepositional phrases (a *preposition* + noun or pronoun). However, the Spanish equivalents of those verbs (which are **escuchar, mirar,** and **esperar**) are not followed by prepositions. They *are* followed by the personal **a** before a specific person or pet. Compare these pairs of sentences.

Miro el menú. *I'm looking at the menu.*
Miro **al** niño. *I'm looking at the boy.*

Escucho la radio. *I'm listening to the radio.*
Escucho **al** niño. *I'm listening to the boy.*

Espero el autobús. *I'm waiting for the bus.*
Espero **al** niño. *I'm waiting for the boy.*

3. Other Uses of *a*

Don't confuse the personal **a** with other uses of the word **a** that you have learned so far.

- **a** = the preposition *to*
- **a** = used after some verbs before an infinitive
  [Práctica A]

Voy **a** la universidad.
En esta clase **aprendemos a** hablar español.
Vamos a salir mañana.

The personal **a is not generally used with **tener** (Tenemos cuatro hijos.) *or* **hay** (Hay tres niños en la sala.).*

Direct Object Pronouns / **Los pronombres del complemento directo**

me	me	nos	us
te	you (*fam. sing.*)	os	you (*fam. pl.*)
lo*	you (*form. sing.*), him, it (*m.*)	los	you (*form. pl.*), them (*m., m. + f.*)
la	you (*form. sing.*), her, it (*f.*)	las	you (*form. pl.*), them (*f.*)

1. Direct Object Pronouns

Like direct object nouns, *direct object pronouns* (**los pronombres del complemento directo**) are the first recipient of the action of the verb. They serve to avoid the unnecessary repetition of a noun that has already been mentioned, as in the first two examples to the right.

   Note that direct object pronouns are placed before a conjugated verb and after the word **no** when it appears. Third person direct object pronouns are used only when the direct object noun has already been mentioned.

[Práctica B–C]

—¿Dónde están **las zanahorias**?
—¿**Las** necesitas ahora mismo?
"Where are the carrots?"
"Do you need them right now?"

—¿Conoces a **Diego**?
—No, no **lo** conozco.
"Do you know Diego?"
"No, I don't know him."

—¿Quién **te** llama más por teléfono?
—Mi mamá **me** llama más.
"Who calls you the most?
"My mother calls me the most."

2. With Infinitives or Present Participles

The direct object pronouns can precede the main verb or follow (and be attached to):

- an infinitive
- a present participle

[Práctica D–F]

Las tengo que leer.
Tengo que **leerlas.** } *I have to read them.*

Lo estoy comiendo.
Estoy **comiéndolo.** } *I am eating it.*

3. Multiple Meanings of *lo/la/los/las*

Note that the direct object pronouns **lo/la/los/las** have different meanings depending on the context.

No **lo** veo por la niebla.

I don't see { *it* / *him* / *you* (*form.*) } *because of the fog.*

4. The Pronoun *lo*

Note that the direct object pronoun **lo** can refer to actions, situations, or ideas in general. When used in this way, **lo** expresses English *it* or *that*.

Lo comprende muy bien.
He understands it (that) very well.

No **lo** creo.
I don't believe it (that).

Lo sé.
I know (it).

Summary of Direct Object Pronouns

yo ⟶ me	nosotros/as ⟶ nos	
tú ⟶ te	vosotros/as ⟶ vos	
Ud., él ⟶ lo	Uds., ellos ⟶ los	
Ud., ella ⟶ la	Uds., ellas ⟶ las	

Autoprueba

Give the direct object pronouns that correspond to these nouns.

1. _____ la lechuga   4. _____ las zanahorias
2. _____ los tomates   5. _____ todo
3. _____ el pan

Answers: 1. la 2. los 3. lo 4. las 5. lo

---

*In Spain and in some other parts of the Spanish-speaking world, **le** is frequently used instead of **lo** for the direct object pronoun him. This usage, called **el leísmo**, will not be followed in Puntos de partida.*

Práctica

A. ¿A personal o no? Complete las siguientes oraciones. **¡OJO!** Use la **a** personal cuando sea (*whenever it is*) necesario. Recuerde: **a** + **el** ⟶ **al.**

Busco…

1. el presidente.
2. una clase de historia.
3. mi amiga.
4. la clase de matemáticas.
5. un trabajo (*job*).
6. mi perro Sultán.

Miro…

7. la televisión.
8. mis niños en el parque.
9. películas en español.
10. el profesor / la profesora en clase.
11. _____ el pizarrón blanco en clase.
12. _____ las noticias (*news*) todas las noches.

B. Correspondencias. Empareje los nombres y los pronombres personales con sus correspondientes pronombres del complemento directo. Hay más de una correspondencia posible en algunos (*some*) casos.

PRONOMBRES

1. _____ los
2. _____ la
3. _____ te
4. _____ lo
5. _____ las
6. _____ nos

NOMBRES Y PRONOMBRES PERSONALES

a. Ana
b. tú
c. Pedro y Carolina
d. María y yo

e. Jorge
f. Elena y Rosa
g. Uds.
h. Ud.

C. ¿Qué comen los vegetarianos?

Paso 1. Aquí hay una lista de diferentes comidas. ¿Cree Ud. que las come un vegetariano? Conteste según los modelos.

MODELOS: el bistec ⟶ No **lo** come.
la banana ⟶ **La** come.

1. las patatas
2. el arroz
3. las chuletas de cerdo
4. los huevos

5. las zanahorias
6. las manzanas
7. los camarones
8. el pan

9. los champiñones
10. los frijoles
11. la ensalada
12. los dulces

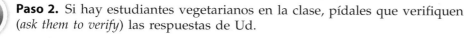

Paso 2. Si hay estudiantes vegetarianos en la clase, pídales que verifiquen (*ask them to verify*) las respuestas de Ud.

D. La cena de Lola y Manolo.

Paso 1. La siguiente descripción de la cena de Lola y Manolo es muy repetitiva. Combine las oraciones, cambiando los sustantivos de complemento directo rosados por (*with*) pronombres.

MODELO: El camarero (*waiter*) trae un menú. Lola lee el menú. ⟶
El camarero trae un menú y Lola **lo** lee.

1. El camarero trae una botella de vino tinto. Pone la botella en la mesa.
2. El camarero trae las copas (*glasses*) de vino. Pone las copas delante de Lola y Manolo.
3. Lola quiere la especialidad de la casa. Va a pedir la especialidad de la casa.
4. Manolo prefiere el pescado fresco (*fresh*). Pide el pescado fresco.
5. Lola quiere una ensalada también. Por eso pide una ensalada.
6. El camarero trae la comida. Sirve la comida.
7. «¿La cuenta (*bill*)? El dueño está preparando la cuenta para Uds.»
8. Manolo quiere pagar con tarjeta (*card*) de crédito. Pero no trae su tarjeta.
9. Por fin, Lola toma la cuenta. Paga la cuenta.

Paso 2. Las siguientes oraciones describen la cena de Lola y Manolo. Diga en español a qué se refieren los pronombres indicados. Luego diga quién hace cada acción.

1. **Las** pone en la mesa.
2. **Lo** pide.

3. **La** sirve.
4. No **la** trae.

5. **La** paga.

E. Minidiálogos. Complete los siguientes minidiálogos con los pronombres del complemento directo que faltan (*are missing*).

1. —¿Me quieres (*do you love*)?

   —¡_____ quiero muchísimo!

2. —No tenemos ni un (*not even one*) dólar. ¿Nos invitas a un café?

   —No _____ puedo invitar porque yo no tengo dinero tampoco (*either*).

3. —Buenas noches, señor. ¿_____ atienden ya (*Is someone already helping you*)?

   —No, todavía no, gracias.

   — Perdón. Entonces (*Then*) voy a atender_____ yo. ¿Qué desea?

4. —¡Mi hija nunca me llama por teléfono!

   —¡Tu hija solo tiene 19 años! Seguro que _____ llama si necesita dinero.

5. —¿Cuándo van a visitarlos a Uds. sus primos panameños?

   —_____ van a visitar este verano.

6. —Buenos días, señora. ¿En qué puedo ayudar_____ (*to help*)?

   —Buenos días. Busco una blusa negra de mi talla (*size*).

Nota **comunicativa**

> **Cómo expresar una acción muy reciente: *acabar* + *infinitivo***
>
> To talk about what you have *just* done, use the phrase **acabar** + **de** + *infinitive*.
>
> | | |
> |---|---|
> | **Acabo de almorzar** con Beto. | *I just had lunch with Beto.* |
> | **Acabas de celebrar** tu cumpleaños, ¿verdad? | *You just celebrated your birthday, didn't you?* |
>
> Note that the infinitive follows **de.** Remember that the infinitive is the only verb form that can follow a preposition in Spanish.

F. ¡Acabo de hacerlo! Imagine that a friend is pressuring you to do the following things. With a classmate, tell him or her that you just did each one, using either of the forms in the model.

MODELO: **E1:** ¿Por qué no haces la ensalada? →
   E2: Acabo de hacer**la.** (**La** acabo de hacer.)

1. ¿Por qué no preparas las chuletas para la fiesta?
2. ¿Vas a comprar la fruta hoy?
3. ¿Por qué no pagas los cafés?
4. ¿Vas a cocinar la comida para la cena?
5. ¿Puedes pedir la cuenta?
6. ¿Quieres ayudarme?

Conversación

A. ¡Ayuda! (Help!)

Paso 1. Todos necesitamos ayuda alguna vez (*at some point*), ¿no? ¿Quién los ayuda a Uds. en los siguientes casos?

MODELO: con las cuentas → **Mis padres me** ayudan con las cuentas.

1. con las cuentas
2. con la tarea
3. con la matrícula
4. con el horario de clases
5. resolver los problemas personales
6. pagar las deudas (*debts*)
7. estudiar para los exámenes
8. con el español

Paso 2. Ahora, en parejas, túrnense para hacer y contestar preguntas basadas en el **Paso 1**.

MODELO: con las cuentas →
  E1: ¿Quién **te** ayuda con las cuentas?
  E2: Generalmente, **mis padres me** ayudan un poco. A veces también **me** ayudan **mis abuelos.**

B. Una encuesta sobre la comida.

Hágales (*Ask*) preguntas a sus compañeros de clase para saber si consumen las comidas o bebidas indicadas y con qué frecuencia. Deben explicar por qué toman o comen cierta cosa o no.

MODELO: la carne → E1: ¿Comes carne?
  E2: No, no **la** como casi nunca porque tiene mucho colesterol.

1. la carne
2. los mariscos
3. el yogur
4. la pizza
5. las hamburguesas
6. el pollo
7. el café
8. los dulces
9. las bebidas alcohólicas
10. el atún
11. los espárragos
12. el hígado (*liver*)

 ¿Recuerda Ud.?

You have been using a few words that express indefinite and negative qualities since the first chapter of this text. Review what you already know about the content of **Gramática 19** by giving the English equivalent of the following words.

1. siempre _____
2. nunca _____
3. también _____

19 Expressing Negation
Indefinite and Negative Words

Gramática en acción: ¿Un refrigerador típico?

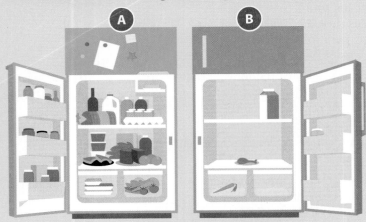

Empareje las siguientes respuestas con el refrigerador A o el B.

1. ¿Hay algo bueno de comer en este refrigerador?
   _____ Sí, hay algo.
   _____ No, no hay nada.

2. ¿Hay fruta y pan?
   _____ Sí, hay fruta y pan.
   _____ No, no hay fruta. Tampoco hay pan.

3. ¿Hay chuletas de cerdo?
   _____ No, no hay ninguna chuleta.
   _____ Sí, hay algunas chuletas.

4. En esta casa, ¿alguien compra comida con frecuencia?
   _____ No, nadie la compra.
   _____ Sí, alguien la compra.

¿Y Ud.?

¿Cuál de los dos refrigeradores se parece (*resembles*) más al refrigerador de su casa o apartamento? ¿Cuál se parece más al típico refrigerador de los estudiantes? ¿de una familia con hijos? ¿de jóvenes profesionales?

Indefinite and Negative Words / Las palabras indefinidas y negativas

You have been using many indefinite and negative words since the first chapters of *Puntos de partida*.

los adverbios indefinidos y negativos		
siempre	always	Siempre estudio en casa. Estudio en casa siempre.
nunca, jamás	never	Nunca estudio en la biblioteca. No estudio nunca en la biblioteca.
también	also	Yo también sé preparar una paella. Yo sé preparar una paella también.
tampoco	neither, not either	Tampoco sé preparar una paella. Yo no sé preparar una paella tampoco.

A typical refrigerator? **1.** *Is there something good to eat in this refrigerator? Yes, there is something. No, there is nothing.* **2.** *Is there (some) fruit and bread? Yes, there is (some) fruit and bread. No, there is no fruit. There isn't any bread either.* **3.** *Are there pork chops? No, there aren't any chops. (Lit., No, there is no chop.) Yes, there are some chops.* **4.** *In this house, does anyone buy food frequently? No, no one buys it. Yes, someone buys it.*

Los sustantivos indefinidos y negativos

alguien nadie	someone, anyone no one, nobody, not anybody	Conozco **a** alguien en esa fiesta. No conozco **a** nadie en esa fiesta.
algo nada	something, anything nothing, not anything	Sé algo de la cocina panameña. No sé nada de la cocina panameña.

Pronunciation hint: Pronounce the **d** in **nada** and **nadie** as a fricative, that is, like the *th* sound in *the*: [na-đa], [na-đie].

Los adjetivos indefinidos y negativos

algún, alguna, algunos/as **ningún, ninguna**	some, any no, not any	**algún** tomate, **algunas** chuletas **ningún** tomate, **ninguna** chuleta

¡OJO!

Note how **alguno** and **ninguno** shorten (**algún**, **ningún**) before masculine singular nouns. You've seen something similar with **uno** (⟶ **un**), **bueno** (⟶ **buen**), and **grande** (⟶ **gran**).

algún / ningún problema
alguna / ninguna cosa
algunos problemas
algunas cosas

The Double Negative / La negativa doble

When a negative word comes after the main verb, Spanish requires that another negative word—usually **no**—be placed before the verb. When a negative word precedes the verb, **no** is not used.

no + *verb* + *negative word*
negative word + *verb*

¿**No** estudia **nadie**?
¿**Nadie** estudia? — *Isn't anyone studying?*

No estás en clase **nunca**.
Nunca estás en clase. — *You're never in class.*

No quieren cenar aquí **tampoco**.
Tampoco quieren cenar aquí. — *They don't want to have dinner here either.*

The Adjectives algún and ningún / Los adjetivos algún y ningún

Algún (**Alguna/os/as**) and **ningún** (**ninguna**) are adjectives. Unlike **nadie** and **nada** (nouns) or **nunca, jamás,** and **tampoco** (adverbs), **algún** and **ningún** must agree with the noun they modify. **Ningún** (**Ninguna**) is rarely used in the plural.

—¿Hay **algunos recados** para mí hoy?
—Lo siento, pero hoy no hay **ningún recado** para Ud.
"Are there any messages for me today?"
"I'm sorry, but there are no messages for you today."
  ("There is not a single message for you today.")

Autoprueba

Give the corresponding negative word.

1. siempre
2. también
3. alguien
4. alguna
5. algo

Answers: 1. nunca 2. tampoco 3. nadie 4. ninguna 5. nada

Práctica

A. ¡Anticipemos! ¿Qué pasa esta noche en casa? Indique si las siguientes oraciones son ciertas o falsas. Corrija las oraciones falsas.

	CIERTO	FALSO
1. No hay nadie en el baño.	☐	☐
2. En la cocina, alguien está haciendo la cena.	☐	☐
3. No hay ninguna persona en el patio.	☐	☐
4. Hay algo en la mesa del comedor.	☐	☐
5. Algunos amigos se están divirtiendo en la sala.	☐	☐
6. Hay algunos platos en la mesa del comedor.	☐	☐
7. No hay ningún niño en la casa.	☐	☐

B. ¡Por eso no come nadie allí! Exprese negativamente, usando la negativa doble.

MODELO: Hay alguien en el restaurante. → **No** hay **nadie** en el restaurante.

1. Hay algo interesante en el menú.
2. Tienen algunos platos típicos.
3. El profesor cena allí también.
4. Mis amigos siempre almuerzan allí.
5. Preparan un menú especial para grupos grandes.
6. Siempre hacen platos nuevos.
7. Y también sirven paella, mi plato favorito.

C. Todo lo contrario

Paso 1. Cambie las siguientes declaraciones para que sean (*so that they are*) completamente negativas. Luego indique si las oraciones son ciertas o falsas para Ud. Corrija o explique las oraciones falsas.

MODELO: Hay algunas personas antipáticas en mi familia. →
No hay **ninguna persona antipática** en mi familia. No es cierto.
Mi tío Marc es muy antipático. (Es cierto. Todos mis parientes son muy simpáticos.)

1. Esta semana hay actividades interesantes en la universidad.
2. Siempre me divierto tomando café con mis amigos.
3. Hay algunos políticos buenos hoy día.
4. Todos mis profesores de este año son simpáticos.
5. Me gusta toda la comida de la cafetería.

Paso 2. Ahora invente preguntas para las siguientes respuestas. ¡OJO! Hay más de una respuesta posible en algunos casos.

MODELO: No, no hay nada interesante en la tele. →
       ¿Hay algo interesante en la tele (esta noche)?

1. No, no hay ningún programa interesante esta noche.
2. No, no hay ningún estudiante de Nicaragua.
3. No, esta semana no pasan (*they're not showing*) ninguna buena película aquí.
4. No, nunca ceno en la universidad.
5. No, tampoco estudio en la biblioteca.

Conversación

A. Intercambios. En parejas, túrnense para entrevistarse sobre los siguientes temas. Deben obtener detalles interesantes y personales de su compañero/a.

MODELO: **E1:** ¿Tienes alguna buena excusa para no ir al gimnasio esta semana?
      E2: No, no tengo ninguna buena excusa esta semana. (Sí, tengo una buena excusa. ¡No tengo tiempo!)

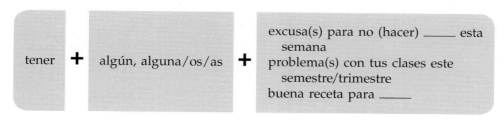

tener **+** algún, alguna/os/as **+**
excusa(s) para no (hacer) _____ esta semana
problema(s) con tus clases este semestre/trimestre
buena receta para _____

B. Lo que come el profesor / la profesora

Paso 1. En parejas, escriban cuatro oraciones sobre los hábitos de su profesor(a) de español con respecto a la comida. Usen palabras negativas e indefinidas.

MODELO: La profesora nunca come mariscos.

Paso 2. En parejas, háganle preguntas a su profesor(a) para confirmar sus opiniones. ¿Quiénes conocen mejor a su profesor(a)?

MODELO: La profesora nunca come mariscos. →
      Profesora, ¿Ud. come mariscos con frecuencia?

 **¿Recuerda Ud.?**

Review what you already know about irregular first person present tense forms by giving the **yo** form of the following infinitives. You will need to know this information in **Gramática 20.**

1. salir _____
2. tener _____
3. conocer _____
4. pedir _____
5. hacer _____
6. dormir _____
7. perder _____
8. traer _____

20 Influencing Others
Commands (Part 1): Formal Commands

Gramática en acción: Receta para guacamole

El guacamole

Ingredientes:
1 aguacate[a]
1 diente de ajo,[b] prensado[c]
1 tomate
jugo de un limón
sal
un poco de cilantro fresco[d]

Cómo se prepara
Corte el aguacate y el tomate en trozos[e] pequeños. Añada el jugo del limón, el ajo, el cilantro y la sal a su gusto. Mezcle bien todos los ingredientes y sírvalo con tortillas de maíz[f] fritas.

En español, los mandatos se usan con frecuencia en las recetas. Estos verbos se usan en forma de mandato en esta receta. ¿Puede encontrarlos?

añadir   to add
cortar   to cut
mezclar   to mix
servir (sirvo) (i)

¿Y Ud.? ¿Le gusta el guacamole? ¿Lo hace con frecuencia? ¿Con qué lo sirve?

[a]*avocado*   [b]*diente… clove of garlic*   [c]*crushed*   [d]*fresh*
[e]*pieces*   [f]*corn*

Formal Command Forms / Los mandatos formales

In *Puntos de partida* you have seen formal commands in the direction lines of activities since the beginning of the text: **haga, complete, conteste,** and so on.

Commands (imperatives) are verb forms used to tell someone to do something. In Spanish, *formal commands* (**los mandatos formales**) are used with people whom you address as **Ud.** or **Uds.*** Here are some of the basic forms.

> *a command* or *imperative* / **un mandato** = a verb form used to tell someone to do something

	hablar	comer	escribir	volver	poner
Ud.	hable	coma	escriba	vuelva	ponga
Uds.	hablen	coman	escriban	vuelvan	pongan
English	*speak*	*eat*	*write*	*come back*	*put, place*

1. Regular Verbs

Most formal command forms can be derived from the **yo** form of the present tense.

Note that the "opposite" vowel is used:

-ar ⟶ e
-er/-ir ⟶ a

-ar: -o ⟶ -e, -en	*-er/-ir:* -o ⟶ -a, -an
hablo ⟶ hable / hablen	como ⟶ coma / coman
	escribo ⟶ escriba / escriban

2. Stem-changing Verbs

Formal commands for stem-changing verbs will show the stem change, since the stem vowel is stressed. Base the command on the **yo** form to get the stem change right.

pensar (pienso) ⟶ piense Ud.
volver (vuelvo) ⟶ vuelva Ud.
pedir (pido) ⟶ pida Ud.

You will learn how to form informal (tú**) commands in **Gramática 36 (Cap. 13).**

3. Verbs Ending in -car, -gar, -zar

These verbs have a spelling change to preserve the -c-, -g-, and -z- sounds.

c → qu	buscar: bus**qu**e Ud.
g → gu	pagar: pa**gu**e Ud.
z → c	empezar: empie**c**e Ud.

¡OJO!

From this chapter on, these three spelling changes for verbs in formal commands will be indicated in parentheses in vocabulary lists. If these three verbs were active in this chapter, they would be listed in the end-of-chapter vocabulary list as follows: **buscar (qu)**, **pagar (gu)**, **empezar (empiezo) (c)**.

4. Verbs with Irregular Present Tense *yo* Forms

These verbs reflect the irregularity in the **Ud./Uds.** commands.

conocer: **conozco**	→ **conozca** Ud.
decir* (*to say, tell*): **digo**	→ **diga** Ud.
hacer: **hago**	→ **haga** Ud.
oír: **oigo**	→ **oiga** Ud.
salir: **salgo**	→ **salga** Ud.
tener: **tengo**	→ **tenga** Ud.
traer: **traigo**	→ **traiga** Ud.
venir: **vengo**	→ **venga** Ud.
ver: **veo**	→ **vea** Ud.

5. Irregular Formal Commands

A few verbs have irregular **Ud./Uds.** command forms.

dar* (*to give*)	→ **dé** Ud., *but* **den** Uds.
estar	→ **esté** Ud.
ir	→ **vaya** Ud.
saber	→ **sepa** Ud.
ser	→ **sea** Ud.

Position of Pronouns / **El lugar de los pronombres**

1. Pronouns with Affirmative Commands

Direct object pronouns and reflexive pronouns must *follow* affirmative commands and be attached to them. In order to maintain the original stress of the verb form, an accent mark is added to the stressed vowel if the original command has two or more syllables.

una palabra:	*mandato + pronombre*
Pídalo Ud.	*Order it.*
Siéntese, por favor.	*Sit down, please.*

2. Pronouns with Negative Commands

Direct object and reflexive pronouns must *precede* the verb form in negative commands.

tres palabras:	**no** + *pronombre + mandato*
No lo pida Ud.	*Don't order it.*
No se siente.	*Don't sit down.*

¡OJO!

Now that you know how to form formal commands, be sure to use them carefully when speaking to native speakers of Spanish. Commands are strong forms in any language. It is wise to soften formal commands with **por favor** and by using a polite tone, just as you would in English.

*****Decir** and **dar** are used primarily with indirect objects. Both of these verbs and indirect object pronouns will be formally introduced in **Gramática 21 (Cap. 8)**.

-*ar* ⟶ -**e(n)**
-*er*/-*ir* ⟶ -**a(n)**
Affirmative: *command* + *pronoun* (**1** word)
Negative: **no** + *pronoun* + *command* (**3** words)

Autoprueba

Complete the **Ud.** commands with the correct endings.

1. sirv_____   **3.** estudi_____   **5.** le_____
2. com_____   **4.** duerm_____   **6.** prepar_____

Answers: 1. sirva 2. coma 3. estudie 4. duerma 5. lea 6. prepare

Práctica

A. ¡Anticipemos! Mandatos típicos en el salón de clase

Paso 1. Indique los mandatos que Ud. oye en la clase de español. Si hay algo que Ud. nunca oye, diga: «**Este nunca lo oigo.**»

1. Traigan los libros a clase.
2. Cierren los libros.
3. Siéntense en círculo.
4. Lleguen a tiempo.
5. No se duerman en clase.
6. Repitan más alto (*louder*).
7. Hagan esta actividad como tarea.
8. ¡No hablen en inglés!

Paso 2. Ahora, en parejas, inventen tres mandatos que les gustaría darle (*you would like to give*) a su profesor(a) de español o a otro profesor.

B. Profesor(a) por un día. Imagine que Ud. es el profesor o la profesora hoy. ¿Qué mandatos va a darles (*will you give*) a sus estudiantes?

MODELOS: hablar español ⟶ **Hablen** Uds. español.
            hablar inglés ⟶ **No hablen** Uds. inglés.

1. llegar a tiempo
2. leer la lección
3. escribir una composición
4. abrir los libros
5. volver a clase mañana
6. traer los libros a clase
7. estudiar los nuevos verbos
8. ¿ ?

C. ¡Pobre Sr. Casiano!

Paso 1. El Sr. Casiano no se siente (*feel*) bien. Lea la descripción que él da de las cosas que hace.

Trabajo[1] muchísimo[a] —¡me gusta trabajar! En la oficina, soy[2] impaciente y critico[3b] bastante[c] a los otros. En mi vida personal, a veces soy[4] un poco impulsivo. Fumo[5d] bastante y también bebo[6] cerveza y otras bebidas alcohólicas, a veces sin moderación… Almuerzo[7] y ceno[8] fuerte,[e] y desayuno[9] poco. Por la noche, con frecuencia salgo[10] con los amigos —me gusta ir a las discotecas— y vuelvo[11] tarde a casa.

[a]*a great deal*   [b]crítico ⟶ criticar   [c]*a good deal*   [d]Fumo ⟶ fumar (*to smoke*)   [e]*a lot*

Comprensión. ¿Cierto o falso?

	CIERTO	FALSO
1. El Sr. Casiano es una persona muy simpática.	☐	☐
2. Tiene algunos hábitos malos.	☐	☐
3. Por la noche, siempre está en casa.	☐	☐

Paso 2. ¿Qué *no* debe hacer el Sr. Casiano? Aconséjelo (*Advise him*) y dígale (*tell him*) lo que no debe hacer. Use los verbos rosados o cualquier (*any*) otro, según los modelos.

MODELOS: **1.** Trabajo ⟶ Sr. Casiano, **no trabaje** tanto.
            2. soy ⟶ Sr. Casiano, **no sea** tan impaciente.

D. **Estrategias para adelgazar** (*lose weight*). ¿Qué debe o no debe comer y beber una persona que quiere adelgazar? En parejas, imaginen una conversación entre esa persona y su médico.

MODELOS: ensalada → E1: ¿Ensalada?   postres → E1: ¿Postres?
           E2: Cóma**la**.   E2: No **los** coma.

1. bebidas alcohólicas
2. verduras
3. pan
4. dulces
5. leche entera (*whole*)
6. hamburguesas con queso
7. frutas frescas
8. refrescos dietéticos
9. pollo
10. carne
11. pizza
12. jugo de fruta

E. **¡Qué desastre!** Imagine los mandatos que un padre o una madre les daría (*would give*) a sus hijos adolescentes. ¿Le resultan (*Do they sound*) familiares a Ud. estos mandatos?

MODELO: no acostarse muy tarde →
     ¡No se acuesten muy tarde!

1. levantarse más temprano
2. bañarse todos los días
3. quitarse esa ropa sucia
4. ponerse ropa limpia
5. no divertirse todas las noches con los amigos
6. ir más a la biblioteca y estudiar más
7. ¿ ?

Conversación

A. **Consejos sobre los buenos modales** (*good manners*) **en la mesa**

Paso 1. Use las siguientes ideas para dar consejos en forma de mandatos formales sobre cómo se debe comer en una ocasión formal. **¡OJO!** Algunos consejos son normas de los buenos modales en los países hispanos y *no* coinciden con los modales que se practican en este país. ¿Puede decir cuáles son los modales hispanos?

1. poner las dos manos en la mesa
2. no poner los codos (*elbows*) en la mesa
3. para cortar, agarrar (*to hold*) el tenedor con la mano izquierda y el cuchillo con la derecha
4. cortar solo el pedazo (*piece*) de comida que puede poner en la boca
5. no cambiar (*to change*) de mano el tenedor para llevar la comida a la boca
6. no eructar (*to burp*) en público

Paso 2. Ahora, en grupos, inventen por lo menos (*at least*) cuatro consejos más.

B. **¿Chefs?** Demuéstreles (*Show*) a sus compañeros de clase su talento culinario. Escriba una receta para un plato delicioso, usando las dos recetas de este capítulo (páginas 216 y 225) como modelo.

Vocabulario **útil**	
la boca llena	one's mouth full
la cuchara	spoon
el cuchillo	knife
la mano	hand
la servilleta	napkin
el tenedor	fork
masticar (qu)	to chew
servirse (me sirvo) (i) a uno mismo	to help one's self
despacio	slowly

Un poco de todo ♻

A. El Restaurante *Mundo latino*

Paso 1. Los dueños de un restaurante que ofrece comida panhispana hablan de su restaurante. Complete sus declaraciones con las palabras más lógicas.

1. «Siempre / Algunas veces ofrecemos comida de la mejor calidad.»
2. «A nuestro restaurante vienen personas de algunos / todos los países hispanohablantes y salen contentos.»
3. «En este estado nadie / alguien sabe más que nosotros de la comida panhispana.»
4. «Siempre / Nunca improvisamos: nuestras recetas son el resultado de mucha investigación (*research*), muchos viajes y de comer mucha comida rica elaborada (*created*) por familias y chefs hispanos.»

Paso 2. Ahora complete las siguientes recomendaciones de los dueños del **Restaurante Mundo latino.** Dé para cada una los mandatos formales apropiados y lógicos, en plural. Siga el modelo.

MODELO: «Nuestro ceviche es excelente.»
(pedir + *pronombre de complemento directo*) ⟶ ¡**Pídanlo**!

1. «El restaurante de la Avenida de la Constitución es el peor (*the worst*) de todos los restaurantes de la ciudad.» (no ir a comer allí)
2. «Nuestras tapas son tan deliciosas que no es suficiente comer una.» (comer muchas tapas)
3. «En nuestro restaurante se puede almorzar y cenar.» (almorzar y cenar aquí)
4. «Aquí se puede degustar (*taste*) comida deliciosa de todos los países hispanos.» (venir y conocer nuestra comida)
5. «Tenemos platos vegetarianos, como la tortilla española y los frijoles panameños.» (pedir + *pronombre de complemento directo*)
6. «Como en un bar español, aquí se puede comer en una mesa o en la barra (*bar*).» (sentarse donde quieran ([*wherever you like*])

B. Lengua y cultura: La cocina panameña. Complete the following paragraphs with the correct form of the words in parentheses, as suggested by context. When two possibilities are given in parentheses, select the correct word. **¡OJO!** As you conjugate the verbs in this activity, note that you will make formal commands with some infinitives.

El arroz con pollo, un típico plato panameño

¿Creen Uds. que la comida panameña es similar a la[a] de México y que los tacos y las tortillas (ser/estar[1]) parte de la comida típica de los panameños? Si creen eso, entonces[b] no (Uds.: saber/conocer[2]) (algo/nada[3]) de la comida de (este[4]) nación. (Uds.: Seguir[5]) (leer[6]), porque van a aprender mucho.

La influencia (extranjero[7]) en la comida de la cosmopolita Ciudad de Panamá es muy visible. Hay (mucho[8]) restaurantes que (servir[9]) comida italiana, china, (francés[10]), etcétera.

Sin embargo, los panameños no (perder[11]) su identidad nacional, y frecuentemente (preferir[12]) la comida tradicional. En la cocina panameña hay muchos platos de mariscos y pescados, entre ellos **el ceviche.** Las personas vegetarianas no (tener[13]) problema (también/tampoco[14]) porque hay una variedad de platos (preparado[15]) con arroz y verduras. El arroz es un ingrediente importante en la comida de Panamá. Si Ud. desea (saber/conocer[16]) cuál es el plato nacional de Panamá, los panameños (contestar[17]): «el arroz con pollo.» (Ud.: Pedirlo[18]). Le va a gustar.

[a]to that   [b]then

Comprensión. Conteste las siguientes preguntas.

1. ¿Cómo se sabe que la Ciudad de Panamá es cosmopolita?
2. ¿Cuál es el plato que representa mejor la cocina panameña?
3. ¿Qué ingredientes son comunes en la comida de Panamá?

C. Publicidad. Como se ve en este anuncio de un periódico argentino, en español (como en inglés) los mandatos se usan con frecuencia en los anuncios y en la publicidad en general. En parejas, creen (*create*) un anuncio publicitario para un lugar de su universidad o de su ciudad, como un restaurante, un estadio, un cine, etcétera. El humor es siempre apreciado por sus compañeros.

En **su** comunidad

Entreviste a una persona hispana de su universidad o ciudad sobre la cocina y la comida de su país.

- ¿Cuáles son los ingredientes más importantes?
- ¿Puede encontrar estos ingredientes en los supermercados de aquí?
- ¿Cuál es la comida principal del día? ¿Comen un desayuno fuerte (*heavy*)?
- ¿Cuáles son algunos de los platos típicos?
- ¿Hay muchos restaurantes especializados en la comida de su país en este estado? ¿Cuál es su favorito?

"Argentina crece[a] leyendo"

Plan Nacional de Lectura en las Bibliotecas Populares

Muy cerca de su casa hay una biblioteca popular.

Acérquese,[b] visítela, conózcala.

CONABIP
Comisión Nacional Protectora de Bibliotecas Populares

Secretaría de Cultura
PRESIDENCIA DE LA NACION

Argentina
un país en serio

[a]*grows*   [b]*acercarse = to approach, draw near*

SALU**2**

Un sándwich cubano en el restaurante The Art of Freedom Café, en la Calle Ocho de Miami. Va a estar bien sabroso (*so delicious*), ¿no?

Antes de mirar

¿Hay restaurantes que ofrezcan (*offer*) comida hispana donde Ud. vive? ¿En qué tipo de comida se especializan? ¿Tiene Ud. alguna comida hispana favorita? ¿Usa Ud. (o su familia) algún ingrediente típico de la comida de algún país hispanohablante en su cocina?

PROGRAMA **7:** ¡Qué rico!°   *¡Qué… How delicious!*

En este programa hay reportajes sobre la comida de varios países hispanohablantes. Los presentadores también hablan de la comida y hacen planes para almorzar.

Vocabulario **de este programa**

el cafecito	(little cup of) coffee	**el castellano**	**el español**
fuerte	strong	**la herencia**	heritage
viví	I lived	**nos dejó**	left to us
la calle	street	**el chorizo**	sausage
no sabía	I didn't know	**la carne picada**	ground meat
la sartén	frying pan	**la cebolla**	onion
la playa	beach	**el puerco**	**el cerdo**
la tapa	"small plate," appetizer	**el vendedor ambulante**	street vendor
espeso/a	thick		
me ha abierto el apetito	has whet my apetite		

Fragmento del guion

VÍCTOR: Después de mirar este reportaje, me muero de hambre.[a] ¿Vamos a almorzar después del programa?

ANA: ¡OK! ¿Qué te apetece comer?[b]

VÍCTOR: No sé… Es difícil elegir[c] con tantas opciones de comida hispana aquí en Los Ángeles. Aquí podemos encontrar casi todo lo que se ve en el programa de hoy.

ANA: Pues yo tengo ganas de comer unas pupusas[d] salvadoreñas.

VÍCTOR: Mmm. ¡Buena idea! Pero antes vamos a cerrar el programa.

ANA: Nos despedimos[e] por hoy y les recordamos[f] que en el próximo programa vamos a mostrar los mejores videos filmados por telespectadores sobre sus viajes más memorables. ¡No se lo pierdan![g]

VÍCTOR: Pues nos volvemos a ver en *Salu2* en un programa dedicado a los viajes. Y ahora, ¡a comer! ¿Nos acompañan?[h]

[a]me… *I'm starving (lit., I'm dying of hunger)* [b]¿Qué… *What do you feel like eating?* [c]*to choose* [d]*thick corn tortilla filled with various ingredients* [e]Nos… *We say good-bye* [f]les… *we remind you* [g]¡No… *Don't miss it!* [h]Nos… *Want to join us?*

«Sin duda (*Undoubtedly*), los tacos son la comida callejera (*street*) por excelencia. Los hay de muchos tipos: al pastor, de carne, de pescado, etcétera. En efecto, cualquier alimento sabroso envuelto (*any tasty food wrapped*) en tortillas de esta manera puede llamarse taco.»

▶ **Mundo interactivo**

Continue your work as an intern at HispanaVisión with Laura Sánchez Tejada, the roving reporter of *Salu2*, as you complete Scenario 4, Activities 1 and 2 in Connect Spanish (**www.connectspanish.com**).

Al mirar

Mientras mira el programa, escriba el nombre de todas las comidas e ingredientes del programa que le gustaría (*you would like*) probar. Antes de empezar, estudie el **Vocabulario de este programa** y todos los titulares (*photo captions*) para familiarizarse con los nombres de las comidas e ingredientes que van a aparecer en el programa.

¿Qué parte del programa *Salu2* se ve en esta foto?

Después de mirar

A. **¿Está claro?** Empareje (*Match*) las siguientes comidas con su lugar de origen.

COMIDAS
1. _____ la paella
2. _____ la «medianoche» (*midnight*)
3. _____ el choripán
4. _____ el chocolate
5. _____ el taco
6. _____ la pupusa

LUGARES DE ORIGEN
a. la Argentina
b. América
c. Cuba
d. El Salvador
e. España
f. México
g. Europa

B. **Un poco más.** Conteste las siguientes preguntas.

1. ¿Qué comidas típicas de España se mencionan en el programa?
2. ¿Qué es el choripán? ¿Cuál es el origen de su nombre?
3. ¿Cuál es la comida callejera por excelencia en México?
4. ¿Cuáles son dos de los ingredientes originarios de (*from*) América, esenciales en la comida internacional?
5. ¿Cómo se siente (*feels*) Víctor al final del programa? ¿Por qué se siente así (*that way*)?

C. **Y ahora, Uds.** En parejas, clasifiquen como **comidas rápidas** o **comidas para un día especial** las comidas que se presentan en el programa. Luego, para acompañar cada comida, nombren otra comida y una bebida.

Sobre el programa

A Ana le encanta[a] la buena comida. Pero no solo le gusta comer sino que[b] cocina muy bien. Esto le viene de[c] familia.

En Panamá, sus abuelos paternos tenían[d] un restaurante especializado en comida criolla[e] y española. (Los padres de su abuelo eran[f] españoles.) Ahora un primo de Ana es el dueño[g] y el restaurante se considera[h] uno de los mejores de la Ciudad de Panamá. Por el lado materno,[i] tanto la madre como la abuela de Ana[j] son magníficas cocineras.

Cuando puede, Ana hace la comida con su madre para las fiestas familiares. A su familia le gustan mucho los platos panameños tradicionales, pero últimamente[k] Ana les ha preparado[l] platos de la tradición culinaria de todo el mundo hispano. A todos les gusta especialmente la paella.

[a]le… le gusta [b]sino… *but also* [c]le… *comes down to her from her* [d]*had* [e]Creole (*mixture of indigenous and Spanish traditions*) [f]*were* [g]*owner* [h]se… *is considered* [i]Por… *On her mother's side* [j]tanto… *both Ana's mother and grandmother* [k]*lately* [l]les… *has prepared for them*

Producción personal

Filme un segmento para *Salu2* que presente al menos dos platos o dos ingredientes tradicionales de una cocina nacional o regional.

A LEER

Lectura cultural
Panamá

El arroz con pollo al estilo panameño es uno de los platos más típicos de Panamá. Otro plato típico es el sancocho, una sopa que también es parte de la cocina de otros países caribeños y que lleva algún tipo de carne, verduras y legumbres.[a] Y es necesario mencionar también las frituras, es decir,[b] la comida frita. Hay gran variedad de frituras: la yuca frita, las carimañolas (unas bolas de masa[c] de yuca con carne dentro[d]), los patacones (rebanadas[e] de plátano frito), las empanadas[f] al estilo panameño, etcétera.

> ¿Cuáles son los platos más populares de su estado o región?

De beber, se debe probar[g] las chichas, que son refrescos naturales de frutas panameñas, como el coco, la guanábana y el maracuyá.[h]

[a]*beans* [b]*es... that is* [c]*bolas... balls of dough* [d]*inside* [e]*slices* [f]*see* **En otros países** [g]*try* [h]*coco... coconut, soursop, and passion fruit*

Unas ricas (*delicious***) empanadas**

En otros países hispanos

- **En todo el mundo hispanohablante** Las empanadas son probablemente la constante culinaria más notable de todos los países hispanohablantes. Consisten en una masa de pan[a] rellena[b] de algo dulce o salado.[c] Pueden ser pequeñas e individuales o grandes para ser compartidas.[d] La idea llegó[e] a América con los españoles. Pero los españoles no fueron los que inventaron[f] las empanadas, sino que ellos las habían heredado de[g] los árabes. ¡Una larga y deliciosa tradición!

- **En los Estados Unidos** La comida latina es omnipresente en los Estados Unidos hoy día. La cocina mexicana es muy popular, como también lo es su variante Tex-Mex, genuinamente estadounidense. Prácticamente todas las otras cocinas hispanas están bien representadas en este país en la actualidad:[h] las empanadas (de cualquier[i] país), las pupusas[j] salvadoreñas, la tortilla[k] española (con patatas y cebollas[l]), el arroz con gandules[m] puertorriqueño, el dulce de leche[n] (que se consume en casi todos los países latinoamericanos), etcétera.

[a]*masa... bread dough* [b]*filled* [c]*salty* [d]*shared* [e]*arrived* [f]*no... weren't the ones who invented* [g]*sino... but rather, they were inherited from* [h]*en... currently* [i]*any* [j]*corn masa stuffed with cheese, refried beans, or meat, then fried like a tortilla* [k]*omelet* [l]*onions* [m]*pigeon peas* [n]*dulce... caramel*

Tres símbolos panameños

- **El Canal de Panamá** Es una de las grandes obras[a] de ingeniería del mundo. Tiene cuarenta y ocho millas de canales y esclusas[b] que unen el Atlántico con el Pacífico.

- **La bandera[c] panameña** Es muy distintiva: tiene los colores rojo, blanco y azul y estrellas,[d] como muchas otras, pero su disposición es única.

- **La pollera y el montuno** Estos son los trajes típicos panameños para la mujer y el hombre, respectivamente.

[a]*works* [b]*locks* [c]*flag* [d]*stars*

Una figura importante

En el año 2000, Mireya Moscoso fue la primera mujer elegida[a] presidenta en Panamá. Puso[b] a otras mujeres en varios de los altos cargos[c] en su gabinete.[d]

[a]*elected* [b]*She put* [c]*positions* [d]*cabinet*

COMPRENSIÓN

1. ¿Qué son las frituras panameñas?
2. ¿Qué es la chicha?
3. ¿Qué comida es muy típica de todo el mundo hispano?

Del mundo hispano

Antes de leer

En algunos aspectos, la siguiente receta es diferente de las (*those*) que normalmente se usan para preparar una lasaña. ¿En qué es diferente esta receta de otras?

Lectura: Receta para lasaña de tortillas

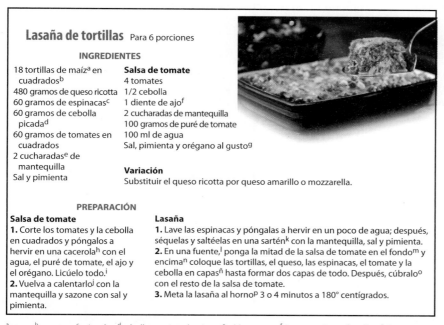

Lasaña de tortillas Para 6 porciones

INGREDIENTES

18 tortillas de maíz[a] en cuadrados[b]
480 gramos de queso ricotta
60 gramos de espinacas[c]
60 gramos de cebolla picada[d]
60 gramos de tomates en cuadrados
2 cucharadas[e] de mantequilla
Sal y pimienta

Salsa de tomate
4 tomates
1/2 cebolla
1 diente de ajo[f]
2 cucharadas de mantequilla
100 gramos de puré de tomate
100 ml de agua
Sal, pimienta y orégano al gusto[g]

Variación
Substituir el queso ricotta por queso amarillo o mozzarella.

PREPARACIÓN

Salsa de tomate
1. Corte los tomates y la cebolla en cuadrados y póngalos a hervir en una cacerola[h] con el agua, el puré de tomate, el ajo y el orégano. Licúelo todo.[i]
2. Vuelva a calentarlo[j] con la mantequilla y sazone con sal y pimienta.

Lasaña
1. Lave las espinacas y póngalas a hervir en un poco de agua; después, séquelas y saltéelas en una sartén[k] con la mantequilla, sal y pimienta.
2. En una fuente,[l] ponga la mitad de la salsa de tomate en el fondo[m] y encima[n] coloque las tortillas, el queso, las espinacas, el tomate y la cebolla en capas[ñ] hasta formar dos capas de todo. Después, cúbralo[o] con el resto de la salsa de tomate.
3. Meta la lasaña al horno[p] 3 o 4 minutos a 180° centígrados.

[a]*corn* [b]*squares* [c]*spinach* [d]*cebolla… minced onion* [e]*tablespoons* [f]*diente… clove of garlic* [g]*al… to taste* [h]*póngalos… boil them in a pot* [i]*Blend it.* [j]*Vuelva… Reheat it* [k]*séquelas… dry them (the spinach leaves) and sauté them in a frying pan* [l]*serving dish* [m]*bottom* [n]*on top* [ñ]*layers* [o]*cover it* [p]*oven*

Lectura: Lasaña de tortillas

Comprensión

A. Los mandados de la receta. Todos los verbos para preparar esta receta son mandatos formales. Empareje los siguientes mandatos con su traducción en inglés, según el contexto de la receta.

MANDATOS		TRADUCCIONES	
1. _____ corte	**4.** _____ coloque	**a.** *put (into)*	**d.** *cut*
2. _____ sazone	**5.** _____ meta	**b.** *wash*	**e.** *season*
3. _____ lave		**c.** *place, arrange*	

B. Paso por (*by*) paso. Ponga en orden cronológico (de 1 a 4) los siguientes pasos para la lasaña, según la receta.

_____ Cocinar la lasaña en el horno.

_____ Hervir las espinacas y luego cocinarlas en una sartén.

_____ Preparar la salsa de tomate.

_____ Poner en una fuente, en capas, todos los ingredientes preparados para formar la lasaña.

A ESCUCHAR

Antes de escuchar

¿Sale con frecuencia a comer en restaurantes? ¿Tiene algún restaurante favorito? ¿En qué se especializa?

Escuche

En un restaurante

Los señores Robles piden la cena. Escuche según las indicaciones de su profesor(a).

Vocabulario **para escuchar**			
la carta	menu	**mixto/a**	mixed (with **paella** = having both meat and seafood)
entrantes	starters, first courses		
el segundo plato	main course	**cómo no**	of course

Después de escuchar

A. ¿Qué desean? Los señores Robles cenan esta noche en un restaurante elegante. ¿Qué piden?

1. El Sr. Robles:

   Entrante _____ Segundo plato _____

2. La Sra. Robles:

   Entrante _____

   Segundo plato _____

3. De beber:

   _____

B. Más detalles. Conteste las siguientes preguntas.

1. ¿Qué platos tienen fama en este restaurante?

2. ¿Cuándo van a pedir el postre los Sres. Robles?

¡Música!

Rubén Blades es uno de los cantautores[a] de salsa más conocidos[b] en todo el mundo. Y la canción «Pedro Navaja[c]» es probablemente la más famosa de su álbum *Siembra,*[d] un álbum que se considera uno de los más importantes en toda la historia salsera.[e]

[a]*singer-songwriters* [b]*known, famous* [c]*Knife* [d]*Sowing time*
[e]*de salsa*

El cantautor panameño Rubén Blades, en Miami, Florida

A ESCRIBIR

El tema

La comida en las cafeterías de esta universidad

Preparar

Paso 1. Piense en la comida que hay en las cafeterías de esta universidad.

- ¿Ofrecen una selección variada, como comidas vegetarianas, comidas bajas en calorías, etcétera?
- ¿Cuáles son los platos más populares?
- En general, ¿es rica la comida? ¿Es cara o barata?
- ¿Hay alguna cafetería mejor que las otras?

Elija un posible tema central y haga una lista de 4 o 5 preguntas relacionadas con ese tema.

Paso 2. Use las preguntas del **Paso 1** para entrevistar a un mínimo de dos compañeros de clase. En este ensayo, Ud. va a contrastar las opiniones de ellos con las suyas (*yours*).

Redactar

Desarrolle (*Develop*) su ensayo usando toda la información de **Preparar.** Preste atención al tono. ¿Es serio, divertido, satírico? También determine si va a dirigirse (*address*) directamente a sus lectores (*readers*) o no. Si se dirige directamente a ellos, ¿va a usar la forma familar de **tú** o la formal de **Ud.**?

Editar

Revise (*Review*) el ensayo para comprobar (*to check*):

- la ortografía y los acentos
- la organización de las ideas
- la consistencia del tono
- el uso de los pronombres (evitar [*avoid*] el uso excesivo de pronombres personales; evitar la repetición innecesaria de los sustantivos con el uso de los pronombres de complemento directo)

Finalmente, prepare su versión final para entregarla.

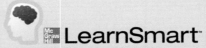

Visit **www.connectspanish.com** to practice the vocabulary and grammar points covered in this chapter.

Gramática en breve

18. Direct Object Pronouns

me, te, lo/la, nos, os, los/las

19. Indefinite and Negative Words

algo	nada
alguien	nadie
algún (alguna/os/as)	ningún (ninguna)
siempre	nunca, jamás
también	tampoco

no + verb + negative word

negative word + verb

20. Formal Commands

-ar → -e(n)

-er/-ir → -a(n)

Affirmative: command + pronoun (**1** word)

Negative: no + pronoun + command (**3** words)

Vocabulario

Los verbos

acabar de + inf.	to have just (done something)
ayudar	to help
conocer (conozco)	to know, be acquainted, familiar with; to meet
contestar	to answer
esperar	to wait (for); to expect
invitar	to invite
llamar	to call
saber (sé)	to know
saber + inf.	to know how to (do something)

La comida

cenar	to have/eat dinner, supper
cocinar	to cook
desayunar	to have/eat breakfast
merendar (meriendo)	to have a snack
preparar	to prepare

Repaso: almorzar (almuerzo) (c)

Remember that this letter indicates the spelling change that happens in the formal commands of verbs that end in **-car, -gar,** or **-zar.**

el aceite	oil
el arroz	rice
las arvejas	green peas
el atún	tuna
el azúcar	sugar
el bistec	steak
los camarones	shrimp
la carne	meat
los champiñones	mushrooms
la chuleta (de cerdo)	(pork) chop
la comida	food
los dulces	sweets; candy
los espárragos	asparagus
el flan	(baked) custard
los frijoles	beans
la galleta	cookie
el helado	ice cream
el huevo	egg
el jamón	ham
la langosta	lobster
la lechuga	lettuce
la mantequilla	butter
la manzana	apple
los mariscos	shellfish
la naranja	orange
el pan	bread
el pan tostado	toast
la papa (frita)	(French fried) potato
el pastel	cake; pie
la patata (frita)	(French fried) potato
el pavo	turkey
el pescado	fish
la pimienta	pepper
el pollo (asado)	(roast) chicken
el postre	dessert
el queso	cheese
la sal	salt
la salchicha	sausage; hot dog
la sopa	soup
las verduras	vegetables
la zanahoria	carrot

Cognados: la banana, la barbacoa, el cereal, la ensalada, la fruta, la hamburguesa, el salmón, el sándwich, el tomate, el yogur

Las bebidas

el agua (mineral)	(mineral) water
la cerveza	beer
el jugo (de fruta)	(fruit) juice
la leche	milk

| el refresco | soft drink |
| el vino (blanco, tinto) | (white, red) wine |

Cognado: el té

Repaso: la bebida, el café

Las comidas

el almuerzo	lunch
la cena	dinner, supper
la comida	meal
el desayuno	breakfast
la merienda	snack

En un restaurante

el/la camarero/a	waiter/waitress
la cuenta	check, bill
el plato	dish; course
el plato principal	main course

Cognado: el menú

Repaso: los platos (*dishes*)

Otros sustantivos

la ayuda	help
la cocina	cuisine
los comestibles	groceries, foodstuff
el consejo	(piece of) advice
la dirección	address
el/la dueño/a	owner
la letra	(*song*) lyrics
el mandato	command

el nombre	name
la receta	recipe
la tarjeta de crédito	credit card

Los adjetivos

asado/a	roast(ed)
caliente	hot (*temperature*)
fresco/a	fresh
frito/a	fried
ligero/a	light, not heavy
picante	hot, spicy
rico/a	tasty, savory; rich
tostado/a	toasted

Las palabras indefinidas y negativas

algo	something, anything
alguien	someone, anyone
algún (alguna/os/as)	some, any
jamás	never
nada	nothing, not anything
nadie	no one, nobody, not anybody
ningún (ninguna)	no, not any
tampoco	neither, not either

Repaso: nunca, siempre, también

Palabras adicionales

estar a dieta	to be on a diet
tener (mucha) hambre	to be (very) hungry
tener (mucha) sed	to be (very) thirsty

Vocabulario personal

8

De viaje°

De... *On a trip, Traveling*

En la zona colonial de Santo Domingo, República Dominicana

- ¿Dónde le gusta pasar las vacaciones? ¿En la playa? ¿en las montañas? ¿en una ciudad o en un nuevo país?

- Cuando está en la playa, ¿le gusta nadar? ¿tomar el sol? ¿hacer *surfing* u otros deportes?

- ¿Qué es lo peor (*the worst part*) de salir de viaje: hacer la maleta, el viaje mismo (*itself*) o regresar?

|SPANISH

www.connectspanish.com

La República Dominicana

10 millones de habitantes

- La República Dominicana comparte (*shares*) la isla de La Española (*Hispaniola,* en inglés) con el país de Haití.

- La ciudad de Santo Domingo, capital del país, fue fundada (*founded*) por el hermano de Cristóbal Colón en 1496. Es la más antigua (*oldest*) de todas las ciudades fundadas por los europeos en América.

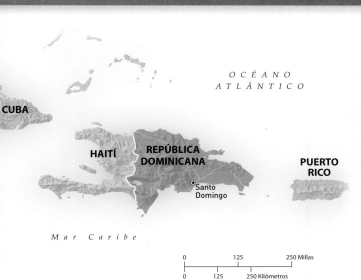

En este capítulo

De viaje

En el aeropuerto

el maletero

el asistente de vuelo

la piloto

el piloto

la asistente de vuelo

el equipaje

la maleta

Jorge

Anita

Alejandro

Javier

Josefina

Juana

el pasajero

la pasajera

facturar el equipaje

Vuelo 33
Salida 10:35

Los medios de transporte

la cabina	cabin (*on a ship*)
el crucero	cruise (ship)
la estación	station
de autobuses	bus station
de trenes	train station
el puerto	port
la sala de espera	waiting room
la sala de fumar/	smoking area
fumadores	
el vuelo	flight
ir en...	to go/travel by . . .
autobús	bus
avión	plane
barco	boat, ship
tren	train

El viaje

el asiento	seat
el billete (*Sp.*) /	ticket
el boleto (*L.A.*)	
de ida	one-way ticket
de ida y vuelta	round-trip ticket
el billete/boleto	e-ticket
electrónico	
la demora	delay
la llegada	arrival
el pasaje	fare, price (*of a transportation ticket*)
el pasaporte	passport
la puerta de embarque	boarding gate
la salida	departure
la tarjeta de embarque	boarding pass

anunciar	to announce	**ir al extranjero**	to go abroad
bajarse (de)	to get down (from); to get off (of) (*a vehicle*)	**pasar por** **la aduana**	to go / pass through customs
estar atrasado/a	to be late	**el control de seguridad**	security (check)
facturar el equipaje	to check baggage	**quejarse (de)**	to complain (about)
guardar (un puesto)	to save (a place [*in line*])	**salir/llegar (gu) a tiempo**	to depart/arrive on time
hacer cola	to stand in line	**subir (a)**	to go up; to get on (*a vehicle*)
hacer escalas/paradas	to make stops		
hacer la(s) maleta(s)	to pack one's suitcase(s)	**viajar**	to travel
hacer un viaje	to take a trip	**volar (vuelo) en avión**	to fly, go by plane

Conversación

A. Hablando de medios de transporte. ¿Con qué medio de transporte relaciona Ud. las siguientes personas y cosas? Hay más de una respuesta posible en algunos casos.

1. un crucero
2. un(a) asistente de vuelo
3. un puerto
4. una estación
5. una cabina
6. una agencia de viajes
7. un asiento
8. un(a) piloto
9. un capitán / una capitana
10. la llegada

B. Un viaje al extranjero

Paso 1. Use los números del 1 al 9 para organizar un viaje de manera lógica.

a. _____ subir al avión cuando se anuncia el vuelo
b. _____ pasar por el control de seguridad
c. _____ hacer cola para obtener la tarjeta de embarque y facturar el equipaje
d. _____ pedir un taxi y llegar al aeropuerto
e. _____ oír el anuncio de la salida del vuelo
f. _____ hacer la maleta y poner el pasaporte en el bolso
g. _____ esperar en la puerta de embarque mandando mensajes
h. _____ sentarse en el asiento junto a la ventanilla (*window*)
i. _____ llegar al aeropuerto de destino (*destination*) y pasar por el control de inmigración y la aduana

Paso 2. Ahora narre la secuencia en primera persona (**yo**).

C. Definiciones

Paso 1. Dé las palabras definidas.

1. Es necesario pasar por este control al llegar a otro país.
2. Es la cosa que se compra antes de hacer un viaje.
3. Es el antónimo de **subir a.**
4. Se va allí cuando se hace un viaje en avión.
5. Se va allí cuando se hace un viaje en tren.
6. Es la persona que nos ayuda durante un vuelo.

Paso 2. Ahora prepare dos definiciones para leer a toda la clase. Use frases como las del **Paso 1** (**Es la cosa que… Se va allí… Es el antónimo de…**) y las siguientes: **el sinónimo de… , el lugar donde… , es cuando…** Sus compañeros van a dar (*give*) la palabra que Ud. define.

*The words **la entrada** and **la localidad** are used to refer to tickets for movies, plays, or other events.*

D. En el aeropuerto. En parejas, nombren (*name*) o describan las cosas y acciones representadas en este dibujo.

De vacaciones°

De... *On vacation*

el *camping*	campground
el mar	sea
el océano	ocean

estar de vacaciones	to be on vacation
hacer *camping*	to go camping
ir de vacaciones a...	to (go on) vacation to/in . . .
pasar las vacaciones en...	to spend one's vacation in . . .
salir de vacaciones	to leave on vacation
tomar unas vacaciones	to take a vacation

la camioneta = la ranchera, la rubia, el coche rural, el coche familiar, el monovolumen (*Sp.*)

el *camping* = el campamento

hacer *camping* = acampar

sacar fotos = tomar fotos

la tienda de campaña = la tienda de acampar, la carpa, la casa de campaña

Conversación

A. ¿Qué hace Ud.? Diga si las siguientes declaraciones son ciertas o falsas para Ud. Corrija las declaraciones falsas.

	CIERTO	FALSO
1. Cuando estoy de vacaciones, tomo el sol.	☐	☐
2. Prefiero ir de vacaciones a las montañas.	☐	☐
3. Duermo muy bien en una tienda de campaña.	☐	☐
4. Saco muchas fotos cuando estoy de vacaciones.	☐	☐
5. Es fácil ir a playas bonitas desde (*from*) aquí.	☐	☐

Nota **cultural**

Los nuevos tipos de turismo en el mundo hispano

Los turistas de hoy no son fáciles de complacer.[a] Por eso hay nuevas industrias para satisfacer su interés en la ecología, la agricultura o la aventura: el ecoturismo, el agroturismo y el aventurismo. Los países hispanos ofrecen diversas oportunidades para disfrutar de[b] estas nuevas formas de hacer turismo.

El ecoturismo consiste en viajar a lugares no explotados por el ser humano.[c] Los lugares del mundo hispano que ofrecen amplias oportunidades para el ecoturismo son las selvas tropicales de Centroamérica y la Amazonia, especialmente en Costa Rica y el Ecuador. Las Islas Galápagos y la Patagonia (en el sur de la Argentina y Chile) también son destinos[d] populares entre los ecoturistas.

El agroturismo indica viajes a lugares rurales donde el turista se queda en casas rurales renovadas, a veces visitando más de una casa o zona durante su viaje. Algunas excursiones son informativas o educativas, con visitas a granjas y campos de cultivo.[e] Otras son simplemente parte de un programa para renovar casas y pueblos rurales. España ofrece varias oportunidades al agroturista por todo el país. La isla Chiloé de Chile también tiene una organización agroturística.

El aventurista, o sea[f] el turista que busca viajes emocionantes, a veces peligrosos,[g] también tiene amplias oportunidades en los países hispanos. En los Andes, la Patagonia y las montañas de España, puede practicar alpinismo, ciclismo de montaña, navegación en rápidos, esquí y *snowboard* extremos.

[a]*please* [b]*disfrutar... enjoying* [c]*por... by humans* [d]*destinations* [e]*granjas...
farms and croplands* [f]*o... or in other words* [g]*dangerous*

Un grupo de estudiantes en una excursión ecoturística en la selva (*jungle*) amazónica, Perú

**¿Practica Ud. alguno de estos tipos de turismo?
¿Dónde lo hace?**

B. Intercambios

Paso 1. Complete el siguiente párrafo sobre sus vacaciones típicas y sus vacaciones más memorables.

En mis vacaciones típicas, voy a _____[1] en _____[2] (*medio de transporte*) en el mes de _____.[3] Voy con _____[4] (*personas*) y esto es lo que hago: _____.[5]

En mis vacaciones más memorables, fui[a] a_____[6] en _____[7] en el mes de _____.[8] Fui con _____.[9] Las vacaciones fueron[b] memorables porque hice[c] las siguientes actividades: _____[10] (*infinitivos*).

[a]*I went* [b]*were* [c]*I did*

Paso 2. Ahora, en parejas, túrnense para hacer y contestar preguntas basadas en las ideas del **Paso 1.** Obtengan (*Get*) mucha información de su compañero/a.

MODELOS: ¿Adónde vas para tus vacaciones, generalmente? ¿Hay un lugar que siempre visitas para las vacaciones? ¿Vas allí todos los años? ¿Por qué vas allí? Y para tus vacaciones más memorables, ¿a qué lugar fuiste?

Nota **comunicativa**

Otros usos de la palabra *se*

It is likely that you have often seen and heard the phrase shown in the photo that accompanies this box: **Se habla español.** (*Spanish is spoken* [*here*]). Here are some additional examples of this use of **se** with Spanish verbs. Note how the meaning of the verb changes slightly.

Se venden billetes aquí. *Tickets are sold here.*

Aquí no **se fuma.** *You don't (One doesn't) smoke here. Smoking is forbidden here.*

Be alert to this use of **se** when you see it because it will occur with some frequency in readings and in direction lines in *Puntos de partida*. The activities in this text will not require you to use this grammar point on your own, however.

Nueva York

C. **¿Dónde se hace esto?** Indique el lugar (o los lugares) donde se hacen las siguientes actividades.

MODELO: Se come. → Se come en un restaurante, en casa, en la cafetería…

1. Se factura el equipaje y se anuncian los vuelos.
2. Se hacen las maletas.
3. Se compran los boletos.
4. Se espera en la sala de espera.
5. Se pide una bebida.
6. Se mira una película.
7. Se nada y se toma el sol.

D. **De viaje.** Conteste las siguientes preguntas.

1. ¿Qué lengua se habla en Francia? ¿en el Brasil? ¿en el Perú? ¿en este país?
2. ¿Cuáles son las diferentes maneras de viajar? Se viaja en…

E. La publicidad

Paso 1. Lea con cuidado (*carefully*) este anuncio de una aerolínea latinoamericana.

▶ **Mundo interactivo**

You should now be prepared to work with Scenario 4, Activity 3 in Connect Spanish (**www.connectspanish.com**).

Paso 2. Ahora, en parejas, contesten las siguientes preguntas. ¡Piensen como expertos en *marketing*!

1. ¿Cómo se llama la aerolínea?
2. ¿A qué tipo de persona va dirigido (*directed*) el anuncio?
3. ¿Por qué se usa un plato con comida en el anuncio?
4. ¿Qué se ve en el plato? ¿Qué representa?
5. ¿En qué tipo de publicación creen Uds. que se encuentra (*is found*) este anuncio?

Vocabulario útil

el continente
los negocios businesses
la red network

 ¿Recuerda Ud.?

In **Gramática 18 (Cap. 6),** you learned how to use direct object pronouns to avoid repetition. Can you identify the direct object pronouns in the following exchange? To what or to who(m) do these pronouns refer?

ROBERTO: ¿Tienes los boletos?

ANA: No, no los tengo, pero mi agente de viajes ya los tiene listos (*ready*).

ROBERTO: Si quieres, te acompaño a la agencia.

ANA: Encantada. Casi nunca te veo.

GRAMÁTICA

▶ **Grammar Tutorial** 21
Mc Graw Hill **connect** |SPANISH
www.connectspanish.com

21 Expressing *to* who(m) or *for* who(m)
Indirect Object Pronouns; **Dar** and **decir**

Gramática en acción: En el aeropuerto

En el mostrador
—¿Me puede dar un asiento de ventanilla, por favor?
—Lo siento, pero ya no hay. Pero sí puedo asignarle un asiento de pasillo.

En el control de seguridad
—¿Me enseña la tarjeta de embarque, por favor?
—¿Le enseño también el pasaporte?

Comprensión

¿Dónde se oye, en el mostrador o en el control de seguridad?

1. «¿Puede enseñarme (*show me*) lo que hay en su bolso?»
2. «No me gusta sentarme en el asiento de en medio (*middle*).»
3. «En un momento le doy la nueva tarjeta de embarque.»
4. «¿Me enseña el pasaporte, por favor?»

> *the indirect object* / **el complemento indirecto**
> = the noun or pronoun that indicates *to who(m)* or *for who(m)* an action is performed

---

Indirect Object Pronouns / **Los pronombres de complemento indirecto**

me	to/for me	**nos**	to/for us
te	to/for you (*fam. sing.*)	**os**	to/for you (*fam. pl.*)
le	to/for you (*form. sing.*), him, her, it	**les**	to/for you (*form. pl.*), them

¡OJO!

Note that indirect object pronouns have the same form as direct object pronouns, except in the third person: **le, les.**

At the airport   *At the counter: "Could you please give me a window seat?" "I'm sorry, but there aren't any more (available). But I **can** give you an aisle seat." At the security check: "Could you please show me your boarding pass?" "Should I show you my passport too?"*

1. Indirect Objects

Indirect object nouns and pronouns are the second recipient of the action of the verb. They usually answer the question *to who(m)?* or *for who(m)?* in relation to the verb. The word *to* is frequently omitted in English.

	INDIRECT	DIRECT	
Ana is preparing	**them**	dinner.	
I'll give	**her**	the gift	tomorrow.

For whom is Ana preparing dinner? → **(for) them**
To who(m) am I giving the gift? → **(to) her**

Indicate the direct and indirect ⌐
following sentences.

1. *He'll give me the car tomorr⌐*
2. *Please tell me the answer no⌐*
3. Me va a dar el coche mañar⌐
4. Dígame la respuesta ahora, po⌐
5. El profesor nos va a hacer algunas preguntas.
6. ¿No me compras una revista ahora?

2. Placement of Indirect Object Pronouns

Like direct object pronouns, *indirect object pronouns* (**los pronombres de complemento indirecto**) can precede the main (conjugated) verb or follow (and be attached to):

- an infinitive
- a present participle

No, no **te presto** el coche.
No, I won't lend you the car.

Voy a **guardarte** el asiento.
Te voy a guardar el asiento.
I'll save your seat for you.

Le estoy escribiendo una carta a Marisol.
Estoy **escribiéndole** una carta a Marisol.
I'm writing Marisol a letter.

3. With Commands

As with direct object pronouns, indirect object pronouns are attached to the affirmative command form and precede the negative command form.

Sírvanos un café, por favor.
Serve us some coffee, please.

No me dé su número de teléfono ahora.
Don't give me your phone number now.

4. Multiple Meanings of *le(s)*

Le and **les** can have several different meanings. When context does not make the meaning clear, the meaning is clarified with a prepositional phrase: **a** + *pronoun object of a preposition.*

Voy a **mandarle** un telegrama. = meaning of **le**
    unclear unless clarified

Voy a mandarle un telegrama **a Ud.**
                    ...**a él.**
                    ...**a ella.**
I'm going to send you/him/her a telegram.

5. Redundancy in Third Person

It is common for a Spanish sentence that has a third person noun indirect object to have not only the **a** + *noun phrase* but also an apparently repetitive **le** or **les**. The pronoun (**le** or **les**) usually precedes the **a** + *noun phrase* in the sentence.

Vamos a **contarle** el secreto **a Juan.**
Let's tell Juan the secret.
(Lit., *Let's tell **to him** the secret **to Juan**. him = Juan*)

¿**Les** guardo los asientos **a Jorge y Marta?**
Shall I save the seats for Jorge and Marta?
(Lit., *Shall I **for them** save the seats **for Jorge and Marta?** them = Jorge and Marta*)

...re are some verbs frequently used with indirect objects. Be sure you
...now their meaning before starting the activities in the **Práctica** section.

contar (cuento)	to tell, narrate	**pedir (pido) (i)**	to ask for
entregar (gu)	to hand in	**preguntar**	to ask (a question)
escribir	to write	**prestar**	to lend
explicar (qu)	to explain	**prometer**	to promise
hablar	to speak	**recomendar (recomiendo)**	to recommend
mandar	to send	**regalar**	to give (as a gift)
mostrar (muestro)	to show	**servir (sirvo) (i)**	to serve
ofrecer (ofrezco)	to offer		

Dar and decir

dar (to give)		decir (to say; to tell)	
doy	damos	digo	decimos
das	dais	dices	decís
da	dan	dice	dicen

Juan les dice a sus padres
que necesita dinero.

Su padre le da un cheque.

1. Dar/Decir + Indirect Objects

The verbs **dar** and **decir** are almost always used with
indirect object pronouns in Spanish.

¿Cuándo **me das** el dinero?
When will you give me the money?

¿Por qué no **le dice** Ud. la verdad, señor?
Why don't you tell him/her the truth, sir?

¡OJO!

In Spanish there are two verbs for *to give:* **dar** (*to give in general*) and **regalar** (*to give as a gift*). Also, do not confuse **decir** (*to say* or *to tell*) with **hablar** (*to speak*) or **contar** (*to tell, narrate*).

2. Formal Commands of dar and decir

Dar and **decir** also have irregular formal command
forms. There is a written accent on **dé** to distinguish
it from the preposition **de.**

Mandatos formales

dar ⟶ **dé, den**
decir ⟶ **diga, digan**

Summary of Indirect Object Pronouns

a mí ⟶ **me**	a nosotros/as ⟶	**nos**
a ti ⟶ **te**	a vosotros/as ⟶	**vos**
a Ud., él, ella ⟶ **le**	a Uds., ellos, ellas ⟶	**les**

Autoprueba

Complete the sentences with the correct indirect object pronoun.

1. Tus abuelos _____ dan el coche a ti, Carolina, no a tu hermano.
2. Los Sres. Gómez _____ mandan este mensaje, señor.
3. No _____ dé las galletas a los niños, por favor.
4. ¿_____ pasas el pan? Está muy lejos de mí.
5. Profesora, no podemos terminar el examen si no _____ da más tiempo.

Answers: 1. te 2. le 3. les 4. Me 5. nos

Práctica

A. Asociaciones. ¿Qué verbos asocia Ud. con los siguientes objetos y situaciones?

1. un coche, el dinero
2. la comida en un restaurante
3. las fotos
4. hacer algo por (*for*) alguien
5. la gramática, un profesor
6. la tarea, un informe (*report, paper*)
7. algo de comer o beber
8. algo para un cumpleaños
9. un restaurante, una película, un libro
10. flores (*flowers*), un e-mail
11. un secreto, un chiste (*joke*)

B. ¡Anticipemos!

Paso 1. Indique si las siguientes declaraciones son ciertas o falsas para Ud.

	CIERTO	FALSO
1. Todos los años le mando una tarjeta de cumpleaños a mi abuelo/a.	☐	☐
2. El Día de la Madre le regalo flores a mi madre.	☐	☐
3. Todos los días les escribo e-mails a mis padres (hijos).	☐	☐
4. Siempre les entrego la tarea a los profesores a tiempo.	☐	☐
5. Mis amigos me dan dinero para mi cumpleaños.	☐	☐
6. Un buen amigo me presta su coche cuando lo necesito.	☐	☐
7. Los profesores nos cuentan chistes en clase con frecuencia.	☐	☐
8. El profesor / La profesora de español nos da mucha tarea.	☐	☐

Paso 2. Ahora, en parejas, túrnense para entrevistarse, usando las declaraciones del **Paso 1** como modelo. Deben corregir los detalles incorrectos.

MODELO: E1: ¿Tus amigos **te** dan dinero para tu cumpleaños?
E2: ¡No! Mis abuelos **me** dan dinero. (Nadie **me** da dinero.)

C. De vuelta (*Returning*) **a la República Dominicana**

Paso 1. Algunos amigos dominicanos necesitan ayuda para arreglar (*arrange*) su vuelta a casa. Explíqueles cómo Ud. los puede ayudar, usando las siguientes palabras.

MODELO: imprimir (*to print*) el boleto electrónico ⟶ **Les** imprimo el boleto electrónico.

1. llamar un taxi
2. bajar (*to carry down*) las maletas de su habitación
3. guardar (*to keep an eye on*) el equipaje
4. guardar un puesto en la cola
5. comprar una revista
6. por fin dar un abrazo (*hug*)

Paso 2. Ahora describa las acciones, pero desde el punto de vista (*point of view*) de sus amigos.

MODELO: imprimir el boleto electrónico ⟶ **Nos** imprimes el boleto electrónico.

Estrategia

Be sure to change the indirect object pronouns when you form the questions.

me ⟶ te
nos ⟶ les or nos

Vocabulario útil

dar
decir
ofrecer (ofrezco)
prestar
regalar
servir (sirvo) (i)

D. ¿Qué hacen estas personas? Complete las siguientes oraciones lógicamente con un verbo y un pronombre de complemento indirecto.

MODELO: El vicepresidente *le ofrece* consejos al presidente.

1. Romeo _____ flores a Julieta.
2. Snoopy _____ besos (*kisses*) a Lucy… ¡Y a ella no le gusta!
3. Eva _____ una manzana a Adán.
4. El Doctor Phil _____ consejos a sus televidentes.
5. Los bancos _____ dinero a las personas que quieren comprar una casa.
6. Los asistentes de vuelo _____ bebidas a los pasajeros.
7. Yo siempre _____ la verdad a todos.

E. En un restaurante. Explíquele al pequeño Benjamín, que solo tiene 4 años, lo que se hace en un restaurante. Llene los espacios en blanco con pronombres de complemento indirecto.

Primero el camarero _____¹ ofrece una mesa desocupada.ª Luego tú _____² pides el menú al camarero. También _____³ haces preguntas sobre los platos y las especialidades de la casa y _____⁴ dices lo que quieres comer. El camarero _____⁵ trae la comida. Por fin tu papá _____⁶ pide la cuenta al camarero. Si tú quieres pagar, _____⁷ pides dinero a tu papá y _____⁸ das el dinero al camarero.

ª*vacant*

Conversación

Intercambios. En parejas, túrnense para entrevistarse sobre los siguientes temas. Traten de (*Try to*) continuar la conversación.

> hacer buenos regalos →

MODELO: E1: **¿Quién te** hace buenos regalos?
E2: Mis padres siempre me hacen buenos regalos.
E1: **¿Qué te** regalan, por ejemplo?
E2: Bueno, me regalan dinero, CDs, muebles para mi apartamento…

1. hacer buenos regalos / regalar cosas feas
2. decir la verdad / mentiras (*lies*)
3. contar secretos / los secretos de otras personas
4. hacer favores / recomendaciones / la cena
5. escribir e-mails / poemas de amor / tarjetas postales cuando están de vacaciones
6. mostrar las fotos de sus vacaciones / las notas (*grades*) de sus exámenes
7. servir la comida / bebidas
8. pedir/dar ayuda / consejos
9. prestar dinero / ropa / su coche
10. prometer cosas que luego no hace
11. recomendar películas / restaurantes / clases en la universidad
12. ¿ ?

In **Capítulo 1** you started to use forms of **gustar** to express your likes and dislikes. Review what you know by answering the following questions. Then, changing their form as needed, interview your instructor.

1. ¿Te gusta el café (el vino, el té...)?
2. ¿Te gusta jugar al béisbol (al golf, al voleibol, al...)?
3. ¿Te gusta viajar en avión (fumar, viajar en tren...)?
4. ¿Qué te gusta más, estudiar o ir a fiestas (trabajar o descansar, cocinar o comer)?

22 Expressing Likes and Dislikes
Gustar (Part 2)

Grammar Tutorial 22

www.connectspanish.com

Gramática en acción: Las vacaciones chilenas

Según el anuncio, a muchos chilenos les gusta viajar a otros países. Lea el anuncio y luego indique si las oraciones son ciertas o falsas.

1. A los chilenos les gusta viajar solo en este hemisferio.
2. A los chilenos les gustan mucho las playas.
3. Solo les gusta viajar a los países de habla española.

¿Y a Ud.?

¿Le gusta viajar? ¿Le gustan los viajes en avión? ¿Cuál de estos lugares le gustaría (*would you like*) visitar?

> **MEDIO MILLÓN DE CHILENOS**
> **DE VACACIONES 2010 AL EXTRANJERO**
> **Y USTED... NO SE QUEDE SIN VIAJAR**
> **¡RESERVE AHORA MISMO!**
> El próximo verano '10, con el bajo valor del dólar, muchas personas desearán viajar, los cupos disponibles se agotarán rapidamente. ¡Asegure sus vacaciones! Elija ahora cualquiera de nuestros fantásticos programas.
> **MIAMI - ORLANDO - BAHAMAS - MÉXICO - CANCÚN
> ACAPULCO - IXTAPA - COSTA RICA - RÍO - SALVADOR
> PLAYA TAMBOR - PUNTA CANA - LA HABANA
> VARADERO - GUATEMALA - SUDÁFRICA**
> Infórmese sobre nuestro SÚPER CRÉDITO PREFERENCIAL
> **Economy Tour**
> Santa Magdalena 94, Providencia
> ☎2334429 - 2331774 - 2314252
> 2328294 - 2318608 - 2334862
> Fax: 2334428

Using **gustar** / **Los usos de** *gustar*

Spanish	English Phrasing	Literal Equivalent
Me gusta la playa. No le **gustan** sus cursos. Nos **gusta** esquiar.	*I like the beach.* *He doesn't like his courses.* *We like to ski.*	The beach is pleasing to me. His courses are not pleasing to him. Skiing is pleasing to us.

You have been using the verb **gustar** since the beginning of *Puntos de partida* to express likes and dislikes. However, **gustar** does not literally mean *to like*, but rather *to be pleasing*.

Me gusta viajar.
Traveling is pleasing to me. (I like to travel.)

Me gustan los viajes de aventura.
Adventure trips are pleasing to me. (I like adventurous trips.)

1. *Gustar* + Indirect Object Pronouns

Gustar is always used with an indirect object pronoun: Someone or something is pleasing *to* someone else. The verb must agree with the subject of the sentence—that is, the person or thing that is pleasing.

¡OJO!

An infinitive is a singular subject in Spanish. **Gusta** is used even if there are two or more infinitive subjects.

> (**no**) *indirect object pronoun* + **gusta(n)** + *subject*

Me gusta **este asiento** de pasillo.
This aisle seat is pleasing to me. (I like this aisle seat.)

No **me** gust**an los asientos** de ventanilla.
Window seats are not pleasing to me. (I don't like window seats.)

Me gusta mucho **volar** en avión.
Flying is really pleasing to me. (I really like to fly.)

Me gusta **nadar** y **tomar** el sol.
I like to swim and sunbathe.

2. Redundancy of Indirect Object

When the person pleased is stated as a noun or a proper name, the indirect object pronoun must be used *in addition to* the phrase **a** + *noun/name*.

¡OJO!

Remember: The indirect object pronoun *must* be used with **gustar** even when the prepositional phrase **a** + *noun* or *pronoun* is used.

> **a** + *noun / name* + (**no**) *indirect object pronoun* + **gusta(n)** + *subject*
> (**no**) *indirect object pronoun* + **gusta(n)** + *subject* + **a** + *noun / name*

Al niño no **le** gustan los aviones.
No **le** gustan los aviones **al niño.**
The child doesn't like airplanes.

A Raquel y a Arturo les gusta viajar juntos.
Les gusta viajar juntos **a Raquel y Arturo.**
Raquel and Arturo like to travel while on vacation.

3. Clarification or Emphasis

A phrase with **a** + *pronoun* is often used for clarification or emphasis. The prepositional phrase can appear before the indirect object pronoun or after the verb.

¡OJO!

Remember that **mí** (accent) and **ti** (no accent) are used as the object of most prepositions, except **conmigo** and **contigo**. Subject pronouns (**Ud., él, ella,...**) are used as the object of all prepositions for all other persons.

CLARIFICATION

¿**Le** gusta **a Ud.** viajar? ¿**A Ud. le** gusta viajar?
Do you like to travel?

¿**Le** gusta **a él** viajar? ¿**A él le** gusta viajar?
Does he like to travel?

EMPHASIS

A mí me gusta viajar en avión, pero **a mi esposo le** gusta viajar en coche. Y **a ti,** ¿en qué **te** gusta viajar?
I like to travel by plane, but my husband likes to travel by car. How do you like to travel?

[Práctica A]

Would Like / Wouldn't Like = **Gustaría**

What one *would* or *would not* like to do is expressed with the form **gustaría*** + *infinitive* and the appropriate indirect objects.

[Práctica B]

A mí me gustaría **viajar** a Colombia.
I would like to travel to Colombia.

Nos gustaría **hacer** camping este verano.
We would like to go camping this summer.

---

*This is one of the forms of the conditional of **gustar**. You will study all of the forms of the conditional in **Gramática 50 (Cap. 18).**

Práctica

A. Los gustos y preferencias

Paso 1. Exprese sus gustos con oraciones completas.

MODELOS: ¿el café? → (No) **Me gusta** el café.
¿los pasteles? → (No) **Me gustan** los pasteles.

1. ¿el vino?
2. ¿los niños pequeños?
3. ¿el merengue? (tipo de música dominicana)
4. ¿volar en avión?
5. ¿el invierno?
6. ¿hacer cola?
7. ¿el chocolate?
8. ¿las películas de terror?
9. ¿las clases que empiezan a las ocho de la mañana?
10. ¿cocinar?
11. ¿la gramática?
12. ¿sus clases este semestre/trimestre?
13. ¿los vuelos con muchas escalas?
14. Marc Anthony

Paso 2. Ahora, en parejas, túrnense para entrevistarse sobre las ideas del Paso 1. Luego digan a la clase dos cosas que Uds. tienen en común.

MODELO: E1: **A mí** no me gusta el café.
E2: **A mí tampoco.** →
E1: (*a la clase*): A mí no me gusta el café y a Miguel tampoco (le gusta).

> **Vocabulario útil**
>
> | | | | |
> |---|---|---|---|
> | **A mí también.** | So do I. | **Pues a mí, sí.** | Well, I do. |
> | **A mí tampoco.** | I don't either. / Neither do I. | **Pues a mí, no.** | Well, I don't. |

B. Las vacaciones de los Soto

Paso 1. Haga oraciones completas para describir lo que les gusta hacer a los miembros de la familia Soto. Luego diga lo que les gustaría hacer en sus vacaciones.

MODELO: padre / nadar: ir a la playa →
Al padre **le gusta** nadar. **Le gustaría** ir a la playa.

1. padres / el mar: ir a la playa
2. hermanos pequeños / nadar: también ir a la playa
3. hermano, Ernesto / hacer *camping:* ir a las montañas
4. abuelos / descansar: quedarse en casa
5. madre / la tranquilidad: visitar un pueblecito (*small town*) en la costa
6. hermana, Elena / discotecas: pasar las vacaciones en una ciudad grande

Paso 2. Conteste las siguientes preguntas.

1. ¿A quién le gustaría ir a Nueva York?
2. ¿A quién le gustaría viajar a Acapulco?
3. ¿Quién no quiere salir de casa?
4. ¿A quién le gustaría ir a la República Dominicana?
5. ¿Quién quiere ir a Colorado?

Conversación

A. ¿Conoce bien a... ?

Paso 1. Piense en su profesor(a) de español. En su opinión, ¿le gustan a él/ella las siguientes cosas o no?

	SÍ, LE GUSTA(N).	NO, NO LE GUSTA(N).
1. la música clásica	☐	☐
2. el color negro	☐	☐
3. las canciones (*songs*) de los años 80	☐	☐
4. viajar en coche	☐	☐
5. la comida mexicana	☐	☐
6. dar clases por la mañana	☐	☐
7. estudiar otras lenguas	☐	☐
8. el arte surrealista	☐	☐
9. las películas trágicas	☐	☐
10. ¿ ?	☐	☐

Paso 2. Ahora entreviste a su profesor(a) para saber si le gustan las cosas del **Paso 1** o no.

MODELOS: ¿A Ud. le gusta la música clásica?
A Ud. le gusta la música clásica, ¿verdad?

Paso 3. Ahora entreviste a un compañero o compañera sobre las mismas cosas.

MODELO: E1: ¿Te gusta la música clásica?
E2: Sí. ¿Y a ti?

B. Perfil personal. En parejas, inventen con detalles las preferencias de las siguientes personas.

> **Vocabulario útil**
>
> **la música *rap, hip hop***
>
> **ju**gar (**ju**e**go**) (**gu**) **a los videojuegos**
> **patinar en monopatín** to skateboard

1. Toño

2. los Sres. Sánchez

3. Memo

Nota **comunicativa**

Otros verbos que expresan los gustos y preferencias

Here are some ways to express intense likes and dislikes

- **mucho / muchísimo, (para) nada**

  Me gusta mucho/muchísimo. — *I like it a lot / a whole lot.*
  No me gusta (para) nada. — *I don't like it at all.*

- **encantar** (*like* **gustar**), **interesar** (*like* **gustar**)

  Me encantan las películas extranjeras. — *I love foreign films.*
  Me interesa aprender otras lenguas. — *I'm interested in learning other languages.*

  > Verbs that are used like **gustar** will be noted in vocabulary lists with the parenthetical note (*like* **gustar**).

- **odiar**

Unlike **encantar** and **interesar,** which are used like **gustar, odiar** is conjugated like regular **-ar** verbs. It is a transitive verb, that is, a verb that can take a direct object.

  Odio los champiñones. — *I hate mushrooms.*
  Mi madre **odia** viajar sola. — *My mother hates traveling alone.*

Use as many of the preceding verbs and expressions as you can in the following activity.

C. Intercambios. En parejas, túrnense para describir lo que les gusta y lo que odian cuando están en las siguientes situaciones. Inventen los detalles necesarios.

MODELO: en la playa → Cuando estoy en la playa, me gusta mucho nadar en el mar, pero no me gusta el sol ni me gusta la arena (*sand*). Por eso no me gusta pasar todo el día en la playa. Prefiero nadar en una piscina.

Situaciones

en un autobús	**en el salón de clase**
en un avión	**en el coche**
en la biblioteca	**en una discoteca**
en una cafetería	**en una fiesta**
en casa con mis amigos	**en un parque**
en casa con mis padres/hijos	**en la playa**
en un centro comercial	**en un tren**

 **¿Recuerda Ud.?**

You have already learned one of the irregular past tense verb forms that is presented in **Gramática 23.** Review it now by telling what day yesterday was: **Ayer...**

Talking About the Past (Part 1)

Preterite of Regular Verbs and of **dar, hacer, ir,** and **ser**

Gramática en acción: Un viaje a la República Dominicana

Elisa es reportera. Hace poco, fue a la República Dominicana para escribir un artículo sobre la isla de La Española. Habla Elisa.

- Hice el viaje en avión.
- El vuelo fue largo porque el avión hizo escala en Miami.
- Pasé una semana entera en la Isla.
- Visité muchos sitios de interés turístico e histórico.
- Comí mucha comida típica del Caribe.
- Tomé el sol, nadé en el mar y escribí muchas tarjetas postales.
- ¡Lo pasé muy bien!

Comprensión

¿Cierto o falso? Corrija las oraciones falsas.

	CIERTO	FALSO
1. Elisa fue a la República Dominicana para pasar sus vacaciones.	☐	☐
2. El avión hizo escala en los Estados Unidos.	☐	☐
3. Elisa no visitó ningún lugar importante de la isla.	☐	☐
4. No lo pasó bien en la playa.	☐	☐

So far, you have almost always talked in the present tense. In this section, you will use forms of the preterite, one of the past tenses in Spanish. To talk about the past in Spanish, there are two *simple tenses* (tenses formed without an auxiliary or "helping" verb): the *preterite* and the *imperfect*. In this chapter, you will learn the regular forms of the preterite and those of four irregular verbs: **dar, hacer, ir,** and **ser.** Then in **Capítulos 9, 10,** and **11,** you will learn more about both tenses.

Preterite: Regular Verbs / El pretérito: Los verbos regulares

-*ar* Verbs		-*er/-ir* Verbs			
hablar		**comer**		**vivir**	
hablé	I spoke (did speak)	comí	I ate (did eat)	viví	I lived (did live)
hablaste	you spoke	comiste	you ate	viviste	you lived
habló	you/he/she spoke	comió	you/he/she ate	vivió	you/he/she lived
hablamos	we spoke	comimos	we ate	vivimos	we lived
hablasteis	you spoke	comisteis	you ate	vivisteis	you lived
hablaron	you/they spoke	comieron	you/they ate	vivieron	you/they lived

A trip to the Dominican Republic Elisa is a reporter. A little while ago, she went to the Dominican Republic to write an article about the island of Hispaniola. Here's Elisa. • I made the trip by plane. • The flight was long because the plane made a stop in Miami. • I spent a whole week on the Island. • I visited a lot of interesting tourist and historical sites. • I ate a lot of typical Caribbean food. • I sunbathed, swam in the ocean, and wrote a lot of postcards. • I had a really good time!

1. Uses of the Preterite

The *preterite* (**el pretérito**) has several equivalents in English. For example, **hablé** can mean *I spoke* or *I did speak*. The preterite is used to report finished, completed actions or states of being in the past. If the action or state of being is viewed as completed—no matter how long it lasted or took to complete—it will be expressed with the preterite.

Pasé dos meses en el Caribe.
I spent two months in the Caribbean.

El verano pasado **hicimos** camping en Puerto Rico.
Last summer we went camping in Puerto Rico.

2. *Nosotros* forms

Note that the **nosotros** forms of regular preterites for **-ar** and **-ir** verbs are the same as the present tense forms. Context usually helps determine meaning.

Ayer **hablamos** del viaje con nuestros amigos. Hoy **hablamos** con el agente de viajes a las dos de la tarde.
Yesterday we spoke about the trip with our friends. Today we're speaking with the travel agent at 2:00 P.M.

3. Accent Marks

Note the accent marks on the first and third person singular of the preterite tense. These accent marks are dropped in the conjugation of **ver: vi, vio.**

bailé, bailó
bebí, bebió
asistí, asistió

but

vi, vio

4. Verbs ending in *-car*, *-gar*, and *-zar*

These verbs show a spelling change in the first person singular (**yo**) of the preterite. (This is the same change you have already learned to make in formal commands, **Gramática 20 [Cap. 7]**).

-car ⟶ qu	busqué	buscamos
bus**c**ar	buscaste	buscasteis
	buscó	buscaron

-gar ⟶ gu	pagué	pagamos
pa**g**ar	pagaste	pagasteis
	pagó	pagaron

-zar ⟶ c	empecé	empezamos
empe**z**ar	empezaste	empezasteis
	empezó	empezaron

5. Unstressed *-i-*

An unstressed **-i-** between two vowels becomes **-y-**. Also, note the accent on the **í** in the **tú, nosotros,** and **vosotros** forms.

creer		leer	
creí	creímos	leí	leímos
creíste	creísteis	leíste	leísteis
creyó	creyeron	leyó	leyeron

6. *-ar* and *-er* Stem-changing Verbs

Stem-changing verbs that end in **-ar** and **-er** are completely regular in the preterite. However, the preterite of **-ir** stem-changing verbs is not regular. You will learn the preterite of those verbs in **Gramática 25 (Cap. 9)**.

despertar (despierto): desperté, despertaste,...
volver (vuelvo): volví, volviste,...

Irregular Forms / **Las formas irregulares**

1. *Dar*

The preterite endings for **dar** are the same as those used for regular **-er/-ir** verbs, except that the accent marks are dropped.

dar	
di	dimos
diste	disteis
dio	dieron

2. *Hacer*

All forms of **hacer** are irregular in the preterite, especially the third person singular, **hizo,** which is spelled with a **z** rather than a **c** to keep the [s] sound of the infinitive.

hacer	
hice	hicimos
hiciste	hicisteis
hizo	hicieron

3. *Ir* and *ser*

These verbs have identical forms in the preterite. Context will make the meaning clear. In addition, forms of **ir** are often followed by **a** (as in the first example), so they are easy to spot in the preterite.

ir/ser	
fui	fuimos
fuiste	fuisteis
fue	fueron

Fui a la playa el verano pasado.
I went to the beach last summer.

Fui agente de viajes.
I was a travel agent.

Autoprueba

Give the correct preterite forms.

1. (nosotros) buscar
2. (mi papá) volver
3. (yo) despertarme
4. (Ud.) ver
5. (ellas) leer
6. (tú) ser

*Answers: 1. buscamos 2. volvió
3. me desperté 4. vio 5. leyeron
6. fuiste*

Práctica

A. ¡Anticipemos!

Paso 1. ¿Es esto lo que Ud. hizo el verano pasado? Lea las siguientes declaraciones y conteste **sí** o **no,** según su experiencia.

El verano pasado...

	SÍ	NO
1. tomé clases en la universidad.	☐	☐
2. asistí a un concierto.	☐	☐
3. trabajé mucho.	☐	☐
4. hice *camping* con algunos amigos / mi familia.	☐	☐
5. pasé todo el tiempo con mis padres / mis hijos / mi esposo/a.	☐	☐
6. me quedé en este pueblo / esta ciudad.	☐	☐
7. fui a una playa.	☐	☐
8. hice un viaje a otro país.	☐	☐
9. fui a muchas fiestas.	☐	☐
10. no hice nada especial.	☐	☐

Paso 2. Ahora, en parejas, túrnense para entrevistarse sobre las ideas del **Paso 1.** Luego digan a la clase dos cosas que Uds. tienen en común.

MODELO: tomé clases en la universidad. →
    E1: El verano pasado, ¿**tomaste** alguna clase en la universidad?
    E2: No, ¿y tú?
    E1: Yo tampoco. →

Nosotros no **tomamos** ninguna clase el verano pasado.

B. El viernes por la tarde

Paso 1. Los siguientes dibujos representan lo que Julio hizo el viernes por la tarde. Empareje las acciones con los dibujos.

ACCIONES

_____ **a.** regresar a casa muy tarde

_____ **b.** volver a casa después de trabajar

_____ **c.** ir a un café a tomar algo y conversar mucho

_____ **d.** llamar a su amigo Rigoberto y los dos decidir ir al cine juntos

_____ **e.** no gustarles nada la película

_____ **f.** cenar rápidamente

_____ **g.** ducharse y afeitarse

_____ **h.** entrar en la Sala 6 y sentarse

_____ **i.** ir al cine en autobús

_____ **j.** encontrarse (*to meet up*) en el cine y luego hacer cola para comprar las entradas (*tickets*)

1.   **2.**   **3.**   **4.**   **5.**

6.   **7.**   **8.**   **9.**   **10.**

Paso 2. Ahora use las frases para narrar una secuencia de acciones. ¡OJO! En algunas oraciones **Julio** es el sujeto; en otras, el sujeto es plural = **ellos** (**Julio y Rigoberto**).

Comprensión. ¿Cierto, falso o no lo dice?

	CIERTO	FALSO	NO LO DICE
1. El amigo de Julio se llama Rigoberto.	☐	☐	☐
2. Son compañeros de clase.	☐	☐	☐
3. A los dos amigos les interesa el cine.	☐	☐	☐
4. Vieron una película extranjera.	☐	☐	☐
5. Odiaron la película.	☐	☐	☐
6. Comieron algo en el café.	☐	☐	☐
7. Julio regresó a casa en autobús.	☐	☐	☐

> **Estrategia**
>
> Use words like **primero, luego, después, finalmente,** and so on, to make your narrative flow smoothly.

¿Quién es, Teresa o Liliana? ¿Cómo lo sabe?

C. El día de ayer de dos compañeras

Paso 1. Teresa y Liliana son compañeras de apartamento en la universidad. Hagan oraciones completas según el modelo para describir su día.

MODELO: 7:30 levantarse → Se levantó a las siete y media.

TERESA
1. 8:00   ducharse y desayunar
2. 9:00   salir de casa / ir a la universidad
3. 10:00   llegar a la biblioteca / estudiar toda la mañana
4. 12:00   almorzar con unos compañeros de la universidad
5. 1:00   hacer experimentos en el laboratorio de química
6. 3:15   volver a casa

LILIANA
7. 9:45   despertarse, pero no levantarse pronto
8. 10:30   desayunar y empezar a hacer la tarea de matemáticas
9. 12:30   terminarla y ver la tele
10. 2:00   empezar a hacer un pastel para el cumpleaños de Miriam
11. 2:30   mandar unos e-mails.
12. 4:30   terminar la tarta / decorarla

TERESA Y LILIANA
13. 5:00   ir al gimnasio cerca de su apartamento / allí hacer ejercicio por una hora
14. 6:30   volver a casa / ducharse y hablar de la fiesta de Miriam
15. 7:00   ir a un restaurante para cenar con Miriam y otros amigos
16. 9:30   ir a casa de Miriam / cantarle «Cumpleaños feliz» / darle su regalo y comer el pastel

Paso 2. Ahora describa el día de ayer de Ud., mencionando por lo menos diez acciones. ¿Hizo algo similar a lo que hicieron Teresa y Liliana?

MODELO: Como Teresa, yo también me duché y desayuné a las ocho.

D. Un semestre en la República Dominicana. Cuente la siguiente historia desde el punto de vista de la persona indicada, usando el pretérito de los verbos.

MODELO: (yo) viajar a la República Dominicana el año pasado →
     Viajé a la República Dominicana el año pasado.

1. (yo) pasar todo el semestre en Santo Domingo.
2. Mis padres pagarme el vuelo…
3. …pero (yo) trabajar para ganar el dinero para la matrícula y los otros gastos (*expenses*).
4. vivir con una familia dominicana encantadora (*charming*).
5. aprender mucho sobre la vida y la cultura dominicanas.
6. visitar muchos sitios de interés turístico e histórico.
7. Mis amigos escribirme con frecuencia.
8. (yo) mandarles muchas tarjetas postales.
9. También comprarles recuerdos (*souvenirs*) a todos.
10. volver al Canadá a fines de agosto.

Conversación

A. Humor viajero. Mire el dibujo y conteste las preguntas.

HUMOR VIAJERO

-¿Y cómo pasó...?
-No sé... Te juro que no lo vi venir.

David Sebastián Ojeda, Pasaje Blanco 1662, Morón, prov. de Buenos Aires, tel. 4697-6858; artepiero@hotmail.com

¿El piloto o Superhombre? ¿Quién…

1. no vio el avión?
2. no vio a Superhombre?
3. sufrió un accidente?
4. juró (*swore*) algo?
5. no llegó a su destino?
6. fue al hospital?
7. hizo un informe (*report*) sobre el accidente?

B. Viajes famosos. En parejas, digan adónde llegaron o viajaron las siguientes personas y en qué medio de transporte viajaron. Luego traten de (*try to*) añadir por lo menos un detalle más: ropa especial, compañeros de viaje, etcétera.

1. Cristóbal Colón
2. Dorotea, en *El mago de Oz*
3. los astronautas de Apollo 11 en 1969
4. E.T.
5. Robinson Crusoe

Vocabulario útil

el camino road
el espantapájaros scarecrow
el extraterrestre
el hombre de lata tin man
la isla
el león
la luna
el náufrago castaway
la nave espacial
la órbita
la Tierra Earth
el tornado

C. Intercambios

Paso 1. Escriba una lista de diez de las acciones que Ud. hizo ayer. Use los siguientes verbos y añada cuatro más de su preferencia. Haga oraciones completas.

MODELO: levantarse ⟶ Ayer **me levanté** a las seis de la mañana.

1. levantarse
2. empezar
3. leer
4. dar
5. hacer
6. ir
7. ¿ ?
8. ¿ ?
9. ¿ ?
10. ¿ ?

Paso 2. En parejas, túrnense para entrevistarse sobre las acciones de su lista del **Paso 1.**

MODELO: E1: Ayer **me levanté** a las seis de la mañana. ¿A qué hora **te levantaste tú**?
E2: **Me levanté** a las diez.

Paso 3. Ahora digan a la clase en qué acciones los dos coincidieron ayer.

Un poco de todo ♻

A. Preguntas: La última (*last*) **vez.** Conteste las siguientes preguntas. Añada más detalles si puede.

MODELO: La última vez que Ud. fue a una fiesta, ¿le llevó un regalo al anfitrión / a la anfitriona (*host/hostess*)? ⟶
Sí, **le** llevé flores / una botella de vino. (No, no **le** llevé nada.)

La última vez que Ud....

1. hizo un viaje, ¿le mandó una tarjeta postal a algún amigo o amiga?
2. tomó el autobús/metro, ¿le ofreció su asiento a una persona mayor?
3. vio a su profesor(a) de español en público, ¿le habló en español?
4. comió en un restaurante, ¿le recomendó algún plato a su compañero/a?
5. entró en un edificio, ¿le abrió la puerta a otra persona?
6. voló en avión, ¿le pidió algo a uno de los asistentes de vuelo?
7. le regaló algo a alguien, ¿le gustó el regalo a la persona?
8. le prometió a alguien hacer algo, ¿lo hizo?
9. se quejó de algo, ¿a quién habló?

B. Lengua y cultura: Mi abuela dominicana. Complete the following paragraphs with the correct form of the words in parentheses, as suggested by context. When two possibilities are given in parentheses, select the correct word. **¡OJO!** The verbs in the paragraphs will be present tense or preterite; the context will indicate which tense to use.

Ayer llegó de visita mi abuela Manuela. Ella vive en Santo Domingo, con mi tía Zaira, la (hermana/sobrina[1]) de mi mamá. (*Nosotros:* Ir[2]) a recibir (la/le[3]) al aeropuerto y nos (*ella:* dar[4]) un abrazo[a] muy fuerte. (Mi/Mí[5]) abuela va (a/de[6]) pasar dos meses con nosotros en Connecticut, y luego (ir[7]) a quedarse un mes con el tío Julián en Nueva Jersey. Así es la vida[b] de muchas abuelas con hijos en otro país.

[a]*hug*   [b]Así... *Such is the life*

A mi abuela le (gusta/gustaría[8]) tener a todos sus hijos y (nietos/sobrinos[9]) en Santo Domingo y siempre (ser/estar[10]) muy triste cuando (volver[11]) a la República Dominicana (antes de / después de[12]) visitarnos. Pero también (le/la[13]) gusta mucho la vida en los Estados Unidos. (*Ella:* Decir[14]) que aquí se vive muy bien y que las casas (ser/estar[15]) muy buenas. (El/La[16]) problema es que no le (gustan/gustarían[17]) los inviernos de (este / esto[18]) país. ¡Es lógico! A ella le (gusta/gustan[19]) las playas y las palmeras, porque es lo que (conoce/sabe[20]) bien.

Cuando mi abuela regresa a Santo Domingo, (les/los[21]) mandamos con ella muchos regalos a nuestros (padres/parientes[22]). Casi todos los años mi familia (viaje/viaja[23]) a la República Dominicana, porque mis padres (vivir[24]) allá hasta que (ir[25]) a estudiar a la Universidad de Massachusetts. ¡(A/—[26]) mí me encanta ir de vacaciones a la República Dominicana!

Una abuela con su hija y su nieta

Comprensión. Conteste las siguientes preguntas.

1. ¿Quién habla en la narración? ¿Se sabe si es hombre o mujer?
2. ¿Dónde vive la tía Zaira?
3. ¿Qué le gusta de la vida en los Estados Unidos a la abuela?
4. ¿Qué no le gusta?
5. ¿Cuándo emigraron a los Estados Unidos los padres del narrador / de la narradora?

C. Intercambios

Paso 1. En parejas, túrnense para entrevistarse sobre su último (*last*) viaje. Deben obtener información relacionada con las siguientes preguntas.

1. ¿cuándo?
2. ¿adónde?
3. ¿en qué medio de transporte?
4. ¿cuántos días?
5. ¿con quién?

Paso 2. Ahora digan a la clase los detalles esenciales del viaje de su compañero/a.

MODELO: Susie fue a Puerto Rico el verano pasado. Hizo el viaje en avión. Se quedó en Puerto Rico una semana. Viajó con su novio y su familia.

En su comunidad

Entreviste a una persona hispana de su universidad o ciudad sobre sus últimas (*last*) vacaciones y los lugares más populares de su país para ir de vacaciones.

PREGUNTAS POSIBLES

- ¿Cuándo fue de vacaciones a su país la última vez? ¿Con quién fue? ¿Cuánto tiempo pasó allá? ¿Se quedó en casa de su familia o en un hotel? ¿Con cuánta frecuencia va de vacaciones a su país?

- ¿Cuáles son los lugares de vacaciones más famosos de su país? ¿Los visitan solo los turistas extranjeros o los nacionales también? ¿Cuál es su lugar favorito? ¿Por qué?

Antes de mirar

¿Cuál es su destino (*destination*) turístico favorito en este país para las vacaciones de verano? ¿y para las vacaciones de primavera? ¿Tiene su familia un lugar favorito para las vacaciones de familia? Si Ud. tiene hijos, ¿tienen ellos un destino favorito? ¿Qué lugar del mundo hispano le gustaría visitar a Ud.?

PROGRAMA **8:** ¡De viaje!

En este programa, se puede ver los mejores de los más de 200 videos de destinos turísticos que los telespectadores de *Salu2* mandaron al programa. ¡La elección (*choice*) fue difícil!

Un arcoíris (*rainbow*) en las Cataratas (*Falls*) del Iguazú: «La caída (*plunging*) de agua desde una altura de ochenta metros es simplemente indescriptible… Hay que estar allí para oír el rugido (*roar*) de las cataratas, sentir (*to feel*) el vapor del agua… »

Vocabulario **de este programa**

el ambiente	ambiance, atmosphere	bajar por cuerda	to descend by rope
enterrado/a	buried		
el puesto	stall, stand	el recorrido	tour
la gente	people	el mirador	viewing stand
la selva	jungle	los caminos	flows
la especie	species	el fuego	fire
el concursante	contestant	la piedra	stone
nacer	to be born	el depredador	predator
hace + *time*	*time* + ago	el ser humano	human being
la copa	(tree) top	la criatura	**el animal**

Fragmento del guion

ANSELMO BINOTTI: De Cusco nos fuimos al Valle Sagrado[a] de los Incas para visitar un santuario de llamas. Estuvimos con personas de esta comunidad mientras hacían tejidos[b] tradicionales. Es un arte que ha pasado[c] de generación en generación y un gran ejemplo de la hermosa[d] artesanía peruana. Pero lo mejor del viaje fue Machu Picchu, considerada una de las siete maravillas[e] del mundo actual.[f] Llegamos allí en tren, en un viaje espectacular por los Andes. Machu Picchu es un lugar rodeado de[g] misterio. Permaneció oculto[h] cientos de años, hasta que un explorador lo descubrió en 1911. Nadie sabe si este lugar fue un fuerte[i] militar o un santuario o una ciudad habitada. […] La última[j] noche estuvimos en el nuevo Parque de las Fuentes[k] para ver un espectáculo[l] de agua, luz[m] y sonido, muy bonito. En resumen, un viaje inolvidable.[n] ¡Les recomiendo mucho que no dejen de visitar[ñ] Perú!

[a]Valle… *Sacred Valley* [b]hacían… *they made weavings* [c]ha… *has passed* [d]*beautiful* [e]*wonders* [f]*modern* [g]rodeado… *surrounded by* [h]Permaneció… *It remained hidden* [i]*fort* [j]*last* [k]*Fountains* [l]*show* [m]*light* [n]*unforgettable* [ñ]no… *don't miss out on visiting*

«Primero estuvimos (*we were*) varios días en Cusco, la antigua (*ancient*) capital del Imperio inca. Está a más de 3.000 metros de altitud, y esta altitud puede provocar malestar (*discomfort*) físico. ¡Pero el malestar no es nada comparado a la belleza (*beauty*) de la ciudad!»

▶ **Mundo interactivo**

Continue your work as an intern at HispanaVisión with Laura Sánchez Tejada, the roving reporter of *Salu2*, as you complete Scenario 4, Activities 3 and 4 in Connect Spanish (**www.connectspanish.com**).

Al mirar

Mientras mira el programa, indique los lugares, animales y aves (*birds*) que se ven.

LUGARES

- ☐ un aeropuerto
- ☐ un casino
- ☐ unas cataratas
- ☐ una ciudad antigua
- ☐ una ciudad moderna
- ☐ un desierto
- ☐ unas montañas
- ☐ un palacio
- ☐ un parque tropical
- ☐ una playa
- ☐ unas ruinas arqueológicas
- ☐ un volcán

ANIMALES Y AVES

- ☐ un elefante
- ☐ flamencos
- ☐ iguanas
- ☐ leones marinos
- ☐ una llama
- ☐ mariposas (*butterflies*)
- ☐ monos (*monkeys*)
- ☐ pelícanos
- ☐ pingüinos
- ☐ píqueros de patas azules (*blue-footed boobies*)
- ☐ pizotes (*coatis*)
- ☐ un tigre
- ☐ tortugas
- ☐ un tucán

Después de mirar

A. ¿Está claro? Empareje las siguientes descripciones con el destino turístico apropiado.

DESCRIPCIONES

1. _____ Se puede bajar en tirolesa, hacer un recorrido en moto todo terreno y montar a caballo (*ride horseback*).
2. _____ No se sabe exactamente qué función tuvo (*it had*) en su época.
3. _____ Tienen una altura de 80 metros.
4. _____ Es uno de los más altos de Centroamérica.
5. _____ Allí hay pingüinos y tortugas.
6. _____ Eva Perón está enterrada allí, en el Cementerio de La Recoleta.
7. _____ Está a más de 3.000 metros.

DESTINOS TURÍSTICOS

a. Buenos Aires
b. las Cataratas del Iguazú
c. la Reserva de Monteverde
d. el Volcán Arenal
e. las Islas Galápagos
f. Cusco
g. Machu Picchu

Una turista que baja en tirolesa (*zip line*) en la Reserva de Monteverde en Costa Rica: «Es súper emocionante (*exciting*) subir hasta las ramas (*branches*) de los árboles y tirarse (*jump out*)».

B. Un poco más. Conteste las siguientes preguntas.

1. ¿Quién filmó los videos que se ven en este programa?
2. ¿Por qué se ven estos videos en el programa de hoy?
3. ¿Por qué fue Ana a Costa Rica?
4. ¿Por qué fue Ana a las Galápagos?
5. ¿Cuál de los cuatro países que se ven en este programa conoce Víctor?

C. Y ahora, Uds. En grupos de tres o cuatro, indiquen cuál, en su opinión, es el mejor destino turístico de los cuatro. Expliquen por qué.

Sobre el programa

A Laura le encanta viajar; esa probablemente fue la razón principal por la que[a] estudió comunicación y por la que es la reportera de *Salu2*. Hace un año, conoció a un productor de *Salu2* en México. Este productor pensó que Laura sería[b] una reportera perfecta, porque es joven y mexicana, como gran parte de los telespectadores del programa. El productor le ofreció el trabajo a Laura y ella aceptó sin pensárselo dos veces.[c]

[a]por... why   [b]would be   [c]sin... instantly, without thinking

Producción personal

Haga un foto montaje con voz en off (*voiceover*) sobre (*about*) un destino turístico. Puede ser su destino favorito o un lugar que le gustaría visitar algún día.

Lectura cultural
La República Dominicana

El turismo es el sector económico más importante de la República Dominicana. La biodiversidad de sus bosques,[a] sus parques nacionales, sus ríos, lagos, playas, ciudades y zonas rurales, hacen de la República Dominicana un país que ofrece lugares de interés para cualquier[b] visitante. Uno de los destinos[c] turísticos más populares es Punta Cana, al este del país. Allí se puede disfrutar[d] de un clima tropical y de bellas[e] playas de arena[f] blanca y fina. Santo Domingo, la capital del país, tiene una hermosa zona colonial con museos, casas antiguas y otros monumentos históricos. En 1990, fue reconocida[g] como Patrimonio Cultural de la Humanidad[h] por la UNESCO.

> ¿Cuáles son las atracciones turísticas más populares de su estado/provincia?

En la zona colonial de Santo Domingo

[a]*forests* [b]*any* [c]*destinations* [d]*enjoy* [e]*beautiful* [f]*sand* [g]*recognized* [h]*Patrimonio… World Cultural Heritage site*

En otros países hispanos

- **En todo el mundo hispanohablante** En muchos países hispanos, y no solo en los países tropicales, hay playas maravillosas.[a] Por ejemplo, el Uruguay, la Argentina y Chile tienen costas fabulosas sin estar en el trópico.

- **En España** La industria del turismo es un importante motor[b] de la economía española. España es el cuarto[c] país del mundo receptor de turistas extranjeros, después de China, Francia y los Estados Unidos.

- **En los Estados Unidos** Probablemente nunca se le ha ocurrido[d] a Ud. hacer turismo en los Estados Unidos para saber de la historia del mundo hispano. Gran parte del actual[e] territorio estadounidense fue antes territorio español. Así que podría[f] visitar lugares históricos en la Florida, Texas, California, etcétera, para tener idea de la presencia histórica de la cultura hispana sin salir de este país.

[a]*wonderful* [b]*engine* [c]*fourth* [d]*nunca… it's never occurred to you* [e]*present-day* [f]*you could*

Tres símbolos dominicanos

- **El güiro** Este es un instrumento de origen africano que se usa en la música dominicana.

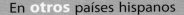

- **El casabe** Es un tipo de tortilla que se hace con la yuca.[a] Es un alimento[b] básico de la cocina dominicana. También era[c] uno de los alimentos de los taínos, los indígenas de la isla.

- **El colmado** Así se llama la tienda del barrio[d] en donde se vende de todo, desde comida preparada hasta herramientas.[e] Pero lo más importante es que es un lugar de encuentro[f] para la gente[g] del barrio.

[a]*manioc, cassava root* [b]*food* [c]*it was* [d]*neighborhood* [e]*tools* [f]*lugar… meeting point* [g]*people*

Una figura importante del período colonial

Fray Bartolomé de Las Casas (1484–1566) nació[a] en España, pero vivió muchos años en la isla de La Española. Trabajó toda su vida por crear leyes[b] para proteger[c] a los indígenas, no solo de La Española sino[d] también de todas las colonias españolas de la época.

[a]*was born* [b]*por… to create laws* [c]*protect* [d]*but*

COMPRENSIÓN

1. ¿Cuáles son dos lugares turísticos importantes en la República Dominicana?
2. ¿Qué país hispanohablante está muy alto en la lista de países receptores de turistas?
3. ¿Por qué se puede decir que en los Estados Unidos es muy importante la presencia histórica de los países hispanos?

Del mundo hispano

Antes de leer

En un crucero, ¿qué condiciones son importantes para Ud.?
Para mí es importante…

☐ que el servicio sea (*be*) excelente.
☐ que el precio sea económico.
☐ que la comida sea deliciosa.
☐ que haga (*it make*) paradas en muchos puertos.
☐ que las bebidas sean gratis
☐ ¿ ?

Lectura: Un anuncio para un crucero
Comprensión

A. Los mejores cruceros. Estas oraciones resumen los ocho puntos del anuncio. Ordénelas del 1 al 8, según el anuncio. ¡OJO! Una de las oraciones del resumen es extra.

a. _____ El precio es bueno y garantizado.

b. _____ Las personas que quieren beber más (o menos) pueden comprar ofertas especiales.

c. _____ El español es la lengua del crucero.

d. _____ Se visitan muchos destinos (*destinations*) en comparación con otras compañías.

e. _____ La calidad del servicio es excelente.

f. _____ Hay piscinas y gimnasios a bordo.

g. _____ La comida es muy buena.

h. _____ No tiene que usar dinero en efectivo (*cash*) durante el viaje.

i. _____ Hay salidas de muchos puertos.

B. Estudio de marketing. ¿A qué tipo de turistas se dirige (*is aimed*) este anuncio de Iberocruceros? Estudie el contenido de los ocho puntos y también el uso de **tú, Ud.** o **Uds.** para imaginar a la persona que se interesa en este tipo de crucero.

Bienvenidos a
ibero cruceros

¿Por qué Iberocruceros?

1. Porque el idioma oficial a bordo es el castellano[a] y los espectáculos y animación[b] están adaptados a nuestros gustos.

2. Porque encontrarás[c] la mejor gastronomía española.

3. Porque tenemos una oferta de bebidas a la medida de[d] las necesidades de cada uno de nuestros clientes: Forfaits[e] ilimitados, Pack Ibero… (ver pág 15).

4. Porque vamos a buscarte a casa, acercándote[f] nuestros cruceros con la ampliación[g] de nuevos puertos de embarque en España.

5. Porque tenemos la garantía de mejor precio con nuestra tarifa[h] Ahorro Express (ver pág 10-11).

6. Porque tenemos la mejor relación calidad-precio como demuestran los 2 premios Excellence que nos han otorgado[i] en 2009 y 2010.

7. Porque tendrás unas vacaciones sin preocupaciones de ningún tipo: olvídate[j] de hacer y deshacer equipaje y de llevar dinero encima porque registrando tu tarjeta de crédito no lo necesitarás.

8. Porque tenemos los mejores itinerarios que te permiten descubrir más destinos en un crucero.

UN EJEMPLO

Otras navieras en 8 días visitan: Atenas, Dubrovnik, Venecia, Brindisi y Katakolón (5 puertos diferentes).

Iberocruceros en los mismos días visita: Atenas, Santorini, Mykonos, Rodas, Heraklion, Corfú (Creta), Dubrovnik y Venecia (8 puertos diferentes).

8 días / 7 noches

Otras navieras
Venecia
Dubrovnik
Brindisi
El Pireo (Atenas)
Katakolón (Olimpia)
¡sólo 5 puertos!

Iberocruceros
Venecia
Dubrovnik
Corfú
El Pireo (Atenas)
Santorini
Mykonos
Rodas
Heraklion (Creta)
¡8 puertos diferentes!

3

[a]español [b]actividades [c]*you will find* [d]*a… geared to* [e]*Passes* [f]*bringing closer to you* [g]*expansion* [h]*fare* [i]*han… they've given* [j]*forget*

Antes de escuchar

Por lo general, ¿qué hace Ud. en su tiempo libre (*free time*)? ¿Qué actividades le gusta hacer cuando va a la playa? ¿y cuando va al centro de su ciudad?

Escuche

Las actividades de ayer y de hoy

Arturo y David hablan de lo que hicieron ayer y lo que van a hacer hoy. Escuche según las indicaciones de su profesor(a).

Vocabulario **para escuchar**			
¡No me digas que...!	Don't tell me that . . . !	**¿De veras?**	Really?
apagado	turned off	**corriendo**	running (that is, in a hurry)

Después de escuchar

A. ¿Qué pasó ayer? Conteste las siguientes preguntas según la conversación telefónica para decir lo que hicieron ayer unos amigos dominicanos.

1. ¿Qué hicieron David y Paula?

2. ¿Qué hicieron Arturo y Cristina?

3. ¿Cuál de los cuatros amigos hizo la actividad más relajada (*relaxing*)?

B. ¿Qué va a pasar hoy? ¿Cierto o falso? Corrija las oraciones falsas.

	CIERTO	FALSO
1. Arturo y Cristina no quieren salir con David y Paula.	☐	☐
2. Hace viento hoy.	☐	☐
3. Van a la playa en coche.	☐	☐
4. No van a llevar nada de comer.	☐	☐

¡Música!

Go to the iMix section in Connect Spanish (**www.connectspanish.com**) to access the iTunes playlist "*Puntos9*," where you can purchase "Ojalá que llueva café" by Juan Luis Guerra.

Juan Luis Guerra (1957–) es uno de los cantantes dominicanos con mayor proyección[a] internacional. Se especializa en bachata y merengue, dos tipos de música dominicana. Su canción «Ojalá que[b] llueva café», del álbum del mismo[c] nombre, es famosa en todo el mundo.

[a]*fame, reach* [b]*Ojalá… I hope that* [c]*same*

Juan Luis Guerra, en Las Vegas, Nevada

A ESCRIBIR

El tema

Unas vacaciones memorables

¿Prefiere Ud. para sus vacaciones la playa? ¿las montañas? ¿las ciudades grandes?
(En la Playa Cabarete, República Dominicana)

Preparar

Piense en las vacaciones más memorables de su vida. ¿Son memorables porque fueron buenas o porque fueron un desastre?

Paso 1. Haga una lista cronológica de todos los eventos y actividades que ocurrieron durante esas vacaciones.

Paso 2. Haga una lista de las cosas que más le gustaron y de las cosas que no le gustaron. ¿Por qué cree que esas vacaciones son memorables? Piense en la razón principal y explique cuál es.

Redactar

Desarrolle (*Develop*) el ensayo usando toda la información de **Preparar.** Antes de empezar, piense en el tono de su ensayo. ¿Es alegre, cómico, íntimo? El tono debe estar presente desde el principio del ensayo.

Editar

Revise el ensayo para comprobar (*to check*):

- la ortografía y los acentos (**¡OJO!** con las formas del pretérito)
- la organización de las ideas (una clara secuencia de acciones y buenas transiciones)
- la consistencia del tono
- el uso de los pronombres (evitar [*avoid*] el uso excesivo de pronombres personales; evitar la repetición innecesaria de los sustantivos con el uso de los pronombres de complemento directo)

Finalmente, prepare su versión final para entregarla.

Gramática en breve

21. Indirect Object Pronouns; *Dar* and *decir*

me, te, le, nos, os, les

dar: doy, das, da, damos, dais, dan
decir: digo, dices, dice, decimos, decís, dicen

22. *Gustar*

(no) *indirect object pronoun* + **gusta** + *singular subject*
(no) *indirect object pronoun* + **gustan** + *plural subject*

Would like: **gustaría(n)**

23. Preterite of Regular Verbs and of *dar, hacer, ir, and ser*

-ar Verbs: **-é, -aste, -ó, -amos, -asteis, -aron**
-er/-ir Verbs: **-í, -iste, -ió, -imos, -steis, -ieron**

dar: di diste, dio, dimos, disteis, dieron
hacer: hice, hiciste, hizo, hicimos, hicisteis, hicieron
ir/ser: fui, fuiste, fue, fuimos, fuisteis, fueron

Vocabulario

Los verbos

contar (cuento)	to tell, narrate
dar (doy)	to give
decir (digo)	to say; to tell
encantar (*like* **gustar**)	to like very much, love
entregar (gu)	to hand in
explicar (qu)	to explain
gustar	to be pleasing
interesar (*like* **gustar**)	to interest (*someone*)
mostrar (muestro)	to show
odiar	to hate
ofrecer (ofrezco)	to offer
preguntar	to ask (*a question*)
prestar	to lend
prometer	to promise
recomendar (recomiendo)	to recommend
regalar	to give (*as a gift*)

Repaso: escribir, hablar, mandar, pedir (pido) (i), servir (sirvo) (i)

De viaje

de viaje	on a trip, traveling
la aduana	customs (*at a border*)
el aeropuerto	airport
el asiento	seat
el/la asistente de vuelo	flight attendant
el autobús	bus
el avión	airplane
el barco	boat, ship
el billete (*Sp.*) / **el boleto** (*L.A.*)	ticket
de ida	one-way ticket
de ida y vuelta	round-trip ticket
electrónico	e-ticket
la cabina	cabin (*on a ship*)
la cola	line (*of people*)
el control de seguridad	security (check)
el crucero	cruise (ship)
la demora	delay
el equipaje	baggage, luggage
la escala	stop
la estación	station
de autobuses	bus station
de trenes	train station
la llegada	arrival
la maleta	suitcase
el maletero	porter
el medio de transporte	means of transportation
la parada	stop
el pasaje	fare, price (*of a transportation ticket*)
el/la pasajero/a	passenger
el pasaporte	passport
el pasillo	aisle
el/la piloto	pilot
la puerta de embarque	boarding gate
el puerto	port
el puesto	place (*in line*)
la sala de espera	waiting room
la sala de fumar/ fumadores	smoking area
la salida	departure
la tarjeta (postal)	(post)card
la tarjeta de embarque	boarding pass
el tren	train
la ventanilla	small window (*on a plane*)
el vuelo	flight

Repaso: el viaje

anunciar	to announce	**la montaña**	mountain
bajarse (de)	to get down (from); to get off (of) (*a vehicle*)	**el océano**	ocean
		la tienda (de campaña)	tent
facturar el equipaje	to check baggage	**Repaso: la playa, el sol**	
fumar	to smoke	**estar de vacaciones**	to be on vacation
guardar (un puesto)	to save (a place [*in line*])	**hacer *camping***	to go camping
hacer cola	to stand in line	**ir de vacaciones a...**	to go on vacation to/in . . .
hacer escalas/paradas	to make stops	**nadar**	to swim
hacer la(s) maleta(s)	to pack one's suitcase(s)	**pasar las vacaciones en...**	to spend one's vacation in . . .
ir al extranjero	to go abroad		
ir en...	to go/travel by . . .	**sacar (qu) fotos**	to take photos
autobús	bus	**salir de vacaciones**	to leave on vacation
avión	plane	**tomar el sol**	to sunbathe
barco	boat, ship	**tomar unas vacaciones**	to take a vacation
tren	train		
pasar por el control de seguridad / la aduana	to go/pass through security (check) / customs	## Otros sustantivos	
		el chiste	joke
quejarse (de)	to complain (about)	**la flor**	flower
subir (a)	to go up; to get on (*a vehicle*)	## Los adjetivos	
viajar	to travel	**atrasado/a** (*with* **estar**)	late
volar (vuelo) en avión	to fly, go by plane	**juntos/as**	together
Repaso: hacer un viaje, llegar (gu), salir			

De vacaciones

		## Palabras adicionales	
de vacaciones	on vacation	**a tiempo**	on time
la camioneta	station wagon; van	**me gustaría (mucho)...**	I would (really) like . . .
el *camping*	campground	**muchísimo**	an awful lot
la foto(grafía)	photo(graph)	**(para) nada**	at all
el mar	sea	**por**	through; for

Vocabulario personal

9

Los días festivos°

Los… *Holidays*

Una mujer vestida con traje tradicional durante una celebración cubana

- En este país, ¿hay más días festivos de carácter religioso o de carácter civil? ¿Cuáles son los días festivos más importantes para Ud. y su familia?

- ¿Cree Ud. que las grandes celebraciones nacionales en los países hispanohablantes son motivados por fiestas religiosas o por fiestas civiles?

- En su familia, ¿es muy importante celebrar los cumpleaños? ¿Los celebran con grandes comidas familiares? ¿Cuál fue el último cumpleaños que celebraron?

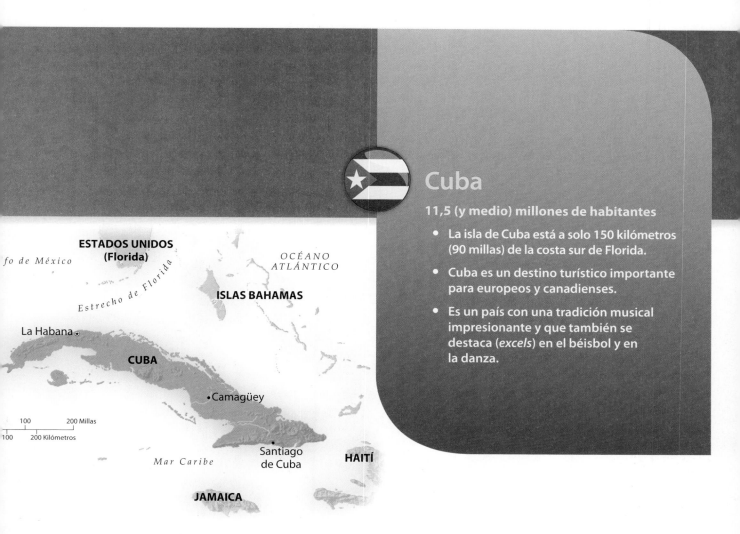

Cuba

11,5 (y medio) millones de habitantes

- La isla de Cuba está a solo 150 kilómetros (90 millas) de la costa sur de Florida.

- Cuba es un destino turístico importante para europeos y canadienses.

- Es un país con una tradición musical impresionante y que también se destaca (*excels*) en el béisbol y en la danza.

Map labels:
ESTADOS UNIDOS (Florida)
fo de México
OCÉANO ATLÁNTICO
Estrecho de Florida
ISLAS BAHAMAS
La Habana
CUBA
Camagüey
100 · 200 Millas
100 · 200 Kilómetros
Mar Caribe
Santiago de Cuba
HAITÍ
JAMAICA

En este capítulo

Una fiesta de cumpleaños para Javier

¡FELICITACIONES!

el anfitrión — Jorge

Sí, la fiesta es en casa de Javier.

la anfitriona

Melisa

bailar

Carmen

Pedro

los regalos

las tarjetas

los refrescos

Javier

el champán

las botanas / las tapas

el pastel de cumpleaños

las velas

20 años

Para comer y beber

las botanas (*Mex.*) / **las tapas**	appetizers

Otros sustantivos

el anfitrión / la anfitriona	host (*of an event*)
el día festivo	holiday
el/la invitado/a	guest

Los verbos

celebrar	to celebrate
cumplir años	to have a birthday
darle una fiesta (a alguien)	to give (*someone*) party
faltar (a)	to be absent (from), not attend

¡OJO!

Remember that a preposition is followed by an infinitive in Spanish.

gastar	to spend (*money*)
hacerle una fiesta (a alguien)	to have a party (for someone)
invitar	to invite
pasarlo bien/mal	to have a good/bad time
regalar	to give (*as a gift*)
reunirse (me reúno) con*	to get together (with)
ser + **en** + *place*	to be, occur in/at (*a place*)
¿Dónde es la fiesta?	Where is the party (at)?

Repaso: divertirse (me divierto) (i)

Palabras adicionales

¡Felicitaciones!	Congratulations!
gracias por + *noun*	thanks for + *noun*
Gracias por el regalo.	Thanks for the present.
gracias por + *inf.*	thanks for + *verb* (*-ing*)
Gracias por invitarme.	Thanks for inviting me.

*Note the accent that occurs on **-u-** in forms of **reunirse** when the syllable is stressed: **me reúno, te reúnes, se reúne, nos reunimos, os reunís, se reúnen.** This pattern is like that of stem-changing verbs (that is, the stem vowel changes when it is stressed.)*

Los días festivos hispanos

> ## ¡OJO!
> Only the highlighted items in this list are active vocabulary.

Durante una «parranda» (*big party*), en el pueblo de Remedios, Cuba

el Día de los Reyes Magos	Day of the Magi (Three Kings) / Epiphany (Jan. 6)
la Pascua	Easter
la Pascua judía	Passover
la Semana Santa	Holy Week
el Día de la Raza	Columbus Day / Hispanic Awareness Day in some parts of the U.S. (Oct. 12)
el Día de los Muertos	Day of the Dead (Nov. 2)

el Janucá	Hanukkah
la Nochebuena	Christmas Eve
la Navidad	Christmas
la Nochevieja	New Year's Eve
el día del santo	saint's day (*the saint for whom one is named*)
la quinceañera	young woman's fifteenth birthday party

Los días festivos en los Estados Unidos y el Canadá: el Día de San Patricio, el Cinco de Mayo, el Día del Canadá, el Cuatro de Julio, el Día de Acción de Gracias

Así se dice

hacer una fiesta = hacer un juerga (*Sp.*), armar (un) bochinche (*Cuba*)
la quinceañera = la fiesta de quince años
el pastel = la torta, la tarta, el queque (*L.A.*)

la Pascua = la Pascua Florida
el Día de los Muertos = el Día de los Difuntos
la Navidad = las Pascuas

The figure of **Santa Claus** is a familiar one in Hispanic countries. That is what he is called in Mexico and Puerto Rico. In other parts of the Spanish-speaking world, he is more often called **Papá Noel.**

Conversación

A. Una fiesta de cumpleaños para Javier. Conteste las siguientes preguntas sobre el dibujo de la página 266.

1. ¿Qué tipo de fiesta es? ¿Dónde es la fiesta?
2. ¿Quiénes son los anfitriones de la fiesta? ¿Quién es el invitado de honor?
3. ¿Qué hay de comer y de beber? ¿Qué hacen los invitados?
4. ¿Qué le dan los invitados a Javier, además de (*besides*) regalos?
5. ¿Quién falta a la fiesta? ¿Quién lo invita por teléfono?
6. ¿Qué le van a decir todos a Javier cuando corta el pastel?
7. ¿Qué cree Ud. que Javier les va a decir a Carmen y Pedro después de la fiesta?

B. Asociaciones. ¿Qué palabras asocia Ud. con las siguientes ideas? Dé por lo menos dos palabras asociadas con cada idea.

1. un cumpleaños
2. una fiesta
3. los fuegos artificiales (*fireworks*)
4. un árbol (*tree*)
5. los regalos
6. una comida grande

C. Definiciones

Paso 1. Dé las palabras definidas.

1. Algo de comer o beber que se sirve en las fiestas.
2. El día en que, por tradición, algunas personas visitan los cementerios.
3. La fiesta de una muchacha que cumple 15 años.
4. Lo que se le dice a un amigo que celebra algo.
5. Una fiesta de los judíos (*Jewish people*) que dura 8 días.

Paso 2. Ahora cree (*create*) por lo menos (*at least*) dos definiciones como las del **Paso 1.** La clase va a adivinar (*guess*) la palabra definida.

Nota **cultural**

Los días festivos importantes del mundo hispano

Algunas fiestas se celebran en casi todos los países hispanos.

- **La Nochebuena** En esta fiesta los hispanos cristianos siguen principalmente sus tradiciones religiosas. Celebran la víspera[a] de la Navidad con una gran cena. Muchas familias van a la Misa del Gallo,[b] un servicio religioso que se celebra a medianoche. En algunos países, los niños reciben la visita de Papá Noel, quien les deja regalos.
- **La Nochevieja** Es una ocasión para grandes celebraciones, tanto entre familia como en lugares públicos. En España y otros países algunos siguen la tradición de comer una uva[c] por cada una de las doce campanadas[d] de medianoche.
- **El Día de los Reyes Magos** En España y otros países, se celebra el 6 de enero como el día de los Reyes Magos. Ellos son los encargados[e] de traer regalos. Muchos niños ponen sus zapatos en la ventana o balcón antes de acostarse la noche del 5 de enero. Los Reyes llegan en camellos durante la noche y llenan los zapatos con regalos y dulces.
- **El Día de la Independencia** Todos los países latino-americanos celebran el día de la declaración de su independencia de España. Por ejemplo, Cuba celebra su independencia el 10 de octubre; México, el 16 de septiembre; Bolivia, el 6 de agosto; el Paraguay, el 15 de mayo y El Salvador, el 15 de septiembre.

[a]*eve* [b]*Misa… Midnight Mass* [c]*grape* [d]*bell strokes* [e]*los… in charge*

Unos bailarines (*dancers*) durante las celebraciones del Día de los Reyes Magos, en La Habana, Cuba

- **La quinceañera** Esta fiesta, celebrada en muchos países latinoamericanos y en este país, celebra la llegada de las niñas a los 15 años, es decir, su transición de niña a mujer. La familia y los amigos de la joven le dan una gran fiesta, en la que[f] ella se viste de largo.[g] A veces se celebra una misa especial, pero siempre hay una cena y una fiesta con música para bailar.

¿Cuáles de estas fiestas se celebran en su familia? Si no se celebra ninguna de ellas, ¿cuáles son las fiestas familiares de más importancia para Ud.?

[f]*la… which* [g]*se… dresses up (in a gown)*

D. Hablando de fiestas

Paso 1. ¿Cuáles de estas fiestas le gustan a Ud.? ¿Cuáles no le gustan? Explique por qué. Compare sus respuestas con las (*those*) de sus compañeros de clase. ¿Tienen los mismos gustos?

MODELO: el Cuatro de Julio → Me gusta mucho el Cuatro de Julio porque vemos fuegos artificiales en el parque y…

1. el Cuatro de Julio
2. el Día de Acción de Gracias
3. la Nochevieja
4. la Navidad

Paso 2. Ahora piense en su fiesta favorita. Puede ser una de la lista del **Paso 1** o una del **Vocabulario útil** de la página 267. Piense en cómo celebra Ud. esa fiesta, para explicárselo (*explain it*) luego a la clase. Debe pensar en lo siguiente.

- los preparativos que Ud. hace de antemano (*beforehand*)
- la ropa especial que lleva
- las comidas o bebidas especiales que compra o hace

- el lugar donde se celebra
- los adornos especiales que hay o que Ud. pone

Paso 3. ¿Hay algún día festivo que debe existir, según Uds., pero que no existe? En grupos, inventen por lo menos dos días festivos: **el Día de...** Presenten sus días festivos originales a la clase y explíquenles a sus compañeros cómo se deben celebrar.

Las emociones y los estados afectivos°

estados... *emotional states*

reír(se)* ([me] río) (i) (de)

sonreír(se)* ([me] sonrío) (i)

llorar

enojarse (con)

enfermarse

discutir (con/sobre)	to argue (with/about)
olvidar(se) (de)	to forget (about)
portarse bien/mal	to (mis)behave
quejarse (de)	to complain (about)
recordar (recuerdo)	to remember

sentirse (me siento) (i)	to feel (*an emotion*)
ponerse + *adj.*	to become, get + *adj.*
alegre, contento/a, feliz (*pl.* **felices**) (*happy*), **rojo/a, triste...**	

Conversación

A. ¿Cuándo... ?

Paso 1. ¿En qué ocasiones o situaciones es posible sentir las siguientes emociones o tener estas reacciones? En parejas, completen las oraciones, según su experiencia.

MODELOS: Me quejo en (*lugar*) / cuando... (*acción*) →
    E1: Me quejo en **el aeropuerto** cuando **hago cola.**
    E2: Yo también, y también me quejo en **una tienda** cuando **un dependiente no me atiende.**

1. Me quejo en / cuando...
2. Me río mucho en / cuando...
3. Sonrío en / cuando...
4. Lloro en / cuando...
5. Mis padres/hijos se enojan en / cuando... (Mi esposo/a / novio/a se enoja en / cuando...)
6. Los niños se portan bien/mal en / cuando...
7. Las mascotas se portan bien/mal en / cuando...
8. Nos enfermamos en / cuando...

Paso 2. Ahora comparen sus respuestas con las (*those*) del resto de la clase. ¿En qué son similares o diferentes las respuestas de todos?

---

*The verbs **reír** (*to laugh*) *and* **sonreír** (*to smile*) *are* **e** → **i** *stem-changing verbs. Due to the double vowels, accents are required on all present tense forms of these verbs, but not on their present participles:* **(son)río, (son)ríes, (son)ríe, (son)reímos, (son)reís, (son)ríen,** *but:* **(son)riendo.**

Nota **comunicativa**

Cómo enfatizar: *-ísimo/a*

To emphasize the quality described by an adjective or an adverb, add **-ísimo/a/os/as** to an adjective and **-ísimo** to an adverb. This change adds the idea *extremely* or *very, very* to the quality expressed. You have already used one emphatic adverb: **Me gusta muchísimo.**

> Estas tapas son **dificilísimas** de preparar.   *These appetizers are very, very hard to prepare.*

- If the word ends in a consonant, **-ísimo** is added to the singular form:
  difícil → **dificilísimo** (and any accents on the word stem are dropped).
- If the word ends in a vowel, the final vowel is dropped before adding **-ísimo: rápido** → **rapidísimo** (and any accents on the word stem are dropped).
- Spelling changes occur when the final consonant is **c, g,** or **z: riquísimo, larguísimo, felicísimo.**

Vocabulario útil

avergonzado/a
  embarrassed
de buen/mal humor
contento/a
feliz/triste
furioso/a
impaciente
nervioso/a
serio/a

B. Reacciones. ¿Cómo se pone Ud. en estas situaciones? Use los adjetivos y verbos que Ud. sabe y también algunas formas enfáticas (**-ísimo/a**). ¿Cuántas emociones puede Ud. describir?

MODELO: Llueve todo el día. → Me pongo **triste/tristísimo.**

1. Llueve el día de su cumpleaños.
2. Es Navidad. Alguien le hace un regalo carísimo.
3. Ud. quiere bañarse. No hay agua caliente.
4. Ud. está solo/a en casa una noche y oye un ruido.
5. Ud. da una fiesta en su casa o apartamento. Todos están muy serios.
6. Hoy hay un examen importante. Ud. no estudió nada anoche.
7. Ud. cuenta un chiste pero nadie se ríe.
8. Ud. acaba de terminar un examen difícil. Cree que lo hizo muy mal.

C. Opiniones

Paso 1. ¿Son ciertas o falsas para Ud. las siguientes declaraciones?

EN LAS FIESTAS DE FAMILIA	CIERTO	FALSO
1. Las fiestas de familia me gustan muchísimo.	☐	☐
2. Un pariente siempre se queja de algo.	☐	☐
3. Uno de mis parientes me hace preguntas indiscretas.	☐	☐
4. Alguien siempre bebe/come demasiado (*too much*).	☐	☐

LOS DÍAS FESTIVOS EN GENERAL	CIERTO	FALSO
5. La Navidad / La Fiesta de las Luces es solo una excusa para gastar dinero.	☐	☐
6. Se empieza a celebrar la Navidad con demasiada anticipación (*too early*).	☐	☐
7. Las vacaciones de primavera son demasiado breves.	☐	☐
8. Solo las personas que practican una religión deben tener vacaciones en los días festivos religiosos.	☐	☐

▶ **Mundo interactivo**

You should now be prepared to work with Scenario 5, Activity 1 in Connect Spanish (**www.connectspanish.com**).

Paso 2. Su profesor(a) los va a ayudar a resumir las respuestas de toda la clase. Analícenlas. ¿Están todos de acuerdo con los resultados?

♻ ¿Recuerda Ud.?

You have already learned the irregular preterite stem and endings for the verb **hacer.** All of the verbs presented in **Gramática 24** have irregular stems and they all use the same preterite endings as **hacer.** Review those endings by completing the following forms.

1. yo: hic_____   **2.** nosotros: hic_____   **3.** Ud.: hiz_____   **4.** ellos: hic_____

GRAMÁTICA

24 Talking About the Past (Part 2)
Irregular Preterites

Grammar Tutorial 24
connect |SPANISH
www.connectspanish.com

Gramática en acción: Una fiesta de fin de año

Esto es lo que pasó en una fiesta de fin de año en casa de Sofía y Paco. Mire con atención los verbos en rojo. Son formas del pretérito de unos verbos que son irregulares en el pretérito. ¿Puede Ud. dar el infinitivo de esos verbos y contestar las preguntas?

1. ¿Quién estuvo hablando por teléfono?
2. ¿Quién dio la fiesta?
3. ¿Quién no pudo ir a la fiesta?
4. ¿Quién puso su copa sobre la televisión?

5. ¿Quién hizo mucho ruido?
6. ¿Quién no quiso beber más?
7. ¿Quién tuvo que irse temprano?

¿Y Ud.?

1. ¿Estuvo Ud. alguna vez en una fiesta como esta? (Estuve...)
2. ¿Tuvo que irse temprano de la fiesta? (Tuve...) ¿O se quedó hasta medianoche? (Me quedé...)
3. ¿Recuerda qué ropa se puso para la fiesta? (Me puse...)

Irregular Forms / Las formas irregulares

1. Additional Irregular Forms

You have already learned the irregular preterite forms of **dar, hacer, ir,** and **ser.** The verbs to the right are also irregular in the preterite. They have an irregular stem (shown in red). The first and third person singular endings are the only irregular endings (in contrast to the stressed endings of the regular preterite forms). The verb **estar** is conjugated for you. The other verbs listed are conjugated like **estar.**

estar	
estuve	estuvimos
estuviste	estuvisteis
estuvo	estuvieron

¡OJO! There are no accents on **-e** and **-o.**

estar:	estuv-
poder:	pud-
poner:	pus-
querer:	quis-
saber:	sup-
tener:	tuv-
venir:	vin-

Las terminaciones irregulares

-e	-imos
-iste	-isteis
-o	-ieron

2. Preterite of *decir* and *traer*

The irregular preterite stems of these two verbs end in **-j-**. They use the same endings as the verbs on page 271, except that the **-i-** of the third person plural is omitted: **dijeron, trajeron.**

decir: dij-	-e, -iste, -o, -imos, -isteis, -eron
traer: traj-	

3. Preterite of *hay: Hubo*

Hay comes from the infinitive **haber.** Its preterite form is **hubo** = *there was/were.*

Hubo un accidente ayer en el centro.
There was an accident yesterday downtown.

Hubo muchos regalos debajo del árbol.
There were a lot of presents under the tree.

Changes in Meaning / **Cambios de significado**

Several of the following Spanish verbs have an English equivalent in the preterite tense that is different from that of the infinitive.

Infinitive	Present Tense	Preterite Meaning
saber =	to know (*facts, information*)	to find out, learn
	Ya lo sé. *I already know it.*	Lo **supe** ayer. *I found it out (learned it) yesterday.*
conocer =	to know, be familiar with (*people, places*)	to meet (*for the first time*)
	Ya la conozco. *I already know her.*	La **conocí** ayer. *I met her yesterday.*
querer =	to want	to try
	Quiero hacerlo hoy. *I want to do it today.*	**Quise** hacerlo ayer. *I tried to do it yesterday.*
no querer =	not to want	to refuse
	No quiero hacerlo hoy. *I don't want to do it today.*	**No quise** hacerlo anteayer. *I refused to do it the day before yesterday.*
poder =	to be able to (*do something*)	to succeed (*in doing something*)
	Puedo leerlo *I can (am able to) read it.*	**Pude** leerlo ayer. *I could (and did) read it yesterday.*
no poder =	not to be able, capable (*of doing something*)	to fail (*to do something*)
	No puedo leerlo. *I can't (am not able to) read it.*	**No pude** leerlo anteayer. *I couldn't (did not) read it the day before yesterday.*

Autoprueba

Give the correct irregular preterite forms.

1. (yo) saber
2. (ellos) tener
3. (tú) venir
4. (él) poner
5. (nosotros) querer
6. (Ud.) poder
7. (ellos) decir
8. hay

Answers: **1.** *supe* **2.** *tuvieron* **3.** *viniste* **4.** *puso* **5.** *quisimos* **6.** *pudo* **7.** *dijeron* **8.** *hubo*

Práctica

A. En una fiesta. ¿Cómo se dice en inglés?

1. No pude abrir la botella de champán.
2. Supe que se murió (*died*) el abuelo de un amigo.
3. Conocí al primo cubano de una amiga.
4. No quise hablar con Jorge. Él es muy descortés con todos.

B. ¡Anticipemos! La última Nochevieja

Paso 1. Piense Ud. en lo que hizo la Nochevieja del año pasado. ¿Es cierto o falso que Ud. hizo las siguientes cosas?

	CIERTO	FALSO
1. Fui a una fiesta en casa de un amigo / una amiga.	☐	☐
2. Di una fiesta en mi casa.	☐	☐
3. No estuve con mis amigos, sino (*but rather*) con la familia.	☐	☐
4. Quise ir a una fiesta, pero no pude.	☐	☐
5. Les dije «¡Feliz Año Nuevo!» a muchas personas.	☐	☐
6. Conocí a algunas personas interesantes.	☐	☐
7. Tuve que hacer la comida para una fiesta.	☐	☐
8. Me puse ropa elegante esa noche.	☐	☐
9. Pude quedarme despierto/a (*awake*) hasta medianoche.	☐	☐
10. No quise bailar. Me sentía (*I felt*) mal.	☐	☐

Paso 2. Ahora, en parejas, comparen sus respuestas. Si es posible, digan a la clase dos acciones en que coincidieron.

C. Una Nochebuena en Santiago de Cuba

Paso 1. Complete la siguiente narración sobre la celebración de la Nochebuena de una familia cubana de la ciudad de Santiago, al sur de la isla de Cuba. Habla Manuel, el padre de la familia. Use el pretérito de los verbos.

El año pasado mi esposa y yo celebramos la Nochebuena en casa con toda la familia. (Estar[1]) con nosotros mi primo Andrés, de la Florida, quien (quedarse[2]) con nosotros toda la semana. (Venir[3]) mis padres, mis suegros,[a] hermanos y cuñados[b] con sus hijos. También (*nosotros:* invitar[4]) a nuestros vecinos[c] de toda la vida,[d] los Benjumea. Pero ellos no (poder[5]) asistir porque (irse[6]) a La Habana para estar con su hija, que (tener[7]) un niño en noviembre.

Mi esposa (preparar[8]) lechón asado, moros y cristianos, yuca y tostones.[e] ¡Qué sabroso todo! Mi cuñado (traer[9]) turrón[f] español y cava.[g] A las 10:30, mi hermana (decir[10]) que era[h] hora de ir a la Misa del Gallo[i] y (llevar[11]) a los abuelos a la iglesia.[j] Los demás[k] no (querer[12]) ir y seguimos armando bochinche hasta que (volver[13]) los otros. Todo (ir[14]) bien chévere.[l] Como regalo de Navidad, mi primo Andrés me (dar[15]) un álbum con fotos y cartas de mis parientes en la Florida y Nueva Jersey. Yo (ponerse[16]) tan emocionado[m] que (llorar[18]).

[a]*in-laws* [b]*brothers- and sisters-in-law* [c]*neighbors* [d]*de... long-time (lit., of one's whole life)* [e]*fried plantains* [f]*sweet Christmas candy* [g]*Spanish champagne* [h]*it was* [i]*Misa... Midnight Mass* [j]*church* [k]*Los... The others* [l]*great* [m]*touched, emotional*

El lechón (*suckling pig*) con moros (= frijoles) y cristianos (= arroz)

Estrategia

Not all of the verbs in this story are irregular in the preterite. As you conjugate each infinitive, first ask yourself if its preterite is regular or irregular.

Comprensión

1. ¿Qué tuvo de especial la Nochebuena del año pasado para Manuel?
2. ¿Por qué no pudieron asistir los Benjumea?
3. ¿Quiénes fueron a la Misa del Gallo?
4. ¿Qué comieron y bebieron todos?

Paso 2. Ahora complete las siguientes oraciones basadas en lo que pasó en la celebración de la pasada Navidad, Pascua judía u (*or*) otra fiesta de importancia para su familia. Conjugue los verbos en el pretérito, añadiendo el sujeto y otra información apropiada.

(Continúa.)

MODELO: (celebrar) _____ (*fiesta*) en _____ (*lugar*) →
Mi familia celebró la Navidad en **casa de mis abuelos.**

1. (celebrar) _____ (*fiesta*) en _____ (*lugar*)

2. (asistir), pero (no poder)

3. (ir) _____ (*servicio religioso*) antes/después de la comida

4. (comer) _____ (*platos*) y (beber) _____ (*bebidas*)

5. (ponerse) muy emocionado/a porque _____

6. (dar + *pronombre de complemento indirecto*) un regalo a _____ (*otra persona*)

D. Hechos (*Events*) históricos. Describan Uds. algunos hechos históricos, usando una palabra o frase de cada columna. Use el pretérito de los verbos. Su profesor(a) los puede ayudar con los datos (*information*) que no saben.

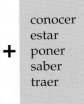

| en 1957 los rusos
en 1969 los estadounidenses
Adán y Eva
George Washington
los europeos
los aztecas
Stanley | **+** | conocer
estar
poner
saber
traer | **+** | en Valley Forge con sus soldados
a un hombre en la luna (*moon*)
un satélite en el espacio por primera vez
el significado (*meaning*) de un árbol especial
a Livingston en África
el caballo (*horse*) al Nuevo Mundo
a Hernán Cortés en Tenochtitlán |

Conversación

A. Intercambios

Paso 1. Forme preguntas en el pretérito con los siguientes verbos. En el **Paso 2,** Ud. va a usar las preguntas para entrevistar a un compañero o compañera de clase.

MODELO: conocer → ¿Cuándo **conociste** a tu mejor amigo/a?

1. conocer   **3.** estar   **5.** hacer
2. saber   **4.** tener   **6.** dar

Paso 2. En parejas, túrnense para hacer y contestar sus preguntas. Luego digan a la clase algo que los/las dos tienen en común.

MODELO: conocer → Los dos **conocimos** a nuestros mejores amigos en la escuela secundaria.

B. La última fiesta que Ud. dio

Paso 1. Haga una lista de todos los detalles (*details*) que Ud. recuerda de la última fiesta que organizó. Puede ser una fiesta que Ud. organizó solo/a o con su familia o con un grupo de amigos. Haga por lo menos ocho oraciones completas para describir la fiesta y use cinco de los siguientes verbos: **conocer, dar, estar, invitar, organizar, poder, saber, ser, venir.**

MODELO: Di una fiesta para el cumpleaños de mi mejor amigo.
Mi amigo Clark y yo organizamos la fiesta…

Paso 2. Ahora, entreviste a un compañero o compañera sobre la última fiesta que organizó él o ella. Haga preguntas con las palabras interrogativas: (**¿Cúando?, ¿Dónde?, ¿Quién?, ¿Con quién?, ¿Qué?,** y **¿Por qué?**) y el pretérito.

MODELOS: ¿Cuándo dieron la fiesta?
¿Qué sirvieron de comer y beber?

Luego digan a la clase dos detalles interesantes sobre las fiestas que Uds. organizaron.

You learned in **Gramática 15 (Cap. 6)** to make a change in the **-ndo** form of **-ir** stem-changing verbs. That same change occurs in some forms of the preterite of those verbs. Review the change in the preterite by completing the following forms.

1. pedir: p___diendo   **2.** dormir: d___rmiendo

You will learn about this change in preterite in **Grámatica 25.**

Grammar Tutorial 25
connect
|SPANISH
www.connectspanish.com

25 **Talking About the Past (Part 3)**
Preterite of Stem-changing Verbs

Gramática en acción: Una fiesta de quinceañera

Escoja las respuestas más lógicas para describir la fiesta de quinceañera de Lupe Carrasco. Al leer (*While you are reading*), mire con atención los verbos en rojo. Son formas del pretérito de verbos que cambian el radical. ¿Puede Ud. dar el infinitivo de esos verbos?

1. Para su fiesta, Lupe se vistió con…
☐ un vestido blanco muy elegante.
☐ una camiseta y *bluejeans*.

2. Mientras Lupe cortaba[a] el pastel de cumpleaños, la madre de ella…
☐ empezó a llorar.
☐ se rio mucho.

3. Lupe pidió un deseo[b] al cortar[c] el pastel. Ella…
☐ les dijo a todos qué fue lo que pidió.
☐ prefirió guardarlo en secreto.

4. En la fiesta sirvieron…
☐ champán y refrescos.
☐ solo té y café.

5. Todos los invitados…
☐ se divirtieron mucho.
☐ se quejaron.

6. A las tres de la mañana, el último invitado
☐ se despidió.[d]
☐ se sonrió.

¿Y Ud.?

1. ¿Recuerda Ud. qué hizo cuando cumplió 15 años?
2. ¿Qué regalos pidió? (Pedí…)
3. ¿Qué sirvieron en la fiesta? (Sirvieron…)
4. ¿Se divirtió? (Me divertí…)
5. ¿Cómo se sintió ese día? (Me sentí…)

Otra costumbre de quinceañera común en Cuba: Ir por la ciudad en coche, como los recien casados (*newlyweds*) en este país

[a]Mientras… *As she was cutting*   [b]*wish*   [c]al… *as she cut*   [d]se… *said good-bye*

1. Preterite of -ar and -er Stem-changing Verbs

In **Gramática 23** (**Cap. 8**) you learned that **-ar** and **-er** stem-changing verbs have no stem change in the preterite (or in the present participle).

El pretérito de los verbos en *-ar/-er*	
recordar (recuerdo)	**perder (pierdo)**
recordé recordamos	perdí perdimos
recordaste recordasteis	perdiste perdisteis
recordó recordaron	perdió perdieron
recordando	perdiendo

2. Preterite of -ir Stem-changing Verbs

-Ir stem-changing verbs *do* have a stem change in the preterite, but only in the third person singular and plural, where the stem vowels **e** and **o** change to **i** and **u**, respectively. This is the same change that occurs in the present participle of **-ir** stem-changing verbs.

e ⟶ i
o ⟶ u

El pretérito de los verbos en *-ir*	
pedir (pido) (i)	**dormir (duermo) (u)**
pedí pedimos	dormí dormimos
pediste pedisteis	dormiste dormisteis
pidió pidieron	durmió durmieron
pidiendo	durmiendo

Remember that this change is indicated in parentheses after the infinitive in vocabulary lists. Now you know that it indicates *two* different changes: one in the present participle and one in the third persons singular and plural of the preterite.

3. Important -ir Stem-changing Verbs

You already know or have seen many of these verbs. The reflexive meaning, if different from the nonreflexive meaning, is in parentheses.

despedirse (me despido) (i) (de)

conseguir (consigo) (i)	to get, obtain
conseguir + *inf.*	to succeed in *(doing something)*
despedir(se) ([me] despido) (i) (de)	to say good-bye (to)
divertir(se) ([me] divierto) (i)	to entertain (to have a good time)
dormir(se) ([me] duermo) (u)	to sleep (to fall asleep)
morir(se) ([me] muero) (u)	to die
pedir (pido) (i)	to ask for; to order
preferir (prefiero) (i)	to prefer
reír(se) ([me] río) (i) (de)	to laugh (at)

seguir (sigo) (i)	to continue; to follow
sentirse (me siento) (i)	to feel (*an emotion*)
servir (sirvo) (i)	to serve
sonreír(se) ([me] sonrío) (i)	to smile
sugerir (sugiero) (i)	to suggest
vestir(se) ([me] visto) (i)	to dress (to get dressed)

¡OJO!

Note these irregularities:
ri-ió ⟶ rio; ri-ieron ⟶ rieron
son-ri-ió ⟶ sonrió;
    son-ri-ieron ⟶ sonrieron

Summary of the Preterite of Stem-changing Verbs

-ar / -er = no change
-ir = change in the third persons singular and plural

e ⟶ i
o ⟶ u

Práctica

A. ¡Anticipemos! ¿Quién lo hizo? ¿Ocurrieron algunas de estas cosas en clase la semana pasada? Conteste con el nombre de las personas que lo hicieron. Si nadie lo hizo, conteste con **Nadie...**

1. _____ se vistió con ropa muy elegante.
2. _____ se vistió con ropa extravagante.
3. _____ se durmió en clase.
4. _____ le pidió al profesor / a la profesora más tarea.
5. _____ se sintió muy contento/a.
6. _____ se divirtió muchísimo. Se rio y sonrió mucho.
7. _____ no sonrió para nada.
8. _____ sugirió tener la clase afuera.
9. _____ prefirió no contestar ninguna pregunta.

B. Historias breves. Cuente las siguientes historias breves en el pretérito. Luego continúelas, si puede.

1. En un restaurante: Juan (sentarse) a la mesa. Cuando (llegar) el camarero, le (pedir) una cerveza. El camarero no (recordar) lo que Juan (pedir) y le (servir) una Coca-Cola. Juan no (querer) beber la Coca-Cola. Le (decir) al camarero: «Perdón, señor. Le (*yo:* pedir) una cerveza». El camarero le (contestar): «_____».

2. Un día típico: Rosa (acostarse) temprano y (dormirse) en seguida. (Dormir) bien y (despertarse) temprano. (Vestirse) y (salir) para la universidad. En el autobús (ver) a su amigo José y los dos (sonreír) pero no (hablarse). A las nueve _____.

3. Anoche: Yo (vestirse), (ir) a una fiesta, (divertirse) mucho y (volver) tarde a casa. Mi compañero de cuarto (decidir) quedarse en casa y (ver) la televisión toda la noche. No (divertirse), (perder) una fiesta excelente y después lo (sentir) mucho. Yo _____.

C. Las historias que todos conocemos

Paso 1. Empareje los personajes (*characters*) de la columna de la izquierda con las acciones de la columna de la derecha para crear oraciones en el pretérito basadas en unos cuentos o historias muy famosos. ¿Puede adivinar (*guess*) quiénes son Caperucita Roja, la Cenicienta y Blancanieves?

PERSONAJES	ACCIONES
Caperucita Roja	conocer a una mujer misteriosa en un baile
el lobo (*wolf*)	divertirse bailando con un joven muy guapo
	dormirse después de comer una manzana
el Príncipe	morirse por el amor de su novia
la Cenicienta	perderse en el bosque (*forest*)
las hermanastras de la Cenicienta	perder un zapato muy bonito
	ponerse un vestido muy bonito
Blancanieves	encontrar (*to find*) un zapato de cristal (*glass*)
los siete enanos (*dwarves*)	preferir salir con un joven de una familia rival
	sentirse preocupados por su amiga
Romeo	vestirse de (*as a*) vieja
Julieta	no conseguir ponerse el zapato de cristal
	seguir viviendo con su madre

Paso 2. Ahora, en parejas, inventen dos acciones más en el pretérito para cada historia, pero sin incluir el nombre del personaje. La clase va a adivinar a qué personaje, cuento o historia se refieren sus oraciones.

MODELO: Una mujer **quiso** ponerse el zapato de cristal, pero no **pudo** ponérselo. → la hermanastra de la Cenicienta

Conversación

A. Una entrevista indiscreta

Paso 1. Lea las siguientes preguntas y escriba una respuesta para cada una. ¡OJO! Tres de sus respuestas deben ser falsas.

1. ¿A qué hora te dormiste anoche?
2. ¿Perdiste mucho dinero alguna vez?
3. ¿Con qué programa de televisión te divertiste mucho en los días o meses pasados… pero te avergüenzas de (*you're ashamed to*) admitirlo?
4. ¿Te vestiste de animal alguna vez? ¿En qué ocasión?
5. ¿Seguiste haciendo algo después de que tu padre/madre (compañero/a, esposo/a) te dijo que no lo hicieras (*not to do it*)?
6. ¿Pediste una bebida alcohólica antes de tener 21 años?
7. ¿Qué cosa o tarea no conseguiste terminar el mes pasado?

Paso 2. En parejas, usen las preguntas del **Paso 1** para entrevistarse. Traten de (*Try to*) adivinar las respuestas falsas de su compañero/a. ¿Conoce bien a su compañero/a?

Paso 3. Ahora presenten a la clase por lo menos una de las respuestas interesantes de su compañero/a. La clase va a adivinar si la respuesta es cierta o falsa.

MODELO: **E1:** Julie, ¿a qué hora te dormiste anoche?
        E2: Me dormí a las tres de la mañana.
        E1: (*a la clase*): Julie se durmió a las tres de la mañana anoche.
    CLASE: No es cierto.
        E1: Tienen razón. No es cierto. Me dormí a las once.

> ### Vocabulario **útil**
>
> **la bruja** witch
> **el disfraz** costume
> **el esqueleto**
> **la máscara**
> **el monstruo**

B. Una fiesta de Halloween

Paso 1. Use las siguientes preguntas como guía para hablar con toda la clase de una fiesta inolvidable de Halloween.

1. ¿De qué se vistió?
2. ¿Cómo se sintió cuando se vio con el disfraz?
3. ¿Fue de casa en casa pidiendo dulces?
4. ¿Qué les dijo a los vecinos (*neighbors*)?
5. ¿Qué le dieron los vecinos?
6. ¿Se rieron los vecinos cuando lo/la vieron?
7. ¿Consiguió muchos dulces?
8. ¿También fue a una fiesta?
9. ¿Qué sirvieron en la fiesta?
10. ¿Se divirtió mucho?

Paso 2. De todos los miembros de la clase, ¿quién describió el disfraz más cómico? ¿el más espantoso (*frightening*)? ¿el más original? ¿el más bonito? ¿Hubo algún incidente divertido? ¿Qué pasó?

Avoiding Repetition

Expressing Direct and Indirect Object Pronouns Together

Grammar Tutorial 26
connect
|SPANISH
www.connectspanish.com

Gramática en acción: Berta habla de la fiesta de Anita

Empareje las oraciones con los dibujos correspondientes. Luego trate de (*try to*) adivinar lo que significan las palabras en rojo en cada oración.

1. _____ «Me encantó el CD que Anita puso en la fiesta. Por eso ella *me lo* prestó para oírlo en casa.»

2. _____ «Sergio sacó muchas fotos durante la fiesta. Luego *nos las* mostró en su computadora portátil.»

3. _____ «Hice un pastel y *se lo* di a Anita para la fiesta.»

Comprensión

¿Cierto o falso? Corrija las oraciones falsas.

	CIERTO	FALSO
1. ¿El pastel? Berta se lo dio a Anita.	☐	☐
2. ¿El CD? Sergio se lo prestó a Berta.	☐	☐
3. ¿Las fotos? Anita se las mostró a todos.	☐	☐

complemento indirecto	complemento directo
me +	lo/la/los/las
te +	lo/la/los/las
(le →) se +	lo/la/los/las

complemento indirecto	complemento directo
nos +	lo/la/los/las
os +	lo/la/los/las
(les) → se +	lo/la/los/las

Order of Pronouns / La secuencia de los pronombres

1. *Indirect Object Pronoun + Direct Object Pronoun*
When a sentence has both a direct and an indirect object pronoun, the indirect (**I**) precedes the direct (**D**): **ID**. This is the *opposite* of the order of these pronoun in English. No other word can come between the two Spanish pronouns.

¿El almuerzo? **Te lo** hago ahora mismo.
Lunch? I'll get it ready for you right now.

¿El trofeo? No **nos lo** dieron.
The trophy? They didn't give it to us.

2. Position of Pronouns

The position of double object pronouns with respect to the verb is the same as that of single object pronouns.

- before a conjugated verb (as in the examples in 1)
- after an infinitive or present participle or before the conjugated verb that precedes it
- before a negative formal command and after an affirmative one

¿El CD? Acaban de **dármelo.** (**Me lo** acaban de dar.)

¿Los pronombres de complemento? Estoy **explicándotelos** ahora. (**Te los** estoy explicando ahora.)

¿La comida? No **me la** traiga ahora. Ah, sí… Por favor, **tráigamela.**

¡OJO!

Remember to add an accent mark when two pronouns are added to the end of an infinitive, present participle, or affirmative command.

Le(s) → se

1. Use of *se*

When both the indirect and the direct object pronouns begin with the letter **l**, the indirect object pronoun *always* changes to **se.** The direct object pronoun does not change. The change of **le → se** always happens in the Spanish equivalents of third person expressions such as these: *it to him/her/them, them to him/her/them.*

Only four third-person pronoun combinations are possible in Spanish: **se lo, se la, se los, se las.**

- **se** = represents the indirect object pronoun (**le** or **les**)
- **lo/la/los/las** = direct object pronouns (no change)

Les dimos <u>el auto</u>.
↓ (les lo)
Se lo dimos.

We gave them the car.
We gave it to them.

Le escribí <u>la carta</u> ayer.
↓ (le la)
Se la escribí ayer.

I wrote her the letter yesterday.
I wrote it to her yesterday.

Le regaló <u>esos zapatos</u>.
↓ (le los)
Se los regaló.

He gave him those shoes.
He gave them to him.

Les mandamos <u>las invitaciones</u>. (le las)
Se las mandamos.

We sent them the invitations.
We sent them to them.

2. Clarifying *se*

Since **se** can stand for **le** (*to/for you* [sing.], *him, her*) or **les** (*to/for you* [pl.], *them*), it is often necessary to clarify its meaning by using **a** plus the pronoun object of prepositions.

¿La carta? Voy a escribírsela. (meaning of **se** unclear unless clarified)

¿La carta? Voy a escribírsela **a Ud. / a Uds.**
         a él / a ellos.
         a ella / a ellas.

The letter? I'm going to write it to you (sing.) / you (pl.).
*   to him / to them (m. or m. and f.).*
*   to her / to them (f.).*

Summary of Indirect and Direct Object Pronouns

INDIRECT	DIRECT
me/te/nos/os	
	+ lo/la/los/las
le(s) → se	

Autoprueba

Match each sentence with the correct double object pronouns.

1. Le dieron el libro. → _____ _____ dieron.
2. Les sirvieron la paella. → _____ _____ sirvieron.
3. Le di las direcciones. → _____ _____ di.
4. Les trajo los boletos. → _____ _____ trajo.

a. Se las
b. Se los
c. Se lo
d. Se la

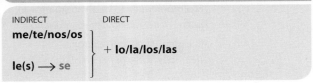

Answers: 1. c 2. d 3. a 4. b

Práctica

A. ¡Anticipemos! Oraciones que se oyen en casa. ¿A qué objetos se refieren las siguientes oraciones? Identifique también el pronombre de complemento indirecto en cada oración.

ORACIONES

_____ **1.** «¿Me **la** pasas? Gracias.»
_____ **2.** «Tengo muchas ganas de comprárme**los** todos. Me encanta esa música.»
_____ **3.** «¿Por qué no se **las** mandas a los abuelos? Les van a gustar muchísimo.»
_____ **4.** «Tengo que reservárte**los** hoy mismo, porque mañana se vence (*expires*) la oferta especial de Aeroméxico.»
_____ **5.** «Yo se **la** di a Lupe para su cumpleaños. Antonio y Diego le hicieron un pastel.»

OBJETOS

a. unas fotos
b. la ensalada
c. unos billetes de avión para Guadalajara
d. la fiesta
e. los CDs de Luis Miguel

B. En la mesa. Imagine que Ud. acaba de comer, pero todavía tiene hambre. Pida más comida, según el modelo. Fíjese en (*Note*) el uso del tiempo presente para pedir algo de manera informal.

MODELO: ensalada → ¿Hay más **ensalada**? ¿Me **la** pasas, por favor?

1. pan
2. tortillas
3. tomates
4. fruta
5. vino
6. jamón

C. En el aeropuerto. Cambie los sustantivos por pronombres para evitar (*avoid*) la repetición.

MODELO: ¿La maleta? Van a prestarme la maleta mañana. →
Van a prestár**mela** (**Me la** van a prestar) mañana.

1. ¿La hora de la salida? Acaban de decirnos la hora de la salida.
2. ¿El horario (*schedule*)? Sí, léame el horario, por favor.
3. ¿Los boletos? No, no tiene que darle los boletos aquí.
4. ¿El equipaje? ¡Claro que le guardo el equipaje!
5. ¿Los boletos? Ya te compré los boletos.
6. ¿El puesto? No te preocupes. Te puedo guardar el puesto.
7. ¿La clase turística? Sí, les recomiendo la clase turística, señores.
8. ¿La cena? La asistente de vuelo nos va a servir la cena en el avión.

Conversación

A. ¿Quién le regaló eso?

Paso 1. Haga una lista de los cinco mejores regalos que Ud. ha recibido (*have received*) en su vida (*life*). Si no sabe cómo expresar algo, pregúnteselo a su profesor(a).

Paso 2. Ahora déle a un compañero o una compañera su lista. Él/Ella le va a preguntar: **¿Quién te regaló _____?** Use pronombres en su respuesta. **¡OJO!** Fíjese en (*Note*) estas formas en plural (**ellos**): **regalaron, dieron, mandaron.**

MODELO: E1: ¿Quién te regaló **los aretes de oro**?
E2: Mis padres **me los** regalaron.

Paso 3. Ahora describa a la clase por lo menos uno de los regalos interesantes que recibió su compañero/a.

MODELO: Cintia recibió **unos aretes de oro** como regalo. **Se los** regalaron sus padres.

B. ¿Quién le dio qué a quién?

Paso 1. En parejas, hagan y contesten preguntas para determinar quién regaló cada objeto y a quién se lo regaló. Sigan el modelo.

▶ **Mundo interactivo**

You should now be prepared to work with Scenario 5, Activity 2 in Connect Spanish (**www.connectspanish.com**).

MODELO: **E1:** ¿Quién regaló **la computadora portátil**?
E2: Los Sres. Santana **la** regalaron.
E1: De acuerdo. ¿A quién **se la** regalaron?
E2: **Se la** regalaron a Jesús David.

OBJETOS

RECIPIENTES

Pilar   Raúl   los Sres. Santana   Jesús David

Paso 2. Ahora comparen sus respuestas con las (*those*) de otra pareja. ¿Están de acuerdo?

Un poco de todo

A. Situaciones y reacciones. En parejas, imaginen que Uds. se encontraron en las siguientes situaciones en el pasado. ¿Cómo se pusieron en esos momentos? ¿Qué sintieron? ¿Qué hicieron? Contesten individualmente y comparen sus respuestas.

MODELO: Su compañero/a de cuarto hizo mucho ruido cuando regresó a casa a las cuatro de la mañana. →
E1: Me enojé y no quise decirle nada.
E2: Pues yo me puse furiosísima, pero hablé con ella y me prometió no volver a hacerlo.

SITUACIONES

1. Su compañero/a de cuarto (esposo/a) hizo mucho ruido cuando regresó a casa a las cuatro de la mañana.
2. El profesor le dijo que no habría (*there would be no*) clase mañana.
3. Ud. rompió el reloj que era (*was*) regalo de su abuelo.
4. Su hermano perdió el CD que a Ud. más le gusta.
5. Su mejor amigo lo/la llamó a las seis de la mañana para cantarle «Feliz cumpleaños».
6. Ud. recibió un gran aumento de sueldo (*raise*), pero no hubo aumento para los otros empleados.

B. Lengua y cultura: La Virgen de Guadalupe, quince siglos (*centuries*) de historia. Complete the following paragraphs with the correct form of the words in parentheses, as suggested by context. When two possibilities are given in parentheses, select the correct word. Use the present tense or the preterite of the infinitives, according to context.

En todos los países hispanohablantes, hay festividades religiosas que son días de fiesta nacionales. Un ejemplo es el día de Navidad, que se (celebrar[1]) en todo el mundo hispano. Otra de las celebraciones religiosas, que también (es/está[2]) una fiesta nacional en (mucho[3]) países, es el 12 de diciembre, día de la fiesta de la Virgen de Guadalupe, una imagen venerada[a] por todo el mundo católico pero especialmente en México.

La historia de esta imagen (venir[4]) desde[b] los árabes* a través de[c] España y del México colonial hasta nuestros días. «Guadalupe» es una palabra de origen árabe que significa «río oculto».[d] Ahora es (el/la[5]) nombre de una pequeña ciudad (español[6]) donde hay un monasterio famoso.

La historia de la Virgen de Guadalupe en España (empezar[7]) en el siglo VI.[e] El Papa[f] Gregorio tenía[g] una estatua de la Virgen y (se lo / se la[8]) regaló al Obispo[h] Leandro de Sevilla. Pero luego la estatua (desaparecer[9]) durante los siglos en que los árabes ocuparon la Península. Después de la expulsión de los árabes, un pastor[i] cristiano (le/la[10]) (encontrar[11]) cerca de la ciudad de Guadalupe. Por eso la estatua (tomar[12]) el nombre de la Virgen de Guadalupe.

En lo que hoy es México, la historia de la Virgen comienza muchos años después, en el siglo XVI. Un campesino[j] indígena, Juan Diego, se convirtió[k] al cristianismo. Un día (él: ver[13]) a la Virgen en un lugar llamado Tepeyac, un lugar sagrado[l] de los aztecas dedicado al culto[m] de la diosa[n] madre Tonantzín. Por un milagro,[ñ] la Virgen (dejar[o][14]) su imagen impresa[p] en la tilma[q] de Juan Diego. Esta imagen (recibir[15]) el nombre de Virgen de Guadalupe porque Tepeyac (es/está[16]) cerca del pueblo mexicano de Guadalupe.

La imagen de la Virgen de Guadalupe mexicana (es/está[17]) muy diferente de la imagen de la Virgen española, pero las dos responden al arte predominante en (su[18]) respectivas épocas. La tilma de Juan Diego, con la imagen de la Virgen, todavía se puede (ver[19]) en la Basílica[r] de Nuestra Señora de Guadalupe, en la Ciudad de México.

La tilma (*shawl*) de Juan Diego en la Basílica de Nuestra Señora (*Lady*) de Guadalupe, en la Ciudad de México

[a]imagen… *image venerated, adored* [b]*from* [c]a… *through* [d]río… *hidden river* [e]el… *the sixth century* (el siglo seis) [f]*Pope* [g]*had* [h]*Bishop* [i]*shepherd* [j]*peasant* [k]se… *converted* [l]*sacred, holy* [m]*worship* [n]*goddess* [ñ]*miracle* [o]*to leave* [p]*imprinted* [q]*shawl* [r]*large church*

Comprensión. ¿Cierto o falso? Corrija las oraciones falsas.

	CIERTO	FALSO
1. La Virgen de Guadalupe española es una estatua.	☐	☐
2. Guadalupe es un nombre de origen azteca.	☐	☐
3. El Papa Gregorio vio a la Virgen en Tepeyac.	☐	☐
4. El campesino Juan Diego era (*was*) de origen español.	☐	☐
5. La tilma de Juan Diego, con la imagen de la Virgen, ya no (*no longer*) existe.	☐	☐

En su comunidad

Entreviste a una persona hispana de su universidad o ciudad sobre las celebraciones tradicionales de su país y de su familia.

PREGUNTAS POSIBLES

- ¿Cuáles son los días festivos más importantes de su país? ¿Son celebraciones de origen civil o religioso? ¿Se celebran en familia o hay eventos en la ciudad con motivo de estos días festivos?
- ¿Cuáles son las celebraciones más importantes en su familia? ¿Y sus favoritas? ¿Por qué?
- ¿Cuál fue la última fiesta que Ud. celebró en su país? ¿Cómo y con quién la celebró?

Los árabes (musulmanes) conquistaron la Península Ibérica en el año 711. Inmediatamente los cristianos iniciaron una guerra de reconquista (war of reconquest) *que terminó en 1492, el mismo año en que Cristóbal Colón llegó a América.*

Distribución religiosa de los hispanos en EEUU
- 60% Católicos
- 22% Otras religiones cristianas
- 1% Religiones no cristianas
- 12% Ninguna religión
- 5% No sabe / No contesta

El porcentaje (*percentage*) de católicos entre la población hispana es muy alto, pero otras religiones cristianas, especialmente los evangélicos, atraen a más y más personas cada año.

Vocabulario **de este programa**

de nuevo	again
aunque	although
el/la seguidor(a)	follower
venerado/a	worshipped
Cristo crucificado	Christ on the Cross
la fe	faith, religion
el/la esclavo/a	slave
el muro	wall
el terremoto	earthquake
asolar	to devastate
rendir (rindo) (i) culto	to worship
el castellano	**el español**
platicar (qu)	to chat
la gente	people
sino	but rather
ha llegado a ser	has become
la manzana	block
el escenario	stage

Al mirar

Mientras mira el programa, indique todos los contextos en que aparecen números en este programa.

1. ☐ fechas y años
2. ☐ la edad (*age*) de una persona
3. ☐ siglos
4. ☐ porcentajes
5. ☐ cantidad de cosas
6. ☐ países donde se habla español
7. ☐ batallas (*battles*) mexicanas
8. ☐ cantidad de personas
9. ☐ población de una ciudad

Antes de mirar

¿Es religioso o histórico el origen de la mayoría de los días festivos y celebraciones de su país? Dé algunos ejemplos. ¿Cuáles son las fiestas que más se celebran en su comunidad? ¿Se celebra la Navidad? ¿el Día de la Independencia? ¿el Día de los Caídos en la guerra (*Memorial Day*)? ¿O se celebran más otras fiestas?

PROGRAMA **9:** De fiesta en fiesta

Este programa muestra dos fiestas que se celebran en diferentes lugares del mundo hispanohablante. Además (*In addition*), presenta datos estadísticos sobre la afiliación religiosa de los hispanos en los Estados Unidos.

Fragmento del guion

VÍCTOR: Y volviendo a los días de fiesta, Ana, ¿qué fiestas se celebran en tu país?

ANA: Pues, la verdad[a] es que tenemos muchos. Por ejemplo: el 28 de noviembre celebramos la independencia de España. Y el 3 de noviembre celebramos la separación con Colombia. Y, cómo no,[b] las grandes celebraciones religiosas, como la Navidad, la Semana Santa[c] y el Domingo de Pascua de Resurrección.[d] Me imagino que tu familia celebra estas fechas también, ¿no?

VÍCTOR: Pues la Nochebuena, la Navidad y la Pascua de Resurrección, sí. Pero la Semana Santa no es una celebración típica en los Estados Unidos, excepto por el Viernes Santo,[e] en que no hay clases en muchas escuelas.[f]

ANA: Y seguro que tampoco celebran el Mes Morado, una tradición netamente[g] peruana que nos va a mostrar en el siguiente reportaje nuestra buena reportera Laura Sánchez Tejada.

[a]*truth* [b]*cómo… of course* [c]*Semana… Holy Week* [d]*Domingo… Easter Sunday* [e]*Viernes… Good Friday* [f]*schools* [g]*100%*

La procesión del Señor de los Milagros (*Our Lord of the Miracles*) durante la celebración del Mes Morado: Una tradición de cinco siglos (*centuries*)

> **Mundo interactivo**

Continue your work as an intern at HispanaVisión with Laura Sánchez Tejada, the roving reporter of *Salu2*, as you complete Scenario 5, Activities 1 and 2 in Connect Spanish (**www.connectspanish.com**).

Después de mirar

A. ¿Está claro? Empareje los números con conceptos del programa.

CONCEPTOS

1. _____ año de una victoria mexicana contra los franceses
2. _____ manzanas que ocupa Fiesta Broadway en Los Ángeles
3. _____ escenarios para presentaciones artísticas en Fiesta Broadway
4. _____ siglos que la tradición de venerar al Señor de los Milagros existe entre los peruanos
5. _____ porcentaje de hispanos católicos en los Estados Unidos
6. _____ países donde se habla español
7. _____ porcentaje de hispanos cristianos no católicos en los Estados Unidos
8. _____ fecha de la Independencia de Panamá
9. _____ personas que asisten a Fiesta Broadway

NÚMEROS

a. 28 de noviembre
b. cerca de 5
c. 6
d. 1862
e. 24
f. 60 (aproximadamente)
g. 21
h. 22
i. 500.000

B. Un poco más. Conteste las siguientes preguntas.

1. ¿Cuál es la afiliación religiosa de un 12 por ciento de los hispanos en los Estados Unidos?
2. ¿Qué celebración religiosa es importante en Panamá, pero no en los Estados Unidos?
3. ¿En qué mes es el Mes Morado? ¿En qué ciudad peruana se celebra este mes?
4. ¿Qué grupo de hispanos en los Estados Unidos se identifica con la fiesta del Cinco de Mayo?
5. ¿Qué tiene de especial la Fiesta Broadway?

Fiesta Broadway, en Los Ángeles, California: Una celebración que conmemora la victoria mexicana contra las fuerzas invasoras francesas en Puebla el 5 de mayo de 1862

C. Y ahora, Uds. En grupos, hablen de la tradición del Mes Morado en Lima. ¿Hay alguna tradición similar en su ciudad, estado/provincia o país? ¿En qué consiste esta celebración y cuáles son sus características?

Sobre el programa

Este año, Víctor y su esposa Marina invitaron a Ana y a Laura a una fiesta en casa de ellos para celebrar el Cinco de Mayo con su familia. Era[a] la primera celebración del Cinco de Mayo a que asistía[b] Laura, ya que[c] en Nuevo León, su estado mexicano, no se celebra esta fiesta.

Por supuesto,[d] en la fiesta había[e] comida mexicana en abundancia. Ana llevó de postre un plato típico panameño, goyoría de plátano[f] verde y miel de caña.[g] Laura llevó una botella de tequila, porque cocinar no es su fuerte.[h]

[a]*It was* [b]*attended* [c]*ya... since* [d]*Por... Of course* [e]*there was* [f]*goyoría... a plantain-based dessert* [e]*miel... sugar cane molasses* [f]*forte, strength*

Producción personal

Filme una entrevista con una persona hispana no estadounidense de su universidad o comunidad. La persona que Ud. entrevista debe hablar de un día festivo de su país de origen que no se celebra en este país.

Lectura cultural
Cuba

En Cuba se conmemoran dos días muy importantes. El primero es el 10 de octubre, que se conoce como el Día de la Independencia Nacional. En este día el patriota cubano Carlos Manuel de Céspedes declaró libres a todos los esclavos.[a] También llamó a todos los cubanos a liberarse del dominio[b] colonial de España, marcando el inicio[c] de la primera guerra[d] de independencia de Cuba.

Un desfile (*parade*) de Carnaval, en Santiago de Cuba

> **¿En qué son similares los días festivos cubanos y los (*those*) de este país? ¿En qué son diferentes?**

El otro día festivo de mucha importancia para todos los cubanos es la Navidad. Como resultado del cambio[e] político de 1959 y durante muchos de los años bajo el régimen de Fidel Castro, no se les permitió a los cubanos celebrar la Navidad de manera oficial. Sin embargo, todo cambió[f] con la visita a Cuba del Papa[g] Juan Pablo II (Segundo) a Cuba en el año 1998. Desde entonces[h] los cubanos pueden asistir a la iglesia y celebrar este día tan importante con su familia y amigos.

[a]*slaves*   [b]*control*   [c]*beginning*   [d]*war*   [e]*change (that is, the regime of Fidel Castro)*   [f]*changed*   [g]*Pope (Head of the Catholic Church)*   [h]Desde... *Since then*

En otros países hispanos

En todo el mundo hispanohablante Estas festividades se celebran en todas partes.

- **La Semana Santa** Así[a] se llama a la semana que va desde el Domingo de Ramos[b] hasta el Domingo de Pascua. En muchas ciudades hay procesiones[c] para conmemorar la pasión, muerte[d] y resurrección de Jesús. Coincide con el principio[e] de la primavera o el otoño, según el hemisferio, y es una semana en que se cierran los colegios[f] y universidades y muchas personas toman vacaciones.

- **El Carnaval** Esta fiesta precede al comienzo de la Cuaresma.[g] El Carnaval más famoso del mundo es el de Río de Janeiro (Brasil), pero hay Carnavales hispanos que también son famosos por la exuberancia de su música, bailes y colorido, como los Carnavales de Cádiz (España), Barranquilla (Colombia) y Santiago de Cuba (Cuba).

- **«El puente»** La palabra significa *bridge* en inglés. En el contexto de los días festivos, un puente es un fin de semana largo creado por un día festivo.

[a]*That's how*   [b]el... *Palm Sunday*   [c]*street processions*   [d]la... *passion (that is, suffering), death*   [e]*beginning*   [f]*schools*   [g]*Lent (period from Ash Wednesday to Good Friday)*

Tres símbolos cubanos

- **La palmera** Este árbol se encuentra por todas partes de la Isla. Su dibujo también está en el escudo[a] nacional como símbolo del espíritu cubano: siempre alto y orgulloso.[b]

- **El mar** Cuba no se entiende sin el mar, que es parte esencial de su geografía e historia.

- **El tabaco** Se dice que Cuba produce el mejor tabaco del mundo.

[a]*shield, coat of arms*   [b]alto... *high-spirited and proud*

Una importante figura histórica

José Martí (1853–1895) fue un pensador[a] y escritor[b] cubano. Inició y fue líder de la Segunda Guerra[c] de Independencia contra España. Se le considera el Apóstol[d] de la independencia cubana.

> Yo soy un hombre sincero[e]
> De donde crece[f] la palma,
> Y antes de morirme quiero
> Echar[g] mis versos del alma.[h]
>
> de *Versos sencillos* (1891)

[a]*intellectual*   [b]*writer*   [c]Segunda... *Second War*   [d]*Apostle (that is, founding voice)*   [e]*simple*   [f]*grows*   [g]*Release, Cast*   [h]*soul*

COMPRENSIÓN

1. ¿Cuáles son los días festivos más importantes de Cuba?
2. ¿Desde cuándo se permite celebrar la Navidad sin restricciones otra vez en Cuba?
3. ¿Cuáles son otros de los días festivos importantes del mundo hispano?

Del mundo hispano

Antes de leer

Es muy común hacer algunos propósitos (*resolutions*) cuando un año empieza. ¿Los hace Ud., generalmente? Haga una lista de cuatro propósitos que Ud. hizo en años pasados o tuvo la intención de hacer. Use infinitivos en su lista. ¿Los cumplió todos? (*Did you achieve all of them?*)

Lectura: Propósitos para el Año Nuevo

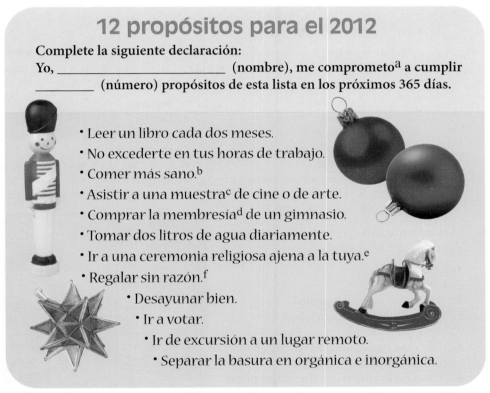

12 propósitos para el 2012

Complete la siguiente declaración:

Yo, _____ (nombre), me comprometo[a] a cumplir _____ (número) propósitos de esta lista en los próximos 365 días.

- Leer un libro cada dos meses.
- No excederte en tus horas de trabajo.
- Comer más sano.[b]
- Asistir a una muestra[c] de cine o de arte.
- Comprar la membresía[d] de un gimnasio.
- Tomar dos litros de agua diariamente.
- Ir a una ceremonia religiosa ajena a la tuya.[e]
- Regalar sin razón.[f]
- Desayunar bien.
- Ir a votar.
- Ir de excursión a un lugar remoto.
- Separar la basura en orgánica e inorgánica.

[a]me... *I promise* [b]más... *in a more healthy manner* [c]*exhibition* [d]*membership* [e]ajena... *different from mine* [f]sin... *for no reason*

Comprensión

Una vida mejor. Los propósitos que una persona hace para el año nuevo generalmente son con la intención de mejorar (*improving*) su vida (*life*) de alguna manera. Clasifique los (*those*) de esta lectura según su categoría y explique por qué puso cada propósito en la categoría que Ud. eligió (*chose*). (Algunos pueden ir en más de un grupo.)

1. Los que pueden mejorar la salud (*health*) física
2. Los que pueden mejorar la salud mental o espiritual
3. Los que pueden mejorar las relaciones con los otros y con el medio ambiente (*environment*)

A ESCUCHAR

Antes de escuchar

¿Qué actividades generalmente se hacen en una boda (*wedding*)? Haga una lista de todas las actividades que pueda imaginar. Consulte el **Vocabulario para escuchar** al hacer (*while making*) su lista.

Escuche

Un mensaje telefónico

Pilar dejó un mensaje en el teléfono de una amiga para contarle de una boda a la que asistió anoche. Escuche según las indicaciones de su rofesor(a).

Después de escuchar

A. **¿Quién hizo qué?** Indique quién hizo qué, emparejando las acciones con las personas que las hicieron. Hay más de una opción en algunos casos.

ACCIONES	PERSONAS
_____ **1.** bailar	**a.** Estela
_____ **2.** cortar el pastel y tirarlo	**b.** un conjunto (*group*) musical
_____ **3.** llorar	**c.** Pilar
_____ **4.** mandar un recuerdo	**d.** la mamá de Estela
_____ **5.** tocar salsa	**e.** los novios
_____ **6.** no ir a la boda	**f.** la amiga de Pilar y de Estela

B. **Más información.** ¿Qué más se sabe o deduce Ud. del mensaje?

1. La amiga de Pilar, ¿es amiga de Estela también?
2. ¿Cómo se llama el novio?
3. ¿Por qué no fue la amiga de Pilar a la boda?
4. ¿Por qué cree Pilar que su amiga no contesta su llamada (*call*)?
5. ¿Cuál es la profesión de la amiga de Pilar?

Celia Cruz, durante los Premios (*Awards*) Grammy Latinos, en Hollywood, 2002

¡Música!

Celia Cruz (1925–2003) fue una de las artistas latinas más famosas y queridas en todo el mundo. Nació[a] y desarrolló[b] su carrera como cantante en Cuba, pero vivió gran parte de su vida[c] en los Estados Unidos.

[a]*She was born* [b]*developed* [c]*life*

🎵 Go to the iMix section in Connect Spanish (**www.connectspanish.com**) to access the iTunes playlist "*Puntos9,*" where you can purchase "La vida es un carnaval" by Celia Cruz.

A ESCRIBIR

El tema

Una celebración memorable

Preparar

¿Cuál es la celebración más memorable de su vida (*life*)? ¿un baile de fin de curso (*prom night*)? ¿una boda (*wedding*)? ¿un cumpleaños? ¿una fiesta de Nochevieja? ¿el bautizo (*baptism*) de una hija o un hijo? ¿Qué es memorable de esa celebración?

Paso 1. Haga una lista cronológica de todos los eventos y actividades que ocurrieron antes y durante la celebración.

Paso 2. Haga una lista de las cosas que más le gustaron y de las que no le gustaron. Piense también en la razón principal por la que (*which*) esa celebración es tan memorable para Ud.

Redactar

Desarrolle (*Develop*) el ensayo usando toda la información de **Preparar.** No se olvide de expresar sus sentimientos. ¿Cómo se sintió durante la celebración misma (*itself*)? ¿Y después?

Editar

Revise el ensayo para comprobar (*to check*):

- la ortografía y los acentos (¡**OJO!** con las formas del pretérito)
- la organización de las ideas (una clara diferencia entre la narración de los eventos y los sentimientos de Ud.)
- la consistencia del tono
- el uso de los pronombres (evitar [*avoid*] el uso excesivo de pronombres personales; evitar la repetición innecesaria de los sustantivos con el uso de los pronombres de complemento directo e indirecto)

Finalmente, prepare su versión final para entregarla.

EN RESUMEN En este capítulo

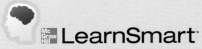

Visit www.connectspanish.com to practice the vocabulary
and grammar points covered in this chapter.

Gramática en breve

24. Irregular Preterites

Irregular Preterite Endings

estuv-
pud-
pus-
quis-
sup-
tuv-
vin-

-e   -imos
+ -iste -isteis
-o   -ieron

dij-
traj-

-e   -imos
+ -iste -isteis
-o   -eron

hay: haber ⟶ **hubo** (*there was/were*)

25. Preterite of Stem-changing Verbs

Preterite Stem-changing Patterns

-ar/-er = no change
-ir = change in the third person singular and plural

e ⟶ i
o ⟶ u

26. Direct and Indirect Object Pronouns Together

Indirect   **Direct**

me/te/nos/os

le(s) ⟶ **se**

+ **lo/la/los/las**

Vocabulario

Los verbos

adivinar	to guess
conseguir (*like* **seguir**)	to get, obtain
conseguir + *inf.*	to succeed in (*doing something*)
despedir(se) (*like* **pedir**) **(de)**	to say good-bye (to)
encontrar (encuentro)	to find
morir(se) (**[me] muero**) **(u)**	to die
sugerir (sugiero) (i)	to suggest

Repaso: dormir(se) ([me] duermo) (u), pedir (pido) (i), preferir (prefiero) (i), servir (sirvo) (i), vestir(se) ([me] visto) (i)

Los días festivos y las fiestas

el anfitrión, la anfitriona	host (*of an event*)
las botanas (*Mex.*)	appetizers
el champán	champagne
el día festivo	holiday
el/la invitado/a	guest
el pastel de cumpleaños	birthday cake
las tapas	appetizers
la vela	candle

Repaso: el cumpleaños, la fiesta, el pastel, el refresco, el regalo, la tarjeta

cumplir años	to have a birthday
dar una fiesta	to give a party
faltar (a)	to be absent (from), not attend
gastar	to spend (*money*)
hacer una fiesta	to have a party
pasarlo bien/mal	to have a good/bad time
reunirse (me reúno) (con)	to get together (with)
ser en + *place*	to take place in/at (*a place*)

Repaso: bailar, celebrar, divertirse (me divierto) (i), invitar, regalar

Las emociones y los estados afectivos

el estado afectivo	emotional state
discutir (con/sobre)	to argue (with/about)
enfermarse	to become sick
enojarse (con)	to get angry (with)
llorar	to cry
olvidar(se) (de)	to forget (about)
ponerse + *adj.*	to become, get + *adj.*
portarse bien/mal	to (mis)behave
recordar (recuerdo)	to remember
reír(se) ([me] río) (i) (de)	to laugh (about)
sentirse (me siento) (i)	to feel (*an emotion*)
sonreír(se) (*like* **reír**)	to smile

Repaso: quejarse (de)

Otros sustantivos

el árbol	tree
el detalle	detail
el fin de año	end of the year
el hecho	fact, event

Los adjetivos

avergonzado/a	embarrassed
feliz (*pl.* **felices**)	happy
festivo/a	festive, celebratory
-ísimo/a	very very

Algunos días festivos

la Navidad	Christmas
la Nochevieja	New Year's Eve
la Nochebuena	Christmas Eve
la Pascua	Easter
la quinceañera	young woman's fifteenth birthday party

Palabras adicionales

demasiado (*adv.*)	too; too much
¡Felicitaciones!	Congratulations!
gracias por + *noun* or *inf.*	thanks for
-ísimo (*adv.*)	very very
por lo menos	at least
ya	already

Repaso: muchísimo

Vocabulario personal

10

El tiempo libre

Una bailarina de bomba y plena, en la plaza de Recreo, en Loíza, Puerto Rico

- ¿Qué le gusta a Ud. hacer en su tiempo libre? ¿Tiene que pasar a veces parte de su tiempo libre haciendo quehaceres domésticos (*household chores*)?

- ¿Es el baile una de sus diversiones preferidas? ¿Qué tipo de baile le gusta más? ¿Qué estilos de baile hispanos conoce Ud.?

- ¿Prefiere las actividades que se hacen al aire libre (*outdoors*)? ¿O prefiere las actividades sedentarias?

connect™
|SPANISH

www.connectspanish.com

Puerto Rico

4 millones de habitantes

- Puerto Rico es un Estado Libre Asociado a los Estados Unidos. Esto significa que Puerto Rico no es independiente, pero sí tiene autonomía interna. Los puertorriqueños son ciudadanos (*citizens*) estadounidenses.

- Los puertorriqueños tienen una gran conciencia (*awareness*) de su historia y de la importancia de su cultura. Se sienten muy orgullosos (*proud*) de su herencia indígena, africana e hispana.

O C É A N O
A T L Á N T I C O

REPÚBLICA DOMINICANA

PUERTO RICO
San Juan
Ponce

M a r   C a r i b e

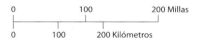

| 0 | | 100 | | 200 Millas |
| 0 | 100 | | 200 Kilómetros | |

En este capítulo

VOCABULARIO

Preparación

Los pasatiempos, diversiones y aficiones°

Los... *Pastimes, fun activities, and hobbies*

montar a caballo

caminar

patinar en línea, el patinaje

esquiar (esquío), el esquí

jugar (juego) (gu) al ajedrez

correr

dar una caminata

ir a una discoteca

Los pasatiempos

los ratos libres	spare (free) time
dar/hacer una fiesta	to give a party
dar un paseo	to take a walk
hacer *camping*	to go camping
hacer planes para + *inf.*	to make plans to (*do something*)
hacer un *picnic*	to have a picnic
ir...	to go . . .
al cine	to the movies
a un bar	to a bar
al teatro / a un concierto	to the theater / to a concert
a ver una película	to see a movie
jugar (juego) (gu) a las cartas	to play cards
sacar (qu) fotos	to take pictures
tomar el sol	to sunbathe
visitar un museo	to visit a museum
aburrirse	to get bored
ser...	to be . . .
aburrido/a	boring
divertido/a	fun

Los deportes

el ciclismo	bicycling
el fútbol	soccer
el fútbol americano	football
hacer *surfing*	to surf
nadar	to swim
la natación	swimming
pasear en bicicleta	to ride a bicycle
patinar	to skate
patinar en línea	to rollerblade

Cognados: el basquetbol, el béisbol, el golf, el hockey, el tenis, el voleibol

el equipo	team
el jugador / la jugadora	player
el partido	game, match
entrenar	to practice, train
ganar	to win
jugar (juego) (gu) al + *sport*	to play (*a sport*)
perder (pierdo)	to lose
practicar (qu)	to participate (*in a sport*)
ser aficionado/a (a)	to be a fan (of)

Conversación

A. Sus pasatiempos favoritos

Paso 1. ¿Cierto o falso? Corrija las oraciones falsas, según su opinión.

	CIERTO	FALSO
1. Es más aburrido ver un partido en la tele que en el estadio.	☐	☐
2. Lo paso mejor con mi familia que con mis amigos.	☐	☐
3. Las actividades educativas me gustan más que las deportivas (*sporting*).	☐	☐
4. Odio el béisbol tanto como el fútbol.	☐	☐
5. Los estudiantes universitarios tienen tanto tiempo libre como los (*those*) de la escuela secundaria.	☐	☐

el basquetbol =
   el baloncesto (*Sp.*)
hacer *camping* = hacer
   acampada, acampar
hacer *surfing* = hacer *surf*
   (*P.R.*), surfear
pasear en bicicleta = andar
   en bicicleta, montar en
   bicicleta
la película = el filme, el film
el voleibol = el vólibol,
   el volibol

Paso 2. Ahora haga una lista de sus pasatiempos favoritos y de los que Ud. odia o no le interesan.

Paso 3. Compare su lista con la (*that*) de un compañero o compañera de clase con quien Ud. no habla con frecuencia. ¿Les gustan los mismos pasatiempos?

B. Definiciones

Paso 1. Dé las palabras definidas.

MODELO: entrar en un lugar para ver una película ⟶ ir al cine

1. un grupo de jugadores
2. salir bien en una competencia; salir mal
3. practicar un deporte intensamente
4. asistir a todos los partidos de un equipo en particular
5. un deporte que se practica en una piscina

Paso 2. Ahora defina las siguientes palabras, según el modelo del **Paso 1.**

1. un jugador
2. un partido
3. aburrirse
4. hacer un *picnic*
5. dar un paseo

Nota **cultural**

Los deportes más populares del mundo hispano

Dos deportes predominan en el panorama deportivo del mundo hispano: el fútbol y el béisbol.

- **El fútbol** Sin duda este es el rey[a] de los deportes en el mundo hispano, como en el resto del mundo. Ningún evento deportivo se compara en seguimiento[b] a la Copa Mundial de Fútbol. Se estima que unos 700 millones de telespectadores miraron el partido final de la Copa 2010, que ganó España. En todos los países hispanos, el fútbol se juega en cualquier calle,[c] plaza o espacio abierto y hay innumerables ligas[d] de todo tipo.
- **El béisbol** Un deporte inmensamente popular en los países de la costa caribeña es el béisbol. En las grandes ligas estadounidenses hay muchos jugadores de primer orden con apellidos hispanos, dos de ellos son Rodríguez y Pujols. Muchos de estos «peloteros[e]», como se les llama[f] en muchos países, vienen de las ligas de sus respectivos países de origen, como la República Dominicana, Venezuela y México.
- **El basquetbol, el tenis y el ciclismo** Estos deportes también tienen gran seguimiento en el mundo hispano.

[a] *king* [b] *following* [c] cualquier... *any street* [d] *leagues* [e] *ball-players* (la pelota = *ball*) [f] *se... they are called*

El basquetbol está creciendo[g] en cuanto al[h] número de espectadores y tiene dos grandes potencias[i] hispanas: España y la Argentina. Estos países obtuvieron la medalla[j] de plata y de bronce, respectivamente, en los Juegos Olímpicos de Pekín en 2008. En la NBA estadounidense hay varios jugadores hispanos, entre ellos el formidable español Pau Gasol, que juega en el equipo de los Lakers de Los Ángeles.

César Crespo (derecha), durante la Serie del Caribe, en el Estadio Roberto Clemente, Puerto Rico

¿Qué otros deportistas hispanos puede Ud. nombrar?

[g] *growing* [h] en... *as far as the* [i] *superpowers* [j] obtuvieron... *won the medal*

¿Cómo pasa Ud. su tiempo?	
Actividad	**Media^a de tiempo diario (aproximadamente)**
Estudios	3 horas 50 minutos
Medios de comunicación	1 hora 45 minutos
Aficiones e informática^b	1 hora 15 minutos
Vida social y diversión	1 hora 15 minutos
Hogar^c y familia (tareas domésticas)	1 hora
Deportes y actividades al aire libre	30 minutos

^a*Average* ^b*computers* ^c*Home*

(Basado en datos de 2009–2010 del Instituto Nacional de Estadística de España)

C. ¿Cómo pasa Ud. su tiempo?

Paso 1. Lea las actividades de los jóvenes españoles menores de 25 años de edad y haga una lista de actividades que se pueden incluir en cada categoría. Para la lista, use infinitivos (por ejemplo: **leer libros**). Luego, para cada categoría, indique si en un día típico Ud. pasa más o menos tiempo que los españoles en las mismas actividades.

MODELOS: Paso más tiempo en los estudios que los jóvenes españoles.
Paso menos tiempo haciendo tareas domésticas que los jóvenes españoles.

Paso 2. Ahora, en parejas, comparen sus listas y el tiempo que cada uno de Uds. pasa haciendo las actividades de las diferentes categorías.

Los quehaceres domésticos°

Los... *Household chores*

planchar la ropa

pasar la aspiradora

hacer la cama

poner la mesa

sacar (qu) la basura

lavar los platos

Algunos aparatos domésticos

la aspiradora	vacuum cleaner
la cafetera	coffeemaker
el congelador	freezer
la estufa	stove
el horno de microondas	microwave oven

la lavadora	washing machine
el lavaplatos	dishwasher
el refrigerador	refrigerator
la secadora	clothes dryer
la tostadora	toaster

Más quehaceres domésticos

barrer el piso to sweep the floor
dejar (en) to leave behind (in [*a place*])
dejar sin hacer to leave (*something*) undone

lavar la ropa to wash clothes
limpiar (la casa) to clean (house)
quitar la mesa to clear the table

Así se dice

el congelador = la nevera
la estufa = la cocina
hacer la cama = tender la cama
lavar los platos = fregar los platos
el refrigerador = el frigorífico, la heladera, la refrigeradora, la nevera

Conversación

A. Los quehaceres domésticos. ¿En qué cuarto o parte de la casa se hacen las siguientes actividades? Hay más de una respuesta en muchos casos.

1. Se hace la cama en _____.
2. Se saca la basura de _____ y se pone en _____.
3. Uno se baña en _____ pero baña al perro en _____.
4. Se barre el piso del / de la _____.
5. Se pasa la aspiradora en _____.
6. Se lava y se seca la ropa en _____.
7. La ropa se plancha en _____.
8. Se usa la cafetera en _____.

B. Las marcas (*Brand names*). ¿Para qué se usan o para qué sirven los siguientes productos?

1. Mr. Coffee
2. Glad bags
3. Lysol
4. Tide
5. Saran wrap

C. Intercambios

Paso 1. En parejas, túrnense para hacer y contestar preguntas sobre cómo pasan Uds. el fin de semana. Basen sus preguntas en las siguientes ideas. Deben obtener detalles interesantes y personales de su compañero/a.

1. cuándo empieza el fin de semana (¿día? ¿hora?)
2. cómo se divierten
3. cuánta tarea hacen
4. cuánto duermen (¿por la noche? ¿la siesta?)
5. los quehaceres domésticos que tienen que hacer
6. cómo se sienten el domingo por la noche

Paso 2. Digan a la clase dos detalles interesantes sobre lo que hace su compañero/a.

Nota **comunicativa**

Cómo expresar la obligación

You already know several ways to express the obligation to do something.

Tengo que	⎫	*I have to*	⎫
Necesito	⎬ barrer el piso.	*I need to*	⎬ *sweep the floor.*
Debo	⎭	*I should*	⎭

Of the three, **tener que** + *infinitive* expresses the strongest sense of obligation.

The concept *to be someone's turn or responsibility* (to do something) is expressed in Spanish with the verb **tocar (qu)** plus an indirect object.

—¿**A quién le toca** lavar los platos esta noche?

"*Whose turn is it to wash the dishes tonight?*"

—**A mí me toca** solamente sacar la basura. Creo que **a papá le toca** lavar los platos.

"*I only have to take out the garbage. I think it's Dad's turn to wash the dishes.*"

D. Sus hábitos domésticos

Paso 1. ¿Es Ud. una persona que tiene su casa limpia? Indique con qué frecuencia hace Ud. los siguientes quehaceres. Si vive en una residencia estudiantil, piense en lo que hace cuando vive con su familia.

MODELO: _____ hacer la cama → __3__ hacer la cama: Hago la cama todos los días.

1. _____ hacer la cama
2. _____ poner la mesa
3. _____ preparar la comida
4. _____ lavar los platos
5. _____ limpiar la casa
6. _____ sacar la basura
7. _____ pasar la aspiradora
8. _____ limpiar la estufa
9. _____ planchar la ropa
10. _____ barrer el piso

Paso 2. Ahora, en parejas, túrnense para entrevistarse sobre sus hábitos domésticos, basándose en el formulario del **Paso 1.** De los dos, ¿quién se preocupa más por su hogar (*home*)? ¿por la limpieza (*cleanliness*)? ¿Quién mantiene (*keeps*) más limpia la casa?

MODELO: hacer la cama →

E1: ¿Con qué frecuencia haces la cama? (¿A quién le toca hacer las camas en tu casa?)

E2: Nunca la hago. (Las hago a veces. En mi casa, le toca a mi madre hacer las camas.)

Paso 3. Con el mismo compañero / la misma compañera, hagan una lista de los quehaceres que les toca hacer esta semana. Luego comparen su lista con las (*those*) del resto de la clase.

▸ **Mundo interactivo**

You should now be prepared to work with Scenario 5, Activity 3 in Connect Spanish (**www.connectspanish.com**).

GRAMÁTICA

In **Capítulos 8** and **9,** you learned the forms and some uses of the preterite. Before you learn the other simple past tense (in **Gramática 27**), you might want to review the forms of the preterite in those chapters. The verbs in the following sentences are in the preterite. Can you identify any words in the sentences that emphasize the completed nature of the actions expressed by the verbs?

1. Esta mañana me levanté a las seis.
2. Ayer fui al cine con un amigo.
3. La semana pasada pinté las paredes de la cocina.

27 Talking About the Past (Part 4)

Descriptions and Habitual Actions in the Past:
Imperfect of Regular and Irregular Verbs

Grammar Tutorial 27
Mc Graw Hill **connect**
|SPANISH
www.connectspanish.com

Gramática en acción: Los indígenas taínos

Los indígenas taínos eran los habitantes originales de las Antillas Mayores, que son las islas de Puerto Rico, Cuba, Haití y la Republica Dominicana (que comparten la que antes fue la isla de La Española) y Jamaica. Allí vivían cuando los españoles llegaron al Caribe a finales del siglo XV. El pueblo taíno era pacífico y generoso y tenía una sociedad matrilineal. Llamaban a su jefe «cacique» y hablaban una lengua que nos ha dejado en el español palabras como *barbacoa, hamaca, canoa, tabaco* y *huracán.*

¿Y Ud.?

1. ¿Qué pueblos indígenas habitaban la zona donde Ud. vive antes de la llegada de los europeos?
2. ¿Qué otros pueblos indígenas vivían en este país antes del siglo XVI?
3. ¿Cómo era la sociedad de estos pueblos?
4. ¿Sabe Ud. qué significan en ingles las últimas palabras del párrafo?

The Taíno Indians *The Taíno Indians were the original inhabitants of the Greater Antilles, which are the islands of Puerto Rico, Cuba, Haiti, and the Dominican Republic (which share what was formerly the island of Hispaniola), and Jamaica. They were living there when the Spaniards arrived in the Caribbean at the end of the fifteenth century. The Taíno people were peaceful and generous, and they had a matrilineal society. They called their chief* cacique, *and they spoke a language that has left us words such as* barbacoa, hamaca, canoa, tabaco, *and* huracán *in Spanish.*

You have already used the *preterite* (**el pretérito**) to express events in the past. The *imperfect* (**el imperfecto**) is the second simple past tense in Spanish. In contrast to the preterite, which is used when you view actions or states of being as begun or completed in the past, the imperfect is used when you view past actions or states of being as habitual or as "in progress." The imperfect is also used for describing the past.

Forms of the Imperfect / Las formas del imperfecto

hablar		**comer**		**vivir**	
hablaba	hablábamos	comía	comíamos	vivía	vivíamos
hablabas	hablabais	comías	comíais	vivías	vivíais
hablaba	hablaban	comía	comían	vivía	vivían

1. English Equivalents

The imperfect has several English equivalents. The simple English equivalents (*I spoke, we ate, he lived*) can correspond to either the preterite or the imperfect.

You'll learn more about this in **Capítulo 11.**

¡OJO!

would = repeated action → imperfect

yo hablaba = *I spoke, I was speaking, I used to speak, I would speak*

comíamos = *we ate, we were eating, we used to eat, we would eat*

él vivía = *he lived, he was living, he used to live, he would live*

Comíamos allí todos los domingos.
We would eat there every Sunday.

Pronunciation Hints
- The **b** between vowels, such as in the imperfect ending **-aba,** is pronounced as a fricative [ƀ] sound.
- In **-er/-ir** imperfect forms, it is important not to pronounce the ending **-ía** as a diphthong, but to pronounce the **i** and the **a** in separate syllables. The accent mark over the **í** helps remind you of this.

Los verbos en -*ar*		**Los verbos en -*er/-ir***	
-aba	-ábamos	-ía	-íamos
-abas	-abais	-ías	-íais
-aba	-aban	-ían	-ían

2. Stem-changing Verbs and *hay*

Stem-changing verbs do not show a change in the imperfect.

The imperfect of **hay** is **había** (*there was, there were, there used to be*).

almorzar (almuerzo) ⟶ almorzaba
perder (pierdo) ⟶ perdía
pedir (pido) (i) ⟶ pedía

Había muchos estudiantes en el salón de clase.
There were a lot of students in the class.

3. Irregular Imperfect Forms

Only three verbs are irregular in the imperfect: **ir, ser,** and **ver.**

ir		**ser**		**ver**	
iba	íbamos	era	éramos	veía	veíamos
ibas	ibais	eras	erais	veías	veíais
iba	iban	era	eran	veía	veían

4. First and Third Person Forms

Note that the first and third person forms are identical for **-ar, -er,** and **-ir** verbs. When context does not make meaning clear, subject pronouns are used.

Los sábados **yo jugaba** al tenis y **él paseaba** en bicicleta.
On Saturdays I used to play tennis and he used to ride his bike.

Uses of the Imperfect / Los usos del imperfecto

If you know when to use the imperfect, it will be easy to understand when the preterite is used. When talking about the past, the preterite *is* used when the imperfect *isn't*. That's an oversimplification, but at the same time it's a general rule of thumb that will help you out at first.

The imperfect has the following uses. Note that the first three are very clearly indicated by the English equivalents of the imperfect.

- To describe *repeated habitual actions* in the past

  used to + *verb*, would + *verb*

  Siempre nos quedábamos en aquel hotel.
  We always stayed (used to stay, would stay) at that hotel.

  Todos los veranos iban a la costa.
  Every summer they went (used to go, would go) to the coast.

- To describe an *action that was in progress* (when something else happened)

  was/were + *-ing*

  Ramón **pedía** la cena (cuando Cristina **llamó**).
  Ramón was ordering dinner (when Cristina called).

- To describe two *simultaneous past actions in progress*, with **mientras**

  was/were + *-ing*

  Tú **leías mientras** Juan **escribía** la carta.
  You were reading while Juan was writing the letter.

- To describe ongoing *physical, mental,* or *emotional states* in the past

  Estaban muy **distraídos.**
  They were very distracted.

  La **quería** muchísimo.
  He loved her a lot.

- To tell *time* in the past and to express *age* with **tener**

  Era la una. / **Eran las dos.**
  It was one o'clock. / It was two o'clock.

  Tenía 18 años.
  She was 18 years old.

¡OJO!

Just as in the present, the singular form of the verb **ser** is used with one o'clock, the plural form from two o'clock on.

Summary of the Uses of the Imperfect

used to, would
was/were + *-ing*
simultaneous actions (**mientras**)
physical, mental, and emotional states
time
age

¡OJO!

simple past = imperfect *or* preterite

Autoprueba

Give the correct imperfect ending for each verb.

1. yo habl_____
2. Uds. er_____
3. nosotros com_____
4. Pedro ib_____
5. tú ten_____

Answers: 1. hablaba 2. eran 3. comíamos 4. iba 5. tenías

Práctica

A. ¡Anticipemos! Mi niñez (*childhood*)

Paso 1. ¿Es esto lo que Ud. hacía cuando tenía 10 años? Diga si las siguientes declaraciones son ciertas o falsas, según su experiencia de niño/a (*as a child*).

	CIERTO	FALSO
1. Cuando tenía 10 años, estaba en cuarto grado (*fourth grade*).	☐	☐
2. Todas las noches me acostaba a las nueve.	☐	☐
3. Los sábados me levantaba temprano para mirar los dibujos animados (*cartoons*).	☐	☐
4. Mis padres me pagaban por los quehaceres que hacía: cortar el césped (*cutting the grass*), lavar los platos…	☐	☐
5. Me gustaba ir con mi madre/padre al supermercado.	☐	☐
6. Le pegaba (*I used to hit*) a mi hermano/a.	☐	☐
7. Tocaba un instrumento musical en la orquesta de la escuela.	☐	☐
8. Mis héroes eran personajes (*characters*) de los dibujos animados.	☐	☐

Paso 2. Ahora corrija las declaraciones falsas, según su experiencia. Luego compare sus respuestas con las (*those*) del resto de la clase.

B. La vida a los 7 años

Paso 1. Haga oraciones sobre la vida de Tina, que vivía en Puerto Rico cuando tenía 7 años. Use el imperfecto de los verbos.

1. (vivir) en Bayamón, Puerto Rico
2. (asistir) a una escuela católica
3. (hablar) español todo el tiempo
4. (aprender) inglés en la escuela
5. (dibujar [*to draw*]) mucho en clase y (jugar) con sus compañeros
6. (ir) a casa de sus abuelos después de la escuela y (ver) su programa favorito en la tele
7. sus padres: (llegar) por ella a las 7:30 y (llevarla) a casa

Paso 2. Ahora haga oraciones similares a las oraciones del **Paso 1** pero con información de su propia (*own*) vida a los 7 años.

MODELO: (vivir) en Bayamón, Puerto Rico. →
Yo **vivía** en St. Louis, Missouri.

Nota **comunicativa**

El progresivo en el pasado

Sometimes you want to emphasize that an action was in progress in the past. To do so, you can use the past progressive. It is formed with the imperfect of **estar** plus the present participle (**-ndo**) of another verb.*

Estábamos cenando a las diez.
We were having dinner at ten.

¿No **estabas estudiando**?
Weren't you studying?

You will use the past progressive in this way in **Práctica C.**

---

*A progressive tense can also be formed with the preterite of **estar**. **Estuvimos cenando hasta las doce.** The use of the progressive with the preterite of **estar**, however, is relatively infrequent, and it will not be practiced in Puntos de partida.

C. El trabajo de niñera (*baby-sitter*)

Paso 1. El trabajo de niñera puede ser muy pesado (*difficult*). ¿Qué estaba pasando cuando la niñera perdió por fin la paciencia? Describe todas las acciones que pueda, usando **estaba(n)** + *present participle* (**-ndo**).

MODELO: El bebé estaba llorando.

Vocabulario **útil**

el bebé	
el timbre	doorbell
discutir	to argue
gritar	to shout
ladrar	to bark
pelear	to fight
sonar	to ring;
(**suena**)*	to sound

Paso 2. De jóvenes, ¿trabajaban Uds. de niñeros/as? ¿Tenían que cuidar a sus hermanos menores? ¿a los niños de sus parientes? En parejas, túrnense para hablar de sus experiencias de trabajo cuando eran más jóvenes. Háganse preguntas para obtener mucha información. Si no trabajaron de niñeros/as, cuenten sus experiencias en otros trabajos o sus experiencias *con* un niñero o niñera.

caerse	to fall down
cuidar	to take care of
sacar (qu)	to take something out

MODELO: E1: Cuando yo tenía 15 años, cuidaba a mi hermano menor.
E2: ¿Lo cuidabas todos los días? ¿Cuánto te pagaban tus padres? ¿Se portaba bien tu hermano menor? ¿Te daba mucho trabajo? ¿Qué cosas malas hacía siempre?

Conversación

A. Intercambios

Paso 1. En parejas, túrnense para entrevistarse sobre su adolescencia y los años de la escuela secundaria. Usen las siguientes categorías para organizar su conversación. Deben obtener detalles interesantes y personales de su compañero/a.

MODELO: gustar: molestar (*to annoy*) a alguien →
E1: Cuando tenías 15 años, ¿a quién te gustaba molestar?
E2: Me gustaba molestar a mi hermano menor. Él a veces tomaba mis cosas sin mi permiso.
E1: ¿Y ahora todavía te gusta molestarlo?
E2: La verdad es que sí. (*Actually, yes.*)

(Cont.)

****Sonar** *is a stem-changing verb. Remember that the stem of present participles does not change with* **-ar** *verbs* (**sonando**).

1. **gustar:** molestar a alguien, oír un tipo de música, vestirse con un estilo de ropa
2. **preferir:** programas de tele, películas, materias, comidas y bebidas
3. **comer:** a qué hora, dónde, con quién
4. **leer:** revistas, novelas
5. **hacer:** los fines de semana, después de las clases
6. **discutir:** con quién, sobre qué

Paso 2. Ahora digan a la clase dos cosas que Uds. tenían en común.

MODELO: A Frank y a mí nos gustaba oír música rock. Preferíamos ver películas de acción.

B. **Los tiempos cambian** (*change*). Las siguientes oraciones describen aspectos de la vida de hoy. En parejas, túrnense para describir cómo son las cosas ahora y cómo eran en otra época (*in another era*).

AYER

MODELO: E1: Ahora casi todos los bebés nacen (*are born*) en un hospital, pero antes…
E2: Antes casi todos los bebés **nacían** en casa.

1. Ahora muchas personas viven en una casa muy grande con un jardín pequeño.
2. Las personas se comunican electrónicamente.
3. Muchísimas mujeres trabajan fuera de casa.
4. Muchas personas van al cine y miran la televisión.
5. Ahora las mujeres —no solo los hombres— llevan pantalones.
6. Ahora hay enfermeros (*male nurses*) y maestros (*male teachers*) —no solo enfermeras y maestras.
7. Ahora tenemos coches pequeños que gastan (*use*) poca gasolina.
8. Ahora usamos más máquinas y por eso hacemos menos trabajo físico.
9. Ahora las familias son más pequeñas.
10. Muchas parejas viven juntas sin casarse (*getting married*).

HOY

¿Recuerda Ud.?

You have been using interrogative words since the beginning of *Puntos de partida*, so not much will be new for you in **Gramática 28.** Review what you already know by telling which interrogative word or phrase you associate with the following phrases.

1. un lugar
2. la hora
3. una persona
4. la manera de hacer algo
5. una selección

6. la razón (*reason*) por algo
7. el lugar de origen de una persona
8. un destino (*destination*)
9. una cantidad
10. ser el dueño (*owner*) de algo

Getting Information (Part 2)
Summary of Interrogative Words

Gramática en acción: Un restaurante de Connecticut

El Boricua
RESTAURANTE · CLUB DE BAILE

32 GARVEY ST., NEW HAVEN, CT

Gran espacio para banquetes y celebraciones

Especialidad en comida puertorriqueña

Venga y deléitese con nuestros sabrosos platos
ABIERTO TODOS LOS DÍAS DESDE LAS 11:30 A.M. - 2:00 A.M.

VIERNES, 6 DE OCTUBRE

· LOS GRANDES SALSEROS DE CONNECTICUT ·

ORQUESTA INTENSIDAD

1. ¿Cómo se llama el restaurante?
2. ¿En qué ciudad de Connecticut está?
3. ¿En qué tipo de cocina se especializa el restaurante?
4. ¿Qué grupo toca el viernes, 6 de octubre?

¿Y Ud.?

¿Cuántas preguntas más puede Ud. hacer sobre este restaurante, por lo que dice el anuncio?

Here are all of the interrogatives that you have learned so far. Only the information about using **¿qué?** and **¿cuál(es)?,** both of which express *what?* or *which?* in Spanish, is new.

> **¡OJO!**
> Remember that interrogative words always have an accent mark in Spanish, and that questions have two question marks: **¿ ?**

¿Cómo?	How?	**¿Dónde?**	Where?
¿Cuándo?	When?	**¿De dónde?**	From where?
¿A qué hora?	At what time?	**¿Adónde?**	Where (to)?
¿Qué?	What? Which?	**¿Cuánto/a?**	How much?
¿Cuál(es)?	What? Which one(s)?	**¿Cuántos/as?**	How many?
¿Por qué?	Why?	**¿Quién(es)?**	Who?
		¿De quién(es)?	Whose?

Uses of ¿qué? and ¿cuál? / Los usos de ¿qué? y ¿cuál?

1. ¿Qué? + *verb* = Definition or Explanation
Start a question with **¿qué?** when you are looking for a definition or an explanation.

> **¿Qué** es esto? / *What is this?*
> **¿Qué** quieres? / *What do you want?*
> **¿Qué** tocas? / *What (instrument) do you play?*

2. ¿Qué? + *noun* = Identification
The interrogative **¿qué?** can be directly followed by a noun. The question asks the listener to identify or specify information, often making a choice.

> **¿Qué deporte** prefieres? / *What (Which) sport do you prefer?*
> **¿Qué playa** te gusta más? / *What (Which) beach do you like most?*
> **¿Qué instrumento musical** tocas? / *What (Which) musical instrument do you play?*

3. ¿Cuál(es)? + verb = Choice

A question with **¿cuál(es)?** also asks for a choice, but **¿cuál(es)?** is followed by a verb, not by a noun. Sometimes a phrase like **de los dos (tres,...)** makes the choice more explicit. Note that **¿cuál(es)?**, not **¿qué?**, expresses *which one(s)?*

Compare these sentences:

> **¿Qué libro** quieres? = *which book?*
>
> **¿Cuál** quieres? = *which one?*
>
> **¿Cuál de los dos** quieres? = *which one (of the two)?*

¿Cuál es la clase más grande?
What (Which [one]) is the biggest class?

¿Cuáles son tus jugadores favoritos?
What (Which [ones]) are your favorite players?

¿Cuál es la capital del Uruguay?
What is the capital of Uruguay?

¿Cuál es tu (número de) teléfono?
What is your phone number?

Práctica

¿Qué o cuál(es)?

1. ¿_____ es esto? —Un lavaplatos.
2. ¿_____ son los Juegos Olímpicos? —Son un conjunto (*group*) de competiciones deportivas.
3. ¿_____ es el quehacer que más odias? —Lavar los platos.
4. ¿_____ bicicleta vas a usar? —La de mi hermana.
5. ¿_____ son los cines más cómodos? —Los del centro.
6. ¿_____ DVD debo pedir? —El de la nueva película de Salma Hayek.
7. ¿_____ es una cafetera? —Es un aparato que se usa para hacer café.
8. En la foto, ¿_____ es tu padre? —Es el hombre a la izquierda del coche.

Conversación

A. Entrevista: Datos (*Information*) personales

Paso 1. Haga preguntas para averiguar (*find out*) la siguiente información de un compañero o una compañera. Es posible usar varias palabras interrogativas.

MODELO: su dirección → ¿Cuál es tu dirección? (¿Dónde vives?)

1. su (número de) teléfono
2. su dirección
3. su cumpleaños
4. la ciudad en que nació (*he/she was born*)
5. su número de seguro (*security*) social
6. la persona en que más confía (*he/she trusts*)
7. su tienda favorita
8. la fecha de su próximo examen

Paso 2. Ahora, en parejas, usen sus preguntas del **Paso 1** para entrevistarse.

B. Intercambios

Paso 1. En parejas, túrnense para entrevistarse sobre los siguientes temas. Empiecen las preguntas con **¿Qué... ?**

MODELO: estaciones del año →
   ¿Qué estación del año prefieres?

1. estilo de música
2. pasatiempos o deportes
3. programas de televisión
4. materias este semestre/trimestre
5. colores
6. tipos de comida

Gramática en acción: ¡El número uno!

¿Está Ud. de acuerdo? Corrija las declaraciones falsas, según su opinión.

	CIERTO	FALSO
1. Jennifer López es la mujer de origen puertorriqueño más conocida del mundo.	☐	☐
2. Roberto Clemente es el mejor beisbolista hispano de todos los tiempos.	☐	☐
3. Benicio del Toro es el actor puertorriqueño más famoso del mundo.	☐	☐

¿Y Ud.?

Complete las siguientes declaraciones para expresar su opinión.

1. El cantante hispano o hispana más popular del momento es _____.

2. La mejor actriz (*actress*) del momento es _____.

3. En la actualidad la música popular más interesante es _____ (la música de _____, la música de estilo _____).

Paso 2. Ahora túrnense para entrevistarse sobre los mismos temas del **Paso 1** pero hablando de sus preferencias de niño/a y empezando las preguntas con **¿Cuál(es)... ?** Deben obtener detalles interesantes y personales de su compañero/a.

MODELO: estaciones del año →
 E1: De niño/a, ¿cuál era tu estación favorita de todas?
 E2: Prefería el invierno.
 E1: ¿Por qué?
 E2: Porque me gustaba jugar en la nieve.

¿Recuerda Ud.?

Before beginning **Gramática 29,** review comparisons, which were introduced in **Gramática 17 (Cap. 6).** How would you say the following in Spanish?

1. I work as much as you (*sing.*) do.
2. I work more/less than you (*sing.*) do.
3. Bill Gates has more money than I have.
4. My housemate has fewer things than I do.
5. I have as many friends as you (*sing.*) do.
6. My computer is worse/better than this one.

Number one! *Do you agree?* **1.** *Jennifer Lopez is the best known woman of Puerto Rican origin in the world.* **2.** *Roberto Clemente is the best Hispanic baseball player of all time.* **3.** *Benicio del Toro is the most famous Puerto Rican actor in the world.*

Superlatives / **Los superlativos**

1. Forming the Superlative
To express the *most/best*, and so on, use comparative forms with the definite article.

¡OJO!
in/of = **de**

> the superlative / **el superlativo** = an adjective or adverb that expresses an extreme

---

el/la/los/las + *noun* + **más/menos** + *adjective* + **de**

El basquetbol es **el deporte más competitivo del** mundo.
Basketball is the most competitive sport in the world.

El hockey es **el deporte más peligroso de** todos.
Hockey is the most dangerous sport of all.

2. *Mejor* and *peor*
These superlatives tend to precede the noun.

el/la/los/las + **mejor(es)/peor(es)** + *noun* + **de**

Son **los mejores refrigeradores de** la tienda.
They're the best refrigerators in the store.

La verdad es que es **el peor jugador del** equipo.
The truth is that he's the worst player on the team.

Summary of Superlatives

el/la/los/las + *noun* + **más/menos** + *adjective* + **de**
el/la/los/las + **mejor(es)/peor(es)** + *noun* + **de**

Práctica

A. ¡Anticipemos! ¿Está Ud. de acuerdo o no?

Paso 1. Indique si Ud. está de acuerdo o no con las siguientes declaraciones.

	SÍ	NO
1. El peor mes del año es enero.	☐	☐
2. La persona más influyente (*influential*) del mundo es el presidente de los Estados Unidos.	☐	☐
3. El problema más serio del mundo es la deforestación de la región del Amazonas.	☐	☐
4. El día festivo más divertido del año es la Nochevieja.	☐	☐
5. El mejor lugar de este *campus* para estudiar es la biblioteca.	☐	☐
6. La especialización más difícil de esta universidad es la ingeniería.	☐	☐
7. El descubrimiento (*discovery*) científico más importante del siglo XX fue la relatividad.	☐	☐
8. La ciudad más contaminada de los Estados Unidos es Los Ángeles.	☐	☐

Paso 2. En parejas, comparen sus respuestas del **Paso 1.** Si están de acuerdo en que una declaración es falsa, inventen otra.

MODELO: **4.** No estamos de acuerdo. Creemos que el día festivo más divertido del año es el Cuatro de Julio.

B. Superlativos

Paso 1. Modifique las siguientes oraciones según el modelo.

MODELO: Es una estudiante muy trabajadora. (la clase) →
Es **la** estudiante **más trabajadora de la clase.**

1. Es un día festivo muy divertido. (el año)
2. Es una clase muy interesante. (todas mis clases)
3. Es una persona muy inteligente. (todos mis amigos)
4. Es una ciudad muy grande. (los Estados Unidos / el Canadá)
5. Es un estado muy pequeño / una provincia muy pequeña. (el país)
6. Es un metro muy rápido. (el mundo)
7. Es una residencia muy ruidosa (*noisy*). (la universidad)
8. Es una montaña muy alta. (el mundo)

Paso 2. Ahora repita cada oración con información verdadera.

MODELO: **Carla** es la estudiante más trabajadora de la clase.

Conversación

Intercambios. En parejas, túrnense para expresar sus opiniones sobre las siguientes ideas. Luego compartan (*share*) sus opiniones con la clase. Si Ud. y su compañero/a no están de acuerdo, deben hablar de los desacuerdos con la clase.

MODELO: el mejor restaurante de la ciudad →
E1: Yo creo que _____ (*nombre del restaurante*) es el peor restaurante de la ciudad.
E2: Pues, para mí, ese restaurante es **malísimo,** pero no es el peor.* En mi opinión, el peor restaurante de la ciudad es _____.
E1: (*a la clase*) Nosotros no estamos de acuerdo. Yo creo que _____ es el peor restaurante de la ciudad, pero mi compañero/a cree que el peor es _____.

1. el hombre más guapo o la mujer más guapa del mundo
2. la noticia más seria de esta semana
3. un libro interesantísimo y otro aburridísimo
4. el peor restaurante de la ciudad y el mejor
5. el cuarto más importante de la casa y el menos importante
6. un plato riquísimo y otro malísimo
7. un programa de televisión interesantísimo y otro pesadísimo
8. un lugar tranquilísimo, otro animadísimo y otro peligrosísimo
9. la canción más bonita del año y la más fea
10. la mejor película del año y la peor

Estrategia

Emphatic forms formed with **-ísimo/a** cannot be used in a superlative construction. You can use **-ísimo/a** adjectives in this activity, but as shown in the model.

▶ **Mundo interactivo**

You should now be prepared to work with Scenario 5, Activity 4 in Connect Spanish (**www.connectspanish.com**).

Notice how an adjective can be used as a noun:* **el peor restaurante (*the worst restaurant*) → **el peor** (*the worst* [*one*]). *You can learn more about using adjectives in this way in* Appendix 2, Using Adjectives as Nouns.

Un poco de todo ♻

A. ¿Qué hizo Ricardo ayer?

Paso 1. Narre lo que Ricardo hizo ayer, usando como base los dibujos y las ideas debajo de ellos.

MODELO: despertarse temprano / ser 6:30 →
Ricardo **se despertó** temprano. **Eran** las seis y media de la mañana.

Estrategia

- La primera frase debajo del dibujo indica una acción. Por eso el verbo se conjuga en el **pretérito**.
- La segunda frase describe un aspecto de la situación en ese momento. Por eso el verbo se conjuga en el **imperfecto**.

1. quedarse en cama durmiendo / tener sueño

2. ducharse y vestirse rápidamente / tener prisa

3. llegar tarde a clase / la profesora: explicar el nuevo capítulo

4. almorzar con unos amigos / tener muchísima hambre

5. jugar un partido de basquetbol / haber mucha gente (*people*) en el gimnasio

6. regresar a casa y preparar la cena / ser temprano todavía (*yet*)

7. alguien: llamarlo por teléfono / ser su mamá

8. acostarse y dormirse inmediatamente / estar cansadísimo

Vocabulario útil

primero…
luego… y…
después… y…
finalmente (por fin)…

Paso 2. Ahora vuelva a narrar el día de Ricardo, añadiendo (*adding*) otros detalles y acciones y usando palabras de **Vocabulario útil**.

MODELO: despertarse temprano / ser 6:30 →
Primero, Ricardo se despertó temprano. Eran las seis y media de la mañana. **Por eso estaba cansado y no tenía ganas de levantarse.**

B. Lengua y cultura: Un poco de la historia de Puerto Rico. Complete the following passage with the correct form of the words in parentheses, as suggested by context. When two possibilities are given in parentheses, select the correct word. ¡OJO! Give the preterite form of the verbs marked *P:* and the imperfect of those marked *I:*.

¿**Q**ué sabe Ud. de la historia de Puerto Rico? Aquí tiene alguna información.

En la isla de Puerto Rico, como en todas las Antillas Mayores, (*I: vivir*[1]) los indígenas taínos. Cristóbal Colón (*P: llegar*[2]) a la Isla en 1493, en su segunda[a] expedición al Nuevo Mundo. (*Se/Le*[3]) dice que el jefe[b] de los taínos, que (*I: tener*[4]) el título de cacique, (*P: recibir*[5]) a Colón con un collar[c] de oro. (*Por/Para*[6]) eso Colón pensó que (*I: haber*[7]) mucho oro en la Isla, pero no tenía (*razón/ prisa*[8]). De todas formas,[d] los españoles explotaron la Isla intensamente. En poco tiempo, la población taína prácticamente (*P: desaparecer*[e][9]) debido a[f] tres factores: (*el/la*[10]) explotación física causada por labores intensas,[g] las rebeliones de los nativos y las enfermedades[h] que los españoles (*P: llevar*[11]) consigo,[i] que (*I: ser*[12]) nuevas para los taínos. La población africana, que los españoles llevaron a la Isla como esclavos,[j] (*P: empezar*[13]) a llegar en el siglo[k] XVI.

En el siglo XIX, por toda Latinoamérica, (*I: haber*[14]) guerras[l] contra España para obtener la independencia. Pero las Antillas no (*P: independizarse*[15]). En 1898 Puerto Rico se convirtió en[m] territorio de los Estados Unidos, después de que España (*P: perder*[16]) la guerra que en los Estados Unidos (*P: recibir*[17]) el nombre de «*the Spanish American War*» (la Guerra Hispanoamericana).

En 1917 los puertorriqueños (*P: ser*[18]) declarados ciudadanos[n] (*estadounidense*[19]) y, desde 1953, su país es un Estado Libre Asociado a los Estados Unidos de América. Esto significa que aunque[ñ] no es independiente, tiene plena[o] autonomía interna.

Estatua y fuente (*fountain*) de La India Taína, en Caguas, Puerto Rico

[a]*second* [b]*chief* [c]*necklace* [d]*De… In any case* [e]*to disappear* [f]*debido… due to* [g]*labores… hard labor* [h]*illnesses* [i]*with them* [j]*slaves* [k]*century* [l]*wars* [m]*se… became a* [n]*citizens* [ñ]*although* [o]*full*

Comprensión. Conteste las siguientes preguntas.

1. ¿De qué grupo de islas forma parte Puerto Rico?
2. ¿Quiénes eran los habitantes originales de Puerto Rico?
3. ¿Cuándo llegaron los españoles a Puerto Rico por primera vez?
4. ¿Después del siglo XVI, qué otros grupos raciales había en la Isla?
5. ¿Desde cuándo es Puerto Rico territorio de los Estados Unidos?
6. ¿Cuál es la situación política actual de Puerto Rico?

En su comunidad

Entreviste a una persona hispana de su universidad o ciudad sobre lo que hace en su tiempo libre.

PREGUNTAS POSIBLES

- ¿Practica algún deporte? ¿Es su deporte favorito uno de los deportes más populares de su cultura?

- ¿Cuáles son sus pasatiempos favoritos? ¿Cuáles eran sus pasatiempos favoritos cuando era niño/a?

- ¿Hace muchos quehaceres domésticos? ¿Cuáles son? ¿Cuáles son los quehaceres que más odia? ¿Qué tareas domésticas tenía que hacer cuando tenía 12 o 13 años?

TELEPUNTOS SALU2

Víctor es aficionado a los Dodgers y los Lakers, y también le gustan el fútbol y la lucha libre (*wrestling*). ¿Y qué deporte le gusta a Ana?

Antes de mirar

¿Cuáles son los deportes más populares de los Estados Unidos? ¿Y de Latinoamérica y España? ¿Cuál es su deporte favorito? ¿Lo practica o solo lo mira jugar? ¿Le interesan los deportes de su universidad? ¿Es Ud. aficionado/a a algún equipo profesional? ¿De cuál?

PROGRAMA **10**: Deportes que mueven masas

En este programa hay dos reportajes: uno sobre un museo dedicado al deporte en San Juan, Puerto Rico, y otro sobre un partido de fútbol local en México.

Vocabulario **de este programa**

veamos	let's see	**el lanzador**	pitcher
de hecho	in fact	**la Copa Mundial**	World Cup
la magnitud	size	**disputarse**	to fight it out
los comienzos	beginning	**la escuela**	school
a fines del siglo XIX	towards the end of the 19th century	**el asiento**	seat
		disfrutar	to enjoy
la gente	people	**¿han escuchado?**	have you heard?
la guerra	war	**angloparlante**	English-speaking
el lugar de nacimiento	birthplace	**sabio/a**	wise
		la cita	date; appointment
de primer orden	first-rate	**que la pasen bien**	have a good time
el pelotero	**el beisbolista**	**que gane su equipo**	may your team win
la liga	league		

Fragmento del guion

LAURA: El fin de la segregación entre blancos y negros en los equipos en la década de 1940, facilitó la entrada de beisbolistas de Puerto Rico en las Grandes Ligas. Es cuando llega el gran Roberto Clemente. En 1973, Clemente se convirtió[a] en el primer beisbolista hispano en el Salón[b] de la Fama. La *Major League Baseball* creó[c] el Premio[d] Roberto Clemente, que se otorga[e] anualmente al pelotero con mayor compromiso[f] social. En tiempos recientes, el básquetbol y el fútbol están ganando más y más aficionados en Puerto Rico, a costa[g] del béisbol. Algunos equipos locales no tienen tantos espectadores como tenían antes. Pero el béisbol sigue siendo el deporte rey[h] para los puertorriqueños. La pasión por el béisbol se trasmite de una generación a otra.

DIRECTOR DEL MUSEO: El béisbol… su fuerte de enseñanza[i] está en los voluntarios. Aunque[j] hay programas, hay ligas, hay campeonatos, hay organizaciones que aglutinan[k] los equipos, pero en sí las destrezas,[l] la enseñanza para el mejoramiento[m] del joven, en el béisbol recae[n] en los voluntarios. En los papás, que ya han practicado[ñ] el béisbol, algunos han sido[o] atletas. O los maestros[p] que les gusta practicar el béisbol…

«El Museo del Deporte de Puerto Rico es un lugar maravilloso (*wonderful*) para las personas de todas las edades (*ages*) y en especial para los aficionados al béisbol.»

[a]*se… became* [b]*Hall* [c]*created* [d]*Award* [e]*se… is awarded* [f]*commitment* [g]*a… at the expense* [h]*king* [i]*fuerte… teaching strength* [j]*Although* [k]*build* [l]*skills* [m]*improvement* [n]*falls* [ñ]*han… have practiced* [o]*han… have been* [p]*teachers*

> **Mundo interactivo**

Continue your work as an intern at HispanaVisión with Laura Sánchez Tejada, the roving reporter of *Salu2*, as you complete Scenario 5, Activities 3 and 4 in Connect Spanish (**www.connectspanish.com**).

Al mirar

Mientras mira el programa, indique las épocas (*periods of time*) y años que se mencionan con relación al béisbol.

1. ☐ 1942
2. ☐ 1898
3. ☐ a fines del siglo XX
4. ☐ 1973
5. ☐ la década de 1940

«Y muchos [mexicanos] se unen a una porra (*fan club*) para acompañar a su equipo hasta el campo de fútbol y defenderlo a gritos (*with shouts [of support]*).»

Después de mirar

A. **¿Está claro?** Las siguientes oraciones son falsas. Corríjalas.

1. El deporte rey de Puerto Rico es el fútbol.
2. El deporte rey de México es el béisbol.
3. El Museo del Deporte en San Juan está dedicado al fútbol especialmente.
4. El Museo del Deporte no es un buen lugar para los niños chiquitos.
5. El primer pelotero puertorriqueño que jugó en las grandes ligas estadounidenses fue Roberto Clemente.
6. El Premio Roberto Clemente se otorga al mejor pelotero del año.
7. El papá de Ana dice que los comentaristas hispanos de fútbol gritan «¡Gol!» mejor que los comentaristas angloparlantes.

B. **Un poco más.** Conteste las siguientes preguntas.

1. ¿A qué dos equipos profesionales es aficionado Víctor? ¿Qué otros deportes le interesan?
2. Según Víctor, ¿qué actividad no es un deporte olímpico?
3. ¿En qué época y por qué circunstancia histórica se expandió el béisbol como deporte de masa en Puerto Rico?
4. ¿En qué década del siglo XX y por qué se abrieron las puertas de las grandes ligas estadounidenses a los peloteros puertorriqueños?
5. Según el director del Museo del Deporte, ¿quiénes son las personas más importantes en la transmisión del béisbol?
6. ¿Qué tipo de visitantes recibe el Museo del Deporte? ¿Qué grupos visitan el Museo?
7. ¿Cuántas personas en todo el mundo vieron el campeonato (*championship* [*game*]) de la Copa Mundial de 2010?

C. **Y ahora, Uds.** En grupos, escojan uno de los dos deportes de los reportajes del programa y hablen sobre la situación de este deporte en este país. ¿Es uno de los más populares en cuanto al (*in terms of the*) número de aficionados y espectadores que tiene? ¿en cuánto al número de personas que lo practican? ¿Dónde se practica? Comparen la situación de este deporte en este país con su situación en México o Puerto Rico.

Sobre el programa

Como muchos niños de todo el mundo, Víctor quería ser futbolista. Aunque[a] le encantaba ver los partidos de los Dodgers, su verdadera pasión siempre ha sido[b] el fútbol, una pasión que le transmitió su padre. Víctor jugaba en los equipos escolares donde su papá era entrenador[c] voluntario. Después, jugó de defensa en el equipo de la universidad. ¿Y Ana? Pues, a pesar del chiste[d] de Víctor en este programa, Ana era una buena deportista en la escuela secundaria, donde tenía el mejor récord en la carrera[e] de los 1.000 metros.

[a]*Although* [b]*ha... has been* [c]*coach* [d]*joke* [e]*race*

Producción personal

Filme una entrevista con un(a) atleta hispanohablante de su universidad. Si no encuentra ninguno/a, entreviste un(a) atleta anglohablante (*English-speaking*) y use su voz en off (*voiceover*) para traducir al español lo que dice su entrevistado/a.

Lectura cultural

Puerto Rico

Una de las actividades favoritas de los puertorriqueños es pasar su tiempo libre en la playa. Puerto Rico está rodeado de[a] aguas cálidas.[b] Por eso es posible disfrutar de[c] sus hermosas[d] playas tropicales en cualquier[e] época del año, ya sea[f] disfrutando de un día de playa con la familia o los amigos o practicando deportes acuáticos, como el *surfing*. Todas las playas tienen su encanto,[g] pero entre las más hermosas se encuentran las[h] de la costa oeste y noroeste (en Cabo Rojo, Rincón o Isabela), las de la costa este y sureste (Fajardo, Humacao o Yabucoa) y las de las islas de Vieques y Culebra.

> ¿Qué lugares de su ciudad o estado/provincia son muy populares para divertirse o para practicar deportes?

[a]rodeado… *surrounded by* [b]*warm* [c]disfrutar… *to enjoy* [d]bonitas [e]*any*
[f]ya… *whether it be* [g]*charm* [h]*those*

El Fuerte de San Felipe del Morro, que guardaba el puerto (*port*) de la bahía de San Juan, Puerto Rico

En **otros** países hispanos

- **En todo el mundo hispanohablante** El dominó y la sobremesa son pasatiempos muy populares en muchos países hispanos. El dominó es un juego muy fácil de aprender, pero el juego se complica muchísimo —y también se hace más interesante— jugando en parejas. La sobremesa es el tiempo que se pasa charlando[a] en la mesa después de la comida. No es nada extraño[b] que un grupo de parientes o amigos hispanos pase dos o tres horas sentados[c] a la mesa, primero comiendo, luego tomando café y charlando, hasta unir el almuerzo con la merienda.

- **En la Argentina** En este país sudamericano hay gran afición por el deporte del polo. La Argentina domina ese deporte en el panorama mundial.

[a]*chatting* [b]*strange* [c]*seated*

Tres símbolos puertorriqueños

- **El Viejo San Juan** Los puertorriqueños se sienten muy orgullosos[a] de su herencia cultural y de sus tradiciones, heredadas de los taínos, africanos y españoles. El Viejo San Juan representa la cultura y tradición españolas. Sus edificios coloniales, sus calles adoquinadas,[b] el Fuerte[c] San Felipe del Morro, la Catedral y otros edificios históricos representan la historia de la Isla como pueblo.[d]

[a]*proud* [b]*cobblestone* [c]*Fort* [d]*a people*

- **Los indígenas taínos** Los puertorriqueños recuerdan su pasado indígena, aunque[e] los indígenas taínos desaparecieron[f] poco después de la llegada de Cristóbal Colón a la Isla. Con frecuencia, los puertorriqueños se refieren a su isla como Borinquen, y a ellos mismos[g] como boricuas, que son palabras taínas.

- **El coquí** Es una pequeña rana[h] propia[i] de Puerto Rico. Su nombre es una imitación del sonido[j] de su canto:[k] «co-quí».

[e]*although* [f]*disappeared* [g]*themselves* [h]*frog* [i]*native* [j]*sound* [k]*croak, call*

Un lugar especial

Si quiere tener una experiencia natural espectacular, el lugar que debe visitar es la Reserva Natural de la Bahía Bioluminiscente Puerto de Mosquitos, en la Isla de Vieques. Por la noche se puede ver estelas[a] fosforecentes en el agua, causadas por la formación de altas concentraciones de dinoflagelados. Estos son microorganismos marinos que, al ser perturbados,[b] generan iridiscencia en el agua.

[a]*trails* [b]al… *when they are disturbed*

COMPRENSIÓN

1. ¿Cuál es el lugar principal de diversión para los puertorriqueños?
2. ¿Cómo son las aguas de la costa puertorriqueña?
3. ¿Qué es la sobremesa?

Del mundo hispano

Antes de leer

Cuando Ud. hace un largo viaje, de pasajero/a, ¿cómo pasa el tiempo? Piense en por lo menos cinco de las actividades que puede hacer mientras viaja.

Lectura: CyberViaje

Comprensión

A. Ideas principales. Las siguientes oraciones resumen las ideas de la lectura. Póngalas en el mismo orden (de 1 a 6) que se presentan en la lectura.

_____ CyberViaje ofrece opciones de diversión durante el viaje.

_____ Hay ocho opciones diferentes de CyberViaje.

_____ CyberViaje es un servicio de una compañía de transporte de pasajeros.

_____ Los profesionales que tienen que trabajar en la computadora mientras viajan tienen estas opciones.

_____ Una compañía mexicana inventó la tecnología que usa CyberViaje.

_____ Hay actividades para niños.

B. En contexto. Use el contexto de la lectura para imaginar qué significan las siguientes palabras y frases.

1. empresa
2. entretenimiento, pantalla
3. sencillo
4. los ojos
5. ya ni siquiera
6. los pequeños inquietos

Con CyberViaje... viajar no será[a] igual

Grupo Senda, empresa líder de transporte de pasajeros, siempre a la vanguardia y comprometida[b] en brindar[c] una gran experiencia de viaje a sus clientes, presenta un nuevo servicio: **CyberViaje.**

¿Qué es CyberViaje? Es un centro personal de interacción y entretenimiento durante tu viaje, tan personalizado que frente a[d] cada asiento hay una pantalla touch screen [*funciona con solo tocar la pantalla*] con la que puedes seleccionar lo que más te guste. El innovador sistema tecnológico detrás de CyberViaje, llamado **VED,** fue desarrollado[e] por Videoturismo, una empresa orgullosamente[f] mexicana.

CyberViaje tiene tantas aplicaciones, y es muy sencillo de usar, desde que prendes[g] la pantalla te encuentras con todas estas opciones de entretenimiento: **Música • Películas • Documentales • Internet • Correo electrónico • Messenger • Videojuegos • Programas de Office.**

Las opciones están al alcance de tus dedos[h] y tú decides qué te gusta más: ¿Quieres cerrar los ojos y disfrutar de[i] la música? Solo tienes que escoger la opción en el menú de la pantalla y seleccionar el género qué más te agrade.[j] ¡O tal vez[k] prefieres ver una película! En CyberViaje vas a encontrar las mejores opciones en todos los géneros.

Si tu viaje es de negocios[l] y tienes que preparar un documento para tu reunión con los clientes, hacer una tabla de datos o elaborar una presentación, ya ni siquiera tienes que viajar con tu laptop, con CyberViaje puedes trabajar tus archivos[m] con el teclado[n] externo que se te proporciona[ñ] y cuando termines de trabajar lo grabas[o] en tu propia memoria USB.

Con CyberViaje también tienes una solución para los pequeños inquietos. Se acabó la época del «¿Falta mucho?[p]» o «¿Ya llegamos?[q]». Además de[r] tener buenas opciones de películas infantiles, pueden accesar divertidos videojuegos que los niños de todas las edades disfrutarán.

[a]no... *will not be* [b]*committed* [c]*offering* [d]frente... *in front of* [e]*developed* [f]*proudly* [g]desde... *as soon as you light up* [h]al... *within reach of your fingertips* [i]disfrutar... *enjoy* [j]te... *you like* [k]tal... *maybe* [l]*business* [m]*files* [n]*keyboard* [ñ]se... *is provided for you* [o]*you can record* [p]¿Falta... *How much longer is it?* [q]¿Ya... *Are we there yet?* [r]Además... *Besides*

Antes de escuchar

¿Qué quehaceres hace Ud. para mantener limpio su apartamento o alcoba?
¿Cuál de los quehaceres hace con más frecuencia? ¿Cuál le molesta más hacer?

Escuche

¡El apartamento es un desastre!

Algunos compañeros hablan de los quehaceres domésticos que tienen que hacer.
Escuche según las indicaciones de su profesor(a).

Vocabulario **para escuchar**			
verdadero	real	**no discutamos**	let's not argue
no te preocupes	don't worry	**yo me encargo de**	I'll take care of
arreglar	to tidy up	**¡muévete!**	move it!, get a move on!

Después de escuchar

A. ¿Quién lo va a hacer? Empareje cada tarea con la persona que la va a hacer.

TAREAS

1. _____ limpiar la cocina
2. _____ limpiar el baño
3. _____ pasar la aspiradora
4. _____ sacar la basura

PERSONAS

a. Jorge
b. Hilda
c. Ana

B. Otros detalles. Conteste las siguientes preguntas según el diálogo.

1. ¿Por qué es urgente limpiar el apartamento?
2. ¿Quién está dispuesto (*willing*) a ayudar?
3. ¿Quién no tiene muchas ganas de ayudar?

Marc Anthony, en Miami, Florida

¡Música!

Marc Anthony, cuyo[a] nombre verdadero[b] es Marco Antonio Muñiz, es uno de los artistas hispanos más influyentes de los Estados Unidos. «Dímelo»,[c] cuya versión original en inglés «I Need to Know» fue un gran éxito,[d] es del álbum *Marc Anthony*.

[a]*whose*   [b]*real*   [c]*Tell (It to) Me*   [d]*success*

♫ Go to the iMix section in Connect Spanish (**www.connectspanish.com**) to access the iTunes playlist "*Puntos9*," where you can purchase "Dímelo" by Marc Anthony.

A ESCRIBIR

El tema

Mi tiempo libre: Antes y ahora

Preparar

Paso 1. Piense en lo que Ud. hace en su tiempo libre en la actualidad. ¿Hace las actividades típicas de los estudiantes de su universidad? ¿Hay algún pasatiempo o actividad en su *campus* que lo distingue de los otros? ¿Practica Ud. uno de los deportes más populares? ¿Cómo se divierte los días de entresemana (*week days*)? ¿y durante el fin de semana?

Paso 2. Ahora piense en lo que hacía para divertirse en su tiempo libre cuando estaba en los últimos años de la escuela secundaria. ¿Era similar a lo que hace ahora? ¿Por qué era similar o no?

Redactar

Escriba un ensayo en el que (*which*) compara el uso de su tiempo libre mientras asistía a la escuela secundaria y lo que hace en su tiempo libre ahora que asiste a la universidad. Indique también si Ud. era entonces (*back then*) uno de los estudiantes típicos de su escuela y si en la actualidad es uno de los estudiantes típicos de su universidad.

En el Bosque Nacional el Yunque, en Puerto Rico

Editar

Revise el ensayo para comprobar (*to check*):

- la ortografía y los acentos (**¡OJO!** con las formas del imperfecto)
- la organización de las ideas (una clara diferencia entre lo que Ud. hace en la actualidad y lo que hacía mientras era estudiante de secundaria)
- la consistencia del tono
- el uso de los pronombres (evitar [*avoid*] el uso excesivo de pronombres personales; evitar la repetición innecesaria de los sustantivos con el uso de los pronombres de complemento directo e indirecto)

Finalmente, prepare su versión final para entregarla.

EN RESUMEN En este capítulo

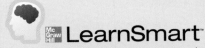

LearnSmart™
Visit **www.connectspanish.com** to practice the vocabulary and grammar points covered in this chapter.

Gramática en breve

26. The Imperfect

Regular -ar Endings
-aba, -abas, -aba, -ábamos, -abais, -aban

Regular -er/-ir Endings
-ía, -ías, -ía, -íamos, -íais, -ían

Verbs Irregular in the Imperfect
ir: iba, ibas, iba, íbamos, ibais, iban
ser: era, eras, era, éramos, erais, eran
ver: veía, veías, veía, veíamos, veíais, veían

27. Superlatives

el/la/los/las + *noun* + **más/menos** + *adjective* + **de**
el/la/los/las + **mejor(es)/peor(es)** + *noun* + **de**

28. Interrogative Words

¿qué? } = definition, explanation
= identification: + *noun* = *what/which . . . ?*

¿cuál(es)? = choice: + *verb* = *what/which* (*one*) *. . . ?*

Vocabulario

Los verbos

pegar (gu)	to hit
pelear	to fight
sonar (suena)	to ring; to sound
tocarle (qu) a uno	to be someone's turn

Repaso: deber, necesitar, tener que

Los pasatiempos, diversiones y aficiones

la afición	hobby
la diversión	fun activity
el pasatiempo	pastime
los ratos libres	spare (free) time
el tiempo libre	free time
aburrirse	to get bored
caminar	to walk
dar una caminata	to hike; to go for a hike
dar un paseo	to take a walk
hacer un *picnic*	to have a picnic
hacer planes (*m.*) **para** + *inf.*	to make plans to (*do something*)
ir...	to go . . .
a una discoteca / a un bar	to a disco / to a bar
al teatro / a un concierto	to the theater / to a concert

jugar (juego) (gu) al ajedrez / a las cartas	to play chess/cards
ser...	to be . . .
aburrido/a	boring
divertido/a	fun
visitar un museo	to visit a museum

Repaso: dar/hacer una fiesta, hacer *camping*, ir al cine / a ver una película, jugar (juego) (gu), sacar (qu) fotos, tomar el sol

Los deportes

el ciclismo	bicycling
correr	to run
el deporte	sport
esquiar (esquío)	to ski
el fútbol	soccer
el fútbol americano	football
hacer *surfing*	to surf
montar a caballo	to ride a horse
la natación	swimming
pasear en bicicleta	to ride a bicycle
el patinaje	skating
patinar	to skate
patinar en línea	to rollerblade

Cognados: el basquetbol, el béisbol, el esquí, el golf, el hockey, el tenis, el voleibol

Repaso: nadar

el equipo	team
el/la jugador(a)	player
el partido	game, match
entrenar	to practice, train
ganar	to win
ser aficionado/a (a)	to be a fan (of)

Repaso: jugar (juego) (gu) al + *sport*, **perder (pierdo), practicar (qu)**

Algunos aparatos domésticos

el aparato doméstico	home appliance
la aspiradora	vacuum cleaner
la cafetera	coffeemaker
el congelador	freezer
la estufa	stove
el horno de microondas	microwave oven
la lavadora	washing machine
el lavaplatos	dishwasher
el refrigerador	refrigerator
la secadora	clothes dryer
la tostadora	toaster

Los quehaceres domésticos

el quehacer doméstico	household chore
barrer (el piso)	to sweep (the floor)
dejar (en)	to leave behind (in [*a place*])
dejar sin hacer	to leave undone
hacer la cama	to make the bed
lavar	to wash
limpiar (la casa)	to clean (the house)
pasar la aspiradora	to vacuum
planchar	to iron
poner la mesa	to set the table
quitar la mesa	to clear the table
sacar (qu) la basura	to take out the trash

Repaso: la cama, la casa, la mesa, los platos, la ropa

Otros sustantivos

la escuela	school
el grado	grade, year (*in school*)

el/la niñero/a	baby-sitter
la niñez	childhood

Los adjetivos

deportivo/a	sporting, sports (*adj.*); sports-loving
doméstico/a	domestic, related to the home
libre	free, unoccupied
pesado/a	boring; difficult

Palabras adicionales

de/en la actualidad	currently, right now
de joven	as a youth
de niño/a	as a child
mientras	while

Repaso: ¿a qué hora?, ¿adónde?, ¿cómo?, ¿cuál(es)?, ¿cuándo?, ¿cuánto/a?, ¿cuántos/as?, ¿de dónde?, ¿de quién(es)?, ¿dónde?, ¿por qué?, ¿qué?, ¿quién(es)?

Vocabulario personal

11

La salud°

La... *Health*

El Hospital Clínico Universitario, en la Ciudad Universitaria, Caracas, Venezuela

- ¿Cómo es su salud en general? ¿Lleva Ud. una vida sana (*healthy*)?

- ¿Hace Ud. ejercicio con frecuencia? ¿Hizo Ud. ejercicio ayer?

- ¿Cuándo fue la última vez que Ud. fue al médico? ¿Fue por algo grave o era una visita rutinaria?

www.connectspanish.com

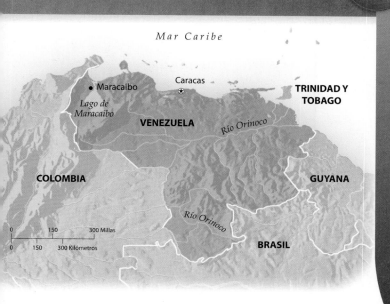

Mar Caribe

Maracaibo

Caracas

TRINIDAD Y
TOBAGO

Lago de
Maracaibo

VENEZUELA

Río Orinoco

COLOMBIA

GUYANA

Río Orinoco

BRASIL

0   150   300 Millas

0   150   300 Kilómetros

Venezuela

27 millones de habitantes

- Venezuela es un país muy rico en petróleo. Petróleos de Venezuela S.A.* (PDVSA) es una de las empresas (compañías) petroleras más grandes del mundo. Es una corporación del estado que controla la exploración, producción y venta (*sale*) de todo el petróleo del país.

- Venezuela tiene otra organización muy importante: la Fundación del Estado para el Sistema Nacional de las Orquestas Juveniles e Infantiles de Venezuela (FESNOJIV). Es una iniciativa que fomenta la instrucción musical «como instrumento de organización social y desarrollo (*development*) comunitario».

En este capítulo

*S.A. = Sociedad Anónima (*Inc.*)

La salud y el bienestar°

La... Health and well-being

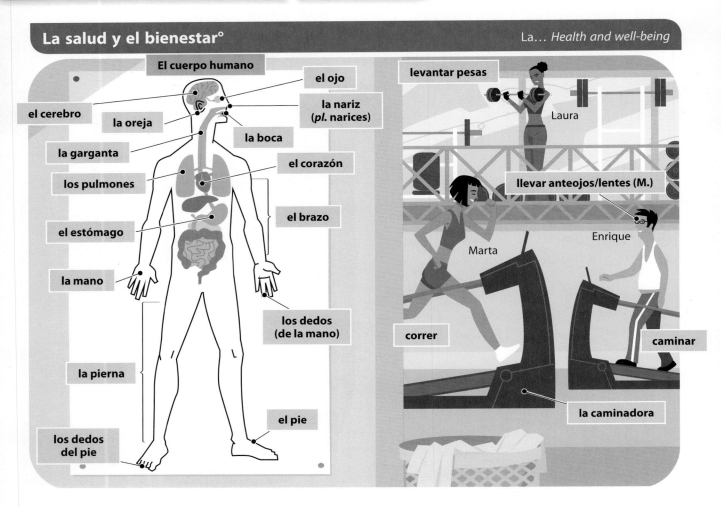

El cuerpo humano

el cerebro · el ojo · la oreja · la nariz (*pl.* narices) · la garganta · la boca · los pulmones · el corazón · el estómago · el brazo · la mano · los dedos (de la mano) · la pierna · el pie · los dedos del pie

levantar pesas — Laura

llevar anteojos/lentes (M.) — Enrique

Marta — correr — caminar

la caminadora

El cuerpo humano

la cabeza	head
el oído	inner ear

Para cuidar de la salud

comer comidas sanas	to eat healthy food
cuidarse	to take care of oneself
dejar de + *inf.*	to stop (*doing something*)
dormir (duermo) (u) lo suficiente	to get enough sleep

hacer ejercicio	to exercise; to get exercise
hacer...	to do . . .
ejercicios aeróbicos	aerobics
(el método) Pilates	Pilates
(el) yoga	yoga
llevar lentes (*m.*) **de contacto**	to wear contact lenses
llevar una vida sana/tranquila	to lead a healthy/calm life
practicar (qu) deportes	to practice, play sports
respirar	to breathe

Así se dice

los anteojos, los lentes = las gafas (*Sp.*)
los lentes de contacto = las lentes de contacto (*Sp.*), las lentillas (*Sp.*)
la caminadora = la cinta de andar (*Sp.*), la cinta de correr, la cinta rodante, la trotadora (*P.R.*), la rueda de molino

Conversación

A. Asociaciones

Paso 1. ¿Qué partes del cuerpo humano asocia Ud. con las siguientes palabras? **¡OJO!** A veces hay más de una respuesta posible.

1. un ataque
2. comer
3. cantar
4. los anteojos
5. pensar
6. la digestión
7. el amor (*love*)
8. fumar
9. la música
10. el perfume
11. caminar
12. una flor

Paso 2. ¿Qué palabras asocia Ud. con las siguientes partes del cuerpo?

1. los ojos
2. los dedos
3. la boca
4. el oído
5. el estómago
6. los pulmones

B. Hablando de la salud. ¿Qué significan, para Ud., las siguientes oraciones?

MODELOS: Se debe comer comidas sanas. →
Eso quiere decir (*means*) que es necesario comer muchas verduras, que…
También significa que no debemos comer muchos dulces o…

1. Se debe dormir lo suficiente todas las noches.
2. Hay que hacer ejercicio.
3. Es necesario llevar una vida tranquila.
4. En general, uno debe cuidarse mucho.
5. Es importante llevar una vida sana.

> **Vocabulario útil**
>
> **Eso quiere decir…**
> **Esto significa que…**
> **También…**

C. ¿Cómo vive Ud.? ¿Cómo vivía?

Paso 1. Diga si Ud. hace las siguientes cosas para mantener la salud y el bienestar.

	SÍ	NO
1. comer comidas sanas	☐	☐
2. no comer muchos dulces	☐	☐
3. caminar por lo menos dos millas por día	☐	☐
4. correr	☐	☐
5. hacer ejercicios aeróbicos	☐	☐
6. dormir por lo menos ocho horas por día	☐	☐
7. tomar bebidas alcohólicas en moderación	☐	☐
8. no tomar bebidas alcohólicas en absoluto (*at all*)	☐	☐
9. no fumar ni cigarrillos ni puros (*cigars*)	☐	☐
10. llevar ropa adecuada (abrigo, suéter, etcétera) cuando hace frío	☐	☐

Paso 2. ¿Lleva Ud. una vida sana? Haga una lista de las cosas buenas que Ud. hace por su salud. Puede usar frases del **Paso 1** pero debe añadir (*add*) otros hábitos suyos (*of yours*) también.

Paso 3. Ahora dígale a un compañero o a una compañera los hábitos saludables (*healthy*) de la lista que Ud. hizo en el **Paso 2.** Entre los dos, hagan una lista de hábitos originales y preséntenlos a la clase entera. ¿Qué pareja tiene los hábitos más saludables de la clase?

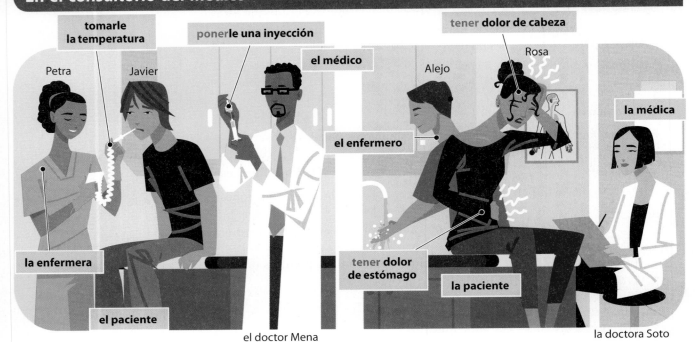

tomarle la temperatura

ponerle una inyección

el médico

tener dolor de cabeza

Rosa

Petra   Javier

Alejo

la médica

el enfermero

la enfermera

tener dolor de estómago

la paciente

el paciente

el doctor Mena

la doctora Soto

el antibiótico	antibiotic	**guardar cama**	to stay in bed
el dolor	pain, ache	**molestar***	to bother
el/la farmacéutico/a	pharmacist	**resfriarse (me resfrío)**	to get/catch a cold
la fiebre	fever	**sacar (qu)**	to extract
la gripe	flu	**sacar la lengua**	to stick out one's tongue
el jarabe	(cough) syrup	**sacarle un diente /**	to extract (*someone's*)
la medicina	medicine	**una muela**	tooth/molar
la pastilla	pill	**sentirse (me siento) (i)**	to feel
la receta	prescription	**tener dolor de**	to have a
el resfriado	cold (*illness*)	**cabeza/**	headache/
la tos	cough	**estómago/muela**	stomachache/toothache
		tener fiebre	to have a fever
cansarse	to get tired	**toser**	to cough
doler (duele)*	to hurt, ache		
enfermarse	to get sick	**mareado/a**	dizzy; nauseated
estar sano/a	to be healthy	**resfriado/a**	congested, stuffed-up

Así se dice

el resfriado = el catarro, el resfrío   la gripe = la gripa
el consultorio = la consulta   ponerle una inyección = ponerle una vacuna

Use the term **el médico / la médica** to talk about doctors in general. However, when you use the doctor's name, you should use the title **doctor(a): el doctor Gómez, la doctora Velázquez.** (Remember that the definite article is used with titles when speaking about a person.) If you speak directly to a medical doctor, call him or her **Doctor** or **Doctora,** with or without the last name.

---

*The verbs **doler** and **molestar** are used like **gustar: Me duele la cabeza. Me molestan los ojos.**

Conversación

A. Estudio de palabras. Complete las siguientes oraciones con una palabra derivada de la palabra en letra rosada.

1. Si me resfrío, es cierto que tengo _____.
2. La respiración ocurre cuando alguien _____.
3. Si me _____, estoy enfermo/a. Un(a) _____ me toma la temperatura.
4. Cuando alguien tose, es porque tiene _____.
5. Si me duele el estómago, tengo _____ de estómago.

B. Situaciones. Describa la situación de estas personas. Primero, indique dónde están y con quiénes están. Luego complete las oraciones que están debajo de cada foto.

1. Rosa está muy sana. Nunca le duele(n) _____. Nunca tiene _____. Siempre _____. Más tarde, ella va a _____.

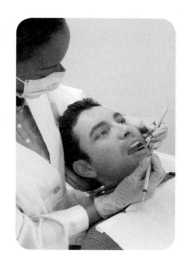

2. Martín tiene _____. Debe _____. El dentista va a _____. Después, Martín va a _____.

Nota **cultural**

El cuidado (*care*) médico en el mundo hispano

En el mundo hispano el cuidado médico puede ser muy variado. Depende principalmente del[a] nivel económico del país y después (como ocurre en este país) del nivel económico del individuo. Pero en todos los países hispanos hay excelentes médicos en todo tipo de especialidades, bien preparados[b] en las universidades de su país o en el extranjero. Es interesante notar los siguientes aspectos del cuidado médico en el mundo hispanohablante.

- **Los farmacéuticos y practicantes** Los hispanos consultan con frecuencia a estos profesionales cuando no pueden o no sienten la necesidad de acudir[c] a un médico. Por ejemplo, cuando uno tiene una enfermedad leve,[d] puede ir a la farmacia para pedir consejo sobre una medicina o conseguir un remedio, sin tener receta. Cuando se necesita un tratamiento simple, como ponerse una inyección, se puede llamar a un practicante, quien es más o menos como un enfermero.
- **Los remedios tradicionales o alternativos** Homeópatas, naturópatas, sanadores,[e] tiendas de botánica,[f]... Hay una importante tradición, de gran diversidad en el mundo hispanohablante, de consultar a personas que tienen

A diferencia de las farmacias en este país, en las farmacias hispanas no se venden muchos productos para la higiene personal ni comestibles.

conocimiento[g] de los remedios naturales o de curaciones basadas en la fe,[h] especialmente para las molestias y menores enfermedades más frecuentes.

¿Con quién consulta Ud. cuando está enfermo/a?

[a]*on the* [b]*trained* [c]*go* [d]*minor, mild* [e]*healers* [f]*herbs*

[g]*knowledge* [h]*faith*

Nota **comunicativa**

Cómo expresar una cualidad general: *lo* + *adjetivo*

To describe the general qualities or characteristics of something, use **lo** with the masculine singular form of an adjective.

lo bueno/malo **lo más importante** **lo mejor/peor** **lo mismo**

This structure has a number of English equivalents, especially in colloquial speech.

lo bueno = the good thing/part/news, what's good

C. **En el consultorio del médico o del dentista.** En parejas, usen los siguientes adjetivos para describir una visita al médico o dentista, según el modelo.

MODELO: malo / bueno → **Lo malo** de ir al médico es la cuenta. **Lo bueno** es…

1. malo / bueno
2. peor / mejor
3. interesante / aburrido
4. curioso (*strange*) / especial
5. insoportable (*unbearable*)

D. **Refranes sobre la salud.** Empareje una frase de la columna A con otra de la columna B para formar algunos refranes muy comunes en el mundo hispano. En algunos casos lo/la puede ayudar la rima. Luego explique lo que significan los refranes. ¿Cuál es el equivalente en inglés?

COLUMNA A

1. _____ La salud no se compra:
2. _____ Músculos de Sansón,
3. _____ Si quieres vivir sano,
4. _____ De médico, poeta y loco,
5. _____ Para enfermedad de años,
6. _____ Ojos que no ven,
7. _____ Lo que no mata (*doesn't kill*),

COLUMNA B

a. engorda (*fattens*).
b. todos tenemos un poco.
c. no tiene precio.
d. y cerebro de mosquito.
e. no hay medicina.
f. acuéstate y levántate temprano.
g. corazón que no siente.

 **¿Recuerda Ud.?**

Since **Capítulo 8** you have been using first the preterite and then the imperfect in appropriate contexts. Indicate which tense you use to do each of the following.

		PRETERITE	IMPERFECT
1.	to tell what you did yesterday	☐	☐
2.	to tell what you used to do when you were in grade school	☐	☐
3.	to explain the situation or condition that caused you to do something	☐	☐
4.	to tell what someone did as the result of a situation	☐	☐
5.	to talk about the way things used to be	☐	☐
6.	to describe an action that was in progress	☐	☐

If you understand these uses of the preterite and the imperfect, the following summary of their uses in **Gramática 30** will be very easy for you.

▸ **Mundo interactivo**

You should now be prepared to work with Scenario 6, Activity 1 in Connect Spanish (**www.connectspanish.com**).

GRAMÁTICA

Grammar Tutorial 30
connect |SPANISH
www.connectspanish.com

30 Narrating in the Past (Part 5)
Using the Preterite and the Imperfect

Gramática en acción: En el consultorio de la Dra. Méndez

DRA. MÉNDEZ: ¿Cuándo empezó a sentirse mal su hija?

MADRE: Ayer por la tarde. Estaba resfriada, tosía mucho y se quejaba de que le dolían el cuerpo y la cabeza.

DRA. MÉNDEZ: ¿Y le notó algo de fiebre?

MADRE: Sí. Por la noche le tomé la temperatura y tenía treinta y nueve grados.*

DRA. MÉNDEZ: A ver… Abre la boca, por favor.

grados centígrados	36	37	38	39	40	41
grados Fahrenheit	96.8	98.6	100.4	2.2	4	5.8

Comprensión

Locate all of the past tense verbs in the preceding dialogue that do the following.

1. indicate actions
2. indicate conditions or descriptions

You have already learned and used the preterite (**Capítulos 8** and **9**) and imperfect tenses (**Capítulo 10**). In this chapter you will begin to use them together to talk about the past.

Keep this in mind: The preterite and the imperfect are both past tenses, and they are both used to talk about the same point in the past. They *differ* in the point of view (aspect) about the past that they each convey. This is the same as with English usage. When you decide to say *I ran, I used to run,* or *I was going to run,* you are making a decision about the aspect of the past action that you want to communicate.

Here are the main uses of the two tenses. You will learn about them on pages 328–329.

Pretérito	Imperfecto
• beginning/end of an action	• habitual/repeated action
• completed action	• ongoing action
• series of completed actions	• background information
• interrupting action	• interrupted/ongoing action
• the action on the "stage"	• the setting for the action

In Dr. Méndez's office *DR. MÉNDEZ: When did your daughter begin to feel ill? MOTHER: Yesterday afternoon. She was stuffed up, she was coughing a lot, and she was complaining that her body and head were hurting. DR. MÉNDEZ: And did you notice any fever? MOTHER: Yes. At night I took her temperature, and it was thirty-nine degrees. DR. MÉNDEZ: Let's see . . . Open your mouth, please.*

*Normal body temperature is 37 °C (98.6 °F).

Beginning/End vs. Habitual / **El comienzo/final o algo habitual**

Use the preterite to . . . /⁓⁓/

- tell about the beginning or the end of a past action

El sábado pasado, el partido de fútbol **empezó** a la una. **Terminó** a las cuatro. El entrenador **habló** a las cinco.
Last Saturday, the soccer game began at one. It ended at four. The coach spoke (began to speak) at five.

Use the imperfect to . . . ⁓⁓⁓

- talk about the habitual nature of an action (something you always did)

Había un partido **todos los sábados.** Muchas personas **jugaban todas las semanas.**
There was a game every Saturday. Many people played every week.

Completed vs. Ongoing / **Completado o en progreso**

Use the preterite to . . . /

- express an action that is viewed as completed

El partido **duró** tres horas. **Ganaron** Los Lobos de Villalegre.
The game lasted three hours. The Lobos of Villalegre won.

Use the imperfect to . . . ⁓⁓⁓/

- tell what was happening when another action took place

Yo no vi el final del partido. **Estaba** en la cocina cuando **terminó.**
I didn't see the end of the game. I was in the kitchen when it ended.

Use the imperfect to . . . ⁓⁓mientras⁓⁓
mientras⁓⁓, ⁓⁓

- tell about simultaneous events (with **mientras** = *while*)

Yo **estaba** en la cocina **mientras** todos **miraban** el partido.
I was in the kitchen while everyone was watching the game.

Mientras mi amigo **veía** el partido, **hablaba** con su novia.
While my friend was watching the game, he was talking with his girlfriend.

Series of Completed Actions vs. Background Details / **Una serie de acciones completadas o detalles de fondo**

Use the preterite to . . . ////

- express a series of completed actions

Durante el partido, los jugadores **corrieron, saltaron** y **gritaron.**
During the game, the players ran, jumped, and shouted.

Use the imperfect to . . . ⁓⁓

- give background details of many kinds: time, location, weather, mood, age, physical and mental characteristics

Todos los jugadores **eran** jóvenes; **tenían** 17 o 18 años. ¡Y todos **esperaban** ganar!
All the players were young; they were 17 or 18 years old. And all of them hoped to win!

Interrupting vs. Interrupted / **Interrumpiendo o interumpido**

The preterite and the imperfect frequently occur in the same sentence. In each of the sentences to the right, the imperfect tells what was happening when another action (or actions)—expressed with the preterite—broke the continuity of the ongoing activity.

~~~~~/
//~~~~, ~~~~

Miguel **estudiaba** cuando **sonó** el teléfono.
Miguel was studying when the phone rang.

Cuando Angelina **abrió** la puerta y **entró** en la casa, los niños **estaban** **jugando** y **gritando.**
When Angelina opened the door and entered the house, the children were playing and shouting.

Action vs. the Setting / **La acción o el escenario**

The preterite and imperfect are also used together in the presentation of an event.

- The preterite narrates the actions.   ///
- The imperfect sets the stage, describes the conditions that caused the action, or emphasizes the continuing nature of a particular action.

~~~~~

Era un día hermoso. **Hacía** mucho sol, pero no **hacía** mucho calor. Como no **tenía** que trabajar en la oficina, **salí** a comprar unas flores. Luego **me puse** camiseta y pantalones cortos y **decidí** trabajar todo el día en el jardín.
It was a beautiful day. It was very sunny, but it wasn't very hot. Since I didn't have to work at the office, I went out to buy some flowers. Then I put on a T-shirt and shorts and decided to work in the garden all day.

Changes in Meaning / **Los cambios de significado**

Remember that, when used in the preterite, **saber, conocer, querer,** and **poder** have English equivalents different from that of the infinitives. (See page 272.) In the imperfect, the English equivalents of these verbs do not differ from the infinitive meanings.

—Anoche **conocí** a Roberto.
—¿Anoche? Yo pensaba que ya lo **conocías.**

"Last night I met Roberto."
"Last night? I thought you already knew him."

Autoprueba

Indicate preterite (*P*) or imperfect (*I*).

1. background details
2. repeated actions
3. completed action(s)
4. habits
5. beginning of an action
6. ongoing or simultaneous actions

Answers: 1. I 2. I 3. P 4. I 5. P 6. I

Práctica

A. **¡Anticipemos! En el consultorio.** Las siguientes condiciones son razones para hacer una cita (*appointment*) con el médico o la médica. Empareje las condiciones o síntomas con las acciones que el médico / la médica hizo. Hay más de una respuesta posible en algunos casos.

CONDICIONES O SÍNTOMAS
(Yo / A mí...)

1. _____ Tenía mucho frío y tiritaba (*I was shaking*).
2. _____ Me dolía la garganta.
3. _____ Me dolía el pecho (*chest*).
4. _____ Creía que estaba anémico/a.
5. _____ No sabía lo que tenía.
6. _____ Necesitaba medicinas.
7. _____ Solo necesitaba un chequeo (*check-up*) rutinario.

ACCIONES
(El médico / La médica...)

a. Me hizo muchas preguntas.
b. Me dio una receta.
c. Me tomó la temperatura.
d. Me auscultó (*listened to*) los pulmones y el corazón.
e. Me analizó la sangre (*blood*).
f. Me hizo sacar la lengua.
g. Me hizo toser.

Nota **comunicativa**

Algunas palabras y expresiones asociadas con el **pretérito** **y el** **imperfecto**

Certain words and expressions are frequently associated with the preterite, others with the imperfect.

Some words often associated with the preterite are:

> **ayer, anteayer, anoche** (*last night*)
> **una vez, dos veces** (*twice*)...
> **el año pasado, el lunes pasado...**
> **de repente** (*suddenly*)
> **en seguida**

Some words often associated with the imperfect are:

> **todos los días, todos los lunes...**
> **siempre, frecuentemente**
> **mientras**
> **de niño/a, de joven**

Some English equivalents also associated with the imperfect are:

> *was _____-ing, were _____-ing* (in English)
> *used to, would* (when *would* implies *used to* in English)

As you continue to practice preterite and imperfect, these expressions can help you determine which tense to use. These words do not *automatically* cue either tense, however. The most important consideration is the meaning that you want to express.

Ayer **cenamos** temprano.	*Yesterday we had dinner early.*
Ayer **cenábamos** cuando Juan llamó.	*Yesterday we were having dinner when Juan called.*
Jugaba al fútbol **de niño.**	*He played soccer as a child.*
Empezó a jugar al fútbol **de niño.**	*He began to play soccer as a child.*

B. Pequeñas historias

Paso 1. Complete los siguientes párrafos con una de las palabras o frases de cada lista. Antes de empezar, mire la foto que acompaña cada párrafo para tener una idea general del tema de la historia.

1. nos quedamos
nos quedábamos
íbamos
nos gustó
nuestra familia decidió
vivíamos

Cuando éramos niños, Jorge y yo _____¹ en la Argentina. Siempre _____² a la playa, a Mar del Plata, para pasar la Navidad. Allí casi siempre _____³ en el Hotel Fénix. Un año, _____⁴ quedarse en otro hotel, el Continental. No _____⁵ tanto como el Fénix y por eso, al año siguiente, _____⁶ en el Fénix otra vez.

2. dio
era
estaba
examinó
llegó
puso
tomaba

La niña tosió varias veces mientras la enfermera le _____¹ la temperatura. Por fin _____² la médica. Le _____³ la garganta y le diagnosticó una infección. Luego le _____⁴ una receta a la madre, que ahora _____⁵ menos preocupada. Finalmente, la enfermera le _____⁶ una inyección, porque _____⁷ necesaria para todos los niños de su edad.

Paso 2. Ahora, para completar la última historia, debe elegir (*choose*) entre el pretérito y el imperfecto en cada caso. Antes de empezar, mire el dibujo que acompaña el párrafo.

Eran las once de la noche y yo (estaba / estuve¹) leyendo un libro, cuando de repente se (apagaban / apagaron^a²) todas las luces^b de la casa. (Ponía / Puse³) el libro en el suelo^c y luego (usaba / usé⁴) mi celular para tener algo de luz. La verdad es que (tenía / tuve⁵) mucho miedo. Por eso, (salía / salí⁶) a la calle.^d Entonces^e (podía / pude⁷) ver que (había / hubo⁸) un apagón por todo el barrio.^f La luz (volvía / volvió⁹) media hora después.

^aapagar = *to go out*   ^b*lights*   ^c*floor*   ^d*street*   ^e*Then*   ^f*un... a power outage in the whole neighborhood*

Una merienda típicamente española: churros (*fried dough rolled in sugar*) y chocolate

C. Rubén y Soledad. Primero lea el siguiente párrafo (sin conjugar los infinitivos) para tener una idea general de la historia y mire la foto. Luego complete el párrafo con la forma apropiada de los infinitivos, en el pretérito o en el imperfecto.

Rubén estaba estudiando cuando Soledad entró en el cuarto. Ella le (preguntar[1]) a Rubén si (querer[2]) ir al cine. Rubén le (decir[3]) que sí porque (sentirse[4]) un poco aburrido de estudiar. Los dos (salir[5]) en seguida para el cine. (Ver[6]) una película cómica y (reírse[7]) mucho. Luego, como (hacer[8]) frío, (entrar[9]) en su café favorito, El Gato Negro, y (tomar[10]) churros y chocolate. (Ser[11]) las dos de la mañana cuando por fin (regresar[12]) a casa. Soledad (acostarse[13]) en seguida porque (estar[14]) cansada, pero Rubén (empezar[15]) a estudiar otra vez.

Comprensión. Ahora conteste las siguientes preguntas, según el párrafo.

1. ¿Qué hacía Rubén cuando Soledad entró?
2. ¿Qué le preguntó Soledad a Rubén? (**Le preguntó si...**)
3. ¿Por qué le dijo Rubén que sí?
4. ¿Les gustó la película? ¿Cómo se sabe?
5. ¿Por qué tomaron churros y chocolate después de salir del cine?
6. ¿Qué hora era cuando regresaron a casa?
7. ¿Qué hicieron cuando llegaron a casa?

Estrategia

Una pregunta *no* se contesta siempre con el mismo tiempo verbal de la pregunta. Por ejemplo, si es necesario explicar por qué ocurrió algo, se usa el imperfecto.

D. La fiesta de Roberto. Primero lea el siguiente párrafo (sin conjugar los infinitivos) para tener una idea general de la historia y mire la foto. Luego complete el párrafo con la forma apropiada de los infinitivos, en el pretérito, en el imperfecto o en el presente.

Durante mi segundo año en la universidad, conocí a Roberto en una clase. Pronto nos (hacer[1]) muy buenos amigos. Roberto (ser[2]) una persona muy generosa que (dar[3]) una fiesta en su apartamento todos los viernes. Todos nuestros amigos (ir[4]). (Haber[5]) muchas bebidas y comida abundante, y todos (hablar[6]) y (bailar[7]) hasta muy tarde.

Una noche algunos de los vecinos[a] de Roberto (llamar[8]) a la policía porque les (parecer[b9]) que nosotros (hacer[10]) demasiado ruido. (Llegar[11]) dos policías al apartamento y le (decir[12]) a Roberto que la fiesta (ser[13]) demasiado ruidosa. Nosotros no (querer[14]) aguar la rumba,[c] pero ¿qué (poder[15]) hacer? Todos nos (despedir[16]) aunque[d] (ser[17]) solamente las once de la noche.

Aquella noche Roberto (aprender[18]) algo importantísimo. Ahora cuando (hacer[19]) una fiesta, siempre (invitar[20]) a sus vecinos.

[a]*neighbors* [b]*to seem* [c]*aguar... to spoil the party* [d]*although*

Comprensión. Las siguientes oraciones son falsas. Corríjalas.

1. A Roberto no le gustaban las fiestas.
2. Las fiestas de Roberto siempre terminaban temprano.
3. Los vecinos de Roberto nunca se quejaban del ruido de sus fiestas.
4. Roberto siempre invitaba a sus vecinos a sus fiestas.

E. Lo mejor de estar enfermo

Paso 1. Haga oraciones completas conjugando los verbos en la forma correcta del pretérito o del imperfecto, según sea necesario (*as needed*).

1. Cuando yo (ser) niño, (pensar) que lo mejor de estar enfermo (ser) pasar el día en casa.
2. Lo peor (ser) que yo (resfriarse) con frecuencia durante las vacaciones.
3. Una vez (*yo:* ponerse) muy enfermo durante la Navidad.
4. Mi madre (llamar) al médico porque yo (tener) una fiebre muy alta.
5. El Dr. Matamoros (venir) a casa en seguida y (ponerme) una inyección de antibióticos porque yo (tener) una infección de la garganta.
6. Desgraciadamente (*Unfortunately*), mis padres (tener) que darme un baño de agua fría para bajarme la fiebre, y eso no (gustarme) para nada.
7. Tengo que decir que no (ser) la mejor Navidad de mi vida.
8. Mis primos (venir) a casa, pero yo (estar) demasiado enfermo para jugar.
9. ¡Pero esa Navidad mis abuelos (regalarme) mi primer Play Station!

Paso 2. Ahora vuelva a contar la historia desde el punto de vista (*point of view*) de la madre. Siga el modelo.

MODELO: Cuando **mi hijo era** niño, **él pensaba** que lo mejor…

Conversación

A. Una historia famosa

Paso 1. La siguiente historia está narrada en el presente. Póngala en el pasado, usando los verbos en el pretérito.

La niña abre[1] la puerta y entra[2] en la casa. Ve[3] tres sillas. Se sienta[4] en la primera silla, luego en la segunda, pero no le gusta[5] ninguna. Por eso se sienta[6] en la tercera. Ve[7] tres platos de comida en la mesa y decide[8] comer el más pequeño. Luego, va[9] a la alcoba para descansar un poco. Después de probar[a] las camas grandes, se acuesta[10] en la cama más pequeña y se queda[11] dormida.

[a]*trying*

Paso 2. ¿Reconoce Ud. la historia? Es el cuento de Ricitos de Oro y los tres osos (*bears*). Pero el cuento es un poco aburrido tal como está escrito (*as it is written*) en el **Paso 1.** Mejórelo (*Improve it*) con palabras de **Vocabulario útil** y dando detalles y descripciones (usando el imperfecto). También debe terminar el cuento: ¿Qué pasó al final?

MODELO: Había una vez una niña que **se llamaba** Ricitos de Oro. Un día la niña **fue**…

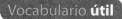 **Vocabulario útil**

Había una vez… + *imp.* Once upon a time there was…
Un día… + *pret.*

el bosque forest
la casita little house

huir to flee*

---

*The present tense forms of **huir** substitute a **y** for **i** in the stem-changing pattern (**huyo, huyes…**). The verb is regular in the imperfect, but adds a **y** (like **leer** and other verbs whose stem ends in a vowel) in the third person singular and plural of the preterite: **huyó, huyeron.** The present participle of **huir** is **huyendo.**

B. Intercambios

Paso 1. En parejas, hagan y contesten estas preguntas.

¿Cuántos años tenías cuando tus padres... ?

1. te dejaron cruzar la calle (*street*) solo/a
2. te permitieron ir de compras solo/a
3. te dejaron acostarte después de las nueve
4. te dejaron estar en casa sin niñero/a
5. te permitieron usar la estufa para cocinar
6. te dejaron ver una película para mayores de 17 años («*R*»)
7. te dejaron buscar tu primer trabajo
8. ¿ ?

Paso 2. Ahora haga preguntas basadas en las ideas de la siguiente lista para saber cuántos años tenía su compañero/a cuando hizo las cosas que se mencionaron.

MODELO: aprender a pasear en bicicleta →

¿**Cuántos años tenías** cuando **aprendiste** a pasear en bicicleta?

1. aprender a pasear en bicicleta
2. hacer su primer viaje en avión
3. tener su primera cita romántica
4. empezar a afeitarse / teñirse el pelo (*dye his/her hair*)
5. conseguir la licencia de manejar (*driver's license*)
6. abrir una cuenta (*account*) en el banco
7. dejar de crecer (*growing*)
8. ¿ ?

Paso 3. Ahora, en grupos de cuatro, comparen sus respuestas. ¿Son muy diferentes las respuestas que dieron? Entre todos, ¿quién tenía los padres más estrictos? ¿los menos estrictos?

C. Experiencias memorables

Paso 1. Haga preguntas sobre una de las siguientes experiencias. En el **Paso 2,** va a usar esas preguntas para entrevistar a uno de sus compañeros de clase. Haga por lo menos cinco preguntas, usando el pretérito o el imperfecto, según el contexto.

EXPERIENCIAS
la elección (*choice*) de universidad
el primer día de clases en la universidad
el primer trabajo
la primera cita
la última enfermedad

Paso 2. Ahora, en parejas, túrnense para hacerse preguntas sobre la experiencia del **Paso 1** que Uds. eligieron. No tiene que ser la misma experiencia.

Que is one of the most frequently used words in the Spanish language, and it has several meanings. Review what you already know about **que** by expressing the following sentences in English.

1. ¿Qué estudias?
2. Tengo que hacer la tarea.
3. No entiendo lo que Ud. me dice.
4. Creo que la fórmula es correcta.

In **Gramática 31,** you will learn more about **que** and other related terms that you have been using for a while: **quien** and **lo que.**

31 **Recognizing** *que, quien(es), lo que*
Relative Pronouns

Gramática en acción: Tus médicos, tus mejores amigos

> ## La Organización de Médicos Hispanohablantes: Siempre contigo
>
> ### *Tus médicos pueden ser tus mejores amigos.*
>
> - Son personas con quienes puedes hablar de TODO.
> - Son personas que pueden ayudarte y explicarte TODO lo que tú necesitas saber de tu salud.
> - Tienen consultorios que están CERCA de ti.
> - Y además, ¡hablan ESPAÑOL!

¿Y Ud.?

Complete las oraciones con el nombre de una persona que Ud. conoce. Incluya la relación que tiene con Ud., por ejemplo: **mi madre.**

1. Una persona que tiene mi confianza total es _____.
2. Una persona con quien hablo si necesito ayuda, no importa en qué situación, es _____.
3. Una persona que sabe todo —o casi todo— lo que pasa en mi vida es _____.

Relative Pronouns / **Los pronombres relativos**

Relative pronouns (**Los pronombres relativos**) are words that connect ideas within one sentence. Most frequently they refer back to a noun or an idea that has already been mentioned. In both English and Spanish, these words make communication more efficient and fluid because they help to avoid unnecessary repetition while linking ideas.

> *a relative pronoun /* **un pronombre relativo** = a pronoun that refers back to a noun or phrase already mentioned

---

Your doctors, your best friends *The Organization of Spanish-speaking Doctors: Always with you. Your doctors can be your best friends. • They're people with whom you can talk about ANYTHING. • They're people that can help you and explain (to you) EVERYTHING that you need to know about your health. • They have offices that are CLOSE to you. • And besides, they speak SPANISH!*

Gramática

I see a doctor. She is from Venezuela. → *I see a doctor **who** is from Venezuela.*

Veo a una médica. Es de Venezuela. → Veo a una médica **que** es de Venezuela.

Spanish has a rich and varied system of relative pronouns, but you will learn only three of them in this section.

1. Relative Pronouns

There are four principal *relative pronouns* in English: *that, which, who,* and *whom.* They are usually expressed in Spanish by the relative pronouns at the right, all of which you already know.

> **Los pronombres relativos**
> **que** = refers to things and people
> **quien(es)** = refers only to people
> **lo que** = refers to a situation

2. *Que/Quien(es)* vs. *¿qué?/¿quién(es)?*

The relative pronouns **que** and **quien(es)** sound like the interrogative words **¿qué?** and **¿quién(es)?,** but they are not the same. The relative pronouns link words within a sentence; the interrogative words ask questions (and they always have an accent mark to distinguish them from relative pronouns in writing). Can you give the English equivalent of the indicated words in the examples on the right?

—¿**Qué** es eso?
—Es una cosa **que** sirve para ver mejor.

—¿**Quién** es?
—Es el chico a **quien** conocí en el bus.

3. *que* = *that, which, who*

Que is by far the most frequently used relative pronoun in Spanish. It refers to people and things.

Tuve **una cita** con el médico **que** duró una hora.
*I had an appointment with the doctor **that** lasted an hour.*

Es **un buen médico que** tiene mucha experiencia.
*He's a good doctor **who** has a lot of experience.*

¡OJO!
Que cannot be used after a preposition to refer to people. See the next point (4).

4. *quien, quienes* = *who(m)*

Quien and **quienes** can refer only people. They are always used after a preposition.

La mujer con quien hablaba es mi médica.
*The woman **with whom** I was speaking is my doctor. (The woman I was speaking with is my doctor.)*

Las enfermeras a quienes les dimos las flores cuidaron a mi padre.
*The nurses **to whom** we gave the flowers took care of my dad. (The nurses we gave the flowers to took care of my dad.)*

5. *lo que* = *what, that which*

Lo que always refers to a whole situation or idea. It can refer to something that has been mentioned before or to something that will be referred to later in the sentence.

No entiendo **lo que dijo.**
*I don't understand **what** he said.*

Lo que necesito es **estudiar más.**
***What (That which)** I need is to study more.*

¡OJO!
If you can substitute *that which* for *what* in a sentence, use **lo que,** not **que.**

Práctica

¿Que, quien(es) o lo que? Complete las oraciones en español con el pronombre relativo apropiado.

1. *That's what I'm going to do.*
2. *That's what you did?*
3. *He's the doctor I trust the most.*
4. *The doctors who worked in Latin America speak Spanish very well.*
5. *The doctors I worked with in Latin America speak English very well.*
6. *She's the nurse who saw me.*

Eso es _____ voy a hacer.
¿Eso es _____ hiciste?
Es el médico en _quien_ más confío.
Los médicos _que_ trabajaron en Latinoamérica hablan español muy bien.
Los médicos con _quien_ trabajé en Latinoamérica hablan inglés muy bien.
Ella es la enfermera _____ me vio.

Conversación

A. El estrés, la condición humana

Paso 1. Lea la siguiente tira cómica y conteste las preguntas.

[a]cansancio… *fatigue, restlessness, worry, nervousness, (emotional) imbalance, and anxiety*

1. Lo que quiere el padre de Libertad (la amiga de Mafalda) es _____ _____.
2. Lo que tiene es _____ _____.
3. Según el médico, lo que tiene su padre es _____.

Paso 2. En parejas, comparen lo que siente el padre de Libertad y lo que sienten Uds. a veces como estudiantes. ¿Es cierto que esos problemas son «comunes» durante ciertas épocas del año? ¿En cuáles?

B. En la preadolescencia

Paso 1. Complete las siguientes declaraciones con detalles de su vida personal.

Cuando yo tenía diez años más o menos…

1. lo que más me divertía era _____.
2. lo que más me molestaba era _____.
3. el personaje (*character*) de ficción que más me gustaba era _____.
4. la persona / las personas que yo más quería (*loved*) era(n) _____.
5. la persona / las personas con quien(es) yo quería estar era(n) _____.
6. el programa de televisión que yo veía siempre era _____.

Paso 2. Ahora, en parejas, comparen sus respuestas. Digan a la clase lo que Uds. tienen en común.

Before learning how to express reciprocal actions in **Gramática 32,** review the reflexive pronouns in **Gramática 14 (Cap. 5),** then provide the correct reflexive pronouns for the following sentences.

1. _____ levanté a las ocho y media.

2. Laura _____ puso el vestido.

3. Mis amigos y yo _____ sentamos en un café.

4. ¿Prefieres duchar_____ o bañar_____?

Grammar Tutorial 32

Mc Graw Hill connect |SPANISH

www.connectspanish.com

32 Expressing *each other*
Reciprocal Actions with Reflexive Pronouns

Gramática en acción: La amistad

Los buenos amigos…

- se conocen bien.
- se respetan.
- se quieren.
- se recuerdan siempre.

En las culturas hispanas, cuando las buenas amigas se encuentran, se besan en la mejilla.

¿Y Ud.?
Cuando Ud. y sus amigos se encuentran, ¿cómo se saludan (*do you greet each other*)? ¿Se dan la mano? ¿Se besan?

Reciprocal Actions / Las acciones recíprocas

nos	= each other (**nosotros/as**)
os	= each other (**vosotros/as**)
se	= each other (**Uds., ellos/as**)

1. Reciprocal Actions

Reciprocal actions (**Las acciones recíprocas**) are actions that involve two or more people doing something *to* or *for* each other. They are usually expressed in English with *each other* or *one another*. In Spanish, reciprocal actions are expressed with pronouns that are identical to the plural reflexive pronouns.

Nos queremos.	*We love each other.*
¿**Os** ayudáis?	*Do you help one another?*
Se miran con ternura.	*They're looking at each other tenderly.*

2. Important Reciprocal Action Verbs

Verbs frequently used in this way include those at right, but any verb to whose meaning the phrase *each other* can be added can be used to express a reciprocal action: **hablarse, mirarse, pelearse,** and so on.

abrazarse (c)	to embrace
besarse	to kiss each other
darse la mano	to shake hands
encontrarse	to meet (*someone*
(se encuentran)	*somewhere*)
quererse	to love each other; to be fond of each other
saludarse	to greet each other

Friendship *Good friends . . . • know each other well. • respect each other. • are fond of each other. • always remember each other. In Hispanic cultures, when close women friends meet, they kiss each other on the cheek.*

Práctica

A. **¡Anticipemos! Los buenos amigos.** Indique las oraciones que describen lo que hacen Ud. y uno de sus mejores amigos para mantener su amistad (*friendship*).

1. ☐ Nos vemos con frecuencia.
2. ☐ Nos conocemos muy bien. No hay secretos entre nosotros.
3. ☐ Nos respetamos mucho.
4. ☐ Nos ayudamos cuando necesitamos ayuda.
5. ☐ Nos escribimos cuando estamos en lugares distantes.
6. ☐ Nos hablamos por teléfono con frecuencia.
7. ☐ Nos decimos la verdad siempre, lo bueno y lo malo.
8. ☐ Cuando no nos hablamos por mucho tiempo, comprendemos que es porque estamos muy ocupados.

B. **¿Qué pasa entre ellos?** Describa las siguientes relaciones familiares o sociales, haciendo oraciones completas con una palabra o frase de cada columna.

MODELO: Los buenos amigos se conocen bien.

| los buenos amigos los parientes los esposos los padres y los niños los amigos que no viven en la misma ciudad los profesores y los estudiantes los compañeros de cuarto/casa | **+** (no) **+** | visitarse con frecuencia quererse, respetarse ayudarse mutuamente (en los quehaceres domésticos, cuando tenemos problemas económicos o problemas personales) verse (todos los días, con frecuencia) llamarse por teléfono, escribirse mirarse (con cariño [*affection*]) necesitarse conocerse bien saludarse, darse la mano quejarse sinceramente |

Conversación

Intercambios

Paso 1. Haga por lo menos una pregunta con cada uno de los siguientes verbos. En el **Paso 2,** va a usar esas preguntas para entrevistar a uno de sus compañeros de clase sobre las relaciones personales de él/ella con su pareja (esposo/a o novio/a), sus amigos, sus padres y sus parientes.

MODELOS: saludarse dándose la mano →
　　　　　¿Tus parientes y tú se saludan dándose la mano?
　　　　　¿Tu pareja y tú se besan en público?

1. verse
2. escribirse
3. mantenerse en contacto
4. llamarse por teléfono
5. abrazarse
6. besarse
7. saludarse dándose la mano
8. pelearse

Paso 2. Ahora, en parejas, túrnense para hacerse las preguntas del **Paso 1.** Luego digan a la clase lo que tienen en común.

> **▶ Mundo interactivo**
>
> You should now be prepared to work with Scenario 6, Activity 2 in Connect Spanish (**www.connectspanish.com**).

1.

Un poco de todo ♻

A. Caperucita Roja

Paso 1. Retell this familiar story, based on the drawings, sentences, and cues that accompany each drawing, using the imperfect or preterite of the verbs in parentheses. Using context, try to guess the meaning of words that are glossed with ¿ ?.

2.

3.

4.

5.

6.

7.

8.

9.

1. Había una vez[a] una niña que (llamarse[1]) Caperucita Roja. Todos los animales del bosque[b] (ser[2]) sus amigos y Caperucita Roja (quererlos[3]) mucho.
2. Un día su mamá (decirle[4]): —Lleva esta jarrita de miel[c] a casa de tu abuelita.
3. En el bosque, un lobo[d] (salir[5]) a hablar con la niña. Le (preguntar[6]): —¿Adónde vas, Caperucita? Esta (contestarle[7]): —Voy a casa de mi abuelita.
4. —Pues, si vas por este sendero,[e] vas a llegar antes, (decirle[8]) el malvado[f] lobo. Él (irse[9]) por otro camino más corto.
5. El lobo (llegar[10]) primero a la casa de la abuelita y (entrar[11]). Cuando la abuelita (verlo[12]), (saltar[g][13]) de la cama y (correr[14]) a esconderse.[h]
6. Caperucita Roja (llegar[15]) por fin a la casa de la abuelita. (*Ella:* Encontrar[16]) a su «abuelita», que (estar[17]) en la cama. Le (decir[18]): —¡Qué dientes tan largos tienes! —¡Son para comerte mejor!— (decirle[19]) su «abuelita».
7. Una ardilla[i] del bosque (enterarse[j][20]) del peligro y le (avisar[k][21]) a un cazador.[l]
8. El cazador (llegar[22]) a la casa de la abuelita. (*Él:* Dispararle[m][23]) al lobo y lo (hacer[24]) huir.[n]
9. Caperucita y su abuela (abrazarse[25]) felizmente y (darle[26]) las gracias al buen cazador.

[a]¿ ?   [b]¿ ?   [c]jarrita… *jar of honey*   [d]¿ ?   [e]*path*   [f]¿ ?   [g]*to jump*   [h]*to hide*   [i]¿ ?   [j]*to find out*
[k]*to warn*   [l]¿ ?   [m]*to shoot*   [n]*to flee*

Paso 2. Hay varias versiones del cuento de Caperucita Roja. La que Ud. acaba de leer termina felizmente, pero otras no. Con otros dos compañeros, vuelva a contar la historia, empezando por el dibujo número 6. Inventen un diálogo más largo entre Caperucita y el lobo y cambien por completo el final del cuento.

Vocabulario **útil**			
ata**c**ar (**qu**)	to attack	**matar**	to kill
comérselo/la	to eat something up		

B. Lengua y cultura: La leyenda del lago de Maracaibo. Complete the
following legend with the correct form of the word in parentheses, as
suggested by context. The verbs will be in the preterite or imperfect.
When two possibilities are given in parentheses, select the correct word.

Había una vez[a] un cacique[b] indígena que se llamaba Zapara. Este[c]
tenía una hija, Maruma, que (ser[1]) muy bonita. Al padre y a la hija
(se / les[2]) (gustar[3]) pasar tiempo juntos y caminar por el bosque.[d]

Un día Zapara (comprender[4]) que su hija ya (ser[5]) una mujer y
(se / le[6]) (decir[7]): «Debes escoger[e] esposo, pues ya tienes edad[f] para
formar una familia. Pero (su / tu[8]) esposo debe ser guerrero,[g] como
todos los hombres de nuestra familia».

Un día, mientras su padre (estar[9]) ausente, Maruma (salir[10]) sola a
cazar[h] en el bosque. Estaba a punto de dispararle a un ciervo[i] cuando
(un / —[11]) otro cazador[j] (matar[k12]) al animal. Maruma (ponerse[13]) muy
enojada[l] pero el joven, (que / quien[14]) (ser[15]) guapo y simpático, dijo:
«El ciervo es para (tú / ti[16]). Solo quiero conocerte. Me llamo Tamaré».
A partir de ese día[m] los (joven[17]) (hacerse[n18]) amigos. Pronto se
enamoraron.[ñ]

Desgraciadamente, el joven no era un buen guerrero y por eso el
padre de Maruma (enojarse[19]) mucho cuando (saber[20]) que ella (querer[21])
casarse con él. Se enfadó tanto[o] que la naturaleza reaccionó y (haber[22])
grandes terremotos[p] e inundaciones:[q] las aguas cubrieron[r] las tierras del
cacique Zapara y también a Maruma y Tamaré, formando así el lago de
Maracaibo. Zapara se convirtió en una de sus pequeñas islas.

Un residente del lago de Maracaibo en su lancha (boat)

[a]Había… *Once upon a time there was* [b]*chief* [c]*He* [d]*forest* [e]*choose* [f]*ya… you're old enough*
[g]*a warrior* [h]*hunt* [i]Estaba… *She was about to shoot a deer* [j]*hunter* [k]*to kill* [l]ponerse… *to become
very angry* [m]*A… From that day on* [n]*to become* [ñ]se… *they fell in love* [o]Se… *He was so
angry* [p]*earthquakes* [q]*floods* [r]*covered*

Comprensión. Conteste las siguientes preguntas.

1. ¿Quién era Zapara?
2. ¿Qué debía hacer su hija?
3. ¿De quién se enamoró (*fell in love*) Maruma?
4. ¿Por qué se enfadó Zapara?
5. ¿Cómo se formó el lago de Maracaibo?

En **su** comunidad

Entreviste a una persona hispana de su universidad o ciudad sobre el cuidado médico
en su país de origen.

PREGUNTAS POSIBLES

• En su país de origen, ¿qué hace una persona cuando tiene una enfermedad que no es
muy seria? ¿Va al médico? ¿Habla con el farmacéutico? ¿Va a alguna persona que cura
con remedios naturales?

• ¿Qué alimentos se consideran muy sanos en su país? ¿Se usan algunos productos
naturales? ¿Cuáles son? ¿Para qué sirven de remedio?

• ¿Cómo se dice *flu* en su país? ¿Y *cold*?

Antes de mirar

¿Tiene Ud. una farmacia favorita? ¿Qué cosas compra Ud. allí, además de (*besides*) medicinas? ¿Consulta Ud. a los farmacéuticos a veces? ¿Tiene algún remedio casero (*home*) para los catarros (*colds*)?

PROGRAMA **11:** Remedios para todos

Este programa presenta reportajes sobre diferentes maneras de cuidar de la salud y curar enfermedades leves (*minor*) en el mundo hispano.

«La sávila (*aloe vera*) tiene veinte mil usos. Se usa para las quemadas (*burns*), se usa para el catarro, se usa para… broncear la piel (*tanning*)… Tenemos la tuna (*fruit of the prickly pear cactus*), que la usamos para los riñones (*kidneys*), se usa para el riñón, para la limpieza (*cleaning out* [*the system*]). Pero también se usa para el estómago… »

Vocabulario de este programa

acudir a	to go to	**la hoja**	leaf
proveer	to provide	**la miel**	honey
la cadena	chain, franchise	**el ataque de risa**	fit of laughter
de libre venta	**que se vende sin receta médica**	**constipado/a**	congested (*with a cold*)
la gente	people	**el empaste de mostaza**	mustard plaster
desde luego	of course		
ahorrar	to save (*time*)	**la harina**	flour
mezclarse	to become mixed	**espeso/a**	thick
tuvo la amabilidad de concedernos	was nice enough to give us	**el pecho**	chest
		tapar	to cover
pongo que la gente me soben los budas	I display Buda images for people to touch	**frotar**	to rub
		el ajo	garlic

Fragmento del guion

DOCTORA: Sin embargo,[a] pues nosotros los médicos estamos capacitados[b] para hacer otro tipo de cosas, como es hacer curaciones,[c] como es utilizar métodos anticonceptivos,[d] como es el hacer pequeñas cirugías.[e] Para esto hemos equipado[f] incluso nuestros consultorios con todo lo que la legislación de este país requiere para poder hacer también este tipo de procedimientos.[g]

LAURA: En México, como en Estados Unidos, no todas las personas tienen seguro[h] de salud. Por eso, es importante que la visita al médico y los medicamentos no cuesten mucho dinero.

DOCTORA: Porque con nosotros una consulta cuesta menos de tres dólares. Es decir, en pesos mexicanos cuesta treinta pesos. Entonces[i] esto es accesible[j] a la gran mayoría de los mexicanos. Igual… De igual forma,[k] los medicamentos que se venden en Farmacias Similares son medicamentos genéricos, que tienen hasta un setenta o un ochenta por ciento menos del valor[l] que lo que cuesta un medicamento en otras cadenas de farmacias. En México, si bien[m] es cierto que existe la seguridad social que protege a los trabajadores,[n] hay muchos millones de mexicanos que el gasto de salud[ñ] lo hacen de sus bolsas.[o] Se tiene pensado[p] que el ochenta por ciento del gasto en este país de salud sale de la bolsa de la gente.

«Actualmente (*Currently*) en México existen 4.029 Farmacias de Similares, que están distribuidas a lo largo y ancho de todo (*spread all over*) México. Estamos presentes en poblaciones (*towns*) de 5.000 habitantes hacia arriba (*and over*).»

[a]Sin… *However* [b]*trained* [c]*treatments* [d]métodos… *contraceptives* [e]*surgeries* [f]hemos… *we have equipped* [g]*procedures* [h]*insurance* [i]*Therefore* [j]*available, accessible* [k]De… *Similarly* [l]*value* [m]si… *although* [n]*workers* [ñ]el… *their health care costs, expenses* [o]lo… *they pay for them out of pocket* [p]Se… *It is believed*

Mundo interactivo

Continue your work as an intern at HispanaVisión with Laura Sánchez Tejada, the roving reporter of *Salu2*, as you complete Scenario 6, Activities 1 and 2 in Connect Spanish (**www.connectspanish.com**).

Al mirar

Mientras mira el programa, indique todos los tratamientos que se mencionan en el programa.

1. ☐ remedios alternativos y naturales
2. ☐ pequeñas cirugías
3. ☐ tomar la tensión arterial
4. ☐ procedimientos que hacen los cirujanos
5. ☐ remedios caseros contra el catarro
6. ☐ procedimientos contra el cáncer
7. ☐ medicinas que se venden sin receta

En esta botánica (*herb store*) se venden velas (*candles*), imágenes, collares (*necklaces*), rosarios, incienso, agua florida (*aromatic essences*) y mucho más. ¡Hasta (*Even*) imágenes de Buda para la buena suerte (*luck*)!

Después de mirar

A. ¿Está claro? Complete las siguientes oraciones con información del programa.

1. A Víctor le duele la garganta porque tiene _____.
2. Hay Farmacias Similares en _____ mexicanas de más de 5.000 habitantes.
3. Una consulta médica en una de las Farmacias Similares cuesta treinta pesos, que son unos ___ dólares estadounidenses.
4. Millones de mexicanos pagan de sus _____ por el cuidado de su salud.
5. Las botánicas son tiendas típicas de los países _____.
6. La sávila se usa, por ejemplo, para las _____ y el _____.
7. La tuna se usa para los riñones y para el _____.

B. Un poco más. Conteste las siguientes preguntas.

1. ¿Qué le da Ana a Víctor para la garganta?
2. Según el programa, ¿por qué razones van los hispanos a una farmacia?
3. ¿Cómo son los precios en las Farmacias Similares?
4. ¿Por qué se llaman botánicas las tiendas como las (*those*) de la Sra. Santiago?
5. ¿En qué tipo de tratamientos se especializan las botánicas?
6. ¿Qué cosas se puede comprar en una botánica? ¿Para qué sirven?
7. ¿Qué remedio casero se ve en el programa? ¿En qué consiste?
8. ¿Qué remedio casero le recomienda Ana a Víctor?

C. Y ahora, Uds. En grupos, hablen de los remedios y productos que no necesitan receta médica que Uds. usan por razones de salud. ¿Qué tipo de remedios son? (¿farmacéuticos, herbales, homeopáticos,… ?) ¿Confían Uds. (*Do you trust*) en sus beneficios? ¿Les preocupan los posibles efectos secundarios?

Sobre el programa

El interés de Ana por las propiedades curativas de plantas muy comunes le viene de su madre y de sus abuelas, aunque[a] en el mundo hispano no es nada extraño[b] saber de estas cosas. ¿Quién no sabe que la menta[c] y la manzanilla[d] ayudan a la digestión? ¿O que la sávila es buena para las quemadas? Ana usa remedios herbales siempre que[e] puede para trastornos[f] leves. Otro remedio que le recomendó a Víctor para la tos del catarro es poner una cebolla cortada[g] en su mesita de noche a la hora de dormir. ¡Y Víctor dice que lo ayudó!

[a]*although* [b]*unusual* [c]*mint* [d]*chamomile* [e]*siempre… whenever* [f]*complaints* [g]*cebolla… cut onion*

Producción personal

Filme a una persona que hable de un remedio casero tradicional, similar a los que se ven en este programa.

Lectura cultural
Venezuela

En Venezuela hay un sistema de salud público y gratuito[a] que sirve, sobre todo,[b] a la gente[c] de la clase trabajadora que no puede pagar un seguro[d] médico privado. Existen dispensarios médicos, clínicas y hospitales que proveen de todo tipo de servicios relacionados con la salud a las personas que los necesitan.

También existe la posibilidad de tener atención médica privada a través de pólizas[e] de seguro, que se contratan generalmente a través del empleador.[f] Sin embargo, los venezolanos siempre tienen acceso al sistema público, que se paga con impuestos[g] obligatorios para la seguridad social. En general, el cuidado médico de familia, privado, es mucho más barato que en los Estados Unidos y no resulta muy caro ir al consultorio del doctor y pagar la visita sin tener un seguro. En cambio,[h] los servicios de emergencia y hospitalización son muy costosos[i] y para tenerlos es indispensable[j] un seguro médico.

> **¿Cómo compara Ud. el sistema de salud de este país con el (*that*) de Venezuela?**

[a]*free* [b]*sobre… especially* [c]*people* [d]*insurance* [e]*a… through policies* [f]*employer* [g]*taxes* [h]*En… On the other hand* [i]*expensive* [j]*absolutely necessary*

En **otros** países hispanos

- **En Latinoamérica** Es muy diversa la manera en que cada país provee de asistencia sanitaria a sus habitantes: a través de[a] un sistema exclusivamente gubernamental[b] o por medio[c] de una combinación de sistemas públicos y privados. El acceso al cuidado médico también varía mucho de país a país. Hay países como la Argentina, Cuba y Costa Rica que proporcionan[d] acceso a todas la personas. Desgraciadamente, en otros países hay un considerable número de personas que no tienen acceso fácil a médicos y medicinas.

- **En España** España tiene un sistema nacional de seguridad social que cubre[e] el cuidado médico de todos sus ciudadanos. Este sistema, junto con[f] otros factores, contribuye a que los españoles tengan una de las esperanzas de vida[g] más largas del mundo.

[a]*a… via* [b]*government-run* [c]*means* [d]*provide* [e]*covers* [f]*junto… along with* [g]*esperanzas… life expectancies*

Un venezolano, que baila el limbo durante una fiesta, en Caracas

Tres símbolos venezolanos

- **Las mujeres** Muchos dicen que Venezuela es el país de las mujeres bellas.[a] Eso se debe probablemente a dos circunstancias. La primera es el hecho de que[b] las venezolanas han obtenido[c] el título de Miss Universo seis veces y el de Miss Mundo cinco veces. La segunda[d] es que en las últimas dos décadas del siglo[e] pasado Venezuela exportó telenovelas[f] de manera masiva a Latinoamérica, Europa y Asia.

- **«La rumba»** Al espíritu fiestero[g] de los venezolanos se le dice[h] «la rumba». Venezuela es el principal mercado de consumo de la música popular caribeña. Al venezolano le gusta organizar y celebrar fiestas en las cuales[i] siempre se baila salsa, merengue o cualquier otro ritmo caribeño, hasta el amanecer.[j]

- **La harina de maíz blanco**[k] El ingrediente básico con que se hacen dos de los platos típicos del país, las arepas (parecidas[l] a las tortillas) y las hallacas (empanadas venezolanas), es la harina de maíz blanco.

[a]*bonitas* [b]*el… the fact that* [c]*han… have won* [d]*second* [e]*century* [f]*soap operas* [g]*party-loving* [h]*se… (it) is called* [i]*las… which* [j]*dawn* [k]*La… White corn flour* [l]*similares*

Una figura histórica

Simón Bolívar (1783–1830) también se conoce como «El Libertador» de Sudamérica. Fue un militar y político venezolano, y sin duda la figura más notable de la independencia no solo de Venezuela sino[a] también de otros países sudamericanos.

[a]*but*

COMPRENSIÓN

1. ¿Qué sistema de salud usa con más frecuencia la clase trabajadora venezolana?
2. ¿Cómo se paga el sistema público de salud en Venezuela?
3. ¿Los habitantes de qué país hispanohablante tienen una de las esperanzas de vida más largas del planeta?

Del mundo hispano

Antes de leer

Un epitafio es una breve inscripción que se pone en la tumba de una persona muerta (*deceased*). En su opinión, ¿cuáles de los siguientes temas son apropiados para un epitafio?

- ☐ datos biográficos
- ☐ descripción física
- ☐ aspectos de su profesión
- ☐ un símbolo de la persona
- ☐ sus gustos y preferencias

- ☐ aspectos de su personalidad
- ☐ la descripción de algunos de sus parientes
- ☐ su filosofía de la vida
- ☐ algo memorable que dijo una vez
- ☐ cómo murió

Lectura: «Epitafio», de Nicanor Parra

De estatura mediana,[a]
con una voz[b] ni delgada ni gruesa,[c]
hijo mayor de un profesor primario[d]
y de una modista de trastienda;[e]
5 flaco de nacimiento[f]
aunque[g] devoto de la buena mesa;[h]
de mejillas[i] escuálidas
Y de más bien[j] abundantes orejas;
con un rostro cuadrado[k]

10 en que los ojos se abren apenas[l]
y una nariz de boxeador mulato
baja a la boca de ídolo azteca
—todo esto bañado[m]
por una luz entre irónica y pérfida[n]—,
15 ni muy listo ni tonto de remate[ñ]
fui lo que fui: una mezcla[o]
de vinagre y de aceite de comer
¡un embutido[p] de ángel y bestia[q]!

[a]*average* [b]*voice* [c]*hearty* [d]*de escuela primaria* [e]*modista… backroom seamstress* [f]*flaco… thin since birth* [g]*although* [h]*de… to good food* [i]*cheeks* [j]*más… rather* [k]*rostro… square face* [l]*hardly* [m]*bathed* [n]*treacherous* [ñ]*de… hopelessly* [o]*mixture* [p]*sausage* [q]*beast*

Comprensión

A. En este epitafio. ¿Cuáles de los posibles temas para un epitafio que se mencionaron en **Antes de leer** aparecen en este poema? Busque en los versos (*lines*) del poema las palabras clave (*key*) que corresponden a cada tema.

B. Preguntas

Paso 1. ¿Cierto o falso? Busque en el poema las palabras específicas que justifiquen su respuesta.

	CIERTO	FALSO
1. Esta persona era alta.	☐	☐
2. Sus padres eran médicos importantes.	☐	☐
3. Esta persona era delgada.	☐	☐
4. Tenía orejas grandes.	☐	☐
5. Era inteligentísimo.	☐	☐
6. Su personalidad era contradictoria.	☐	☐

Paso 2. ¿En qué verso del poema se revela que este epitafio es autobiográfico?

A ESCUCHAR

Antes de escuchar

¿Qué precauciones toma Ud. para no enfermarse? ¿Tuvo Ud. algún resfriado el año pasado? ¿alguna gripe? ¿Fue al médico con frecuencia durante el último año?

Escuche

Campaña de vacunación* contra la gripe: Información importante del Departamento de Salud sobre la gripe

vaccination

Un representante del Departamento de Salud habla en la radio de la gripe y de la importancia de vacunarse contra ella. Escuche según las indicaciones de su profesor(a).

Vocabulario **para escuchar**			
vacunarse	to get a shot	**la vacuna**	vaccination
la muerte	death	**de alto riesgo**	high-risk
contraer (*like* **traer**)	to get, contract (*an illness*)	**embarazadas**	pregnant
		peligrosa	dangerous

Después de escuchar

A. **La gripe.** Conteste las siguientes preguntas sobre esta enfermedad, según la información en el anuncio.

1. ¿Aproximadamente cuántas personas van al hospital cada año en los Estados Unidos a causa de la gripe?

2. ¿Cuántas personas mueren anualmente en los Estados Unidos a causa de la gripe, aproximadamente?

3. ¿Hay solo un tipo de virus de gripe?

B. **La vacuna.** Conteste las siguientes preguntas sobre la campaña de vacunación.

1. ¿Quiénes deben vacunarse contra la gripe?

2. ¿Quiénes se consideran personas de alto riesgo?

3. ¿Quiénes no pueden recibir la vacuna?

¡Música!

Óscar d'León (1943–) es conocido[a] como «el Demonio de la salsa». Este cantante de Caracas lleva más de 40 años cantando. La canción «Llorarás[b]» es del álbum *El verdadero León*.

[a]*known* [b]*You'll cry*

Óscar d'Leon con su contrabajo, en Las Vegas, Nevada

Go to the iMix section in Connect Spanish (**www.connectspanish.com**) to access the iTunes playlist "*Puntos9,*" where you can purchase "Llorarás" by Óscar d'León.

A ESCRIBIR

El tema

Una enfermedad

Preparar

Piense en un caso específico de una enfermedad que Ud. tuvo alguna vez o la enfermedad que tuvo una persona a quien Ud. conoce bien. Conteste las siguientes preguntas sobre esa enfermedad.

1. ¿Era grave la enfermedad o leve (*minor*)? ¿Era una enfermedad crónica?

2. ¿Cuántos años tenía cuando tuvo esa enfermedad?

3. ¿Cómo se sentía Ud. (o la otra persona)? ¿Cuáles eran sus síntomas?

4. ¿Fue Ud. (o la otra persona) al médico? ¿Fue al hospital?

Ahora añada (*add*) algunos detalles más sobre la enfermedad.

Redactar

Usando las ideas de **Preparar,** escriba un ensayo en el que (*which*) narra la historia de una enfermedad. En esta narración va a usar el pretérito y el imperfecto. Asegúrese (*Make sure*) de que la secuencia de acciones esté clara y bien conectada; para esto se usa el pretérito. Use el imperfecto para añadir detalles descriptivos que hacen que la historia sea más comprensible (*understandable*) y vívida. No se olvide de la importancia del tono. El tono para narrar una enfermedad leve, típica de la niñez, tendrá que ser (*will have to be*) diferente del tono para narrar una enfermedad grave de adulto.

Editar

Revise el ensayo para comprobar (*to check*):

- la ortografía y los acentos
- la organización y la secuencia de las ideas (usando palabras y expresiones que marcan el paso del tiempo)
- la consistencia del tono
- el uso del pretérito y del imperfecto
- el uso de los pronombres

Finalmente, prepare su versión final para entregarla.

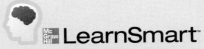

Visit **www.connectspanish.com** to practice the vocabulary and grammar points covered in this chapter.

Gramática en breve

30. Using the Preterite and the Imperfect

Uses of the Preterite	Uses of the Imperfect
beginning/end of an action	habitual/repeated action
completed action	ongoing action
series of completed actions	background information
interrupting action	interrupted ongoing action
the action on the "stage"	the setting for the action

31. Relative Pronouns

que = refers to things and people
quien(es) = refers only to people
lo que = refers to a situation

32. Reciprocal Actions with Reflexive Pronouns

each other = **nos, os, se**

Vocabulario

Los verbos

abrazarse (c)	to embrace
besarse	to kiss each other
darse la mano	to shake hands
encontrarse (me encuentro) (con)	to meet (*someone somewhere*)
quererse	to love each other; to be fond of each other
saludarse	to greet each other

La salud y el bienestar

el bienestar	well-being
la caminadora	treadmill
la salud	health

Repaso: la comida

cansarse	to get tired
cuidarse	to take care of oneself
dejar de + *inf.*	to stop (*doing something*)
doler (duele) (*like* **gustar**)	to hurt, ache

examinar	to examine
guardar cama	to stay in bed
hacer...	to do . . .
ejercicios aeróbicos	aerobics
(el método) Pilates	Pilates
(el) yoga	yoga
levantar pesas	to lift weights
llevar una vida sana/tranquila	to lead a healthy/calm life
molestar (*like* **gustar**)	to bother
ponerle una inyección	to give (*someone*) a shot, injection
resfriarse (me resfrío)	to get/catch a cold
respirar	to breathe
sacar (qu)	to extract
sacar la lengua	to stick out one's tongue
sacarle un diente / una muela	to extract (*someone's*) tooth/molar
tener dolor de	to have a pain/ache in
tomarle la temperatura	to take someone's temperature
toser	to cough

**Repaso: caminar, comer, correr, dormir (duermo) (u),
enfermarse, hacer ejercicio, llevar (to wear), pasear
en bicicleta, practicar (qu), sentirse (me siento) (i)**

Algunas partes del cuerpo humano

la boca	mouth
el brazo	arm
la cabeza	head
el cerebro	brain
el corazón	heart
el cuerpo humano	human body
el dedo (de la mano)	finger
el dedo del pie	toe
el estómago	stomach
la garganta	throat
la lengua	tongue
la mano	hand
la muela	molar, back tooth
la nariz (*pl.* **narices**)	nose
el oído	inner ear
el ojo	eye
la oreja	(outer) ear
el pie	foot
la pierna	leg
los pulmones	lungs
la sangre	blood

Repaso: el diente

Las enfermedades y los tratamientos

los anteojos	glasses
el chequeo	check-up
el consultorio	(medical) office
el dolor (de)	pain, ache (in)
la enfermedad	illness, sickness
la fiebre	fever
la gripe	flu
el jarabe	(cough) syrup
los lentes	glasses
los lentes de contacto	contact lenses
la pastilla	pill
la receta	prescription
el resfriado	cold (*illness*)
el síntoma	symptom
la tos	cough
el tratamiento	treatment

Cognados: el antibiótico, la medicina, la temperatura

El personal médico

el/la enfermero/a	nurse
el/la farmacéutico/a	pharmacist

Cognado: el/la dentista, el/la paciente

Repaso: el/la médico/a

Otro sustantivo

la cita	date; appointment

Los adjetivos

mareado/a	dizzy; nauseated
pasado/a	past, last
resfriado/a	congested, stuffed up
sano/a	healthy
suficiente	enough
tranquilo/a	calm

Palabras adicionales

anoche	last night
de repente	suddenly
desgraciadamente	unfortunately
dos veces	twice
eso quiere decir…	that means . . .
frecuentemente	frequently
lo bueno	the good thing/news
lo malo	the bad thing/news
lo suficiente	enough

Repaso: anteayer, ayer, de joven, de niño/a, en seguida, lo que, mientras, que, quien(es), siempre, una vez

Vocabulario personal

12

¡Conectad@s!°

Connected!

Una de las varias placitas (*little plazas*)
que hay en Cartagena, Colombia

- ¿Se siente Ud. identificado/a con la ciudad donde vive? ¿Y con el barrio (*neighborhood*) o la zona de la ciudad donde Ud. vive?

- ¿Cómo se mantiene en contacto con sus parientes y amigos que no viven cerca?

- ¿Puede Ud. imaginar su vida sin la tecnología? ¿Le gustaría depender menos de (*on*) la tecnología?

Colombia

44 millones de habitantes

- La diversidad natural de Colombia es magnífica. Este país comprende (*includes*) territorio caribeño, andino (*Andean*) y amazónico.

- Además (*In addition*), Colombia tiene muchísimos recursos naturales: petróleo, oro, platino y esmeraldas. Es uno de los principales productores y exportadores de café del mundo. También exporta flores.

En este capítulo

La ciudad y el barrio°

neighborhood

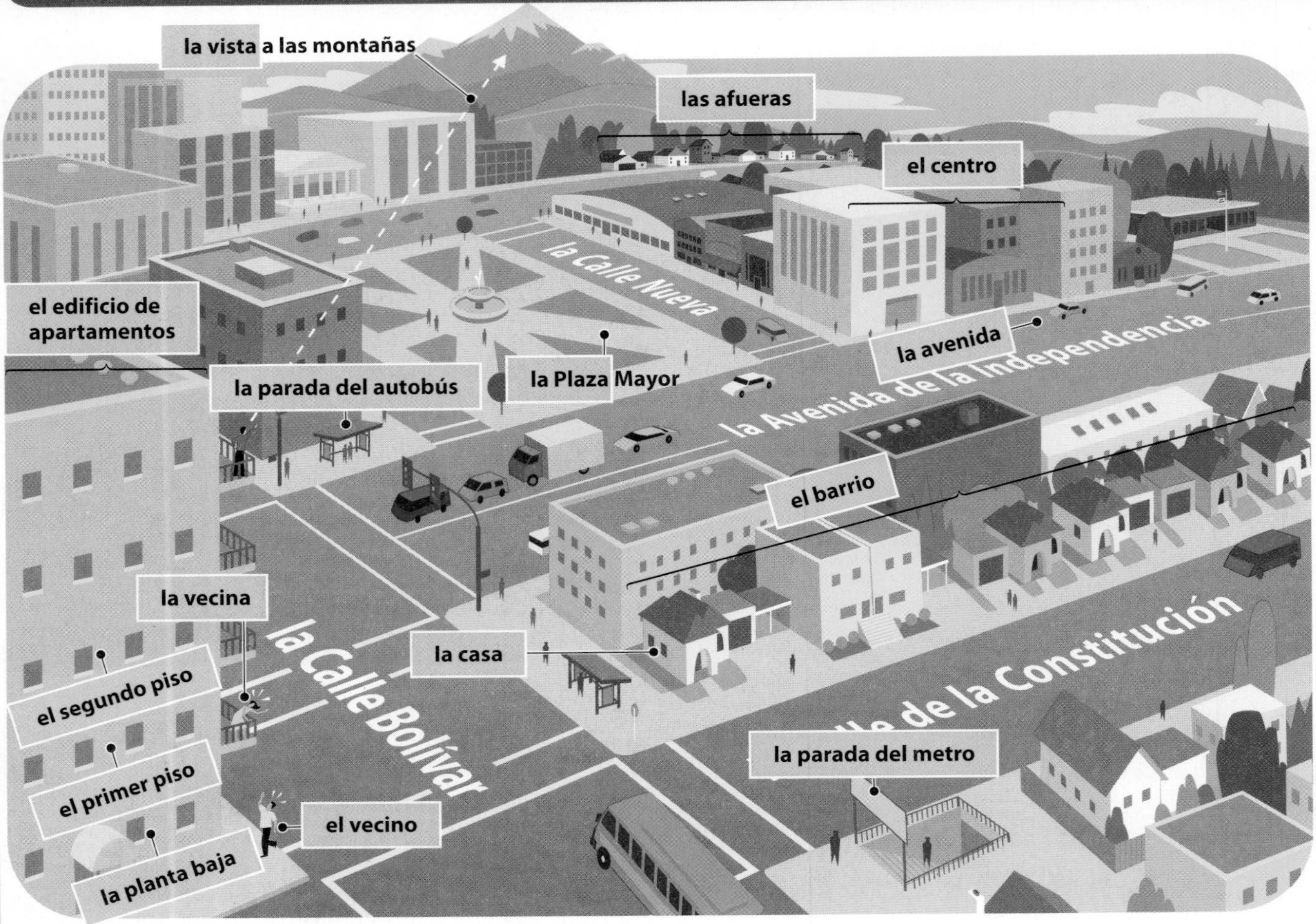

la vista a las montañas

las afueras

el centro

el edificio de apartamentos

la Calle Nueva

la parada del autobús

la Plaza Mayor

la avenida

la Avenida de la Independencia

el barrio

la vecina

la casa

la Calle Bolívar

Calle de la Constitución

el segundo piso

el primer piso

la parada del metro

el vecino

la planta baja

La vivienda	Housing
la residencia	residence
la residencia de ancianos	nursing home
la residencia (de estudiantes)	dormitory
el dueño / la dueña	owner; landlord, landlady
el inquilino / la inquilina	tenant; renter
el portero / la portera	building manager; doorman
el ascensor	elevator
el piso	floor (of a building)
el primer piso	first floor (second story)
el segundo piso	second floor (third story)

la planta baja	ground floor
la vista	view

La zona	
las afueras	outskirts; suburbs
la dirección	address
mudarse	to move (residences)

Los gastos*	Los… Expenses
alquilar	to rent
el alquiler	rent
la calefacción	heat
la electricidad	electricity
el gas	gas (residential, not for cars)

el apartamento = el departamento (*Mex., Arg.*), el piso (*Sp.*)
el ascensor = el elevador

El barrio is the word most generally used to express *neighborhood* in Spanish, although it is often said by Hispanics with more affection than its English counterpart. To talk about **mi barrio** is to talk about a place to which one is emotionally linked, not just the area where one lives. Many other words are used regionally and can depend on the kind of neighborhood. **La colonia** and **el fraccionamiento** are used in Mexico. Other common terms are **el vecindario** and **la zona residencial.**

¡OJO!

The word **suburbio** is a false cognate; it means *slum*. To indicate that you live in the suburbs, say **vivo en las afueras (de la ciudad).**

Conversación

A. Definiciones. Defina las siguientes palabras en español, según el modelo.

MODELO: la residencia de estudiantes →
Es un lugar donde viven muchos estudiantes. Por lo general está situada en el *campus* universitario.

1. el inquilino
2. el centro
3. el alquiler
4. el portero
5. la vecina
6. la dueña
7. la dirección
8. las afueras
9. el barrio
10. el ascensor
11. la avenida
12. la residencia de ancianos
13. la planta baja
14. la vista
15. la electricidad

Vocabulario útil

Es una persona que...
Es un lugar donde...
Es una cosa que...
Es lo que...

B. Buscamos un apartamento. Lea los siguientes avisos de venta (*sale ads*) de viviendas en Bogotá y conteste las preguntas. **¡OJO!** $ = el peso colombiano

1. ¿Qué tipo de vivienda se vende en cada anuncio?
2. ¿Cuántas alcobas tiene cada vivienda?
3. ¿Cuál de las viviendas sería (*would be*) mejor para una famila con dos hijas adolescentes? ¿para una pareja de profesionales sin hijos y sin planes para tenerlos? ¿para una mujer profesional que ya tiene su primer trabajo, bien pagado (*well paying*)?

ZONA NORTE

Casa bien ubicada,[a] cerca de la Calle 170. Buenas rutas y cerca de colegios,[b] centros comerciales y supermercados. Zona de alta valorización.[c] 130 mts2.[d] Parqueadero privado con acceso directo a casa. 3 niveles;[e] 4 alcobas, 3 baños, sala-comedor, estudio y ático. $250.000.000 Celular: 3005566177

a.

BARRIO TEUSAQUILLO

Apartamento de 2 alcobas, 1 baño, cocina y sala-comedor. 3er[f] piso en edificio de 5 pisos con ascensor. Excelente ubicación cerca de bancos, supermercados, centros médicos y parque. $125.000.000 Celular: 3104488776 E-mail: micasa@gmail .com

b.

BARRIO PRADERA NORTE–TORRE[g] DE MADRID

2 habitaciones, dos baños, estudio, sala-comedor, pisos laminados, ascensor, garaje cubierto,[h] balcón. 100 mts2 4o[i] piso. Adicionales: piscina, gimnasio, sauna, cancha *squash*. $155.000.000 Tel. fijo[j] 6688775 Celular: 3169545650 E-mail: micasa@gmail.com

c.

[a]*situated, located* [b]*schools* [c]*de... high property values* [d]metros cuadrados (*square meters*)
[e]*levels* [f]*tercer (third)* [g]*Tower* [h]*covered* [i]cuarto (*fourth*) [j]*Tel... Land line*

C. Mi situación de vivienda

Paso 1. Diga si las siguientes declaraciones son ciertas o falsas para Ud. Corrija las declaraciones falsas.

	CIERTO	FALSO
1. Mi familia vive en una casa de dos pisos.	☐	☐
2. Yo estoy de inquilino/a en la actualidad.	☐	☐
3. Vivo en un apartamento con otros estudiantes.	☐	☐

(*Continúa.*)

	CIERTO	FALSO
4. Mi alquiler incluye los gastos de electricidad, gas y calefacción.	☐	☐
5. Mi apartamento tiene una vista magnífica.	☐	☐
6. Vivo en uno de los mejores barrios de la ciudad.	☐	☐
7. En el futuro, me gustaría vivir en una zona residencial en las afueras.	☐	☐
8. Los vecinos ideales son como yo.	☐	☐

Paso 2. Ahora, en parejas, túrnense para entrevistarse sobre su vivienda actual, usando las ideas del **Paso 1.**

MODELO: ¿Tu familia vive en una casa de dos piscs?

Paso 3. Digan a la clase lo que Uds. tienen en común en cuanto a su vivienda actual.

Tengo... Necesito... Quiero... (Part 3)

Julio

la televisión, la plasma

el monopatín

el casco

Ana

mandar un mensaje

la impresora / el escáner

el radio*

la pantalla

el DVD

el (teléfono) celular

el pen drive

la computadora portátil / el ordenador portátil

el ratón

el iPod

la bicicleta

los patines

La electrónica

el archivo	file
la arroba	@
el buzón de voz	voice mailbox
la contraseña	password
el correo electrónico	e-mail
el disco duro	hard drive
la electrónica	electronic equipment
el equipo	equipment
la grabadora	(tape) recorder/player
la pantalla (grande/plana)	(big/flat) screen (monitor)
la red social	social networking site

Cognados: el app (*f.*), **el blog, la cámara digital, el CD-ROM, el control remoto, el disco compacto (el CD), el hard drive, el DVD(-ROM), el e-mail, Facebook** (*m.*), **el fax, la fotocopia, la fotocopiadora, el GPS, el Internet, la memoria, el módem, Twitter** (*m.*), **el video**

En el trabajo

el aumento	raise
el jefe / la jefa	boss
el sueldo	salary

Los verbos

almacenar	to store, save
bajar/descargar (gu)	to download
buscar (qu) en el Internet	to look up on the Internet

---

*El **radio** is the apparatus; la **radio** is the medium.*

cambiar (de canal, de ropa...)	to change (channels, clothing . . .)	**imprimir**	to print
conseguir (*like* **seguir**)	to get, obtain	**instalar**	to install
copiar/hacer (foto)copia	to copy	**mandar**	to send
		manejar	to drive; to operate (*a machine*)
entrar/estar en el Internet	to go/be online	**obtener** (*like* **tener**)	to get, obtain
entrar/estar en Facebook	to go/be on Facebook	**Los vehículos**	
fallar	to "crash" (*computer*)	**la camioneta**	station wagon
funcionar	to work, function; to run (*machines*)	**el carro/coche (descapotable)**	(convertible) car
grabar	to record; to tape	**la moto(cicleta)**	motorcycle
guardar	to keep, to save (*documents*)		

Conversación

A. Lo que tengo. Haga una lista de todo el equipo de **Vocabulario: Preparación** que Ud. tiene. Luego haga una lista de las cosas que necesita.

B. Asociaciones. ¿Qué cosas asocia Ud. con los siguientes verbos?

1. mandar **3.** conseguir **5.** guardar **7.** imprimir
2. fallar **4.** grabar **6.** cambiar **8.** instalar

C. Definiciones

Paso 1. ¿Qué palabras corresponden a estas definiciones? ¡OJO! Puede haber (*There can be*) más de un aparato que hace estas funciones o puede haber más de un verbo en algunos casos.

1. Es un aparato que sirve para mandar documentos inmediatamente.
2. Es un aparato que hace copias de un documento.
3. Es lo que usamos para cambiar el programa de televisión sin levantarnos del sofá.
4. Este sistema recibe mensajes cuando no podemos (o no queremos) contestar el teléfono.
5. Es lo que usamos para escuchar música sin hacer ruido.
6. Esto se hace cuando hay en la tele una película que queremos ver pero que ahora mismo no podemos verla.
7. Es un sinónimo de guardar, como guardar un documento en el disco duro.

Paso 2. Ahora le toca a Ud. darles las definiciones a sus compañeros de clase, siguiendo el modelo del **Paso 1.** Ellos van a adivinar (*guess*) cuál es la palabra definida.

D. La tecnología y yo

Paso 1. Complete las siguientes oraciones para describir su relación con la tecnología.

1. (No) Soy bueno/a para la tecnología porque…
2. Me encanta la tecnología y por eso…
3. No puedo imaginar la vida sin _____ (aparato) porque…
4. Estoy conectado/a al Internet _____ (¿con qué frecuencia?) porque…
5. Entro en el Internet sobre todo (*especially*) para…

Paso 2. Ahora, en parejas, comparen sus respuestas. ¿Son muy similares sus preferencias y hábitos con relación a la tecnología?

▶ **Mundo interactivo**

You should now be prepared to work with Scenario 6, Activity 3 in Connect Spanish (**www.connectspanish.com**).

E. Los mensajes

Paso 1. En parejas, traten de descifrar (*try to decipher*) la pregunta del anuncio de VODAFONE.

Vocabulario para leer

podrás you'll be able
SMS el servicio de mensajes cortos

MMS el sistema de mensajes de multimedia

apúntate sign up
cuanto antes as soon as possible
disfrutarás de you'll enjoy
quedar con alguien to have a planned meeting with someone

La vida es móvil. Móvil es Vodafone.

Mensamanía Fin de Semana

¿Ls fins d smana mands mnsajs xa qdar o qdas xa mndar mnsajs?

Con la tarifa plana **Mensamanía Fin de Semana de Vodafone** podrás enviar los fines de semana de abril todos los SMS y MMS que quieras a móviles **Vodafone** por **sólo 2€.** Apúntate cuanto antes, llamando o enviando gratis FINDE ON al 136, y disfrutarás de hasta cinco fines de semana de Mensamanía.

Promoción válida para clientes particulares los fines de semana del mes de abril de 06, desde el sábado a las 0h hasta el domingo a las 23.59h. Periodo de activación desde el 27/03/06 al 30/04/06. Máximo 100 SMS y 100 MMS por día de promoción. Destino Vodafone nacional, incluidos Qtel, A2 y correo electrónico. No disponible para empresas. Coste activación 2€, impuestos indirectos no incluidos.

vodafone

Paso 2. Ahora inventen un mensaje para la clase, usando un código similar al (*to that*) del anuncio.

Nota **cultural**

El acceso a la tecnología en el mundo hispano

La tecnología está presente en todo el mundo hispano, donde se puede ver y adquirir[a] todos los aparatos electrónicos que uno pudiera[b] desear. Pero estos son muy caros a veces y su mayor o menor presencia depende del poder adquisitivo[c] del individuo.

- Hoy día, por ejemplo, casi todo el mundo tiene un teléfono celular.
- El acceso al Internet es más problemático y muestra[d] un panorama de desigualdad.[e]

Un ejemplo, según datos[f] recientes: España (17) y México (18) aparecen en la lista de los 20 países mundiales con más usuarios.[g] Pero para analizar estos datos, es importante saber que España tiene 46,5 millones de habitantes mientras que México tiene 112 millones, o sea que[h] el porcentaje de usuarios mexicanos es muy bajo en comparación.

Los gobiernos[i] hispanos son conscientes de la brecha[j] digital y hay gran interés por mejorar[k] la situación. Por ejemplo, en el Uruguay existe el Plan Ceibal, por el cual[l]

Una niña que ya sabe entrar en el Internet

todos los niños de edad escolar en el sistema público reciben una computadora portátil, bajo el proyecto mundial OLPC (*One Laptop Per Child*).

¿Existe en su ciudad o estado un plan para darle a cada niño o niña una computadora?

[a]*acquire* [b]*could* [c]*poder... purchasing power* [d]*it shows* [e]*inequality* [f]*data* [g]*users* [h]*o... so* [i]*governments* [j]*gap* [k]*por... in improving* [l]*por... through which*

GRAMÁTICA

♻ **¿Recuerda Ud.?**

In **Gramática 20 (Cap. 7)** you learned how to form **Ud.** and **Uds.** (formal) commands with the "opposite" vowel. Remember that object pronouns (direct, indirect, reflexive) must follow and be attached to affirmative commands; they must precede negative commands.

AFFIRMATIVE:	Háblele Ud.	Duérmanse.	Dígaselo Ud.
NEGATIVE:	No le hable Ud.	No se duerman.	No se lo diga Ud.

¿Cómo se dice en español?

1. Give me the book. **(Uds.)**
2. Don't give it (*m.*) to her. **(Uds.)**
3. Sit here, please. **(Ud.)**
4. Don't sit in that chair! **(Ud.)**
5. Tell them the truth. **(Uds.)**
6. Tell it (*f.*) to them now! **(Uds.)**
7. Never tell it (*f.*) to her. **(Uds.)**
8. Take care of yourself. **(Ud.)**
9. Listen to me. **(Ud.)**

You'll learn how to form informal commands in **Gramática 33.**

33 Influencing Others (Part 2)
Tú (Informal) Commands

▶ **Grammar Tutorial** 33
connect |SPANISH
www.connectspanish.com

Gramática en acción: Mandatos de la adolescencia

- Guarda la ropa limpia en tu cómoda.
- Pon la ropa sucia en el cesto.
- No te pongas esos pantalones para ir a la escuela.
- No dejes los zapatos por todas partes.
- Deja de mandar mensajes mientras te hablo.
- Quítate el iPod: te estoy hablando.

¿Y Ud.?

¿Oía Ud. esos mandatos cuando era adolescente? ¿Sí o no? ¿Quién se los daba? (Me los daba mi…)

Informal commands (**Los mandatos informales**) are used with persons whom you would address as **tú.** Spanish has different forms for formal and informal commands. And unlike **Ud.** and **Uds.** commands, whose form is the same whether affirmative or negative, the negative **tú** commands have different forms than the affirmative commands.

> *a command or imperative /*
> **un mandato** = a verb
> form used to tell someone
> to do something

Commands from adolescence · *Put your clean clothes away in your dresser.* · *Put your dirty clothes in the laundry hamper.* · *Don't put on those pants to go to school.* · *Don't leave your shoes everywhere.* · *Stop texting while I'm talking to you.* · *Take off your iPod: I'm talking to you.*

Negative **tú** Commands / **Los mandatos informales negativos**

Las terminaciones regulares	-ar verbs		-er/-ir verbs	
-ar ⟶ **-es** **-er/-ir** ⟶ **-as**	**No habl**es.	Don't speak.	**No com**as.	Don't eat.
	No toques.	Don't play.	**No escrib**as.	Don't write.
	No juegues.	Don't play.	**No pid**as.	Don't order.
	No empieces.	Don't start.	**No sal**gas.	Don't leave.
			No vayas.	Don't go.

1. Formation of Negative Informal Commands

Negative **tú** commands are basically the same as **Ud./Uds.** commands but with the characteristic **-s** of **tú** forms. They use the "opposite" vowel, and all of the irregularities that you learned for **Ud./Uds.** commands.

- Stem-changing verbs show the stem change.
- Verbs that end in **-car, -gar,** and **-zar** have a spelling change.
- Verbs with irregular **yo** forms show the irregularity in the command.
- A few verbs have irregular **tú** commands (the **Ud.** command with a final **-s**).

dar	⟶	**no de**s
estar	⟶	**no est**és
ir	⟶	**no vaya**s
saber	⟶	**no sepa**s
ser	⟶	**no sea**s

No cantes tú tan fuerte.
*Don't **you** sing so loudly.*

¡OJO!
The pronoun **tú** is used only for emphasis.

2. Position of Pronouns

As with negative **Ud./Uds.** commands, object pronouns—direct, indirect, and reflexive—precede negative **tú** commands.

No lo mires.
Don't look at him.

No les escribas.
Don't write to them.

No te levantes.
Don't get up.

Affirmative **tú** Commands / **Los mandatos informales afirmativos**

Las terminaciones regulares	-ar verbs		-er/-ir verbs	
-ar ⟶ **-a** **-er/-ir** ⟶ **-e**	**Habl**a.	Speak.	**Com**e.	Eat.
	Toca.	Play.	**Escrib**e.	Write.
	Juega.	Play.	**Pid**e.	Order.
	Empieza.	Start.	**Oy**e.	Listen.

1. Formation of Regular Informal Affirmative Commands

Unlike **Ud./Uds.** commands and the negative **tú** commands, most affirmative **tú** commands have the same form as the third person singular (**Ud.**) form of the present indicative.* Stem changes occur, but there are no changes for verbs ending in **-car/-gar/-zar.**

2. Irregular Informal Affirmative Commands

Some verbs have irregular affirmative **tú** command forms.

decir	⟶ di	**salir**	⟶	sal
hacer	⟶ haz	**ser**	⟶	sé
ir	⟶ ve	**tener**	⟶	ten
poner	⟶ pon	**venir**	⟶	ven

---

*As you know, there are two different moods in Spanish: the indicative mood (the one you have been using, which is used to state facts and ask questions) and the subjunctive mood (which is used to express more subjective actions or states). Beginning with **Gramática 34,** you will learn more about the subjunctive mood.

¡OJO!

Sé, the informal affirmative command of **ser,** has an accent mark to distinguish it from the pronoun **se.** Other one-syllable commands don't have accent marks (**di, ve, ten…**).

Sé puntual, pero **ten** cuidado.
Be there on time, but be careful.

¡OJO!

The affirmative **tú** commands for **ir** and **ver** are identical: **ve.** Context will clarify meaning. The command form of **ver** is rarely used.

¡Ve esa película!
See that movie!

Ve a casa ahora mismo.
Go home right now.

3. Position of Pronouns

As with affirmative **Ud./Uds.** commands, object and reflexive pronouns follow affirmative **tú** commands and are attached to them. Accent marks are necessary except when a single pronoun is added to a one-syllable command.

Léela, por favor.
Read it, please.

Póntelos.
Put them on.

Dile la verdad.
Tell him the truth.

Autoprueba

Choose the correct command form for each sentence.

1. _____me qué quieres.
2. No _____ al parque sola.
3. No le _____ nada de la fiesta.
4. _____ te un abrigo.
5. _____ a la tienda.
6. No _____ eso en mi cama.

a. di
b. digas
c. pon
d. pongas
e. vayas
f. ve

Answers: 1. a 2. e 3. b 4. c 5. f 6. d

Summary of Informal Commands

NEGATIVE:	**-ar** ⟶ -es	**-er/-ir** ⟶ -as	
AFFIRMATIVE:	**-ar** ⟶ -a	**-er/-ir** ⟶ -e	

AFFIRMATIVE: *command + pronoun* (**1** word)
NEGATIVE: **no** + *pronoun + command* (**3** words)

Nota **comunicativa**

Los mandatos con *vosotros*

In **Capítulo 2,** you learned about the pronoun **vosotros/as** that is used in Spain as the plural of **tú.** Here is how **vosotros** commands are formed, for recognition only.

- Affirmative **vosotros** commands are formed by substituting **-d** for the final **-r** of the infinitive. There are no irregular affirmative **vosotros** commands.

  habla~~r~~ ⟶ habla**d**
  come~~r~~ ⟶ come**d**
  escribi~~r~~ ⟶ escribi**d**

- Negative **vosotros** commands for most verbs are formed by adding the "opposite" vowel + **-is** to the infinitive stem (the infinitive minus its **-ar** or **-er/-ir** ending). **-ar** and **-er** stem-changing verbs *do not* show the change, but **-ir** stem-changing verbs and spelling change verbs *do.* Verbs with irregular **yo** forms show the **yo** irregularity, and there are a few irregular verbs. (You will learn more about this in **Gramática 34.**)

  No habl**é**is.
  No com**á**is.
  No escrib**á**is.
  No vol**vá**is.
  No d**u**rm**á**is.
  No to**qué**is.
  No d**igá**is.

- Placement of object pronouns is the same as for all other command forms.

  Decíd**melo.**
  No **me lo** d**igá**is.

Gramática

Práctica

A. ¡Anticipemos! Recuerdos de la niñez

Paso 1. Indique los mandatos que le daban a Ud. con frecuencia cuando era niño/a. Después de leerlos todos, indique los dos que le daban más. ¿Qué mandato no oyó Ud. nunca?

	CON FRECUENCIA	LOS MÁS COMUNES
1. Limpia tu cuarto.	☐	☐
2. Cómete el desayuno.	☐	☐
3. Haz la tarea.	☐	☐
4. Cierra la puerta.	☐	☐
5. Bébete la leche.	☐	☐
6. Lávate las manos.	☐	☐
7. Dime la verdad.	☐	☐
8. Quítate el iPod.	☐	☐
9. Guarda tu bicicleta en el garaje.	☐	☐
10. Sé bueno/a.	☐	☐

Paso 2. Ahora indique lo que con frecuencia le prohibían a Ud. hacer. Indique también los dos mandatos que le daban más. ¿Qué mandato no le daban nunca?

	CON FRECUENCIA	LOS MÁS COMUNES
1. No cruces (*Don't cross*) la calle solo/a.	☐	☐
2. No juegues con mis cosas.	☐	☐
3. No comas dulces antes de cenar.	☐	☐
4. No me digas mentiras (*lies*).	☐	☐
5. No les des tanta comida a los peces.	☐	☐
6. No hables con personas desconocidas (*strangers*).	☐	☐
7. No dejes el monopatín en el jardín.	☐	☐
8. No cambies los canales tanto.	☐	☐
9. No seas malo/a.	☐	☐

B. Mandatos en una clase preescolar (*preschool*)

Paso 1. Dé un mandato lógico para niños pequeños en cada una de las siguientes situaciones típicas. Siga los modelos, usando los verbos entre paréntesis para formar los mandatos.

MODELOS: Un niño está saliendo del salón de clase. (salir) ⟶ Por favor, **no salgas** del salón de clase.

Una niña siempre deja sus lápices en el piso. (dejar) ⟶ Por favor, **no dejes** tus lápices en el piso.

1. Un niño no se quita el abrigo en clase. (quitarse)
2. Una niña debe sacar su merienda de la mochila. (sacar)
3. Es hora de sentarse en círculo, pero un niño está usando la computadora. (sentarse)
4. Es hora de la merienda, pero una niña no come nada. (comer)
5. Es la hora del recreo (*recess*), pero una niña no sale a jugar. (salir)
6. Es hora de dormir la siesta, pero una niña está cantando. (dormirse)
7. Es hora de hacer los ejercicios de matemáticas, pero un niño no quiere abrir su cuaderno. (abrir)
8. Una niña debe poner sus libros en el estante, pero no quiere. (poner)
9. Una niña está llorando porque quiere ver a su mamá. (llorar)
10. Una niña dice palabras feas. (decir)

Paso 2. Ahora dé otros tres mandatos que se les dan mucho a los niños pequeños.

Conversación

A. La importancia de una carrera universitaria

Paso 1. En parejas, lean el anuncio y contesten las preguntas.

1. Busquen los mandatos informales que se usan en el anuncio. ¿Qué significan en inglés?

2. ¿A quiénes va dirigido (*directed*) este anuncio, a la gente (*people*) joven o a la gente mayor? ¿Por qué creen eso?

3. ¿Qué tipo de estudios se destacan (*stand out*) en el anuncio?

Paso 2. Es muy común usar mandatos en los anuncios. Creen Uds. (*Create*) un anuncio para hacerle publicidad a su universidad. Deben usar por lo menos seis mandatos, dos de ellos negativos.

B. Entre compañeros de casa.

En parejas, hagan una lista de los cinco mandatos que se oyen con más frecuencia en su casa (apartamento, residencia). Piensen no solo en los mandatos que Uds. oyen sino (*but*) también en los que Uds. les dan a los demás (*others*).

30 AÑOS DE LOGROS

13,421 BECAS PARA ESTUDIOS DE MEDICINA Y ASISTENCIA SANITARIA
12,770 BECAS PARA ESTUDIOS DE ADMINISTRACIÓN COMERCIAL
10,196 BECAS PARA ESTUDIOS DE CIENCIA
} 73,000 BECAS EN TOTAL

Asiste a la universidad. Obtén un título. Mejora tu vida. Nosotros del **Hispanic Scholarship Fund** hemos ayudado a miles de estudiantes hispanos a obtener un título universitario y a llegar a desarrollar plenamente su potencial. Te podemos ayudar a ti, también. Favor de visitar **www.hsf.net** para mayor información o para solicitar una beca.

3Ｏ TH
HISPANIC
SCHOLARSHIP
F U N D
www.hsf.net

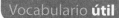

C. Situaciones

Paso 1. Imagine que estas personas son sus amigos. Déles consejos en forma de mandatos informales.

1. El señor Valderrama es un anciano que vive en el edificio de apartamentos donde vive Ud. Tiene que comprarse una televisión nueva y tiene muchas preguntas. También le gustaría tener una computadora, pero no tiene mucha experiencia en aparatos electrónicos.
2. Su amiga Mariana trabaja demasiado. Duerme poco y bebe muchísimo café. Jamás hace ejercicio. Siempre está mirando su iPhone.
3. Su prima Sara vive sola en una casa grande en la mejor zona de la ciudad, con dos perros y dos gatos. Tiene demasiados gastos para su sueldo. Antes, sus abuelos le mandaban dinero, pero ahora ellos viven en una residencia de ancianos y no pueden seguir mandándoselo.

Paso 2. Ahora, en parejas, inventen una situación como las del **Paso 1.** Luego, léanla a la clase. Sus compañeros van a dar los consejos.

Grammar Tutorial 34
connect | SPANISH
www.connectspanish.com

34 Expressing Subjective Actions or States
Present Subjunctive (Part 1): An Introduction

Gramática en acción: Manuela busca apartamento

—Por supuesto, **quiero que** esté en un buen barrio.
—Claro, por eso **es muy importante que** haya una parada del autobús cerca.
—Sí, ¡**espero que** mi sueldo sea suficiente para el alquiler y todos los gastos mensuales!
—¿El depósito? **Es probable que** mis padres me den el dinero para pagarlo.

Comprensión

Según lo que dice Manuela por teléfono, ¿es probable que…

1. Manuela esté hablando con su mejor amiga?
2. Manuela tenga un perro?
3. Manuela no tenga coche?
4. Manuela viva en una ciudad grande?
5. los padres de Manuela estén preocupados por la situación económica de su hija?

Present Subjunctive / El presente de subjuntivo

1. **Indicative Mood**

   Except for **Ud./Uds.** and negative **tú** commands, all the verb forms you have learned so far in *Puntos de partida* are part of the *indicative mood* (**el modo indicativo**). In both English and Spanish, the indicative is used to state facts and to ask questions; it objectively expresses what the speaker considers to be true.

   El modo indicativo

   Prefiero llegar temprano a casa.
   I prefer getting home early.

   ¿Vienes a la fiesta, ¿verdad?
   You're coming to the party, right?

Manuela is looking for an apartment —"Naturally, I want it to be (lit., that it be) in a good neighborhood." —"Of course, that's why it's really important for there to be (lit., that there be) a bus stop nearby." —"Yes, I hope (that) my salary will be enough for the rent and all the monthly expenses!" —"The deposit? It's probable that my parents will give me the money to pay it."

2. Subjunctive Mood

Both English and Spanish have another verb system called the *subjunctive mood* (**el modo subjuntivo**). The subjunctive is used to express the speaker's desires or opinions, as well as ideas that are not a reality. These include things that the speaker

- wants to happen or wants others to do
- reacts to emotionally
- does not yet know to be true

To sum up:

- indicative = objective reality (speaker knows it)
- subjunctive = subjective or conceptual actions or states (that is, in the mind of the speaker)

El modo subjuntivo

Prefiero que **llegues** temprano a casa.
I prefer for you to be (that you be) home early.

Espero que **vengas** a la fiesta.
I hope (that) you're coming to the party.

Es probable que **vengas** a la fiesta, ¿no?
You're probably coming (It's probable that you will come) to the party, aren't you?

3. Simple vs. Complex Sentences

In English and in Spanish, sentences may be simple or complex.

- a *simple sentence* (**una oración simple**) has one conjugated verb
- a *complex sentence* (**una oración compleja**) has two or more *clauses* (**las cláusulas**), each with a conjugated verb

There are two types of clauses: main and subordinate.

- *Main clauses* (**Las cláusulas principales**) (① in the sentences to the right) express an idea that controls the subordinate clause. These are also called independent clauses.
- *Subordinate clauses* (**Las cláusulas subordinadas**) (② in the sentences to the right) contain an incomplete thought and cannot stand alone. They require a main clause to form a complete sentence. Because they depend on the main clause, they are also called dependent clauses. In English, they can begin with the introductory word *that,* but the introductory word is often omitted in English. In Spanish they begin with **que,** which is *never optional.*

> *a clause* / **una cláusula** = a group of words that contains a subject and a verb

Oraciones simples

Vienes a la fiesta.
You are coming to the party.

Alicia **está** en casa.
Alicia is at home.

Oraciones complejas
El indicativo

①		②
Ella **sabe**	que	**vienes** a la fiesta.
She knows	*(that)*	*you're coming to the party.*
Miguel **piensa**	que	Alicia **está** en casa.
Miguel thinks	*(that)*	*Alicia is at home.*

El subjuntivo

①		②
Quiere	que	**vengas** a la fiesta.
She wants	*(for)*	*you to come to the party.*
Miguel **espera**	que	Alicia **esté** en casa.
Miguel hopes	*(that)*	*Alicia is at home.*
Duda	que	**vengas** a la fiesta.
She doubts	*(that)*	*you're coming to the party.*

4. Use of the Subjunctive in Subordinate Clauses

When the subjects of the clauses in a complex sentence are different, the subjunctive is often used in the subordinate clause in Spanish.

①		②
first subject = indicative	**que**	second subject = subjunctive

5. Same Subject → Infinitive

As you already know, when there is no change of subject in the sentence, the infinitive follows the conjugated verb and no conjunction is necessary. In this type of sentence, the infinitive is the direct object of the conjugated verb.

Quiero ir a la fiesta.
I want to go to the party.

6. Common Uses of the Subjunctive

In Spanish, the subjunctive is commonly used in the subordinate clause when the main clause verb expresses *influence, emotion,* or *doubt* or *denial,* **and** when there is a different subject in the main and subordinate clauses. You will practice all of these uses of the subjunctive in this grammar section, and you will learn more about each of them in **Gramática 38, 39,** and **40.**

Influencia: Necesito que mis padres me **den** más dinero.
Emoción: Espero que mis padres me **den** más dinero.
Duda: Dudo que mis padres me **den** más dinero.
Negación: No creo que mis padres me **den** más dinero.

Forms of the Present Subjunctive / Las formas del presente de subjuntivo

The **Ud./Uds.** and negative **tú** command forms that you have already learned are part of the subjunctive system. They are shaded in the following box. What you have learned about forming those commands will help you learn the forms of the present subjunctive.

	hablar: habl-	comer: com-	escribir: escrib-	volver: vuelv-	decir: dig-
Singular	hable hables hable	coma comas coma	escriba escribas escriba	vuelva vuelvas vuelva	diga digas diga
Plural	hablemos habléis hablen	comamos comáis coman	escribamos escribáis escriban	volvamos volváis vuelvan	digamos digáis digan

1. Present Indicative *yo* Stem + Present Subjunctive Endings

The personal endings of the present subjunctive are formed with the "opposite" vowel. They are added to the first person singular (**yo**) of the present indicative, minus its **-o** ending: **habl-, com-, escrib-, vuelv-, dig-,** as shown in the preceding chart.

Terminaciones del presente de subjuntivo
-ar: -e, -es, -e, -emos, -éis, -en
-er/-ir: -a, -as, -a, -amos, -ais, -an

¡OJO!
present subjunctive stem = present indicative **yo** form minus **-o**

-er Stem-changing Verbs
...follow the stem-changing pattern of the

pensar (pienso):	piense	pensemos
	pienses	penséis
	piense	piensen

poder (puedo):	pueda	podamos
	puedas	podáis
	pueda	puedan

3. -ir Stem-changing Verbs

The present subjunctive of **-ir** stem-changing verbs has the same stem change as that of the present indicative when the stem vowel is stressed.

- **preferir: e → ie**
- **pedir: e → i**
- **dormir: o → ue**

In addition, these verbs show a second stem change in the **nosotros** and **vosotros** forms.

- **e → i**
- **o → u**

This is *the same change* that happens in the present participle (**-ndo**) and in the third person singular and plural of the preterite of **-ir** stem-changing verbs, so you have already learned to make it.

- **preferir (prefiero) (i)**

prefiera	prefiramos
prefieras	prefiráis
prefiera	prefieran

prefiriendo / prefirió, prefirieron

- **pedir (pido) (i)**

pida	pidamos
pidas	pidáis
pida	pidan

pidiendo / pidió, pidieron

- **dormir (duermo) (u)**

duerma	durmamos
duermas	durmáis
duerma	duerman

durmiendo / durmió, durmieron

> Remember that when infinitives appear in vocabulary lists, the stem changes are always indicated. All you have to do is remember where they occur.

4. Verbs Ending in -car, -gar, and -zar

These verbs have a spelling change in all persons of the present subjunctive to preserve the **c, g,** and **z** sounds. This is the same change that happens in the **Uds./Uds.** commands, in the negative **tú** commands, and in the first person singular of the preterite of these verbs.

- **-car: c → qu**
- **-gar: g → gu**
- **-zar: z → c**

buscar (qu)		pagar (gu)		empezar (c)	
busque	busquemos	pague	paguemos	empiece	empecemos
busques	busquéis	pagues	paguéis	empieces	empecéis
busque	busquen	pague	paguen	empiece	empiecen

busque(n), no busques, busqué

pague(n), no pagues, pagué

empiece(n), no empieces, empecé

5. Verbs with Irregular yo Forms

Since the present subjunctive stem is the **yo** form of the present indicative (minus **-o**), verbs with irregular **yo** forms in the present indicative show that irregularity in *all* persons of the present subjunctive.

conocer:	conozca,...	salir:	salga,...
decir:	diga,...	tener:	tenga,...
hacer:	haga,...	traer:	traiga,...
oír:	oiga,...	venir:	venga,...
poner:	ponga,...	ver:	vea,...

6. Irregular Verbs

A few verbs have irregular present subjunctive forms.

dar:	dé, des, dé, demos, deis, den
estar:	esté,...
ir:	vaya,...
saber:	sepa,...
ser:	sea,...

7. Present Subjunctive of haber

Remember that the infinitive form of **hay** is **haber**. The present subjunctive of **hay** is **haya**.

Espero que no **haya** mucha contaminación en la ciudad.
I hope there won't be a lot of pollution in the city.

No creo que **haya** clases mañana.
I don't think that there are any classes tomorrow.

Práctica

A. **¡Anticipemos! ¿Están todos de acuerdo?** Diga si Ud. está de acuerdo o no con las siguientes declaraciones.

	ESTOY DE ACUERDO	NO ESTOY DE ACUERDO

Para buscar una vivienda

1. Es importante informarse sobre las zonas de una ciudad antes de alquilar un apartamento. ☐ ☐

2. Se recomienda leer los anuncios clasificados de viviendas. ☐ ☐

3. Todos esperan que sus vecinos sean buenas personas y no hagan ruido. ☐ ☐

4. A mucha gente no le importa que la calle tenga mucho tráfico y sea ruidosa (*noisy*). ☐ ☐

Sobre la tecnología

5. Todo el mundo desea tener muchos amigos en Facebook. ☐ ☐

6. No es necesario tener un teléfono fijo (*land line*) si uno tiene un celular. ☐ ☐

7. Me molesta que algunos estudiantes manden mensajes cuando estamos en clase. ☐ ☐

8. Dudo que haya mucha gente sin acceso al Internet en este país. ☐ ☐

B. **El mundo del trabajo.** Use frases de la lista de la derecha para completar las oraciones de modo (*in such a way*) que se refieran a su situación en el trabajo. (Siempre hay más de una respuesta posible.) Si Ud. no trabaja ahora, no importa. ¡Invéntese una respuesta!

1. La jefa quiere que _____.
2. También espera (*she hopes*) que _____.
3. Y duda que _____.
4. Prohíbe (*She forbids*) que _____.
5. En el trabajo, es importante que _____.
6. Yo espero que _____.
7. No me gusta que _____.
8. Es difícil que _____.

a. a veces trabajemos los sábados
b. todos lleguemos a tiempo
c. hablemos por teléfono con los amigos
d. me den un aumento de sueldo
e. nos paguen más a todos
f. no usemos el escáner para asuntos (*matters*) personales
g. me den un trabajo de tiempo completo algún día
h. no perdamos tiempo charlando (*chatting*) con los demás
i. escribamos e-mails personales en la oficina
j. me den otro proyecto (*project*)
k. ¿ ?

Conversación

A. ¿Puede Ud. substituir a su profesor(a) en el salón de clase? Demuéstrele a su profesor(a) que Ud. lo/la conoce bien, haciendo oraciones como las que dice él/ella en clase. (Solo tiene que cambiar el infinitivo.)

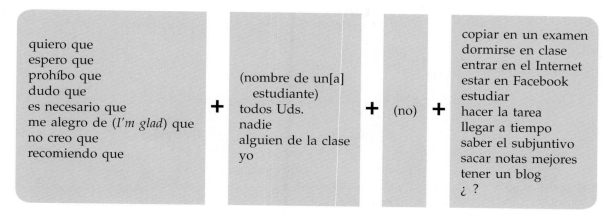

quiero que espero que prohíbo que dudo que es necesario que me alegro de (*I'm glad*) que no creo que recomiendo que	**+** (nombre de un[a] estudiante) todos Uds. nadie alguien de la clase yo	**+** (no) **+**	copiar en un examen dormirse en clase entrar en el Internet estar en Facebook estudiar hacer la tarea llegar a tiempo saber el subjuntivo sacar notas mejores tener un blog ¿ ?

B. Cómo dar una buena fiesta

Paso 1. Haga una lista de las cosas que hay que hacer para dar una fiesta exitosa (*successful*), en su opinión. Use infinitivos en su lista.

MODELOS: llamar a los amigos con anticipación (*ahead of time*)
comprar…

Paso 2. En parejas, comparen sus listas del **Paso 1** y hagan una sola lista de por lo menos diez acciones.

Paso 3. Luego conviertan la lista en una serie de recomendaciones para dar una buena fiesta.

MODELO: Recomendamos que llamen a los amigos con anticipación.

Es necesario/bueno/importante/esencial que…
Recomendamos que…
Sugerimos que… } + *subjuntivo*

 **¿Recuerda Ud.?**

In **Gramática 35** and in the grammar sections of **Capítulo 13,** you will learn more about the three major uses of the subjunctive. Review what you have learned so far by answering the following questions.

1. How many clauses are in a sentence that contains the subjunctive in Spanish?
2. In which clause does the subjunctive appear?
3. In which clause does the indicative appear?
4. What word must always appear?
5. What do you know about the subjects in each clause?

35 Expressing Desires and Requests

Use of the Subjunctive (Part 2): Influence

Gramática en acción: ¿Quién debe hacerlo?

Comprensión

Escoja la oración que describa cada dibujo.

1. _____
   a. Quiero aprender las formas del subjuntivo.
   b. Quiero que aprendamos juntos las formas del subjuntivo.

2. _____
   a. Insisto en hablar con Jorge.
   b. Insisto en que hables con Jorge.

3. _____
   a. Es necesario arreglar esta habitación.
   b. Es necesario que arregles esta habitación.

1. Features of the Subjunctive

So far, you have learned to identify the subjunctive by the features listed at the right.

In addition, the subjunctive is associated with three concepts or conditions that "trigger" the use of it in the subordinate clause: influence, emotion, and doubt or denial.

- appears in a subordinate clause
- has a different subject from the one in the main clause
- is preceded by **que**

2. The Concept of Influence

①		②
first subject = indicative	**que**	second subject = subjunctive
INFLUENCE		

One trigger for the use of the subjunctive in the subordinate clause is the concept of *influence* (**la influencia**). The subject of the main clause *wants*, *prefers*, *insists*, and so on, that the subject of the subordinate clause do something, expressed by a verb in the subjunctive. The verb in the main clause is always in the indicative.

La influencia

①		②
Yo **quiero**	**que**	tú **pagues** la cuenta.
I want		*you to pay the bill.*
La profesora **prefiere**	**que**	los estudiantes no **lleguen** tarde.
The professor prefers	*that*	*students don't arrive late.*

3. Verbs of Influence

There are many other verbs of influence, some very strong and direct, some very soft and polite.

STRONG(ER)	SOFT(ER)
insistir en	desear
mandar (to order)	pedir (pido) (i)
permitir (to permit, allow)	preferir (prefiero) (i)
	recomendar (recomiendo)
prohibir (prohíbo)	sugerir (sugiero) (i) (to suggest)
querer (quiero)	

4. Impersonal Expressions of Influence

An impersonal generalization (**es** + *adjective*) can also be the main clause that triggers the subjunctive. There are many of these expressions in Spanish. The subject of the impersonal expression of influence is *it* (expressed by the verb **es**), and the subjunctive is used when there is another subject in the sentence.

¡OJO!

As you know, when there is no second subject, the infinitive follows impersonal expressions in Spanish: **Es bueno estudiar** español.

Es necesario que
Es urgente que ⎬ Paco **estudie** español.
Es mejor que

Práctica

A. ¡Anticipemos! ¿Cierto o falso?

Paso 1. Diga si las siguientes ideas son ciertas o falsas para Ud.

	CIERTO	FALSO
1. Siempre insisto en que mis compañeros de cuarto bajen (mi esposo/a, novio/a baje) el volumen de la música.	☐	☐
2. No quiero que nadie use mi computadora.	☐	☐
3. Prohíbo que mi compañero de cuarto (esposo/a, novio/a) toque mis cosas.	☐	☐
4. No es necesario que me pidan permiso antes de usar algo mío (of mine).	☐	☐
5. Prefiero que alguien me baje las nuevas apps en la computadora, porque soy muy torpe (clumsy) en asuntos de la tecnología.	☐	☐
6. Deseo que se prohíba el uso de los celulares en los edificios de la universidad, porque interrumpen las clases.	☐	☐

Paso 2. Ahora, en parejas, entrevístense sobre las ideas del **Paso 1.**

MODELO: E1: ¿Insistes en que tus compañeros de cuarto bajen el volumen de la música?

E2: Yo nunca insisto en que mis compañeros de cuarto bajen el volumen de la música.

Paso 3. Digan a la clase lo que Uds. tienen en común.

B. Expectativas (*Expectations*) de la educación

Paso 1. ¿Qué esperan durante el año académico los profesores, los estudiantes y los padres de los estudiantes? Haga oraciones según las indicaciones. Añada (*Add*) todas las palabras necesarias, conjugue los infinitivos de los verbos y use el subjuntivo en la cláusula subordinada.

MODELO: padres / querer / que / hijos / estudiar →
Los padres **quieren** que **sus** hijos **estudien.**

1. profesores / querer / que / estudiantes / llegar a clase / a tiempo
2. profesores / prohibir / que / estudiantes / traer comida y bebidas / clase
3. profesores / insistir en / que / (nosotros) entregar la tarea / a tiempo
4. estudiantes / pedir / que / profesores / no darles / mucho trabajo
5. también / (ellos) querer / que / haber más vacaciones
6. padres / insistir en / que / hijos / sacar buenas notas

Paso 2. Y Ud., ¿qué quiere que hagan los profesores? Invente otras tres oraciones para indicar sus deseos.

C. Una mudanza (*move*).

Imagine que Ud. y sus compañeros de casa o su familia se van a mudar a otra casa o apartamento. ¿Dónde van a poner las siguientes cosas? Explique por qué las ponen en ese sitio.

MODELO: **Queremos que** la televisión de pantalla plana **esté** en la sala, porque nos gusta mirar la tele allí.

queremos que… es mejor que… es necesario que… es buena idea que… nos gusta que…	**+** la televisión de pantalla plana la impresora el teléfono fijo las bicicletas el equipo de música el sofá el radio	**+** una de las alcobas el baño la cocina el comedor el estudio el garaje el patio la sala

Conversación

A. ¿Qué quiere Ud.?

Paso 1. En parejas, hablen de afectar las acciones de otras personas.

MODELO: E1: ¿Qué quieres que haga tu padre?
E2: **Quiero que** mi padre me **compre** una computadora.

querer preferir insistir en mandar permitir prohibir recomendar	**+** padre/madre amigos/as hermana profesor(a) novio/a esposo/a compañero/a de cuarto hijo/a, hijos ¿ ?	**+** comprarme… (una televisión, rosas, ¿ ?) visitarme… (mañana, el jueves, ¿ ?) invitarme… (al cine, a cenar, ¿ ?) (no) dar tarea… (hoy, mañana, ¿ ?) ayudarme… (en los quehaceres, a hacer la tarea, ¿ ?) salir con… (otra persona, mi amigo, ¿ ?) llamarme… (todos los días, el viernes, ¿ ?) explicarme… (la gramática, ¿ ?) ¿ ?

Paso 2. Ahora hablen de las cosas que otras personas quieren, prefieren, permiten, etcétera, que Uds. hagan.

MODELO: E1: ¿Qué quieren tus hijos que hagas?
E2: Quieren que yo compre una computadora nueva.

B. El programa *Te escucho*. *Te escucho* es un programa de radio que da consejos sobre todo tipo de problemas. En esta ocasión son problemas relacionados con el uso y abuso de la tecnología. En parejas, imaginen que Uds. son los presentadores del programa y preparen las respuestas a las siguientes preguntas de algunos radioyentes. Lean lo que dicen las siguientes personas y preparen las respuestas que Uds. creen que los moderadores del programa deben darles.

1. **Habla Hortensia:** «Soy una chica de 20 años. Acabo de mudarme a esta ciudad y tengo pocos amigos aquí. Pero no me siento sola porque siempre estoy conectada en el Internet. Mi madre dice que no es normal que yo pase tantas horas en la computadora y que no salga con los amigos. ¿Qué piensan Uds.? ¿Qué me recomiendan?»

2. **Habla la Sra. Silva:** «Mi esposo es un hombre bueno y responsable. Pero la mayor parte del tiempo que pasa en casa, está en el estudio, en el Internet. Yo no comprendo por qué pasa tanto tiempo en eso. Estoy preocupada y también aburrida. ¿Qué me recomiendan que haga? ¿Qué le debo decir a mi esposo?»

3. **Habla Guillermo, un joven de 17 años:** «Mi hermano de 13 años está en Facebook, lo que es normal. Pero ayer descubrí que pone fotos de él y de toda la familia en el Internet. Yo no quiero que ponga fotos de nosotros, pero él dice que las fotos son de él. Hay una foto horrible de mi madre. No quiero decírselo a mis padres porque tengo miedo de que le quiten la computadora a mi hermano. Pero no sé qué otra cosa puedo hacer. ¿Cuáles son mis opciones? ¿Es mejor que no haga nada?»

Un café de Internet, en Bogotá

Paso 2. Ahora piensen en un problema que se relacione con la tecnología que sea similar a los del **Paso 1**. Descríbanlo por escrito (*in writing*). El resto de la clase les va a hacer sugerencias sobre cómo resolverlo.

C. Intercambios

Paso 1. Complete las siguientes oraciones lógicamente… ¡y con sinceridad!

1. Mis padres (hijos, abuelos,…) insisten en que (yo) _____.

2. Mi mejor amigo/a (esposo/a, novio/a,…) desea que (yo) _____.

3. Prefiero que mis amigos _____.

4. No quiero que mis amigos _____.

5. Es urgente que (yo) _____.

6. Es necesario que mi mejor amigo/a (esposo/a, novio/a,…) _____.

Paso 2. Ahora pregúntele a un compañero o compañera cómo completó las oraciones del **Paso 1** para saber algo de su vida.

MODELO: ¿En qué insisten tus padres?

> **Estrategia**
>
> Empiecen sus consejos con cláusulas como las siguientes.
>
> **Te/Le recomendamos/ sugerimos que…**
> **Es importante/urgente/ necesario que…**
> **Dudamos que…**

▷ **Mundo interactivo**

You should now be prepared to work with Scenario 6, Activity 4 in Connect Spanish (**www.connectspanish.com**).

Un poco de todo ♻

A. Un niño que no se porta bien

Paso 1. Eduardo Suárez es un niño típico de 8 años: Con frecuencia hace lo que no debe. Lea el mandato que le da su madre (la primera oración de cada par). Luego complete la segunda oración con el mandato opuesto.

MODELO: Eduardo, siéntate en la silla. No _____ (sentarse) en el piso. →
No **te sientes** en el piso.

1. Eduardo, no escuches la radio ahora. _____ (Escucharme) a mí cuando te hablo.

2. Niño, por favor, haz tu tarea. No _____ (hacer) eso.

3. ¡Ay, no juegues con la pelota (*ball*) dentro de la casa. _____ (Salir) a jugar afuera.

4. Eduardo, no cantes en la mesa. _____ (Cantar) después de comer.

5. Hijo, dame a mí tu almuerzo. No _____ (dárselo) al perro.

6. Por favor, pon los pies en el piso. No _____ (ponerlos) en el sofá.

Paso 2. ¿Qué más quiere la Sra. Suárez que haga Eduardo o que no haga? Indique sus deseos, haciendo dos oraciones para cada situación del **Paso 1.**

MODELO: La Sra. Suárez prefiere que Eduardo **se siente** en una silla. No quiere que **se siente** en el piso.

B. Lengua y cultura: La ciudad de Cartagena, Colombia.
Complete the following passage with the correct forms of the words in parentheses, as suggested by context. When two possibilities are given, select the correct word. ¡OJO! As you conjugate the verbs in this activity, put the infinitives preceded by *I:* in the imperfect. Other verbs will be present indicative, present subjunctive, or infinitive as determined by the context.

Unos edificios de apartamentos muy modernos en Bocagrande

Mayra y Joaquín son dos colombianos que llegaron recientemente a este país. Los dos (ser/estar[1]) de Cartagena, una (grande[2]) ciudad colombiana, y también puerto,[a] que (ser/estar[3]) en el mar Caribe. De niña, Mayra (*I:* vivir[4]) en la parte más antigua (en la / de la[5]) ciudad, el Centro Amurallado[b] colonial. La familia de Joaquín (tener[6]) un apartamento en Bocagrande, la zona (más/ mejor[7]) moderna de Cartagena. Sin embargo, los dos les hacen las (mismo[8]) recomendaciones a sus amigos (que/quienes[9]) desean visitar la ciudad.

[a]*a port*   [b]*Centro… Walled Center*

Mayra y Joaquín (ser/estar[10]) de acuerdo en que el Centro Amurallado tiene (mucho[11]) cosas que ver. Por eso, los dos recomiendan (que / lo que[12]) sus amigos, turistas en Cartagena, (dar[13]) un paseo por ese centro histórico de la ciudad. También es necesario (que/—[14]) vean y admiren las fortalezas y las murallas.[c] ¿(Saber/Conocer[15]) Uds. que algunas miden veinte metros de ancho[d]? ¡(Ser/Estar[16]) impresionantes! Además[e] (ser/haber[17]) playas muy chéveres, como la playa de La Boquilla* y el Parque Natural Corales del Rosario, en la isla Barú.[†] Por la noche Mayra y Joaquín (sugerir[18]) que sus amigos visiten un restaurante en la Boquilla y que (pedir[19]) mariscos. Luego deben (ir[20]) a un club a bailar cumbia.

[c]fortalezas... *forts and walls*   [d]miden... *are 20 meters thick*   [e]*In addition*

Comprensión

1. ¿De qué ciudad son Mayra y Joaquín?

2. ¿Qué es lo que distingue la geografía de esta ciudad?

3. ¿En qué partes de la ciudad vivían los dos de niños?

4. ¿Qué recomiendan Mayra y Joaquín que hagan sus amigos que visitan Cartagena?

C. **Un mundo ruidoso** (*noisy*)

Paso 1. En parejas, contesten las siguientes preguntas.

1. En el mundo de hoy, ¿qué cosas causan ruido?

2. ¿Qué ruidos les molestan más a Uds.?

3. ¿Cuáles son los lugares que Uds. consideren más ruidosos?

Paso 2. Ahora, con otro compañero o otra compañera imaginen que Uds. están a cargo (*in charge*) de hacer una presentación sobre el tema del ruido en el Departmento de Salud Pública. Usando mandatos de **tú,** hagan una lista de reglas (*rules*) sobre las cosas que se deben o no se deben usar y cuándo y dónde.

MODELO: Apaga tu celular antes de entrar en clase.

Vocabulario útil

apagar (gu) to turn off
bajar el volumen to lower the volume
hablar en voz alta/baja to speak loudly/softly
poner

En su comunidad

Entreviste a una persona hispana de su universidad o ciudad sobre su ciudad donde de origen y el barrio donde vivía en su país.

PREGUNTAS POSIBLES

- ¿Qué tipo de ciudad es? ¿Es grande o pequeña? ¿vieja o moderna?
- ¿Hay buenas vistas desde algún punto de la ciudad? ¿Hay un buen sistema de transporte público, como autobuses o metro?
- ¿Dónde vivía su familia? ¿En el centro o en las afueras? ¿en un barrio histórico o moderno? ¿en una casa individual o en un apartamento?
- ¿Cómo es (o era) la vida del barrio? (Pida detalles.)

*La Boquilla *is a fishing village outside of Cartagena; it has a long, secluded beach with restaurants and bars.*
[†]La isla Barú *is about ten minutes by motorboat from Cartagena. It has white sand beaches, crystal clear water, and big coral reefs.*

SALU2

México: América Móvil lanza oferta por Telmex

F. Figueroa Fagandini en Economía, Internet *hace 1 año*   33 comentarios

Avisos Google
Márcale a tu familia
Habla a Mexico sin limites tarifa fija mensual pruébalo gratis mexico.telehispanic.com

Aunque ambas empresas tienen como accionista mayoritario al grupo Carso, y el grupo Carso es mayoritariamente de Carlos Slim, hasta hoy Telmex y América Móvil (más conocido por sus marcas Claro y Telcel) se han mantenido como empresas independientes, pero eso está a punto de cambiar. Supimos que América Móvil lanzó una oferta de compra de acciones para hacerse con el control de Telmex y Telmex International, que aparentemente ya había sido

América Móvil es la compañía de telefonía móvil más grande de América Latina y la cuarta (*fourth*) en el mundo, con 170 millones de usuarios.

Antes de mirar

¿Qué sabe Ud. del uso de la tecnología en los países de habla española? ¿Cree que su uso en esos países es similar al (*to that*) que tiene en este país? Muchas personas han ganado (*have made*) muchísimo dinero de la tecnología. ¿Sabe Ud. quién es la persona más rica del mundo?

PROGRAMA **12:** **¡No sin mi celular!**

Este programa trata de la presencia de las nuevas tecnologías en Latinoamérica. Incluye reportajes sobre la compañía América Móvil y sobre los hábitos tecnológicos de unos estudiantes universitarios ecuatorianos.

Vocabulario **de este programa**

¿Qué tal han estado?	How have you been?	**el uso**	el hábito
inconcebible	inconceivable	**la investigación**	research
el teléfono fijo	land line	**el buscador**	search engine
tercero/a	third	**¡claro!**	of course!
por todas partes	all over	**crear**	to create
libanés/libanesa	Lebanese	**la prueba**	proof
las calles estrechas	narrow streets	**el beso**	kiss
a pesar de	in spite of	**el texteo**	texting
han decidido	have decided	**anticuado/a**	out-of-date

Fragmento del guion

CHICO: Las más frecuentes son YouTube, Facebook y Google para hacer los deberes,[a] buscar investigación. También entro en la universidad en la base de datos de JSTOR.

CHICA: No, Twitter, no. No me agrada[b] esa red social. […]

CHICO: Yo me conecto a Internet en mi casa y en la universidad. […]

CHICO: Yo creo que falta desarrollar[c] un poco lo que es el Wi-Fi aquí en Quito. Pero ha incrementado[d] bastantísimo[e] el uso del Wi-Fi en todo lo que son lugares públicos: restaurantes, aeropuertos, terminales de bus... Sí, básicamente sí. […]

CHICO: El mundo ha sufrido[f] un gran cambio tecnológico desde que... o sea,[g] desde los últimos veinte años. Ahora nos podemos comunicar con cualquier[h] persona en el mundo en cuestión de segundos.[i] Podemos hacer videosllamadas[j] con cualquier persona al otro lado del Atlántico, podemos hablar con gente en Europa, con gente en África... Y hace diez, quince años[k] eso era casi imposible, o costaba mucho hacer una llamada internacional. Ahora es gratuito.[l]

[a]*homework* [b]*No... No me gusta* [c]*falta... it's necessary to develop* [d]*ha... has grown* [e]*a lot* [f]*ha... has experienced* [g]*o... I mean* [h]*any* [i]*en... in a matter of seconds* [j]*videocalls* [k]*hace... ten, fifteen years ago* [l]*free*

—¿Entras con frecuencia en Facebook?
—¡Siempre, siempre, siempre, siempre!
¡Ya es como costumbre (*habit*)!

Mundo interactivo

Continue your work as an intern at HispanaVisión with Laura Sánchez Tejada, the roving reporter of *Salu2*, as you complete Scenario 6, Activities 3 and 4 in Connect Spanish (**www.connectspanish.com**).

Al mirar

Va a oír los siguientes nombres en este programa. ¿Los pronuncian en inglés o en español los entrevistados?

Facebook	iPhone	Twitter
Google	iPod	Wi-Fi
Hotmail	JSTOR	YouTube

Después de mirar

A. **¿Está claro?** ¿Cierto o falso? Corrija las oraciones falsas.

	CIERTO	FALSO
1. Carlos Slim Helú es mexicano de origen libanés.	☐	☐
2. Telmex es una compañía de computadoras.	☐	☐
3. En México, los teléfonos celulares solo son comunes en el D.F.	☐	☐
4. Los jóvenes entrevistados trabajan en la Universidad de San Francisco.	☐	☐
5. Sarita, la hija de Víctor, ya tiene un iPhone y una página de Facebook.	☐	☐
6. Facebook es la red social más popular entre los jóvenes ecuatorianos.	☐	☐
7. Víctor lee los texteos con facilidad (*easily*).	☐	☐

B. **Un poco más.** Complete las siguientes oraciones con información del video.

1. Carlos Slim Helú es _____.

2. Los sitios de Internet que más visitan los estudiantes del programa son _____.

3. En el Ecuador, hay acceso Wi-Fi en _____.

C. **Y ahora, Uds.** En parejas, estudien los dos mensajes de texto que aparecen en el programa y luego preparen un mensaje similar suyo (*of your own*) para el resto de la clase. Si no saben exactamente cómo escribir algo, ¡inventen una nueva convención! Aquí están los mensajes del programa, como modelos.

- Ola, q tal? q acs ste finde? Yamam pq es el qmple d mi hno ste finde y kiero acr 1 fiesta. Bsossssss. = *Hola, ¿qué tal? ¿Qué haces este fin de semana? Llámame porque es el cumpleaños de mi hermano este fin de semana y quiero hacer una fiesta. Muchos besos* (kisses).

- Hsta ntoncs salu2 muy cordials d td el ekipo d ste programa. = *Hasta entonces* (then), *saludos muy cordiales de todo el equipo de este programa.*

Ola, q tal?
q acs ste finde?
Yamam pq es el qmple
d mi hno ste finde
y kiero acr 1 fiesta.
Bsossssss.

La prueba final para ver a qué generación Ud. pertenece (*belong*): ¿Lee los texteos con facilidad?

Sobre el programa

En realidad, la experta en texteos de *Salu2* es Laura. ¿Por qué? Porque lo hace con mucha más frecuencia, como toda la gente joven. Ella es capaz de[a] escribir mensajes con una sola mano. Lo que ya no hace[b] es mandar ni mirar mensajes mientras maneja.[c] Eso lo hacía hasta el año pasado, pero un día se salió de la carretera[d] mientras miraba sus mensajes. Pero ni a ella, ni[e] a su prima, que iba con ella, les pasó nada. Pero el susto[f] fue tremendo y Laura y su prima aprendieron la lección.

[a]capaz… *able to*   [b]Lo… *What she no longer does*   [c]mientras… *while she drives*   [d]se… *she went off the road*   [e]ni… ni neither . . . nor   [f]scare

Producción personal

Filme dos entrevistas con estudiantes o personal (*personnel*) de habla española de su universidad en las que (*which*) los entrevistados hablan de los usos que hacen de la tecnología, como lo hicieron los estudiantes ecuatorianos de este programa.

A LEER

Lectura cultural
Colombia

Es común que los vecinos de un barrio colombiano lleguen a tener[a] un trato estrecho[b] y que hasta organicen juntos fiestas y celebraciones en el barrio para fechas especiales. Es normal saber los nombres de muchos de los vecinos del barrio, no solo los[c] del edificio o de la calle donde uno vive. Con frecuencia, la gente habla de los amigos del barrio como un grupo distinto,[d] parecido[e] a los amigos del colegio,[f] de la universidad o del trabajo. En el barrio, es normal ver grupos de personas que charlan[g] juntas, en la plaza o en una esquina[h] o simplemente en la puerta de un edificio o tienda. Por eso el barrio es un lugar de intensa vida social, especialmente para las personas que no trabajan fuera de casa o para las personas mayores. Y, por supuesto,[i] para los niños.

> ¿Hay un sentido (*sense*) de comunidad en el barrio o zona residencial donde Ud. vive?

[a]lleguen… *come to have* [b]trato… *very close relationship* [c]*those* [d]*distinct, separate* [e]*similar* [f]*school* [g]*are chatting* [h]*corner* [i]por… *of course*

Un lugar perfecto para dar un paseo: La Plaza de los Coches (*carriages*), en Cartagena

En **otros** países hispanos

- **En todo el mundo hispanohablante** Las plazas son fundamentales en el plan urbanístico hispano. En las ciudades latinoamericanas siempre hay una plaza central, que se deriva del plan de fundación[a] de la ciudad de los españoles. En esas plazas, frecuentemente llamadas la Plaza Mayor o la Plaza de Armas, había edificios donde estaban presentes los poderes[b] más importantes de la organización social de aquel entonces:[c] la Catedral (es decir, la Iglesia Católica), el edificio del gobernador[d] o del ejército[e] (como representantes del rey[f]) y el municipio (el gobierno[g] de la ciudad).

- **En México y la Argentina** Varias ciudades hispanas tienen metro, pero los de México y la Argentina son notables. El de Buenos Aires es el más antiguo del Hemisferio Sur: Su construcción comenzó en 1913. Pero el más impresionante es sin duda el metro de la Ciudad de México. Es el segundo metro en longitud[h] de Norteamérica y el mayor de Latinoamérica. Por el número de pasajeros, es el quinto[i] del mundo. Su sistema para nombrar las estaciones es muy colorido y eficiente: Usa palabras y dibujos, para que las personas analfabetas[j] también puedan saber dónde están.

[a]plan… *original plan* [b]*powers* [c]aquel… *back then* [d]*governor* [e]*army* [f]*king* [g]*government* [h]*length* [i]*fifth* [j]para… *so that people who can't read*

Tres símbolos colombianos

- **La orquídea** La flor nacional colombiana, la orquídea, se encuentra por todo el país en gran variedad de formas y colores. Las orquídeas se consideran entre las flores más hermosas[a] del mundo.

- **Juan Valdez** No existe un verdadero Juan Valdez; es un personaje[b] ficticio que representa al campesino cafetero[c] colombiano. Ha llegado a ser[d] el ícono del café de Colombia a nivel mundial.

- **La cumbia** La música más distintivamente colombiana es sin duda la cumbia, que tiene influencias musicales africanas, indígenas y europeas. La cumbia se caracteriza por el sonido de los tambores.[e]

[a]*bonitas* [b]*character* [c]campesino… *coffee-growing peasant* [d]Ha… *He has become* [e]*drums*

Una cita

«Colombianos, las armas os han dado[a] la independencia, pero solo las leyes[b] os darán[c] la libertad.»

Francisco de Paula Santander (1792–1840),
uno de los padres de la independencia colombiana

[a]os… *have given you* [b]*laws* [c]os… *will give you*

COMPRENSIÓN

1. ¿Por qué es importante el barrio en la vida de una ciudad hispana?
2. ¿Por qué hay una plaza central en las ciudades latinoamericanas?
3. ¿Cuál es el metro más antiguo de Latinoamérica? ¿Y el más impresionante?

Del mundo hispano

Antes de leer

Haga una lista de los aparatos que Ud. usa diariamente, sin los cuales no podría (*without which you couldn't*) vivir. ¿Qué aparatos no existen todavía que le gustaría tener y usar? (**¡OJO!** Para describirlos, solo tiene que describir su uso, por ejemplo: una máquina que contesta el e-mail.)

Lectura: «Apocalipsis, I», de Marco Denevi

La extinción de la raza de los hombres se sitúa aproximadamente a fines del siglo XXXI.[a] La cosa sucedió así:[b] las máquinas habían alcanzado[c] tal perfección que los
5 hombres no necesitaban comer, ni dormir, ni leer, ni escribir, ni siquiera[d] pensar. Les bastaba apretar[e] un botón y las máquinas lo hacían todo por ellos.

Gradualmente fueron desapareciendo
10 las mesas, los teléfonos, los Leonardo da Vinci, las rosas té, las tiendas de antigüedades,[f] los discos con las nueve sinfonías de Beethoven, el vino de Burdeos, las golondrinas,[g] los cuadros[h] de Salvador
15 Dalí, los relojes, los sellos[i] postales, los alfileres,[j] el Museo del Prado, la sopa de cebolla,[k] los transatlánticos, las pirámides de Egipto, las Obras Completas de don Benito Pérez Galdós.[l] Sólo había máquinas.
20 Después, los hombres empezaron a notar que ellos mismos iban desapareciendo paulatinamente[m] y que en cambio[n] las máquinas se multiplicaban. Bastó poco tiempo para que el número de los hombres
25 quedase reducido a la mitad[ñ] y el[o] de las máquinas aumentase al doble y luego al décuplo.[p] Las máquinas terminaron[q] por ocupar todo el espacio disponible.[r] Nadie podía dar un paso, hacer un simple
30 ademán[s] sin tropezarse con[t] una de ellas. Finalmente los hombres se extinguieron.[u]

Como[v] el último se olvidó de desconectar las máquinas, desde entonces[w] seguimos funcionando.

[a]*... at the end of the 31st century* [b]*La... It happened like this* [c]*habían... had achieved* [d]*ni... not even* [e]*Les... It was enough* [f]*antiques* [g]*swallows* [h]*paintings*
[i]*stamps* [j]*pins* [k]*onion* [l]*19th century Spanish novelist* [m]*quietly* [n]*en... in contrast* [ñ]*Bastó... It only took a little while for the number of men to be reduced to half* [o]*that (the number)* [p]*tenfold* [q]*ended up* [r]*available* [s]*gesture* [t]*sin... without running into* [u]*se... died out* [v]*Since* [w]*desde... since then*

Comprensión

A. ¿Cierto o falso? Corrija las oraciones falsas.

	CIERTO	FALSO
1. Las máquinas llegaron a ser perfectas.	☐	☐
2. Los hombres lo hacían todo por las máquinas.	☐	☐
3. A las máquinas les gustaban las cosas más finas y artísticas del mundo y por eso conservaban el vino de Burdeos, las pirámides de Egipto, etcétera.	☐	☐
4. El número de hombres incrementaba mientras disminuía el número de máquinas.	☐	☐
5. Finalmente no hubo más máquinas.	☐	☐
6. El narrador de este microcuento es una máquina.	☐	☐

B. «Gradualmente fueron desapareciendo... » Conteste las siguientes preguntas.

1. ¿Cuáles de las cosas que fueron desapareciendo (segundo [*second*] párrafo del cuento) reconoce Ud.? Answers will vary.

2. ¿Qué tienen en común esas cosas? Answers will vary.

3. ¿Para quiénes son más importantes esas cosas, para los hombres o para las máquinas? ¿Por qué? Answers will vary.

A ESCUCHAR

Vocabulario **para escuchar**

emitimos	we air
se trata del	we're talking about
la bienvenida	welcome
los radioyentes	radio listeners
los detalles	details
cómo no	of course
una pandemia	pandemic
la máquina	machine
conocida	known
monitorizar	to monitor
mejorar	to improve

Antes de escuchar

Empareje cada término médico con su definición.

1. _____ un componente necesario para el funcionamiento del cuerpo que es regulado (*regulated*) por la insulina

2. _____ un órgano del cuerpo humano

3. _____ una hormona que produce el páncreas

a. la glucosa
b. la insulina
c. el páncreas

Escuche

Medicina y tecnología: El proyecto de creación de un páncreas artificial

Un doctor habla en la radio de la diabetes y de un proyecto tecnológico. Escuche según las indicaciones de su profesor(a).

Después de escuchar

A. **La diabetes.** Empareje la información de las dos columnas.

1. _____ la característica de diabetes tipo 1

2. _____ el porcentaje de la población adulta mundial que va a sufrir de diabetes en el futuro

3. _____ el nombre común de la diabetes tipo 1

4. _____ el porcentaje de pacientes diabéticos que sufren de diabetes tipo 1

5. _____ el porcentaje de la población adulta mundial que sufre de diabetes en la actualidad

a. casi el 7%
b. casi el 8%
c. el 10%
d. la diabetes juvenil
e. la ausencia total de insulina

B. **Más detalles.** Conteste las siguientes preguntas.

1. ¿Dónde ocurre esta conversación? ¿Cómo se llama el programa?

2. ¿Qué es el páncreas artificial? ¿Qué tipo de personas lo necesitan?

3. ¿Existe ya esa máquina?

4. ¿Por qué es un gran proyecto?

Dos herramientas (*tools*) útiles en la lucha contra (*struggle against*) la diabetes: Un monitor continuo de glucosa [izquierda] y una bomba (*pump*) de insulina

Go to the iMix section in Connect Spanish (**www.connectspanish.com**) to access the iTunes playlist "*Puntos9*," where you can purchase "La cartera" by Carlos Vives.

¡Música!

El colombiano Carlos Vives es muy conocido[a] en todo el mundo hispano como interprete[b] de vallenato[c] y de música que fusiona ritmos típicamente colombianos con la música pop/rock. Su canción «La cartera» es del álbum *El amor de mi tierra.*[d]

[a]*known*   [b]*singer*   [c]*Colombian musical genre*   [d]*homeland*

Carlos Vives, durante un concierto, en Bogotá, Colombia

A ESCRIBIR

El tema

La educación universitaria: ¿presencial o a distancia?

Preparar

Paso 1. Piense en las opciones que existen hoy para obtener un título universitario: presencial (es decir, asistiendo a una universidad, según la manera tradicional) o a distancia, gracias al Internet. ¿Cuál es el método más usado? ¿Qué ventajas y desventajas tiene cada opción? ¿Cuál fue la opción que Ud. eligió (*chose*)? ¿Está contento/a con su decisión?

Paso 2. En parejas, hagan una lista de argumentos a favor y en contra de cada una de las dos opciones para obtener un título universitario: de forma presencial o a distancia. Deben incluir ejemplos específicos para apoyar (*support*) sus argumentos.

Redactar

Usando las ideas de **Preparar,** escriba un ensayo contrastivo sobre las opciones que existen hoy día para conseguir un título universitario. Ud. puede presentar varios argumentos, pero también puede optar por defender una opción desde el principio o mantener una actitud neutral en el ensayo. No se olvide de incluir un párrafo de conclusión.

Editar

Revise el ensayo para comprobar (*to check*):

- la ortografía y los acentos
- el uso correcto de las formas del presente de indicativo
- el uso del imperfecto (si describe cómo era tradicionalmente la educación antes del Internet)
- el uso del subjuntivo para expresar influencia

Finalmente, prepare su versión final para entregarla.

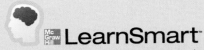

LearnSmart

Visit **www.connectspanish.com** to practice the vocabulary and grammar points covered in this chapter.

Gramática en breve

33. *Tú* Commands

Negative **tú** commands = "opposite" vowel

-**ar** → -**es**

-**er/-ir** → -**as**

Affirmative **tú** commands = **Ud.** form of the present indicative

-**ar** → -**a**

-**er/-ir** → -**e**

34. Present Subjunctive: An Introduction

Endings: "opposite" vowel

-**ar**: -e, -es, -e, -emos, -éis, en

-**er/-ir**: -a, -as, -a, -amos, -áis, -an

Structure:

① ②

first subject = **que** second subject =
indicative subjunctive

35. Uses of the Subjunctive: Influence

① ②

first subject = **que** second subject =
indicative subjunctive
INFLUENCE

Vocabulario

Los verbos

alegrarse (de)	to be happy (about)
dudar	to doubt
esperar	to hope
haber (*inf. of* **hay**)	(there is, there are)
insistir (en)	to insist (on)
mandar	to order
permitir	to permit, allow
prohibir (prohíbo)	to prohibit, forbid

Repaso: desear, pedir (pido) (i), preferir (prefiero) (i), querer, recomendar (recomiendo), sugerir (sugiero) (i)

Los vehículos

el carro (descapotable)	(convertible) car
el casco	helmet
el monopatín	skateboard
la moto(cicleta)	motorcycle; moped
los patines	(roller/inline) skates

Repaso: la bicicleta, la camioneta, el coche

La electrónica

el archivo	(computer) file
la arroba	@
el buzón de voz	voice mailbox
el canal	channel
la contraseña	password
el correo electrónico	e-mail
el disco duro	hard drive
la electrónica	electronic equipment
el equipo	equipment
la grabadora	(tape) recorder/player
la impresora	printer
el ordenador (portátil) (*Sp.*)	(laptop) computer
la pantalla (grande/plana)	(big/flat) screen (monitor)
el pen drive	memory stick
el ratón	mouse
la red social	social network
el teléfono fijo	land line

Cognados: el app (*f.*), **el blog, la cámara digital, el CD-ROM, el control remoto, el disco compacto (el CD), el DVD (-ROM), el e-mail, el escáner, Facebook** (*m.*), **el fax, la fotocopia, la fotocopiadora, el GPS, el hard drive, el Internet, el iPod, la memoria, el módem, la plasma, Twitter** (*m.*), **el video**

Repaso: la computadora (portátil), el teléfono (celular), la televisión

almacenar	to store, save
bajar	to download
buscar (qu) en el Internet	to look for on the Internet
entrar en Facebook / el Internet	to go into Facebook / on the Internet
cambiar (de)	to change
descargar (gu)	to download
fallar	to "crash" (*computer*)
funcionar	to work, function; to run (*machines*)
grabar	to record; to tape
guardar	to keep; to save (*documents*)
hacer (foto)copia	to copy
imprimir	to print
manejar	to drive; to operate (a *machine*)
obtener (*like* **tener**)	to get, obtain

Cognados: copiar, instalar

Repaso: buscar (qu), conseguir (*like* seguir), entrar, estar, mandar un mensaje, sacar (qu) fotos

En el trabajo

el aumento	raise
el/la jefe/a	boss
el sueldo	salary
el trabajo	work; job

La ciudad y el barrio

las afueras	outskirts; suburbs
el alquiler	rent
el ascensor	elevator
la avenida	avenue
el barrio	neighborhood
la calefacción	heating
la calle	street
el *campus*	(university) campus
el/la dueño/a	landlord, landlady
el edificio de apartamentos	apartment building
la electricidad	electricity
el gas	gas (*not for cars*)
el gasto	expense
el/la inquilino/a	tenant; renter
la parada del autobús	bus stop
la parada del metro	subway stop
el piso	floor (*of a building*)
el primer piso	first floor (second story)
el segundo piso	second floor (third story)
la planta baja	ground floor
el/la portero/a	building manager; doorman
la residencia	residence
la residencia de ancianos	nursing home
el/la vecino/a	neighbor
la vista	view
la vivienda	housing
la zona	zone, area

Repaso: el apartamento, la casa, el centro, la ciudad, la dirección, el/la dueño/a (*owner*)**, la plaza, la residencia (de estudiantes)**

alquilar	to rent
mudarse	to move (*residences*)

Otros sustantivos

los/las demás	others
la gente	people
la mentira	lie

Vocabulario personal

13

El arte y la cultura

Una pintora que vende sus cuadros (*paintings*), en el Ecuador

- ¿Le interesa el arte en general? ¿Qué tipo de expresión artística le interesa más? ¿Le fascina la pintura, la escultura, la arquitectura, la danza, el cine, el teatro, la música, el diseño de moda (*fashion design*) o la literatura? ¿O prefiere otro tipo de expresión artística?

- ¿Hay museos en su ciudad? ¿De qué tipo? ¿Hay teatros y cines?

- ¿Le gusta la artesanía (*arts and crafts*)? ¿Hay algún tipo de artesanía típica de su región, como la cerámica o la elaboración de objetos de cuero, metal, madera (*wood*) o cristal?

connect
|SPANISH

www.connectspanish.com

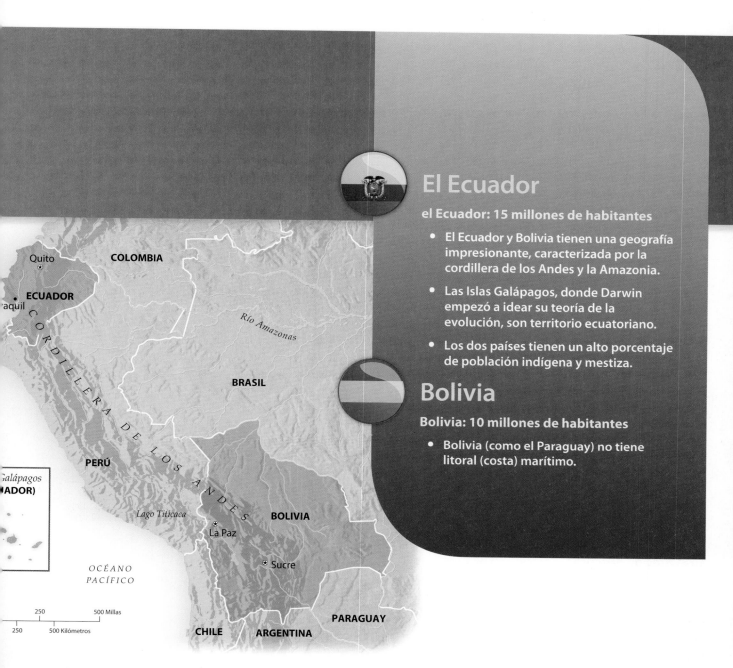

El Ecuador

el Ecuador: 15 millones de habitantes

- El Ecuador y Bolivia tienen una geografía impresionante, caracterizada por la cordillera de los Andes y la Amazonia.

- Las Islas Galápagos, donde Darwin empezó a idear su teoría de la evolución, son territorio ecuatoriano.

- Los dos países tienen un alto porcentaje de población indígena y mestiza.

Bolivia

Bolivia: 10 millones de habitantes

- Bolivia (como el Paraguay) no tiene litoral (costa) marítimo.

En este capítulo

Las artes*

El musical

el espectador

la espectadora

el cantante

cantar

la cantante

el compositor (la compositora)

el escenario

la orquesta

componer (compongo) (*like* **poner**)

los músicos

el público

La expresión artística	Las personas	Los verbos	
la arquitectura	el arquitecto / la arquitecta	diseñar	to design
el baile / la danza	el bailarín / la bailarina	bailar	
el cine / el teatro / la ópera	el actor / la actriz	actuar (actúo)	
	el director / la directora	dirigir (dirijo)	to direct
la escultura	el escultor / la escultora	esculpir	to sculpt
la literatura	el escritor / la la escritora	escribir	
la pintura / el dibujo	el pintor / la pintora	pintar	
		dibujar	to draw

---

*The word **arte** is both masculine and feminine. The masculine articles and adjectives are normally used with **arte** in the singular while the feminine ones are used in the plural. Note that **las artes** often refers to "the arts" in general: Guillermo es estudiante de arte moderno. Me gustan mucho las artes gráficas.

Las obras artísticas

la canción	song
el cuadro	painting
el edificio	building
el espectáculo	show
el guion	script
el papel	role
la película	movie
la obra (de arte)	work (of art)
la obra de teatro	play
la obra maestra	masterpiece

Cognados: el ballet, la comedia, el concierto, el drama, la fotografía, el mural, la música, la novela, el poema

Otras personas

el dramaturgo / la dramaturga	playwright
el/la guía	guide

Cognados: el/la artista, el/la novelista, el/la poeta

Otros verbos

crear	to create
tejer	to weave

La tradición cultural

la artesanía	arts and crafts
la cerámica	pottery; ceramics
las ruinas	ruins
los tejidos	woven goods
folclórico/a	traditional

Conversación

A. Obras de arte

Paso 1. ¿Qué clase de arte representan las siguientes obras y qué son?

1. la catedral de Quito y la de Santiago de Compostela
2. Diego Rivera y los artistas (a veces anónimos) del barrio
3. la Venus de Milo y la Estatua de la Libertad
4. *El lago de los cisnes* (*Swan Lake*) y *El amor brujo* (*Love, the Magician*)
5. *El laberinto del fauno* y *El Mago de Oz*
6. *La Bohème* y *La Traviata*
7. las pirámides aztecas y mayas
8. *Don Quijote* y *Cien años de soledad*
9. *Las Meninas*, por Diego Velázquez (página 400)
10. «*El cuervo* (*The Raven*)», por Edgar Allan Poe
11. las imágenes de Ansel Adams
12. «*La Bamba*», los boleros, los corridos

Paso 2. Ahora dé otros ejemplos de obras en cada una de las categorías artísticas que Ud. mencionó en el **Paso 1**.

Nota **comunicativa**

Así se dice

Some Spanish speakers use **el/la comediante** to express *actor/actress*, but usually in reference to people who act on the stage. Use **el cómico / la cómica** to refer explicitly to a *comedian/comedienne*.

An alternative spelling of **folclórico/a** is **folklórico/a**.

Más sobre los gustos y preferencias

You already know a number of verbs for talking about what you like and don't like: **gustar, encantar, interesar, molestar.** As you know, these verbs are used with indirect object pronouns, and the verb always agrees with the thing or things liked or disliked, not with the person whose preferences are being described.

Here are some additional verbs that are used like **gustar.**

- **aburrir**   **Me aburre** el baile moderno.
  Modern dance is boring to me (bores me).
- **atraer**   A Juan **le atraen** las ruinas incas.
  Juan is drawn to (attracted by) Incan ruins.
- **fascinar**   **Nos fascinan** las artesanías indígenas.
  We're fascinated by indigenous handicrafts.

B. Entrevista: ¿Te gustan los eventos culturales?

Paso 1. Haga por lo menos cinco preguntas usando las siguientes ideas como base. Use verbos de la **Nota comunicativa** de la página 385.

MODELO: la ópera ⟶ ¿Te aburre la ópera?

1. el ballet clásico
2. los museos de arte moderno
3. las obras de teatro
4. los grandes museos como *The Smithsonian* o *The Natural History Museum*
5. los conciertos de música clásica
6. los recitales de poesía en algún café
7. las películas extranjeras
8. la ópera
9. ¿ ?

Paso 2. Ahora use las preguntas para entrevistar a cinco compañeros de clase para saber su opinión sobre las manifestaciones artísticas mencionadas en sus preguntas. ¿Qué puede Ud. decir sobre las tendencias culturales de la clase?

Nota **cultural**

La arquitectura en el mundo hispano

Los países de habla española tienen una larga tradición arquitectónica, con edificios de las tradiciones indígena, europea, colonial y ultramoderna.

- **La América indígena:** Aquí hay obras arquitéctonicas impresionantes[a] que tienen su origen en la época precolombina,[b] es decir, desde mucho antes de la llegada de Cristóbal Colón a territorio americano. Las civilizaciones azteca, maya e inca, que fueron los grandes imperios[c] de su tiempo, dejaron construcciones fascinantes y complejas[d] que todavía[e] se conservan y se pueden visitar hoy día. Los complejos[f] arquitectónicos de Machu Picchu en el Perú, Tikal en Guatemala y Teotihuacán en México —inca, maya y azteca respectivamente— están entre los ejemplos más sobresalientes[g] de esas grandes culturas.
- **La América colonial:** La conquista de América y el imperio español trajeron los estilos artísticos europeos a América. Desde el siglo[h] XVI las nuevas ciudades se llenaron[i] rápidamente de magníficos edificios religiosos y civiles, como las catedrales de Quito (1567) en el Ecuador y de la Ciudad de México (1571). El esplendor de la arquitectura latinoamericana de esta época es paralelo a lo que ocurría en España durante el mismo siglo, cuando se construyeron catedrales y palacios magníficos en muchas ciudades.
- **Las ciudades modernas:** En la actualidad, la arquitectura sigue transformando ciudades a ambos[j] lados del

La Casa de la Moneda de Potosí, Bolivia: originalmente una fábrica de monedas (*mint*), ahora un museo y un ejemplo precioso de la arquitectura colonial boliviana

Atlántico. La Ciudad de México, Santiago de Chile, Buenos Aires y Madrid son los ejemplos más sobresalientes de las grandes ciudades modernas, en donde los rascacielos[k] conviven[l] con edificios representativos de la larga historia de cada país. Los viejos edificios se renuevan[m] y se modifican para darles nuevos usos, de tal manera[n] que siguen siendo parte activa en la vida de cada ciudad.

¿Cuáles son los edificios o complejos arquitéctonicos más sobresalientes en su estado o ciudad?

[a]*impressive* [b]*pre-Columbian* [c]*empires* [d]*complex* [e]*still* [f]*complexes, groups of buildings* [g]*outstanding* [h]*century* [i]*se… filled up* [j]*both*

[k]*skyscrapers* [l]*coexist* [m]*se… are being renovated* [n]*de… so that*

C. ¿Qué hacen?

Paso 1. Haga oraciones completas, usando una palabra o frase de cada columna. ¡OJO! Hay más de una posibilidad en algunos casos.

| la compositora
la artesana
la actriz
el director
el músico
el bailarín
el dramaturgo
la pintora
el escritor
la arquitecta
el poeta | **+** | bailar
componer
dirigir
diseñar
escribir
esculpir
hacer
interpretar
mirar
pintar
tocar
trabajar | **+** | novelas
canciones
en el ballet
cerámica
edificios y casas
papeles en la
  televisión
guiones
tejidos
con actores
obras de teatro
cuadros
instrumentos
musicales
poesía |

Paso 2. Ahora, con dos o tres compañeros, dé nombres de artistas (del sexo femenino o masculino) en cada categoría. ¿Cuántos artistas hispanos pueden nombrar?

D. Entrevista

Paso 1. Complete las siguientes declaraciones de manera que sean ciertas para Ud.

> **Vocabulario útil**
>
> **el country**
> **el *hip hop***
> **el *jazz***
> **la música de los años 50 (60,...)**
> **el pop**
> **el *rap***
> **el rock (clásico)**
> **el *tecno***

1. Me gusta mucho _____ (una actividad relacionada con el arte).
2. El arte que más me interesa como espectador(a) es _____.
3. (No) Tengo talento artístico para _____.
4. (No) Me gusta ir a mercados y ferias de artesanía. Allí (no) compro

_____.

5. En la universidad, los espectáculos que más me interesan son _____.
6. En cuanto a (*As for*) música, prefiero _____. Mi canción/artista/cantante favorito/a es _____.

Paso 2. Ahora, en parejas, hablen de sus preferencias artísticas, usando como base las declaraciones del **Paso 1.**

Paso 3. Digan a la clase las preferencias que Uds. tienen en común.

primer(o/a)	first	**cuarto/a**	fourth	**sexto/a**	sixth	**noveno/a**	ninth
segundo/a	second	**quinto/a**	fifth	**séptimo/a**	seventh	**décimo/a**	tenth
tercer(o/a)	third			**octavo/a**	eighth		

- Ordinal numbers are adjectives and must agree in number and gender with the nouns they modify. Ordinals usually precede the noun: **la cuarta lección, el octavo ejercicio.**
- Like **bueno,** the ordinals **primero** and **tercero** shorten to **primer** and **tercer,** respectively, before masculine singular nouns: **el primer niño, el tercer mes.**
- Ordinal numbers are frequently abbreviated with superscript letters that show the adjective ending: **las 1ᵃˢ lecciones, el 1ᵉʳ grado, el 5° estudiante.** When agreement is not needed, the ordinals are abbreviated simply as **1°, 2°,** and so on.

Conversación

A. ¿Cultura, yo?

Paso 1. Veamos (*Let's see*) si Ud. tiene interés en la cultura o no. Ordene las siguientes actividades según sus preferencias y hábitos, empezando por **1°.**

_____ ir al cine a ver las últimas películas en inglés
_____ ver películas extranjeras dobladas (*dubbed*) o subtituladas
_____ visitar museos, preferentemente en visitas guiadas
_____ comprar o sacar de la biblioteca libros de ficción

_____ ver obras de teatro
_____ bailar en clubes y fiestas
_____ ver programas de la tele
_____ ir a conciertos de música clásica/*jazz*
_____ ir a conciertos de música pop/rock/*country*
_____ leer o escribir poesía

Paso 2. Ahora, en parejas, entrevístense sobre sus cinco actividades favoritas. Usen números ordinales.

MODELO: Mi actividad favorita es ir a ver películas extranjeras subtituladas. Mi segunda actividad favorita es…

B. Autorretrato (*Self-portrait*) de un(a) estudiante. Complete las declaraciones.

1. Soy estudiante de _____ año.
2. Estoy en mi _____ semestre/trimestre de español.
3. Los lunes, mi primera clase es la de _____, a las _____. Mi segunda clase es la de _____, a las _____.
4. Con frecuencia, soy la _____ persona en llegar a la clase de español.
5. Soy la _____ persona de mi familia que asiste a una universidad. Y soy la _____ persona de mi familia que asiste a *esta* universidad.

▶ **Mundo interactivo**

You should now be prepared to work with Scenario 7, Activity 1 in Connect Spanish (**www. connectspanish.com**).

GRAMÁTICA

 **¿Recuerda Ud.?**

In **Capítulo 12,** you learned the forms of the present subjunctive and the basics of how and when it is used. Review what you learned by answering the following questions.

1. Is the subjunctive used in one- or two-clause sentences?
2. Is the it used in the main (independent) or subordinate (dependent) clause?
3. Is it used before or after the word **que**?
4. What is the relationship between the subject of the main and the subordinate clauses when the subjunctive is used?
5. What verb form follows an impersonal expression when there is no change of subject?
6. Influence is one "cause" of the subjunctive. What are two more subjunctive "triggers"?

You will learn about those two subjunctive "triggers" in **Gramáticas 36** and **37.**

36 Expressing Feelings
Use of the Subjunctive (Part 3): Emotion

Grammar Tutorial 36
connect |SPANISH
www.connectspanish.com

Gramática en acción: Diego y Lupe oyen tocar a los mariachis

México, D.F.

DIEGO: Ay, ¡cómo me encanta esta música!

LUPE: **Me alegro de que** te guste.

DIEGO: Y **yo me alegro de que** estemos aquí. ¿Sabes el origen de la palabra **mariachi**?

LUPE: No… ¿Lo sabes tú?

DIEGO: Bueno, una de las teorías es que viene del siglo XIX, cuando los franceses ocuparon México. Ellos contrataban a grupos de músicos para tocar en las bodas. Y como los mexicanos no podían pronunciar bien la palabra francesa *mariage*, pues acabaron por decir **mariachi.** Y de allí viene el nombre de los grupos.

LUPE: ¡Qué fascinante! **Me sorprende que** sepas tanto de nuestra historia.

DIEGO: Pues, todo buen antropólogo debe saber un poco de historia también, ¿no?

Comprensión

1. Lupe se alegra de que _____.
2. Y Diego se alegra de que _____.
3. A Lupe le sorprende que _____.

Diego and Lupe hear a mariachi group play DIEGO: *Oh, how I love this music!* LUPE: *I'm glad you like it.* DIEGO: *And I'm glad we're here. Do you know the origin of the word* **mariachi***?* LUPE: *No . . . Do you?* DIEGO: *Well, one of the theories is that it comes from the nineteenth century, when the French occupied Mexico. They used to hire musical groups to play at weddings. And because the Mexicans couldn't correctly pronounce the French word* mariage, *they ended up saying* **mariachi.** *And so that's where the name of the groups comes from.* LUPE: *How fascinating! I'm surprised (that) you know so much about our history.* DIEGO: *Well, all good anthropologists should also know a little bit of history, shouldn't they?*

1. **The Concept of Emotion**

   Another "trigger" for the use of the subjunctive in the subordinate clause is the concept of *emotion* (**la emoción**). The subject of the main clause *is glad, fears, hopes,* and so on, that the subject of the subordinate clause does something, expressed by a verb in the subjunctive. The verb in the main clause is always in the indicative.

   Esperamos que Ud. **pueda** asistir.
   We hope (that) you'll be able to come.

   Tengo miedo de que mi abuelo **esté** muy enfermo.
   I'm afraid (that) my grandfather is very ill.

   Es una lástima que no **den** conciertos.
   It's a shame (that) they're not putting on any concerts.

2. **Verbs of Emotion**

   Here are some common expressions of emotion.

alegrarse de	to be happy about
esperar	to hope
lamentar	to regret; to feel sorry
sentir (siento) (i)	to regret; to feel sorry
temer	to fear, be afraid

   Temo que María **se caiga** mientras baila.
   I'm afraid that María will fall while she's dancing.

3. **Verbs of Emotion Like *gustar***

   Gustar and similar verbs are frequently used to express emotion. If there is a change of subject in the subordinate clause, the subjunctive will be used.

   ¡OJO!

   Remember that these verbs are used with indirect object pronouns in Spanish. They are expressed in English in a number of different ways.

   me (te/le...) encanta/fascina/gusta/molesta/sorprende que...
   I'm (you're/he's . . .) very glad/fascinated/pleased/ annoyed/surprised that . . .
   It really pleases/fascinates/pleases/bothers/surprises me (you/him . . .) that . . .

encantar	**molestar**
fascinar	**sorprender** to surprise
gustar	

   Me molesta que las entradas del museo **sean** tan caras.
   It bothers me that museum entrance fees are so expensive.

   Nos sorprende que este cantante **tenga** tanto éxito.
   I'm surprised that this singer is so successful.

4. **Impersonal Expressions of Emotion**

   When a new subject is introduced after a generalization of emotion, it is followed by the subjunctive in the subordinate clause. Here are some general expressions of emotion.

   ¡OJO!

   Remember to use the infinitive after impersonal expressions of emotion when there is no change of subject. Compare these sentences.

   Es mejor estudiar mucho.
   Es mejor que **estudiemos** mucho.

es absurdo que...	it's absurd that . . .
es extraño que...	it's strange that . . .
¡qué extraño que... !	how strange that . . . !
es increíble que...	it's incredible that . . .
es mejor/bueno/	it's better/good/
malo que...	bad that . . .
es normal que...	it's normal that . . .
es terrible que...	it's terrible that . . .
es una lástima que...	it's a shame that . . .
¡qué lástima que... !	what a shame that . . . !
es urgente que...	it's urgent that . . .

Identify the sentences that require the subjunctive when expressed in Spanish.

1. ☐ I'm surprised you're here.
2. ☐ We're happy about the prize.
3. ☐ They're afraid of the director.
4. ☐ It's good that they want all of your paintings.
5. ☐ I hope to attend the concert.

Answers: 1, 4

Práctica

A. ¡Anticipemos! Opiniones sobre el cine

Paso 1. Diga si las siguientes declaraciones son ciertas o falsas para Ud.

	CIERTO	FALSO
1. Me molesta que muchas películas sean tan violentas.	☐	☐
2. Es absurdo que algunos actores ganen (*earn*) tanto dinero.	☐	☐
3. Espero que presenten a más actores asiáticos, hispanos y de origen africano en las películas.	☐	☐
4. Es una lástima que no haya muchos papeles para las actrices maduras.	☐	☐
5. Es increíble que gasten millones de dólares en hacer películas.	☐	☐
6. Me sorprende que Jessica Simpson sea tan famosa.	☐	☐

Paso 2. Ahora haga oraciones sobre cómo Ud. quiere o no quiere que sean las cosas con respecto al cine. Use las oraciones del **Paso 1** como base.

MODELO: **1.** Quiero que las películas **no sean tan violentas.**

B. Comentarios sobre el arte

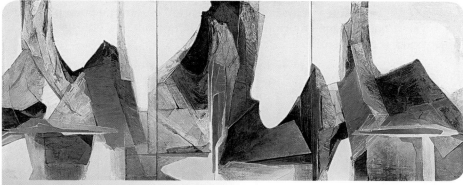

Catavi, por la pintora boliviana María Luisa Pacheco (1919–1982)

Paso 1. Complete las siguientes opiniones sobre esta pintura de María Luisa Pacheco. Use la forma apropiada de los verbos entre paréntesis.

1. Dicen que esta pintora es famosa. Me sorprende que su pintura le (gustar) a la gente. Temo que sus obras (ser) demasiado abstractas para mí. Es una lástima que (haber) tantas obras de arte que yo no comprendo.

2. ¡Me encanta esta pintura! ¡Qué lástima que (haber) gente que no entiende el arte abstracto. Me alegro de que esta pintura (estar) en este libro, porque no yo conocía la obra de Pacheco. Me sorprende que (ella) no (tener) más fama fuera de Bolivia.

Paso 2. Ahora, en parejas, entrevístense sobre sus opiniones de esta pintura. Deben explicar lo que les gusta más y lo que les gusta menos.

Nota **comunicativa**

C. **Una noche en la ópera.** Dos amigos van a la ópera. Diga lo que temen y lo que esperan. Use **ojalá.**

MODELO: las entradas (*tickets*) / no costar mucho →
        Ojalá (que) las entradas no **cuesten** mucho.

1. los escenarios / ser / fantásticos
2. haber / subtítulos en inglés
3. el director (*conductor*) / estar / preparado
4. los músicos / tocar bien
5. nuestros asientos / no estar / lejos del escenario
6. (nosotros) llegar / a tiempo

Conversación

A. Situaciones

Paso 1. Las siguientes personas están pensando en otra persona o en algo que van a hacer. ¿Qué emociones sienten? ¿Qué temen? Conteste las preguntas según los dibujos.

1. Jorge piensa en su amiga Estela. ¿Por qué piensa en ella? ¿Dónde está? ¿Qué siente Jorge? ¿Qué espera? ¿Qué espera Estela? ¿Espera que la visiten los amigos? ¿que le manden algo?

2. ¿Dónde quiere pasar las vacaciones Mariana? ¿Espera que alguien la acompañe? ¿Dónde espera que estén juntos? ¿Qué teme Mariana? ¿Qué espera?

Paso 2. Ahora, en parejas, hagan y contesten preguntas basadas en los dibujos y en sus respuestas del **Paso 1.** ¿Tuvieron los/las dos la misma impresión de los dibujos?

B. **¿Cómo es nuestra sociedad?** Diga lo que Ud. opina de las siguientes declaraciones respecto a algunos de los valores de nuestra sociedad. Empiece sus opiniones con las **Expresiones** indicadas o con cualquier (*any*) otra.

Expresiones

es bueno/malo que	es obvio que
es extraño/increíble que	es verdad que
es normal que	la realidad es que } + *indicative*
es una lástima que } + *subjunctive*	(yo) sé que
lamento que	
me sorprende que	

MODELO: Los futbolistas profesionales ganan sueldos fenomenales →
Es increíble que los futbolistas **ganen** sueldos fenomenales.

1. Muchas personas viven para trabajar. No saben descansar.
2. La nuestra es una sociedad de consumidores.
3. Juzgamos (*We judge*) a los otros por las cosas materiales que tienen.
4. Las personas ricas tienen mucho prestigio en esta sociedad.
5. Las mujeres generalmente no ganan tanto dinero como los hombres por hacer igual trabajo.
6. Algunas obras de arte cuestan millones de dólares.
7. Para la gente joven la televisión es más atractiva que los libros.
8. Hay discriminación contra la gente mayor en ciertas profesiones.

C. **Esta universidad.** Diga lo que Ud. opina de las siguientes declaraciones respecto a lo que ocurre en esta universidad. Use frases como: **Me gusta que... , Me molesta que... , Es terrible que...**

MODELO: Gastan mucho/poco dinero en construir nuevos edificios. →
Me molesta que gasten mucho dinero en construir nuevos edificios.

1. Se les da mucha importancia a los deportes.
2. El precio de la matrícula es exagerado / muy bajo.
3. Se ofrecen muchos/pocos cursos en mi especialización.
4. Es necesario estudiar ciencias/lenguas para graduarse.
5. Hay muchos/pocos requisitos (*requirements*) para graduarse.
6. En general, hay mucha/poca gente en las clases.

D. **Tres deseos.** En parejas, piensen en tres deseos: uno que se relacione con Uds. personalmente, otro con algún amigo o miembro de su familia y otro con su país, con el mundo o con la humanidad en general. Expresen sus deseos con **Ojalá (que).**

MODELO: Ojalá que **no haya otra guerra.**

Vocabulario útil

las elecciones	**la pobreza** poverty
la gente que no tiene hogar (casa)	
la guerra war	**resolver (resuelvo)** to solve;
el hambre hunger	to resolve
el partido	**terminar** to end

37 Expressing Uncertainty
Use of the Subjunctive (Part 4): Doubt and Denial

Gramática en acción: El traje tradicional de las bolivianas

Unas mujers bolivianas con su ropa tradicional, en La Paz

¿Cuánto sabe Ud. de la ropa que llevan las indígenas bolivianas? ¿Cree que son ciertas o falsas las siguientes declaraciones? Las respuestas están al pie de la página.

1. **Es verdad que** los sombreros hongo son una parte del traje tradicional de las indígenas del altiplano boliviano.

2. **Es probable que** sea muy frecuente ver a bolivianas que llevan sombrero hongo.

3. **Dudo que** los pantalones sean parte del traje tradicional de las bolivianas del altiplano.

4. **No creo que** el uso de los sombreros hongo sea una tradición inca.

5. En Bolivia, **es obvio que** llevar sombrero es una buena protección contra el sol.

¿Y Ud.?

¿Le gusta el traje tradicional de las mujeres bolivianas? ¿Cree que es hermoso (*beautiful*) y práctico? ¿Le sorprende que las bolivianas indígenas lleven sombrero?

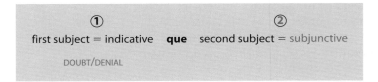

① ②

first subject = indicative   **que**   second subject = subjunctive

DOUBT/DENIAL

1. The Concepts of Doubt and Denial

The concepts of *doubt* (**la duda**) and *denial* (**la negación**) are also "triggers" for the use of the subjunctive in the subordinate clause. The subject of the main clause *doubts, does not believe, denies,* and so on, that the subject of the subordinate clause does something, expressed by a verb in the subjunctive. The verb in the main clause is always in the indicative.

No creo que **sean** cuadros de Goya.
I don't believe (that) they're paintings by Goya.

Es imposible que la actriz **salga** al escenario ahora.
It's impossible for the actress to go on (stage) now.

---

*The traditional costume of Bolivian women How much do you know about the clothing that indigenous Bolivian women wear? Do you think that the following statements are true or false? The answers are at the bottom of the page. **1.** It's true that bowler hats are a part of the traditional costume of indigenous women of the Bolivian high plateau. **2.** It's likely that one frequently sees Bolivian women who are wearing bowler hats. **3.** I doubt that pants are part of the traditional costume of women from the high plateau. **4.** I don't think that the use of bowler hats is an Inca tradition. **5.** In Bolivia, it's obvious that wearing a hat is good protection from the sun.*

*Respuestas: **1.** cierto: Muchas indígenas bolivianas lo llevan. **2.** cierto: Bolivia tiene el porcentaje más alto de población indígena en toda América. Por eso es muy normal ver a mujeres que llevan ropa tradicional. **3.** cierto: La pollera, un tipo de falda con mucho vuelo (flare) y colores, es la ropa típica de las indígenas bolivianas. **4.** cierto: Es una tradición colonial. **5.** cierto: La región del altiplano boliviano está tan alta que la exposición a los rayos solares es un problema serio. Por eso, el sombrero es una protección ideal para la cara, y también protege a los habitantes del frío.*

2. Verbs of Doubt and Denial

Here are some verbs that express doubt and denial. Not all Spanish expressions of doubt are given here. Remember that any expression of doubt is followed by the subjunctive in the subordinate clause.

no creer	to disbelieve
dudar	to doubt
ne**gar (n**i**ego) (gu)**	to deny
no estar **seguro/a (de)**	to be unsure (of)

¡OJO!

Creer and **estar seguro/a** are followed by the indicative in affirmative statements because they do not express doubt, denial, or negation. Compare these examples.

Estamos seguros de que el concierto **es** hoy.
We're sure that the concert is today.

No creemos que el concierto **sea** hoy.
We don't believe that the concert is today.

¡OJO!

When there is no change of subject, these verbs can be followed either by the infinitive or by the indicative or subjunctive, as needed.

Creo que **sé** la respuesta. ⎫ *I believe (that) I know*
Creo saber la respuesta. ⎭ *the answer.*

No creo que (yo) **sepa** la respuesta. ⎫ *I don't believe (that)*
No creo saber la respuesta. ⎭ *I know the answer.*

¡OJO!

In questions with **creer,** the use of the indicative or the subjunctive reflects what the speaker thinks: indicative = believes so, subjunctive = doubts it.

¿Crees que **sea** auténtica la pieza?
Do you think that the piece is authentic? (I don't.)

¿Crees que **es** auténtica la pieza?
Do you think that the piece is authentic? (I do.)

3. Impersonal Expressions of Doubt and Denial

When a new subject is introduced after a generalization of doubt or denial, the subjunctive is used in the subordinate clause. Here are some generalizations of doubt and denial.

es posible que…	it's possible that . . .
es imposible que…	it's impossible that . . .
es probable que…	it's probable (likely) that . . .
es improbable que…	it's improbable (unlikely) that . . .
no es cierto que…	it's not certain that . . .
no es seguro que…	it's not a sure thing that . . .
no es verdad que…	it's not true that . . .

¡OJO!

Generalizations that express certainty are not followed by the subjunctive but rather by the indicative.

Es verdad que Julio **cocina** bien.
No hay duda de que Julio **cocina** bien.

Es posible que **veamos** el Ballet Nacional de Cuba esta semana.
It's possible (that) we'll see the National Ballet of Cuba this week.

Es imposible ver el Ballet Nacional de Cuba esta semana porque no hay entradas.
It's impossible to see the National Ballet of Cuba this week because there aren't any tickets.

Identify the phrases that express doubt or denial.

1. ☐ dudamos
2. ☐ estoy segura
3. ☐ niegas
4. ☐ es cierto
5. ☐ es posible
6. ☐ no cree

Answers: 1, 3, 5, 6

Práctica

A. ¿Qué opina Ud.?

Paso 1. Diga lo que Ud. opina de las siguientes declaraciones.

	ES CIERTO	NO ES CIERTO
1. A la mayoría de la gente le gusta ir a los museos.	☐	☐
2. Todos mis amigos prefieren el teatro al cine.	☐	☐
3. Conozco a muchas personas que se interesan en la arquitectura.	☐	☐
4. En esta clase hay mucha gente con talento artístico.	☐	☐
5. La expresión artística más popular entre los jóvenes es la música.	☐	☐
6. Me encanta regalar objetos de cerámica.	☐	☐
7. Voy a conciertos de música clásica con frecuencia.	☐	☐
8. *El cascanueces* (*The Nutcracker*) es un ballet típico del mes de mayo.	☐	☐

Paso 2. Ahora repita las declaraciones del **Paso 1,** empezando con **Es cierto que...** o **No es cierto que...** , según sus respuestas. **¡OJO!** Hay que usar el subjuntivo después de **No es cierto que...**

B. Una vasija (*vessel*) **en el museo.** Haga oraciones completas para expresar las especulaciones de dos antropólogos sobre una nueva pieza que está en el museo.

Habla el profesor Martín:

1. «creer / que / ser una vasija de la civilización inca»
2. «ser obvio / que / estar hecha de barro (*made of clay*)»
3. «ser posible / que / el diseño (*design*) representar algo en especial»
4. «¿creer / que / ser una pieza auténtica?»

Habla la profesora Figueroa:

5. «no creer / que / ser una vasija inca»
6. «ser probable / que / ser una pieza auténtica de la civilización tihuanaco»
7. «dudar / que / el diseño simbolizar algo en especial»

> **Estrategia**
>
> primer verbo = indicativo
> segundo verbo =
> ¿indicativo o subjuntivo?

Una vasija incaica

Conversación

A. En un mercado de artesanía. ¿Cómo puede reaccionar un turista en un mercado como el de (*that in*) la foto de la página 397? Complete las oraciones, pensando en los precios y en los regalos que a los turistas les gusta comprar para llevar de recuerdos (*as souvenirs*).

Una turista, que busca un sombrero en el mercado de Otavalo, Ecuador

1. ¡Es fantástico (que)… !
2. No creo que los precios del mercado…
3. Dudo mucho que estos vendedores…
4. Estoy seguro/a de que…
5. No es muy probable que…

Nota **comunicativa**

Los verbos que requieren preposiciones

You learned in earlier chapters that when two verbs occur in a series (one right after the other), the second verb is usually in the infinitive.

Prefiero *cenar* a las siete.   *I prefer to eat at seven.*

Some Spanish verbs, however, require that a preposition or other word be placed before the second verb (still in the infinitive). You have already used many of the important Spanish verbs that have this feature.

- The following verbs require the preposition **a** before an infinitive.

aprender a	**empezar (empiezo) (c) a**	**invitar a**	**venir a**
ayudar a	**enseñar a**	**ir a**	**volver (vuelvo) a**

Mis padres me **enseñaron a bailar.**   *My parents taught me to dance.*

- These verbs or verb phrases require **de** before an infinitive.

acabar de	**dejar de**	**tener g**
acordarse (me acuerdo) de	**olvidarse de**	**tratar de**

Siempre **tratamos de llegar** puntualmente.   *We always try to arrive*

- **Insistir** requires **en** before an infinitive.

Insisten en venir esta noche.   *They insist on coming ove*

- Two verbs require **que** before an infinitive: **haber que, tener que.**

Hay que ver el nuevo museo.   *It's necessary to see the new*

Gramática

B. En los próximos cinco años...

En parejas, hagan oraciones con una palabra o frase de cada columna para expresar lo que Uds. creen que les puede ocurrir en el futuro próximo (*near*). ¿Cuántas respuestas similares tienen Uds.?

¿INDICATIVO O SUBJUNTIVO?

(no) creo que... (no) dudo que... es (im)posible que... (no) estoy seguro/a de que... (no) es cierto que... tengo que...	**+** (yo) $\begin{cases} \text{aprender a} \\ \text{dejar de} \\ \text{empezar a} \\ \text{ir a} \\ \text{tratar de} \\ \text{volver a} \end{cases}$ **+**	ser famoso/a estar casado/a (*married*) ganar la lotería jugar a la lotería pintar cuadros fumar tener hijos terminar mis estudios esculpir ¿ ?

38 Expressing Influence, Emotion, Doubt, and Denial
The Subjunctive (Part 5): A Summary

▶ **Grammar Tutorial** 38

www.connectspanish.com

Gramática en acción: Los tejidos de Otavalo, Ecuador

Textiles en un mercado de Otavalo, Ecuador

+ Subjuntivo/Infinitivo
- Quiero (que)...
- Espero (que)...
- Ojalá (que)...
- No me sorprende (que)...
- Dudo (que)...

+ Indicativo
- Dicen que...
- Sé que...
- No hay duda que...
- Creo que...

¿Y Ud.?

Haga oraciones gramaticalmente correctas y verdaderas para Ud.

1. ... (yo) pueda visitar el mercado de Otavalo algún día.
2. ... visitar el Ecuador algún día.
3. ... el mercado de Otavalo está en las montañas del Ecuador.
4. ... haya mucho turismo porque es una zona muy bonita y tiene artesanía típica muy fina.
5. ... los otavaleños hacen hermosos (bonitos) tejidos.
6. ... Otavalo es un lugar muy interesante para visitar.
7. ... los otavaleños no pierdan sus ricas tradiciones.
8. ... haya mucha información sobre Otavalo en el Internet.

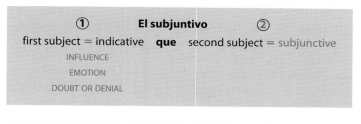

① El subjuntivo ②

first subject = indicative **que** second subject = subjunctive

INFLUENCE

EMOTION

DOUBT OR DENIAL

① El indicativo ②

first subject = indicative **que** second subject = indicative

INFORMATION

CERTAINTY, BELIEF

This section will help you review what you have already learned about using the subjunctive. If you need more details, review **Gramáticas 35–37.**

1. **The Subjunctive in Two-clause Sentences**
   Remember that, in Spanish, the subjunctive occurs primarily in the second clause of two-clause sentences, with a different subject in each clause. If there is no change of subject, an infinitive follows the first verb.

   Quiero
   Es necesario } **sacar** una nota buena.

   I want
   It's necessary } *to get a good grade.*

   Quiero } que **los estudiantes saquen** una buena nota.
   Es necesario

   I want } *the students to get a good grade.*
   It's necessary for

2. **Subjunctive "Trigger"**
   The main clause, in addition to fulfilling the preceding conditions, must contain an expression of *influence, emotion,* or *doubt* or *denial* in order for the subjunctive to occur in the subordinate clause. If there is no such expression, the indicative is used.

   Dicen que **cante** Carlota.
   They say that Carlota should sing.

   Dicen que Julio **canta** muy mal; por eso quieren que **cante** Carlota.
   They say that Julio sings very badly; that's why they want Carlota to sing.

   Yo creo que Julio **canta** muy bien.
   I think that Julio sings very well.

   No creo que Carlota **cante** mejor que él.
   I don't think that Carlota sings better than he (does).

   ¡OJO!

   Remember to look for the "triggers," not just for specific verbs. For example, when you see the verbs **decir** or **creer** in the main clause of a sentence, you need to be aware of how they are used.

   The verb **decir** is a subjunctive "trigger" (as in first sentence to the right) when it conveys an order. When **decir** conveys information rather than influence (as in the second sentence), it triggers the indicative.

   Similarly, **creer** conveys certainty or belief (as in the third sentence) but **no creer** conveys denial (as in the fourth sentence). When **creer** affirms rather than denies information, it is followed by the indicative.

3. **Influence** + *indirect object pronoun*
   Some expressions of influence are frequently used with indirect object pronouns. The indirect object pronoun in the main clause indicates the subject of the subordinate clause, as in the sample sentences:
   Nos ⟶ **(nosotros) vayamos.**

   Nos dicen
   Nos piden } que **vayamos** al concierto.
   Nos recomiendan

   They tell us to
   They ask us to } *go to the concert.*
   They recommend that we

4. Noun Clauses

All of the uses of the subjunctive that you have learned so far, summarized on the preceding page, fall into the general category of the use of the subjunctive in *noun clauses* (**las cláusulas nominales**).* The noun clause is the second (subordinate) clause in the sentence, the one that contains the subjunctive. It is called a noun clause because it functions like a noun in the sentence, usually as the direct object of the verb in the main clause but sometimes (especially with **gustar**) as the subject.

In the first two pairs of sentences to the right, the subordinate clause is the direct object of the main verb, answering the question *what?*

He wants *what?* ⟶ that they stop playing
They want *what?* ⟶ for the concert to be well attended

In the third pair of sentences, the subordinate clause is the subject of the verb **gustar.**

High ticket prices are not pleasing to the spectators.

Note that a subordinate clause is viewed as a singular subject in Spanish, so **gusta** (not **gustan**) is used in the sentence.

cláusula subordinada = complemento

—¿Qué quiere el director de la orquesta?
—Quiere **que los músicos dejen de tocar.**
"What does the orchestra director want?"
"He wants the musicians to stop playing."

—¿Qué esperan los músicos?
—Esperan **que haya muchos espectadores en el concierto.**
"What do the musicians want?"
"They want the concert to be well attended (that there be many spectators)."

cláusula subordinada = sujeto

—¿Qué no les gusta a los espectadores?
—No les gusta **que las entradas sean muy caras.**
"What don't the spectators like?"
"They don't like tickets to be (that ticket prices are) so expensive."

Autoprueba

Identify the sentences that would require the subjunctive when expressed in Spanish.

1. ☐ What does the director want?
2. ☐ The sculptor insists that we see his new piece.
3. ☐ I want to go to the opera with you.
4. ☐ It's strange that the fans booed.
5. ☐ We doubt the singer will perform tonight.
6. ☐ Paco says that the party is on Sunday.

Answers: 2, 4, 5

Las meninas, por Diego Velázquez (español, 1599–1660)

Práctica

A. En el Museo del Prado. Siempre es buena idea tener la ayuda de un guía cuando uno visita un museo.

Paso 1. ¿Qué quiere Ud. que haga su guía?

Quiero que el guía…

1. enseñarme los cuadros más famosos de Velázquez
2. explicarme algunos detalles de los cuadros
3. saber mucho sobre la vida del pintor

Paso 2. ¿Qué le sorprende de los cuadros de Velázquez?

Me sorprende que muchos cuadros de Velázquez…

1. tener como tema la vida cotidiana (*everyday*)
2. estar en otros museos fuera de España
3. ser de la familia real (*royal*) de Felipe IV

Knowing this will help you to describe how the subjunctive works, but it doesn't change anything about how you have learned to use it.

400 ■ cuatrocientos

Capítulo 13 El arte y la cultura

Paso 3. Ud. todavía quiere saber algo más sobre la vida y el arte de Velázquez.

Es posible que el guía…

1. recomendarme algunos libros sobre la vida y el arte del pintor
2. preguntarle a un colega si sabe algo más sobre Velázquez
3. no tener más tiempo para hablar conmigo

B. ¡Qué maravilla de robot! Imagine que Ud. tiene un robot último modelo que va a hacer todo lo que Ud. le diga, especialmente las cosas que Ud. detesta o le cuestan hacer (*are hard for you to do*). ¿Qué le va a mandar al robot que haga? Haga oraciones completas.

le voy a decir que… le voy a mandar que…	**+**	escribirme el informe para la clase de literatura hacerme la crítica de una película para la clase de composición poner la mesa asistir por mí a todas las clases que tengo en la universidad pagar mis cuentas trabajar por mí en la oficina todas las tardes ¿ ?

Conversación

El lugar ideal para vivir

Paso 1. Piense en el lugar ideal para vivir. ¿Es una casa o un apartamento? ¿Está en una ciudad grande o pequeña? ¿Qué actividades culturales ofrece la ciudad? Lea la siguiente lista de factores e indique los que son indispensables para Ud., más otros dos que no estén en la lista.

☐ casa con jardín grande
☐ apartamento grande
☐ apartamento con vista
☐ buenos museos
☐ cerca de una universidad importante
☐ buena orquesta y teatros
☐ muchos cines
☐ cerca de un gran centro comercial
☐ parques
☐ zonas naturales cerca de Ud.
☐ ¿ ?
☐ ¿ ?

Paso 2. Ahora, en parejas, describan el lugar ideal para vivir para cada uno de Uds. Usen las siguientes frases como modelo. ¿En cuántos detalles coincidieron los dos?

MODELOS: Deseo que mi casa/apartamento…
No quiero vivir en…
(No) Me importa (mucho) (que)…
Es importante que la casa / el apartamento…
(No) Es absolutamente necesario que…
Espero (que)…

▶ **Mundo interactivo**

You should now be prepared to work with Scenario 7, Activity 2 in Connect Spanish (**www.connectspanish.com**).

Un poco de todo

A. Reacciones

Paso 1. Las siguientes declaraciones se refieren a temas importantes en el mundo de hoy. ¿Qué opinan Uds.? Expresen sus opiniones, usando algunas de las siguientes expresiones.

MODELO: Hay mucha pobreza en el mundo. →
Es una lástima que **haya** mucha pobreza en el mundo.

1. Los niños miran la televisión muchas horas al día.
2. Hay mucha pobreza (*poverty*) en el mundo.
3. En este país gastamos mucha energía.
4. Hay muchas escenas sexuales y violentas en la televisión y en el cine.
5. En muchas partes del mundo se come poco y mal.
6. Los temas de la música *rap* son demasiado violentos.
7. Hay mucho interés en la exploración del espacio.
8. Fumar no es malo para la salud.
9. No se permite el uso de la marihuana.
10. Los vehículos que consumen mucha gasolina son más populares cada día.

Paso 2. Indiquen Uds. soluciones para algunos de los problemas que se mencionan en el **Paso 1.** Empiece las soluciones con las siguientes expresiones.

MODELO: Es urgente que **ayudemos** a los pobres.

B. Lengua y cultura: En el Museo Nacional Centro de Arte Reina (*Queen*) **Sofía.** As part of a tour group, two friends are at **el Museo Nacional Centro de Arte Reina Sofía,** and their tour guide is talking about *Guernica,* by Pablo Picasso. Complete the following dialogue with the correct form of the words in parentheses, as suggested by context. When two possibilities are given in parentheses, select the correct word or phrase. Conjugate the verbs in the present indicative, the **Uds.** command form, the present subjunctive, or the preterite, or leave them in the infinitive, if appropriate.

Guernica, por Pablo Picasso (español, 1881–1973)

GUÍA: (Pasar[1]) Uds. por aquí, por favor. También les pido que (dejar[2]) suficiente espacio para todos. Y bien, aquí estamos (delante/detrás[3]) de *Guernica*, la obra maestra pintada por Picasso. (Ser/Estar[4]) obvio que el cuadro (representar[5]) los horrores de la guerra,[a] ¿no? En 1937 Picasso (pintar[6]) este cuadro como reacción al bombardeo[b] (del / de la[7]) ciudad de Guernica durante la Guerra Civil Española. Por razones políticas, (durante / encima de[8]) la dictadura[c] de Franco,[d] el cuadro (fue/estuvo[9]) muchos años en el Museo de Arte Moderno de Nueva York. Pero por deseo expreso del pintor, el cuadro (trasladarse[e10]) a España después de la muerte de Franco…

BETO: Yo dudo que (este/esto[11]) cuadro (ser[12]) una obra maestra. No creo que (tener[13]) nada de bonito. ¡No tiene colores!

ANA: Yo no (creer[14]) que todos los cuadros (tener[15]) que (ser[16]) bonitos. Para mí, la falta de color (servir[17]) para expresar el dolor y el desastre… (Por/Para[18]) eso se (poder[19]) percibir el mensaje de la destrucción de la guerra en la pintura.

[a]*war* [b]*bombing* [c]*dictatorship* [d]Francisco Franco (1892–1975), dictador de España desde 1939 hasta su muerte [e]*to move*

Comprensión. ¿Quién pudo haber dicho (*could have said*) lo siguiente, el guía, Beto o Ana?

	EL GUÍA	BETO	ANA
1. «Yo prefiero los cuadros en colores.»	☐	☐	☐
2. «Ahora voy a mostrarles una obra maestra de la pintura española.»	☐	☐	☐
3. «No me molesta que esta pintura esté pintada en blanco y negro.»	☐	☐	☐
4. «Quiero que todos me sigan y que se pongan delante del cuadro.»	☐	☐	☐

En su comunidad

Entreviste a una persona hispana de su universidad o ciudad sobre el arte y la artesanía de su país de origen.

PREGUNTAS POSIBLES

- ¿Cuáles son los artistas más conocidos de su país? ¿A qué tipo de arte se dedican?
- ¿Qué tipo de artesanía se hace en su país? ¿y en su ciudad o región? ¿Tiene muestras (*examples*) de esta artesanía en su casa?
- ¿Hay muchas oportunidades de asistir a eventos culturales (por ejemplo, exposiciones en museos, conciertos, espectáculos de danza, teatro o cine) en su país? Por lo general, ¿son baratas o caras las entradas para los eventos culturales?
- ¿Cuáles son los eventos culturales que Ud. prefiere? ¿Asiste a ellos con frecuencia?

Antes de mirar

¿Le interesa a Ud. la arquitectura en general? ¿Conoce la obra de algún arquitecto importante del siglo (*century*) XX? ¿Y qué sabe de los murales como expresión artística? ¿Los asocia con el arte abstracto o con el arte con mensaje político y social?

PROGRAMA **13:** **Arte angelino°** de Los Ángeles

Este programa presenta unos reportajes sobre la obra de importantes arquitectos españoles del siglo XX y XXI, y sobre el fascinante movimiento muralista en la ciudad de Los Ángeles.

El Tempo de la Sagrada (*Sacred*) Familia, la obra inacabada (*unfinished*) de Antoni Gaudí: «Su construcción, que comenzó en 1882, todavía no ha terminado (*hasn't ended*). Se espera que esté terminada para el año 2026.»

Vocabulario de este programa

principios de	the beginning of	**el/la compatriota**	fellow country person
reconocido/a	renowned, well-known		
catalán, catalana	from **Cataluña** (Catalonia, Spain)	**la muestra**	example
		la concientización	consciousness-raising
pertenecer (pertenezco)	to belong		
fines de	the end of	**proteger (protejo)**	to protect
la naturaleza	nature	**quisiéramos**	we wish
fijarse en	to notice, pay attention to	**el motivo de orgullo**	source of pride
la iglesia	church	**se nos acabó el tiempo**	our time is up

Fragmento del guion

PILAR CASTILLO: Los temas más representados en los murales de Los Ángeles tienen que ver[a] con las historias de cada comunidad, quién está pintando los murales, sea[b] chino o coreano, sea afroamericano, mexicano, chicano. Esas comunidades tienen su propia[c] historia, de su cultura y de sus historias viviendo aquí en Los Ángeles.

LAURA: Este mural se llama *La Ofrenda*[d] y es de otra artista chicana, Yreina Cervantes. Fue pintado en 1988.

PILAR CASTILLO: Y es un tributo a la fuerza[e] y la lucha[f] de los campesinos[g] en el movimiento United Farm Workers. En particular enfoca a[h] la líder Dolores Huerta, quien es un ejemplo del papel[i] de la mujer en el movimiento.

LAURA: Este mural se titula[j] *El Gran Muro* y representa la historia de California y de Los Ángeles más concretamente, desde tiempos prehistóricos. Es el mural más largo del mundo: mide media milla.[k] Para este mural, Baca trabajó con otros muchos artistas y 400 jóvenes. Tardaron[l] cinco veranos en terminarlo.

[a]tienen… *have to do* [b]*whether* [he] *is* [c]*own* [d]*Offering* [e]*strength* [f]*struggle* [g]*farm workers* [h]a… *it focuses on* [i]*role* [j]se… *se llama* [k]mide… *it's a half mile long* [l]*It took them*

Segmento de *El Gran Muro* (*Wall*), el mural más largo del mundo, de la artista chicana Judith Baca

> **Mundo interactivo**

Continue your work as an intern at HispanaVisión with Laura Sánchez Tejada, the roving reporter of *Salu2*, as you complete Scenario 7, Activities 1 and 2 in Connect Spanish (**www.connectspanish.com**).

Al mirar

Identifique cada artista con su género (*genre*) y movimiento.

Una terraza con banco (*bench*) en forma de serpiente, en el Parc Güell, Barcelona: Un lugar de fantasía y color diseñado por Antoni Gaudí

ARTISTAS

1. _____ Judith Baca
2. _____ Santiago Calatrava
3. _____ Yreina Cervantes
4. _____ Antoni Gaudí
5. _____ Rafael Moneo
6. _____ Diego Rivera
7. _____ David Alfaro Siqueiros

GÉNERO

a. arquitectura
b. pintura

MOVIMIENTO

c. modernista
d. muralista
e. vanguardista

Después de mirar

A. ¿Está claro? ¿Cierto o falso? Corrija las oraciones falsas.

	CIERTO	FALSO
1. Gaudí solo construyó edificios en Barcelona.	☐	☐
2. Calatrava diseñó la Catedral católica de Los Ángeles.	☐	☐
3. SPARC, el Centro Social y Público de Recursos Artísticos, está en Los Ángeles.	☐	☐
4. Pilar Castillo es una muralista angelina.	☐	☐
5. El movimiento muralista es exclusivo de la comunidad chicana/mexicana de Los Ángeles.	☐	☐
6. Baca trabajó sola en la creación de su mural *El Gran Muro*.	☐	☐

B. Un poco más. Conteste las siguientes preguntas.

1. ¿Qué tienen en común Gaudí, Calatrava y Moneo?
2. ¿Qué elementos se destacan (*stand out*) en los edificios de Gaudí?
3. ¿De dónde viene la influencia original del movimiento muralista angelino? ¿Cómo se adapta esta influencia a la realidad de Los Ángeles?
4. ¿Qué serio problema enfrentan (*face*) los murales? ¿Qué es necesario hacer para que esta situación se resuelva?

C. Y ahora, Uds. En parejas, escriban un poema basado en una de las obras que ven en este programa. ¡Usen su creatividad!

ESTRUCTURA

nombre de la obra / edificio
adjetivo
otro nombre o sustantivo
verbo
adjetivo, adjetivo, adjetivo
verbo del tipo gustar o reacción personal

MODELO:

Parc Güell
colorida (*colorful*)
fantasía
juega
divertido, espectacular, infantil
me atrae

Sobre el programa

Laura disfrutó[a] mucho haciendo este programa sobre el arte. Su madre es profesora de Historia de México en la Universidad de Nuevo León (México), y para una historiadora las expresiones artísticas son imposibles de ignorar. Y por si eso fuera poco,[b] su padre es arquitecto. Así que[c] Laura creció[d] oyendo hablar de arte y contemplando obras arquitectónicas y de todo tipo de arte. De hecho,[e] fue ella misma la que[f] sugirió el reportaje de la Catedral de Los Ángeles, porque por[g] su padre sabía que era obra de un arquitecto español.

[a]*enjoyed* [b]*Y... And as if that was not enough* [c]*Así... So* [d]*grew up* [e]*De... In fact* [f]*la... the one who* [g]*through*

Producción personal

Haga un fotomontaje con voz en off (*voice over*) sobre la obra de un(a) artista hispano/a cuya (*whose*) obra le interesa mucho a Ud.

Lectura cultural

El Ecuador y Bolivia

Tanto el Ecuador como Bolivia son países multiculturales, donde diferentes grupos étnicos contribuyen a las artes en general.

En el Ecuador, la institución encargada de apoyar y promover[a] la cultura es La Casa de la Cultura Ecuatoriana Benjamín Carrión (CCE), una red nacional de bibliotecas, cines, museos, teatros y publicaciones, con sede[b] en Quito. Su misión es de «[p]reservar, promover,[c] fomentar,[d] investigar y difundir[e] el arte, ciencia y patrimonio cultural ecuatoriano» para fortalecer[f] la identidad nacional del país. Entre los muchos museos del Ecuador, La Capilla[g] del Hombre es visita obligada. Es un museo dedicado a las obras de un solo pintor ecuatoriano, Oswaldo Guayasamín, que representa la historia del pueblo latinoamericano.

> ¿Qué sitios culturales de su ciudad o estado/provincia les recomienda Ud. a los turistas que visiten?

En Bolivia, la editorial[h] Yerba Mala[i] Cartonera es una iniciativa a destacar.[j] «Publican» las obras de todo tipo de escritores locales, en libros impresos[k] en papel ordinario y con tapas[l] recicladas de las cajas de cartón que se botan[m] en los supermercados. Los autores mismos[n] venden sus libros en lugares públicos, al precio de un boliviano ($0,30, aproximadamente). Y si alguien no tiene plata,[ñ] se lo regalan, para difundir[o] la cultura.

[a]encargada… *in charge of supporting and promoting* [b]*headquarters* [c]*to promote* [d]*to encourage* [e]*to spread* [f]*strengthen* [g]*Chapel* [h]*publishing house* [i]*Yerba… Weeds* [j]*highlight* [k]*printed* [l]*covers* [m]cajas… *cardboard boxes that are thrown away* [n]*themselves* [ñ]*dinero*

En otros países hispanos

- **En España y México** Uno de los museos de arte más importantes del mundo es el Museo del Prado, en Madrid. Allí se puede admirar las obras de Velázquez y Goya, entre otros muchos artistas españoles y europeos anteriores al siglo[a] XX. El Museo Nacional de Antropología, en México, D.F., es uno de los mejores del mundo en su género.[b] En este museo se puede admirar y apreciar la excelencia de la artesanía y arquitectura de los pueblos indígenas mesoamericanos.

- **En los Estados Unidos** En Nueva York está el Museo del Barrio, dedicado a la obra de artistas latinos, con énfasis en el arte puertorriqueño.

[a]*century* [b]*category, genre*

Una de las islas Galápagos, donde Charles Darwin estudió las especies de flora y fauna del lugar

Tres símbolos ecuatorianos y bolivianos

- **La diversidad étnica y lingüística** El Ecuador y Bolivia son países que han logrado[a] preservar un gran porcentaje de su población indígena. Esto es sin duda una gran parte de la riqueza cultural y orgullo[b] nacional de ambos países.

- **El mestizaje**[c] El encuentro entre los españoles y los indígenas dio como resultado una mezcla[d] racial que hoy es el sustrato[e] más grande de la población de estos dos países (y de latinoamericana en general).

- **La naturaleza** La variedad geográfica del Ecuador y Bolivia es simplemente espectacular, desde los picos[f] más altos de los Andes hasta la selva[g] amazónica, pasando por el Lago Titicaca en Bolivia y las Islas Galápagos en el Ecuador.

[a]han… *have succeeded in* [b]*pride* [c]*mixture of indigenous and European peoples* [d]*mixture* [e]*subsection* [f]*peaks* [g]*jungle*

Una cita

«La cultura ya no es más[a] sinónimo de las "bellas artes"[b] (literatura, pintura y música…), es todo un amasijo[c] que supone[d] los signos propios, subjetivos y físicos (materialidad), intelectivos y afectivos que cuajan[e] a una nación. [...] La cultura ha ido acumulando[f] casi todo: las conductas, los derechos axiales[g] de los seres humanos, los prontuarios de valores,[h] tradiciones, usos y costumbres[i] de los pueblos.»

Marco Antonio Rodríguez, Presidente de la La Casa de la Cultura Ecuatoriana

[a]ya… *is no longer* [b]bellas… *fine arts* [c]*hodgepodge* [d]*includes* [e]*give meaning* [f]ha… *has come to include* [g]derechos… *basic rights* [h]prontuarios… *codes of conduct or values* [i]usos… *customs and habits*

COMPRENSIÓN

1. ¿Qué institución está encargada de fomentar la cultura ecuatoriana?
2. ¿Cómo son los libros de la editorial Yerba Mala Cartonera?
3. ¿Cuáles son algunos de los museos famosos del mundo hispanohablante? ¿Cuál es la especialidad de cada una?

Del mundo hispano

Antes de leer

En su opinión, ¿son algunos árboles más bellos (*beautiful*) o más feos que otros? ¿más útiles o menos útiles? ¿Le parece una señal de belleza (*sign of beauty*) que un árbol produzca flores y frutos comestibles? ¿Hay un árbol que sea su favorito? ¿Cuál es? (Puede decir los nombres en inglés si no los sabe en español.)

Lectura: «La higuera»,° de Juana Fernández de Ibarbourou

La... *The fig tree*

Porque es áspera[a] y fea;
Porque todas sus ramas[b] son grises,
Yo le tengo piedad[c] a la higuera.

En mi quinta[d] hay cien árboles bellos:
5   Ciruelos redondos,[e]
Limoneros rectos[f]
Y naranjos de brotes[g] lustrosos.

En las primaveras,
Todos ellos se cubren[h] de flores
10   En torno a[i] la higuera.

Y la pobre[j] parece tan triste
Con sus gajos torcidos[k] que nunca

De apretados capullos[l] se visten...
    Por eso,
15 Cada vez que yo paso a su lado
Digo, procurando[m]
Hacer dulce y alegre mi acento:
—Es la higuera el más bello
De los árboles todos del huerto.[n]

20   Si ella escucha,
Si comprende el idioma en que hablo,
¡Qué dulzura tan honda hará nido[ñ]
En su alma sensible[o] de árbol.

    Y tal vez, a la noche,
25 Cuando el viento abanique su copa,[p]
Embriagada de gozo[q] le cuente:
—Hoy a mí me dijeron hermosa.[r]

[a]*rough* [b]*branches* [c]*pity* [d]*country house* [e]*Ciruelos... Round plum trees* [f]*Limoneros... Straight lemon trees* [g]*shoots* [h]*se... are covered* [i]*En... All around* [j]*la... la pobre higuera* [k]*gajos... twisted branches* [l]*apretados... tight buds* [m]*trying* [n]*orchard* [ñ]*¡Qué... How deep the sweetness that will make a nest* [o]*alma... sensitive soul* [p]*abanique... fans her upper branches* [q]*Embriagado... Drunk with joy* [r]*beautiful*

Comprensión

A. Descripciones

Paso 1. Haga una lista de los adjetivos y frases que describen la higuera y otra lista de las palabras que describen los otros árboles.

1. la higuera   **2.** los otros árboles (los ciruelos, los limoneros, los naranjos)

Paso 2. Ahora explique con sus propias (*own*) palabras cómo es la higuera en comparación con los otros árboles de la quinta.

B. Emoción y opinión. Conteste las siguientes preguntas.

1. ¿Qué emoción siente la poeta frente a la higuera?
2. ¿Cómo desea la poeta ayudar a la higuera?
3. ¿Cómo espera la poeta que la higuera se sienta por la noche?
4. ¿Cree Ud. que los árboles sienten emociones?
5. ¿Por qué cree Ud. que la poeta le da una personalidad a la higuera pero no a los otros árboles?
6. En su opinión, ¿cómo es la poeta? Piense en su reacción frente a la higuera.
7. ¿Cree Ud. que este poema contiene un mensaje o lección moral? ¿Cuál es?

A ESCUCHAR

Vocabulario **para escuchar**

el punto de vista	point of view
trata de	deals with
inesperada	unexpected
el argumento	plot
increíble	unbelievable
la actuación	performance
cursi	in poor taste, trite
al elegir	when she chose
recrea	it recreates

Antes de escuchar

¿Le gusta el cine? ¿Tiene un género (*genre*) preferido de películas: las de acción, de artes marciales, de aventura, de ciencia ficción, de horror, de suspenso, de guerra (*war*), las comedias, los dramas, las musicales? En su opinión, ¿qué características necesita tener una película para que (*so that*) sea interesante y/o buena? ¿Lee Ud. en el periódico o en el Internet reseñas (*reviews*) de las películas antes de verlas? ¿Las lee después de verlas? ¿O no las lee nunca?

Escuche

Cuestión de estrellas:°   Cuestión... *About the stars*
Una reseña de La vida de Susana Jiménez

En la radio dos críticos hacen la reseña de una película. Escuche según las indicaciones de su profesor(a).

Después de escuchar

A. ¿Cierto o falso? ¿Qué dicen los críticos de la película? Corrija las oraciones falsas.

	CIERTO	FALSO
1. El hombre piensa que es una película que se debe ver.	☐	☐
2. La mujer piensa que es una película recomendable.	☐	☐
3. Los dos críticos piensan que la actriz principal es buena.	☐	☐
4. Los críticos están de acuerdo: el guión es bueno.	☐	☐

B. Más detalles. Conteste las siguientes preguntas.

1. Según la mujer, ¿cuál es el problema principal de la película?

2. ¿Cuáles son unos aspectos positivos de la película, según los críticos?

El grupo foclórico Los Kjarkas

¡Música!

Los Kjarkas son un grupo boliviano de música folclórica que tiene seis miembros. Uno de ellos es un músico japonés que toca el charango.[a] La canción «Llorando se fue[b]» es del álbum *Lo mejor de Bolivia*.

[a]*stringed instrument* [b]*se... she went away*

El tema

Las formas de arte en las escuelas públicas

Preparar

Paso 1. Piense en los siguientes aspectos de la importancia del arte.

1. ¿Qué significa la palabra **arte**? ¿Cómo puede afectar el arte la vida de una persona?

2. ¿Cómo/Dónde se debe aprender las diversas formas de arte? ¿En la escuela o en el tiempo libre?

3. En general, ¿qué formas de arte se promueven (*are promoted*) y se enseñan en las escuelas públicas?

Paso 2. Con un compañero o compañera de clase, haga una lista de argumentos a favor de la idea de apoyar (*supporting*) y enseñar las artes en la escuelas públicas y otra de argumentos en contra.

Unos niños, en una clase de arte, en el Ecuador

Redactar

Usando las ideas de **Preparar,** escriba un ensayo a favor o en contra de la enseñanza (*teaching*) de las artes en las escuelas públicas. Tenga en cuenta (*Keep in mind*) el clima de austeridad económica en el que (*which*) vive el país. Haga referencia a la importancia de los fondos necesarios para apoyar la enseñanza de las artes y explique si es una buena manera de usar fondos públicos o no.

Editar

Revise el ensayo para comprobar:

- la ortografía y los acentos
- la organización de las ideas y la cohesión de los párrafos
- el uso de oraciones complejas y del subjuntivo en contextos de influencia, emoción y duda
- el uso del indicativo después de verbos de opinión e información

Finalmente, prepare su versión final para entregarla.

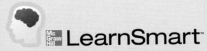

Visit **www.connectspanish.com** to practice the vocabulary and grammar points covered in this chapter.

Gramática en breve

36. Uses of the Subjunctive: Emotion

① first subject = indicative
EMOTION
que
② second subject = subjunctive

37. Uses of the Subjunctive: Doubt and Denial

① first subject = indicative
DOUBT AND DENIAL
que
② second subject = subjunctive

38. The Subjunctive: A Summary

①
influence / emotion / doubt or denial **que** subjunctive

information / certainty or belief **que** indicative

Vocabulario

Los verbos

aburrir (*like* **gustar**)	to bore
acordarse (me acuerdo) (de)	to remember
atraer (*like* **traer**) (*like* **gustar**)	to draw, attract
fascinar (*like* **gustar**)	to fascinate
ganar	to earn (*income*)
lamentar	to regret; to feel sorry
negar (niego) (gu)	to deny
sentir (siento) (i)	to regret; to feel sorry
sorprender (*like* **gustar**)	to surprise
temer	to fear, be afraid
tratar de + *inf.*	to try to (*do something*)

Repaso: alegrarse de, creer, dudar, encantar, esperar, estar seguro/a de, gustar, moitestar, tener miedo de

La expresión artística

el baile	dance
la canción	song
el cuadro	painting (*specific piece*)
la danza	dance
el dibujo	drawing

el escenario	stage; scenery
la escultura	sculpture
el espectáculo	show
la fotografía	photography
el guion	script
la obra de arte	work of art
la obra de teatro	play
la obra maestra	masterpiece
el papel	role
la pintura	painting (*general*)

Cognados: la arquitectura, las artes (*pl.*)**, el ballet, la comedia, el drama, el mural, la música, el musical, la novela, la ópera, el poema**

Repaso: el arte, el cine, el concierto, el edificio, la fotografía, la literatura, la película, el teatro

actuar (actúo)	to act
componer (compongo) (*like* **poner**)	to compose
crear	to create
dibujar	to draw
dirigir (dirijo)	to direct
diseñar	to design
esculpir	to sculpt
tejer	to weave

Cognado: pintar

Repaso: bailar, cantar, escribir, pintar

Las personas

el actor, la actriz	actor, actress
el bailarín, la bailarina	dancer
el/la cantante	singer
el/la compositor(a)	composer
el/la director(a)	director; conductor
el/la dramaturgo/a	playwright
el/la escritor(a)	writer
el/la escultor(a)	sculptor
el/la espectador(a)	spectator; *pl.* audience
el/la guía	guide
el/la músico	musician
la orquesta	orchestra
el/la pintor(a)	painter

Cognados: el/la arquitecto/a, el/la artista, el/la novelista, el/la poeta, el público

La tradición cultural

la artesanía	arts and crafts
la cerámica	pottery; ceramics
los tejidos	woven goods

Cognado: la ruina

Los adjetivos

artístico/a	artistic
clásico/a	classic(al)
folclórico/a	traditional
moderno/a	modern

Los números ordinales

primer(o/a)	sexto/a
segundo/a	séptimo/a
tercer(o/a)	octavo/a
cuarto/a	noveno/a
quinto/a	décimo/a

Palabras adicionales

es extraño que	it's strange that
¡qué extraño que... !	how strange that . . . !

es...	it's . . .
absurdo que	absurd that
cierto que	certain that
(im)posible que	(im)possible that
(im)probable que	(un)likely, (im)probable that
increíble que	incredible that
normal que	normal that
seguro que	a sure thing that
terrible que	terrible that
urgente que	urgent that
es una lástima que	it's a shame that
¡qué lástima que... !	what a shame that . . . !
hay que + *inf.*	it is necessary to (*do something*)
ojalá (que)	I hope (that)

Repaso: es mejor/bueno/malo que, es verdad que

Vocabulario personal

14

Las presiones° de la vida moderna

Las… *Pressures*

La hora punta (*rush hour*) en Lima, Perú

- ¿Cree Ud. que la vida moderna es motivo de muchas presiones? ¿Y la vida estudiantil?

- En su opinión, ¿tenemos hoy más presiones en la vida diaria que hace 50 años (*than 50 years ago*)? Explique su respuesta.

- ¿Qué hace Ud. para calmarse cuando se siente muy estresado/a?

SPANISH

www.connectspanish.com

COLOMBIA

ECUADOR

Río Amazonas

CORDILLERA DE LOS ANDES

BRASIL

PERÚ

Lima ✷

•Cusco

Lago Titicaca

OCÉANO PACÍFICO

BOLIVIA

| 0 | | 250 | | 500 Millas |
| 0 | 250 | | 500 Kilómetros | |

CHILE

El Perú

30 millones de habitantes

- El Perú es otro de los países andinos que tienen costa en el océano Pacífico y territorio amazónico.

- Lima, la capital del Perú, es una inmensa ciudad de más de 8 millones de habitantes. Es la quinta entre las ciudades más grandes de Latinoamérica y una de las veinte ciudades más grandes del mundo.

- Los incas, los indígenas del Perú, crearon el imperio más grande de toda América hasta la llegada de los españoles. La presencia inca todavía se siente en todo el país.

En este capítulo

Las presiones de la vida académica

los informes

el calendario

el despertador

Lina

la profesora Ortega

—Hace cinco años que enseño aquí.

las llaves

examen

la tarjeta de identificación

Talía

Efraín

Leo

el examen, la nota

la ansiedad	anxiety	llegar (gu) a tiempo / tarde	to arrive on time/late
el estrés	stress		
el horario	schedule	olvidarse (de)	to forget (about)
el informe (oral/escrito)	(oral/written) report	pedir (pido) (i) disculpas	to apologize
el plazo	deadline	recoger (recojo)*	to collect; to pick up
el programa (del curso)	(course) syllabus	sacar (qu) buenas/ malas notas	to get good/bad grades
la prueba	quiz; test		
la tarea	homework	ser (in)flexible	to be (in)flexible
el trabajo	job, work; report, (piece of) work	sufrir (de)	to suffer (from)
		tener/estar bajo muchas presiones	to have/be under a lot of pressure
el trabajo de tiempo completo/parcial	full-time/parttime job	tomar apuntes	to take notes
acordarse (me acuerdo) (de)	to remember	Disculpa. Discúlpame.	Pardon me. I'm sorry. (fam.)
devolver (devuelvo)	to return (something to someone)	Disculpe. Discúlpeme.	Pardon me. I'm sorry. (form.)
entregar (gu)	to turn/hand in	Lo siento (mucho).	I'm (very) sorry.
estacionar	to park	Perdón.	Pardon me. I'm sorry.
estar (muy) estresado/a	to be (very) stressed, be under (a lot of) stress		

Así se dice

la nota = la calificación
el plazo = la fecha límite

estacionar = aparcar (Sp.), parquear (Mex.)

la tarjeta de identificación = el carnet de identificación (Peru), el carnet de identidad (Sp.), la cédula (Col.)

The word **nota** does not mean *note* as in *to take notes* (**tomar apuntes**) or as in *a written note* (**un recado**). But it can mean *note* as in the phrase **tomar nota de** (*to take note of*).

*Note the present indicative conjugation of **recoger: recojo, recoges, recoge, recogemos, recogéis, recogen.**

Conversación

A. Asociaciones

Paso 1. ¿Qué palabras asocia Ud. con los siguientes verbos? Pueden ser sustantivos, o verbos antónimos o sinónimos.

1. estacionar
2. recoger
3. acordarse
4. entregar

5. sacar
6. sufrir
7. pedir
8. llegar

Paso 2. ¿Qué palabras o situaciones asocia Ud. con los siguientes sustantivos?

1. el calendario
2. el despertador
3. las notas
4. las pruebas
5. el plazo
6. el horario
7. los informes

8. las llaves
9. la tarjeta de identificación
10. las disculpas
11. las presiones
12. la inflexibilidad
13. los apuntes
14. el trabajo

B. Situaciones

Paso 1. En parejas, empareje las preguntas o comentarios con las respuestas apropiadas.

PREGUNTAS/COMENTARIOS

1. _____ —Anoche no me acordé de poner el despertador.
2. _____ —No puede estacionar el coche aquí sin permiso.
3. _____ —¿Sacaste buena nota en la prueba?
4. _____ —Ramiro se ve fatal. Algo le causa mucho estrés.
5. _____ —Discúlpeme, profesor, pero aquí tiene mi trabajo escrito sobre la Unión Europea.
6. _____ —Disculpa, pero no puedo hablar contigo ahora. Tengo que terminar el programa de curso para el semestre que viene y corregir (*grade, correct*) todos estos trabajos finales.

RESPUESTAS

a. —Siento que tengas tanto trabajo. ¿Qué crees que es más urgente que hagas en este momento?

b. —Ya lo sé, pero lo voy a dejar aquí. Estoy cansado de buscar estacionamiento por todo el *campus*.

c. —¡No te puedo creer! ¿Otra vez? ¿A qué hora llegaste al trabajo entonces (*then*)?

d. —¿Pero no se acordó de que el plazo era ayer? Es la última (*last*) vez que le acepto un informe atrasado (*late*).

e. —Muy buena, pero es una sorpresa. No tuve tiempo de estudiar.

f. —¡Pero, hombre! Si el pobre tiene un trabajo de tiempo completo, y además (*besides*) toma tres cursos este semestre...

Paso 2. Ahora, inventen un contexto para cada diálogo. ¿Dónde están las personas que hablan? ¿En una oficina? ¿en clase? ¿Quiénes son?

MODELO: **1.** → Las personas que hablan están en el trabajo (la oficina). Probablemente están almorzando. Son compañeros de trabajo; se conocen, pero no son amigos...

C. La educación universitaria

Paso 1. Lea lo que dicen Luis Miguel y Edward James Olmos sobre la vida y la educación.

S
O *para*
L *ganadores*ᵃ
O

«*El destino es un mezcla*ᵉ *de la preparación y la suerte.*ᶠ»

Luis Miguel, cantante mexicano

Ellos han logradoᵇ triunfar. ¡Y cada frase que dicen es una lección gratuitaᶜ para el éxitoᵈ!

*Les digo con todo mi corazón, con toda mi vida. Yo no tengo talento natural. No soy un genio. Pero mis padres a pesar de*ᵍ *ser tan humildes*ʰ *me dieron educación.*»

Edward James Olmos, actor mexicoamericano

ᵃ*winners* ᵇ*han… have been able to* ᶜ*free* ᵈ*success* ᵉ*mix* ᶠ*luck* ᵍ*a… in spite of* ʰ*poor*

Paso 2. ¿Cree Ud. que estos dos artistas tienen razón? Conteste las siguientes preguntas.

1. ¿Qué cree Ud. que es más importante para triunfar en la vida, tener talento natural o preparación?
2. ¿Cree que va a ayudarle a encontrar un buen trabajo la educación que está recibiendo Ud.?
3. ¿Son importantes las buenas notas para conseguir un buen trabajo? ¿O cree que es suficiente obtener un título universitario, no importa con qué notas?

D. La vida universitaria. Con frecuencia se oye a las personas mayores hablar de los años universitarios con nostalgia: años de libertad, sin responsabilidades, sin las presiones de la vida que vienen después. ¿Ve Ud. así la época universitaria? En parejas, comenten (*discuss*) este tema. Usen las siguientes preguntas como guía.

1. ¿Tienen muchas presiones los estudiantes universitarios?
2. ¿Qué les causa estrés a Uds.? Ordenen las causas de su estrés, empezando por **1ª**. (La primera causa de nuestro estrés es…)
3. ¿Son más divertidos los años universitarios que los años de la escuela secundaria?
4. ¿Les preocupa a Uds. el costo de la matrícula? ¿Es difícil para Uds. o para su familia pagarla?
5. ¿Creen Uds. que la vida va a ser mejor después de graduarse en la universidad? Expliquen su respuesta.

SALA DE URGENCIAS

chocar (qu) con/contra
estar/ir distraído/a
caerse (me caigo)*
dolerle (duele) la cabeza
la profesara Ortega
romperse el brazo†
Enrique   hacerse daño en la pierna   Samuel

Los accidentes

doler (duele) (*like* **gustar**)	to hurt, ache
equivocarse (qu) (de)	to make a mistake (about/with)
levantarse con el pie izquierdo	to get up on the wrong side of the bed
pegar (gu)	to hit, strike
pegar(se) (gu) con/contra	to run/bump into/against
tener buena/mala suerte	to have good/bad luck; to be (un)lucky

¡Qué + *adjective*!	How … !
distraído/a	absent-minded, distracted
¡Qué distraído!	How absent-minded!
torpe	clumsy
¡Qué torpe!	How clumsy!
¡Qué + *noun*!	What (a) … !
¡Qué desastre!	What a mess! What a disaster!
Fue sin querer.	I didn't mean (to do) it.

Así se dice

chocar con/contra = darse con/contra
distraído/a = despistado/a

hacerse daño en = lastimarse en
romperse = quebrarse

---

*Note that the first person singular of **caer** is irregular: **caigo**. The present participle is **cayendo**.*

†**Romper** *means to break. It is generally used with* **se: Se rompió la ventana.** *And it is very frequently used in the accidental* **se** *construction:* **Se le rompió el brazo.** *You will learn about that usage in* **Gramática 40** *in this chapter.*

Puede ocurrirle esto...

O no ocurrirle nada...

...y suerte que está Asegurado

Conversación

A. Un anuncio para un seguro. La palabra **seguro** no solo significa *sure*. También quiere decir *insurance*. Este es un anuncio de un seguro de accidentes.

1. ¿Dónde patina el hombre?
2. ¿Qué le puede ocurrir?
3. ¿Por qué tiene buena suerte?
4. ¿Tiene Ud. un seguro de accidentes?

B. Accidentes y tropiezos (*mishaps*)

Paso 1. ¿Le pasaron a Ud. alguna de las siguientes cosas en los últimos meses? Modifique las declaraciones, usando palabras afirmativas y negativas, para que sean (*so that they are*) verdaderas para Ud.

MODELOS: Me caí **una vez** por las escaleras (*stairs*) de mi casa.
Nunca me caí por las escaleras de mi casa.

1. Me caí por las escaleras de mi casa.
2. No me acordé de hacer la tarea para la clase de _____.
3. Me equivoqué al contestar (*when I answered*) una pregunta en clase.
4. El despertador sonó, pero no me desperté.
5. Soy un poco torpe. Rompí sin querer algo que no era mío (*mine*).
6. Choqué con algo y me hice daño.
7. Me olvidé del plazo para entregar un informe.
8. Me olvidé de devolverle algo a alguien.
9. Iba un poco distraído/a y me equivoqué de puerta.

Paso 2. Ahora, usando las oraciones del **Paso 1** como guía, pregúntele a un compañero o compañera cómo le fue ayer. También puede preguntarle si le pasaron otros desastres.

MODELO: ¿Te caíste por las escaleras? ¿Te hiciste daño?

Nota **cultural**

Reacciones emocionales

En español hay muchas expresiones que expresan la reacción de una persona. Estas expresiones pueden variar según el país o región. Las siguientes son de uso generalizado.

- Para expresar dolor, sorpresa o compasión

¡Ay!	Ouch! Oops!	**¡No puede ser!**	It can't be! No way!
¡Uy!	Oops! Oh!	**¡No me diga(s)!**	No! No way!
		¿Qué le vamos a hacer?	What can you do (about it)?

¡Cuánto lo siento!	**¡Qué maravilla!** (*How wonderful!*)
¡Qué bonito/feo/bien!	**¡Qué pena/lástima** (*shame*)**!**
¡Qué horror!	**¡Qué terrible/triste!**

- Con referencia a la suerte

¡Buena suerte!	Good luck!	**¡Qué mala suerte!**	Such bad luck!
¡Que te/le vaya bien!	Hope it goes well!		

- Después de un estornudo (*sneeze*): **¡Salud!**

También es importante notar que en español es costumbre generalizada invocar el nombre de Dios (*God*). Esto ocurre frecuentemente en expresiones de tristeza (*sadness*), esperanza (*hope*) y compasión: **¡Dios mío! ¡Por Dios! Que Dios te bendiga** (*bless you*)**. Si Dios quiere.**

¿Cuál de esas expresiones es su favorita?

C. **¿Qué le vamos a hacer?** Indique lo que puede pasar o algo que una persona puede hacer en cada una de las siguientes situaciones. También indique algunas de las expresiones que una persona hispanohablante podría (*might*) decir en cada caso.

MODELO: Una estudiante choca contra el escritorio de un compañero de
clase. →
Lo que pasa: La estudiante se hace daño en la pierna o el pie y se cae. Las cosas del escritorio de su compañero también se caen.
Se puede decir: ¡Ay¡ ¡Qué torpe soy! ¡Perdón! ¡Fue sin querer!

1. A alguien le duele mucho la cabeza.
2. Una persona que va distraída choca con otra en la cafetería.
3. Una persona torpe rompe la cámara de un amigo.
4. Un compañero de clase se equivocó en muchas preguntas en el último examen.
5. Una amiga se hizo daño mientras jubaga a su deporte favorito.
6. Un amigo se levantó con el pie izquierdo.

Nota **comunicativa**

Más sobre los adverbios: *adjetivo* + **-mente**

You already know the most common Spanish adverbs: words like **bien/mal, mucho/ poco, siempre/nunca…**

Adverbs that end in -*ly* in English usually end in **-mente** in Spanish. The suffix **-mente** is added to the feminine singular form of adjectives. Note that the accent mark on the stem word (if there is one) is retained.

ADJECTIVO	ADVERBIO	INGLÉS
rápida	**rápida**mente	*rapidly*
fácil	**fácil**mente	*easily*
paciente	**paciente**mente	*patiently*

D. **Intercambios**

Paso 1. Modifique las siguientes acciones con un adverbio basado en los adjetivos de **Vocabulario útil. ¡OJO!** Hay más de una opción en algunos casos.

MODELO: esperar → esperar pacientemente

1. esperar
2. trabajar
3. llegar
4. hacer algo
5. relajarse (*to relax*)
6. estudiar
7. empezar algo
8. estar confundido/a

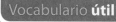
Vocabulario **útil**

constante	**posible**
directo/a	**puntual**
fácil	**rápido/a**
inmediato/a	**total**
paciente	**tranquilo/a**

Paso 2. Ahora, en parejas, túrnense para entrevistarse sobre las frases del **Paso 1.** Deben obtener información interesante y personal de su compañero/a.

MODELOS: esperar pacientemente → ¿Sabes esperar pacientemente? ¿A quién esperas pacientemente? ¿Cuándo esperas pacientemente?

Paso 3. Digan a la clase por lo menos un detalle interesante de su compañero/a.

▶ **Mundo interactivo**

You should now be prepared to work with Scenario 7, Activity 3 in Connect Spanish (**www.connectspanish.com**).

39 Telling How Long Something Has Been Happening or How Long Ago Something Happened

Hace... que: Another Use of hacer

▶ **Grammar Tutorial** 39
connect |SPANISH
www.connectspanish.com

Gramática en acción: Una lección de historia

La bella (*beautiful*) ciudad de Cusco, Perú

Cusco, una ciudad histórica, fue la capital del imperio de los incas. Luego, durante la dominación española, fue una importante ciudad colonial.

1. La ciudad de Cusco continúa habitada desde hace más de 3.000 años. Esto la hace la ciudad más antigua de Sudamérica.
2. Hace aproximadamente 500 años que los conquistadores españoles llegaron a Cusco por primera vez. La convirtieron en una ciudad importante de su imperio.

¿Y los Estados Unidos?

¿Cuánto tiempo hace que... ?

1. son un país independiente
2. tienen cincuenta estados
3. se independizaron de Inglaterra
4. hubo elecciones presidenciales

El presente: *has/have been (happening) for + time*

- **hace** + *time* + **que** + *present tense verb*
  Hace un año **que estudio** español.
- *present tense verb* + **desde hace** + *time*
  Estudio español **desde hace** un año.

I've been studying Spanish for one year.

El pretérito: *ago*

- **hace** + *time* + **que** + *preterite tense verb*
  Hace un año **que empecé** a estudiar español.
- *preterite tense verb* + **hace** + *time*
  Empecé a estudiar español **hace** un año.

I started studying Spanish a (one) year ago.

---

1. ***Hace** + time*

   In Spanish, a phrase with **hace** + *time* is used to express two very different perspectives on time.

   - With the *present* tense, the **hace** phrase tells how long something *has been happening*. (English uses the present perfect progressive tense for this: *has/have been* verb + *-ing for . . .*)

A history lesson Cuzco, a historic city, was the capital of the Inca Empire. Then, during the Spanish occupation, it was an important colonial city. **1.** The city of Cuzco has been continually inhabited for more than 3,000 years. That makes it the oldest city in South America. **2.** The Spanish conquistadors arrived in Cuzco for the first time about 500 years ago. They made it into an important city in their empire.

- With the *preterite*, the **hace** phrase tells how long *ago* something *happened*.

Note that the **hace** + *time* phrase can come before or after the verb. When it comes before, the word **que** is also used with it. When it comes after the verb to express *has/have been . . .* , the phase **desde hace** is used.

Hace dos años **que estudio** en esta universidad.
Estudio en esta universidad **desde hace** dos años.
I've been studying at this university for two years.

Hace dos años **que me gradué** en la escuela secundaria.
Me gradué en la escuela secundaria **hace** dos años.
I graduated from high school two years ago.

¡OJO!

The form of the word **hace** never varies in this structure, whether it is used with a present tense or a preterite tense verb.

2. Questions with *hace*

Use the question **¿Cuánto tiempo hace que… ?** with both structures. The tense of the verb you use indicates your meaning.

- + *present tense* = to ask how long something *has been happening*
- + *preterite tense* = to ask how long *ago* something *happened*

You can answer a question of this kind just by saying the time.

—**¿Cuánto tiempo hace que vives** aquí?
—Dos meses.
"How long have you been living here?"
"(For) Two months."

—**¿Cuánto tiempo hace que te mudaste** aquí?
—Dos meses.
"How long ago did you move here?"
"Two months ago."

Práctica

A. ¡Anticipemos! ¿Qué tiene ganas de hacer?

Paso 1. ¿Qué tiene Ud. ganas de hacer en las siguientes situaciones?

hace + *time* + **que** + *present* *present* + **desde hace** + *time*	= *has/have been doing*
hace + *time* + **que** + *preterite* *preterite* + **hace** + *time*	= *ago*

MODELO: Ud. está en clase. Son las 12:30 de la tarde. Hace cinco horas que no come nada. → Tengo muchas ganas de almorzar.

1. Ud. está en casa. Hace tres horas que escribe ejercicios de español.
2. Hace dos meses que Ud. vive en una residencia estudiantil. Sus compañeros siempre hacen mucho ruido.
3. Hace diez años que Ud. tiene un coche viejo que no funciona bien.
4. Ud. está en una discoteca. Hace media hora que baila y tiene mucho calor.
5. Hace tres días que llueve y Ud. está aburrido/a de estar sin salir de la casa tanto tiempo.

Paso 2. Ahora, en parejas, túrnense para preguntarse qué tienen ganas de hacer en las situaciones del **Paso 1.**

MODELO: E1: Estás en clase. Son las 12:30 de la tarde. Hace cinco horas que no comes nada.
E2: Tengo muchas ganas de comer una hamburguesa con papas fritas.

B. Eventos históricos. ¿Cuánto tiempo hace que pasaron los siguientes eventos? Haga oraciones completas con las palabras indicadas. ¿Sabe Ud. todas las respuestas? Los años en que pasaron estos eventos aparecen abajo.

MODELO: el primer hombre / llegar a la luna →
Hace más de cuarenta años que el primer hombre **llegó** a la luna.

1. Cristóbal Colón / llegar a América
2. la Segunda Guerra (*War*) Mundial / terminar
3. Michael Jackson / morir
4. el presidente (el primer ministro) actual / ser elegido (*to be elected*)
5. el profesor / la profesora de español / empezar a enseñar en esta universidad

Los años: MODELO: 1969 1. 1492 2. 1945 3. 2009 4. ¿ ? 5. ¿ ?

Autoprueba

Match each sentence with the corresponding idea.

a. for *x* years **b.** *x* years ago

1. _____ Hace dos años que te conozco.
2. _____ Te conocí hace dos años.
3. _____ Hace tres años que tomé cálculo.
4. _____ Hace tres años que estudio español.

Answers: 1. a 2. b 3. b 4. a

Conversación

A. Información personal

Paso 1. Complete las siguientes oraciones con información personal.

1. Hace _____ que mi familia vive en el estado / la provincia de _____.
2. Hace _____ que yo vivo en este estado / esta provincia.
3. Hace _____ que comí pizza por última vez.
4. Me duché / Me bañé hace _____.
5. Vi a mi mejor amigo/a hace _____.
6. Hace _____ que practico/hago _____ (deporte o pasatiempo).

Paso 2. Ahora, en parejas, comparen sus oraciones del **Paso 1**. Digan a la clase por lo menos una cosa que tienen en común.

B. Intercambios

Paso 1. Haga preguntas basadas en las siguientes ideas. **¡OJO!** Algunas requieren un verbo en el presente y otras un verbo en el pretérito.

MODELOS: vivir en esta ciudad →
　　　　　¿Cuánto tiempo hace que **vives** en esta ciudad?
　　　　　visitar a sus abuelos la última vez →
　　　　　¿Cuánto tiempo hace que **visitaste** a tus abuelos la última vez?

1. vivir en esta ciudad
2. asistir a esta universidad
3. vivir en su apartamento/casa/residencia
4. estudiar español
5. manejar
6. conocer a su mejor amigo/a
7. visitar a sus abuelos (a sus padres, a ¿ ?) la última vez
8. sacar una mala nota
9. escribir el último trabajo para una de sus clases
10. llegar tarde a clase

Paso 2. Ahora use las preguntas del **Paso 1** para entrevistar a un compañero o compañera de clase. Luego digan a la clase un detalle interesante de su pareja.

 **¿Recuerda Ud.?**

You know how to use the Spanish verb **gustar** and other verbs like it (**molestar, doler...**). Review what you know by completing these sentences.

1. No me gusta / gustan los exámenes.
2. No me gusta / gustan tomar pruebas tampoco.
3. ¿Te molesta / molestan los perros?
4. Al abuelo le duele / duelen las piernas.

You have also learned a number of uses for the word **se.** Match each function of **se** with the appropriate sentence.

1. _____ Los niños tienen que bañar**se** ahora.
2. _____ Los amigos **se** quieren mucho.
3. _____ ¿El regalo? **Se** lo di a Ana ayer.
4. _____ Aquí **se** habla español.

a. to express *one* or *you*
b. to replace the indirect object pronoun **le** or **les** before **lo/la/los/las**
c. to express a reflexive action
d. to express a reciprocal action

In **Gramática 40** you will learn another use for the word **se** in a structure that is similar to **gustar** and other verbs like it.

40 **Expressing Unplanned or Unexpected Events**
Another Use of **se**

Grammar Tutorial **40**
connect
|SPANISH
www.connectspanish.com

Gramática en acción: Un día fatal

1. A Diego se le cayó la taza de café.

2. A Antonio se le olvidaron los libros.

3. A Antonio y a Diego se les olvidó apagar las luces del coche.

¿Y Ud.?

¿También pasó un día fatal ayer? Indique si las siguientes oraciones son ciertas o falsas para describir su día.

	CIERTO	FALSO		CIERTO	FALSO
1. Se me perdió algo.	☐	☐	**3.** Se me cayeron algunas cosas.	☐	☐
2. Se me olvidó hacer algo importante.	☐	☐	**4.** Se me rompió algo de valor (*value*).	☐	☐

Accidental **se** / El **se** accidental

a + Noun (a + Pronoun)	se	Indirect Object Pronoun	Verb	Subject
A Antonio	**se**	le	**olvid**aron	los apuntes.
(A mí)	**Se**	me	**cay**ó	la taza de café.
¿(A ti)	**Se**	te	**perd**ió	la cartera?

1. **Using *se* to Express Accidental Events**
   Unplanned or unexpected events (*I dropped . . . , We lost . . . , You forgot . . .*) are frequently expressed in Spanish with **se** and a third person form of the verb. The event is viewed as happening *to* someone—the unwitting "victim" of the action.

   Se me cayó el papel.
   I dropped the paper. (The paper was dropped by me.)

   Se le olvidaron las llaves.
   He forgot the keys. (The keys were forgotten by him.)

   Se te olvidó llamar a tu hija.
   You forgot to call your daughter. (Calling your daughter was forgotten by you.)

An awful day **1.** *Diego dropped a cup of coffee.* **2.** *Antonio forgot his books.* **3.** *Antonio and Diego forgot to turn off the headlights on their car.*

2. Agreement with the Subject

In these kinds of sentences, as with **gustar** and similar verbs, the subject of the sentence is the thing that is dropped, forgotten, and so on. The subject usually follows the verb.

- When the subject is singular, the verb will be singular, even if the "victim" is plural.
- When the subject is plural, the verb will be plural, even if the "victim" is singular.

A los niños **se les olvidó el cumpleaños** de su madre.
The children forgot their mother's birthday.

Al niño **se le olvidó el cumpleaños** de su madre.
The child forgot his mother's birthday.

A Antonio **se le olvidaron los apuntes.**
Antonio forgot his notes.

A Antonio y Diego **se les olvidaron los apuntes.**
Antonio and Diego forgot their notes.

> ¡OJO!
>
> Remember that an infinitive is viewed as a singular subject in Spanish: **A los niños se les olvidó llamar a su madre.**

3. Parts of the Sentence

Here are the components of these kinds of sentences.

- The "victim" must always be indicated by an indirect object pronoun, which follows the word **se.**
- When the "victim" is overtly stated, he/she/it is expressed with an **a** + *noun* phrase.
- When the "victim" is not overtly stated, meaning can be clarified or emphasized with an optional **a** + *pronoun* phrase.
- The word **no** always comes before the word **se.**

Se le rompió el brazo.
He/She broke his/her arm.

A Ana / A la niña se **le** rompió el brazo.
Ana / The child broke her arm.

(A ella) Se **le** rompió el brazo.
She broke her arm.

A Ana **no** se le rompió el brazo.
Ana didn't break her arm.

4. Verbs Frequently Used with *se*

Here are some verbs frequently used in this construction.

caer

romper

quedar

acabar	to finish; to run out of
caer	to fall; to drop
olvidar	to forget
perder (pierdo)	to lose
quedar	to remain, be left
romper	to break

5. Accident Versus Intent

This structure is used to emphasize the accidental nature of an event. When the speaker wishes to emphasize *who* committed the act, or that the act was intentional, that person becomes the subject of the verb and the **se** structure is not used.

Se me rompió el plato.
The plate broke on me. (accidentally)

(Yo) Rompí el plato.
I broke the plate. (emphasizes either who broke the plate or the intentionality of the act)

El *se* accidental

a + *noun* + **se** + *indirect object pronoun* + *verb* + *subject*
(**a** + *pronoun*) **se** + *indirect object pronoun* + *verb* + *subject*

Práctica

A. ¿Accidental o deliberada? Lea las siguientes pares de oraciones e indique si las acciones que se describen son accidentales o deliberadas.

	ACCIDENTAL	DELIBERADA
1. a. Se me rompieron los lentes.	☐	☐
b. Estaba furiosa, tiré (*I threw*) mis lentes al piso y los rompí.	☐	☐
2. a. La comida no me gustaba para nada y la tiré a la basura.	☐	☐
b. Se me cayó la comida en mi nueva blusa blanca.	☐	☐
3. a. Se me quemó (*burned*) en un incendio (*fire*) todo lo que tenía.	☐	☐
b. Quemé todas las cartas y fotos de mi novio cuando nos separamos.	☐	☐

B. ¡Anticipemos! ¡Qué mala memoria! Hortensia es tan distraída que, cuando se fue de vacaciones al Perú, se le olvidó hacer muchas cosas importantes antes de salir. Empareje los olvidos (*lapses*) de Hortensia con las consecuencias.

OLVIDOS

1. _____ Se le olvidó cerrar la puerta de su casa.

2. _____ Se le olvidó pagar las cuentas.

3. _____ Se le olvidó pedirle a alguien que cuidara a (*to take care of*) su perro.

4. _____ Se le olvidó cancelar el periódico.

5. _____ Se le olvidó pedirle permiso a su jefa.

6. _____ Se le olvidó llevar el pasaporte.

7. _____ Se le olvidó hacer reserva en un hotel.

CONSECUENCIAS

a. Va a perder el trabajo.

b. No la van a dejar subir al avión.

c. Le van a suspender el servicio de la electricidad y del gas... ¡y cancelar sus tarjetas de crédito!

d. Alguien le va a robar el televisor.

e. ¡«King» se va a morir de hambre!

f. Si llega al Perú, no va a tener dónde alojarse (*to stay*).

g. Todos van a saber que no está en casa.

C. Una mañana fatal

Paso 1. Complete la siguiente descripción de lo que le pasó a Pablo ayer. **¡OJO!** Use el **se** accidental.

Pablo tuvo una mañana fatal. Primero (olvidar[1]) poner el despertador. Se levantó tarde y se vistió rápidamente. No cerró bien su maletín;[a] por eso (caer[2]) unos papeles importantes. Recogió los papeles y subió al coche, pero después de cinco minutos, (acabar[3]) la gasolina y se le paró[b] el coche. Dejó el coche en la calle y decidió ir a pie. Llevaba el maletín en una mano y las llaves y un documento urgente en la otra. Desgraciadamente, en el camino,[c] (perder[4]) el documento. Cuando llegó a la oficina, buscó a su jefe para entregarle el documento pero no podía encontrarlo entre sus papeles. Cansado y enojado, cerró el maletín sin cuidado y (romper[5]) los lentes.

[a]*briefcase* [b]*se... (the car) stopped on him* [c]*en... on the way*

Paso 2. Ahora descríbale a un compañero o compañera una mañana o un día fatal que Ud. tuvo. **¡OJO!** Use el **se** accidental.

MODELO: El primer día de clases, se me olvidó poner el despertador y llegué tarde a clase. Luego...

Conversación

A. **¡Desastres por todas partes** (*everywhere*)**!**

Paso 1. ¿Es Ud. una persona distraída o torpe? Indique las oraciones que describen lo que le pasa a Ud. Puede cambiar algunos de los detalles de las oraciones si es necesario. **¡OJO!** Se usa el presente para hablar de acciones típicas.

1. ☐ Con frecuencia se me caen los libros (los platos,…).
2. ☐ Se me pierden constantemente las llaves (los calcetines,…).
3. ☐ Se me olvida apagar la computadora (la electricidad,…).
4. ☐ Siempre se me rompen los lentes (las lámparas,…).
5. ☐ De vez en cuando (*From time to time*) se me quedan los libros (los cuadernos,…) en la clase.
6. ☐ Se me olvida fácilmente mi horario (el teléfono de algún amigo,…).

Paso 2. ¿Es Ud. igual ahora que cuando era más joven? Complete cada oración del **Paso 1** para describir cómo era de niño/a. **¡OJO!** Use el imperfecto.

MODELO: De niño/a, (no) se me caían los libros con frecuencia.

Paso 3. Ahora compare sus respuestas con las de un compañero o compañera. ¿Quién es más distraído/a o torpe ahora? ¿Quién era así de niño/a?

B. **Encuesta** (*Poll*)**: Accidentes de la semana**

Paso 1. Haga una lista de cinco accidentes o cosas que ocurren con frecuencia en la vida diaria y que a nosotros nos parecen desastres. Debe usar por lo menos tres verbos diferentes.

MODELO: perder las llaves de la casa o apartamento

Paso 2. Ahora hágales cinco preguntas a cinco personas de la clase sobre los accidentes o desastres que Ud. apuntó en el **Paso 1.**

MODELO: perder las llaves de la casa o apartamento →
La semana pasada, ¿se te perdieron las llaves de la casa o apartamento?

Paso 3. Diga a la clase cuál fue el accidente o desastre más común de los cinco y quién fue la persona que sufrió más accidentes entre sus encuestados (*interviewees*).

C. **Unos dichos** (*colloquial expressions*) **hispanos.** El **se** accidental se usa en muchos dichos en español. En parejas, traten de adivinar (*guess*) el significado de los siguientes dichos o den su equivalente en inglés. Luego emparejen los dichos con la situación apropiada.

DICHOS

a. Se le hace agua la boca.
b. Se le hacía tarde.
c. Se le fue el alma (*soul*) a los pies.

d. Se le fue la lengua.
e. Se le acabó la paciencia.
f. Se le cae la baba (*drool*) por (algo o alguien).

SITUACIONES

1. La clase empezaba a las dos. Eran las dos menos veinte y Raúl todavía estaba en la ducha. A Raúl _____

2. Ramón le contó a María un secreto, pero María se lo dijo a Luisa y ahora todo el mundo (*everybody*) en la residencia lo sabe. Ramón está furioso. A María _____

3. La hija de Carmen es preciosa. A Carmen _____

4. Julio tiene muchísimas ganas de comer la comida de su madre. ¡Qué rica! Solo de pensarlo, a Julio _____

5. «¡Ya no más! (*Enough already!*)», gritó (*screamed*) la madre. «Vete a tu cuarto ahora mismo.» A la madre _____

6. Del hospital llamaron al padre para decirle que su hija había tenido (*had had*) un grave accidente. Al padre _____

 **¿Recuerda Ud.?**

Before beginning **Gramática 41,** remember what you learned in **Capítulo 6** about prepositional pronouns. The first and second person singular pronouns differ from subject pronouns; the rest are identical to subject pronouns. Give the prepositional pronouns that correspond to the following persons.

1. Pepe: de _____
2. Lisa y yo: detrás de _____
3. tú: para _____
4. yo: de _____
5. Ud.: con _____
6. Juan y Olga: para _____

41 ¿*Por o para*?
A Summary of Their Uses

Grammar Tutorial 41
connect |SPANISH
www.connectspanish.com

Gramática en acción: ¿Qué se representa?

Comprensión

Empareje cada dibujo con la oración que le corresponde.

Ⓐ

1. _____

2. _____

a. Caminan por el parque.
b. Caminan para el parque.

Ⓑ

3. _____

4. _____

a. El regalo que mandó la abuela es para Eduardo.
b. La madre de Eduardo compró el regalo por la abuela.

Ⓒ

5. _____

6. _____

a. Camila está nerviosa por la entrevista.
b. Camila se viste para la entrevista.

You have been using **por** and **para** since you started to study Spanish. Each preposition has some English equivalents that are unique to it, making it easy to decide between them in those cases. However, both **por** and **para** can mean *for*, depending on the context. You already know much of the information in this section.

Por

1. Unique Meanings of *por*

The preposition **por** has a number of English equivalents that are only expressed with **por,** never with **para.**

• *by / by means of*	El libro fue escrito **por** Mario Vargas Llosa. *The book was written by Mario Vargas Llosa.*
	Nos hablamos **por teléfono** mañana. *We'll talk by (on the) phone tomorrow.*
• *through/along*	Me gusta pasear **por el parque** y **por la playa.** *I like to stroll through the park and along the beach.*
• *during/in* (time of day)	Trabajo **por la mañana.** *I work in the morning.*
• *because of / due to*	Estoy nervioso **por la entrevista.** *I'm nervous because of the interview.*

2. *Por* = *For*

When it expresses *for,* **por** looks back at the *reason* or *cause* for something. To remember this, think of the interrogative **¿por qué?** = *why?*

• *for = in exchange for*	Piden **1.000 dólares por el coche.** *They're asking $1,000 for the car.*
	Gracias por todo. *Thanks for everything.*
• *for = for the sake of, on behalf of*	Lo hago **por ti.** *I'm doing it for you (for your sake).*
• *for = period of time* (often omitted)	Vivieron allí (**por**) **un año.** *They lived there for a year.*

3. Fixed Expressions with *por*

Por is used in the expressions to the right, some of which (like **por eso** and **por si acaso**) express the *reason* or *cause* of something.

por Dios	for heaven's sake
por ejemplo	for example
por eso	that's why
por favor	please
por fin	finally
por lo general	generally, in general
por lo menos	at least
por primera/última vez	for the first/last time
por si acaso	just in case
¡por supuesto!	of course!
por todas partes	everywhere

Para

1. Unique Meaning of *para*

The preposition **para** has one English equivalent that is only expressed with **para,** never with **por.**

- *in order to + infinitive*

Regresaron pronto **para estudiar.**
They returned soon (in order) to study.

Estudian **para conseguir** un buen trabajo.
They're studying (in order) to get a good job.

2. *Para = For*

When it expresses *for,* **para** looks ahead, toward the *goal, purpose,* or *destination* of something. To remember this, think of the interrogative **¿para qué?** = *for what purpose?*

- *for = destined for / to be given to*

Todo esto es **para ti.**
All this is for you.

Le di un libro **para su hijo.**
I gave her a book for her son.

- *for = by (deadline, specified future time)*

Para mañana, estudien **por** y **para.**
*For tomorrow, study **por** and **para.***

La composición es **para el lunes.**
The composition is for Monday.

- *for = toward / in the direction of*

Salió **para el Perú** ayer.
She left for Peru yesterday.

- *for = to be used for*

El dinero es **para la matrícula.**
The money is for tuition.

Es un vaso **para agua.**
It's a water glass.

¡OJO!

Compare the second example to **un vaso de agua** = *a glass (full) of water.*

- *for = as compared with / in relation to others*

Para mí, el español es fácil.
For me, Spanish is easy.

Para (ser) **extranjera,** habla muy bien el inglés.
For (being) a foreigner, she speaks English very well.

- *for = in the employ of*

Trabajan para el gobierno.
They work for the government.

Autoprueba

Indicate whether you would use **por** or **para.**

1. _____ to travel to a place
2. _____ to travel through a place
3. _____ to tell by whom something was created
4. _____ to work for someone (a company)
5. _____ to work for someone (on behalf of)
6. _____ to last for a period of time
7. _____ to be due by a certain time

Answers: 1. para 2. por 3. por 4. para 5. para 6. por 7. para

Por and para Summary

por: reason, cause
para: goal, purpose, destination

Práctica

A. ¡Anticipemos! Situaciones. Escoja una respuesta para cada pregunta o situación. Luego invente un contexto para cada diálogo. ¿Dónde están las personas que hablan? ¿Quiénes son? ¿Por qué dicen lo que dicen?

PREGUNTAS/SITUACIONES

1. _____ ¡Uf! Vengo de jugar un partido de basquetbol. ¡Jugamos por dos horas!

2. _____ ¿Por qué quieres que llame a Pili y Adolfo? Nunca están en casa por la noche, mucho menos (*especially*) a estas horas.

3. _____ ¿No vas a comer nada? Por lo menos un sándwich.

4. _____ ¡Cuánto lo siento, don Javier! Sé que llegué tarde a la cita. Discúlpeme.

5. _____ Es imposible que tome el examen hoy, por muchas razones.

6. _____ ¿No lo oíste? Juana acaba de tener un accidente horrible.

7. _____ ¡Pero, papá, quiero ir!

8. _____ Ay, Mariana, ¿no sabías que hubo un ciclón? Murieron más de cien personas.

RESPUESTAS

a. ¡Por Dios! ¡Qué desgracia!

b. Te digo que no, por última vez.

c. No se preocupe. Lo importante es que por fin está aquí.

d. ¡Por Dios! ¿Qué pasó? ¿Está bien?

e. No, gracias. No tengo mucha hambre y además (*besides*) tengo que irme en seguida.

f. ¿Por ejemplo? Dígame…

g. Ah, por eso tienes tanto calor.

h. Llámalos de todas formas, por si acaso están en casa esta noche.

B. Asociaciones. ¿*Por* o *para*? ¿Con qué preposición asocia Ud. las siguientes frases?

1. gracias
2. una fecha en el futuro
3. un período de tiempo
4. durante
5. la persona que hizo algo
6. con cierto destino (*destination*)
7. con el propósito (*purpose*) de
8. en lugar de otra persona
9. con el fin (*goal*) de ayudar a una persona
10. a causa de
11. en medio (*middle*) de, a lo largo de (*along*)
12. trabajar en una compañía
13. pagar dinero
14. en comparación con otros

C. Preguntas. Complete las siguientes preguntas con **por** o **para**.

1. ¿_____ quién trabaja Ud.? ¿Trabaja _____ la mañana o _____ la tarde?
2. ¿_____ dónde tiene que pasar _____ llegar a la universidad?
3. ¿Cuánto pagó Ud. _____ su carro?
4. ¿_____ qué sirve la llave grande que Ud. tiene en la mano?
5. ¿_____ qué profesión estudió Ud.? ¿_____ cuántos años tuvo que estudiar?
6. ¿_____ qué día de esta semana necesita Ud. la tarea?

D. ¿Por o para? Complete los siguientes diálogos y oraciones con **por** o **para.**

1. Los Sres. Arana salieron _____ el Perú ayer. Van en avión, claro, pero luego piensan viajar en coche _____ todo el país. Van a estar allí _____ dos meses. Va a ser una experiencia extraordinaria _____ toda la familia.

2. Mi prima Graciela quiere estudiar _____ (ser) doctora. _____ eso trabaja _____ un médico _____ la mañana; tiene clases _____ la tarde.

3. —¿ _____ qué están Uds. aquí todavía? Yo pensaba que iban a dar un paseo _____ el parque.
   —Íbamos a hacerlo, pero no fuimos _____ la nieve.

4. Este cuadro fue pintado (*painted*) _____ Picasso _____ expresar los desastres de la guerra (*war*). _____ muchos críticos de arte, es la obra maestra de este artista.

5. La Asociación «Todo _____ Ellos» trabaja _____ las personas mayores, _____ ayudarlos cuando lo necesitan. ¿Trabaja Ud. _____ alguna asociación de voluntarios? ¿Qué tuvo que hacer _____ inscribirse (*sign up*)?

ASOCIACION

TODO ELLOS

POR

Trabajamos por las personas mayores que están solas y con escasos recursos económicos

AYÚDANOS, NO ES POSIBLE SIN TI

Para más información llama al teléfono 907 98 91 15, de 18.00 a 20.00 h. tardes, martes y viernes

CAJAMADRID, SUC. 1028
C/C 6000854579

TODO POR ELLOS es una asociación no gubernamental inscrita en el Registro de Asociaciones del Ministerio del Interior con el número 160.589

Conversación

A. Entreviste a su profesor(a). Hágale preguntas a su profesor(a) para saber la siguiente información.

1. la tarea para mañana y para la semana que viene
2. lo que hay que estudiar para el próximo examen
3. si para él/ella son interesantes o aburridas las ciencias
4. lo que piensa de la pronunciación de Uds., para ser principiantes
5. qué deben hacer Uds. para mejorar su pronunciación del español
6. cuánto tiempo deben Uds. dedicar todos los días a practicar el español

B. Preguntas con *por* y *para*

Paso 1. Complete las siguientes ideas con **por** o **para.**

1. prepararse _____ una profesión
2. estar nervioso _____ algo
3. trabajar _____ una compañía
4. hablar _____ teléfono con frecuencia
5. tener algo que hacer _____ mañana
6. pasear _____ el *campus*
7. tener algo que comprar _____ su casa/apartamento/cuarto
8. la idea de pagar mil dólares _____ un abrigo
9. tener algo que hacer _____ alguien
10. la idea de vivir en un sitio _____ toda la vida

Paso 2. Ahora, en parejas, hagan y contesten preguntas, usando las frases del **Paso 1.**

MODELO: prepararse _____ una profesión →
        ¿Sabes para qué profesión estás preparándote?

▶ **Mundo interactivo**

You should now be prepared to work with Scenario 7, Activity 4 in Connect Spanish (**www.connectspanish.com**).

Un poco de todo ♻

A. A la profesora Ortega le duele la cabeza.

Paso 1. Haga oraciones completas con las siguientes ideas. Los verbos pueden estar en el presente de indicativo, el presente de subjuntivo o el pretérito. Añada (*Add*) pronombres y las palabras **que** y **se** cuando sea necesario y use **por** o **para,** según el contexto.

DOCTORA BENÍTEZ:	¿Cuánto tiempo hace / doler[1] la cabeza?
PROFESORA ORTEGA:	Hace una semana / doler[2]. Tener[3] que corregir muchos exámenes y ser[4] necesario / (yo) leer[5] mucho.
DOCTORA BENÍTEZ:	¿Tener[6] algún accidente? ¿Chocar[7] contra algo?
PROFESORA ORTEGA:	No.
DOCTORA BENÍTEZ:	¿Cuánto tiempo hace / ir[8] al oculista[a]?
PROFESORA ORTEGA:	No acordarse.[9] La verdad es / olvidarme[10] hacer una cita.
DOCTORA BENÍTEZ:	Entonces[b] recomendarle[11] / ir[12] al oculista en seguida. También sugerirle[13] / dejar[14] de leer tanto (por/para)[15] unos días y / tomar[16] aspirinas (por/para)[17] el dolor de cabeza.

[a]*eye doctor* [b]*Then*

Comprensión. Conteste las siguientes preguntas.

1. ¿Qué problemas tiene la profesora Ortega?
2. ¿Qué cree la doctora Benítez que está causando el dolor de cabeza de su paciente?
3. ¿Por qué no fue al oculista la profesora Ortega?
4. ¿Que recomienda la doctora Benítez que haga la profesora?

Paso 2. Ahora, en parejas, inventen un diálogo similar sobre uno de los personajes de las páginas 414 y 417.

B. Lengua y cultura: De turismo por el Perú.
Complete the following passage with the correct form of the words in parentheses, as suggested by context. When two possibilities are given in parentheses, select the correct word. **¡OJO!** As you conjugate the verbs in this activity, use the **tú** command when you see *comm:* in front of the infinitive. For other verbs, you will decide whether to use the present indicative or subjunctive, the preterite or imperfect, or simply the infinitive. Context will indicate which forms to use.

Machu Picchu, la ciudad imperial de los incas durante el siglo XV (1400–1500)

¿**T**e interesa la historia? ¿Te (gusta/gustan[1]) los lugares espirituales? Entonces,[a] (*comm:* ir[2]) a Machu Picchu. (Son/Están[3]) las ruinas de una antigua ciudad inca que (es/está[4]) en (el/la[5]) corazón de los Andes, cerca de Cusco. No es fácil (llegue/llegar[6]) a ese lugar. (Por/Para[7]) eso (se/la[8]) llaman «la ciudad perdida[b] de los incas.» En el pasado, (ser[9]) a la vez[c] lugar de refugio y de vacaciones de los reyes[d] y nobles incas. Después de la llegada de los españoles, esta ciudad fue ignorada y (estar[10]) oculta[e] hasta que Hiram Bingham, un profesor y explorador estadounidense, la (encontrar[11]) en 1911. (Hacer[12]) un siglo[f] que Machu Picchu es un sitio famoso y un atractivo destino[g] turístico (por/para[13]) muchas personas de todas partes del mundo.

Pero Machu Picchu no (es/está[14]) el único lugar interesante que se puede visitar en el Perú. Si visitas (el/la[15]) país con tiempo suficiente, te recomendamos que (hacer[16]) una excursión (por/para[17]) la selva.[h] También (*comm:* viajar[18]) al desierto de Atacama, el lugar más árido (en el / del[19]) mundo. Además,[i] (*comm:* pasar[20]) unos días en las playas de Mancora y Cabo Blanco. (*Comm:* Hacer[21]) un viaje fabuloso que (nunca/siempre[22]) vas a olvidar. Esperamos que (*tú:* poder[23]) ir con alguien muy especial para (ti/tú[24]). (Sabemos/Conocemos[25]) que el Perú (les/los[26]) va a fascinar.

[a]*Then* [b]*lost* [c]*a... at the same time* [d]*kings* [e]*hidden* [f]*century* [g]*destination* [h]*jungle* [i]*In addition*

Comprensión. Las siguientes oraciones son falsas. Corríjalas con información de la lectura.

1. El actual rey del Perú vive en Machu Picchu.
2. Es fácil llegar a Machu Picchu.
3. Hiram Bingham fue un explorador español.
4. Machu Picchu es el único sitio de interés turístico en el Perú.
5. Para los turistas no es nada atractivo viajar al Perú.

En **su** comunidad

Entreviste a una persona hispana de su universidad o ciudad sobre lo que más les causa estrés a él y a otras personas de su comunidad.

PREGUNTAS POSIBLES

- ¿Cuáles son los problemas que más les preocupan a Ud. y a su familia o a sus amigos? ¿Hay alguno que les cause más estrés que las otras?
- Si vive en una ciudad grande, ¿son el tráfico y el estacionamiento problemas para Ud.?
- ¿Qué presiones tiene la gente joven de su familia o comunidad? ¿Les preocupa su acceso a la universidad? ¿Por qué?
- ¿Qué actividades hace Ud. para relajarse (*relax*)?
- ¿Es Ud. una persona torpe o distraída? ¿Se le olvida hacer unas cosas o pierde cosas con bastante frecuencia? ¿Tiene accidentes relacionados con el estrés?

SALU2

«Sí estoy un poco supersticiosa, porque cuando pasa un gato negro... es lo más común. Y también cuando pasas abajo de una escalera (*stepladder*) también es una superstición muy fuerte (*strong*) aquí.»

Antes de mirar

¿Cree Ud. que, en general, los estudiantes de su universidad sufren de mucho estrés? ¿Cuáles son las causas de estrés más frecuentes entre Uds.? ¿Sufren más de estrés en algunas épocas del año que en otras? ¿Es Ud. supersticioso/a? Si lo es, ¿en qué situaciones lo demuestra (*do you show it*)?

PROGRAMA **14:** ¡Ay, qué estrés!

El programa de hoy presenta entrevistas con dos estudiantes universitarios de la Ciudad de México, una sobre las causas de estrés y la otra sobre si son supersticiosos.

Vocabulario **de este programa**

ojalá	I hope	**las horas punta**	rush hour
restar	to take away (from)	**dispuesto/a**	ready and willing
la calidad	quality	**invertir (invierto) (i)**	to invest
¿cómo anda... ?	how is . . . ?	**prevenir** (*like* **venir**)	to prevent
la edad	age	**encomendarse a Dios**	to entrust (oneself)
provocar (qu)	to cause	**(me encomiendo)**	to God
presentar	to take (*as an exam*)	**entre comillas**	in quotation marks
los parciales	mid-terms (*exams*)	**percatarse**	to notice
quedar fuera	to be out, put out	**tener cariño**	to feel love,
la temporada	season, period		affection
la carga	load	**sin darse cuenta**	without realizing it
la calificación	la nota	**le pedí que me**	I asked her to send
podría hacerse rico/a	he/she could become rich	**mandara uno**	me one

Fragmento del guion

ESTUDIANTE: Mi preocupación de esta semana, principalmente,[a] es que acabo de presentar un extraordinario.* Entonces,[b] me estuve preparando todo, este, los días anteriores. Hoy lo presenté y espero mi resultado el jueves. Entonces[c] espero que sea positivo y pase. Ese es mi único estrés. [...]

ESTUDIANTE: Bueno, de vivir en la ciudad lo que más me estresa es el tráfico, porque igual[d] salgo una hora antes de mi casa para llegar a la escuela y siempre, siempre hay tráfico. O las distancias, que también son muy largas y con el tráfico, entonces ya haces[e] máximo como tres horas para llegar a un lugar. [...]

PROFESOR: Yo opino que depende de la situación, depende en dónde vivan, depende de la posición económica que tengan va a ser el grado[f] de estrés que tengan. Pero siempre va a haber[g] algo que perturbe[h] su mente,[i] ya sea[j] de lo cotidiano,[k] o sea, este... no sé, algo externo.

[a]*mainly* [b]*That's why* [c]*Then* [d]*it's always the same* [e]*ya... it can take you* [f]*degree* [g]*siempre... there's always going to be* [h]*disturbs* [i]*mind* [j]*ya... whether it be* [k]*daily*

En las cadenas (*chains*) de este estudiante se mezclan símbolos religiosos personales y amuletos. ¡Protección contra (*against*) todo!

*Public universities in Mexico (and in other countries) offer "extraordinary" exams: exams that offer a second chance to pass the course. Students may take these **extraordinarios** if they did not pass or did not even take the final the first time around.

Mundo interactivo

Continue your work as an intern at HispanaVisión with Laura Sánchez Tejada, the roving reporter of *Salu2*, as you complete Scenario 7, Activities 3 and 4 in Connect Spanish (**www.connectspanish.com**).

Al mirar

Mientras mira el programa, indique las causas de estrés y las supersticiones y creencias (*beliefs*) que se mencionan en el programa.

CAUSES DE ESTRÉS	SUPERSTICIONES Y CREENCIAS
☐ el tráfico	☐ los amuletos
☐ los novios	☐ un gato negro
☐ los exámenes	☐ un trébol (*clover*) de cuatro hojas
☐ el dinero	☐ un santo (*saint*)
☐ los profesores	☐ una escalera
☐ el trabajo	☐ cruzarse los dedos
☐ las notas	
☐ los padres	

« ...es el tránsito (*traffic*), es la seguridad (*safety*), es, este, el hecho (*fact*) de estar preocupado por sus estudios, es conseguir dinero para poder pagarse sus estudios, conseguir un poco de apoyo (*support*) por parte de la familia, el mismo (*very*) tránsito de la ciudad, la misma presión que ejercen, nosotros, los profesores, hacia los estudiantes... »

Después de mirar

A. ¿Está claro? ¿Cierto o falso? Corrija las oraciones falsas.

	CIERTO	FALSO
1. La única presión que sufre Víctor tiene que ver (*has to do*) con el tráfico.	☐	☐
2. Ningún estudiante cree que el tráfico sea una causa de estrés.	☐	☐
3. Un profesor opina que conseguir dinero para poder pagarse los estudios genera estrés.	☐	☐
4. La mayoría de los estudiantes entrevistados es supersticiosa.	☐	☐
5. Ninguno de los estudiantes entrevistados es religioso.	☐	☐
6. Es obvio que Víctor es supersticioso.	☐	☐

B. Un poco más. Conteste las siguientes preguntas.

1. ¿En qué es comparable la Ciudad de México con Los Ángeles?
2. ¿En qué época del año académico tuvieron lugar (*took place*) las entrevistas? ¿Cómo lo sabe Ud.?
3. ¿Qué presiones mencionan los estudiantes y los profesores?
4. ¿Qué objetos o amuletos para la buena suerte usan los estudiantes supersticiosos?

C. Y ahora, Uds. En parejas, comparen las respuestas de los jóvenes mexicanos con la realidad de los estudiantes en su universidad. ¿En qué son semejantes y en qué son diferentes? ¿Sufren los estudiantes de su universidad algún tipo de presiones que no se menciona en el programa?

Sobre el programa

Víctor no exagera cuando dice que lo que más le estresa es el tráfico en Los Ángeles. Vive en una casa muy cómoda en una zona muy agradable, pero tarda[a] al menos una hora en llegar al estudio de *Salu2*. Para Víctor es ideal que su trabajo en el estudio termine muy temprano del día: empiezan a las cinco de la mañana y terminan a eso de[b] las doce. Esto le permite ir en la tarde por Sarita, su hija, a la escuela. Marina, la madre de ella, que enseña en una universidad muy cerca de la casa, la lleva a la escuela por la mañana.

[a]*it takes him* [b]*a... around*

Producción personal

Filme dos entrevistas con estudiantes de su universidad sobre el estrés que sufren y las causas principales de su estrés.

Lectura cultural

El Perú

Como ocurre ahora en todos los países, hay múltiples cuestiones[a] que también les causan ansiedad a los peruanos. El tema de la educación es una de estas cuestiones. La educación pública requiere una mayor inversión[b] de dinero para que[c] el sistema sea más efectivo y sirva a todos. Además,[d] se necesita que los maestros[e] tengan mejores salarios.

El tema de los salarios es otra de las serias preocupaciones de muchos peruanos. En el Perú existe la Remuneración Mínima, que es el salario mínimo establecido[f] por la ley.[g] Es el salario que recibe gran parte de los trabajadores[h] peruanos, pero que para muchos de ellos no resulta suficiente para cubrir[i] sus gastos cotidianos.[j]

> **¿Qué cuestiones sociales son motivo de ansiedad entre la gente de su estado/provincia o país?**

[a]*topics* [b]*investment* [c]*para… so that* [d]*In addition* [e]*teachers* [f]*established* [g]*law* [h]*workers* [i]*cover* [j]*daily*

La Universidad Nacional Mayor de San Marcos (Lima, Perú), la primera universidad en Sudamérica, fundada en 1551

En **otros** países hispanos

- **En las grandes ciudades del mundo hispano** El tráfico y el estacionamiento son causa diaria de estrés para muchas personas, considerando que en los países hispanos hay un buen número de megalópolis.[a] Afortunadamente, muchas ciudades tienen estupendas redes de transporte público, como ocurre, por ejemplo, en Madrid, México, D.F. y Buenos Aires.

- **En todo el mundo hispanohablante** En la cultura popular hispana, existen algunas supersticiones comunes a muchos países. Según las creencias populares, los siguientes acontecimientos[b] traen mala suerte.

  - romper un espejo[c] (¡Esto significa siete años de mala suerte!)
  - pasar por debajo de una escalera[d]
  - derramar[e] sal (Hay un «antídoto»: tirar[f] un poco de la sal derramada por encima del hombro[g] izquierdo.)
  - cruzarse con un gato negro en el camino[h]
  - el martes 13 (Cuando el día decimotercero[i] del mes cae en martes.)

Otra de las supersticiones es el mal de ojo,[j] que se refiere al daño que la mirada[k] de algunas personas puede causar, particularmente en los niños.

[a]*huge cities* [b]*events* [c]*mirror* [d]*ladder* [e]*to spill* [f]*to throw* [g]*por… over the shoulder* [h]*path* [i]*thirteenth* [j]*mal… evil eye* [k]*look*

Tres símbolos peruanos

- **El cajón** Es un instrumento de percusión similar a una caja,[a] creado por los descendientes de los esclavos africanos en la zona costera[b] peruana. Hoy es un instrumento muy popular que se utiliza no solo en la música afroperuana sino[c] también en otros tipos de música en diferentes países, incluyendo el flamenco en España.

- **El pisco** Este exquisito licor de uva[d] se fabrica[e] en la costa sur del Perú desde hace más de tres siglos.[f] La demanda internacional por esta bebida ha aumentado[g] significativamente en los últimos diez años.

- **La marinera** Esta es la danza nacional por excelencia del Perú. Es un baile de cortejo,[h] en el que el hombre intenta seducir a su pareja. En la ciudad de Trujillo hay un concurso[i] anual, muy popular, de la marinera.

[a]*box* [b]*coastal* [c]*but* [d]*grape* [e]*se… is made* [f]*centuries* [g]*ha… has increased* [h]*courting* [i]*competition*

Una cita

«Hay, hermanos, muchísimo que hacer.»

César Vallejo (1892–1938), poeta peruano

Esta es una frase conocida[a] por todos los peruanos. Su interpretación varía, pero todos los peruanos coinciden en interpretarla como una tarea urgente: trabajar por el Perú.

[a]*known*

COMPRENSIÓN

1. ¿Qué cuestiones les causan ansiedad a los peruanos?
2. ¿Qué es la Remuneración Mínima?
3. ¿Cuáles son tres de las supersticiones que en el mundo hispano se asocian con la mala suerte?

Del mundo hispano

Antes de leer

¿Qué opina su profesor(a) de su trabajo en la universidad? Lea las siguientes preguntas y contéstelas como Ud. cree que su profesor(a) las contestaría (*would answer*). Luego, hágale las preguntas a su profesor(a), tratando de obtener más información para cada pregunta.

1. ¿Qué aspecto de su trabajo le gusta más? ¿Cuál le gusta menos?
2. ¿Qué es lo más aburrido de su trabajo? ¿Lo más interesante?
3. ¿Se siente frustrado/a con su trabajo a veces? ¿Qué hace entonces (*then*)?
4. ¿Le gustaría tener otro tipo de trabajo?
5. ¿Qué otro trabajo no le gustaría hacer para nada?

Lectura: «OH», de Mario Benedetti

Comprensión

A. Para comprender el poema. Seleccione la opción correcta y explique su respuesta.

1. Este poema fue escrito por/para un jefe.
2. Este jefe trabaja con cuentas/niños.
3. Al jefe le gusta / no le gusta su trabajo.
4. En la segunda estrofa (*stanza*) del poema, el poeta dice que la actitud del jefe es visible/invisible.
5. En la tercera estrofa, el poeta dice que la actitud del jefe es visible/invisible.
6. El poeta le recomienda al jefe que exprese sus sentimientos en privado / enfrente de sus empleados.
7. El poeta muestra hacia el jefe una actitud de intolerancia/compasión.

B. Para interpretar el poema. Conteste las siguientes preguntas según su opinión.

1. ¿Son contradictorias las estrofas 2 y 3?
2. ¿Cree Ud. que todas las personas que hacen el mismo trabajo por veintiocho años vayan a sentirse tan aburridas como este jefe? ¿Por qué sí o por qué no?
3. Si uno no está contento con su trabajo o con otro aspecto de su vida, ¿es bueno expresar su descontento de la manera que recomienda el poeta en la cuarta estrofa? Si Ud. cree que no es nada bueno expresarse así (*in that way*), es decir, en público, ¿cree que es mejor hacerlo en privado?
4. ¿Por qué cree Ud. que el poeta le habla al jefe usando la forma **usté** en vez de **usted**?

OH

Jefe
usté está aburrido
aburrido de veras[a]
hace veintiocho años
5   que sabe sus asientos[b]
que comprueba los
   saldos[c]
y revuelve[d] el café.

Está aburrido
jefe
10   se le nota en los ojos[e]
en la voz[f]
en las órdenes
en el paso[g]
en las mangas[h]
15   en los setenta rubros[i]
de letra redondilla.[j]

Jefe
usté está aburrido
nadie lo sabe
20   nadie.

Pero ahora que está
   solo
ahora que no ven Ellos
desahóguese[k]
grite[l]
25   discuta[m]
diga mierda[n]
dé golpes[ñ] en la mesa
vuélvase insoportable[o]
por favor
30   diga no
diga no muchas veces
hasta quedarse ronco.[p]

No cuesta nada[q]
jefe
35   haga la prueba.[r]

[a]de... truly [b]ledger entries [c]comprueba... you check the balance sheets [d]stir [e]se... it's obvious [f]voice [g]el... your way of walking [h]little errors [i]headings (in a spreadsheet) [j]rounded [k]let it out [l]scream [m]argue [n]shit [ñ]dé... slam your fist [o]vuélvase... became unbearable [p]quedarse... you get hoarse [q]No... You can do it (lit. It doesn't cost anything.) [r]haga... give it a try

A ESCUCHAR

Antes de escuchar

Piense en una persona que Ud. conoce (o en una persona famosa) que sufre o ha sufrido (*has suffered*) de depresión. ¿Cómo se siente o sentía? ¿Qué hizo para mejorarse?

Escuche

Medicina y tecnología: La depresión entre los adolescentes

Un doctor habla de la depresión en la radio. Escuche según las indicaciones de su profesor(a).

Vocabulario **para escuchar**			
la tristeza	sadness	**deprimido/a**	depressed
el estado de ánimo	mood	**la desesperanza**	hopelessness
el comportamiento	behavior	**emocionar**	to get (*someone*) excited about (*something*)
enfrentarse a	to face		
hacer frente a	to face up to	**el peso**	weight
el aprendizaje	learning	**evitar**	to avoid
el acoso	harassment, bullying	**tratable**	treatable

Después de escuchar

A. **Hablando de la depresión.** ¿Qué dice el Dr. Carvajal sobre la depresión? Todas de las siguientes oraciones son falsas. Corríjalas.

1. Todo el mundo (*Everyone*) sufre de depresión.

2. La depresión tiene solo una causa.

3. Uno de los síntomas de la depresión es querer estar siempre con los amigos y la familia.

4. La depresión es una de las enfermedades menos tratables.

B. **Más detalles.** Conteste las siguientes preguntas.

1. ¿Cuáles son tres de las causas de la depresión?

2. ¿Cuáles son tres de los síntomas de la depresión?

3. Según el Dr. Carvajal, ¿qué es lo primero que se debe hacer cuando un joven está deprimido?

¡Música!

Susana Baca (1944–) es una cantante afroperuana que mezcla[a] la música tradicional y la contemporánea en sus canciones. La canción «Luna llena[b]» es del álbum *Susana Baca*.

[a]*mixes* [b]Luna… *Full moon*

Go to the iMix section in Connect Spanish (**www.connectspanish.com**) to access the iTunes playlist *"Puntos9,"* where you can purchase "Luna llena" by Susana Baca.

Susana Baca, en un concierto

Capítulo 14 Las presiones de la vida moderna

A ESCRIBIR

El tema

Las presiones de la vida estudiantil

Preparar

Paso 1. Muchos estudiantes universitarios se encuentran bajo muchas presiones durante su primer año en la universidad. Llene (*Fill in*) la siguiente tabla con las presiones que Ud. cree que lo/la afectan más. Luego entreviste a dos compañeros para saber las opiniones de ellos.

Las presiones...	académicas	sociales	financieras	familiares
Ud.				
compañero/a 1				
compañero/a 2				

Paso 2. ¿Cómo es que las presiones pueden afectar los estudios y la vida de un estudiante? ¿Qué debe hacer un estudiante para prepararse para estas presiones universitarias?

Redactar

Usando toda la información de **Preparar,** escriba un artículo para el periódico de su universidad dirigido (*aimed*) a los estudiantes recién llegados (*newly arrived*). Antes de empezar a escribir, piense en el tono que quiere emplear. ¿Va a ser un artículo serio? ¿humorístico? ¿satírico? También determine si va a dirigirse (*address*) directamente a sus lectores (*readers*) o no. Si se dirige directamente a los lectores, ¿va a usar la forma de **tú** o de **Ud.**?

Editar

Revise el ensayo para comprobar:

- la ortografía y los acentos
- la organización y la secuencia de las ideas
- el tiempo y la forma de los verbos
- el tono del ensayo

Finalmente, prepare su versión final para entregarla.

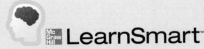
LearnSmart

Visit www.connectspanish.com to practice the vocabulary
and grammar points covered in this chapter.

Gramática en breve

33. Hace + *time*

hace = has/have been doing
  hace + *time* + **que** + *present*
  present + **desde hace** + *time*

hace = ago
  hace + *time* + **que** + *preterite*
  preterite + **hace** + *time*

34. Accidental *se*

a + *noun* + **se** + *indirect object pronoun* + *verb*
  + *subject*

(**a** + *pronoun*) **se** + *indirect object pronoun* + *verb*
  + *subject*

35. ¿Por o para?

por = reason, cause

  by / by means of   through/along
  because of / due to   during/in (time of day)

  for = in exchange for, for the sake of / on
  behalf of, for (*period of time*)

para = goal, purpose, destination
  in order to + *inf.*

  for = destined for / to be given to, by
  (*future time*), toward / in the direction of,
  to be used for, as compared with / in
  relation to others, in the employ of

Vocabulario

Los verbos

acabar	to finish; to run out of
apagar (gu)	to turn off
quedar	to remain, be left

Repaso: olvidar, perder (pierdo)

Las presiones de la vida académica

la ansiedad	anxiety
los apuntes	notes (*academic*)
el despertador	alarm clock
el estrés	stress
el horario	schedule
el informe (oral/escrito)	(oral/written) report

la nota	grade (*academic*)
el plazo	deadline
la presión	pressure
el programa (del curso)	(course) syllabus
la prueba	quiz; test
la tarjeta de identificación	identification card
el trabajo	report, (piece of) work
el trabajo de tiempo completo/parcial	full-time/parttime job

Cognado: el calendario

Repaso: el examen, la llave, la tarea, el trabajo (*work; job*)**, la vida**

devolver (devuelvo)	to return (*something to someone*)
estacionar	to park
estar bajo muchas presiones	to be under a lot of pressure
recoger (recojo)	to collect; to pick up
sacar (qu)	to get (*grades*)
sufrir (de)	to suffer
tener muchas presiones	to have a lot of stress

Repaso: acordarse (me acuerdo) (de), entregar (gu), llegar (gu) a tiempo / tarde, olvidar(se) de, tomar

Los accidentes

caer (caigo)	to fall; to drop
caerse	to fall down
chocar (qu) con/contra	to run into, bump against
equivocarse (qu) (de)	to make a mistake (about)
hacerse daño	to hurt oneself
hacerse daño en	to hurt one's (*body part*)
ir distraído/a	to be distracted
levantarse con el pie izquierdo	to get up on the wrong side of the bed
pedir (pido) (i) disculpas	to apologize
pegarse (gu) con/contra	to run, bump into/against
romper(se)	to break
tener buena/mala suerte	to have good/bad luck, be (un)lucky

Repaso: doler (duele), pegar (gu)

Discúlpame. Disculpa.	Pardon me. I'm sorry. (*fam.*)
Discúlpeme. Disculpe.	Pardon me. I'm sorry. (*form.*)
Fue sin querer.	I didn't mean (to do) it.
Lo siento (mucho).	I'm (very) sorry.

Repaso: perdón

Los adjetivos

distraído/a	absentminded, distracted
escrito/a	written
estresado/a	stressed out, under stress
estudiantil	(of) student(s)
torpe	clumsy
último/a	last, final
universitario/a	(of the) university

Cognados: académico/a, (in)flexible, oral

Otros sustantivos

el desastre	disaster
las escaleras	stairs
la luz (*pl.* **luces**)	light
la taza	cup

Palabras adicionales

hace + *time* + **que** + *preterite* *preterite* + **hace** + *time*	ago

hace + *time* + **que** + *present* *present* + **desde hace** + *time*	to have been (*doing something*) for (*time*)
-mente	-ly (*adverbial suffix*)
por	by
por Dios	for heaven's sake
por ejemplo	for example
por primera/ última vez	for the first/last time
por si acaso	just in case
¡por supuesto!	of course!
por todas partes	everywhere
¡qué + *adj.*!	how + *adj.*!
¡qué + *noun*!	what (a) + *noun*!

Repaso: gracias por, para, por (about; because of; through; in; for), **por eso, por favor, por fin, por la mañana/tarde/ noche, por lo general, por lo menos, por teléfono**

Vocabulario personal

15

La naturaleza y el medio ambiente°

La… *Nature and the environment*

La Pampa, la inmensa pradera (*grassland*) que se extiende por varias provincias de la Argentina, el Uruguay y el Brasil

- ¿Qué sabe Ud. de la Pampa? ¿Es similar a alguna región de su país?

- ¿Le gusta a Ud. estar en contacto con la naturaleza? ¿Qué actividades hace cuando está fuera de (*outside*) la ciudad?

- ¿Hay mucha contaminación en el área donde Ud. vive? ¿Es la contaminación un problema que le preocupa?

Mc Graw Hill **connect**™

|SPANISH

www.connectspanish.com

La Argentina

41 millones de habitantes

- La Argentina y el Uruguay son dos países del Cono Sur, el triángulo de territorio sudamericano que está al sur del Trópico de Capricornio.

- La Argentina es un país que, por su gran extensión, tiene variedad de climas y una geografía que incluye desde la selva (*jungle*) tropical al norte, hasta la Antártida al sur.

El Uruguay

3,5 (tres y medio) millones de habitantes

- El Uruguay y la Argentina están separados por el inmenso estuario del Río de la Plata. Pero también están unidos por la historia y la cultura.

En este capítulo

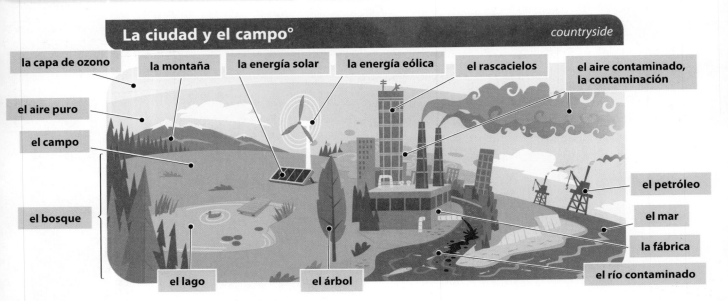

La ciudad y el campo° — *countryside*

la capa de ozono · la montaña · la energía solar · la energía eólica · el rascacielos · el aire contaminado, la contaminación

el aire puro

el campo

el bosque

el petróleo

el mar

la fábrica

el río contaminado

el lago · el árbol

Los recursos naturales°	Los… *Natural resources*
la energía	energy
eólica	wind
renovable	renewable
el medio ambiente	environment
la naturaleza	nature
el reciclaje	recycling
la Tierra	Earth

Cognados: la energía eléctrica/nuclear/solar, el planeta

bello/a	beautiful
contaminado/a	contaminated, polluted
puro/a	pure

Los animales

la ballena	whale
el caballo	horse
la especie (en peligro de extinción)	(endangered) species
el gato	cat
el pájaro	bird
el perro	dog
el pez (*pl.* **peces**)	fish
el toro	bull
la vaca	cow

Cognados: el elefante, el gorila

doméstico/a	domesticated, tame
salvaje	wild

El desarrollo°	El… *Development*
el agricultor / la agricultora	farmer
la agricultura	farming, agriculture
el campesino / la campesina	peasant
el delito	crime
la falta	lack; absence
la finca	farm
el gobierno	government
la población	population
el ritmo de la vida	pace of life
el servicio	service
el transporte	transportation
acelerado/a	fast, accelerated
denso/a	dense
público/a	public
acabar	to finish, run out (of); to use up completely
conservar	to save, conserve
construir*	to build
contaminar	to pollute
desarrollar	to develop
destruir (*like* **construir**)	to destroy
fabricar (qu)	to manufacture
proteger (protejo)	to protect
reciclar	to recycle

---

*Note the present indicative conjugation of **construir**: construyo, construyes, construye, construimos, construís, construyen.

Conversación

A. ¿En la ciudad o en el campo?

	LA CIUDAD	EL CAMPO
1. El aire es más puro; hay menos contaminación.	☐	☐
2. La naturaleza es más bella.	☐	☐
3. El ritmo de la vida es más acelerado.	☐	☐
4. Hay más delitos.	☐	☐
5. Los servicios profesionales (financieros, legales…) son más accesibles.	☐	☐
6. Hay pocos medios de transporte públicos.	☐	☐
7. La población es menos densa.	☐	☐
8. Hay falta de viviendas.	☐	☐

B. Definiciones. Defina las siguientes palabras en español.

MODELO: el agricultor ⟶ Es el dueño de una finca.

1. la fábrica   **4.** la finca   **7.** el río
2. el campesino   **5.** la naturaleza   **8.** el rascacielos
3. la falta   **6.** la población   **9.** el agricultor

Nota cultural

Programas medioambientales

Muchos países del mundo se encuentran en la situación de equilibrar[a] la protección del medio ambiente con los objetivos del desarrollo económico. En muchos casos, la explotación de recursos naturales es la mayor fuente de ingreso[b] para la economía de un país. Los gobiernos latinoamericanos están conscientes de la necesidad de proteger el medio ambiente y de conservar los recursos naturales, y están haciendo lo posible por hacerlo. Los siguientes son algunos de los muchos programas medioambientales que existen en los países hispanohablantes.

- En las grandes ciudades de varios países (Bolivia, Chile, Colombia, el Ecuador, Honduras, México y Venezuela, entre otros) se han establecido[c] programas de restricción vehicular, que tratan de regular la cantidad de tráfico en determinadas horas o días. Se basan en un sistema que limite el uso de un vehículo según su placa.[d] Además de[e] reducir el tráfico diario en la ciudad, estos programas pueden mejorar[f] la calidad del aire.
- En muchos países hispanohablantes (la Argentina, el Uruguay, España y México, entre otros) existen programas de reciclaje, basados en sistemas de separación de basura. Es decir que, según su clase, los materiales se depositan en contenedores[g] de colores diferentes: el papel y el cartón[h]

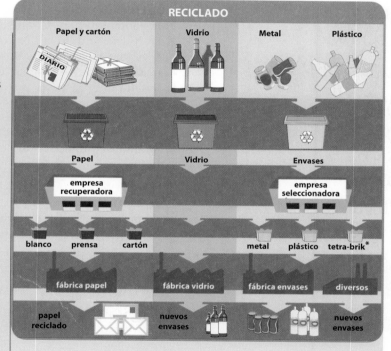

en un contenedor; el vidrio,[i] el metal y el plástico en otro; y en algunos casos los desperdicios de materia orgánica[j] en otro.

¿Qué programas medioambientales hay en su ciudad o estado?

[a]*needing to balance*   [b]*fuente… source of income*   [c]*se… have been established*   [d]*license plate*   [e]*Además… Besides*   [f]*improve*   [g]*containers, receptacles*   [h]*cardboard*

[i]*glass*   [j]*los… organic waste matter*

*****Tetra-brik** *is a type of carton packaging used for beverages such as milk and fruit juices.* It is a regional term, used in Spain, Argentina, and other parts of the Spanish-speaking world.

C. ¿Cuánto sabe de los animales?

Paso 1. En grupos, clasifiquen los siguientes animales en cuatro grupos: los insectos, los animales domésticos, los animales salvajes y las especies en peligro de extinción. ¡OJO! Algunos nombres van a ir en más de un grupo. Luego añadan los nombres de otros animales o insectos que saben los miembros del grupo.

el águila	la cucaracha	la jirafa	la ostra
el camello	el delfín	el león	la rata
el cocodrilo	el hipopótamo	el mosquito	el rinoceronte
el cóndor	el jaguar	el orangután	el tigre

[Handwritten notes in left margin:]
insectos
cucaracha
mosquito

animales domésticos
el camello
~~la ostra~~
la rata

animales salvajes
l águila (bald eagle)
l cocodrilo
l condor
delfín
hipopótamo
jaguar
jirafa
león
orangután
rinoceronte
tigre
ostra

Paso 2. Presenten la lista de su grupo a la clase. ¡Un premio (*prize*) para el grupo que puso el mayor número de nombres de animales en la categoría apropiada!

D. Problemas medioambientales

Paso 1. En parejas, indiquen cuáles de los siguientes problemas y temas afectan a su ciudad, estado o país, o si creen que algunos afectan a los tres. Deben añadir por lo menos un tema que Uds. consideren que es importante.

AFECTA A...	MI CIUDAD	MI ESTADO	MI PAÍS
1. la contaminación del aire	☐	☐	☐
2. la destrucción de la capa de ozono	☐	☐	☐
3. la deforestación de los bosques	☐	☐	☐
4. el desarrollo de energías renovables	☐	☐	☐
5. la falta de transporte público adecuado	☐	☐	☐
6. el ritmo acelerado de la vida	☐	☐	☐
7. la proliferación de fábricas que contaminan el aire y el agua	☐	☐	☐
8. la falta de protección de los espacios naturales	☐	☐	☐
9. ¿ ?	☐	☐	☐

Paso 2. Ahora elijan (*choose*) uno o dos de estos temas y prepárense para explicar lo que se está haciendo ahora para resolver el problema y lo que, en su opinión, es necesario hacer. Presenten sus ideas a la clase.

E. Opiniones. En parejas, comenten las siguientes opiniones. Pueden usar las siguientes expresiones para aclarar (*clarify*) su posición con respecto a cada tema. ¡OJO! Todas las expresiones requieren el uso del subjuntivo.

[Handwritten:] Fixed expressions

> **Vocabulario útil**
>
> **Es / Me/Nos parece** { necesario/esencial que...
> importantísimo que...
> absurdo que...
>
> **Me opongo / Nos oponemos a que...** I am / We are against . . .
> **No creo/creemos que...**

1. Para conservar energía debemos reciclar todo lo posible.

2. Es mejor calentar (*to heat*) las casas con estufas de leña (*wood stoves*) que con gas o electricidad.

3. Se debe crear más parques urbanos, estatales/provinciales y nacionales.

4. La protección del medio ambiente no debe impedir la explotación de los recursos naturales. *[Handwritten:] impede*

5. Para evitar la contaminación urbana, debemos limitar el uso de los coches a ciertos días de la semana.

6. El gobierno debe ponerles multas (*fines*) muy graves a las compañías e individuos que causan la contaminación.

F. Un recurso natural importante

> **Paso 1.** Lea el siguiente anuncio de una empresa colombiana y luego conteste las preguntas.

En ECOPETROL tenemos conciencia ambiental y social. Nuestra planeación incluye siempre los estudios de localización e impacto ambiental, buscando no perturbar la naturaleza y la vida  de las poblaciones vecinas a nuestras futuras operaciones. En esta planeación el trabajo con la comunidad es indispensable.

Nuestro propósito: Una mejor convivencia

EMPRESA COLOMBIANA
DE PETROLEOS
ECOPETROL

1. ¿Qué tipo de negocio cree Ud. que tiene la Empresa Ecopetrol? ¿Qué produce?
2. ¿Qué asuntos (*matters*) son de mayor interés para esta empresa? ¿El tráfico? ¿la deforestación? ¿las poblaciones humanas? ¿otros asuntos?
3. ¿Cree que la foto del anuncio es buena para la imagen de la empresa? ¿Por qué?
4. El sustantivo **convivencia** se relaciona con el verbo **vivir** y contiene la preposición **con**. ¿Qué cree Ud. que significa **convivencia**?
5. ¿Sabe Ud. cuál es otro país latinoamericano que produce lo mismo que Ecopetrol?

Paso 2. Ahora, en parejas, creen un anuncio para el periódico de su universidad, sugiriendo ideas para conservar energía y reciclar en su *campus*.

Los autos

la gasolinera / la estación de servicio

la esquina

el semáforo

GASOLINERA GÓMEZ

el taller

la mecánica

el parabrisas

el conductor

el mecánico

la llanta desinflada

la conductora

la llanta

la acera	sidewalk	arrancar (qu)	to start up (*a car*)
la autopista	freeway, interstate	arreglar	to fix, repair
la avenida	avenue	chocar (qu) con	to run into, collide (with)
la calle	street	estacionar	to park
la camioneta	van	gastar (mucha/	to use (a lot/little of gas)
la carretera	highway	poca gasolina)	
la circulación, el tránsito	traffic	llenar	to fill (up)
el coche/carro (descapotable, híbrido, todoterreno)	(convertible, hybrid, all-terrain) car	manejar, conducir (conduzco)*	to drive
		obedecer (obedezco)*	to obey
el estacionamiento	parking place/lot	parar	to stop
los frenos	brakes	revisar el aceite	to check the oil
la licencia de manejar/conducir	driver's license	tocar (qu) la bocina	to honk the horn
el tanque	tank	Cognado: reparar	

Cognados: la gasolina, el SUV, el tráfico

Así se dice

el estacionamiento = el aparcamiento, el parking
la llanta = la rueda

arrancar = encender el motor
estacionar = aparcar (*Sp.*), parquear (*Col., Mex.*)
la licencia de manejar/conducir = el carnet de conducir, el permiso de manejar

There are many ways to express *car* in Spanish. You already know **el coche** and **el carro. El automóvil,** or simply **el auto,** is perhaps the most generic word, understood in all parts of the Spanish-speaking world.

---

*Like the verb **cono**c**er,** **conduc**ir and **obede**c**er** have a spelling change in the **yo** form of the present indicative: **cono**z**co, condu**z**co, obede**z**co.** This spelling change is also used in all forms of the present subjunctive.

Conversación

A. Definiciones

Paso 1. Empareje las definiciones con las palabras y frases.

DEFINICIONES

1. _____ Se pone en el tanque.
2. _____ Se llenan de aire.
3. _____ Lubrica el motor.
4. _____ Es necesaria para arrancar el motor.
5. _____ Sitio donde dos calles se encuentran, formando un ángulo recto (*square*).
6. _____ Es necesario cambiarla cuando no tiene aire suficiente.
7. _____ Es una calle pública ancha (*wide*) donde los coches circulan rápidamente.
8. _____ Se usan para parar el coche.
9. _____ El policía nos la pide cuando nos para el coche.
10. _____ Allí se revisan y se arreglan los coches.

PALABRAS Y FRASES

a. los frenos
b. la esquina
c. la carretera
d. la batería
e. el taller
f. una llanta desinflada
g. la gasolina
h. las llantas
i. el aceite
j. la licencia

Paso 2. Ahora, siguiendo el modelo de las definiciones del **Paso 1,** dé una definición de las siguientes palabras.

1. el semáforo
2. la circulación
3. estacionar
4. gastar gasolina
5. la gasolinera
6. la autopista

B. Entrevista: Un conductor responsable

Paso 1. Entreviste a un compañero o compañera para saber con qué frecuencia hace las siguientes cosas.

1. dejar la licencia en casa cuando va a manejar
2. acelerar (*to speed up*) cuando ve a un policía
3. tomar bebidas alcohólicas y después manejar
4. respetar el límite de velocidad o excederlo
5. estacionar el coche donde dice «Prohibido estacionar»
6. revisar el aceite y la batería
7. seguir todo derecho (*straight*) a toda velocidad cuando no sabe llegar a su destino (*destination*)
8. rebasar (*to pass*) tres carros a la vez (*at the same time*)
9. mandar mensajes electrónicos mientras maneja
10. no parar cuando el semáforo está en rojo

Paso 2. Ahora, con el mismo compañero o compañera, haga una lista de diez de las cosas que debe hacer —o no debe hacer— un conductor responsable. Pueden usar frases del **Paso 1,** si quieren.

MODELOS: Es importante que el conductor **respete** el límite de velocidad.
        No exceda el límite de velocidad.
        Respetar / **No exceder** el límite de velocidad.

Paso 3. Ahora analice Ud. sus propias (*own*) costumbres y cualidades como conductor(a). ¡Diga la verdad! ¿Es Ud. un conductor o conductora responsable?

Nota **comunicativa**

Frases para indicar cómo llegar a un lugar

Since you know how to form informal (**tú**) and formal (**Ud./Uds.**) commands, you should be able to give simple directions in Spanish.

doblar	to turn
seguir (sigo) (i)	to keep on going; to continue
a la derecha/izquierda	to the right/left
por (la calle/avenida...)	on, through (... street/avenue)
(todo) derecho/recto	straight ahead
¿Cómo se llega a...?	How do you get to ...?

C. En el centro de Montevideo. En parejas, usen el siguiente mapa del centro de Montevideo para dar direcciones a los lugares indicados. Usen mandatos con **Ud.**

MODELOS: **Empiece** doblando / por doblar... en...
Siga todo derecho hasta llegar...
Doble en...

1. del Museo Histórico Nacional al Mercado del Puerto
2. del Mercado del Puerto al Hospital Maciel
3. del Hospital Maciel al Teatro Solís

D. ¿Cómo se llega a...?

Paso 1. En parejas, escriban o den verbalmente direcciones para ir desde su *campus* a los siguientes lugares. Usen mandatos con **tú.**

1. a un cine que está cerca del *campus*
2. al centro de la ciudad
3. a un centro comercial popular
4. a un restaurante bien conocido (*well-known*)

Paso 2. Ahora lean las direcciones del **Paso 1** a la clase pero sin dar el nombre del destino (*destination*). La clase va a tratar de adivinar (*guess*) el destino.

E. Intercambios. En parejas, hagan y contesten preguntas sobre los siguientes temas. Si alguno de Uds. no tiene coche, debe hablar del coche que le gustaría tener.

Mapa:

Puerto[a] de Montevideo
Muelle[c] A   Dársena[b] 1
Dársena Fluvial
Muelle de Escala
Aduana
Rambla Franklin D Roosevelt
Mercado del Puerto
Museo Histórico Nacional
Maciel
Pérez Castellano
Cerro Largo
Treinta y Tres
Ituzaingó
Juan Carlos Gómez
Bartolomé Mitre
Junical
Ciudadela
Florida
Paysandú
Av Uruguay
Mercedes
Plaza Constitución
Plaza Independencia
Teatro Solís
Plaza Zabala
Sarandí
Buenos Aires
Alzáibar
Reconquista
Plaza España
Florida
Ciudadela
Hospital Maciel
Campo deportivo
Rambla Francia
Río de la Plata
Escollera Sarandí

[a]*Port* [b]*Dock* [c]*Pier*

1. la marca (*make*) y el modelo de su coche y la placa (*license plate*) que tiene
2. dónde lo estaciona
3. cuánto tiempo hace que lo tiene y cuánto tiempo más piensa tenerlo
4. si el coche expresa su personalidad o si es solo un medio de transporte para Ud.
5. si el coche tiene nombre

▶ **Mundo interactivo**

You should now be prepared to work with Scenario 8, Activity 1 in Connect Spanish (**www.connectspanish.com**).

GRAMÁTICA

 **¿Recuerda Ud.?**

You have already learned to form and use the present participle (**el gerundio**) in Spanish. The present participles are indicated in boldface in the following sentences. Give their English equivalents and tell how they are formed in Spanish.

1. Carlota, ¡vas **manejando** demasiado rápido!
2. Los niños están **durmiendo** en este momento.

There is another kind of participle in English and in Spanish: the past participle. A number of adjectives that you have learned to use with **estar** are actually past participles. Can you tell how the following adjectives are derived from their infinitives?

1. **-ar** verbs: **cansado/a, cerrado/a, encantado/a, pasado/a, resfriado/a**
2. **-er/-ir** verbs: **aburrido/a, divertido/a, querido/a**
3. irregular verbs: **abierto/a, escrito/a**

You will learn more about past participles and how they are used in **Gramática 42** and **43**.

42 *Más descripciones*
Past Participle Used As an Adjective

Grammar Tutorial 42
Mc Graw Hill **connect** | SPANISH
www.connectspanish.com

Gramática en acción: Algunos refranes y dichos en español

a. En boca cerrada no entran moscas.

b. Estar tan aburrido como una ostra.

c. Cuando está abierto el cajón, el más honrado es ladrón.

Comprensión

Empareje estas oraciones con el refrán o dicho que explican.

1. _____ Es posible que una persona honrada caiga en la tentación de hacer algo malo si la oportunidad se le presenta.
2. _____ Hay que ser prudente. A veces es mejor no decir nada para evitar (*avoid*) problemas.
3. _____ Ejemplifican el aburrimiento (*boredom*) porque llevan una vida tranquila… siempre igual.

A few Spanish proverbs and sayings **a.** *Into a closed mouth no flies enter.* **b.** *To be as bored as an oyster.*
c. *When the drawer is open, the most honest person is (can become) a thief.*

The Past Participle / **El participio pasado**	
verbos en -*ar*	**verbos en -*er*/-*ir***
hablar → habl**ado** spoken	comer → com**ido** vivir → viv**ido** eaten lived

> *the past participle* / **el participio pasado** = the form of a verb used with *to have* in English to form the perfect tenses (*I have written*)

Forming the Past Participle / **Cómo se forma el participio pasado**

1. Regular Forms

The past participle of most English verbs ends in -*ed*: *to walk* → *walked*, *to close* → *closed*. Many, however, are irregular: *to sing* → **sung**, *to write* → **written**.

In Spanish, the *past participle* (**el participio pasado**) is formed by adding **-ado** to the stem of **-ar** verbs, and **-ido** to the stem of **-er** and **-ir** verbs.

An accent mark is used on the past participle of **-er/-ir** verbs with stems ending in **-a, -e,** or **-o.**

El participio pasado
-ar → -ado
-er/-ir: → -ido

Pronunciation hint: **-d-** = [đ], like English *th*

caer → caído	oír → oído
creer → creído	(son)reír → (son)reído
leer → leído	traer → traído

2. Irregular Forms

Some Spanish verbs have irregular past participles.

¡OJO!

The past participle of most compound verbs (such as **descubrir**) that have an irregular root verb (in this case, **cubrir**) have the same irregularity in the past participle: **(des)cubierto.**

abrir:	abierto	morir:	muerto
cubrir:*	cubierto	poner:	puesto
decir:	dicho	resolver:*	resuelto
descubrir:*	descubierto	romper:	roto
escribir:	escrito	ver:	visto
hacer:	hecho	volver:	vuelto

The Past Participle As an Adjective / **El participio pasado como adjetivo**

1. Used As an Adjective

In both English and Spanish, the past participle can be used as an adjective to modify a noun. Like other Spanish adjectives, the past participle must agree in number and gender with the noun modified.

Viven en **una casa construida** en 1920.
They live in a house built in 1920.

El español es una de **las lenguas habladas** en los Estados Unidos y en el Canadá.
Spanish is one of the languages spoken in the United States and in Canada.

2. With *estar*

The past participle is frequently used with **estar** to describe conditions that are the result of a previous action.

¡OJO!

English past participles often have the same form as the past tense.

*I **closed** the book.*
*The thief stood behind the **closed** door.*

The Spanish past participle is never identical in form or use to a past tense.

El lago **está contaminado.**
The lake is polluted.

Todos los peces **estaban cubiertos** de crudo.
All the fish were covered with crude oil.

Cerré la puerta. Ahora la puerta está **cerrada.**
*I **closed** the door. Now the door is **closed.***

Resolvieron el problema. Ahora el problema está **resuelto.**
*They **solved** the problem. Now the problem is **solved.***

*****cubrir** = *to cover*, **descubrir** = *to discover*, **resolver (resuelvo)** = *to solve, resolve*

Práctica

A. ¡Anticipemos! En este momento...

Paso 1. En este momento, ¿son ciertas o falsas las siguientes declaraciones con relación a su salón de clase?

	CIERTO	FALSO
1. La puerta está abierta.	☐	☐
2. Las luces están apagadas.	☐	☐
3. Las ventanas están cerradas.	☐	☐
4. Algunos libros están abiertos.	☐	☐
5. Los estudiantes están sentados.	☐	☐
6. Hay algo escrito en el pizarrón blanco.	☐	☐
7. Una silla está rota.	☐	☐
8. Un aparato está enchufado.	☐	☐

Paso 2. Ahora describa el estado de las siguientes cosas en su casa (cuarto, apartamento).

1. las luces **3.** la televisión **5.** la puerta
2. la cama **4.** las ventanas **6.** las cortinas (*curtains*)

B. ¿Cuánto sabe de la Argentina y del Uruguay?
Para saber más, complete las siguientes oraciones con el participio pasado de uno de los siguientes infinitivos.

VERBOS: acelerar, ~~celebrar~~, ~~conquistar~~ (*to conquer*), ~~desarrollar~~ *developed*, escribir, establecer (*to establish*), ~~preferir~~, ~~reconocer~~ (*to recognize*), separar, ~~traer~~

1. La Argentina y el Uruguay son dos países muy <u>desarrollados</u>

2. Los dos países están <u>separados</u> por el estuario del Río de la Plata.

3. El gaucho es una figura <u>Reconocida</u> como símbolo nacional.

4. En la Pampa, hay grandes fincas _____ en la época colonial.

5. El mate es la bebida ~~traído~~ Preferida de los argentinos y uruguayos.

6. Los guaraníes son un pueblo indígena <u>Conquistados</u> por los españoles.

7. Los guaraníes murieron a causa de enfermedades <u>traído</u> por los europeos.

8. «El Aleph» es un cuento <u>escribido</u> por el famoso escritor argentino Jorge Luis Borges.

9. El carnaval de Montevideo, <u>Celebrado</u> por cuarenta días, es una de las celebraciones de más duración en el mundo.

10. En Buenos Aires y Montevideo, el ritmo de la vida es muy <u>acelerado</u>

C. Comentarios sobre el mundo de hoy.
Complete cada párrafo con el participio pasado de los verbos de cada lista.

VERBOS: desperdiciar (*to waste*), destruir, hacer, reciclar

Todos los días, Ud. tira[a] a la basura aproximadamente media libra[b] de papel. Todo ese papel _____[1] constituye un gran número de árboles _____.[2] Esto es un buen motivo para que Ud. empiece un proyecto de recuperación de papeles hoy en su oficina. Ud. puede completar el ciclo del reciclaje únicamente si compra productos _____[3] con materiales _____.[4]

[a]*throw* [b]*media… half a pound*

(Continúa.)

Vocabulario útil

colgar (cuelgo) (gu) to hang
enchufar to plug in

El mate, una tradición en la Argentina y el Uruguay

VERBOS: acostumbrar, agotar (*to use up*), apagar, bajar, cerrar, limitar

Las fuentes^a de energía no están _____⁵ todavía. Pero estas fuentes son _____.⁶ Desgraciadamente, todavía no estamos _____⁷ a conservar energía diariamente. ¿Qué podemos hacer? Cuando nos servimos la comida, la puerta del refrigerador debe estar _____.⁸ Cuando miramos la televisión, algunas luces de la casa deben estar _____.⁹ El regulador termómetro debe estar _____¹⁰ cuando nos acostamos.

^a*sources*

Conversación

A. ¡Ojo alerta! Las cocinas de los dibujos A y B se diferencian (*differ*) en por lo menos siete aspectos. En parejas, encuéntrenlas todas. Usen participios pasados como adjetivos si pueden.

(A) (B)

 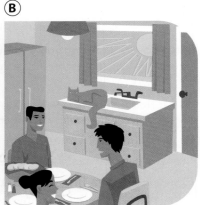

B. ¿Hecho o por hacer todavía (*yet to be done*)**?**

Paso 1. Haga oraciones completas que sean verdaderas para Ud. Use un participio pasado como adjetivo, según el modelo. Si Ud. no tiene ninguna de estas cosas, diga «No tengo… », según el modelo.

MODELOS: una tarea para la clase de _____ (escribir) →
Mi tarea para la clase de inglés ya está **escrita.**
Mi tarea para la clase de inglés no está **escrita** todavía.
No tengo que hacer ninguna tarea **escrita** para ninguna clase.

1. un informe (oral/escrito) para la clase de _____ (organizar)
2. una presentación oral para la clase de _____ (preparar)
3. los problemas para la clase de matemáticas (resolver)
4. ¿ ?

Paso 2. Ahora, en parejas, comparen sus respuestas. Digan a la clase algo que tienen en común.

C. ¡Rápidamente! Dé Ud. el nombre de…

1. algo contaminado
2. una persona muy/poco organizada
3. un programa de computadora bien diseñado
4. un edificio bien/mal construido
5. algo que puede estar cerrado o abierto
6. un servicio necesitado por muchas personas
7. un tipo de transporte usado por muchas personas a la vez
8. algo deseado por muchas personas

43 ¿Qué has hecho?

Perfect Forms: Present Perfect Indicative and Present Perfect Subjunctive

▶ **Grammar Tutorial** 43

connect | SPANISH
www.connectspanish.com

Gramática en acción: Una llanta desinflada

¿Qué ha pasado? ¡Ay, no! ¡Una llanta desinflada! ¡Nunca he cambiado una llanta desinflada!

¿Y Ud.? Alguna vez...
1. ¿le ha cambiado una llanta desinflada a un carro?
2. ¿le ha revisado el aceite al coche?
3. ¿le ha reparado otras cosas al coche?
4. ¿ha tenido un accidente automovilístico?
5. ¿ha excedido el límite de velocidad en la autopista?

Present Perfect Indicative / **El presente perfecto de indicativo**

haber + *past participle* (**-ado/-ido**)			
he **habl**ado	I have spoken	hemos **habl**ado	we have spoken
has **habl**ado	you have spoken	habéis **habl**ado	you have spoken
ha **habl**ado	you have spoken, he/she has spoken	han **habl**ado	you/they have spoken

1. Present Perfect Indicative

In English, to say *I have (written, spoken . . .)*, you use a present tense form of *to have* plus the past participle. This compound tense is called the *present perfect*. The Spanish equivalent, **el presente perfecto,** is formed with present tense forms of **haber** plus the past participle.

In general, the Spanish present perfect tense is used just like the English present perfect.

No **hemos estado** aquí antes.
We haven't been here before.

Me **he divertido** mucho.
I've had a very good time.

Ya le **han escrito** la carta.
They've already written her the letter.

¡OJO!

Haber, an auxiliary verb, is never interchangeable with **tener** when forming the present perfect.

2. Form and Placement

Note the following about **el presente perfecto.**
* The form of the past participle never changes.

* **Haber** and the past participle are never separated and their order never changes.

Ella **ha cambiado llantas** varias veces.
She's changed tires several times.

¿Por qué **has estacionado** tú allí?
  Es el estacionamiento del jefe.
*Why have **you** parked there?*
  It's the boss's parking spot.

A flat tire *What has happened? Oh, no! A flat tire! I've never changed a flat tire!*

- **No** and object pronouns always come before the form of **haber**.

Todavía **no** han escrito la carta.
They haven't written the letter yet.

Todavía **no le** han escrito la carta al presidente.
They haven't written the letter to the president yet.

¡OJO!

Remember that **acabar** + **de** + *infinitive*—not the present perfect tense—is used to state that something *has just occurred*.

Acabo de mandar la carta.
I've just mailed the letter.

3. Present Perfect of *hay*

The present perfect form of **hay** is **ha habido**. It is invariable, and it expresses both *there has been* and *there have been*.

[Práctica A–B]

Ha habido mucha discusión sobre este tema.
There has been a lot of discussion about this topic.

Ha habido muchos accidentes en esta esquina.
There have been many accidents at this corner.

Present Perfect Subjunctive / **El presente perfecto de subjuntivo**

To express *I have written* (*spoken . . .*) in a context that requires the subjunctive, use the present subjunctive forms of **haber** to form the *present perfect subjunctive* (**el presente perfecto de subjuntivo**).

The English equivalent of the Spanish present perfect subjunctive will vary according to the context, as shown in the examples on the right.

[Práctica C–D]

haya **hablado**	hayamos **hablado**
hayas **hablado**	hayáis **hablado**
haya **hablado**	hayan **hablado**

Es bueno que lo **hayan construido**.
It's good (that) they built (have built) it.

Me alegro de que **hayas venido**.
I'm glad (that) you've come (you came).

Es posible que lo **haya hecho**.
It's possible (that) he may have done (he did) it.

Práctica

A. ¡Anticipemos! El pasado y el futuro

Paso 1. Indique cuáles de las siguientes experiencias Ud. ha tenido.

1. ☐ He hecho un viaje a Europa.
2. ☑ He montado a camello (*camel*).
3. ☐ He buceado (*gone scuba diving*).
4. ☐ He ido de safari a África.
5. ☐ He comprado un auto.
6. ☑ He preparado un plato mexicano.
7. ☐ He ocupado un puesto político.
8. ☑ He tenido una mascota.
9. ☑ He escrito un poema.
10. ☐ He visto una película de Almodóvar. Yo no sé
11. ☐ He leído un periódico en español.
12. ☒ Me he roto el brazo o la pierna.

Paso 2. Ahora, en parejas, hagan y contesten las siguientes preguntas. Luego digan a la clase cuál de Uds. dos es el más «atrevido» (*daring*).

1. ¿Cuál es el lugar más raro (*strange*) que has visitado en tu vida?
2. ¿Cuál es el plato o ingrediente más exótico que has comido?
3. ¿Cuál es el libro más extraordinario que has leído?
4. ¿Cuál es la cosa más peligrosa (*dangerous*) que has hecho?

B. El auto de Carmina. Carmina acaba de comprarse un auto usado. Describa lo que le ha pasado a Carmina, según el modelo.

MODELO: ir a la agencia de compra-venta →
        Ha ido a la agencia de compra-venta.

1. pedirle ayuda a un amigo
2. ver diferentes coches y compararlos
3. mirar uno baratísimo
4. revisarle las llantas
5. conducirlo para probarlo
6. pensarlo y regresar a la agencia
7. decidir comprarlo
8. comprarlo
9. volver a casa
10. llevar a sus amigas al cine en su coche

C. ¡No lo creo! ¿Tienen espíritu aventurero sus compañeros de clase? ¿Llevan una vida interesante? ¿O viven tan aburridos como una ostra? ¡A ver!

Paso 1. Indique cuál de las oraciones de cada par expresa su opinión acerca de los estudiantes de esta clase.

> ### Vocabulario útil
>
> | | |
> |---|---|
> | **escalar** | to climb |
> | **hacer autostop** | to hitchhike |
> | **el paracaidismo** | skydiving |

1. ☐ Creo que alguien en esta clase ha visto las pirámides de Egipto.
   ☐ Es dudoso que alguien haya visto las pirámides de Egipto.
2. ☐ Estoy seguro/a de que por lo menos uno de mis compañeros ha escalado una montaña alta.
   ☐ No creo que nadie haya escalado una montaña alta.
3. ☐ Creo que alguien ha viajado haciendo autostop.
   ☐ Dudo que alguien haya hecho autostop en un viaje.
4. ☐ Creo que alguien ha practicado el paracaidismo.
   ☐ Es improbable que alguien haya practicado el paracaidismo.
5. ☐ Estoy seguro/a de que alguien ha tomado el metro en Nueva York a medianoche.
   ☐ No creo que nadie haya tomado el metro neoyorquino a medianoche.

Paso 2. Ahora escuche las respuestas mientras su profesor(a) pregunta si alguien ha hecho estas actividades. ¿Tenía Ud. razón en el **Paso 1**?

D. Opiniones sobre el medio ambiente

Paso 1. ¿Qué se ha hecho en los últimos años para proteger el medio ambiente? Haga oraciones completas en el presente perfecto de indicativo. Sus oraciones pueden ser afirmativas o negativas, según su opinión.

MODELO: este país: desarrollar nuevas formas de energía renovable →
Este país (no) **ha desarrollado** nuevas formas de energía renovable.

1. este país: desarrollar la energía eólica
2. la población de esta ciudad: reciclar el papel, el plástico y el vidrio (*glass*) con regularidad
3. los seres humanos (*humans*): proteger muchas especies de animales
4. varios países: destruir zonas naturales para construir más viviendas
5. el aire de esta ciudad: contaminarse más
6. este estado: construir muchas carreteras nuevas

Paso 2. Ahora añada un comentario personal a sus oraciones del **Paso 1**. Puede ser una explicación (con el indicativo) o una reacción personal (con el subjuntivo).

MODELOS: Este país (no) ha desarrollado nuevas formas de energía renovable. →
Este país no ha desarrollado nuevas formas de energía renovable **porque tenemos mucho petróleo.**
Es terrible que este país no **haya desarrollado** nuevas formas de energía renovable todavía.

Conversación

A. Entrevista: ¿Lo has hecho o no?

Paso 1. Indique si Ud. ha hecho o no las siguientes cosas, según el modelo. También añada a la lista una cosa que ha hecho esta semana y una cosa que debería haber hecho (*you should have done*).

MODELOS: visitar la Argentina o el Uruguay →
He visitado la Argentina una vez.
Nunca **he visitado** la Argentina, pero sí **he visitado** el Uruguay.

1. correr en un maratón
2. manejar un Alfa Romeo
3. escribir un poema
4. actuar en una obra teatral
5. conocer a una persona famosa
6. romperse la pierna alguna vez
7. ¿ ?
8. ¿ ?

Paso 2. Ahora, usando como base algunas de las actividades del **Paso 1** que Ud. ha hecho o no, complete las siguientes oraciones con referencia a sus compañeros de clase o a su profesor(a). Nombre a una persona diferente en cada oración. **¡OJO!** Tiene que decidir si va a usar el indicativo o el subjuntivo en estas oraciones.

MODELO: Creo que… → Creo que **la profesora ha manejado** un Alfa Romeo.

1. Creo que…
2. Dudo que…
3. Es probable que…
4. Estoy seguro/a de que…
5. Ojalá que…

El obelisco, en la Plaza de la República (entre las avenidas Corrientes y 9 de Julio), en Buenos Aires

Paso 3. Lea sus oraciones del **Paso 2** a la clase entera. La persona nombrada en su oración va a decir si la oración es cierta o falsa. ¿Quién acertó más (*guessed most accurately*)?

¿Verdad o mentira?

Paso 1. Invente Ud. tres declaraciones sobre cosas que ha hecho y no ha hecho en su vida. Dos de las declaraciones deben ser verdaderas y una debe ser mentira.

MODELO: **He hecho** un viaje a Sudamérica.
Nunca **he conocido** a nadie famoso.
He visto muchas películas en español.

Paso 2. Lea sus declaraciones a un compañero o compañera. Él/Ella va a tratar de encontrar la mentira.

MODELO: **Creo** que **has hecho** un viaje a Sudamérica y que **has visto** muchas películas en español. **Dudo** que no **hayas conocido** a nadie famoso.

Nota **comunicativa**

El pluscuamperfecto: *había* + *participio pasado*

Use the past participle with the imperfect form of **haber** (**había, habías,...**) to talk about what you had—or had not—done before a given time in the past. This form, called the *past perfect* (**el pluscuamperfecto**), is used like its English equivalent.

Antes de graduarme en la escuela secundaria, no **había estudiado** español.

Before graduating from high school, I hadn't studied Spanish.

Antes de 1995, **habíamos vivido** en Kansas todo el tiempo.

Before 1995, we had always lived in Kansas.

C. **Intercambios.** En parejas, hagan y contesten preguntas basadas en las siguientes frases. Inventen por lo menos una pregunta original.

MODELO: ¿qué cosa? / no haber aprendido a hacer antes del año pasado →
E1: ¿Qué cosa no **habías aprendido** a hacer antes del año pasado?
E2: Pues… no **había aprendido** a nadar. Aprendí a nadar este año en la clase de natación.

1. ¿qué cosa? / no haber aprendido a hacer antes de ahora
2. ¿qué materia? / no haber estudiado antes de venir a esta universidad
3. ¿qué deporte? / (no) haber practicado mucho antes de llegar a los 12 años
4. ¿qué viaje? / haber hecho varias veces antes de ahora
5. ¿qué libro clásico o importante? / no haber leído antes de venir a esta universidad
6. ¿qué decisión? / no haber tomado antes de cumplir 18 años
7. ¿ ?

▶ **Mundo interactivo**

You should now be prepared to work with Scenario 8, Activity 2 in Connect Spanish (**www.connectspanish.com**).

Un poco de todo ♻

A. **Dos dibujos, un punto de vista.** Los dibujos A y B comentan aspectos del mismo tema.

el arado plow	**la flor**	**la mecanización**	**el tractor**
el burro	**la gente**	**la mula**	
la deshumanización			

B

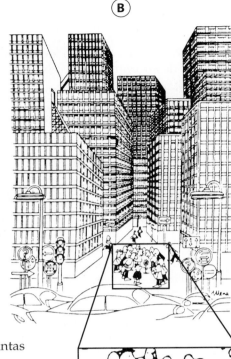

Cartoon by Mena, ALI Brussels.

A

Paso 1. Conteste las siguientes preguntas sobre el dibujo A.

1. ¿Qué se ha comprado el agricultor de la izquierda? ¿Qué es probable que haya vendido para comprarlo?
2. ¿Qué es «más moderno», según el otro agricultor?
3. ¿Qué desventaja tiene el tractor?

Paso 2. Conteste las siguiente preguntas sobre el dibujo B.

1. Describa la ciudad que se ve en el dibujo.
2. ¿Qué ha descubierto la gente? ¿Por qué mira con tanto interés?
3. ¿Qué hicieron primero antes de construir esta ciudad? ¿Qué destruyeron?

Paso 3. Ahora explique su opinión personal sobre estos dos dibujos. ¿Son chistosos (*funny*)? ¿serios? ¿Es probable que los dos artistas estén de acuerdo sobre algunos aspectos del mundo de hoy? ¿Sobre qué aspectos?

B. **Lengua y cultura: El Parque Nacional los Glaciares.** Complete the following paragraphs with the correct form of the words in parentheses, as suggested by context. When two possibilities are given, select the correct word. Form adverbs with **-mente,** as needed. **¡OJO!** *PP:* = present perfect (indicative or subjunctive) *P/I:* = preterite or imperfect. Other infinitives are either present subjunctive or must remain in the infinitive form.

Algunos aspectos de la cultura y de la geografía de la Argentina son bien conocidos por todos. Seguro que Uds. (*PP:* ver[1]) bailar el tango, porque es un baile que se (*PP:* hacer[2]) muy popular (reciente[3]) entre los bailes de salón.[a] Y casi todos (saben/conocen[4]) qué es la Pampa y quiénes (son/estar[5]) los gauchos.

El Cerro (*Mt.*) Fitz Roy, en la Patagonia

Pero es fácil (olvidar[6]) que la Argentina es un país larguísimo que se extiende desde la selva[b] tropical en la frontera[c] con el Brasil hasta la Antártida. Por eso (el/la[7]) país tiene una increíble variedad climática y geográfica.

Si Ud. es aficionado/a al ecoturismo, (se/le[8]) aconsejamos que (visitar[9]) el Parque Nacional los Glaciares, en (el/la[10]) región de la Patagonia, al sur del país. El gobierno argentino (*P/I:* crear[11]) el parque en 1937, y en 1982 la UNESCO (lo/la[12]) (*P/I:* declarar[13]) Patrimonio Natural de la Humanidad. Allí, en las 600.000 hectáreas[d] del parque, los visitantes pueden explorar impresionantes glaciares. Es posible (escalar[14]) montañas de hielo[e] con grandes precipicios, que es un desafío[f] aun[g] para los (mejor[15]) escaladores.[h]

[a]bailes… *ballroom dances* [b]*jungle* [c]*frontier* [d]*hectares (1 hectare = 2.47 acres)* [e]*ice* [f]*challenge* [g]*even* [h]*climbers*

Comprensión. Conteste las siguientes preguntas.

1. ¿Qué aspectos de la cultura argentina son bien conocidos?
2. ¿Por qué hay gran variedad climática y geográfica en la Argentina?
3. ¿En qué región está el Parque Nacional Los Glaciares?
4. ¿Por qué es tan bueno el Parque para el alpinismo (*mountain climbing*)?

En su comunidad

Entreviste a una persona hispana de su universidad o ciudad sobre cuestiones medioambientales relacionados con su país de origen.

PREGUNTAS POSIBLES

- ¿Hay problemas de contaminación en su ciudad o país de origen? ¿Qué los causa?
- ¿Qué está haciendo el país para preservar los recursos naturales? ¿Y para disminuir la contaminación?
- ¿Ve un cambio en la actitud de las personas de su país o ciudad con relación a la conservación de los recursos naturales?
- ¿Hay programas de reciclaje? ¿Cree que son efectivos?

«Por ende (*Therefore*), nuestros modelos a seguir son exactamente aquellos establecidos por la EPA y la jerarquía del manejo de desperdicios sólidos (*solid waste management*) que ellos presentan.»

Antes de mirar

Piense en las medidas (*actions*) que se pueden tomar para proteger el medio ambiente a distintos niveles (*levels*): a nivel personal, a nivel gubernamental (*government*) local y a nivel gubernamental nacional. En su opinión, ¿son suficientes las medidas que Ud., su ciudad y su país están tomando? ¿Qué otras se deberían tomar (*should be taken*)?

PROGRAMA **15:** EcoSalu2

En este programa se muestran reportajes de tres países diferentes que presentan diversas maneras de proteger el medio ambiente.

Vocabulario **de este programa**

encantador(a)	charming	el desecho	refuse, waste
en la actualidad	currently	prensado/a	compacted, flattened
la factura	bill, invoice		
a la larga	in the long run	el neumático,	la llanta
el/la ingeniero/a	engineer	la goma	
único/a	only	a corto plazo	short term
la ranita	little frog	la red vial	road system
promover	to promote	quedarse atrás	to be left behind
(promuevo)		experimentar	to experience
la sigla	initial	por muy	on the right
el vidrio	glass	buen camino	track

Fragmento del guion

LAURA: Hoy estamos en una casa en la que[a] se han hecho muchos cambios para lograr[b] más eficiencia medioambiental. Es una casa del año de 1929, pero está totalmente remodelada. Las casas viejas con frecuencia son de construcción sólida, pero poco eficientes en cuanto a[c] conservación de energía.

La primera decisión fue poner páneles solares en el techo.[d] Como en California hay tanto sol, las necesidades de energía de la familia quedan cubiertas[e] con energía solar exclusivamente.

Esta familia no ha pagado ni un centavo[f] a la compañía eléctrica desde que instalaron los páneles solares. La casa también cuenta con[g] páneles solares para el agua caliente. Con estos páneles, la temperatura del agua puede llegar hasta 140 grados Fahrenheit, es decir, 60 grados centígrados. Incluso hasta hay[h] páneles solares para la calefacción de la alberca.[i]

Para asegurar el ahorro[j] de energía, en la casa se usan ventanas y puertas eficientes, bombillas[k] y aparatos eléctricos de bajo consumo.

[a]la... *which* [b]*achieve* [c]en... *regarding* [d]*roof* [e]quedan... *are met* [f]ni... *not one cent* [g]cuenta... tiene [h]Incluso... *There are even* [i]*piscina* [j]asegurar... *ensure the saving* [k]*light bulbs*

«Con todas estas medidas, los habitantes de la casa dejan un impacto medioambiental mucho menor al que (*than that which*) se deje la mayoría de los hogares (*homes*) de los países ricos.»

Mundo interactivo

Continue your work as an intern at HispanaVisión with Laura Sánchez Tejada, the roving reporter of *Salu2,* as you complete Scenario 8, Activities 1 and 2 in Connect Spanish (**www.connectspanish.com**).

Al mirar

Mientras mira el programa, empareje las siguientes iniciativas ecológicas con las ciudades o países correspondientes.

INICIATIVAS

1. _____ una casa vieja de gran eficiencia medioambiental
2. _____ el reciclado de neumáticos
3. _____ el Departamento de Administración de Desperdicios Sólidos, regulado por la agencia EPA
4. _____ Bicing
5. _____ Ecobici
6. _____ iniciativas similares de bicicleta

LUGARES

a. Puerto Rico
b. Los Ángeles
c. Berlín y París
d. México, D.F.
e. Barcelona (España)
f. China

Después de mirar

A. **¿Está claro?** Complete las siguientes oraciones según el programa.

1. Los habitantes de la casa remodelada no pagan mucho dinero / ni un centavo a la compañía de electricidad.
2. En Puerto Rico hay solo un centro / muchos centros de reciclaje.
3. Los materiales reciclados se convierten en nuevos materiales en Puerto Rico / otros países.
4. Bicing es una iniciativa en España / en España y en otros países de Europa también.
5. Ecobici es un programa de comprar / alquilar bicicletas a bajo precio.
6. La Avenida de la Reforma se cierra al tráfico todos los fines de semana / domingos.

«En México hay muy pocos carriles (*lanes*) especiales para bicis. Pero los domingos, una de las arterias principales de la ciudad, la Avenida de la Reforma, se cierra a los autos por varios kilómetros y se prestan las bicis gratis.»

B. **Un poco más.** Haga listas de los siguientes detalles del programa.

1. las reformas que se han hecho en la casa remodelada
2. los materiales que se reciclan en Puerto Rico
3. los países a los que (*which*) Puerto Rico exporta el material reciclado
4. dos iniciativas ecológicas en México, D.F.

C. **Y ahora, Uds.** En grupos, hablen sobre las iniciativas para la reducción de tráfico que presenta el último reportaje del programa de hoy. ¿Hay alguna iniciativa similar en su país? ¿Creen Uds. que estos programas son necesarios en su ciudad? ¿Creen que son prácticos? Justifiquen sus respuestas.

Sobre el programa

Para este programa, Laura no tuvo que ir muy lejos para encontrar una «ecocasa». La casa del reportaje es la[a] de la productora[b] de *Salu2,* una argentina que llegó a California hace más de una década, atraída[c] por la meca del cine, como tantas personas de todo el mundo. Como pasa con frecuencia, las cosas no salieron tal como ella lo había pensado[d] y ha terminado[e] como productora de televisión, un trabajo que cada vez le gusta más.[f]

[a]*that* [b]*producer* [c]*attracted* [d]tal… *as she thought (they would)* [e]*ended up* [f]cada… *she likes more and more (each day)*

Producción personal

Filme un corto (*short segment*) en defensa de su propia (*own*) posición sobre un tema de interés ecológico. Puede ser a favor o en contra de alguna medida o iniciativa. Para su corto, puede entrevistar a algunos expertos y/o tomar datos de otras fuentes (*sources*) y usar su voz en off.

A LEER

Lectura cultural
La Argentina y el Uruguay

Tanto el Uruguay como la Argentina son países orgullosos[a] de la belleza[b] y la diversidad de su naturaleza. De norte a sur y de este a oeste, la Argentina tiene formidables atracciones naturales. Al norte, donde convergen los límites[c] con el Brasil y el Paraguay, están las cataratas[d] del Iguazú, una de las maravillas del mundo natural. Al sur se encuentra el impresionante glaciar Perito Moreno. Al oeste, en la frontera con Chile, la cordillera[e] de los Andes ostenta[f] el pico[g] más alto de todo el continente americano: el monte Aconcagua, de 6.962 metros (22.841 pies) de altura. Al este, el río Uruguay, que marca la totalidad de la frontera[h] entre el país del mismo nombre y la Argentina, se une con el río Paraná para formar el estuario del Río de la Plata. Y en el centro, en un territorio también compartido[i] con el Uruguay, se encuentran la Pampa, una interminable planicie[j] de tierras para el ganado[k] y el cultivo de granos. Al sur profundo, la Argentina continúa más allá del Estrecho de Magallanes[l] hasta la misma Antártida.

Por su parte, el Uruguay contiene los Humedales de Santa Lucía y del Este. Son tierras cubiertas de agua que mantienen ecosistemas de gran valor[m] medioambiental y el mayor parque de ombúes[n] del mundo.

> ¿Se sienten orgullosos (*proud*) de la belleza natural de su zona las personas de su estado/provincia?

[a]*proud* [b]*beauty* [c]*borders* [d]*waterfalls* [e]*mountain range* [f]*is proud to show off* [g]*summit* [h]*border* [i]*shared* [j]*plain* [k]*cattle* [l]*Estrecho... Straight of Magellan* [m]*value* [n]*large shade trees*

En otros países hispanos

- **En Costa Rica, Colombia, el Ecuador, México, el Perú y Venezuela** Estas naciones están entre los diecisiete países megadiversos identificados por el Centro de Monitoreo de Conservación Ambiental, un organismo[a] del Programa de las Naciones Unidas para el Medio Ambiente (el PNUMA). Los países megadiversos, en su mayoría tropicales, son países que tienen el mayor porcentaje de biodiversidad en el planeta.

- **En España** En la actualidad, este país europeo está invirtiendo[b] en el desarrollo de las energías eólica y solar, ya que[c] el país disfruta de[d] innumerables horas de sol y buenas zonas de viento.

[a]*agency* [b]*investing* [c]*ya... since* [d]*disfruta... enjoys*

La Garganta del Diablo (*Devil's Throat*), en las Cataratas del Iguazú

Tres símbolos argentinos y uruguayos

- **El mate** También conocido como la yerba mate, es una hierba de la que[a] se hace un tipo de té, inmensamente popular en el Uruguay y la Argentina. La tradición de tomar mate en un grupo de amigos es muy uruguaya.

- **El tango** Este baile se originó en la Argentina y desarrolló su propia[b] forma en el Uruguay también. Se ha hecho popular en todo el mundo no solo como baile de pareja, sino[c] también como un estilo musical.

- **La Pampa** Este inmenso territorio abarca[d] partes de la Argentina, el Uruguay y el Brasil. Es la tierra del gaucho, el *cowboy* sudamericano, quien ahora es solo un personaje[e] folclórico. Para ver a un gaucho hoy día, es necesario visitar una estancia[f] modelo.

[a]*hierba... herb from which* [b]*own* [c]*but rather* [d]*spreads over* [e]*character* [f]*finca argentina*

Una cita

«Sean los Orientales[a] tan ilustrados[b] como valientes.»

José Gervasio Artigas (1764–1850), héroe nacional y padre de la independencia uruguaya

Es el ideal de la cultura uruguaya. Significa que es necesario luchar[c] por lo que uno quiere, pero también es necesario tener conocimiento[d] para actuar sabiamente.[e]

[a]*Sean... May people from Uruguay be* [b]*educated* [c]*to fight* [d]*knowledge* [e]*wisely*

COMPRENSIÓN

1. ¿Qué destino turístico se destaca (*stands out*) en la Argentina?
2. ¿Qué región es parte tanto de la Argentina como del Uruguay?
3. ¿Qué países hispanos se clasifican como megadiversos? ¿Por qué lo son?
4. ¿Qué tipos de energías renovables son importantes en España ahora?

Capítulo 15 La naturaleza y el medio ambiente

Del mundo hispano

Antes de leer

1. ¿En qué ambiente vive Ud. ahora o ha vivido la mayor parte de su vida? ¿En una ciudad? ¿en las afueras de una ciudad? ¿en un pueblo pequeño? ¿en un ambiente rural?

2. ¿De qué manera(s) ha influido en Ud. el ambiente en que ha vivido en cuanto a (*as far as*) las siguientes ideas?

   - sus preferencias en cuanto a la comida
   - la manera en que se viste
   - cómo pasa su tiempo libre
   - cómo se relaciona con otras personas
   - sus necesidades materiales
   - sus ideas políticas y sociales

Lectura: «Cuadrados° y ángulos», de Alfonsina Storni

Squares

Casas enfiladas,[a] casas enfiladas,
casas enfiladas.
Cuadrados, cuadrados, cuadrados.
Casas enfiladas.
5   Las gentes ya tienen el alma[b] cuadrada,
ideas en fila[c]
y ángulos en la espalda.[d]
Yo misma he vertido[e] ayer una lágrima,[f]
Dios mío, cuadrada.

[a]*in a straight row* [b]*soul* [c]*en... in single file* [d]*la... their backs* [e]*Yo... I myself shed* [f]*tear*

Comprensión

A. Elementos del poema. Identifique los siguientes aspectos del poema.

1. las palabras y frases que se repiten
2. los versos (*lines*) que describen las casas
3. el tipo de lugar descrito (*described*) en el poema
4. los versos que describen a las personas
5. los versos que se refieren a la poeta misma

B. Comentario. Conteste las siguientes preguntas para expresar su opinión como lector(a) (*reader*).

1. ¿Qué efecto tiene la repetición en este poema?
2. ¿Qué relación existe entre las personas y las casas?
3. ¿Qué tipo de persona es la poeta? ¿Qué efecto tiene en ella el ambiente que describe?
4. ¿Cree Ud. que la poeta se refiere solo a un lugar determinado? ¿O cree que se refiere a un problema más grande?
5. ¿Cree Ud. que la poeta podría (*could*) ser más feliz en un ambiente diferente? ¿En cuál?

A ESCUCHAR

Vocabulario **para escuchar**

hacer campaña	to have a campaign
el partido político	political party
pilas	bateries

En la Argentina y el Uruguay, así como en muchos países centroamericanos, se usa el pronombre personal **vos** en vez del (*instead of the*) pronombre **tú.** Los mandatos informales con **vos** tienen formas diferentes de los mandatos con **tú.** En el programa de radio, Ud. va a escuchar algunos de estos mandatos.

escuchá = escucha
pensá = piensa
unite = únete
hacete = hazte
ayudá = ayuda
andá = anda (*go*)
defendé = defiende

Antes de escuchar

¿Qué problemas medioambientales le preocupan a Ud.? ¿Le preocupan más los problemas locales o los internacionales? ¿Es Ud. miembro/a de alguna organización dedicada a la protección del medio ambiente?

Escuche

Vida natural, de Radio Universidad

En una estación de radio hay un programa que hace una campaña para la organización Greenpeace. Escuche según las indicaciones de su profesor(a).

Después de escuchar

A. ¿Cierto o falso? Indique si las siguientes oraciones son ciertas o falsas. Corrija las falsas.

	CIERTO	FALSO
1. Greenpeace tiene una organización en la Argentina.	☐	☐
2. Greenpeace recibe dinero de varios gobiernos.	☐	☐
3. Greenpeace solo se preocupa de los problemas de la contaminación del aire y el agua.	☐	☐
4. Greenpeace solo busca miembros que contribuyan con dinero a la organización.	☐	☐

B. Más detalles. Conteste las siguientes preguntas.

1. ¿Cómo se llama el programa? ¿En qué tipo de estación de radio se presenta?

2. ¿Para qué tipo de oyentes es este programa? ¿Por qué piensa Ud. eso?

3. ¿Cómo trata de convencer el locutor (*host*) del programa a sus oyentes de que es importante hacerse miembro de Greenpeace?

4. ¿Cuáles son dos de los temas que preocupan a Greenpeace?

¡Música!

Mercedes Sosa (1935–2009) fue una de las grandes damas de la música latinoamericana, famosa en todo el mundo. Cantaba música folclórica y tradicional no solo de la Argentina sino[a] de todo el continente sudamericano. Su canción «Todo cambia» se basa en la letra de un poema del poeta chileno Julio Numhauser. Es del álbum *30 años.*

[a]*but rather*

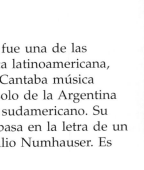
Go to the iMix section in Connect Spanish (**www.connectspanish.com**) to access the iTunes playlist "*Puntos9,*" where you can purchase "Todo cambia" by Mercedes Sosa.

La famosa cantante argentina Mercedes Sosa

A ESCRIBIR

El tema

Los efectos del cambio climático

Preparar

Paso 1. En parejas, piensen en el tema del cambio (*change*) climático. ¿Hay más de una posición con respecto al tema? Según algunos científicos, ¿cuáles son las causas del cambio climático? ¿Cuáles son sus efectos? ¿Qué opinan las personas que no están de acuerdo con la idea del cambio climático?

Hagan una lista de cuatro o cinco efectos del cambio climático que, en su opinión, son más problemáticos. También hagan una lista de los argumentos de los defensores del cambio climático, y otra, de los que se oponen a este concepto.

Paso 2. Ahora, de forma independiente, defina su postura (*position*) personal con respecto a este tema. Esto lo/la va a ayudar a escoger el enfoque (*focus*) y la tesis (*argument*) de su ensayo.

Redactar

Ud. va a escribir un ensayo de exposición de causa/efecto usando la información de la sección **Preparar.** En este caso, su propia (*own*) opinión es fundamental para estructurar su texto, ya que (*since*) Ud. tiene que tomar una postura sobre un tema que es controversial. Debe dar detalles y ejemplos que apoyen (*support*) su tesis.

Editar

Revise el ensayo para comprobar:

- la ortografía y los acentos
- la organización y la secuencia de las ideas (causa y efecto)
- el tiempo y la forma de los verbos (el presente perfecto para indicar acciones del pasado que son relevantes en el presente; el subjuntivo para expresar su reacción personal a las circunstancias que describe en el ensayo)
- el tono del ensayo

Finalmente, prepare su versión final para entregarla.

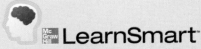

LearnSmart

Visit **www.connectspanish.com** to practice the vocabulary and grammar points covered in this chapter.

Gramática en breve

42. Past Participle Used As Adjective

Regular Past Participles
-ar → -ado/a
-er/-ir → -ido/a

Irregular Past Participles
abierto/a, descubierto/a, dicho/a, escrito/a, hecho/a, muerto/a, puesto/a, roto/a, visto/a, vuelto/a

43. Present Perfect Indicative and Subjunctive

Present Perfect Indicative		*Present Perfect Subjunctive*	
indicative of **haber** + past participle		subjunctive of **haber** + past participle	
he	hemos	haya	hayamos
has	habéis	hayas	hayáis
ha	han	haya	hayan

Vocabulario

Los verbos

cubrir	to cover
descubrir	to discover
evitar	to avoid
resolver (resuelvo)	to solve, resolve

Los recursos naturales

el bosque	forest
la energía (eólica, renovable)	(wind, renewable) energy
el lago	lake
el medio ambiente	environment
el reciclaje	recycling
el recurso natural	natural resource
el río	river
la naturaleza	nature
la Tierra	Earth

Cognados: el aire, la energía eléctrica/nuclear/solar, el petróleo, el planeta

Repaso: el árbol, el mar, la montaña

conservar	to save, conserve
construir	to build
contaminar	to pollute
desarrollar	to develop
destruir (*like* construir)	to destroy

fabricar (qu)	to manufacture
proteger (protejo)	to protect
reciclar	to recycle

Repaso: acabar

El desarrollo

el/la agricultor(a)	farmer
la agricultura	farming, agriculture
el/la campesino/a	peasant
el campo	field; countryside
la capa de ozono	ozone layer
el delito	crime
el desarrollo	development
la fábrica	factory
la falta	lack; absence
la finca	farm
el gobierno	government
la población	population
el rascacielos	skyscraper
el ritmo de la vida	pace of life
el servicio	service

Repaso: la ciudad, la contaminación, el transporte

Los animales

la ballena	whale
la especie (en peligro de extinción)	(endangered) species
el pez (*pl.* peces)	fish
el toro	bull
la vaca	cow

Cognados: el elefante, el gorila

Repaso: el caballo, el gato, el pájaro, el perro

Los autos

la estación de servicio	gas station
los frenos	brakes
la gasolinera	gas station
la llanta (desinflada)	(flat) tire
el/la mecánico/a	mechanic
el parabrisas	windshield
el taller	(repair) shop
el tanque	tank

Cognados: la batería, la gasolina, el SUV

Repaso: el aceite, la camioneta, el carro, el coche

arrancar (qu)	to start up (*a car*)
arreglar	to fix, repair
gastar	to use (*gas*)
llenar	to fill (up)
revisar	to check

Cognado: reparar

En la carretera

la acera	sidewalk
la autopista	freeway, interstate
la bocina	horn (*car*)
la carretera	highway
la circulación	traffic
el/la conductor(a)	driver
la esquina	(street) corner
el estacionamiento	parking place/lot
la licencia de manejar/conducir	driver's license
el límite de velocidad	speed limit
el/la policía	police officer
el semáforo	traffic signal
el tránsito	traffic

Cognado: el tráfico

Repaso: la calle

conducir	to drive
doblar	to turn
obedecer (obedezco)	to obey
parar	to stop
seguir (sigo) (i)	to keep on going
tocar (qu)	to honk

Repaso: chocar (qu) (con), estacionar, manejar

(todo) derecho/recto	straight ahead

Repaso: a la derecha, a la izquierda, por (through)

¿cómo se llega a… ?	how do you get to . . . ?

Los adjetivos

acelerado/a	fast, accelerated
bello/a	beautiful
contaminado/a	contaminated, polluted
domesticado/a	domesticated, tame
renovable	renewable
salvaje	wild
todoterreno (*inv.*)	all-terrain

Cognados: denso/a, híbrido/a, público/a, puro/a

Repaso: descapotable

Vocabulario personal

16

La vida social y afectiva

¡Viva el amor! (en Asunción, Paraguay)

www.connectspanish.com

- ¿Tiene Ud. pareja? ¿Tiene novio o novia? ¿esposo o esposa? ¿O solamente sale con alguien? ¿Sale con varias personas a la vez (*at the same time*)?

- En este momento, ¿cuál es la relación social más importante de su vida? ¿Es su relación con su novio/novia o con su esposo/esposa? ¿O es su relación con sus amigos? ¿con sus compañeros de casa/cuarto? ¿con los «hermanos» o «hermanas» de su *fraternity* o *sorority*?

- ¿Cree Ud. en el amor a primera vista? ¿Y en el amor para toda la vida? En su opinión, ¿qué es necesario para que (*so that*) haya una relación feliz y duradera (*lasting*) entre una pareja?

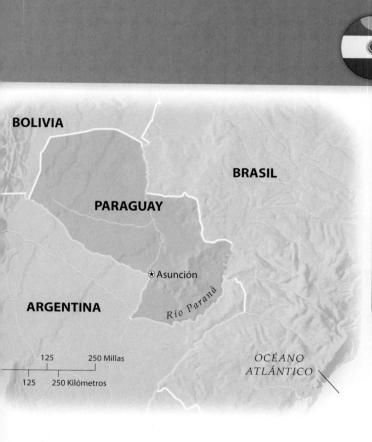

Paraguay

6,5 (medio) millones de habitantes

- Paraguay es uno de los dos países sudamericanos que no tiene salida (*access*) al mar. (El otro es Bolivia.)

- Los guaraníes son los pueblos indígenas que habitaban en el territorio que hoy es el Paraguay, así como (*as well as*) en partes del noreste de la Argentina, el sureste de Bolivia y el suroeste del Brasil.

- El guaraní y el español son las lenguas oficiales del Paraguay. La mayoría de los paraguayos son bilingües nativos en estas dos lenguas.

En este capítulo

Las relaciones sentimentales

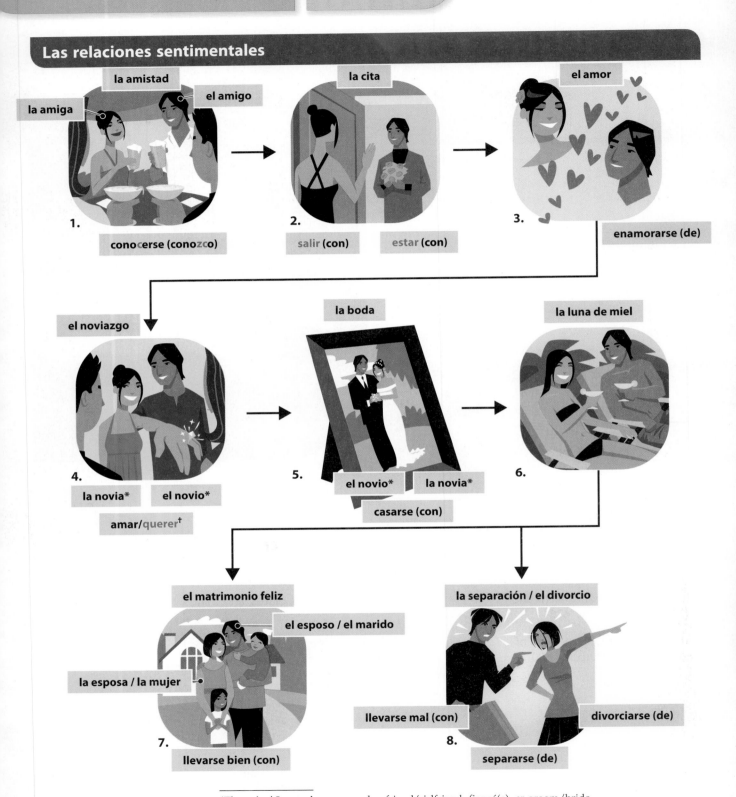

la amistad

la amiga **el amigo**

1. **conocerse (conozco)**

la cita

2. **salir (con)** **estar (con)**

el amor

3. **enamorarse (de)**

el noviazgo

4. **la novia*** **el novio***

amar/querer†

la boda

5. **el novio*** **la novia***

casarse (con)

la luna de miel

6.

el matrimonio feliz

el esposo / el marido

la esposa / la mujer

7. **llevarse bien (con)**

la separación / el divorcio

llevarse mal (con) **divorciarse (de)**

8. **separarse (de)**

---

*El novio / La novia *can mean* boyfriend/girlfriend, fiancé(e), *or* groom/bride.

†Amar *and* querer *both mean* to love, *but* amar *can imply more passion in some dialects of Spanish.*

el matrimonio	marriage; married couple	**cariñoso/a**	affectionate
la pareja	(married) couple; partner	**casado/a**	a married person
		recién casado/a	recently married
el viudo / la viuda	widower/widow	**soltero/a**	single
pelear (con)	to fight (with)	**estar...**	
romper (con)	to break up (with)	**casado/a (con)**	married (to)
ser...		**divorciado/a (de)**	divorced (from)
		enamorado/a (de)	in love (with)
amistoso/a	friendly	**separado/a (de)**	separated (from)

Así se dice

la boda = el casamiento

Conversación

A. ¡Usemos la lógica! Complete las siguientes oraciones lógicamente.

1. Mi abuelo es el _____ de mi abuela, es decir, está _____ con ella.
2. Muchos novios tienen un _____ bastante (*rather*) largo antes de la boda.
3. María y Julio tienen una _____ el viernes para comer en un restaurante. Luego van a bailar.
4. La _____ de Juan y Pati es el domingo a las dos de la tarde, en la iglesia (*church*) de San Martín.
5. La _____ entre ex esposos es imposible. No pueden ser amigos.
6. ¡El _____ es ciego (*blind*)!
7. Para algunas personas, el _____ es un concepto anticuado. Prefieren vivir juntos, sin casarse.
8. Algunas personas no quieren gastar su dinero en una _____ después de la boda.

Nota cultural

Expresiones familiares de cariño°   *affection*

En el mundo hispano se usan muchas palabras y frases para referirse a las personas queridas y para expresar cariño. Estas pueden ser diferentes en cada país. Las siguientes palabras son de uso común, aunque[a] algunas de ellas no se usan en todos los países.

- Entre personas unidas romántica o familiarmente: **mi amor, amorcito/a, mi vida, cielo,[b] corazón, querido/a, cariño, gordo/a, viejo/a, flaco/a,[c] negro/a**
- De hijos a padres: **viejo/a, mis viejos** (la Argentina, el Uruguay)
- Para referirse a una pareja con quien no se está casado: **mi compañero/a**
- Para referirse a los padrinos[d] de un niño o niña: **compadre/comadre**

La gente joven siempre tiene su propia jerga[e] en cada país, pero no siempre son palabras que se usan para dirigirse[f] a las personas mayores.

- **cuate:** una palabra del náhuatl, la lengua de los aztecas (México, Centroamérica, Bolivia)
- **pana:** significa **compañero/a** (Venezuela, Colombia, la República Dominicana y otros países)
- **compa:** derivado de **compañero**
- **negro/a:** se usa entre amigos en varios países
- **tío/a** (España)
- **buey** (México)

[a]*although* [b]*heaven* [c]*skinny* [d]*godparents* [e]*slang* [f]*address*

En un bautizo en una iglesia católica, los padres sujetan (*hold*) al bebé. (México, D.F.)

Como se nota en la lista anterior,[g] una de las grandes diferencias entre el español y el inglés es el hecho de usar[h] como palabras cariñosas adjetivos que describen características físicas: **gordo/a, flaco/a, negro/a, viejo/a.** Estos adjetivos se aplican indistintamente[i] a cualquier[j] persona, es decir, no es necesario que la persona sea gorda o delgada, blanca o negra, joven o vieja.

¿Con qué palabras se dirige Ud. a sus amigos? ¿y a las personas que ama?

[g]*preceding* [h]*el... the use* [i]*indiscriminately* [j]*any*

B. Preguntas impertinentes

Paso 1. Use las siguientes palabras para hacer preguntas muy personales. Las preguntas pueden ser sobre el presente o el pasado.

MODELOS: ¿**Has roto** alguna vez con un novio / una novia?
¿De quién **estás enamorado/a** ahora mismo?

1. romper con
2. salir con
3. una cita
4. estar enamorado/a
5. amar
6. la luna de miel
7. llevarse mal con
8. estar divorciado/a

Paso 2. Ahora, en parejas, hagan y contesten las preguntas del **Paso 1.** Si creen que alguna pregunta es demasiado personal, pueden contestar cortésmente: «**Prefiero no contestar esa pregunta**.» También pueden contestar sin cortesía: «**¿Y a ti qué te importa?**»

Paso 3. Digan a la clase las cosas que Uds. tienen en común.

Nota **comunicativa**

Cómo expresar los mandatos con el infinitivo

You have already learned how to use formal (**Ud./Uds.**) and informal (**tú**) commands in Spanish. Another very common way to communicate a command in Spanish, especially in lists, written instructions, and recipes, is to use the infinitive. Object pronouns always follow the infinitive in an infinitive command.

> **No estacionar.**   **No pisar** el césped (*grass*).   **Llamar** a los padres.   **Invitarlos** a cenar.

You will use infinitive commands in **Paso 1** of **Conversación C.**

C. Receta para unas buenas relaciones.
En su opinión, ¿cuáles son los ingredientes necesarios para un buen matrimonio o una buena amistad?

Paso 1. Haga una lista de los cinco ingredientes esenciales en forma de mandatos con el infinitivo.

Paso 2. Compare su lista con las (*those*) de otros tres estudiantes. ¿Han seleccionado algunos de los mismos ingredientes? Hablen de todos los ingredientes y hagan una lista de los cinco más importantes.

Paso 3. Ahora comparen los resultados obtenidos por todos los grupos.

Las etapas° de la vida   Las... *Stages*

la infancia
la niñez
la adolescencia
Javier
la vejez
la madurez
la juventud

la muerte	death
nacer (nazco)	to be born
crecer (crezco)	to grow
morir (muero) (u)	to die

Conversación

A. Etapas de la vida

Paso 1. Relacione las siguientes palabras y frases con las distintas etapas de la vida de una persona. ¡OJO! Hay más de una relación posible en algunos casos.

1. el amor
2. los nietos
3. los juguetes (*toys*)
4. no poder comer sin ayuda
5. los hijos en la universidad
6. los granos (*pimples*)
7. la universidad
8. la boda

Paso 2. Ahora dé una definición o descripción de las siguientes etapas de la vida. Pueden ser descripciones serias o divertidas.

MODELOS: La infancia es cuando una persona tiene menos de dos años.
La infancia es la etapa de la vida en que solo te importa comer, dormir y jugar.

1. la niñez   2. la adolescencia   3. la madurez   4. la vejez

B. La vida de Ud. por etapas

Paso 1. Describa las acciones que Ud. hacía, hace o va a hacer en cada etapa de la vida. ¡OJO! Ud. va a usar diferentes tiempos verbales para cada etapa: el pretérito y el imperfecto para el pasado, el presente para la etapa actual y el futuro (**ir** + **a** + *infinitivo*) para las etapas posteriores (*later*).

MODELOS: En mi infancia, **viví** en Oklahoma. Mis padres no **estaban** divorciados todavía.
En el momento actual **estoy** en la madurez. **Vivo** en… **Me preocupa** mucho…
En el futuro, **voy** a estudiar…

Paso 2. Ahora, en parejas, comparen sus descripciones. Digan a la clase lo que Uds. tienen en común.

 ¿Recuerda Ud.?

Before studying **Gramática 44,** review the indefinite and negative words that you learned in **Gramática 19 (Cap. 7).** Remember that **alguien** and **nadie** take the personal **a** when they are used as direct objects.

| Busco **a alguien** de la familia. | *I'm looking for someone from the family.* |
| **No** veo **a nadie** en el salón de baile. | *I don't see anyone in the dance hall.* |

Give the opposite of the following words.   **1.** nada   **2.** algunos
3. alguien

▶ **Mundo interactivo**

You should now be prepared to work with Scenario 8, Activity 3 in Connect Spanish (**www.connectspanish.com**).

GRAMÁTICA

44 ¿Hay alguien que... ? ¿Hay un lugar donde... ?
The Subjunctive (Part 6): The Subjunctive After Nonexistent and Indefinite Antecedents

> **Grammar Tutorial** 44
>
> www.connectspanish.com

Gramática en acción: Los buenos padres

¡Feliz Día del Padre, papá!

¡Te quiero mucho!

- Un buen padre, así como una buena madre, es alguien que quiere a sus hijos de manera incondicional, se preocupa por su formación y les enseña a ser personas útiles en la vida.
- Todos los niños **necesitan** padres **que** los quieran incondicionalmente, los eduquen y los cuiden.

¿Y Ud.?
Complete las siguientes oraciones.

1. No hay nadie que me quiera más que mi(s) _____.
2. Mi padre/madre es la persona que me enseñó a _____.
3. La persona que se preocupa más por mí es mi _____.

---

the antecedent / **el antecedente** = a word or phrase modified by an adjective clause

①		②
definite/existent antecedent	**que**	indicative
indefinite/nonexistent antecedent	**que**	subjunctive

1. Adjective Clauses and Antecedents
As you know, noun clauses function like nouns in a sentence. Adjective clauses function like adjectives: they modify a noun or a pronoun. In the sentences to the right, the nouns *car* and *house* (*for sale*) are modified by dependent adjective clauses. The noun that is modified is called the *antecedent* (**el antecedente**) of the dependent clause.

I have a **car that gets good gas mileage.**

Is there a **house for sale that is closer to the city**?

Good parents • *A good father, just like a good mother, is someone who loves his/her children unconditionally, worries about their education, and teaches them to be useful in life.* • *All children need parents who love them unconditionally, educate them, and take care of them.*

---

476 ■ cuatrocientos setenta y seis

Capítulo 16 La vida social y afectiva

2. Subjunctive with Nonexistent and Indefinite Antecedents

Sometimes the antecedent of an adjective clause is something that does not exist from the point of view of the speaker, or something whose existence is indefinite or uncertain. In these cases, the subjunctive must be used in the adjective (dependent) clause in Spanish.

EXISTENT ANTECEDENT
There is *nothing* that you can do.

NONEXISTENT ANTECEDENT
We need *a car* that will last for years. (We don't have one yet.)

EXISTENT ANTECEDENT: INDICATIVE
Hay algo aquí que me **interesa.**
There is something here that interests me.

NONEXISTENT ANTECEDENT: SUBJUNCTIVE
No veo nada que me **interese.**
I don't see anything that interests me.

3. Adjective Clauses That Describe a Place

When the adjective clause describes a place, the word **donde** (rather than **que**) introduces the adjective clause.

INDEFINITE ANTECEDENT: SUBJUNCTIVE
Buscamos un restaurante donde sirvan comida chilena auténtica.
We're looking for a restaurant where they serve authentic Chilean food.

4. Questions Versus Answers with Adjective Clauses

The *subjunctive* is used in the dependent clause in a question about something that the speaker does not know exists for certain. However, the indicative *or* the subjunctive may be used in the answer, depending on whether the person who answers the question is sure of the existence of the antecedent or not.

QUESTION: SUBJUNCTIVE
—¿**Hay algo** aquí que te **guste**?
"Is there anything here that you like?"

DEFINITE ANTECEDENT: INDICATIVE
—Sí, **hay varios bolsos** que me **gustan.**
"Yes, there are several purses that I like."

NEGATIVE ANTECEDENT: SUBJUNCTIVE
—No, **no hay nada** aquí que me **guste.**
"No, there's nothing here that I like."

5. Use of the Personal *a*

Remember that the personal **a** is used only before specific persons or animals. It is not used before unknown or nonspecific persons.

UNKNOWN PERSON: SUBJUNCTIVE
Busco **un señor** que **sepa** francés.
I'm looking for a man who knows French. (I don't know of any.)

KNOWN PERSON: INDICATIVE
Busco **al señor** que **sabe** francés.
I'm looking for the man who knows French. (I know there's one in our office, for example.)

¡OJO!

The personal **a** is always used before **alguien** and **nadie** when they are direct objects.

DIRECT OBJECT
¿Conoces **a alguien** que sepa francés?
Do you know someone who speaks French?

No conozco **a nadie** que sepa francés.
I don't know anyone who knows French.

NOT DIRECT OBJECT
No hay **nadie** aquí que sepa francés.
There's no one here who speaks French.

Indicate which of the following sentences expresses an indefinite or nonexistent antecedent.

1. We need the counselor who works with this couple.
2. They are looking for a minister who will perform the wedding on the beach.
3. I met a man who has thirteen children.

Answer: 2

Práctica

A. **¡Anticipemos! Hablando de gente que conocemos**

Paso 1. Indique las características que Ud. ha visto en personas que conoce. Añada una característica más a cada lista.

Conozco a alguien que…

1. ☐ está separado/divorciado.
2. ☐ está recién casado.
3. ☐ se lleva mal con sus padres (hijos).
4. ☐ acaba de tener un bebé.
5. ☐ va a casarse pronto.
6. ☐ está locamente (*madly*) enamorado.
7. ☐ ¿ ?

No conozco a nadie que…

8. ☐ sea viudo.
9. ☐ no crea en el matrimonio.
10. ☐ esté en su luna de miel ahora.
11. ☐ salga con una persona famosa.
12. ☐ esté separado de su esposo o esposa.
13. ☐ haya roto con su novio/a (esposo/a) esta semana.
14. ☐ ¿ ?

Paso 2. Ahora, en parejas, comparen sus respuestas. ¿Cuál es la coincidencia más interesante que tienen?

B. **Hablando de bodas**

Paso 1. Complete las oraciones de la página 479, según lo que se ve en el siguiente dibujo.

1. Hay un hombre que está/esté sacando una foto. I
2. Hay una persona que está/esté llorando.
3. Hay un hombre que está/esté sonriendo.
4. Hay dos niñas que están/estén peleando.
5. No hay nadie que está/esté cantando.
6. ¿Hay alguien que está/esté tirando (*throwing*) arroz?

Paso 2. Ahora complete las siguientes oraciones según su experiencia. Use el indicativo o el subjuntivo, según el caso.

En las bodas que yo he visto,...

1. hay / no hay mucha gente de otros estados que... (asistir)
2. hay alguien / no hay nadie que... (dar un buen regalo)
3. hay / no hay una ceremonia que... (ser en la iglesia)
4. hay gente / no hay nadie que... (tirar arroz)
5. siempre hay alguien / nunca hay nadie que... (llorar)
6. ¿ ?

Conversación

A. Una encuesta (*poll*). ¿Qué sabe Ud. de los compañeros de su clase de español? Pregúnteles si saben hacer lo siguiente o a quién le ocurre lo siguiente. Deben levantar la mano solo los que puedan contestar afirmativamente. Luego la persona que hizo la pregunta debe hacer un comentario apropiado. Siga el modelo.

MODELO: hablar chino →
En esta clase, ¿hay alguien que **hable** chino?
(*Nadie levanta la mano.*) No hay nadie que **hable** chino.
(*Alguien levanta la mano.*) Hay una (dos) persona(s) que **habla(n)** chino.

1. hablar ruso / japonés
2. saber tocar la viola / el violín
3. conocer a un actor / una actriz
4. saber preparar comida vietnamita/tailandesa
5. celebrar su cumpleaños hoy / nunca celebrar su cumpleaños
6. cantar en la ducha/ópera
7. bailar tango/salsa
8. ¿ ?

B. Intercambios

Paso 1. Complete las siguientes declaraciones de acuerdo con su vida real y sus deseos.

1. Tengo un amigo / una amiga que...
2. No conozco a nadie que...
3. Este verano quiero tener un trabajo que...
4. Este verano no quiero hacer nada que...
5. Busco un compañero / una compañera en la vida que...
6. En este mundo, no hay nada que sea más importante que...
7. Este semestre/trimestre tengo cursos que...
8. El próximo semestre/trimestre quiero tomar cursos que...

Paso 2. Ahora, en parejas, hagan y contesten preguntas basadas en las declaraciones del **Paso 1.**

Paso 3. Digan a la clase las coincidencias o diferencias más interesantes que Uds. tienen.

Lo hago para que tú...

The Subjunctive (Part 7): The Subjunctive After Conjunctions of Purpose and Contingency

Gramática en acción: Relaciones familiares y sociales

a.

b.

c.

¿A qué dibujo corresponde cada una de las siguientes oraciones? ¿Quién las dice?

1. _____ «Aquí tienes la tarjeta de crédito, pero úsala solo **en caso de que** haya una emergencia, ¿eh?»

2. _____ «Deja ya de jugar. No te permito que juegues en la computadora **antes de que** termines la tarea. ¿Me entiendes?»

3. _____ «Quiero casarme contigo **para que** estemos siempre juntos y no salgas más con Raúl.»

Comprensión

1. En el dibujo **a,** es obvio que el niño _____. Es natural que la madre _____.

2. En el dibujo **b,** está claro que la nieta _____. Por eso el abuelo _____.

3. En el dibujo **c,** creo que el joven _____. No estoy seguro/a de que la joven _____. Esta pareja es muy joven para _____.

---

① indicative   conjunction of contingency or purpose   ② subjunctive

Las conjunciones de propósito y contingencia

[*a conjunction* / **una conjunción** = a word or phrase
that connects other words, phrases, or clauses]

1. Conjunctions of Purpose and Contingency

The subjunctive is *always* used in the dependent clause after the conjunctions listed at the right. These conjunctions express *purpose* (**el propósito**) or *contingency* (**la contingencia**) (when one action depends on another = *I'll do X unless Y occurs*). These dependent clauses function as adverbs in the sentence.

a menos que	unless
antes (de) que	before
con tal (de) que	provided (that)
en caso de que	in case
para que	so that
sin que	without; unless

Family and social relationships   *To which drawing does each of the following sentences correspond? Who is saying them?* **1.** *"Here's the credit card, but use it only in case there's an emergency, OK?"* **2.** *"Stop playing right now. I don't allow you to play with the computer before you finish your homework. Do you understand me?"* **3.** *"I want to marry you so that we can always be together and (so that) you don't go out with Raúl again."*

Note that each conjunction contains the word **que**.

Voy **con tal (de) que** ellos me **acompañen.**
I'm going, provided (that) they go with me.

En caso de que llegue Juan, dile que ya salí.
In case Juan arrives, tell him that I already left.

No voy a la fiesta **sin que** tú me **acompañes.**
I won't go to the party unless you go with me.

2. **Same Subject** = *preposition* + *infinitive*
When there is no change of subject, a *preposition* + *infinitive* phrase is often used to express purpose or contingency, rather than a *conjunction* + *subjunctive*. The prepositional forms are: **antes de, con tal de, en caso de, para, sin.** Only **a menos que** does not have a prepositional equivalent.

para Estoy aquí **para aprender.** (subject = **yo**)
but: Estoy aquí **para que** Uds. **aprendan.**
(subjects = **yo, Uds.**)

antes de Coma Ud. algo **antes de salir.** (subject = **Ud.**)
but: Coma Ud. algo **antes de que** salgamos.
(subjects = **Ud., nosotros**)

con tal de Podemos salir **con tal de** tener tiempo.
(subject = **nosotros**)
but: Podemos salir **con tal de que** tengas tiempo.
(subjects = **nosotros, tú**)

sin Es difícil salir con los amigos **sin** gastar dinero. (subject = impersonal)
but: Es difícil salir con los amigos **sin que** gastemos dinero.
(subjects = impersonal, **nosotros**)

Autoprueba

Match each conjunction with its correct meaning in English.

1. _____ **para que**
2. _____ **antes de que**
3. _____ **con tal de que**
4. _____ **a menos que**
5. _____ **en caso de que**

a. unless
b. before
c. provided that
d. in case
e. so that

Answers: 1. e 2. b 3. c 4. a 5. d

Práctica

A. **¡Anticipemos! ¿Es Ud. un buen amigo o buena amiga?** La amistad es una de las relaciones más importantes de la vida. Lea las siguientes declaraciones e indique si es cierto o falso que eso le pasa a Ud. con sus amigos. **¡OJO!** No todo lo que se dice es bueno. Hay que leer las declaraciones con cuidado.

	CIERTO	FALSO
1. Les hago muchos favores a mis amigos con tal de que después ellos me ayuden a mí.	☐	☐
2. Les doy consejos a mis amigos para que ellos luego tomen buenas decisiones.	☐	☐
3. Les presto dinero a mis amigos a menos que yo sepa que no me lo van a devolver.	☐	☐
4. Les traduzco el menú en los restaurantes mexicanos en caso de que no sepan leer español.	☐	☐
5. Los llevo a casa cuando beben bebidas alcohólicas para que no tengan ningún accidente.	☐	☐

B. Un fin de semana de esquí

Paso 1. Manolo y Lola están haciendo planes para un fin de semana de esquí. Use la conjunción entre paréntesis para unir las oraciones, haciendo todos los cambios necesarios.

1. No voy. Podemos dejar a la niña con los abuelos. (a menos que)
2. Vamos solos a las montañas. Pasamos un fin de semana romántico. (para que)
3. Esta vez voy a aprender a esquiar. Tú me enseñas. (con tal de que)
4. Vamos a salir temprano por la mañana. Nos acostamos tarde esta noche. (a menos que)
5. Es urgente que lleguemos a la estación (*resort*) de esquí. Empieza a nevar. (antes de que)
6. Deja la dirección y el teléfono del hotel. Tus padres nos necesitan. (en caso de que)
7. No vamos a regresar. Nos hemos cansado de esquiar. (antes de que)

Paso 2. Diga si las siguientes oraciones son ciertas o falsas o si no se menciona la infomación, según el **Paso 1.**

	CIERTO	FALSO	NO SE MENCIONA
1. Manolo y Lola acaban de casarse.	☐	☐	☐
2. Casi siempre salen de vacaciones con su hija.	☐	☐	☐
3. Los dos son excelentes esquiadores.	☐	☐	☐
4. Van a dejar a la niña con los abuelos.	☐	☐	☐

Nota **comunicativa**

¿Para qué? / para (que)… and ¿por qué? / porque…

These words are all close in meaning, but they are used for different purposes. Their use is similar to the use of their English equivalents.

¿Para qué?	What for? For what purpose?	**¿Por qué?**	Why? For what reason?
Para (que)…	(In order) To . . . So that . . .	**Porque…**	Because . . .

Compare the use of these words in the following sentences.

—**¿Para qué** necesitas ahora la lista de invitados a la boda?
—**Para** confirmar el número de invitados que van a asistir. Y **para que** el dueño del restaurante sepa exactamente cuántos invitados van a venir.

—**¿Por qué** estás tan nervioso?
—¡**Porque** me caso en una semana!

¡OJO!

¿Por qué… ? / Porque…
$\longrightarrow$ *indicative*
Para… + *infinitive*
Para que… $\longrightarrow$
    subjunctive

C. Razones para hacer las cosas que hacemos. Empareje las frases de las dos columnas para hacer oraciones completas.

1. _____ Las universidades tienen cursos que son requisitos para…
2. _____ Los profesores corrigen (*correct*) tareas para…
3. _____ Estudiamos español para…
4. _____ Trabajamos en parejas en clase para…
5. _____ Los profesores organizan actividades en grupo en clase para que…

a. los estudiantes tengan más oportunidad de hablar español.
b. poder comunicarnos con mucha más gente.
c. que los estudiantes tengan un conocimiento amplio del mundo.
d. darles a los estudiantes más ayuda.
e. hablar más en clase.

D. Relaciones sociales. Hay relaciones sociales de muchos tipos en donde unos dependen de otros. Complete las siguientes oraciones con el presente de subjuntivo para describir algunas de ellas.

1. Los abuelos miman (*spoil*) a sus nietos con tal de que los padres... (permitirlo)
2. Los padres esperan que los padrinos (*godparents*) cuiden a sus hijos en caso de que ellos... (morirse)
3. Los buenos amigos siempre saben lo que uno necesita antes de que... (decírselo)
4. Los amigos paraguayos se reúnen afuera para tomar el té paraguayo con tal de que... (hacer buen tiempo)
5. Los estudiantes no estudian sin que los profesores... (darles tarea)
6. Los esposos se llevan bien a menos que... (haber entre ellos una gran diferencia de opiniones)
7. Los padres trabajan para que sus hijos... (tener lo que necesitan)

Una mujer que toma su tereré (*Paraguayan version of Argentine* mate)

Conversación

A. Situaciones. Cualquier acción puede justificarse. En parejas, den una explicación para las siguientes situaciones. Luego comparen sus explicaciones con las de otra pareja.

1. Los padres trabajan mucho para (que) / porque...
2. Los profesores les dan tarea a los estudiantes para (que) / porque...
3. Los dueños de los equipos deportivos profesionales les pagan mucho a algunos jugadores para (que) / porque...
4. Las películas extranjeras se doblan (*are dubbed*) para (que) / porque...
5. Los padres castigan (*punish*) a los niños para (que) / porque...
6. Las parejas se divorcian para (que) / porque...
7. Los jóvenes forman pandillas (*gangs*) para (que) / porque...

B. Intercambios

Paso 1. Complete las siguientes ideas usando una conjunción de contingencia o propósito o una preposición: **a menos que, antes de (que), con tal de (que), en caso de (que), para (que), sin (que).**

MODELO: Voy a graduarme en esta universidad... ⟶ Voy a graduarme en esta universidad en dos años **a menos que saque malas notas en varias clases.**

1. Voy a graduarme en esta universidad...
2. (No) Voy a casarme con mi novio/a actual... (Mi hijo/a [no] va a casarse con su novio/a actual...)
3. Espero tener un buen trabajo en dos o tres años...
4. Deseo tener hijos/nietos...
5. Voy a quedarme en este estado...

Paso 2. Ahora, en parejas, comparen sus oraciones y digan a la clase cuáles de sus ideas son muy similares o muy diferentes.

▶ **Mundo interactivo**

You should now be prepared to work with Scenario 8, Activity 4 in Connect Spanish (**www.connectspanish.com**).

Un poco de todo ♻

A. Situaciones de la vida. En parejas, hagan y contesten preguntas según el modelo. Deben justificar sus respuestas.

MODELO: compañero/a de cuarto / tener coche →

E1: **¿Buscas** un compañero de cuarto que **tenga** coche?
E2: No, ya tengo coche. (Sí, **para que** yo no **tenga** que manejar tanto. / Sí, **en caso de que** mi coche viejo no **funcione.**)

1. marido/mujer / ser médico/a
2. amigo/a / no haber roto recientemente con su pareja
3. casa / estar lejos de la ciudad
4. ciudad / haber un buen sistema de transporte público
5. amistad / estar basada en la confianza (*trust*)
6. coche / arrancar en seguida, sin dificultad
7. computadora / tener más memoria
8. teléfono celular / poder recibir correo electrónico y fotos

B. Lengua y cultura: ¿Cómo se divierten los hispanos? Complete the following description of the favorite pastimes of Hispanic youths. Give the correct form of the words in parentheses, as suggested by context. When two possibilities are given in parentheses, select the correct word. **¡OJO!** Context will help you choose what to do with the infinitives. If they don't remain in the infinitive form, these are your choices.

Indicativo: el presente, el presente perfecto, el pretérito, el imperfecto
Subjuntivo: el presente, el presente perfecto

Unos jóvenes paraguayos en Asuncíon

Como es obvio, hay algunas diferencias entre las culturas norteamericana e hispana. Pero en cuanto a[a] la manera en que los jóvenes se divierten, la verdad es que hay (mucho[1]) puntos en común. A los jóvenes hispanohablantes, que se (*ellos:* llamar[2]) chicos y chicas en el Paraguay, gallos y gallas en Chile, patojos y patojas en Guatemala, pelados y peladas en Colombia, (les/se[3]) (encantar[4]) la música. (Por/Para[5]) eso, no es extraño que (*ellos:* ir[6]) a las discotecas donde (bailar[7]) hasta el amanecer.[b] (A los / Los[8]) muchachos en especial (le/les[9]) (interesar[10]) los eventos deportivos.

En los últimos años, el concepto del centro comercial se (desarrollar[11]) en las ciudades hispanas. Como en este país, (a menos / con tal de[12]) que (haber[13]) tiendas de moda juvenil y electrónica, así como[c] restaurantes económicos, (este[14]) centros atraen[d] (a/—[15]) los jóvenes. También puede haber[e] cines y hasta[f] supermercados en los centros comerciales.

Una cosa que sí distingue[g] a los países hispanos es la costumbre[h] del paseo, que consiste en (caminar[16]) por distracción.[i] Es una manera de pasar un rato con amigos o familiares y es una actividad (por/para[17]) personas de cualquier[j] edad. Es importante (recordar[18]) que el paseo no se considera una actividad deportiva sino social. En este sentido, no es comparable de ninguna forma con el *hiking* en la cultura angloparlante.

[a]en... *as far as* [b]*dawn* [c]así... *as well as* [d]*to attract* (*like* traer) [e]puede... *there can be* [f]*even* [g]*differentiates* [h]*custom, tradition* [i]*amusement* [j]*any*

Comprensión. Conteste las siguientes preguntas.

1. Según la información en los párrafos, ¿cuáles son algunas de las semejanzas en la forma de divertirse entre los jóvenes hispanos y norteamericanos?
2. ¿Qué palabras se usan para expresar «muchachos y muchachas» en varios países hispanos?
3. ¿Qué es el paseo?
4. ¿Qué ventajas y desventajas ve Ud. en la costumbre hispana del paseo?

En su comunidad

Entreviste a una persona hispana de su universidad o ciudad sobre las relaciones afectivas en su país.

PREGUNTAS POSIBLES

- ¿Qué palabras cariñosas se usan con más frecuencia entre padres e hijos en su país de origen? ¿Y entre esposos o novios? ¿entre amigos?
- ¿Cómo se celebra una boda típica en su país?
- ¿Cuál es el porcentaje de divorcios? ¿Es más alto que el de este país o más bajo? Comparado con lo que era hace veinte o treinta años, ¿ha cambiado recientemente?

Antes de mirar

¿Qué piensa Ud. de las demostraciones de afecto (*affection*) de las parejas en público? ¿Le molestan o no? ¿Conoce Ud. a alguien que haya encontrado pareja a través de (*through*) un servicio de Internet? ¿Ha usado Ud. este tipo de servicio alguna vez? ¿Lo usaría? (*Would you use it?*)

PROGRAMA 16: Cosas del amor

En este programa se muestran reportajes sobre la tolerancia en los países hispanos hacia (*toward*) las demostraciones de afecto de las parejas en público. También se reporta cómo varias parejas se conocieron. Por fin se ven los vídeos de tres personas que buscan pareja. Se pide a los telespectadores que elijan entre dos hombres al que (*the one who*) va a salir con la mujer.

«¿Qué les parecen (*How do you feel about*) estas imágenes? ¿Románticas? Las parejas latinas tienden a demostrar (*to show*) su afecto abiertamente en los lugares públicos… »

Vocabulario de este programa

sensible	sensitive	hacer de	to be a match	¿A qué esperas?	What are you
la costumbre	habit, custom	cupidos	maker, act as Cupid		waiting for?
importarle	to be important to one	el sueño	dream	Uds. tendrán	you will
Uds. se	you'll wonder	no me falta	I don't lack	que	have to
preguntarán		trabajo	work	dedicarse	to work (as)
por lo tanto	therefore	reconocer	to recognize	(qu) (a)	
¡qué asco!	how disgusting!	(reconozco)		formar un hogar	to settle down
¿cuántos años	how long have you	la ropa interior	underwear	disponible	available
tienen ya de	been married?	cansarse de	to grow	diremos	we will tell
casados?			tired of		

Fragmento del guion

LAURA: ¡Hola! ¿Cómo se conocieron?

HOMBRE: Ah, bueno, nosotros nos conocimos en una fiesta. En un baile que acudimos casualmente.[a] Coincidimos[b] en esa fiesta y ahí[c] nos conocimos.

[…]

LAURA: ¿Cómo conociste a tu pareja?

MUJER: Lo conocí en una librería, aquí cerquita[d] de donde yo nací y crecí. Y… nos fue… él estaba viendo la computadora y yo entré a la librería a hacer copias.

LAURA: ¿Y fue amor a primera vista[e]?

MUJER: Yo creo que sí, porque fue como algo inesperado[f] donde los dos nos dimos la mirada[g] y hubo una conexión.

LAURA: Oooh… ¿y cómo es el tipo de persona ideal para tu vida?

MUJER: Para mi vida, una persona así como él.

LAURA: Ah, muy bien. Perfecto.

[a]*que… that we went to by chance* [b]*we were there at the same time* [c]*allí* [d]*very close by* [e]*a… at first sight* [f]*unexpected* [g]*nos… looked at each other*

« …él siempre me apoya (*supports*) en todo lo que yo quiera hacer. Y sin él, la verdad,… ya no soy completa.»

Mundo interactivo

Continue your work as an intern at HispanaVisión with Laura Sánchez Tejada, the roving reporter of *Salu2*, as you complete Scenario 8, Activities 3 and 4 in Connect Spanish (**www.connectspanish.com**).

Al mirar

En este episodio hay mucho humor, lo cual (*which*) se debe especialmente a Ana, la presentadora. Indique las ocasiones en que Ana dice algo claramente cómico y/o irónico.

1. ☐ Al principio (*At the beginning*), cuando les dice a los hombres que no se vayan porque hay contenido cultural en el programa.
2. ☐ Cuando les pide perdón a los hombres sensibles.
3. ☐ Cuando dice que en Panamá es normal ver a la gente besarse.
4. ☐ Cuando felicita (*she congratulates*) a Víctor por su matrimonio.
5. ☐ Cuando al final les dice a las chicas telespectadoras que piensen en Yolanda, no en sí mismas (*themselves*).

«Nuestros tres participantes (*contestants*) colocaron sus perfiles (*posted their profiles*) en un sitio de Internet para buscar pareja y los tres nos dieron permiso para mostrar sus videos y participar en este programa.»

Después de mirar

A. ¿Está claro? Complete las siguientes oraciones según el programa.

1. Se ven demostraciones de afecto en _____.
2. Las parejas que se ven en el segundo reportaje viven en _____.
3. Hace _____ años que Víctor está casado.
4. *El juego del amor* es la versión en español de _____.
5. Los participantes en *El juego del amor* se llaman _____.
6. _____ va(n) a elegir una pareja.

B. Un poco más. Conteste las siguientes preguntas.

1. ¿Qué explicación ofrece el reportaje sobre la costumbre de las demostraciones románticas en público en los países hispanos?
2. ¿Cómo se conocieron las personas de cada pareja? ¿Fue amor a primera vista entre algunos de ellos? ¿Entre quiénes?
3. ¿Está casada Ana? ¿Por qué cree Ud. eso?
4. ¿Cuál es la profesión de los tres participantes que buscan pareja?
5. ¿Qué observación sobre Víctor les hace Ana a las telespectadoras, a manera de chiste (*as a joke*)?

C. Y ahora, Uds. En grupos de 4 o 5, debatan sobre cuál de los hombres es mejor para Yolanda. Después voten y presenten sus resultados al resto de la clase, ofreciendo argumentos a favor y en contra de los dos hombres.

Sobre el programa

¿Y qué hay de la vida romántica de Laura? Tiene un novio estadounidense en San Francisco. Cuando llegó a los Estados Unidos, Laura tenía tres años de ser novia de un compañero de universidad de Nuevo León (México). Pero la distancia entre ellos pudo más que[a] el amor. En su primer viaje a San Francisco, solo dos meses después de llegar a California, conoció a un veterinario mientras hacía entrevistas en un refugio de animales. Fue un flechazo instantáneo[b] para los dos, aunque estaban hablando a través de[c] un traductor. Y ahora, ¡acumulan millas aéreas todos los fines de semana!

[a]pudo… *was stronger than* [b]flechazo… *amor a primera vista* [c]a… *through*

Producción personal

Filme una entrevista con una pareja en la que (*which*) hablen de cuándo y cómo se conocieron y cuánto tiempo hace que están juntos.

A LEER

Lectura cultural
El Paraguay

En el Paraguay, como en casi todo el mundo hispanohablante, el concepto de noviazgo es un poco
diferente del de[a] este país. Tener novio/a o estar
de novio/a indica que una relación es seria y formal,
con miras al[b] futuro. **Novio** y **novia,** además,[c] son los
términos que se aplican a las personas que se casan o
que se acaban de casar. Como el noviazgo ya señala
un compromiso,[d] no es tan
frecuente usar la palabra
prometido/a[e] para referirse a
los novios que van a casarse.
Cuando las relaciones entre
dos personas son informales,
se dice que **andan**[f] o **salen**
juntos,[g] o simplemente que
la persona tiene un amigo o
amiga. Con frecuencia se usa
la palabra **pareja** para refe-
rirse a una persona que convive[h] con otra sin casarse.
Por ejemplo, se dice: «Te presento a mi pareja.»

> ¿Qué
> expresiones en
> inglés usa Ud.
> para referirse a
> los diferentes
> tipos de
> relaciones entre
> parejas?

[a]del… *from that of* [b]con… *(one that is) looking ahead to the* [c]*in addition*
[d]señala… *indicates a commitment* [e]*fiancé/fiancée* [f]*lit., are walking* [g]*together*
[h]*cohabits*

En **otros** países hispanos

- **En todo el mundo hispanohablante** Es cosa común ver
  demostraciones de afecto entre una pareja en parques,
  plazas y calles, lo cual[a] a veces resulta chocante[b] a
  algunas personas de otras culturas. Pero es conveniente
  recordar que la mayoría de los jóvenes vive con su
  familia y no tiene muchas oportunidades de intimidad.[c]

- **En España y otros países** El concepto de la cita no es
  común entre los jóvenes. En términos generales, muchos
  jóvenes españoles asocian la idea de tener una cita con
  alguien con costumbres pasadas de moda[d] o les suena[e]
  demasiado formal. Desde que[f] los chicos empiezan a
  salir sin sus padres, lo típico es salir en grupos, en los
  cuales[g] se forman parejas. Pero todavía prefieren salir
  en grupo a tomar algo en un bar por la noche o a
  tomar un café por la tarde.

[a]lo… *which* [b]*shocking* [c]*privacy* [d]costumbres… *old-fashioned traditions*
[e]les… *it sounds to them* [f]Desde… *From the time that* [g]en… *in which*

Tres símbolos paraguayos

- **El Gran Chaco** Es una altiplanicie aluvial[a] formada por los
  ríos Paraguay y Pilcomayo y sus afluentes.[b] Es un inmenso

[a]una… *a high alluvial (that is, formed from river deposits) plateau* [b]*tributaries*

La Represa de Itaipú

territorio que comprende[c] el 60 por ciento del Paraguay,
además de[d] gran parte de Bolivia, así como del norte de la
Argentina y una parte del Brasil. En el Chaco ha habido
colonias de menonites desde los años 20, pero solo hasta
ahora la mayoría del territorio está empezando a desarro-
llarse para la agricultura.

- **La cultura guaraní** Esta cultura indígena continúa muy
  presente en el Paraguay, especialmente a través de[e] su
  lengua, que es hablada por más del 80 por ciento de la
  población. El Paraguay es uno de los países más homogé-
  neos de Latinoamérica precisamente porque la población es
  mestiza, parte de ascendencia guaraní y parte española.

- **El té paraguayo** Esta bebida es la base de la yerba mate,
  como en la Argentina y el Uruguay. En el Paraguay se prepara el mate con agua fría o jugo de fruta, y a esto se le
  llama **tereré.** El tipo de taza[f] en que se bebe el tereré, que
  es la guampa, tradicionalmente está hecha de una calabaza,[g]
  pero se hacen de otros materiales hoy en día también.

[c]*makes up* [d]además… *besides* [e]a… *through* [f]*cup* [g]*gourd*

Un lugar especial

La Represa[a] de Itaipú es la represa hidroeléctrica más grande
del mundo. Es el resultado de un proyecto binacional entre los
gobiernos del Paraguay y el Brasil y se encuentra en la frontera[b]
entre esos dos países. La represa, que se abrió en 1984, provee[c]
casi toda la energía que necesita el Paraguay y un cuarto de la
energía que consume el Brasil.

[a]*Dam* [b]*border* [c]*provides*

COMPRENSIÓN

1. ¿En qué es diferente el concepto de novio/a del
   (*from that*) de *boyfriend/girlfriend*?
2. ¿Qué palabra se usa para referirse a una persona
   que convive con otra en una relación amorosa sin
   que estén casados?
3. ¿Por qué es normal que los jóvenes demuestren
   su cariño en público?
4. ¿Qué costumbre de este país no es común entre
   los jóvenes españoles?

Del mundo hispano

Antes de leer

Imagine que Ud. ve a una persona que no conoce e inmediatamente se enamora de ella. De las siguientes cosas que Ud. podría (*could*) hacer en esta situación, ¿cuáles son apropiadas socialmente? Explique cada respuesta.

¿APROPIADAS SOCIALMENTE?

	SÍ	NO
1. mirar a esa persona	☐	☐
2. hablar con esa persona	☐	☐
3. pedirle el número de teléfono a esa persona	☐	☐
4. escribir un poema sobre esa persona	☐	☐
5. darle a esa persona un poema que Ud. escribió	☐	☐
6. decirle a esa persona que quiere tocarla	☐	☐
7. tocar a esa persona	☐	☐

Lectura: «Palomas»,° de Gloria Fuertes

Doves

Mis manos son dos aves,ª
a lo mejorᵇ palomas.
Que buscan por el aire
una luz en la sombra.ᶜ
5 Mis manos, al mirarte,ᵈ
quedaron pensativas,ᵉ
yo temo que enloquezcanᶠ
si es que en ti no se posan.ᵍ

ªbirds ᵇa... *maybe* ᶜshadows, darkness ᵈal... *when they looked at you* ᵉthoughtful ᶠthey'll go crazy ᵍes... *if they don't come to rest on you*

Comprensión

A. Ideas y versos. En este poema cada par de versos (*lines*) expresa una idea independiente. Es decir, los versos 1 y 2 expresan una idea, los versos 3 y 4 expresan otra, etcétera. Empareje las siguientes oraciones con los dos versos que resumen.

1. _____ Cuando te vi, me quedé inmóvil por la sorpresa.
2. _____ Siento ganas inmensas de tocarte.
3. _____ Busco algo especial.
4. _____ Yo ando por el mundo como un pájaro.

B. Comprensión y análisis. Conteste las siguientes preguntas.

¿Por qué cree Ud. que la poeta…

1. usa como sujeto «Mis manos» en vez de «Yo»?
2. usa la palabra **palomas** para referirse a sus manos?
3. usa el verbo **posar** en el verso final?

A ESCUCHAR

Antes de escuchar

¿Cómo se puede encontrar a la pareja ideal? Según su experiencia, ¿es difícil conocer a personas que podrían (*could*) ser su pareja? ¿Qué es necesario o fundamental para que haya una buena relación entre una pareja?

Escuche

Un anuncio para Naranjas

En la radio hay un anuncio de un servicio *online* de búsqueda (*search*) de parejas. Escuche según las indicaciones de su profesor(a).

> ### Vocabulario **para escuchar**
>
> | | | | |
> |---|---|---|---|
> | **la media naranja** | better half | **lograr** | to achieve |
> | **el éxito** | success | **duradero/a** | long-lasting |
> | **el cuestionario** | questionnaire | **los valores** | values |
> | **los pilares** | pillars, bases | **la afinidad** | compatibility |
> | **cualquier** | any | **elegir** | to select |
> | **los terapeutas** | therapists | **inscríbete gratis** | register for free |
> | **los investigadores** | researchers | **el perfil** | profile |
> | **los compatibles** | **las personas compatibles** | **la soledad** | loneliness |
> | **comprobado/a** | demonstrated | | |

Después de escuchar

A. La información correcta. Las siguientes oraciones son falsas. Corríjalas.

1. El cuestionario de Naranjas se hace con papel y lápiz.
2. El éxito de este sitio está basado en las reuniones con los terapeutas.
3. La afinidad de valores e intereses no es importante para una buena relación entre dos personas.
4. Es necesario pagar para inscribirse.

B. Más detalles. Conteste las siguientes preguntas.

1. ¿Qué ventajas ofrece Naranjas sobre otros sitios?
2. ¿Por qué es importante el cuestionario de Naranjas?
3. ¿Qué ofrece gratis Naranjas?
4. ¿Cuál es la oferta para los nuevos miembros?
5. ¿Por qué cree Ud. que este sitio se llama Naranjas?

Los Paraguayos

¡Música!

El grupo Los Paraguayos interpreta música folclórica que incorpora[a] el arpa p araguaya. «Galopera*» es una canción tradicional de su álbum *Malagueña*.

[a]usa

***La galopera, o el galope** (*gallop*), es un baile folclórico del Paraguay.

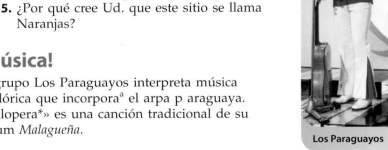
Go to the iMix section in Connect Spanish (**www.connectspanish.com**) to access the iTunes playlist "*Puntos9*," where you can purchase "Galopera" by Los Paraguayos.

A ESCRIBIR

El tema

Columna de consejos sentimentales

Preparar

Elija un tipo de relaciones personales sobre el que (*which*) quiere escribir un ensayo:

- las relaciones entre parejas
- las relaciones puramente amistosas

Ahora, usando como base su lista de ideas del **Paso 1** de la **Actividad C** (página 474), piense en lo que puede ocurrir en una relación cuando estos requisitos no existen. ¿Cuáles son los problemas más comunes que enfrentan (*face*) una pareja o unos buenos amigos? Haga una lista de tales (*such*) problemas.

Finalmente, piense en lo que Ud. y otras personas hacen cuando tienen problemas en una relación. ¿Con quién se debe hablar? ¿Con quién se puede consultar la situación? ¿Qué es preferible *no* hacer?

Redactar

A base de las ideas de **Preparar,** escriba Ud. una columna sobre las relaciones personales para el periódico estudiantil de su universidad. Empiece por ponerle título a la columna. Luego elija un tono que sea compatible con las ideas que quiere expresar. El tema de las relaciones personales se presta (*lends itself*) a varios tonos: humorístico, confesional, de ayuda personal (*self-help*), etcétera.

Editar

Revise el ensayo para comprobar:

- la ortografía y los acentos
- la organización y la secuencia de las ideas
- el tiempo y la forma de los verbos, especialmente el uso del subjuntivo
- el tono del ensayo

Finalmente, prepare su versión final para entregarla.

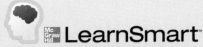

LearnSmart

Visit **www.connectspanish.com** to practice the vocabulary and grammar points covered in this chapter.

Gramática en breve

44. The Subjunctive After Nonexistent and Indefinite Antecedents

①		②
definite/existent antecedent	**que**	indicative

Hay alguien/algo que…

①		②
indefinite/nonexistent antecedent	**que**	subjunctive

No hay nadie/nada que…
¿Hay alguien/algo que… ?

45. The Subjunctive After Conjunctions of Purpose and Contingency

①		②
indicative	conjunction of purpose or contingency	subjunctive

Conjunctions: **a menos que, antes (de) que, con tal (de) que, en caso de que, para que, sin que**

Vocabulario

Las relaciones sentimentales

amar	to love
casarse (con)	to marry
conocerse (conozco)	to meet
divorciarse (de)	to get divorced (from)
enamorarse (de)	to fall in love (with)
llevarse bien/mal (con)	to get along well/poorly (with)
querer	to love
romper (con)	to break up (with)
separarse (de)	to separate (from)

Repaso: estar (con), pelear con, salir (con)

la amistad	friendship
el amor	love
la boda	wedding (*ceremony*)
la iglesia	church
la luna de miel	honeymoon
el marido	husband
el matrimonio	marriage; married couple
la mujer	wife
la novia	fiancée; bride
el noviazgo	engagement
el novio	fiancé; groom
la pareja	(married) couple; partner
el/la viudo/a	widower/widow

Cognados: el divorcio, la separación

Repaso: el/la amigo/a, la cita, el/la esposo/a, el/la novio/a (*boy/girlfriend*)

amistoso/a	friendly
divorciado/a (de)	divorced (from)
enamorado/a (de)	in love (with)
recién casado/a (con)	newlywed (to)
separado/a (de)	separated (from)
soltero/a	single
estar **casado/a (con)**	to be married (to)
ser **casado/a**	to be a married person

Repaso: cariñoso/a, feliz (*pl.* felices)

Las etapas de la vida

la etapa	stage, phase
la juventud	youth
la madurez	middle age
la muerte	death
la vejez	old age

Cognados: la adolescencia, la infancia

Repaso: la niñez, la vida

crecer (crezco)	to grow
nacer (nazco)	to be born

Repaso: morir (muero) (u)

Las conjunciones

a menos que	unless
antes (de) que	before
con tal (de) que	provided (that)
en caso de que	in case
para que	so that
sin que	without; unless

Las preposiciones

con tal de	provided
en caso de	in case

Repaso: antes de, para, sin

Palabras adicionales

bastante	rather, sufficiently; enough
¿para qué… ?	for what purpose?, what for?

Repaso: conmigo, contigo, ¿por qué?, porque

Vocabulario personal

17

¿Trabajar para vivir o vivir para trabajar?

Durante la cosecha (*harvest*) de uvas Chardonnay, en Chile

- Piense en el título de este capítulo. Si Ud. ya tiene un trabajo de tiempo completo, ¿lo hace para vivir? ¿O vive para su trabajo? Si no trabaja todavía, ¿cuál cree que va a ser su actitud cuando ya trabaje?

- ¿Qué tipo de condiciones y beneficios espera Ud. tener en un trabajo? ¿Es importante para Ud. tener un horario flexible? ¿tener más de dos semanas de vacaciones? ¿tener seguro (*insurance*) médico? Si Ud. ya trabaja, ¿tiene a su disposición estas condiciones y beneficios?

|SPANISH

www.connectspanish.com

OCÉANO PACÍFICO

PERÚ

BOLIVIA

BRASIL

PARAGUAY

Antofagasta •

C O R D I L L E R A   D E   L O S   A N D E S

CHILE

ARGENTINA

URUGUAY

Valparaíso •
Santiago ⊛
Concepción •

Isla de Pascua
(CHILE)

OCÉANO
ATLÁNTICO

| 0 | 125 | 250 Millas |
| 0 | 125 | 250 Kilómetros |

Punta Arenas •

Chile

16,5 (y medio) millones de habitantes

- Chile es un país muy largo y angosto (*narrow*) que tiene casi todos los tipos de climas, con excepción del tropical. Se extiende desde el desierto de Atacama, el lugar más seco (*driest*) del mundo, hasta la Antártida.

- La minería, especialmente del cobre (*copper*), representa una gran parte del Producto Nacional Bruto (*Gross National Product*) de Chile.

- Los vinos chilenos, producidos en la zona central del país, están entre los mejores del mundo. De hecho (*In fact*), Chile ocupa el cuarto lugar entre los mayores exportadores de vino a los Estados Unidos.

En este capítulo

495

Las profesiones y los oficios°

trades

el maestro (la maestra) (de escuela)

2 + 4 =
3 + 3 =
6 + 6 =
7 + 7 =
8 + 4 =

1.

la médica (el médico)

2.

el plomero (la plomera)

3.

la cocinera (el cocinero)

4.

el peluquero (la peluquera)

5.

la mujer soldado (el soldado)

6.

Las profesiones

el abogado / la abogada	lawyer
el bibliotecario / la bibliotecaria	librarian
el consejero / la consejera	counselor
el contador / la contadora	accountant
el enfermero / la enfermera	nurse
el hombre / la mujer de negocios	businessperson
el ingeniero / la ingeniera	engineer
el/la periodista	journalist
el sicólogo / la sicóloga	psychologist
el/la siquiatra	psychiatrist
el trabajador social / la trabajadora social	social worker
el traductor / la traductora	translator

Los oficios

el amo/ama de casa	housekeeper, homemaker
el cajero / la cajera	cashier; teller
el dependiente / la dependienta	clerk
el obrero / la obrera	worker, laborer
el técnico / la técnica	technician
el vendedor / la vendedora	salesperson

Cognados: el/la analista de sistemas, el/la artista, el/la asistente de vuelo, el/la astronauta, el/la dentista, el/la electricista, el fotógrafo / la fotógrafa, el mecánico / la mecánica, el/la militar, el profesor / la profesora, el programador / la programadora, el secretario / la secretaria, el veterinario / la veterinaria

¡OJO!

If the vocabulary needed to describe your career goal is not listed here, look it up in a dictionary or ask your instructor.

Conversación

A. ¿A quién necesita Ud.?

Paso 1. ¿A quién se debe llamar o con quién se debe consultar en estas situaciones? **¡OJO!** Hay más de una respuesta posible en algunos casos.

1. La tubería del agua (*plumbing*) de la cocina no funciona bien.
2. Ud. acaba de tener un accidente automovilístico; el conductor del otro coche dice que Ud. tuvo la culpa (*blame*).
3. Por las muchas presiones de su vida profesional y personal, Ud. tiene serios problemas afectivos.
4. Ud. es el dueño o la dueña de un restaurante y necesita a alguien que haga la comida.
5. Ud. quiere que alguien le construya un muro (*wall*) en el jardín.
6. Ud. conoce los detalles de un escándalo local y quiere divulgarlos.

Paso 2. Ahora, en parejas, inventen situaciones como las del **Paso 1.** Luego léanlas a otros estudiantes para que ellos digan a quién deben consultar.

B. Asociaciones.
¿Qué profesiones u oficios asocian Uds. con estas frases? Consulten la lista de profesiones y oficios y usen el **Vocabulario útil.**

1. creativo/rutinario
2. muchos/pocos años de preparación o experiencia
3. buen sueldo / sueldo regular
4. mucha/poca responsabilidad
5. mucho/poco prestigio
6. flexibilidad / «de nueve a cinco»
7. mucho/poco tiempo libre
8. peligroso (*dangerous*) / seguro
9. en el pasado, solo para hombres/mujeres
10. todavía, solo para hombres/mujeres

Así se dice

el/la contador(a) =
el/la contable (*Sp.*)
el/la periodista =
el/la reportero/a
el/la plomero/a =
el/la fontanero/a (*Sp.*)

Vocabulario útil

actor/actriz	policía /
arquitecto/a	mujer
camarero/a	policía
cantinero/a	político/a
(*bartender*)	presidente/a
carpintero/a	sacerdote
chófer	(*priest*),
detective	pastor(a),
niñero/a	rabino/a
pintor(a)	senador(a)
poeta	

Nota cultural

Nuevas tendencias del español para evitar el sexismo lingüístico

Con el incremento de posiciones y cargos[a] ocupados por mujeres en todos los ámbitos[b] profesionales y de poder,[c] el debate por eliminar el sexismo en la lengua española se ha intensificado.

- Hay una clara tendencia por evitar el uso de la forma masculina o la palabra «hombre» para incluir en su designación a personas de los dos sexos, especialmente cuando hay sustantivos colectivos mixtos.

  el estudiantado[d] = estudiantes (hombres y mujeres)
  el profesorado[e] = profesores y profesoras
  la infancia = niños y niñas
  la tercera edad, las personas mayores = ancianos y ancianas

- En muchos ambientes laborales, se evita dar el tratamiento de «señorita» a todas las mujeres y se prefiere el de «señora», para no hacer distinción entre las mujeres solteras y las casadas, al igual que[f] esta distinción no se hace entre los hombres.
- La aplicación de la forma femenina a algunos cargos importantes, títulos y profesiones se ha estabilizado a medida que[g] las mujeres han conquistado estos puestos: **jefa, médica, ministra, presidenta.**

[a]*posts* [b]*arenas* [c]*power* [d]*student body, the students* [e]*faculty, the professors*
[f]*al... just as* [g]*a... as*

Michelle Bachelet, ex Presidenta y ex Ministra de Salud y de Defensa de Chile

- Para integrar en una sola[h] palabra las formas masculina y femenina, se ha empezado a usar el símbolo de la arroba: @. Por ejemplo, **chic@s** = **chicos y chicas.** La limitación de esta forma es que es solo un recurso gráfico.[i]

Aunque[j] queda mucho por hacer para eliminar el sexismo en la lengua española, se han dado grandes pasos en todos los países y a todos los niveles.

¿Conoce Ud. algún ejemplo de sexismo en su lengua materna?

[h]*single* [i]*un... a graphic symbol* [j]*Although*

C. ¿Qué preparación se necesita para ser... ? Imagine que Ud. es consejero universitario / consejera universitaria. Explíquele a un(a) estudiante qué cursos debe tomar para prepararse para las siguientes carreras. Use el **Vocabulario útil** y la lista de cursos académicos del **Capítulo 2.** Piense también en el tipo de experiencia que debe obtener.

1. traductor(a) en la ONU (Organización de las Naciones Unidas)
2. reportero deportivo / reportera deportiva en la televisión
3. contador(a) para un grupo de abogados
4. periodista para una revista de ecología
5. trabajador(a) social, especializado/a en los problemas de los ancianos
6. maestro/a de primaria, especializado/a en la educación bilingüe

D. Intercambios

Paso 1. En parejas, túrnense para hacer y contestar preguntas para averiguar (*find out*) la siguiente información.

1. lo que hacían sus abuelos
2. la profesión u oficio de sus padres
3. si tienen un amigo o pariente que tenga una profesión extraordinaria o interesante y el nombre de esa profesión
4. lo que sus padres (su esposo/a) quiere(n) que Uds. sean (lo que Uds. quieren que sean sus hijos)
5. lo que Uds. quieren ser (lo que sus hijos quieren ser)
6. la carrera que estudian muchos de sus amigos (los hijos de sus amigos)

Paso 2. Ahora digan a la clase dos detalles interesantes sobre su compañero/a.

El mundo laboral

el empleo	job; position	**el gerente / la gerente**	manager
bien/mal pagado	well-/poorly paying	**el puesto**	position
de tiempo completo/ parcial	full-/part-time	**el salario**	pay, wages (*often per hour*)
		la solicitud	job application
la empresa	corporation; business	**el sueldo**	salary

*****S.A. = Sociedad Anónima** (*Incorporated, Inc.*)

conseguir (*like* seguir)	to get a job	graduarse	to graduate (from)
un empleo		(me gradúo) (en)	
dejar un puesto	to leave a position	llenar	to fill out (*a form*)
despedir (*like* pedir)	to let (*someone*) go; to fire	renunciar (a)	to resign (from)
	(*someone*) (*from a job*)	solicitar	to apply for (*a job*)

Conversación

A. En busca de un empleo

Paso 1. Ponga en orden del 1 al 7 las siguientes acciones típicas de la búsqueda (*search*) de un empleo. Algunas acciones pueden ser simultáneas.

   a. _____ Escribir el currículum.

   b. _____ Hacer preguntas sobre los beneficios que ofrece la empresa.

   c. _____ Leer los avisos (*ads*) clasificados sobre trabajos en un periódico o en el Internet.

   d. _____ Esperar que lo/la llamen para una entrevista.

   e. _____ Llenar la solicitud y mandarla con el currículum.

   f. _____ Tener una entrevista con el gerente.

   g. _____ Pedirle a alguien que le escriba una carta de recomendación.

Paso 2. Ahora añada por lo menos dos acciones más a la secuencia del **Paso 1.**

Paso 3. Finalmente, narre en el pasado y en primera persona (**yo**) la secuencia completa (**Pasos 1** y **2**). Explique su propia experiencia de buscar un trabajo.

MODELO: Yo necesitaba un trabajo para el próximo verano. Por eso, primero fui a la oficina de empleos de la universidad…

B. Definiciones. Defina las siguientes palabras y frases en español.

MODELO: la empresa →
      una compañía grande, como la IBM o Ford

1. el currículum
2. dejar un empleo
3. la aspirante
4. el gerente
5. el sueldo
6. llenar una solicitud

Una cuestión de dinero

el billete	bill (*money*)
la caja	cashier window
la cuenta corriente	checking account
la cuenta de ahorros	savings account
el efectivo	cash
el interés	interest
el préstamo	loan
el presupuesto	budget
el recibo	receipt
ahorrar	to save (*money*)
cobrar	to cash (*a check*); to charge (*someone for an item or service*)
compartir	to share
depositar	to deposit
devolver (*like* **volver**)	to return (*something*)
economi**z**ar (**c**)	to economize
ganar	to earn
gastar	to spend (*money*)
pa**g**ar (**gu**) a plazos / con cheque / en efectivo	to pay in installments / by check / in cash
pe**d**ir (**pido**) (**i**) prestado/a	to borrow
prestar	to lend
sa**c**ar (**qu**)	to withdraw, take out

el cajero automático

BANCO POPULAR

la factura / la cuenta

TELÉFONO

el banco

la moneda

el billete

el cheque

BANCO POPULAR
1288 8893 888 1345
JUAN GARCIA
2/16

el efectivo

la tarjeta bancaria / la tarjeta de crédito

Así se dice

depositar dinero = ingresar dinero, poner dinero en una cuenta
pagar en efectivo = pagar al contado

Conversación

A. El mes pasado. Piense en sus finanzas personales del mes pasado. ¿Fue un mes típico? ¿Tuvo dificultades al final del mes o todo le salió bien?

Paso 1. Indique las respuestas apropiadas, según su experiencia.

	SÍ	NO
1. Hice un presupuesto al principio (*beginning*) del mes.	☐	☐
2. Deposité más dinero en el banco del que (*than what*) saqué.	☐	☐
3. Saqué dinero del cajero automático más de tres veces.	☐	☐
4. Pagué todas mis cuentas a tiempo.	☐	☐
5. Les pedí un préstamo a mis padres.	☐	☐
6. Preparé mis almuerzos en casa para economizar un poco.	☐	☐
7. Gasté mucho dinero en divertirme.	☐	☐
8. Le presté dinero a un amigo.	☐	☐
9. Usé la tarjeta de crédito solo un par de veces.	☐	☐
10. Dejé de comprar café.	☐	☐

Paso 2. Pensando todavía en sus respuestas, diga tres cosas que Ud. debe hacer para mejorar su situación económica.

MODELO: Debo hacer un presupuesto mensual.

B. Diálogos

Paso 1. Empareje las preguntas de la izquierda con las respuestas de la derecha.

1. _____ ¿Cómo prefiere Ud. pagar?
2. _____ ¿Hay algún problema con la cuenta?
3. _____ Me da una identificación, por favor. Necesito verla para que pueda cobrar su cheque.
4. _____ ¿Va a depositar este cheque en su cuenta corriente o en su cuenta de ahorros?
5. _____ ¿Le pongo el recibo en la bolsa (*bag*)?

a. En la cuenta de ahorros, por favor.
b. No, mejor me lo da a mí.
c. Voy a pagar en efectivo.
d. Sí, señora. Ud. me cobró demasiado por el postre.
e. Aquí tiene mi licencia de manejar.

1.

Paso 2. Ahora, en parejas, inventen un contexto posible para cada diálogo. ¿Dónde están las personas que hablan? ¿en un banco? ¿en una tienda? ¿Qué hacen? ¿Quiénes son? ¿Clientes? ¿cajeros? ¿dependientes?

C. Situaciones.
En parejas, describan lo que pasa en los dibujos de la derecha. Usen las siguientes preguntas como guía.

- ¿Quiénes son estas personas?
- ¿Dónde están?
- ¿Cómo van a pagar?
- ¿Qué van a hacer después?

2.

Nota **comunicativa**

Más pronombres posesivos

In Spanish, as in English, *stressed possessives* (**las formas tónicas de los posesivos**) are used after a noun that is preceded by a definite or indefinite article. Stressed possessives can also be used when the noun is not expressed.*

mío/a(s)	my, (of) mine
tuyo/a(s)	your, (of) yours
suyo/a(s)	your, (of) yours, his, of (his), her, (of) hers
nuestro/a(s)	our, (of) ours
vuestro/a(s)	your, (of) yours
suyo/a(s)	your, (of) yours their, (of) theirs

¡OJO!

The **nosotros/as** and **vosotros/as** forms are identical to the possessives you already know.

Esta es **la** maleta **mía** y esa es **la suya**.
This is my suitcase and that one is his (hers, yours, theirs).

Es **un** amigo **mío**.
He's a friend of mine.

—¿De quién es este libro?
—Es **mío**.
"Whose book is this?"
"It's mine."

D. Mis finanzas personales.
En parejas, túrnense para hacer y contestar preguntas, usando posesivos en sus respuestas según el modelo.

MODELO: Mi banco es… → Mi banco es University Bank. **¿Y el tuyo?**

1. Mi banco es…
2. Mi préstamo del banco para la matrícula de la universidad (no) es muy alto.
3. Mis facturas mensuales para los gastos de vivienda (no) son muy altas.
4. Hoy (no) tengo mucho dinero en mi cuenta corriente.
5. Este mes (no) debo usar más mi tarjeta de crédito.
6. Mi presupuesto para este mes (no) es un desastre.

> **Mundo interactivo**
>
> You should now be prepared to work with Scenario 9, Activity 1 in Connect Spanish (**www.connectspanish.com**).

*See Appendix 3 for more information about using the stressed possessive forms.

GRAMÁTICA

¿Recuerda Ud.?

Before studying the future tense in **Gramática 46,** review **Gramática 3 (Cap. 2)** and **Gramática 11 (Cap. 4),** where you learned ways of expressing future actions. Then indicate which of the following sentences can be used to express a future action.

1. ☐ Trabajé hasta las dos.
2. ☐ Trabajo a las dos.
3. ☐ Voy a trabajar a las dos.
4. ☐ Trabajaba a las dos.
5. ☐ Estoy trabajando.
6. ☐ He trabajado a las dos.

46 Talking About the Future
Future Verb Forms

Grammar Tutorial 46
connect |SPANISH
www.connectspanish.com

Gramática en acción: ¿Cómo será su futuro?

Alicia, 10 años

- Viviré en otra ciudad.
- Me casaré con un hombre muy guapo.
- Tendremos dos hijos.
- Viviremos en una casa magnífica.
- Viajaré a muchos países.
- Seré maestra de escuela, y mi marido también.
- Ganaremos mucho dinero.

¿Y Ud.?

¿Cómo será su vida dentro de diez años? Modifique las declaraciones de **Gramática en acción** para describirla.

So far, you have been expressing future actions in Spanish mostly with the present tense or with **ir** + **a** + *infinitive*. But Spanish also has a future tense, like English (*I will . . . , you will . . .*). In Spanish the *future* (**el futuro**) is used to express strong intentions and dreams.

Future of Regular Verbs / **El futuro**					
hablar		**comer**		**vivir**	
hablaré	hablaremos	comeré	comeremos	viviré	viviremos
hablarás	hablaréis	comerás	comeréis	vivirás	viviréis
hablará	hablarán	comerá	comerán	vivirá	vivirán

What will your future be like? • *I'll live in another city.* • *I'll marry a very handsome man.* • *We'll have two children.* • *We'll live in a magnificent house.* • *I'll travel to many countries.* • *I'll be a school teacher, and my husband (will be one) too.* • *We'll earn a lot of money.*

1. Future Tense Endings

In English the *future* (**el futuro**) is a compound tense, formed with the auxiliary (helping) verbs *will* or *shall: I **will** speak, you **shall** do what I say*, and so on. The Spanish future is a simple verb form (only one word). It is formed by adding the identical set of future endings to **-ar, -er,** and **-ir** infinitives. No auxiliary verbs are needed.

Las terminaciones del futuro

infinitivo +	-é	-emos
	-ás	-éis
	-á	-án

2. Irregular Future Forms

Here are the most common Spanish verbs that are irregular in the future. The future endings are attached to their irregular stems.

Note that the future of **hay (haber)** is **habrá** (*there will be*).*

decir: diré, dirás, dirá, diremos, diréis, dirán

decir:	dir-	
haber (hay):	habr-	-é
hacer:	har-	-ás
poder:	podr-	-á
poner:	pondr-	-emos
querer:	querr-	-éis
saber:	sabr-	-án
salir:	saldr-	
tener:	tendr-	
venir:	vendr-	

3. Ways to Express the Future

As you know, the future tense is not the only way to express future actions in Spanish. Other ways to express the future, especially the near future, include:

- the simple present indicative

- ir + a + *infinitive*

- the simple present subjunctive

The Spanish future tense is mostly used to express serious goals and projects farther into the future, as when expressing dreams and aspirations, as seen in **Gramática en acción.**

Nos vemos mañana a las ocho.
We'll see each other tomorrow at 8:00.

Voy a llevar una chaqueta para la entrevista.
I will wear (am going to wear) a jacket to the interview.

No creo que **consiga** ese puesto.
I don't think (that) she'll get that job.

Trabajaré mucho y **me haré** rico.
I'll work very hard, and I'll get rich.

4. Expressing Willingness

When the English *will* refers not to future time but to the *willingness* of someone to do something, Spanish does not use the future but rather the verbs **querer** or **poder,** or simply the present tense of any verb. In this context, **querer** has almost the force of a command.

¿Quieres/Puedes cerrar la puerta, por favor?
Will/Could you please close the door?

¿Cierras la puerta, por favor?
Can you close the door, please?

---

*The future forms of the verb **haber** are used to form the future perfect tense (**el futuro perfecto**), which expresses what will have occurred at some point in the future: **Para mañana, ya habré hablado con Miguel.** (By tomorrow, I will have already spoken with Miguel.) You will find a more detailed presentation of these forms in Appendix 4, Additional Perfect Forms (Indicative and Subjunctive).*

Complete the verbs with the correct future endings.

1. yo vivir_____
2. ella dir_____
3. ellos saldr_____
4. Uds. vendr_____
5. nosotros comer_____
6. tú querr_____

Answers: **1.** *viviré* **2.** *dirá* **3.** *saldrán* **4.** *vendrán* **5.** *comeremos* **6.** *querrás*

Práctica

A. ¡Anticipemos! Mis compañeros de clase. ¿Cree Ud. que conoce bien a sus compañeros de clase? ¿Sabe lo que les va a pasar en el futuro?

Paso 1. Indique si las siguientes declaraciones serán realidad para Ud. algún día.

	SÍ	NO
1. Seré profesor(a) de idiomas.	☐	☐
2. Me casaré (Me divorciaré) dentro de tres años.	☐	☐
3. Viviré en un país hispanohablante.	☐	☐
4. Compraré un coche deportivo.	☐	☐
5. Tendré una familia muy grande.	☐	☐
6. Haré estudios superiores (*graduate*).	☐	☐
7. Participaré activamente en la vida política de mi ciudad o del país.	☐	☐
8. No tendré que trabajar porque seré rico/a.	☐	☐

Paso 2. Ahora, usando las declaraciones del **Paso 1,** indique el nombre de una persona de la clase para quien Ud. cree que la declaración es cierta. La persona nombrada debe contestar.

MODELO: **ESTUDIANTE:** La profesora Martínez no **tendrá** que trabajar porque **será** rica.

PROFESORA: Degraciadamente, **seguiré** trabajando, ¡porque nunca **seré** rica!

B. ¿Qué harán? Explique lo que harán las siguientes personas en su trabajo futuro. Luego, para cada grupo, diga qué profesión se describe.

MODELO: yo / darles consejos a los estudiantes →
Les **daré** consejos a los estudiantes.

1. yo
- hablar bien el español
- pasar mucho tiempo en la biblioteca
- escribir artículos sobre la literatura latinoamericana
- enseñar clases en español

2. tú
- trabajar en una oficina y en la corte
- ganar mucho dinero
- tener muchos clientes
- cobrar por muchas horas de trabajo

3. Felipe
- ver a muchos pacientes
- resolver muchos problemas mentales
- leer a Freud y a Jung
- hacerle un sicoanálisis a un paciente

4. Susana y Juanjo
- pasar mucho tiempo sentados
- usar el teclado (*keyboard*) constantemente
- inventar nuevos programas
- mandarles mensajes electrónicos a todos los amigos

C. Este mes

Paso 1. Describa lo que Ud. hará o no hará este mes en cuanto a (*as far as*) sus finanzas.

MODELO: (no) gastar menos este mes → (No) **Gastaré** menos este mes.

1. (no) gastar más este mes
2. (no) pagar a tiempo todas mis cuentas
3. (no) hacer un presupuesto y/pero (no) seguirlo
4. (no) depositar mucho/poco dinero en mi cuenta de ahorros
5. (no) cobrar un cheque de mi empleo / un pariente
6. (no) seguir usando mis tarjetas de crédito
7. (no) pedirles dinero a mis amigos/padres/hijos
8. (no) buscar un trabajo de tiempo completo/parcial

Paso 2. Ahora, en parejas, comparen sus respuestas. Digan a la clase si Uds. son responsables en cuanto a asuntos de dinero, siguiendo los modelos. También digan a la clase las cosas que tienen en común.

MODELOS: Dylan y yo somos muy responsables con nuestro dinero porque…
Dylan es muy responsable con su dinero, pero yo tengo que aprender a ser más responsable con el mío porque…

Conversación

A. Soluciones extremas para casos extremos. Diga cuáles son las ventajas y desventajas de las siguientes opciones para conseguir más dinero.

MODELO: dejar de tomar tanto café →

Si dejo de tomar tanto café, **ahorraré** solo unos pocos dólares. **Estaré** menos nervioso/a, pero creo que **tendré** más dificultad en despertarme por la mañana.

Un billete de la Lotería Nacional de España

1. dejar de fumar / tomar tanto café
2. pedirles dinero a mis amigos o parientes
3. cometer un robo
4. alquilar unos cuartos de mi casa
5. buscar un trabajo de tiempo parcial
6. comprar muchos billetes de lotería
7. estudiar más y divertirme menos
8. invertir mi dinero en bonos y acciones (*stocks and bonds*)

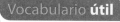

Vocabulario **útil**	
la cárcel	jail
invertir	to invest
(invierto) (i)	

B. El mundo del año 2100

Paso 1. ¿Cómo será el mundo del futuro? En parejas, hagan una lista de cosas que Uds. creen que van a ser diferentes para el año 2100 (por ejemplo: el transporte, la comida, la vivienda). Piensen también en temas globales: la política, los problemas que presenta la capa de ozono, etcétera.

Paso 2. Ahora, a base de su lista, hagan una serie de predicciones para el futuro.

MODELO: La gente **comerá** (**Comeremos**) comidas sintéticas.

Nota **comunicativa**

Cómo expresar la probabilidad con el futuro

Estela, en el aeropuerto

Cecilia, en la carretera

—¿Dónde **estará** Cecilia? ¿Qué le **pasará**?

—**Estará** en un lío de tráfico.

"I wonder where Cecilia is." ("Where can Cecilia be?") "I wonder what's up with her." ("What can be wrong?")

"She's probably (must be) in a traffic jam." ("I bet she's in a traffic jam.")

In Spanish, the future can also be used to express probability or conjecture about what is happening now. This use of the future is called the *future of probability* (**el futuro de probabilidad**). Note in the preceding examples that the English cues for expressing probability (*probably, I bet, must be, I wonder, Where can . . . ?*, and so on) are not directly expressed in Spanish. Their sense is conveyed in Spanish by the use of the future form of the verb.

C.   Predicciones. ¿Quiénes serán las siguientes personas? ¿Qué estarán haciendo? ¿Dónde estarán? En parejas, usen lo que saben de Chile e inventen todos los detalles que puedan sobre las siguientes fotos.

1.

2.

 ¿Recuerda Ud.?

In **Gramática 45 (Cap. 16),** you learned about a series of adverbial conjunctions that always require the use of the subjunctive in the dependent clause. There are five such conjunctions. Complete the following phrases to name them all.

1. a _____ que
2. _____ (de) que
3. con _____ (_____) que
4. en _____ de que
5. _____ que

You will learn more about using one of these conjunctions and about others like them in **Gramática 47.**

47 Expressing Future or Pending Actions

The Subjunctive (Part 8): The Subjunctive and Indicative After Conjunctions of Time

▶ **Grammar Tutorial** 47

connect
|SPANISH
www.connectspanish.com

Gramática en acción: Planes para el futuro

1. Después de graduarme, tendré que buscar trabajo. **Tan pronto como** tenga trabajo, ganaré mucho dinero y pagaré los préstamos de la universidad.

2. **En cuanto** me jubile, jugaré al golf por lo menos tres veces por semana. ¡Pero desgraciadamente quedan quince años **hasta que** me jubile!

3. Cuando trabajaba, siempre estaba cansado. Ahora me siento mejor que nunca. ¡Y voy a jugar al golf **hasta que** tenga 100 años!

¿Y Ud.?

1. ¿Buscará trabajo antes de graduarse o después de graduarse?
2. Cuando Ud. se gradúe, ¿piensa empezar a trabajar en seguida? ¿Ganará mucho dinero?
3. ¿Tendrá que pagar préstamos cuando se gradúe?
4. Cuando tenga un trabajo, ¿estará más cansado/a que ahora?
5. ¿Practicará algún deporte hasta que tenga 90 años?

---

①		②
FUTURE/PENDING ACTION: indicative	adverbial conjunction of time	subjunctive
①		②
HABITUAL/COMPLETED ACTION: indicative	adverbial conjunction of time	indicative

---

1. Adverbial Conjunctions of Time

Future events are often expressed in Spanish in two-clause sentences in which the dependent clause is introduced by a conjunction of time. The most common ones are listed at the right.

Las conjunciones de tiempo			
antes (de) que	before	**en cuanto**	as soon as
cuando	when	**hasta que**	until
después (de) que	after	**tan pronto como**	as soon as

Plans for the future **1.** *After I graduate, I'll have to look for a job. As soon as I have a job, I'll earn lots of money, and I'll pay off my university loans.* **2.** *As soon as I retire, I'll play golf at least three times a week. But unfortunately it'll be fifteen more years until I retire!* **3.** *When I was still working, I was always tired. Now I feel better than ever. And I'm going to play golf until I'm 100 (years old)!*

2. Use of the Subjunctive After Time Conjunctions

The subjunctive is used when the dependent clause introduced by a time conjunction describes an event that hasn't happened yet or that is pending in some way. This use of the subjunctive is very frequent in Spanish in clauses that begin with **Cuando...**

¡OJO!

When the present subjunctive is used in this way to express pending future actions, the *main-clause* verb is in the present indicative or future.

Cuando sea grande/mayor...
When I'm older . . .

Cuando tenga tiempo...
When I have the time . . .

Cuando me gradúe...
When I graduate . . .

MAIN CLAUSE: PRESENT INDICATIVE OR FUTURE

Debo depositar el dinero **tan pronto como** lo **reciba**.
I should deposit the money as soon as I get it.

Pagaré las cuentas **en cuanto reciba** mi cheque.
I'll pay the bills as soon as I get my check.

3. Use of the Indicative After Time Conjunctions

The indicative is used when the dependent clause introduced by a time conjunction describes a habitual action (present or past) or a completed event in the past.

HABITUAL ACTIONS: INDICATIVE

Siempre pago las cuentas **en cuanto recibo** mi cheque.
I always pay bills as soon as I get my check.

Siempre depositaba el dinero **tan pronto como** lo **recibía**.
I always deposited the money as soon as I got it.

COMPLETED PAST ACTION: INDICATIVE

El mes pasado pagué las cuentas **en cuanto recibí** mi cheque.
Last month I paid my bills as soon as I got my check.

Cuando era adolescente, mis padres me pagaban por hacer algunos quehaceres domésticos.
When I was a teenager, my parents used to pay me for doing some household chores.

4. *Antes (de) que* + *subjunctive*

As you know, the subjunctive is always used after the time conjunction **antes (de) que.** You can review this usage in **Gramática 45 (Cap. 16).**

¡Claro que no puedo depositar el dinero **antes de que reciba** el cheque!
Of course I can't deposit the money before I receive the check!

	Future/Pending	Habitual/Past
MOST CONJUNCTIONS OF TIME:	subjunctive	indicative
antes (de) que:	subjunctive	subjunctive

Autoprueba

Indicate which sentences express a pending action and thus require the subjunctive in Spanish.

1. I'll call as soon as I get home.
2. We interview applicants only after we contact their references.
3. Many students apply for graduate school as soon as they begin their senior year.
4. They won't deposit this check until you sign it.

Answers: 1, 4

Práctica

A. Decisiones económicas

Paso 1. Lea las siguientes oraciones sobre Rigoberto y determine primero si se trata de (*each is about*) una acción habitual (**H**) o de una acción futura (**F**), algo que no ha ocurrido todavía. Luego escoja la frase que complete mejor cada oración.

H F

☐ ☐   **1.** _____ Rigoberto se va a comprar un auto en cuanto…
         a. ahorre suficiente dinero.   **b.** ahorra suficiente dinero.

☐ ☐   **2.** _____ Siempre usa su tarjeta de crédito cuando…
         a. no tenga dinero en efectivo.   **b.** no tiene dinero en efectivo.

☐ ☐   **3.** _____ Piensa pagar su préstamo para la universidad tan pronto como…
         a. consiga un trabajo.   **b.** consigue un trabajo.

☐ ☐   **4.** _____ No puede pagar sus cuentas este mes hasta que…
         a. su hermano le devuelva el dinero que le prestó.
         b. su hermano le devuelve el dinero que le prestó.

Paso 2. Ahora diga cómo maneja Ud. sus propios (*own*) asuntos económicos. Determine primero si la oración describe una acción habitual (**H**) o una acción futura (**F**). Luego complete la oración de una manera apropiada y personal.

Estrategia

Use un sustantivo en las oraciones 1 y 2. Use un infinitivo en las oraciones 3 y 4. En las oraciones 5 y 6, debe usar o el indicativo o el subjuntivo.

H F

☐ ☐   **1.** En cuanto el banco me dé un préstamo, voy a comprarme _____.
☐ ☐   **2.** Cuando no tengo dinero en efectivo, siempre uso _____.
☐ ☐   **3.** Tan pronto como consiga un trabajo, voy a _____.
☐ ☐   **4.** Este mes, voy a _____ antes de que se me olvide.
☐ ☐   **5.** Generalmente no le presto más dinero a un amigo hasta que me _____ el dinero que me debe.
☐ ☐   **6.** En cuanto _____, empezaré a buscar un trabajo de tiempo completo.

B. Cosas de la vida.

Las siguientes oraciones describen algunos aspectos de la vida de Mariana en el pasado, en el presente y en el futuro. Léalas para tener una idea general del contexto. Luego dé la forma apropiada de los infinitivos.

1. Hace cuatro años, cuando Mariana (graduarse) en la escuela secundaria, sus padres (darle) un reloj. El año que viene, cuando (graduarse) en la universidad, (darle) un carro.
2. Cuando (ser) niña, Mariana (querer) ser actriz. Luego, cuando (tener) 18 años, (decidir) que estudiaría[a] enfermería. Cuando (terminar) su carrera este año, yo creo que (poder) encontrar un buen empleo como enfermera.
3. Antes Mariana siempre (pagar) sus cuentas con cheque. Ahora las (pagar) por el Internet en cuanto le (*ellos:* depositar) el sueldo en su cuenta.
4. Este mes Mariana (tener) que comprar un regalo para la boda de unos buenos amigos. No puede comprarlo hasta que su hermana le (devolver) el dinero que Mariana le (prestar).

---

[a]*she would study*

C. Hablando de dinero: Planes para el futuro. Complete las siguientes oraciones con el presente de subjuntivo de los verbos indicados. Luego invente una terminación original para cada oración.

1. Voy a ahorrar más dinero en cuanto…

(ellos) darme un aumento de sueldo / (yo) dejar de gastar tanto / ¿ ?

2. Pagaré todas mis cuentas tan pronto como…

tener el dinero para hacerlo / ser absolutamente necesario / ¿ ?

3. El semestre/trimestre que viene, pagaré la matrícula después de que…

cobrar mi cheque en el banco / (¿quién?) mandarme un cheque / ¿ ?

4. No podré pagar el alquiler hasta que…

sacar dinero de mi cuenta de ahorros / depositar el dinero en mi cuenta corriente / ¿ ?

5. No voy a jubilarme hasta que mis hijos…

terminar sus estudios universitarios / casarse / ¿ ?

Conversación

A. Descripciones. Describa los dibujos, completando las oraciones e inventando un contexto para las escenas. Luego describa su propia vida.

1. Esta noche, Pablo va a estudiar hasta que…

Contexto: _____

¿Y Ud.?
- Esta noche, voy a estudiar hasta que…
- Siempre estudio hasta que…
- Anoche estudié hasta que…

2. Los Sres. Castro van a cenar tan pronto como…

Contexto: _____

¿Y Ud.?
- Esta noche, voy a cenar tan pronto como…
- Siempre ceno tan pronto como…
- Anoche cené tan pronto como…

Estas vacaciones disfruta de INTERNET donde, cuando y para lo que tú quieras.

Con movistar Tarifa Plana 1GB por sólo **15€** /al mes.
Además **GRATIS** tu Tarjeta Internet Móvil.
Infórmate en el 1485   www.movistar.es

Telefónica   **movistar**

B. Publicidad

Paso 1. Diga si las siguientes declaraciones son ciertas o falsas según el anuncio y su conocimiento (*knowledge*) general. Corrija las declaraciones falsas.

	C	F
1. Hay muchas razones para usar el Internet cuando estamos de vacaciones.	☐	☐
2. No es lógico que uno quiera usar el Internet durante las vacaciones.	☐	☐
3. Con el plan movistar, se puede tener acceso al Internet desde cualquier (*from any*) lugar.	☐	☐
4. Este plan es ideal para que uno use el Internet antes de salir de vacaciones.	☐	☐
5. Es mejor que uno tome este plan antes de que se vaya de vacaciones.	☐	☐
6. Este plan solo sirve para que uno lea su e-mail.	☐	☐

▶ Mundo interactivo

You should now be prepared to work with Scenario 9, Activity 2 in Connect Spanish (**www.connectspanish.com**).

Paso 2. Ahora, en parejas, inventen un anuncio para uno de los aparatos o servicios que Uds. tienen, electrónicos o no. Deben escoger un aparato o servicio que sea su favorito y muy necesario en su vida diaria. Antes de escribir, piensen en un público específico: la gente joven, los niños, una persona mayor, los estudiantes universitarios, etcétera.

Un poco de todo ♻

A. Los planes de Alicia

Paso 1. Alicia está a punto de (*about to*) graduarse en la Universidad Católica de Chile, en Santiago. Use las conjunciones indicadas para unir las ideas de cada oración, haciendo todos los cambios necesarios.

MODELO: (yo) esperar encontrar un buen trabajo / tan pronto como / graduarse
→ **Espero** encontrar un buen trabajo tan pronto como **me gradúe.**

Estrategia

Use el presente de indicativo o subjuntivo, el futuro o el infinitivo. También es posible usar el presente perfecto de subjuntivo en uno de los casos.

1. (yo) buscar apartamento / tan pronto como / ahorrar dinero
2. David, mi novio español: poder visitarme / en cuanto / yo: tener un apartamento propio
3. cuando David: estar aquí / (nosotros) visitar las casas de Pablo Neruda en Valparaíso e Isla Negra
4. después de ir a Valparaíso / (nosotros) ir a Concepción y a la isla de Chiloé
5. es posible que / David: querer quedarse en Chile / cuando conocer el país
6. David y yo: poder pasar las vacaciones en España con su familia / cuando casarse
7. mis padres: estar muy contentos con nuestra boda futura / porque a ellos: encantar David.
8. pero antes de conseguir un trabajo / ¡(yo) tener que preparar el currículum y pedir recomendaciones!

Paso 2. Ahora en parejas, hablen de sus planes para después de graduarse, usando como modelo las oraciones apropiadas del **Paso 1.**

MODELO: Yo espero encontrar un buen trabajo tan pronto como me gradúe en esta universidad. Después de encontrar un buen trabajo,…

B. Lengua y cultura: Trabajos para estudiantes universitarios. Complete the following paragraphs with the correct form of the words in parentheses, as suggested by context. When two possibilities are given in parentheses, select the correct word. *P/I:* will show you when to use the preterite or the imperfect. Conjugate all other infinitives in the future, present indicative, or subjunctive, or leave them in the infinitive form.

Universidad de Chile, en Santiago

La necesidad de dinero es un problema para muchos estudiantes en todas partes del mundo. En la mayoría de los países hispanohablantes, (el/la[1]) sistema universitario es gratuito. Además,[a] es natural que los estudiantes (vivir[2]) con sus familias, (por qué / porque[3]) la mayoría no (irse[4]) a (estudiar[5]) a otras ciudades. (*Ellos:* Estudiar[6]) en (el/la[7]) universidad más cercana.[b]

Sin embargo, muchos estudiantes no buscan trabajo hasta que (*ellos:* terminar[8]) sus estudios universitarios. Y, así como en este país, hay estudiantes que (conseguir[9]) trabajo de tiempo parcial antes de (terminar/terminen[10]) la escuela secundaria. A continuación se puede leer las experiencias laborales de algunos estudiantes durante la época universitaria.

Una joven paraguaya: «Desde los 16 años, (*yo:* trabajar[11]) en una oficina. Así puedo (cobrar/pagar[12]) la matrícula en la universidad y mi ropa y gastos personales y también (*yo:* poder[13]) colaborar un poquito con la economía familiar.»

Un joven chileno: «Cuando (*P/I: yo:* ser/estar[14]) estudiante universitario, (*P/I:* trabajar[15]) como fotógrafo. (*P/I: Yo:* Sacar[16]) fotos en bodas, bautizos y primeras comuniones. Era un (bueno[17]) trabajo (por/para[18]) un estudiante, porque (*P/I: yo:* tener[19]) (de/que[20]) trabajar los fines de semana pero casi nunca los días de clase.»

Una estudiante uruguaya de la escuela secundaria: «Tan pronto como las clases (terminar[21]) este verano, (*yo:* empezar[22]) a trabajar en la tienda de mi tía y (ganar[23]) un poco de dinero. No quiero que mis padres (tener[24]) que pagarlo todo cuando yo (estar[25]) en la universidad.»

[a]*Besides* [b]*más… nearest*

Comprensión. Conteste las siguientes preguntas.

1. ¿Qué necesidad comparten los estudiantes de todo el mundo?
2. ¿Es caro o barato el sistema universitario de los países hispanos?
3. ¿Dónde vive la mayoría de los estudiantes hispanos?
4. ¿Qué trabajos se describen en estos párrafos?

En su comunidad

Entreviste a una persona hispana de su universidad o ciudad sobre algunos temas laborales.

PREGUNTAS POSIBLES

- ¿A qué se dedica? (¿Cuál es su trabajo?) ¿Cuánto tiempo hace que se dedica a eso? ¿Le gusta su trabajo? ¿Por qué?
- ¿Vino a este país por razones de trabajo?
- ¿Cómo es la situación laboral en su país de origen?
- ¿Qué piensa de la situación laboral en este país hoy día? ¿Cree que es mejor que cuando llegó a este país o peor?

«Nos da mucho orgullo (*pride*) estar aquí y poder dar este servicio a los pacientes.»

Antes de mirar

¿A qué personas admira Ud.? ¿Qué hacen (o han hecho) esas personas para ganar su admiración? ¿Qué profesiones o tipos de personas cree Ud. que son las más admiradas en el mundo de hoy? ¿Científicos, maestros, deportistas profesionales… ? ¿A quiénes admiramos más: a las personas famosas o las personas muy cercanas (*close*) a nosotros?

PROGRAMA 17: Hispanos que admiramos

El programa está dedicado a personas hispanas que son admiradas; incluye entrevistas con dos personas de diferentes profesiones.

Vocabulario de este programa

en respuesta a nuestra petición	responding to our request	**tanto para… como para…**	for both . . . and for . . .	**el seguro**	insurance
efectivamente	actually	**el compromiso**	commitment	**ponerle una cara a**	to put a face to
dedicado/a	who works as/in	**si no estuviéramos**	if we weren't	**suceder**	to take place
los seres queridos	loved ones	**acudirían**	they would go	**montuno**	*rhythmic coda of many Cuban songs*
acudir	**venir**	**dar gusto**	to give pleasure		
proporcionar	to provide	**disfrutar**	to enjoy		
la gente necesitada	the needy	**los recursos federales**	federal funding	**vas llevando**	[with it] you carry
atender (atiendo)	to serve; to receive (*clientes*)	**como es de imaginar**	as you can imagine	**relleno/a**	filled with
diriá	I would say			**los termino reemplazando**	I end up replacing them

Fragmento del guion

ANA: Nico compone música para programas de video y televisión, como *Salu2*. Lo que nos fascina de Nico es su habilidad para crear música apropiada para distintos temas y países.

VÍCTOR: A ver,[a] Nico, cuéntales a los telespectadores un poco de tu trabajo como compositor.

NICO: Como compositor, para la música, especialmente para *Salu2*, hay tantos países, lo que hago es investigar la música autóctona[b] de cada país. Ver qué instrumentos folclóricos usan, qué ritmos usan. Y, bueno, también tengo una colección muy grande de instrumentos en mi estudio. Y… por ejemplo, en el caso de España, lo que haría[c] es… Obviamente, el flamenco es la música, parte de la música autóctona de España. Usaría[d] muchas guitarras españolas; como percusión usaría el cajón,[e] o las castañuelas.[f] O en países como… totalmente diferentes, como Perú, usaría mucho el charango, que es más andino. Los ritmos, usaría muchísimos de los ritmos andinos; usaría más flautas, o bombos legüeros,[g] que son unos bombos muy grandes hechos con piel de vaca.[h] Y bueno así. O sea, es muy divertido.

[a]A… *Let's see* [b]*native* [c]*I would do* [d]*I would use* [e]*percussion instrument shaped like a box*
[f]*castanets* [g]bombos… *bass drums* [h]piel… *cowhide*

Nico Barry en su estudio, con su charango: «Los instrumentos, los toco todos yo… »

Capítulo 17 ¿Trabajar para vivir o vivir para trabajar?

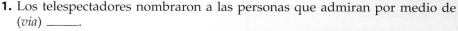

Mundo interactivo

Continue your work as an intern at HispanaVisión with Laura Sánchez Tejada, the roving reporter of *Salu2*, as you complete Scenario 9, Activities 1 and 2 in Connect Spanish (**www.connectspanish.com**).

Al mirar

Mientras mira el programa, indique las profesiones y oficios que se mencionan en el programa.

1. ☐ actor/actriz
2. ☐ personal médico diverso
3. ☐ maestro/a
4. ☐ compositor(a)
5. ☐ astronauta
6. ☐ deportista
7. ☐ abogado/a
8. ☐ ama de casa

«Obtener atención médica para toda persona en nuestro país es una de nuestras más grandes metas (*goals*). Tengo confianza (*I'm confident*) de que lo vamos a lograr (*achieve*).»

Después de mirar

A. **¿Está claro?** Complete las siguientes oraciones con información del programa.

1. Los telespectadores nombraron a las personas que admiran por medio de (*via*) _____.
2. El programa recibió _____ de nombres de personas admiradas.
3. La Dra. Zaragoza-Kaneki es una angelina de origen _____.
4. En su clínica, más del _____ por ciento de los pacientes es de origen hispano, y el _____ por ciento de todos los pacientes no habla inglés.
5. Su deseo para la clínica es obtener recursos federales para _____.
6. De pequeños, Ana quería ser _____ y Víctor, _____.
7. Ana y Víctor entrevistan a Nico en _____.

B. **Un poco más.** Conteste las siguientes preguntas.

1. ¿Entre qué horas está abierta la clínica?
2. ¿Por qué eligió la Dra. Zaragoza-Kaneki su profesión?
3. ¿Cuál es una de las metas importantes para la doctora?
4. ¿Por qué admiran Ana y Víctor a Nico Barry?
5. ¿Qué hace Nico Barry para componer la música de *Salu2*?

C. **Y ahora, Uds.** En parejas, imaginen que tienen la oportunidad de entrevistar a la Dra. Zaragoza-Kaneki y al compositor Nico Barry para hacer un reportaje más extenso sobre ellos. Hagan una lista de cinco preguntas que les gustaría hacerle a cada uno.

Sobre el programa

¿A quiénes admiran Ana, Laura y Víctor? Ana siente especial admiración por su abuela materna, una indígena kuna* que le enseñó a cocinar y a usar remedios naturales. Lo que más admira Ana de su abuela es que fue capaz[a] de integrarse en la vida de la capital sin perder sus valores[b] y tradiciones indígenas.

Laura tiene un gran respeto por su madre, una profesora universitaria de historia. Es una mujer muy culta[c] que les ha trasmitido a sus hijas la idea de que es posible tener una familia y ser profesionista a la vez.[d]

Víctor admira a su padre y se siente muy orgulloso[e] de él. Su padre emigró a California siendo niño, y tuvo que trabajar bien duro[f] no solo para ayudar a su familia, sino también[g] para educarse. Tomaba cursos universitarios mientras trabajaba turnos de diez horas o más. Llegó a ser maestro bilingüe en las escuelas públicas de Los Ángeles, trabajo del que se jubiló recientemente después de treinta años.

[a]*able* [b]*values* [c]*educated, very knowledgeable* [d]*a... at the same time* [e]*proud* [f]*bien... very hard* [g]*but also*

Producción personal

Filme tres entrevistas en las que (*which*) los entrevistados hablan de las personas que más admiran. Los entrevistados deben explicar por qué admiran a esas personas.

*The kuna *are an indigenous people from* Panamá *and* Colombia. *Kuna women produce* molas (*hand-crafted textile panels*), *which are well-known in this country. The beautifully colored and patterned* molas *are part of women's dresses.*

A LEER

Lectura cultural
Chile

Chile es uno de los países del mundo en donde la gente más trabaja. Como ocurre en otras partes del mundo, parte del problema es que algunos necesitan más de un trabajo para sobrevivir.[a] Pero existe también una minoría que tiene salarios altos. La realidad es que hay una brecha[b] salarial en el país: Según un reciente Informe de Salarios de la Organización Internacional del Trabajo, un trabajador chileno que cobra un sueldo alto gana 7,86 veces más que un trabajador que cobra un sueldo bajo. Los abogados, médicos, ingenieros, empresarios, ejecutivos de bancos y congresistas[c] tienen las profesiones mejor pagadas. Y los obreros, profesores, trabajadores agrícolas y empleados públicos están entre las ocupaciones que no tienen buena remuneración.

¿Hay una gran brecha salarial en el sistema laboral de este país?

[a]*survive* [b]*gap* [c]*congressional representatives*

En otros países hispanos

- **En algunos países hispanohablantes** En la actualidad se empieza a oír la palabra **trabajólico/a,** que la Real Academia Española de la Lengua define como «Que trabaja afanosa[a] y compulsivamente». Curiosamente, la Real Academia identifica este adjetivo como una expresión chilena. En general, el hecho[b] de trabajar mucho o en exceso, de ser una persona trabajólica o creer que trabajar mucho es una buena cualidad son contrarios a la manera de pensar de los hispanos. Para la mayoría de estos, hay que trabajar para vivir, pero nunca al revés.[c]

- **En España** En este país, como en muchos otros países europeos, los trabajadores disfrutan de[d] buenos beneficios laborales que están establecidos por la ley.[e] Por ejemplo, un mes de vacaciones al año es el mínimo legal. Otro ejemplo es la licencia[f] por maternidad o paternidad, que la ley garantiza[g] con cuatro meses, además de otros beneficios asociados. Finalmente, España tiene un sistema nacional de salud que cubre prácticamente a toda la población.

[a]*eagerly* [b]*act* [c]*al… the other way around* [d]*disfrutan… tienen* [e]*law* [f]*leave* [g]*guarantees*

Unos cultrunes mapuches con los símbolos que en esa cultura representan las cuatro estaciones

Tres símbolos chilenos

- **El cultrún** Es un tambor[a] ceremonial del pueblo mapuche, en cuya superficie[b] está representada gráficamente toda su cosmovisión. Los mapuches, una cultura milenaria[c] de Sudamérica, son el pueblo indígena más importante de Chile.

- **Los Andes** Esta gran cordillera[d] es una imagen constante en la diversa geografía chilena y representa su frontera natural con Bolivia y la Argentina. Los Andes son muy distintivos porque el territorio de Chile es tan angosto[e] que en su punto más ancho[f] de este a oeste solo mide 180 kilómetros.[g]

- **«Gracias a la vida»** Esta canción, de la cantautora[h] y folclorista chilena Violeta Parra, es un himno a la vida y a los pequeños y grandes logros[i] de la humanidad, entre ellos el amor entre parejas. Esta canción es conocida no solo por la inmensa mayoría de los hispanohablantes, sino[j] por muchas personas de todos los países. Muchos cantantes la han cantado.

[a]*drum* [b]*cuya… whose surface* [c]*thousand-year-old* [d]*mountain range* [e]*narrow* [f]*más… widest* [g]*180… 111.85 miles* [h]*singer-songwriter* [i]*achievements* [j]*but rather*

Una cita

«Trabajadores de mi Patria:[a] tengo fe[b] en Chile y su destino.[c] […] Sigan ustedes sabiendo que, mucho más temprano que tarde, de nuevo se abrirán las grandes alamedas[d] por donde pase el hombre libre, para construir una sociedad mejor.»

Salvador Allende (1903–1973), presidente de Chile: «Último Discurso[e]», 11 de septiembre de 1973

[a]*Homeland* [b]*faith* [c]*destiny* [d]*boulevards* [e]*Speech*

COMPRENSIÓN

1. ¿Cómo es la brecha salarial en Chile?
2. ¿Qué significa la palabra **trabajólico/a**?
3. ¿De qué beneficios disfrutan los trabajadores españoles por ley?

Del mundo hispano

Antes de leer

La Real Academia Española de la Lengua da varias definiciones de la palabra **camino.** Aquí están las dos principales. ¿Puede Ud. dar una traducción al inglés de cada una? ¿Cuál de las definiciones describe un camino de forma física? ¿Cuál es más metafórica?

- «Tierra hollada (marcada por los pies) por donde se transita habitualmente»
- «Dirección que ha de seguirse (*is to be followed*) para llegar a algún lugar»

Lectura: «XXIX», de Antonio Machado

Caminante,[a] son tus huellas[b]
el camino,[c] y nada más;
caminante, no hay camino:
se hace camino al andar.[d]
5   Al andar se hace el camino,

    y al volver la vista atrás[e]
se ve la senda[f] que nunca
se ha de volver a pisar.[g]
Caminante, no hay camino,
10 sino estelas[h] en la mar.

[a]*Traveler (person who travels on foot)* [b]*footprints* [c]*path, road* [d]*al... as you walk* [e]*al... when you look back* [f]*path* [g]*nunca... will never be tread upon again* [h]*wakes (of boats)*

Comprensión

A. En el texto. Conteste las siguientes preguntas relacionadas con el poema.

1. Identifique las palabras y expresiones del poema que son sinónimos o metáforas de las palabras **caminar** y **camino.**
2. En este poema hay mucha repetición, tanto de (*as much of*) versos como de ideas. Identifique la repetición que se encuentra en el poema.
3. ¿Qué frases usa el poeta para describir el camino? Explíquelas con sus propias palabras.

B. Interpretación. Conteste las siguientes preguntas, según su propia interpretación del poema.

1. El poeta se dirige a (*addresses*) un **caminante.** En su opinión, ¿quién es ese caminante?
2. ¿Qué simboliza **el camino** en este poema?
3. La última representación del camino en este poema es la imagen de **estelas en la mar.** ¿Qué pueden simbolizar las estelas, en el contexto del poema?
4. ¿Cuál de las siguientes afirmaciones representa mejor el mensaje del poema? Identifique el verso que explica su respuesta.
   a. El caminante selecciona un camino definido y visible y lo sigue.
   b. El camino se hace visible solo después de que el caminante ha caminado por él.
5. ¿Que filosofía de la vida expone el poema? ¿Está Ud. de acuerdo? Explique su respuesta.
   a. Es necesario que encontremos nuestro camino en la vida y que lo sigamos con determinación.
   b. Vamos descubriendo nuestro camino en la vida a medida que (*as*) vivimos.

Antes de escuchar

¿Qué debe o puede hacer una persona para prepararse para una entrevista de trabajo? ¿Es normal que alguien se ponga nervioso cuando sabe que tiene una entrevista?

Escuche

Mundo laboral

En la radio hay un programa que hace sugerencias para las entrevistas laborales. Escuche según las indicaciones de su profesor(a).

Vocabulario **para escuchar**			
la petición	request	**averigüe**	find out
cualquier	any	**asegúrese**	be sure
la formación	education, training	**la cartera**	portfolio, folder
la carrera	career	**hacer falta**	to need
acerca de	about	**el agradecimiento**	thanks

Después de escuchar

A. Sugerencias específicas. Haga por lo menos una sugerencia para cada momento del proceso de una entrevista laboral.

1. varios días antes de la entrevista

2. el día antes de la entrevista

3. el mismo día, antes de la entrevista

4. durante la entrevista

5. después de la entrevista

B. El programa de radio. Conteste las siguientes preguntas.

1. ¿Por qué se repite la programación de la semana anterior?

2. Según el programa, ¿cuál es la mejor manera de reducir el estrés de una entrevista?

3. ¿Dónde se puede encontrar el texto del programa?

¡Música!

Violeta Parra es un ícono musical de Chile, a pesar de que[a] murió hace cerca de[b] cuarenta años. Era una folclorista musical y también una artista visual. Su canción «Gracias a la vida» es una de las canciones más conocidas en todo el mundo hispanohablante. Es del álbum *Violeta Parra: Las últimas composiciones.*

[a]*… in spite of the fact that* [b]*cerca… about*

Violeta Parra, en concierto

Go to the iMix section in Connect Spanish (**www.connectspanish.com**) to access the iTunes playlist *"Puntos9,"* where you can purchase "Gracias a la vida" by Violeta Parra.

El tema

Mi futuro

Preparar

Paso 1. Llene la tabla con información sobre cinco o seis de las características que tendrá o de las actividades que serán parte de su vida en el futuro. El futuro es el verbo más apropiado para esta lista.

Plano profesional	Plano personal

Paso 2. Ahora describa las circunstancias que harán posibles sus planes futuros y las contingencias que podrían prevenir que sus planes futuros se realizaran (*could prevent your plans for the future from being realized*).

Redactar

Utilice la información de **Preparar** para desarrollar un ensayo sobre sus planes personales y profesionales para el futuro. Piense bien antes de decidir el tono de su ensayo. Incorpore un comentario indicando si sus metas (*goals*) son típicas de las personas de su edad o no.

Editar

Revise el ensayo para comprobar:

- la ortografía y los acentos
- la organización y la secuencia de las ideas
- el tiempo y la forma de los verbos, especialmente el uso del futuro y del subjuntivo
- el tono del ensayo

Finalmente, prepare su versión final para entregarla.

EN RESUMEN En este capítulo

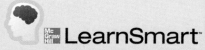

Visit **www.connectspanish.com** to practice the vocabulary and grammar points covered in this chapter.

Gramática en breve

46. The Future

Infinitive + **-é, -ás, -á, -emos, -éis, -án**

Irregular forms: **dir-, habr-, har-, podr-, pondr-, querr-, sabr-, saldr-, tendr-, vendr-** + *future endings*

47. The Subjunctive After Conjunctions of Time

	Future/ Pending	Habitual/ Past
most conjunctions of time	subjunctive	indicative
antes (de) que	subjunctive	subjunctive

Conjunctions: **antes (de) que, cuando, después (de) que, en cuanto, hasta que, tan pronto como**

Vocabulario

Las profesiones y los oficios

el/la abogado/a	lawyer
el amo/ama de casa	housekeeper
el/la cajero/a	cashier; teller
el/la cocinero/a	cook; chef
el/la contador(a)	accountant
el hombre / la mujer de negocios	businessperson
el/la ingeniero/a	engineer
el/la maestro/a (de escuela)	schoolteacher
el/la obrero/a	worker, laborer
el/la peluquero/a	hairstylist
el/la periodista	journalist
el/la plomero/a	plumber
el/la sicólogo/a	psychologist
el/la siquiatra	psychiatrist
el soldado / la mujer soldado	soldier
el/la técnico/a	technician
el/la trabajador(a) social	social worker
el/la traductor(a)	translator
el/la vendedor(a)	salesperson

Cognados: el/la analista de sistemas, el/la astronauta, el/la electricista, el/la fotógrafo/a, el/la programador(a), el/la veterinario/a

Repaso: el/la artista, el/la asistente de vuelo, el/la bibliotecario/a, el/la consejero/a, el/la dentista, el/la dependiente/a, el/la enfermero/a, el/la mecánico/a, el/la médico/a, el/la profesor(a), el/la secretario/a

El mundo laboral

el/la aspirante	candidate; applicant
el currículum	resumé
el empleo	job, position
bien/mal pagado	well-/poorly paid
de tiempo completo/ parcial	full-/part-time
la empresa	corporation; business
la entrevista	interview
el/la entrevistado/a	interviewee
el/la entrevistador(a)	interviewer
el/la gerente	manager
el oficio	trade (*profession*)
el salario	pay, wages (*often per hour*)
la solicitud	application (*form*)

Cognado: el/la recepcionista

Repaso: el puesto, el sueldo, el teléfono, el trabajo

dejar	to quit
despedir (*like* **pedir**)	to let (*someone*) go; to fire (*someone*) (*from a job*)
graduarse (**me gradúo**) **(en)**	to graduate (from)
jubilarse	to retire
llenar	to fill out (*a form*)
renunciar (a)	to resign (from)
solicitar	to apply for (*a job*)

Repaso: conseguir (*like* seguir), contestar

Una cuestión de dinero

el banco	bank
el billete	bill (*money*)
la caja	cashier window
el cajero automático	automatic teller machine (ATM)
el cheque	check
la cuenta corriente	checking account
la cuenta de ahorros	savings account
el efectivo	cash
la factura	bill
el interés	interest
la moneda	coin
el préstamo	loan
el presupuesto	budget
el recibo	receipt
la tarjeta bancaria	debit card

Repaso: la cuenta, el dinero, la tarjeta de crédito

ahorrar	to save (*money*)
cobrar	to cash (*a check*); to charge (*someone for an item or service*)
compartir	to share
pedir (pido) (i) **prestado/a**	to borrow
sacar (qu)	to withdraw, take out

Cognados: depositar, economizar (c)

Repaso: devolver (*like* **volver**)**, ganar, gastar, pagar (gu), prestar**

a plazos	in installments
con cheque	by check
en efectivo	in cash

Los adjetivos

laboral	work, work-related
propio/a	own, one's own

Las formas posesivas

mío/a(s)
tuyo/a(s)
suyo/a(s)
nuestro/a(s)
vuestro/a(s)

Las conjunciones de tiempo

después (de) que	after
en cuanto	as soon as
hasta que	until
tan pronto como	as soon as

Repaso: antes (de) que, cuando

Palabras adicionales

al principio de	at the beginning of

Vocabulario personal

18

La actualidad

Manifestación (*Demonstration*) en la Puerta del Sol, Madrid

- ¿Es importante para Ud. estar al día (*up to date*) en cuanto a (*as far as*) lo que pasa en el mundo?

- ¿Qué medios de comunicación usa principalmente para mantenerse informado/a? ¿La radio y la televisión? ¿la prensa (*press*)? ¿el Internet?

- ¿Votó en las últimas elecciones? ¿Cree que es importante votar?

La Coruña
Gijón
Bilbao
FRANCIA
OCÉANO
ATLÁNTICO
Barcelona
Madrid
ESPAÑA
Islas Baleares
Valencia
PORTUGAL
Mar Mediterráneo
Córdoba
Sevilla
Islas Canarias
(ESPAÑA)
ARGELIA
MARRUECOS
0   100   200 Millas
0   100   200 Kilómetros

España

46,5 (y medio) millones de habitantes

- España es un país donde muchas culturas se han encontrado a través de su milenaria (*throughout its thousand-year*) historia. Los fenicios, griegos, romanos y árabes son solo algunos de los más influyentes.

- El nombre del país viene de *Hispania,* el nombre en latín que los romanos le dieron al territorio español cuando era una provincia de su imperio.

- España es un país diverso en geografía, clima y culturas. De hecho (*In fact*), existen otras tres lenguas oficiales junto al (*besides*) español: el catalán, el gallego y el vasco.

En este capítulo

PROTEST

peace

Las noticias°

Las… *The News*

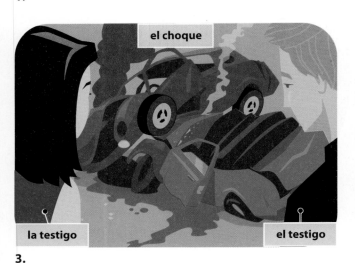

la huelga

la reportera

el canal de televisión

1.

la manifestación

la estación de radio la víctima el reportero

2.

el choque

la testigo el testigo

3.

el quiosco de prensa

la revista

el periódico

4.

Los acontecimientos°	Los… *Events*
el asesinato	assassination
asesinar	to assassinate
matar	to kill
el desastre (natural)	(natural) disaster
la esperanza	hope
mantener (*like* **tener**)	to maintain,
la esperanza	keep up hope
la guerra	war
la lucha	fight, struggle
luchar	to fight
el medio de	medium of communication
comunicación	(*pl.* mass media)
la muerte	death

el periódico	newspaper
la prensa	press
la revista	magazine

Cognados: el ataque (terrorista), el blog, la bomba, la erupción, la radio, la televisión, el terrorismo, el/la terrorista

El noticiero°	El… *Newscast*
comunicar(se) (qu) (con)	to communicate (with)
enterarse (de)	to find out, learn (about)
estar al día	to be up to date
informar	to inform
ofrecer (ofrezco)	to offer

Conversación

A. Las noticias: ¿qué y cómo?

Paso 1. ¿Qué tipo de noticias le interesan más a Ud.? Indique todas las que siempre o casi siempre atraen su interés.

1. ☐ las noticias sobre la política internacional
2. ☐ las noticias locales de su ciudad
3. ☐ las noticias de su estado o provincia
4. ☐ las noticias sobre los desastres o las tragedias
5. ☐ las noticias de interés humano
6. ☐ las noticias sobre los deportes
7. ☐ las noticias financieras o sobre los negocios
8. ☐ las noticias sobre el arte y la cultura
9. ☐ ¿ ?

Paso 2. Ahora, en parejas, comparen sus preferencias noticieras. ¿Hay más coincidencias (*similarities*) o más diferencias entre sus preferencias?

Paso 3. Hagan una lista de los medios de comunicación que se usan hoy en día, en orden de preferencia personal.

B. ¿Quién está más al día? En grupos de tres o cuatro, den un ejemplo de las siguientes cosas o personas.

MODELO: un reportero ⟶ Jorge Ramos Ávalo

1. un reportero / una reportera
2. un asesinato
3. una huelga o una lucha
4. una guerra
5. un desastre natural
6. otro tipo de desastre (por ejemplo, un accidente)
7. un ataque terrorista
8. un canal de televisión o estación de radio

C. Definiciones

Paso 1. Dé las palabras definidas.

1. un programa que nos informa diariamente de lo que pasa en el mundo
2. una muerte violenta causada intencionadamente
3. un medio de comunicación que presenta la información por escrito
4. la persona que investiga y presenta una noticia
5. una persona que emplea la violencia para causar pánico
6. cuando los obreros dejan de trabajar para protestar por su situación laboral o por su salario
7. una persona que está presente cuando ocurre algo y lo ve todo

Paso 2. Ahora, en parejas, definan las siguientes palabras en español.

1. la guerra
2. la muerte
3. el terrorismo
4. ofrecer
5. luchar
6. estar al día

Paso 3. Lean a la clase las definiciones que crearon en el **Paso 2** para que sus compañeros adivinen (*guess*) la palabra definida.

Así se dice

el acontecimiento = el evento, el hecho, el suceso
estar al día = estar al tanto, estar al corriente
la huelga = el paro

D. Ud. y los medios de comunicación. En parejas, expresen y justifiquen su opinión sobre las siguientes ideas.

1. El interés por los *reality shows* demuestra (*shows*) que el público se interesa en la realidad del mundo.
2. La prensa de los países democráticos es con frecuencia irresponsable y parcial.
3. Ver la televisión es una pérdida (*waste*) de tiempo.
4. Hay demasiado sexo y violencia en los programas de televisión.
5. El Internet es una fuente (*source*) de información tan buena como los otros medios de comunicación.
6. Los niños no deben poder ver la televisión hasta que tengan diez años.

> ### Vocabulario **útil**
>
> **creer que** + *indicative*
> **no creer que** + *subjunctive*
> **dudar que** + *subjunctive*
> **no dudar que** + *indicative*
> **esperar que** + *subjunctive*
> **estar de acuerdo con/en que** + *indicative*
> **no estar de acuerdo con/en que** + *subjunctive*
> **es una lástima / probable / increíble que** + *subjunctive*

El gobierno y la responsabilidad cívica

1.
el rey
la reina
los ciudadanos

2.
la política / la candidata
el político / el candidato
la izquierda
el centro
la derecha

3.
el ejército
la (mujer) soldado
el soldado

Las personas

el ciudadano / la ciudadana	citizen
los/las demás	others
el dictador / la dictadora	dictator
el rey / la reina	king/queen

Los conceptos

el deber	responsibility; obligation
el derecho	right
la (des)igualdad	(in)equality
la dictadura	dictatorship
la discriminación	discrimination

la ley	law
el partido (político)	(political) party
la política	politics; policy
el servicio militar	miltary service

Las acciones

durar	to last
ganar	to win
obedecer (obedezco)	to obey
perder (pierdo)	to lose
postularse (para un cargo / como candidato/a)	to run (for a position / as a candidate)
votar	to vote

Conversación

Así se dice

postularse (para un cargo político como candidato/a) = presentarse (como candidato/a a un cargo político)

A. ¿Quién sabe más de la política?

Paso 1. ¿Cuánto sabe Ud. de la política? Si puede, dé un ejemplo de las siguientes categorías.

1. un país con un rey o una reina
2. un país que tenga o haya tenido una dictadura
3. un dictador o una dictadora
4. un cargo político que dure cuatro años
5. el mes típico para votar en este país
6. un político o una política muy conocido/a hoy en día
7. un partido político de este país
8. un derecho esencial de todos los ciudadanos de este país
9. una causa de la desigualdad social o política

Paso 2. En parejas, comparen sus respuestas del **Paso 1.** Luego digan a la clase cuál de Uds. pudo dar ejemplos en más categorías y qué respuestas tienen en común.

Nota **cultural**

El panorama social y político en el mundo hispano

Aquí hay algunos datos de interés sobre los países de habla española.

- **La mayoría de edad:** En el mundo hispano en general se llega a la mayoría de edad a los 18 años, que es la edad en que la ley permite consumir bebidas alcohólicas y obtener el permiso de manejar.
- **El servicio militar:** Hoy día el servicio militar es voluntario en España y la Argentina y obligatorio en la mayoría de los otros países. Sin embargo, «obligatorio» no significa que todo el mundo lo haga o que todo el mundo lo haga de manera igual.
- **Las mujeres en el ejército:** Las mujeres pueden ser militares en la Argentina, Colombia, Chile, México y España.
- **Las mujeres en la política:** A pesar de[a] la fama del machismo que existe en la cultura hispana y aunque[b] no hay igualdad en la representación de cargos del gobierno, las mujeres han llegado a ser presidentas de su país en varios países (Chile, la Argentina, Costa Rica y Panamá) y también vicepresidentas y primeras ministras, incluso ministras de Defensa aun[c] siendo civiles (Michelle Bachelet en Chile y Carme Chacón en España). Además[d] hay numerosas juezas[e] mujeres que ocupan otros cargos políticos.

¿En cuáles de estos datos hay grandes similaridades entre su país y los países hispanohablantes?

[a]A... *In spite of* [b]*although* [c]*even* [d]*Besides* [e]*judges*

Sonia Sotomayor, primera jueza hispana de la Corte Suprema de los Estados Unidos

El Presidente de España, José Luis Rodríguez Zapatero, y la Ministra de Defensa, Carmen Chacón

Vocabulario útil

Aunque…	Although …
De hecho,…	In fact …
En mi opinión…	
Por un lado…	On the one hand …
Por otro lado…	On the other hand …
Sin embargo…	

B. El gobierno de España. Complete el siguiente párrafo sobre España con las palabras de la lista.

ciudadano	los demás	rey
ejército	monarquía	servicio militar
gobierno	políticos	vota
igualdad	reina	

España es un país democrático, con principios de _____[1] muy similares a los que existen en países con democracias bien establecidas, como los Estados Unidos y el Canadá. Sin embargo, una diferencia es el tipo de _____[2]. En España existe una _____[3] parlamentaria, lo que significa que hay un _____[4] y una _____[5]. Los reyes son figuras representativas, sin poder ejecutivo. Nadie _____[6] por el rey, pero sí se vota para elegir al presidente y todos _____[7] cargos _____[8].

España tiene un _____[9] voluntario; es decir, que no hay _____[10] obligatorio para ningún _____[11].

C. ¿Qué opina Ud.? En parejas, den su opinión sobre las siguientes ideas.

1. En este país, se permite que consumamos demasiado petróleo (energía, carne).
2. Votar es un deber, no un privilegio.
3. En este país, la igualdad de todos no es una realidad todavía.
4. Es posible que una dictadura sea una buena alternativa a la democracia en algunos casos.
5. El personal a cargo de los servicios básicos de un país (por ejemplo, del agua) no debe tener derecho a declararse en huelga.

 **¿Recuerda Ud.?**

The forms of the past subjunctive, which you will learn in **Gramática 48,** are based on the third person plural of the preterite. Here is a brief review of that preterite form.

- regular **-ar** verbs: **-ar → -aron**
- regular **-er/-ir** verbs: **-er/-ir → -ieron**
- **-ir** stem-changing verbs: **e → i, o → u** in the stem: **pidieron, durmieron**
- verbs whose stem ends in a vowel (**leer, construir,** and so on): **-ieron → -yeron: leyeron, construyeron**
- irregular preterite stems: **quisieron, hicieron, dijeron,** and so on
- four totally irregular verbs: **ser/ir → fueron, dar → dieron, ver → vieron**

Give the third person plural of the preterite for these infinitives.

1. hablar	**5.** perder	**9.** estar	**13.** traer	**17.** decir
2. comer	**6.** dormir	**10.** tener	**14.** dar	**18.** creer
3. vivir	**7.** reír	**11.** destruir	**15.** saber	**19.** ir
4. jugar	**8.** leer	**12.** mantener	**16.** vestirse	**20.** poder

▷ **Mundo interactivo**

You should now be prepared to work with Scenario 9, Activity 3 in Connect Spanish (**www.connectspanish.com**).

GRAMÁTICA

48 *Queríamos que todo el mundo votara*
The Subjunctive (Part 9): The Past Subjunctive

Gramática en acción: Las últimas elecciones

BORICUA[a]
¡INSCRIBETE[b] **Y VOTA!**
QUE NADA
NOS DETENGA[c]
1-800-596-VOTA

Indique las ideas que son verdaderas para Ud. sobre las últimas elecciones en su país, estado o provincia.

En las últimas elecciones…

1. ☐ yo no tenía edad para votar.
2. ☐ yo tenía edad para votar, pero no voté.
3. ☐ para mí era importante que votara mucha gente.
4. ☐ yo dudaba que ganara uno de los candidatos que yo apoyaba, ¡pero sí ganó!
5. ☐ no se postuló ningún candidato que me convenciera o me entusiasmara de verdad.
6. ☐ en mi estado/provincia no hubo clases para los niños, para que las escuelas primarias sirvieran de lugares de votación.

[a]Puertorriqueño/a [b]*Register* [c]*Que… Let nothing stop us*

Although Spanish has two simple indicative past tenses (preterite and imperfect), it has only one simple subjunctive past tense, the *past subjunctive* (**el imperfecto de subjuntivo**). Generally speaking, this tense is used in the same situations as the present subjunctive but to talk about past events. The exact English equivalent depends on the context in which it is used.

Past Subjunctive of Regular Verbs / El imperfecto de subjuntivo					
hablar: hablarøn		**comer: comierøn**		**vivir: vivierøn**	
hablara	habláramos	comiera	comiéramos	viviera	viviéramos
hablaras	hablarais	comieras	comierais	vivieras	vivierais
hablara	hablaran	comiera	comieran	viviera	vivieran

The last elections Indicate the ideas that are true for you about the last elections in your country, state, or province. In the last elections… **1.** *I wasn't old enough to vote.* **2.** *I was old enough to vote, but I didn't vote.* **3.** *it was important to me that many people vote.* **4.** *I doubted that one of the candidates that I supported would win, but he did win!* **5.** *no candidate ran who won me over or about whom I got really enthusiastic.* **6.** *in my state/province there were no classes for children, so that elementary schools could serve as voting sites.*

Forms of the Past Subjunctive / Las formas del imperfecto de subjuntivo

1. Past Subjunctive Endings

As you can see in the chart on page 529, the past subjunctive endings are identical for **-ar, -er,** and **-ir** verbs. Those endings are added to the past subjunctive stem: the third person plural of the preterite minus **-on.** For this reason, the forms of the past subjunctive reflect all of the irregularities of the third person preterite (points 2–4, below).

Las terminaciones del imperfecto de subjuntivo*	
-a	-amos
-as	-ais
-a	-an

2. The Past Subjunctive of Stem-changing Verbs

- **-ar** and **-er** verbs: no change

empezar: empezar~~on~~ ⟶ **empezaras,...**
empezara,
volver: volvier~~on~~ ⟶ **volviera, volvieras,...**

- **-ir** verbs: All persons of the past subjunctive have the vowel change of the third person plural of the preterite.

> Remember that the stem change for the third person preterite of **-ir** verbs is shown in parentheses in vocabulary lists. It is this change that occurs in *all* persons of the past subjunctive.

pedir (**pido**) (**i**): **pidier~~on~~** ⟶

pidiera	pidiéramos
pidieras	pidierais
pidiera	pidieran

dormir (**duermo**) (**u**): **durmier~~on~~** ⟶

durmiera	durmiéramos
durmieras	durmierais
durmiera	durmieron

3. The Past Subjunctive of Verbs with Spelling Changes

All persons of the past subjunctive reflect the change from **i** to **y** between two vowels.

Other preterite spelling changes (**c** ⟶ **qu, g** ⟶ **gu, z** ⟶ **c**) do not occur in the past subjunctive because those changes do not appear in the third person plural of the preterite: **bus**c**aron, pa**g**aron, empe**z**aron.**

i ⟶ y (caer, construir, creer, destruir, leer, oír)

creer: creyer~~on~~ ⟶

creyera	creyéramos
creyeras	creyerais
creyera	creyeran

4. The Past Subjunctive of Verbs with Irregular Preterites

dar: dier~~on~~ ⟶

diera	diéramos
dieras	dierais
diera	dieran

dar:	dier~~on~~ ⟶ **diera,...**	**venir:**	vinier~~on~~ ⟶ **viniera,...**
decir:	dijer~~on~~ ⟶ **dijera,...**	**poner:**	pusier~~on~~ ⟶ **pusiera,...**
estar:	estuvier~~on~~ ⟶ **estuviera,...**	**querer:**	quisier~~on~~ ⟶ **quisiera,...**
haber:	hubier~~on~~ ⟶ **hubiera,...**	**saber:**	supier~~on~~ ⟶ **supiera,...**
hacer:	hicier~~on~~ ⟶ **hiciera,...**	**ser:**	fuer~~on~~ ⟶ **fuera,...**
ir:	fuer~~on~~ ⟶ **fuera,...**	**tener:**	tuvier~~on~~ ⟶ **tuviera,...**
poder:	pudier~~on~~ ⟶ **pudiera,...**		

---

*An alternative form of the past subjunctive ends in **-se: hablase, hablases, hablase, hablásemos, hablaseis, hablasen.** This form will not be practiced in Puntos de partida.

Uses of the Past Subjunctive / **Los usos del imperfecto de subjuntivo**

1. Expressing Past Events

The past subjunctive usually has the same uses as the present subjunctive, but for talking about the past. Compare the pairs of sentences at the right. The first sentence in each pair is in the present tense, the second in the past.

Quiero que **se enteren** esta tarde.
I want them to find out this afternoon.
Quería que **se enteraran** por la tarde.
I wanted them to find out in the afternoon.

Siente que no **puedan** allí esta noche.
He's sorry (that) they can't be there tonight.
Sintió que no **pudieran** allí anoche.
He was sorry (that) they couldn't be there last night.

Dudamos que **mantengan** la paz.
We doubt that they will keep the peace.
Dudábamos que **mantuvieran** la paz.
We doubted that they would keep the peace.

2. Subjunctive "Triggers"

Remember that the subjunctive is used after:
(1) expressions of influence, emotion, and doubt

(1) **¿Era necesario** que **regatearas**?
Was it necessary for you to bargain?

(1) **Sentí** que no **tuvieran** tiempo para ver Granada.
I was sorry that they didn't have time to see Granada.

(1) **No creía** que **hubiera** tiempo para hacerlo.
I didn't think that there would be time to do it.

(2) nonexistent and indefinite antecedents

(2) **No había nadie** que **pudiera** resolverlo.
There wasn't anyone who could (might have been able to) resolve it.

(3) conjunctions of contingency and purpose, as well as those of time

(3) Los padres **trabajaron** mucho **para que** sus hijos **asistieran** a la universidad.
The parents worked hard so that their children could (might) go to the university.

(3) Anoche, **íbamos** a salir **en cuanto llegara** Felipe.
Last night, we were going to leave as soon as Felipe arrived.

3. Past Subjunctive of *querer* to Express Requests

The past subjunctive of the verb **querer** is often used to make a request sound more polite.

Quisiéramos hablar con Ud. en seguida.
We would like to speak with you immediately.

Quisiera un café, por favor.
I would like a cup of coffee, please.

Autoprueba

Change the following verbs from the present subjunctive to the past subjunctive.

1. quiera
2. tengamos
3. salgan
4. sepas
5. esté
6. traigas

Answers: **1.** *quisiera* **2.** *tuviéramos* **3.** *salieran* **4.** *supieras* **5.** *estuviera* **6.** *trajeras*

Práctica

A. ¡Anticipemos! Las noticias en la prensa

Paso 1. Empareje los siguientes titulares (*headlines*) con las noticias correspondientes (abajo y en la página 533).

LOS TITULARES

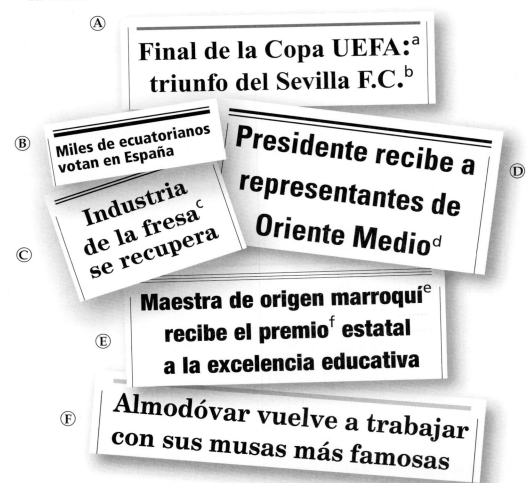

(A) **Final de la Copa UEFA:[a] triunfo del Sevilla F.C.[b]**

(B) **Miles de ecuatorianos votan en España**

(C) **Industria de la fresa[c] se recupera**

(D) **Presidente recibe a representantes de Oriente Medio[d]**

(E) **Maestra de origen marroquí[e] recibe el premio[f] estatal a la excelencia educativa**

(F) **Almodóvar vuelve a trabajar con sus musas más famosas**

[a]*United European Football Association*　[b]*Fútbol Club*　[c]*strawberry*　[d]*Oriente... Middle East*　[e]*Moroccan*
[f]*prize*

LAS NOTICIAS

1. _____ Un aficcionado del club de fútbol sevillano, bromeando,[a] dijo que no creía que hubiera nadie que estuviera tan contento como él, «excepto sus hijos, sus vecinos y el resto de los sevillistas[b]».

2. _____ El cineasta español esperaba que su nueva película fuera bien recibida, pero no esperaba tanto éxito.[c]

3. _____ La educadora expresó públicamente su deseo de que el honor que le daban fuera «una pequeña prueba[d] del valor de la integración de los emigrantes en la sociedad del país».

4. _____ El gobierno del país sudamericano le pidió al gobierno español que facilitara el proceso electoral de sus ciudadanos, en unas elecciones que prometían un índice[e] de participación sin precedentes entre sus emigrantes.

[a]*joking*　[b]*Sevilla soccer team fans*　[c]*success*　[d]*proof*　[e]*rate*

5. ____ Los agricultores mostraron su satisfacción por el buen invierno de lluvia. Además^f, indicaron que no se esperaba que hubiera serios problemas meteorológicos este año, según el Instituto Meteorológico Nacional.

6. ____ Los diferentes emisarios, que deseaban una nueva reunión^g para que se discutiera un plan alternativo, expresaron unánimemente el compromiso^h de sus gobiernos a encontrar una solución final y satisfactoria para todos. «Es la hora de la paz», declaró el Ministro de Asuntos Exteriores después de la reunión.

^fBesides ^gmeeting ^hcommitment

Paso 2. Identifique la razón del uso del subjuntivo en cada noticia.

B. **¡Anticipemos! En la escuela secundaria**

Paso 1. Lea las siguientes declaraciones e indique las que reflejan su propia experiencia. Cambie las oraciones falsas para que también expresen su experiencia.

Cuando yo estaba en la escuela secundaria…

1. ☐ era obligatorio que yo asistiera a todas mis clases.
2. ☐ mis padres insistían en que yo no saliera con mis amigos sin terminar la tarea antes.
3. ☐ era necesario que yo trabajara para que pudiera asistir a la universidad algún día.
4. ☐ no había ninguna clase que me interesara.
5. ☐ tenía que sacar buenas notas para que mis padres me dieran dinero.
6. ☐ era necesario que volviera a casa a una hora determinada.
7. ☐ mis padres me exigían que limpiara mi cuarto cada semana.
8. ☐ mis padres no permitían que saliera con cierta persona.

Paso 2. Ahora, en parejas, comparen sus respuestas del **Paso 1.** Luego digan a la clase algo que tenían en común y algo que era muy diferente en cuanto a (*regarding*) sus experiencias de adolescentes.

C. **Y ahora, la niñez.** ¿Qué quería Ud. de la vida cuando era niño/a? ¿Y qué querían los demás que Ud. hiciera? Conteste, haciendo oraciones completas con una frase de cada columna.

mis padres (no) querían que yo…	**+**	ir a la iglesia / al templo con ellos
mis maestros me pedían que…		portarse bien, ser bueno/a
yo buscaba amigos que…		estudiar mucho, hacer la tarea todas las noches, sacar buenas notas
me gustaba mucho que nosotros…		ponerse ropa vieja para jugar, jugar en la calle, pelear con mis amigos
		mirar mucho la televisión, leer muchas tiras cómicas, comer muchos dulces
		vivir en nuestro barrio, asistir a la misma escuela, tener muchos juguetes (*toys*), ser aventureros
		ir a cierto lugar de vacaciones en verano, pasar todos juntos los días feriados, poner un árbol de Navidad muy alto

La Princesa Letizia de Asturias, probablemente la futura reina de España por su matrimonio con el Príncipe Felipe de Borbón

D. El noticiero de las seis. Cuando dan las noticias, los reporteros presentan los acontecimientos del día, pero a veces también ofrecen sus propias opiniones.

Paso 1. Lea las siguientes declaraciones y cámbielas al pasado. Debe usar el imperfecto del primer verbo en cada oración y luego el imperfecto de subjuntivo en la segunda parte.

MODELO: «Los obreros quieren que les den un aumento de sueldo.» →
«Los obreros **querían** que les **dieran** un aumento de sueldo.»

1. «Es posible que los trabajadores sigan en huelga hasta el verano.»
2. «Es necesario que las víctimas reciban atención médica.»
3. «Es una lástima que no haya espacio para todos allí.»
4. «Los terroristas piden que los oficiales no los persigan.»
5. «Parece imposible que el gobierno acepte sus demandas.»
6. «Es necesario que el gobierno informe al público del desastre.»
7. «Dudo que la paz mundial esté fuera de nuestro alcance (*reach*).»
8. «Los directores prefieren que la nueva fábrica se construya en México.»
9. «Temo que el número de votantes sea muy bajo.»
10. «El Príncipe Felipe quiere que la periodista Letizia Ortiz Rocasolano sea su esposa.»

Paso 2. Ahora indique si las oraciones del **Paso 1** representan un hecho o si son una opinión.

Conversación

A. Una encuesta (*poll*)

Paso 1. Haga cinco oraciones completas con elementos de cada columna. Trate de no repetir muchos elementos.

MODELO: Cuando yo era niña, mi hermana mayor no permitía que yo jugara con sus videojuegos.

cuando yo era niño/a cuando yo era adolescente (13 o 14 años) cuando yo estaba en el último año de la escuela secundaria	**+**	(yo) mi madre/padre mis padres mi mejor amigo/a mi hermano/a mis hermanos (no) era necesario/imposible ¿ ?	**+**	tener miedo de (que)… (no) querer (que)… necesitar un trabajo para (que)… prohibir que… (no) permitir que… (no) gustar (que)… ¿ ?

Paso 2. Ahora convierta sus oraciones de **Paso 1** en preguntas generales sobre los temas que Ud. escogió. Use las preguntas para encuestar a cinco compañeros de clase para ver si tuvieron experiencias similares cuando eran niños o adolescentes.

MODELO: Cuando eras niño, ¿te permitían tus hermanos mayores que jugaras con sus videojuegos?

Paso 3. Diga a la clase por lo menos dos detalles interesantes de su encuesta.

B. Con mucha cortesía. El niño del dibujo sabe que está molestando a sus padres cuando los despierta para pedirles un favor. Por eso les habla muy cortésmente: «**quisiera un vaso de agua… quisiera saber…** ». ¿Cómo podrían Uds. (*could you*) pedir de una forma muy cortés lo que necesitan en las siguientes situaciones? ¿Qué dirían (*would you say*) para conseguirlo?

1. Ud. quiere el número de teléfono de una persona que acaba de conocer. Habla con un amigo de él/ella.
2. Uds. quieren saber cuándo es el examen final en esta clase y qué va a comprender (*include*).
3. Ud. necesita una prórroga (*extension*) para el próximo examen de español.
4. Ud. necesita una carta de recomendación del profesor / de la profesora.
5. Ud. quiere invitar personalmente al rector o a la rectora de la universidad a cenar en su residencia con motivo de una ocasión especial.

—Verás, quisiera un vaso de agua. Pero no te molestes, porque ya no tengo sed. Solo quisiera saber si, en el caso de que tuviese otra vez sed, podría (*I could*) venir a pedirte un vaso de agua.

Cartoon by Antonio Mingote

Nota **comunicativa**

Cómo expresar deseos imposibles

In **Capítulo 13,** you learned to use **ojalá (que)** + *present subjunctive* to express hopes that can become a reality.

ojalá + *present subjunctive* = *I hope*

Ojalá que saque una buena nota en este curso.

Ojalá que encuentre trabajo tan pronto como me gradúe.

Ojalá (que) can also be used with the *past subjunctive* to express wishes about things that are not likely to occur or that are impossible.

ojalá + *past subjunctive* = *I wish*

Ojalá que pudiera ir a la playa este fin de semana. (*You can't because the semester/ quarter isn't over yet. And, unless you live on the East or West Coast, the beach may be far away.*)

Ojalá que todos los estudiantes **pudieran** pasar el verano en un país hispanohablante. (*It's obvious that that's not possible for everyone.*)

The expression **ojalá** comes from the Arabic meaning *if Allah wishes.* It is similar to English *God willing* and Spanish **si Dios quiere.**

C. ¡Ojalá! Complete las siguientes oraciones lógicamente.

1. Ojalá que (yo) tuviera…
2. Ojalá que (yo) pudiera…
3. Ojalá inventaran una máquina que…
4. Ojalá solucionaran el problema de…
5. Ojalá que en esta universidad fuera posible…

In **Gramática 46 (Cap. 17)** you learned the forms and uses of the future tense. Can you provide the correct future forms of the following verbs?

1. (yo) viajar   **3.** (tú) ir   **5.** (nosotros) hacer
2. (ellos) beber   **4.** (Ud.) venir   **6.** (ella) poner

Review all of the future forms before studying the conditional in **Gramática 49.** Also note that you learned a conditional expression in **Capítulo 8: me gustaría.** What is the English equivalent of the following sentence?

Me gustaría visitar el museo esta tarde.

Grammar Tutorial 49
Mc Graw Hill **connect** |SPANISH
www.connectspanish.com

49 Expressing What You Would Do
Conditional Verb Forms

Gramática en acción: Un mundo utópico

En un mundo ideal…

• Habría paz *(peace)* en todos los países.
• El medio ambiente no estaría contaminado.
• Todas las personas tendrían los mismos derechos y libertades.
• Nadie cometería ningún acto criminal.
• Ningún niño sufriría de hambre ni de enfermedades.

¿Y Ud.?

¿Cómo sería un mundo ideal si Ud. pudiera efectuar los cambios? ¿Qué más características **añadiría** Ud.? Los verbos deben terminar en **-ía** o **-ían,** como los verbos en **Gramática en acción.**

The phrase **me gustaría** expresses what you *would like* to (do, say, and so on). The verb **gustaría** is a conditional form. You will learn to form the *conditional* (**el condicional**) of all verbs in this section.

Conditional of Regular Verbs / El condicional					
hablar		**comer**		**vivir**	
hablaría	hablaríamos	comería	comeríamos	viviría	viviríamos
hablarías	hablaríais	comerías	comeríais	vivirías	viviríais
hablaría	hablarían	comería	comerían	viviría	vivirían

A perfect world *In an ideal world . . . • There would be peace in all countries. • The environment would not be polluted. • Everyone would have the same rights and freedoms. • No one would engage in any criminal acts. • No child would be hungry or sick.*

1. Conditional Endings

In English the conditional (like the future) is a compound tense, formed with the auxiliary (helping) verb *would*: I **would** speak, you **would** do, and so on.

The Spanish conditional (like the future) is a simple verb form (only one word). It is formed by adding the identical set of conditional endings to **-ar, -er,** and **-ir** infinitives. No auxiliary verb is needed.

Las terminaciones del condicional

$$\text{infinitivo} + \begin{cases} \text{-ía} & \text{-íamos} \\ \text{-ías} & \text{-íais} \\ \text{-ía} & \text{-ían} \end{cases}$$

2. Irregular Conditional Forms

Verbs that form the future on an irregular stem use the same stem to form the conditional.

Note that the conditional of **hay (haber)** is **habría** (*there would be*).*

decir: diría, dirías, diría, diríamos, diríais, dirían

decir:	dir–	
haber (hay):	habr–	
hacer:	har–	-ía
poder:	podr–	-ías
poner:	pondr–	-ía
querer:	querr–	-íamos
saber:	sabr–	-íais
salir:	saldr–	-ían
tener:	tendr–	
venir:	vendr–	

3. Uses of the Conditional

- to express what you *would* do in a particular situation or given a particular set of circumstances

—Manuel, ¿**hablarías** español en Portugal?
—No, **hablaría** portugués.
—¿**Irías** a la playa en las Islas Canarias?
—Sí, claro. Me **gustaría** nadar allí.
"Would you speak Spanish in Portugal?"
"No, I would speak Portuguese."
"Would you go to the beach in the Canary Islands?"
"Yes, of course. I would like to swim there."

- to express the future from the point of view of the past (. . . *said that he would* . . .)

MANUEL: —Iré a Madrid en enero. → Manuel dijo que **iría** a Madrid en enero.
MANUEL: *"I'll go to Madrid in January." → Manuel said that he would go to Madrid in January.*

4. Another Way to Express *would*

Remember that *would* = *used to* (a habitual action) is expressed with the imperfect tense in Spanish.

Manuel **iba** a España todos los veranos.
Manuel would (used to) go to Spain every summer.

---

*The conditional forms of the verb **haber** are used to form the conditional perfect tense (**el condicional perfecto**), which expresses what would have occurred at some point in the past: **Habríamos tenido** que buscarla en el aeropuerto. (We **would have had** to pick her up at the airport.) You will find a more detailed presentation of these forms in Appendix 4, Additional Perfect Forms (Indicative and Subjunctive).*

1. salir: sal___ía
2. hacer: ha___íamos

3. querer: que___ías
4. decir: d___ían

5. tener: ten___ía
6. poder: po___ía

Answers: **1.** *saldría* **2.** *haríamos* **3.** *querrías* **4.** *dirían* **5.** *tendría* **6.** *podría*

Práctica

A. ¡Anticipemos! ¿Qué haría Ud. en España?

Paso 1. Complete las siguientes declaraciones para describir un viaje ideal a España. Mire las fotos de este capítulo para ideas sobre algunos sitios que visitar.

> **Vocabulario útil**
>
> **churros y chocolate**
> **el jerez** sherry
> **la paella**

1. Viajaría a España porque _____.
2. Yo haría el viaje con _____.
3. Hablaría _____.
4. Comería _____ y bebería _____.
5. Iría a _____ y allí vería _____.
6. No podría terminar el viaje sin antes visitar _____.
7. Me compraría _____ y usaría _____.
8. Me divertiría mucho _____. (¡**OJO!** Use un gerundio: **-iendo** o **-ando.**)
9. Tendría que sacar muchas fotos para mostrárselas a _____.
10. Le(s) mandaría tarjetas postales a _____.
11. Querría _____ durante el viaje, pero probablemente no lo haría.
12. Me gustaría conocer a _____.

El Parque Güell, diseñado por el famoso arquitecto español Antoni Gaudí, en Barcelona

Paso 2. Ahora, en parejas, comparen sus viajes. Luego digan a la clase los detalles más interesantes de su conversación.

B. ¿Es posible escapar? Cuente la siguiente fantasía, dando la forma condicional de los verbos.

Necesito salir de todo esto… Creo que me (gustar[1]) ir al Caribe… No (trabajar[2])… (Poder[3]) nadar todos los días… (Tomar[4]) el sol en la playa… (Beber[5]) el agua de un coco… (Ver[6]) bellos lugares naturales… El viaje (ser[7]) ideal…

Pero… , tarde o temprano, (tener[8]) que volver a lo de siempre… a los rascacielos de la ciudad… al tráfico… al medio ambiente contaminado… al trabajo… (Poder[9]) usar mi tarjeta de crédito, como dice el anuncio —pero ¡(tener[10]) que pagar después!

Comprensión. ¿Cierto, falso o no lo dice? Corrija las oraciones falsas.

	CIERTO	FALSO	NO LO DICE.
1. Esta persona trabaja en una ciudad grande.	☐	☐	☐
2. No le interesan los deportes acuáticos.	☐	☐	☐
3. Puede pagar este viaje de sueños al contado.	☐	☐	☐
4. Tiene un novio / una novia con quien quisiera hacer el viaje.	☐	☐	☐

C. ¿Qué haría Ud. si pudiera?

Paso 1. En parejas, hagan y contesten preguntas, según el modelo. Pueden cambiar los detalles, si quieren.

MODELO: estudiar árabe/japonés →
E1: ¿Estudiarías **árabe**?
E2: No. Estudiaría **japonés**.

1. estudiar italiano/chino
2. renunciar a un puesto sin avisar / con dos semanas de anticipación
3. hacer un viaje a España / la Argentina
4. salir de casa sin apagar el estéreo / las luces
5. tener un presupuesto rígido / uno flexible
6. gastar menos en ropa/libros
7. poner el aire acondicionado en invierno/verano
8. alquilar un coche de lujo / uno económico

Paso 2. Ahora sigan con el mismo modelo del **Paso 1**, pero inventen los detalles.

1. dejar de estudiar /¿ ?
2. vivir en otra ciudad /¿ ?
3. ser presidente/a de los Estados Unidos / primer ministro (primera ministra) del Canadá /¿ ?
4. gustarle conocer a una persona famosa /¿ ?

D. ¡Entendió mal! En parejas, hagan y contesten preguntas usando el futuro y el condicional, según el modelo.

MODELO: llegar el trece de junio / tres →
E1: **Llegaré** el trece de junio.
E2: ¿No dijiste que **llegarías** el tres?
E1: ¡Que no! Te dije que **llegaría** el trece. Entendiste mal.

1. estar en el café a las dos / doce
2. estudiar con Juan / Juana
3. ir de vacaciones a Madrid en julio / junio
4. verte en casa / en clase
5. comprar la blusa rosada / roja

Nota **comunicativa**

Cláusulas con *si*

To express hypothetical situations, Spanish uses sentences with **si** (*if*) clauses, just like English.*

if CLAUSE	RESULT
si + *past subjunctive*	*conditional*
Si yo **pudiera,**	**iría** a España de vacaciones.
If I could,	*I would go to Spain on vacation.*
Si yo **fuera** tú,	no **haría** eso.
If I were you,	*I wouldn't do that.*

You are already familiar with **si** clauses with the present indicative. They present actions that are habitual in the present or likely to happen.

Si ahorro suficiente dinero, iré de vacaciones a España.
If I save enough money, I'll go to Spain on vacation.

¡OJO!
The present subjunctive is never used after **si**.

---

*These contrary-to-fact situations express speculations about the present and the future. The perfect forms of the conditional and the past subjunctive are used to speculate about the past; that is, what would have happened if a particular event had occurred: Si **hubiera tenido** el dinero, **habría hecho** el viaje. (If **I had had** the money, **I would have made** the trip.) You will find a more detailed presentation of this structure in Appendix 4, Additional Perfect Forms (Indicative and Subjunctive).*

E. ¿Qué haría Ud.?

Paso 1. Complete las siguientes declaraciones lógicamente.

1. Si yo quisiera comprar comida, iría a _____.
2. Si necesitara comprar un libro, iría a _____.
3. Si necesitara consultar un libro, iría a _____.
4. Si tuviera sed en este momento, tomaría _____.
5. Si tuviera que emigrar, iría a _____.
6. Si fuera a _____, tendría que viajar en _____.
7. Si tuviera suficiente dinero, compraría _____.
8. Si pudiera, me gustaría _____.

Paso 2. Ahora, en parejas, túrnense para comparar sus declaraciones ya completas. Luego digan a la clase lo que Uds. tienen en común.

F. Situaciones

Paso 1. Empareje las oraciones con el dibujo apropiado.

a. b. c.

d. e.

1. _____ Los Martínez quieren usar su coche.
2. _____ A Mariana le encanta ese traje.
3. _____ Simón quiere encender (*to turn on*) la luz.
4. _____ Julia no tiene ganas de levantarse.
5. _____ La Sra. Blanco tiene miedo de viajar en avión.

Paso 2. Ahora haga una oración con **si** para cada situación. Use su imaginación para añadir detalles.

MODELO: Mariana se compraría ese traje si…

Conversación

A. Una encuesta (*poll*)

Paso 1. Prepare cinco preguntas sobre temas universales, como son la vida sentimental y familiar, el trabajo, el medio ambiente, etcétera.

MODELOS: ¿Por cuánto tiempo **vivirías** con alguien sin casarte?

¿**Vivirías** con alguien que no creyera en el matrimonio?

> ### Vocabulario **útil**
>
> **casarse / vivir juntos sin casarse**
> **tener (número de) hijos / adoptar**
> **vivir permanentemente en esta ciudad / este estado / esta provincia / otro país**
> **ganar mucho dinero o tener mucho tiempo libre**
> **proteger (protejo) el medio ambiente**
> **poder vivir sin la televisión / el Internet / el teléfono celular**

Paso 2. Use sus preguntas del **Paso 1** para entrevistar a cinco compañeros de clase. Luego prepare un breve informe para toda la clase con los resultados de su encuesta.

B. ¿En qué circunstancias... ?

En parejas, hagan y contesten preguntas sobre los siguientes temas.

MODELO: comprar un coche nuevo →

E1: ¿En qué circunstancias **comprarías** un coche nuevo?
E2: **Compraría** un coche nuevo si tuviera más dinero.

1. dejar de estudiar en esta universidad
2. emigrar a otro país
3. estudiar otro idioma
4. no obedecer a tus padres / a tu jefe/a
5. votar por _____ para presidente/a / primer ministro (primera ministra)
6. ser candidato/a para presidente/a / primer ministro (primera ministra)
7. casarse / divorciarse
8. no decirle la verdad a un amigo / una amiga

C. ¿Qué haría si... ?

Paso 1. En parejas, inventen soluciones para los siguientes dilemas.

1. Si su mejor amigo/a le pidiera 500 dólares para algo muy urgente.
2. Si uno de sus profesores o profesoras le dijera: «Ud. me cae muy bien (*I think you're really nice*). Por eso no tiene que tomar el examen final».
3. Si su novio/a le propusiera que se casaran inmediatamente. (O si su esposo/a le propusiera que se divorciaran en seguida.)
4. Si de pronto tuviera un millón de dólares hoy.

Paso 2. Ahora inventen dos situaciones bien difíciles de resolver que la clase tiene que solucionar. ¡Sean imaginativos!

▶ **Mundo interactivo**

You should now be prepared to work with Scenario 9, Activity 4 in Connect Spanish (**www.connectspanish.com**).

Un poco de todo ♻

A. Escenas históricas

Paso 1. La gente emigra por razones diversas. Complete las siguientes oraciones con la forma correcta del imperfecto de subjuntivo de uno de los verbos de la lista. Luego, si puede, nombre un grupo al que puede referirse cada oración.

haber   poder   practicar   seguir   tener

1. Las leyes del país de origen de este grupo no permitían que _____ libremente su religión.
2. Algunas personas esperaban que _____ oro y plata en América.
3. El rey no quería que estos criminales _____ viviendo en este país.
4. Estos inmigrantes buscaban un país donde _____ encontrar paz, esperanza y seguridad personal.
5. Los miembros de este grupo buscaban un país donde no _____ que pasar hambre.

Paso 2. Ahora exprese algunos acontecimientos de la historia de los Estados Unidos, haciendo oraciones completas con los siguientes elementos. **¡OJO!** Esto ocurrió en el pasado; por eso la primera cláusula debe tener un verbo en el pasado.

1. Inglaterra: desear / que / los colonos: conseguir más tierras en Norteamérica
2. los indígenas americanos: temer / que / los colonos: quitarles sus tierras
3. el rey de Inglaterra: querer / que / los colonos: pagar impuestos (*taxes*)
4. los estadounidenses: ir a la guerra / para que / México: darles parte de su territorio
5. los estados del sur: no gustarles / que / los estados del norte: controlar las leyes
6. los abolicionistas: desear / que / todas las personas del país: tener los mismos derechos

B. Si el mundo fuera diferente...
Adaptarse a un nuevo país o nuevas circunstancias es difícil, pero también es una aventura interesante. ¿Qué ocurriría si el mundo fuera diferente?

MODELO: Si yo fuera la última persona en el mundo... →
- tendría que aprender a hacer muchas cosas.
- sería la persona más importante —y más ignorante— del mundo.

1. Si yo pudiera tener solamente un amigo o amiga, _____.
2. Si yo tuviera que pasar un año en una isla desierta, _____.
3. Si yo fuera _____ (otra persona), _____.
4. Si el presidente fuera president**a,** _____.
5. Si yo viviera en (nombre de país), _____.

C. Lengua y cultura: Maneras de practicar el español fuera de clase.
Complete the following paragraphs with the correct form of the words in parentheses, as suggested by context. When two possibilities are given, select the correct word. **¡OJO!** As you conjugate verbs, decide whether to use the subjunctive (present, present perfect, or past) or the indicative (present, present perfect, future, preterite, or imperfect). For items flagged with *comm.*, use a command. Start out in the present.

Claro está que Ud. habla español en clase. También es probable que lo (hablar[1]) con su profesor(a) cada vez que lo/la (ver[2]) en el *campus* de la universidad.

Pero (por/para³) hablar español con soltura,ª Ud. tiene que practicar más.

«¡Ojalá que (*yo:* poder⁴) practicar español fuera de clase!» ¿(*pres. perf.:* Decir⁵) Ud. eso alguna vez? Pues hay muchas maneras de hacerlo. Por ejemplo, los compañeros de una misma clase de español siempre pueden hablar español cuando (verse⁶) para no (perder⁷) (ninguno⁸) oportunidad de practicar. Otra idea es (mirar⁹) una telenovelaᵇ o (un/una¹⁰) programa de noticias en español. También puede escuchar la radio cuando (manejar¹¹). Lo importante es dedicar un ratoᶜ a escuchar español auténtico con frecuencia.

Jorge Ramos y María Elena Salinas, presentadores del noticiero de Univisión

Muchas personas (sentirse¹²) muy frustradas con esta actividad (por qué/porque¹³) no pueden comprenderlo todo. Pero (haber¹⁴) que recordar que no es necesario entender cada una de las palabras que se oyen. Para los estudiantes principiantes,ᵈ es suficiente identificar (el/la¹⁵) tema y (alguno¹⁶) palabras y expresiones. Si Ud. (escuchar¹⁷) español habitualmente en los medios de comunicación, (aprender¹⁸) mucho… y rápidamente.

Otra actividad útil es leer el periódico o una revista de actualidad en español. Puesto queᵉ hay muchos hispanohablantes en (este/ese¹⁹) país, es relativamente fácil conseguir algo que leer en español. Y si esto no (ser/estar²⁰) fácil en el lugar donde Ud. vive, (*comm., Ud.:* buscar²¹) en el Internet. (Por/Para²²) ejemplo, si le gusta viajar, (*comm., Ud.:* consultar²³) las páginas relacionadas con el turismo en los países donde se habla español.

Finalmente, (*comm., Ud.:* recordar²⁴) su propia comunidad. Es muy posible que Ud. (vivir ²⁵) en una ciudad o estado que tiene una comunidad hispana. Le sugerimos que (*Ud.:* visitar ²⁶) tiendas o supermercados hispanos para que (*Ud.:* ver²⁷) las cosas que se venden allí. ¡Leer la lista de los ingredientes de cualquier producto es yaᶠ un ejercicio de lectura!

ᵃcon… *fluently* ᵇ*soap opera* ᶜun… *a bit of time* ᵈ*beginning* ᵉPuesto… *Since* ᶠ*actually*

Comprensión. Conteste las siguientes preguntas.

1. Además de (*Besides*) hablar español con sus compañeros de clase, ¿qué cosas puede Ud. hacer para practicar el idioma fuera de la clase?
2. ¿Es buena o mala la idea de mirar la televisión en español? ¿Qué tipos de programas se recomienda ver?
3. ¿Es necesario que un estudiante entienda cada una de las palabras de lo que oye o mira en los medios de comunicación en español?
4. ¿Qué tipos de lecturas puede Ud. conseguir en español para practicar más?
5. ¿Qué posibilidades de hablar español existen en la comunidad?

En su comunidad

Entreviste a una persona hispana de su universidad o ciudad sobre el gobierno de su país de origen y sobre sus preferencias políticas.

PREGUNTAS POSIBLES

- ¿Qué tipo de gobierno hay su país? ¿Ha habido algún cambio grande en la estructura del gobierno en los últimos años? ¿Y en las últimas decadas?
- ¿Quién es el presidente o la presidenta del país? ¿Hay un congreso y un senado?
- ¿Cuáles son los partidos políticos más importantes? Si hay más de dos partidos, ¿se forman coaliciones de partidos para gobernar?
- ¿Estaba afiliado/a a algún partido en su país? ¿Votó alguna vez? ¿En qué elecciones?

TELEPUNTOS

Como estudia comunicación, esta joven mexicana desea verse inmersa en información sobre la política y la sociedad, para saber a qué atenerse (*to pay attention to*).

Antes de mirar

¿Por qué medios de comunicación se entera Ud. de las noticias? ¿Cree Ud. que está al día de lo que pasa en el mundo? ¿Qué tipo de noticias son de mayor interés para Ud.?

¿Trabaja Ud. de voluntario/a en alguna organización? ¿Por qué lo hace?

PROGRAMA 18: ¡Noticias!

Este programa trata del acceso a las noticias a través de una serie de entrevistas con estudiantes universitarios mexicanos. También hay un reportaje sobre el tema del voluntariado (*volunteering*) que incluye un programa para voluntarios extranjeros en Guatemala.

Vocabulario de este programa

la encuesta	poll	**la belleza**	beauty
disfrutar	to enjoy	**regir (rijo) (i)**	to rule, matter
la fuente	source	**suponer(se)** (*like* **poner**)	to suppose
por medio de	through	**sin fines de lucro**	non-profit
estar suscrito/a	to be enrolled	**el colegio**	school
la cadena	channel	**sumo/a**	great
los medios impresos	print media	**mejorar**	to improve
prender	to turn on (*an appliance*)	**antiguo/a**	former
		la pobreza	poverty
más que nada	mainly	**conmovedor(a)**	moving (*in an emotional way*)
los adelantos	advances		
el afán	interest	**las personas sin hogar**	homeless people
la facilidad	ease		
estar al corriente	estar al día	**enriquecedor(a)**	enriching

Fragmento del guion

CODIRECTORA: Tenemos muchísimas organizaciones en Guatemala. Pero algunas de ellas tienen toda la buena intención de atender[a] niños, de atender ancianos,[b] pero no tienen los fondos[c] suficientes para poder pagar... al personal que se necesita. Entonces, es ahí donde llegamos.[d] A las organizaciones donde realmente no tienen el recurso[e] económico para pagar al personal que necesita y que nosotros podemos ser un alivio[f] para poder atender a esa población que ellos tienen.

LAURA: CCS recibe entre dos y treinta y cinco voluntarios a la vez[g] durante todo el año y los coloca[h] en más de dieciocho organizaciones en toda la Ciudad de Guatemala. Puede ser en un colegio para niños pequeños... en una clínica... o en un comedor[i] para gente sin casa o sin recursos económicos.

HERMANO[j] LUVÍN: Diario[k] atendemos noventa a cien ancianos, en los cuales les damos alimentación que consta[l] de un almuerzo, que para ellos es desayuno, almuerzo y cena, porque no tienen dónde más comer.[m] Fuera de eso,[n] les prestamos el servicio de baño.[ñ] Ellos vienen de la calle, sucios, vueltos nada.[o] Y les damos ropa, les damos el baño para que cambien y para que se bañen y queden distintos. También le[s] damos la parte espiritual, como motivación para que su autoestima[p] se eleve un poco y piensen que son importantes para la sociedad, aunque vivan en las circunstancias que viven.

[a]*assisting* [b]*the elderly* [c]*funds* [d]*Entonces... Therefore, that's where we go.* [e]*resources* [f]*relief* [g]*a... at one time* [h]*places* [i]*soup kitchen* [j]*brother (in a religious order)* [k]*On a daily basis* [l]*alimentación... nourishment that consists* [m]*no... they have no where else to eat* [n]*Fuera... In addition* [ñ]*les... we provide them with bathing facilities* [o]*vueltos... reduced to nothing* [p]*self-esteem*

◗ **Mundo interactivo**

Continue your work as an intern at HispanaVisión with Laura Sánchez Tejada, the roving reporter of *Salu2*, as you complete Scenario 9, Activities 3 and 4 in Connect Spanish (**www.connectspanish.com**).

Al mirar

Empareje las siguientes citas (*quotes*) con las personas que las dicen.

CITAS

1. _____ «Yo apenas (*hardly ever*) leo la prensa en papel ya.»

2. _____ «Y aparte (*besides*), yo creo que la edad no es como para estarte preocupando (*at this age I don't think we should be worrying*) por las noticias.»

3. _____ «Igual nada más (*Usually*) hablamos de las noticias cuando pasa algo como muy relevante, por ejemplo, un temblor (*earthquake*)… »

4. _____ «Sus problemas son endémicos: desempleo (*unemployment*) alto, infraestructuras deficientes, bajo nivel de vida y un alto índice de analfabetismo (*illiteracy rate*).»

5. _____ «Aprenden a valorar (*value*) lo que tienen en su casa, a valorar su familia, que la vida simple no es mala… »

6. _____ «Y aquí me lleno (*I fill myself up*). Aquí, tranquila porque me voy bien satisfecha (*satisfied*) conmigo misma… »

7. _____ «Súper bién. Con sus seis añitos (*Just 6 years old*), es como una mini mamá.»

PERSONAS

a. Ana

b. Víctor

c. Laura

d. una estudiante que está sentada

e. una estudiante de chaqueta morada

f. una de las codirectoras de CCS

g. una señora que está en el comedor

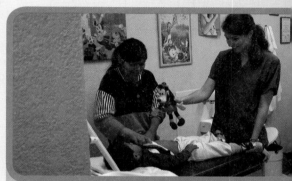

«Y al final, ¿ellos qué es lo que se llevan (*they [the volunteers] take away*)? Se llevan la sensación de haber ayudado (*having helped*), pero la mayoría se van con la idea de que ellos aprendieron más de lo que dieron.»

Después de mirar

A. ¿Está claro? Las siguientes oraciones son falsas. Corríjalas.

1. A Ana le encanta leer el periódico los domingos.

2. El profesor cree que los estudiantes están bien informados de las noticias políticas y económicas.

3. Víctor cree que los jóvenes estadounidenses son muy diferentes de los mexicanos con respecto a estar al día de lo que pasa en el mundo.

4. Los dos reportajes son de México.

5. En el comedor se ofrecen el desayuno y el almuerzo.

6. Ana acaba de adoptar a una niña como hija suya.

7. Víctor trabaja de voluntario en un comedor para personas sin hogar.

B. Un poco más. Conteste las siguientes preguntas.

1. ¿Qué medios usan más los jóvenes para enterarse de las noticias?

2. ¿En qué se especializa Cross Cultural Solutions (CCS)?

3. ¿A qué tipo de personas se atiende en el comedor que se ve en el programa de hoy?

4. Según una codirectora de CCS, ¿qué aprenden los voluntarios?

5. ¿Qué se sabe de la nueva hija de Víctor?

C. Y ahora, Uds. Usen las mismas preguntas que se usaron en el programa para entrevistar a cinco compañeros de clase. Luego comparen sus respuestas con las (*those*) de los jóvenes mexicanos entrevistados en el programa. ¿Tenía Víctor razón cuando dijo que las respuestas serían similares en los dos países? ¿Cómo se explica esto?

Producción personal

Filme una entrevista que le hace a una persona que trabaja de voluntaria en alguna organización local o de la universidad.

Sobre el programa

La familia de Víctor ha aumentado con la llegada de una nueva hija, Gabriela Marina, a quien llaman Gaby. Hace tres años que Víctor y Marina decidieron adoptar a otra niña y finalmente su sueño[a] se ha hecho realidad con la llegada de Gaby. La niña es muy bonita, y lo que importante es que es muy sana y se ha adaptado a su nuevo hogar de la noche a la mañana.[b]

Sarita está feliz con su nueva hermanita y está claro que, para Gaby, Sarita es la persona más interesante de la familia. Se pasa el día diciendo «Tita», que es su manera de pronunciar Sarita. El bautizo de Gaby es el próximo mes y los padrinos[c] serán Ana y el hermano de Marina. ¡Y habrá una gran fiesta en casa de los abuelos!

[a]*dream* [b]*de… immediately* [c]*godparents*

Lectura cultural
España

España es un país de una gran diversidad geográfica y cultural. Si bien[a] hay bastante homogeneidad racial, en el país conviven[b] regiones con identidades bien definidas y arraigadas[c] en una historia milenaria.[d] Algunas de estas regiones tienen su propia lengua: el gallego en Galicia, el vasco en el País Vasco y el catalán en Cataluña. Otras regiones tienen dialectos del castellano claramente distintivos, como el andaluz en Andalucía y el canario en las Islas Canarias.

> **¿Cuáles son las ventajas y desventajas de un sistema federativo como el (*that*) de los Estados Unidos?**

Con la Constitución de 1978, España reconoce[e] esta diversidad, constituyéndose[f] como un Estado de Autonomías: diecisiete regiones que funcionan de manera descentralizada, no muy diferente del sistema federativo estadounidense.

La diversidad de España y su realidad en múltiples autonomías es una fuente[g] de innumerables tensiones lingüísticas, políticas, presupuestarias,[h] etcétera. Pero también es motivo de orgullo[i] general, porque con un territorio del tamaño[j] de Texas, España es un país de intensos contrastes que entusiasman incluso a los mismos españoles que abogan por su propia región autonómica.[k]

[a]Si... *Although* [b]*coexist* [c]*rooted* [d]*thousand-year* [e]*recognizes* [f]*organizing itself* [g]*source* [h]*budgetary* [i]*pride* [j]*size* [k]que... *about which even the very Spaniards who defend the autonomy of their own region are enthusiastic*

Un bar de tapas, en Valencia

Tres símbolos españoles

- **La Constitución Española de 1978** En un país fragmentado por diferentes identidades locales y regionales, la Constitución es uno de los pocos conceptos sobre los que[a] se fundamenta[b] hoy día la cohesión y unidad españolas.

- **Las tapas** Estos son pequeños platos de comida que se toman como aperitivos o como almuerzo o cena. Es una manera distintivamente española no solo de comer sino[c] de socializar en los muchos bares que existen en cualquier[d] ciudad del país. El concepto de las tapas ha alcanzado[e] ahora cierta popularidad en los Estados Unidos, el Canadá y otros países.

- **El flamenco** Aunque[f] no es la música típica de todas las autonomías de España, el flamenco es sin duda la música que el resto del mundo asocia con el país. Tiene su origen en Andalucía y lleva la marca indeleble del pueblo gitano.[g]

[a]sobre... *upon which* [b]se... *is based* [c]*but also* [d]*any* [e]ha... *has reached* [f]*Although* [g]*gypsy*

En **todo** el mundo hispano

- **En todos los países americanos hispanohablantes** En 2010, estos países celebraron el bicentenario del proceso de su independencia de España. Esa lucha, que empezó en la mayoría de los casos en el siglo[a] XIX, duró alrededor de[b] quince años y culminó con la creación de los nuevos estados americanos.

- **En la Argentina, el Paraguay y el Uruguay** Junto con el Brasil, estos países formaron el Mercado Común del Sur, o MERCOSUR, en 1991 por el Tratado[c] de Asunción. Es un acuerdo[d] que fomenta[e] la libre circulación de productos y servicios a fin de[f] crear mejores condiciones económicas para los países miembros. En la actualidad hay cinco países más asociados con MERCOSUR: Bolivia, Chile, Colombia, el Ecuador y el Perú.

[a]*century* [b]alrededor... *about* [c]*Treaty* [d]*agreement* [e]*encourages* [f]a... *para*

Una cita

«En un lugar de la Mancha,[a] de cuyo[b] nombre no quiero acordarme,... »

Así comienza la novela *El ingenioso hidalgo*[c] *Don Quijote de la Mancha*, de Miguel de Cervantes (1547–1616), obra maestra de la literatura mundial. Su protagonista es un símbolo universal de la lucha por las batallas[d] perdidas y su imagen es uno de los grandes íconos españoles.

[a]la... *geographical area of central Spain characterized by its high golden plains* [b]*whose* [c]*gentleman* [d]*battles*

COMPRENSIÓN

1. ¿Cómo está dividida España administrativamente?
2. ¿Cuántas lenguas se hablan en España?
3. ¿Qué se celebró en 2010?
4. ¿Qué es MERCOSUR?

Del mundo hispano

Antes de leer

El Uruguay estuvo bajo una dictadura militar desde 1973 hasta 1985. Durante esta época, muchos uruguayos opuestos a ese régimen sufrieron persecución. ¿Qué sabe Ud. de la vida bajo una dictadura? ¿Qué derechos se pierden cuando no hay democracia?

Lectura: «Celebración de la voz° humana/2», de Eduardo Galeano

voice

1 Tenían las manos atadas,[a] o esposadas,[b] y sin embargo los dedos danzaban, volaban, dibujaban palabras. Los presos[c] estaban encapuchados;[d] pero inclinándose alcanzaban a ver[e] algo, alguito, por abajo. Aunque[f] hablar estaba prohibido, ellos conversaban con las manos.

2   Pinio Ungerfeld me enseñó el alfabeto de los dedos, que en prisión aprendió sin profesor:

3   —*Algunos teníamos mala letra*— me dijo—. *Otros eran unos artistas de la caligrafía.*

4   La dictadura uruguaya quería que cada uno fuera nada más que uno, que cada uno fuera nadie: en cárceles[g] y cuarteles,[h] y en todo el país, la comunicación era delito.

5   Algunos presos pasaron más de diez años enterrados[i] en solitarios calabozos[j] del tamaño[k] de un ataúd,[l] sin escuchar más voces que el estrépito[m] de las rejas[n] o los pasos de las botas por los corredores. Fernández Huidobro y Mauricio Rosencof, condenados a esa soledad, se salvaron porque pudieron hablarse, con golpecitos,[ñ] a través de la pared. Así se contaban sueños y recuerdos, amores y desamores; discutían, se abrazaban, se peleaban; compartían certezas[o] y bellezas y también compartían dudas y culpas[p] y preguntas de esas que no tienen respuesta.

6   Cuando es verdadera, cuando nace de la necesidad de decir, a la voz humana no hay quien la pare.[q] Si le niegan la boca, ella habla por las manos, o por los ojos, o por los poros, o por donde sea. Porque todos, toditos, tenemos algo que decir a los demás, alguna cosa que merece ser por los demás celebrada o perdonada.

[a]*tied* [b]*handcuffed* [c]*prisoners* [d]*in hoods* [e]*alcanzaban... podían ver* [f]*Although* [g]*jails* [h]*type of jail* [i]*buried* [j]*cells* [k]*size* [l]*coffin* [m]*racket, noise* [n]*bars* [ñ]*little taps* [o]*certainties* [p]*feelings of guilt* [q]*no... no one can stop it*

Comprensión

A. Los detalles. Busque los siguientes detalles en el texto de Galeano.

1. las condiciones en que estaban los presos
2. los sistemas que usaban para comunicarse
3. una comparación entre uno de esos sistemas de comunicación y la palabra escrita (*writing*)
4. los temas de que hablaban

B. Interpretación. Explique con sus propias palabras las siguientes ideas del texto.

1. «La dictadura uruguaya quería que cada uno fuera nada más que uno, que cada uno fuera nadie: en cárceles y cuarteles, y en todo el país, la comunicación era delito.»
2. «Cuando es verdadera, cuando nace de la necesidad de decir, a la voz humana no hay quien la pare.»

A ESCUCHAR

El acueducto de Segovia, construido por los romanos y que todavía funciona

Antes de escuchar

¿Qué sabe Ud. de la historia de España? Seguro que sabe que tuvo un gran imperio, pero ¿sabía que en ese país hubo una guerra civil, como en los Estados Unidos? ¿Cómo cree que es el país en la actualidad, pobre o rico? ¿moderno o tradicional?

Escuche

Una breve historia de España

Va a escuchar una conferencia (*lecture*) sobre la historia de este país. Escuche según las indicaciones de su profesor(a).

Vocabulario **para escuchar**			
el siglo	century	**el reino**	kingdom
entonces	then	**tras**	after
autóctono/a	**indígena**	**listo/a**	ready
la huella	trace, mark	**pasar de ser**	to go from being
la caída	fall	**creciente**	growing
el imperio	empire	**milenario/a**	thousand-year
a lo largo de	throughout	**acoger**	to welcome

Después de escuchar

A. Una breve historia. Escriba el siglo a que corresponde los eventos.

1. Los griegos, fenicios y otros pueblos se establecieron en la Península Ibérica antes del siglo _____ d.C.

2. Los romanos dominaron la Península Ibérica desde el siglo _____ hasta el siglo _____.

3. La invasión de los árabes ocurrió en el siglo _____.

4. Los árabes fueron expulsados de la Península Ibérica en el siglo _____.

5. El país que hoy se conoce como España comenzó en el siglo _____.

6. El final del gran imperio español ocurrió en el siglo _____.

7. España tuvo una guerra civil en el siglo _____.

B. La España de hoy. ¿Cómo es España hoy? Use palabras de la conferencia y sus propias palabras para describir la España de hoy.

1. el gobierno   3. la población
2. la economía

Estrategia

- Para indicar los siglos en español se usan los números romanos. Por ejemplo, el siglo XV = el siglo quince (*1400s*).

- a.C. = antes de Cristo
  d.C. = después de Cristo

 Go to the iMix section in Connect Spanish (www.connectspanish.com) to access the iTunes playlist "*Puntos9*," where you can purchase "No es lo mismo" by Alberto Sanz.

¡Música!

Alejandro Sanz es un cantante madrileño y compositor de canciones románticas y poéticas. Tiene fama mundial y ha sido ganador de numerosos premios.[a] La canción «No es lo mismo» es del álbum del mismo nombre.

[a]*awards*

Alberto Sanz, en concierto

A ESCRIBIR

El tema

La ley que determina la mayoría de edad para los jóvenes: ¿Algo que modificar?

Preparar

Paso 1. Haga una lista de las diversas actividades que son restringidas por la ley hasta llegar a una determinada edad.

- ¿Qué edad se requiere que tenga un(a) joven para poder hacer cada una? ¿Cuáles coinciden con la mayoría de edad que fija (*sets*) la ley de este país?
- ¿Cómo se justifican estas restricciones? ¿Está Ud. de acuerdo con ellas?
- ¿Piensa Ud. que se podría modificar la ley que fija la mayoría de edad? ¿Por qué sí o por qué no?

El documento que cada ciudadano español tiene que tener

Redactar

Utilizando la información de **Preparar,** escriba un ensayo persuasivo en defensa o en contra de las actuales restricciones que, con base en la edad, se imponen en los jóvenes de su país. Utilice suficientes argumentos para defender su postura (*position*). No se olvide de incluir un párrafo de conclusión.

Editar

Revise el ensayo para comprobar:

- la ortografía y los acentos
- la variedad del vocabulario
- la organización y la secuencia de las ideas
- el uso correcto de los verbos (tiempos, modos y terminaciones)

Finalmente, prepare su versión final para entregarla.

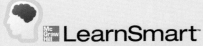

Gramática en breve

48. The Past Subjunctive

Third person plural preterite minus **-on** + **-a, -as, -a, -amos, -ais, -an**

49. The Conditional

Infinitive + **-ía, -ías, -ía, -íamos, -íais, -ían**
Irregular forms: **dir-, habr-, har-, podr-, pondr-, querr-, sabr-, saldr-, tendr-, vendr-** + *conditional endings*

Vocabulario

Las noticias

el acontecimiento	event, happening
el asesinato	assassination
el choque	collision, crash
la esperanza	hope, wish
la estación de radio	radio station
la guerra	war
la huelga	strike (*labor*)
la lucha	fight, struggle
la manifestación	demonstration, march
el medio de comunicación	medium of communication (*pl.* mass media)
las noticias	news
el noticiero	newscast
la paz (*pl.* **paces**)	peace
la prensa	(print) press; news media
el/la reportero/a	reporter
el/la testigo	witness

Cognados: el ataque (terrorista), la bomba, la erupción, el terrorismo, el/la terrorista, la víctima

Repaso: el blog, el canal (de televisión), el desastre, el Internet, la muerte, el periódico, la radio, la revista, la televisión

asesinar	to assassinate
comunicarse (**qu**) (**con**)	to communicate (with)
enterarse (**de**)	to find out, learn (about)
estar al día	to be up to date
informar	to inform
luchar	to fight
mantener (*like* **tener**)	to maintain, keep
matar	to kill

Repaso: ofrecer (ofrezco), vivir

El gobierno y la responsabilidad cívica

el cargo	(political) office
el centro	center
el/la ciudadano/a	citizen
el deber	responsibility; obligation
el derecho	right
la (des)igualdad	(in)equality
el/la dictador(a)	dictator
la dictadura	dictatorship
el ejército	army
la ley	law
el partido	political party
la política	politics; policy
el/la político/a	politician
el rey / la reina	king/queen
el servicio militar	military service

Cognado: el/la candidato/a, la discriminación

Repaso: los/las demás, la derecha, el gobierno, la izquierda, el soldado / la mujer soldado

durar	to last
postularse (**para un cargo / como candidato/a**)	to run (for a position / as a candidate)

Cognado: votar

Repaso: ganar, obedecer (obedezco), perder (pierdo)

Vocabulario personal

Introducción

A lo largo de[a] dieciocho capítulos, se ha presentado en *Puntos de partida* el inmenso y variado mundo hispanohablante, desde[b] los Estados Unidos hasta el Cono Sur, en América, y España, en Europa.

Pero el español es una lengua importante en otros países también. En África, sobrevive[c] bien arraigado[d] en la Guinea Ecuatorial, así como[e] en las ciudades norte-africanas de Ceuta y Melilla, que son territorio español. En Oceanía,[*] en las islas Filipinas, la lengua española es parte de su herencia[f] colonial, aunque[g] ya no es una lengua oficial en ese país. Y también hay que mencionar al Canadá, país donde hay una creciente[h] inmigración hispanohablante.

[a]*A… Throughout* [b]*from* [c]*it survives* [d]*established* [e]*así… as well as* [f]*heritage* [g]*although* [h]*growing*

*The term **Oceanía** refers to the islands of the tropical Pacific Ocean, including Polynesia, Australia, and New Zealand, as well as the Philippines and other island groups.*

LA GUINEA ECUATORIAL

La Guinea Ecuatorial es uno de los países más pequeños de África, pero también es uno de los más prósperos, debido a los yacimientos[a] de petróleo que se encuentran en su territorio. Fue colonia española desde[b] 1778 hasta 1968, y desde 1844 el español es una de sus lenguas oficiales, además del[c] francés y el portugués.

Aunque[d] tradicionalmente el país no se considera un país hispano, la realidad es que la mayoría de la población habla español, especialmente en la capital, Malabo. El español es también la lengua de varios escritores ecuatoguineanos, que se están abriendo camino[e] en el mundo literario hispanohablante.

La influencia de España en la Guinea Ecuatorial, así como[f] pasó en los países americanos de habla española, fue mucho más allá[g] de lo lingüístico. Es evidente en la religión (ya que[h] en el país existe una inmensa mayoría católica), en el sistema de apellidos que se usa (dos apellidos: primero el[i] del padre y luego el de la madre) y hasta[j] en la comida (entre otros platos, las empanadas).

[a]*debido… due to the fields* [b]*from* [c]*además… in addition to* [d]*Although* [e]*que… who are making a name for themselves*
[f]*así… as* [g]*más… beyond* [h]*ya… since* [i]*that* [j]*even*

Una plaza de Malabo, la capital de la Guinea Ecuatorial

LAS ISLAS FILIPINAS

Las islas Filipinas son un archipiélago formado por más de 7000 islas en el Océano Pacífico. Fueron territorio español por más de 300 años. El fin de la colonización española ocurrió en 1898, cuando España cedió[a] el control de las Filipinas a los Estados Unidos, como consecuencia de la Guerra Hispanoamericana. Aunque[b] el español era la primera lengua oficial del país, el uso del español disminuyó[c] con la ocupación estadounidense y se perdió en la gran mayoría de la población. Sin embargo, los nombres y apellidos de muchos filipinos, así como[d] los nombres de muchos lugares y cosas de uso cotidiano[e] son españoles, testimonio de la gran influencia de la lengua española en el país.

La herencia de España ha quedado reflejada[f] también en la cocina filipina, en la que se combinan las influencias española, china y del sudeste asiático. En las islas Filipinas se preparan muchos platos que mantienen el nombre en español y que son adaptaciones de recetas españolas tradicionales, como la paella, el cocido,[g] el lechón asado[h] y la torta, similar a la españolísima tortilla de patatas, por solo nombrar algunos.

La Universidad de Santo Tomás, fundada por los dominicanos (*Dominican friars*) en 1611

[a]*gave up* [b]*Although* [c]*declined* [d]*así... just like* [e]*everyday* [f]*ha... can still be seen reflected* [g]*stew* [h]*lechón... roasted suckling pig*

EL CANADÁ

Se estima que en el Canadá vive hoy entre medio millón y un millón de hispanohablantes, cuya mayoría[a] se concentra en la zona de las ciudades de Toronto y Hamilton. También hay comunidades hispanas importantes en el oeste del país, porque a finales[b] del siglo[c] XIX hubo una ola[d] inmigratoria de argentinos y chilenos a la provincia de Alberta.

Los hispanocanadienses disfrutan de[e] acceso a numeroso medios de comunicación en español. Además,[f] hay en el Canadá varios festivales y eventos que conmemoran la presencia hispana en el país. Uno de los más importantes es la *Hispanic Fiesta*, que se celebra anualmente en el mes de agosto en Toronto. Allí se encuentra comida de todas partes del mundo hispanohablante, se puede escuchar música andina y mexicana, entre otras formas musicales, y ver demostraciones de tango, flamenco y otros bailes.

[a]*cuya... the majority of whom* [b]*a... at the end* [c]*century* [d]*wave* [e]*disfrutan... enjoy* [f]*Besides*

Cartel (*Poster*) para la *Hispanic Fiesta* de 2010

COMPRENSIÓN

1. ¿En qué continentes y regiones del mundo se habla español como lengua oficial?
2. ¿En qué países tiene el español una presencia actual o histórica muy importante, aunque (*although*) no es la lengua oficial?
3. ¿Qué colonia española se independizó de España en el siglo (*century*) XX?
4. En general, ¿en qué se nota la influencia española en la Guinea Ecuatorial, las Filipinas y el Canadá?

ADJECTIVE A word that describes a noun or pronoun.

una casa **grande**
*a **big** house*

*Ana es **inteligente**.*
*Ana is **smart**.*

Demonstrative adjective An adjective that points out a particular noun.

este chico, **esos** libros, **aquellas** personas
***this** boy, **those** books, **those** people (over there)*

Interrogative adjective An adjective used to form questions.

¿**Qué** cuaderno?
***Which** notebook?*

¿**Cuáles** son los carteles que buscas?
***What (Which)** posters are you looking for?*

Possessive adjective (unstressed) An adjective that indicates possession or a special relationship.

sus coches
***their** cars*

mi hermana
***my** sister*

Possessive adjective (stressed) An adjective that more emphatically describes possession.*

Es **una** amiga **mía**.
*She's **my** friend. / She's a friend **of mine**.*

Es **un** coche **suyo**.
*It's **her** car. / It's a car **of hers**.*

ADVERB A word that describes an adjective, a verb, or another adverb.

Roberto es **muy** alto.
*Roberto is **very** tall.*

María escribe **bien**.
*María writes **well**.*

Van **demasiado** rápido.
*They are going **too** quickly.*

ARTICLE A determiner that sets off a noun.
Definite article An article that indicates a specific noun.

el país
***the** country*

la silla
***the** chair*

las mujeres
***the** women*

Indefinite article An article that indicates an unspecified noun.

un chico
***a** boy*

una ciudad
***a** city*

unas zanahorias
*(**some**) carrots*

---

*See Appendix 3 on page A–7 for more information.

CLAUSE A construction that contains a subject and a verb.

Main (Independent) clause A clause that can stand on its own because it expresses a complete thought.

Busco una muchacha.
I'm looking for a girl.

Si yo fuera rica, **me compraría una casa.**
If I were rich, I would buy a house.

Subordinate (Dependent) clause A clause that cannot stand on its own because it does not express a complete thought.

Busco a la muchacha **que juega al tenis.**
I'm looking for the girl who plays tennis.

Si yo fuera rica, me compraría una casa.
If I were rich, I would buy a house.

COMPARATIVE The form of adjectives and adverbs used to compare two nouns or actions.

Luis es **menos hablador que** Julián.
Luis is less talkative than Julián.

Luis corre **más rápido que** Julián.
Luis runs faster than Julián.

CONJUGATION The different forms of a verb for a particular tense or mood. A present indicative conjugation:

(yo) **hablo**	(nosotros/as) **hablamos**
(tú) **hablas**	(vosotros/as) **habláis**
(Ud.) **habla**	(Uds.) **hablan**
(él/ella) **habla**	(ellos/as) **hablan**

I speak	*we speak*
you (fam. sing.) speak	*you (fam. pl.) speak*
you (form. sing.) speak	*you (pl. fam., form.) speak*
he/she speaks	*they speak*

CONJUNCTION An expression that connects words, phrases, or clauses.

Cristóbal **y** Diana
Cristóbal and Diana

Hace frío, **pero** hace buen tiempo.
It's cold, but it's nice out.

DIRECT OBJECT The noun or pronoun that receives the action of a verb.

Veo **la caja.**
I see the box.

La veo.
I see it.

GENDER A grammatical category of words. In Spanish, there are two genders: masculine and feminine.

	MASCULINE	FEMININE
ARTICLES AND NOUNS:	**el** disco compacto	**la** cinta
PRONOUNS:	**él**	**ella**
ADJECTIVES:	bonit**o**, list**o**	bonit**a**, list**a**
PAST PARTICIPLES:	El informe está **escrito.**	La composición está **escrita.**

IMPERATIVE *See* Mood.

IMPERFECT (*IMPERFECTO*) In Spanish, a verb tense that expresses a past action with no specific beginning or ending.

Nadábamos con frecuencia.
We used to swim often.

IMPERSONAL CONSTRUCTION One that contains a third person singular verb but no specific subject in Spanish. The subject of English impersonal constructions is generally *it*.

Es importante que…
It is important that…

Es necesario que…
It is necessary that…

INDICATIVE *See* Mood.

INDIRECT OBJECT The noun or pronoun that indicates *for who(m)* or *to who(m)* an action is performed. In Spanish, the indirect object pronoun must always be included, even when the indirect object is explicitly stated as a noun.

Marcos **le** da el suéter **a Raquel**. / Marcos **le** da el suéter.
*Marcos gives the sweater **to Raquel.** / Marcos gives **her** the sweater.*

INFINITIVE The form of a verb introduced in English by *to: to play, to sell, to come.* In Spanish dictionaries, the infinitive form of the verb appears as the main entry.

Luisa va a **comprar** un periódico.
*Luisa is going **to buy** a newspaper.*

MOOD A set of categories for verbs indicating the attitude of the speaker toward what he or she is saying.

Imperative mood A verb form expressing a command.

¡**Ten** cuidado!
***Be** careful!*

Indicative mood A verb form denoting actions or states considered facts.

Voy a la biblioteca.
***I'm going** to the library.*

Subjunctive mood A verb form, uncommon in English, used in Spanish primarily in subordinate clauses after expressions of desire, doubt, or emotion. Spanish constructions with the subjunctive have many possible English equivalents.

Quiero que **vayas** inmediatamente.
*I want you **to go** immediately.*

NOUN A word that denotes a person, place, thing, or idea. Proper nouns are capitalized names.

abogado, ciudad, periódico, libertad, Luisa
lawyer, city, newspaper, freedom, Luisa

NUMBER

Cardinal number A number that expresses an amount.

una silla, **tres** estudiantes
***one** chair, **three** students*

Ordinal number A number that indicates position in a series.

la **primera** silla, el **tercer** estudiante
*the **first** chair, the **third** student*

PAST PARTICIPLE The form of a verb used in compound tenses (*see* Perfect Tenses). Used with forms of *to have* or *to be* in English and with **ser, estar,** or **haber** in Spanish.

comido, terminado, perdido
eaten, finished, lost

PERFECT TENSES Compound tenses that combine the auxiliary verb **haber** with a past participle.

Present perfect indicative This form uses a present indicative form of **haber.** The use of the Spanish present perfect generally parallels that of the English present perfect.

No **he viajado** nunca a México.
*I've never **traveled** to Mexico.*

Past perfect indicative This form uses **haber** in the imperfect tense to talk about something that had or had not been done before a given time in the past.

Antes de 2008, **no había estudiado** español.
*Before 2008, **I hadn't studied** Spanish.*

Present perfect subjunctive This form uses the present subjunctive of **haber** to express a present perfect action when the subjunctive is required.

¡Ojalá que Marisa **haya llegado** a su destino!
*I hope (that) Marisa **has arrived** at her destination!*

PERSON The form of a pronoun or verb that indicates the person involved in an action.

	SINGULAR	PLURAL
FIRST PERSON:	*I* / **yo**	*we* / **nosotros/as**
SECOND PERSON:	*you* / **tú, Ud.**	*you* / **vosotros/as, Uds.**
THIRD PERSON:	*he, she* / **él, ella**	*they* / **ellos, ellas**

PREPOSITION A word or phrase that specifies the relationship of one word (usually a noun or pronoun) to another. The relationship is usually spatial or temporal.

a la escuela
***to** school*

cerca de la biblioteca
***near** the library*

con él
***with** him*

antes de la medianoche
***before** midnight*

PRESENT PARTICIPLE The verb form that ends in *-ing* in English. Used with forms of *to be* in English and with **estar** in Spanish to form the progressive.

hablando, comiendo, pidiendo
speaking, eating, asking

PRETERITE (*PRETÉRITO*) In Spanish, a verb tense that expresses a past action with a specific beginning and ending.

Salí para Roma el jueves.
*I **left** for Rome on Thursday.*

PROGRESSIVE The verb that expresses continuing or developing action.

Julio **está durmiendo** ahora.
*Julio **is sleeping** now.*

Anita **estaba comiendo** cuando sonó el teléfono.
*Anita **was eating** when the phone rang.*

PRONOUN A word that refers to a person (I, you) or that is used in place of one or more nouns.

Demonstrative pronoun A pronoun that singles out a particular person, place, thing, or idea.

Aquí están dos libros. **Este** es interesante, pero **ese** es aburrido.
*Here are two books. **This one** is interesting, but **that one** is boring.*

Interrogative pronoun A pronoun used to ask a question.

¿**Quién** es él?
***Who** is he?*

¿**Qué** prefieres?
***What** do you prefer?*

Object pronoun A pronoun that replaces a direct object noun or an indirect object noun. Both direct and indirect object pronouns can be used together in the same sentence.

Si **me** llamas más tarde, **te** doy el número de teléfono de David.
*If you call **me** later, I'll give **you** David's phone number.*

Veo a **Alejandro. Lo** veo.
*I see **Alejandro.** I see **him.***

However, when the pronouns **le** or **les** appear before **lo, la, los,** or **las, le** or **les** changes to **se.**

Le doy **el libro** a Juana.
*I give the book **to Juana.***

Se lo doy (a ella).
*I give **it** to **her.***

Reflexive pronoun A pronoun that represents the same person as the subject of the verb.

Me miro en el espejo.
*I look at **myself** in the mirror.*

Relative pronoun A pronoun that introduces a dependent clause and denotes a noun already mentioned.

El hombre con **quien** hablaba era mi vecino.
*The man with **whom** I was talking was my neighbor.*

Aquí está el bolígrafo **que** buscas.
*Here is the pen (**that**) you're looking for.*

Subject pronoun A pronoun representing the person, place, thing, or idea performing the action of a verb.

Lucas y Julia juegan al tenis.
***Lucas and Julia** are playing tennis.*

Ellos juegan al tenis.
***They** are playing tennis.*

SUBJECT The word(s) denoting the person, place, thing, or idea performing an action or existing in a state.

Sara trabaja aquí.
***Sara** works here.*

¡**Buenos Aires** es una ciudad magnífica!
***Buenos Aires** is a great city!*

Mis **libros** y mi **computadora** están allí.
*My **books** and my **computer** are over there.*

SUBJUNCTIVE *See* Mood.

SUPERLATIVE The form of adjectives or adverbs used to compare three or more nouns or actions. In English, the superlative is marked by *most, least,* or *-est.*

Escogí **el vestido más caro.**
*I chose **the most expensive** dress.*

Ana es **la persona menos habladora** que conozco.
*Ana is **the least talkative person** I know.*

TENSE The form of a verb indicating time: present, past, or future.

Raúl **era, es** y siempre **será** mi mejor amigo.
*Raúl **was, is,** and always **will be** my best friend.*

VERB A word that reports an action or state.

Maribel **llegó.**
*Maribel **arrived.***

La niña **estaba** cansada.
*The child **was** tired.*

Auxiliary verb A verb in conjuction with a participle to convey distinctions of tense and mood. In Spanish, one auxiliary verb is **haber.**

Han viajado por todas partes del mundo.
*They **have** traveled everywhere in the world.*

Reflexive verb A verb whose subject and object are the same.

Juan **se corta** la cara cuando **se afeita.**
*Juan **cuts himself** when he **shaves** (**himself**).*

APPENDIX 2   Using Adjectives as Nouns

Nominalization means using an adjective as a noun. In Spanish, adjectives can be nominalized in a number of ways, all of which involve dropping the noun that accompanies the adjective, then using the adjective in combination with an article or other word. One kind of adjective, the demonstrative, can simply be used alone. In most cases, these usages parallel those of English, although the English equivalent may be phrased differently from the Spanish.

Article + Adjective

Simply omit the noun from an *article + noun + adjective* phrase.

> el **libro** azul ⟶ **el azul** (*the blue one*)
> la **hermana** casada ⟶ **la casada** (*the married one*)
> el **señor** mexicano ⟶ **el mexicano** (*the Mexican one*)
> los **pantalones** baratos ⟶ **los baratos**
>   (*the inexpensive ones*)

You can also drop the first noun in an *article + noun + **de** + noun* phrase.

> la **casa** de Julio ⟶ **la de Julio** (*Julio's*)
> los **coches** del Sr. Martínez ⟶ **los del Sr. Martínez**
>   (*Mr. Martínez's*)

In both cases, the construction is used to refer to a noun that has already been mentioned. The English equivalent uses *one* or *ones,* or a possessive without the noun.

> — ¿Necesitas el **libro** grande?
> — No. Necesito **el pequeño.**
> *"Do you need the big book?"*
> *"No. I need the small one."*

> — ¿Usamos el **coche** de Ernesto?
> — No. Usemos **el de Ana.**
> *"Shall we use Ernesto's car?"*
> *"No. Let's use Ana's."*

Note that in the preceding examples the noun is mentioned in the first part of the exchange (**libro, coche**) but not in the response or rejoinder.

Note also that a demonstrative can be used to nominalize an adjective: **este rojo** (*this red one*), **esos azules** (*those blue ones*).

Lo + Adjective

As seen in **Capítulo 11, lo** combines with the masculine singular form of an adjective to describe general qualities or characteristics. The English equivalent is expressed with words like *part* or *thing.*

> lo mejor   *the best thing (part), what's best*
> lo mismo   *the same thing*
> lo cómico   *the funny thing (part), what's funny*

Article + Stressed Possessive Adjective

The stressed possessive adjectives—but not the unstressed possessives—can be used as possessive pronouns: **la maleta suya** ⟶ **la suya.** The article and the possessive form agree in gender and number with the noun to which they refer.

> Este es mi **banco.** ¿Dónde está **el suyo**?
> *This is my bank. Where is yours?*

> Sus **bebidas** están preparadas; **las nuestras,** no.
> *Their drinks are ready; ours aren't.*

> No es la **maleta** de Juan; es **la mía.**
> *It isn't Juan's suitcase; it's mine.*

Note that the definite article is frequently omitted after forms of **ser: ¿Esa maleta? Es suya.**

Demonstrative Pronouns

The demonstrative adjective can be used alone, without a noun. An accent mark can be added to the demonstrative pronoun (**éste, ése, aquél**) to distinguish it from the demonstrative adjectives if context does not make meaning clear.

> Necesito este diccionario y **ese (ése).**
> *I need this dictionary and that one.*

> Estas señoras y **aquellas (aquéllas)** son las hermanas
>   de Sara, ¿no?
> *These women and those (over there) are Sara's sisters,*
>   *aren't they?*

It is acceptable in modern Spanish, according to the **Real Academia Española,** to omit the accent on demonstrative pronouns when context makes the meaning clear and no ambiguity is possible.

APPENDIX 3

More About Stressed Possessives

When in English you would emphasize the possessive with your voice or with *of mine* (*of yours, of his,* and so on), you will use the *stressed possessives* (**las formas tónicas de los posesivos**) in Spanish. As the term implies, they are more emphatic than the *unstressed forms* (**las formas átonas de los posesivos**).

The stressed forms follow the noun, and the noun *must* be preceded by a definite or indefinite article or by a demonstrative adjective. The stressed forms agree with the noun modified in number and gender. In the following examples, boldface italic type in the English translations indicates voice stress.

Es **su** perro.	*It's her dog.*

But:

Es **un** perro **suyo.**	*It's **her** dog (i.e., not ours).* *It's a dog of hers.*
El perro **suyo** se llama King.	***Her** dog is named King.*
Ese perro **suyo** es bravo.	*That dog of hers is fierce.*

Es **su** maleta.	*It's **his** suitcase.*

But:

Es **una** maleta **suya.**	*It's **his** suitcase.*
La maleta **suya** está perdida.	***His** suitcase (i.e., not ours) is lost.*
Esa maleta **suya** está perdida.	*That suitcase of his is lost.*

The stressed possessives are often used as nouns. See **Appendix 2: Using Adjectives as Nouns.**

APPENDIX 4

Additional Perfect Forms (Indicative and Subjunctive)

As you know, some indicative verb tenses have corresponding perfect forms in the indicative and subjunctive moods. Here is the present tense system.

el presente:	yo hablo, como, pongo
el presente perfecto:	yo he hablado, comido, puesto
el presente perfecto de subjuntivo:	yo haya hablado, comido, puesto

Other indicative forms that you have learned also have corresponding perfect indicative and subjunctive forms. Here are the most important ones, along with examples of their use. In each case, the tense or mood is formed with the appropriate form of **haber.**

El pluscuamperfecto de subjuntivo

yo:	hubiera hablado, comido, vivido, *and so on.*
tú:	hubieras hablado, comido, vivido, *and so on.*
Ud./él/ella:	hubiera hablado, comido, vivido, *and so on.*
nosotros:	hubiéramos hablado, comido, vivido, *and so on.*
vosotros:	hubierais hablado, comido, vivido, *and so on.*
Uds./ellos/ellas:	hubieran hablado, comido, vivido, *and so on.*

These forms correspond to **el presente perfecto de indicativo (Capítulo 15).** These forms are most frequently used in **si** clause sentences, along with the conditional perfect. See examples in the second column.

El futuro perfecto

yo:	habré hablado, comido, vivido, *and so on.*
tú:	habrás hablado, comido, vivido, *and so on.*
Ud./él/ella:	habrá hablado, comido, vivido, *and so on.*
nosotros:	habremos hablado, comido, vivido, *and so on.*
vosotros:	habréis hablado, comido, vivido, *and so on.*
Uds./ellos/ellas:	habrán hablado, comido, vivido, *and so on.*

These forms correspond to **el futuro (Capítulo 17)** and are most frequently used to tell what *will have already happened* at some point in the future. (In contrast, the future is used to tell what *will happen.*)

Mañana **hablaré** con Miguel.
I'll speak with Miguel tomorrow.

Para las tres, ya **habré hablado** con Miguel.
By 3:00, I'll already have spoken to Miguel.

El año que viene **visitaremos** a los nietos.
We'll visit our grandchildren next year.

Para las Navidades, ya **habremos visitado** a los nietos.
We'll already have visited our grandchildren by Christmas.

El condicional perfecto

yo:	habría hablado, comido, vivido, *and so on.*
tú:	habrías hablado, comido, vivido, *and so on.*
Ud./él/ella:	habría hablado, comido, vivido, *and so on.*
nosotros:	habríamos hablado, comido, vivido, *and so on.*
vosotros:	habríais hablado, comido, vivido, *and so on.*
Uds./ellos/ellas:	habrían hablado, comido, vivido, *and so on.*

These forms correspond to **el condicional (Capítulo 18).** These forms are frequently used to tell what *would have happened* at some point in the past. (In contrast, the conditional tells what one *would do.*)

Yo **hablaría** con Miguel.
I would speak with Miguel (if I were you, at some point in the future).

Yo **habría hablado** con Miguel.
I would have spoken with Miguel (if I had been you, at some point in the past).

Si Clause: Sentences About the Past

You have learned (**Capítulo 18**) to use the past subjunctive and conditional to speculate about the present in **si** clause sentences: what *would happen* if a particular event *were* (or *were not*) to occur.

Si **tuviera** el tiempo, **aprendería** francés.
If I had the time, I would learn French.

The perfect forms of the past subjunctive and the conditional are used to speculate about the past: what *would have happened* if a particular event *had* (or *had not*) occurred.

En la escuela superior, si **hubiera tenido** el tiempo, **habría aprendido** francés.
In high school, if I had had the time, I would have learned French.

APPENDIX 5

A. Regular Verbs: Simple Tenses

Infinitive Present Participle Past Participle	INDICATIVE					SUBJUNCTIVE		IMPERATIVE
	Present	Imperfect	Preterite	Future	Conditional	Present	Imperfect	
hablar hablando hablado	hablo hablas habla hablamos habláis hablan	hablaba hablabas hablaba hablábamos hablabais hablaban	hablé hablaste habló hablamos hablasteis hablaron	hablaré hablarás hablará hablaremos hablaréis hablarán	hablaría hablarías hablaría hablaríamos hablaríais hablarían	hable hables hable hablemos habléis hablen	hablara hablaras hablara habláramos hablarais hablaran	habla tú, no hables hable Ud. hablemos hablad, no habléis hablen
comer comiendo comido	como comes come comemos coméis comen	comía comías comía comíamos comíais comían	comí comiste comió comimos comisteis comieron	comeré comerás comerá comeremos comeréis comerán	comería comerías comería comeríamos comeríais comerían	coma comas coma comamos comáis coman	comiera comieras comiera comiéramos comierais comieran	come tú, no comas coma Ud. comamos comed, no comáis coman
vivir viviendo vivido	vivo vives vive vivimos vivís viven	vivía vivías vivía vivíamos vivíais vivían	viví viviste vivió vivimos vivisteis vivieron	viviré vivirás vivirá viviremos viviréis vivirán	viviría vivirías viviría viviríamos viviríais vivirían	viva vivas viva vivamos viváis vivan	viviera vivieras viviera viviéramos vivierais vivieran	vive tú, no vivas viva Ud. vivamos vivid, no viváis vivan

B. Regular Verbs: Perfect Tenses

INDICATIVE						SUBJUNCTIVE	
Present Perfect	Past Perfect	Preterite Perfect	Future Perfect	Conditional Perfect		Present Perfect	Past Perfect
he has ha hemos habéis han } hablado comido vivido	había habías había habíamos habíais habían } hablado comido vivido	hube hubiste hubo hubimos hubisteis hubieron } hablado comido vivido	habré habrás habrá habremos habréis habrán } hablado comido vivido	habría habrías habría habríamos habríais habrían } hablado comido vivido		haya hayas haya hayamos hayáis hayan } hablado comido vivido	hubiera hubieras hubiera hubiéramos hubierais hubieran } hablado comido vivido

C. Irregular Verbs

Infinitive Present Participle Past Participle	INDICATIVE					SUBJUNCTIVE		IMPERATIVE
	Present	Imperfect	Preterite	Future	Conditional	Present	Imperfect	
andar andando andado	ando andas anda andamos andáis andan	andaba andabas andaba andábamos andabais andaban	anduve anduviste anduvo anduvimos anduvisteis anduvieron	andaré andarás andará andaremos andaréis andarán	andaría andarías andaría andaríamos andaríais andarían	ande andes ande andemos andéis anden	anduviera anduvieras anduviera anduviéramos anduvierais anduvieran	anda tú, no andes ande Ud. andemos andad, no andéis anden
caber cabiendo cabido	quepo cabes cabe cabemos cabéis caben	cabía cabías cabía cabíamos cabíais cabían	cupe cupiste cupo cupimos cupisteis cupieron	cabré cabrás cabrá cabremos cabréis cabrán	cabría cabrías cabría cabríamos cabríais cabrían	quepa quepas quepa quepamos quepáis quepan	cupiera cupieras cupiera cupiéramos cupierais cupieran	cabe tú, no quepas quepa Ud. quepamos cabed, no quepáis quepan

C. Irregular Verbs (continued)

Infinitive Present Participle Past Participle	INDICATIVE					SUBJUNCTIVE		IMPERATIVE
	Present	Imperfect	Preterite	Future	Conditional	Present	Imperfect	
caer cayendo caído	caigo caes cae caemos caéis caen	caía caías caía caíamos caíais caían	caí caíste cayó caímos caísteis cayeron	caeré caerás caerá caeremos caeréis caerán	caería caerías caería caeríamos caeríais caerían	caiga caigas caiga caigamos caigáis caigan	cayera cayeras cayera cayéramos cayerais cayeran	cae tú, no caigas caiga Ud. caigamos caed, no caigáis caigan
creer creyendo creído	creo crees cree creemos creéis creen	creía creías creía creíamos creíais creían	creí creíste creyó creímos creísteis creyeron	creeré creerás creerá creeremos creeréis creerán	creería creerías creería creeríamos creeríais creerían	crea creas crea creamos creáis crean	creyera creyeras creyera creyéramos creyerais creyeran	cree tú, no creas crea Ud. creamos creed, no creáis crean
dar dando dado	doy das da damos dais dan	daba dabas daba dábamos dabais daban	di diste dio dimos disteis dieron	daré darás dará daremos daréis darán	daría darías daría daríamos daríais darían	dé des dé demos deis den	diera dieras diera diéramos dierais dieran	da tú, no des dé Ud. demos dad, no deis den
decir diciendo dicho	digo dices dice decimos decís dicen	decía decías decía decíamos decíais decían	dije dijiste dijo dijimos dijisteis dijeron	diré dirás dirá diremos diréis dirán	diría dirías diría diríamos diríais dirían	diga digas diga digamos digáis digan	dijera dijeras dijera dijéramos dijerais dijeran	di tú, no digas diga Ud. digamos decid, no digáis digan

Infinitive / Present Participle / Past Participle	INDICATIVE					SUBJUNCTIVE		IMPERATIVE
	Present	Imperfect	Preterite	Future	Conditional	Present	Imperfect	
estar estando estado	estoy estás está estamos estáis están	estaba estabas estaba estábamos estabais estaban	estuve estuviste estuvo estuvimos estuvisteis estuvieron	estaré estarás estará estaremos estaréis estarán	estaría estarías estaría estaríamos estaríais estarían	esté estés esté estemos estéis estén	estuviera estuvieras estuviera estuviéramos estuvierais estuviera	está tú, no estés esté Ud. estemos estad, no estéis estén
haber habiendo habido	he has ha hemos habéis han	había habías había habíamos habíais habían	hube hubiste hubo hubimos hubisteis hubieron	habré habrás habrá habremos habréis habrán	habría habrías habría habríamos habríais habrían	haya hayas haya hayamos hayáis hayan	hubiera hubieras hubiera hubiéramos hubierais hubieran	
hacer haciendo hecho	hago haces hace hacemos hacéis hacen	hacía hacías hacía hacíamos hacíais hacían	hice hiciste hizo hicimos hicisteis hicieron	haré harás hará haremos haréis harán	haría harías haría haríamos haríais harían	haga hagas haga hagamos hagáis hagan	hiciera hicieras hiciera hiciéramos hicierais hicieran	haz tú, no hagas haga Ud. hagamos haced, no hagáis hagan
ir yendo ido	voy vas va vamos vais van	iba ibas iba íbamos ibais iban	fui fuiste fue fuimos fuisteis fueron	iré irás irá iremos iréis irán	iría irías iría iríamos iríais irían	vaya vayas vaya vayamos vayáis vayan	fuera fueras fuera fuéramos fuerais fueran	ve tú, no vayas vaya Ud. vayamos id, no vayáis vayan

C. Irregular Verbs (continued)

Infinitive / Present Participle / Past Participle	INDICATIVE					SUBJUNCTIVE		IMPERATIVE
	Present	Imperfect	Preterite	Future	Conditional	Present	Imperfect	
oír / oyendo / oído	oigo	oía	oí	oiré	oiría	oiga	oyera	
	oyes	oías	oíste	oirás	oirías	oigas	oyeras	oye tú, no oigas
	oye	oía	oyó	oirá	oiría	oiga	oyera	oiga Ud.
	oímos	oíamos	oímos	oiremos	oiríamos	oigamos	oyéramos	oigamos
	oís	oíais	oísteis	oiréis	oiríais	oigáis	oyerais	oíd, no oigáis
	oyen	oían	oyeron	oirán	oirían	oigan	oyeran	oigan
poder / pudiendo / podido	puedo	podía	pude	podré	podría	pueda	pudiera	
	puedes	podías	pudiste	podrás	podrías	puedas	pudieras	
	puede	podía	pudo	podrá	podría	pueda	pudiera	
	podemos	podíamos	pudimos	podremos	podríamos	podamos	pudiéramos	
	podéis	podíais	pudisteis	podréis	podríais	podáis	pudierais	
	pueden	podían	pudieron	podrán	podrían	puedan	pudieran	
poner / poniendo / puesto	pongo	ponía	puse	pondré	pondría	ponga	pusiera	
	pones	ponías	pusiste	pondrás	pondrías	pongas	pusieras	pon tú, no pongas
	pone	ponía	puso	pondrá	pondría	ponga	pusiera	ponga Ud.
	ponemos	poníamos	pusimos	pondremos	pondríamos	pongamos	pusiéramos	pongamos
	ponéis	poníais	pusisteis	pondréis	pondríais	pongáis	pusierais	poned, no pongáis
	ponen	ponían	pusieron	pondrán	pondrían	pongan	pusieran	pongan
querer / queriendo / querido	quiero	quería	quise	querré	querría	quiera	quisiera	
	quieres	querías	quisiste	querrás	querrías	quieras	quisieras	quiere tú, no quieras
	quiere	quería	quiso	querrá	querría	quiera	quisiera	quiera Ud.
	queremos	queríamos	quisimos	querremos	querríamos	queramos	quisiéramos	queramos
	queréis	queríais	quisisteis	querréis	querríais	queráis	quisierais	quered, no queráis
	quieren	querían	quisieron	querrán	querrían	quieran	quisieran	quieran

C. Irregular Verbs (continued)

Infinitive Present Participle Past Participle	INDICATIVE					SUBJUNCTIVE		IMPERATIVE
	Present	Imperfect	Preterite	Future	Conditional	Present	Imperfect	
saber sabiendo sabido	sé sabes sabe sabemos sabéis saben	sabía sabías sabía sabíamos sabíais sabían	supe supiste supo supimos supisteis supieron	sabré sabrás sabrá sabremos sabréis sabrán	sabría sabrías sabría sabríamos sabríais sabrían	sepa sepas sepa sepamos sepáis sepan	supiera supieras supiera supiéramos supierais supieran	sabe tú, no sepas sepa Ud. sepamos sabed, no sepáis sepan
salir saliendo salido	salgo sales sale salimos salís salen	salía salías salía salíamos salíais salían	salí saliste salió salimos salisteis salieron	saldré saldrás saldrá saldremos saldréis saldrán	saldría saldrías saldría saldríamos saldríais saldrían	salga salgas salga salgamos salgáis salgan	saliera salieras saliera saliéramos salierais salieran	sal tú, no salgas salga Ud. salgamos salid, no salgáis salgan
ser siendo sido	soy eres es somos sois son	era eras era éramos erais eran	fui fuiste fue fuimos fuisteis fueron	seré serás será seremos seréis serán	sería serías sería seríamos seríais serían	sea seas sea seamos seáis sean	fuera fueras fuera fuéramos fuerais fueran	sé tú, no seas sea Ud. seamos sed, no seáis sean
tener teniendo tenido	tengo tienes tiene tenemos tenéis tienen	tenía tenías tenía teníamos teníais tenían	tuve tuviste tuvo tuvimos tuvisteis tuvieron	tendré tendrás tendrá tendremos tendréis tendrán	tendría tendrías tendría tendríamos tendríais tendrían	tenga tengas tenga tengamos tengáis tengan	tuviera tuvieras tuviera tuviéramos tuvierais tuvieran	ten tú, no tengas tenga Ud. tengamos tened, no tengáis tengan

C. Irregular Verbs (continued)

Infinitive / Present Participle / Past Participle	INDICATIVE					SUBJUNCTIVE		IMPERATIVE
	Present	Imperfect	Preterite	Future	Conditional	Present	Imperfect	
traer / trayendo / traído	traigo	traía	traje	traeré	traería	traiga	trajera	trae tú, no traigas
	traes	traías	trajiste	traerás	traerías	traigas	trajeras	traiga Ud.
	trae	traía	trajo	traerá	traería	traiga	trajera	traigamos
	traemos	traíamos	trajimos	traeremos	traeríamos	traigamos	trajéramos	traed, no traigáis
	traéis	traíais	trajisteis	traeréis	traeríais	traigáis	trajerais	traigan
	traen	traían	trajeron	traerán	traerían	traigan	trajeran	
venir / viniendo / venido	vengo	venía	vine	vendré	vendría	venga	viniera	ven tú, no vengas
	vienes	venías	viniste	vendrás	vendrías	vengas	vinieras	venga Ud.
	viene	venía	vino	vendrá	vendría	venga	viniera	vengamos
	venimos	veníamos	vinimos	vendremos	vendríamos	vengamos	viniéramos	venid, no vengáis
	venís	veníais	vinisteis	vendréis	vendríais	vengáis	vinierais	vengan
	vienen	venían	vinieron	vendrán	vendrían	vengan	vinieran	
ver / viendo / visto	veo	veía	vi	veré	vería	vea	viera	ve tú, no veas
	ves	veías	viste	verás	verías	veas	vieras	vea Ud.
	ve	veía	vio	verá	vería	vea	viera	veamos
	vemos	veíamos	vimos	veremos	veríamos	veamos	viéramos	ved, no veáis
	veis	veíais	visteis	veréis	veríais	veáis	vierais	vean
	ven	veían	vieron	verán	verían	vean	vieran	

D. Stem-Changing and Spelling Change Verbs

Infinitive Present Participle Past Participle	INDICATIVE					SUBJUNCTIVE		IMPERATIVE
	Present	Imperfect	Preterite	Future	Conditional	Present	Imperfect	
pensar (pienso) pensando pensado	pienso piensas piensa pensamos pensáis piensan	pensaba pensabas pensaba pensábamos pensabais pensaban	pensé pensaste pensó pensamos pensasteis pensaron	pensaré pensarás pensará pensaremos pensaréis pensarán	pensaría pensarías pensaría pensaríamos pensaríais pensarían	piense pienses piense pensemos penséis piensen	pensara pensaras pensara pensáramos pensarais pensaran	piensa tú, no pienses piense Ud. pensemos pensad, no penséis piensen
volver (vuelvo) volviendo vuelto	vuelvo vuelves vuelve volvemos volvéis vuelven	volvía volvías volvía volvíamos volvíais volvían	volví volviste volvió volvimos volvisteis volvieron	volveré volverás volverá volveremos volveréis volverán	volvería volverías volvería volveríamos volveríais volverían	vuelva vuelvas vuelva volvamos volváis vuelvan	volviera volvieras volviera volviéramos volvierais volvieran	vuelve tú, no vuelvas vuelva Ud. volvamos volved, no volváis vuelvan
dormir (duermo) (u) durmiendo dormido	duermo duermes duerme dormimos dormís duermen	dormía dormías dormía dormíamos dormíais dormían	dormí dormiste durmió dormimos dormisteis durmieron	dormiré dormirás dormirá dormiremos dormiréis dormirán	dormiría dormirías dormiría dormiríamos dormiríais dormirían	duerma duermas duerma durmamos durmáis duerman	durmiera durmieras durmiera durmiéramos durmierais durmieran	duerme tú, no duermas duerma Ud. durmamos dormid, no durmáis duerman
sentir (siento) (i) sintiendo sentido	siento sientes siente sentimos sentís sienten	sentía sentías sentía sentíamos sentíais sentían	sentí sentiste sintió sentimos sentisteis sintieron	sentiré sentirás sentirá sentiremos sentiréis sentirán	sentiría sentirías sentiría sentiríamos sentiríais sentirían	sienta sientas sienta sintamos sintáis sientan	sintiera sintieras sintiera sintiéramos sintierais sintieran	siente tú, no sientas sienta Ud. sintamos sentid, no sintáis sientan
pedir (pido) (i) pidiendo pedido	pido pides pide pedimos pedís piden	pedía pedías pedía pedíamos pedíais pedían	pedí pediste pidió pedimos pedisteis pidieron	pediré pedirás pedirá pediremos pediréis pedirán	pediría pedirías pediría pediríamos pediríais pedirían	pida pidas pida pidamos pidáis pidan	pidiera pidieras pidiera pidiéramos pidierais pidieran	pide tú, no pidas pida Ud. pidamos pedid, no pidáis pidan

D. Stem-Changing and Spelling Change Verbs (*continued*)

Infinitive Present Participle Past Participle	INDICATIVE					SUBJUNCTIVE		IMPERATIVE
	Present	Imperfect	Preterite	Future	Conditional	Present	Imperfect	
reír (río) (i) riendo reído	río ríes ríe reímos reís ríen	reía reías reía reíamos reíais reían	reí reíste rio reímos reísteis rieron	reiré reirás reirá reiremos reiréis reirán	reiría reirías reiría reiríamos reiríais reirían	ría rías ría riamos riáis rían	riera rieras riera riéramos rierais rieran	ríe tú, no rías ría Ud. riamos reíd, no riáis rían
seguir (sigo) (i) siguiendo seguido	sigo sigues sigue seguimos seguís siguen	seguía seguías seguía seguíamos seguíais seguían	seguí seguiste siguió seguimos seguisteis siguieron	seguiré seguirás seguirá seguiremos seguiréis seguirán	seguiría seguirías seguiría seguiríamos seguiríais seguirían	siga sigas siga sigamos sigáis sigan	siguiera siguieras siguiera siguiéramos siguierais siguieran	sigue tú, no sigas siga Ud. sigamos seguid, no sigáis sigan
construir (construyo) construyendo construido	construyo construyes construye construimos construís construyen	construía construías construía construíamos construíais construían	construí construiste construyó construimos construisteis construyeron	construiré construirás construirá construiremos construiréis construirán	construiría construirías construiría construiríamos construiríais construirían	construya construyas construya construyamos construyáis construyan	construyera construyeras construyera construyéramos construyerais construyeran	construye tú, no construyas construya Ud. construyamos construid, no construyáis construyan
conducir (conduzco) conduciendo conducido	conduzco conduces conduce conducimos conducís conducen	conducía conducías conducía conducíamos conducíais conducían	conduje condujiste condujo condujimos condujisteis condujeron	conduciré conducirás conducirá conduciremos conduciréis conducirán	conduciría conducirías conduciría conduciríamos conduciríais conducirían	conduzca conduzcas conduzca conduzcamos conduzcáis conduzcan	condujera condujeras condujera condujéramos condujerais condujeran	conduce tú, no conduzcas conduzca Ud. conduzcamos conducid, no conduzcáis conduzcan

VOCABULARIES

This **Spanish-English Vocabulary** contains all the words that appear in the text, with the following exceptions: (1) most close or identical cognates that do not appear in the chapter vocabulary lists; (2) most conjugated verb forms; (3) diminutives ending in **-ito/a;** (4) absolute superlatives in **-ísimo/a;** (5) most adverbs ending in **-mente,** and (6) words listed or glossed in the **Vocabulario de este programa, Fragmento del guión,** and **Sobre el programa** features of the **TelePuntos** sections. Active vocabulary is indicated by the number of the chapter in which a word or given meaning is first listed (**1 = Capítulo 1**); vocabulary that is glossed in the text is not considered to be active vocabulary and is not numbered. Only meanings that are used in the text are given. The **English-Spanish Vocabulary** is based on the chapter lists of active vocabulary.

The gender of nouns is indicated, except for masculine nouns ending in **-o** and feminine nouns ending in **-a.** Because **ch** and **ll** are no longer considered separate letters, words beginning with **ch** and **ll** are found as they would be found in English. The letter **ñ** follows the letter **n: añadir** follows **anuncio,** for example.

Irregular verbs found in the verb charts of Appendix 5 are set all in color: **andar.** Verbs with stem changes or spelling changes in the *present tense* show the **yo** form of the present tense in parentheses with the stem-vowel or spelling changes indicated in color: **sentarse (me siento); conocer (conozco); escoger (escojo); actuar (actúo).** Verbs with stem changes in the third person *preterite* and the *present participle* show the stem vowel (**i** or **u**) in parentheses after the present tense **yo** form: **preferir (prefiero) (i); morirse (me muero) (u).** Verbs with any other spelling changes in the first person *preterite* or *present subjunctive* show the change in parentheses: **buscar (qu); pagar (gu); empezar (empiezo) (c); averiguar (ü).**

The following abbreviations are used:

adj.	adjective	*interj.*	interjection
adv.	adverb	*inv.*	invariable form
Arg.	Argentina	*L.A.*	Latin America
C.A.	Central America	*m.*	masculine
Carib.	Caribbean	*Mex.*	Mexico
Col.	Colombia	*n.*	noun
conj.	conjunction	*obj. (of prep.)*	object (of a preposition)
def. art.	definite article	*pl.*	plural
d.o.	direct object	*poss.*	possessive
f.	feminine	*p.p.*	past participle
fam.	familiar	*prep.*	preposition
form.	formal	*pron.*	pronoun
gram.	grammatical term	*refl. pron.*	reflexive pronoun
Guat.	Guatemala	*s.*	singular
ind. art.	indefinite article	*sl.*	slang
inf.	infinitive	*Sp.*	Spain
i.o.	indirect object	*sub. pron.*	subject pronoun

Spanish-English Vocabulary

A

a to; at (*with time*) (1); **a base de** based on; **a bordo** on board; **a causa de** because of; **a continuación** following; **a este respecto** in this regard; **a la derecha de** to the right of (6); **a la izquierda de** to the left of (6); **a la moda** in fashion, in a stylish way; **a la(s)…** at … (*time of day*) (1); **a menos que** unless (16); **a partir de** beyond (4); **a pesar de** in spite of; **a plazos** in installments (17); **¿a qué hora…?** at what time … ? (1); **a solas** alone; **a tiempo** on time (8); **a través de** across, through; throughout; **¿a usted le gusta…?** do you (*form. s.*) like … ? (1); **a veces** sometimes, at times (3); **a ver** let's see

abacería grocery store
abajo below; underneath
abanicar (qu) to fan
abarcar (qu) to cover (*a topic*)
abecedario alphabet
abierto/a (*p.p. of abrir*) open (6)
abogado/a lawyer (17)
abogar (gu) to advocate
abolicionista *m., f.* abolitionist
abrazarse (c) to embrace (11)
abrazo hug, embrace
abreviatura abbreviation
abrigo coat (4)
abril *m.* April (6)
abrir (*pp. abierto*) to open (3)
absoluto/a absolute
abstracto/a abstract
absurdo/a absurd; **es absurdo que** it's absurd that (13)
abuelo/a grandfather/grandmother (3); *m. pl.* grandparents (3)
abundante abundant
aburrido/a bored (6); **ser aburrido/a** to be boring (10)
aburrimiento boredom
aburrir (*like gustar*) to bore (13); **aburrirse** to get bored (10)
abuso abuse
acabar to finish (14); to run out of (14); **acabar de** + *inf.* to have just (*done something*) (7)
academia academy
académico/a *adj.* academic (14); **año académico** school year; **vida académica** academic life (14)
acampar to camp; **tienda de acampar** tent
acaso: por si acaso just in case (14)
acceso access
accidente *m.* accident (14)
acción *f.* action; **Día** (*m.*) **de Acción de Gracias** Thanksgiving
aceite *m.* oil (7)

acelerado/a fast, accelerated (15)
acelerar to accelerate, speed up
acento accent; **acento diacrítico** diacritical mark
acentuado/a accentuated
aceptable acceptable
acera sidewalk (15)
acerca de *prep.* about, concerning, regarding
acercarse (qu) (a) to come near to
acertar (acierto) to guess correctly
ácido acid
acompañar to accompany
acondicionado: aire (*m.*) **acondicionado** air conditioning
aconsejar to advise
acontecimiento event, happening (18)
acordarse (me acuerdo) (de) to remember (13)
acordeón *m.* accordion
acoso harassment, bullying
acostarse (me acuesto) to go to bed (5)
acostumbrarse (a) to become accustomed (to), get used (to)
acrílico/a acrylic
actitud *f.* attitude
actividad *f.* activity
activo/a active
acto act
actor *m.* actor (13)
actriz *f.* (*pl. actrices*) actress (13)
actuación *f.* performance
actual *adj.* current, present-day
actualidad: de/en la actualidad currently, right now (10)
actuar (actúo) to act (13)
acuario aquarium; **Acuario** Aquarius
acuático/a aquatic
acudir (a) to go (to)
acueducto aqueduct
acuerdo agreement; **(no) estar de acuerdo** to (dis)agree (3)
acumular to accumulate
adaptación *f.* adaptation
adaptarse (a) to adapt (to)
adecuado/a appropriate
adelante forward
adelgazar (c) to lose weight
además *adv.* moreover; **además de** *prep.* besides
adicional additional (1)
adiós good-bye (1)
adivinar to guess (9)
adjetivo *gram.* adjective (3); **adjetivo de nacionalidad** adjective of nationality (3); **adjetivo posesivo** possessive adjective (3)
administración *f.* administration; **administración de empresas** business administration (2)

administrar to administer, manage, run
admiración *f.* admiration
admirar to admire
admitir to admit
adolescencia adolescence (16)
adolescente *m., f.* adolescent, teenager
¿adónde? where (to)? (4)
adoptar to adopt
adoquinado/a cobblestoned
adorar to adore
adquirir to acquire
adquisitivo: poder (*m.*) **adquisitivo** purchasing power
aduana customs (*at a border*) (8); **pasar por la aduana** to go/pass through customs (8)
adulto/a adult
adverbio *gram.* adverb
aeróbico: hacer ejercicios aeróbicos to do aerobics (11)
aerolínea airline
aeropuerto airport (8)
afanoso/a laborious, hard
afectar to affect
afectivo/a: estado afectivo emotional state (9)
afecto affection
afeitarse to shave (5)
afición *f.* hobby (10)
aficionado/a fan; **ser aficionado/a (a)** to be a fan (of) (10)
afiliación *f.* affiliation
afiliado/a (a) affiliated (with)
afinidad *f.* compatibility
afirmación *f.* statement
afluente affluent
afortunado/a fortunate, lucky
africano/a *n., adj.* African
afroamerindo/a *n., adj.* Afro-Amerindian
afroperuano/a Afro-Peruvian
afuera *adv.* outdoors (6)
afueras *n. pl.* outskirts (12); suburbs (12)
agencia agency; **agencia de compra-venta (de coches)** used car dealership; **agencia de viajes** travel agency
agenda agenda; date book
agente *m., f.* agent; **agente de viajes** travel agent
ágil agile
agitar to agitate
agnóstico/a agnostic
agobiado/a overwhelmed
agosto August (6)
agotar to empty; to drain
agradable agreeable, pleasant
agradar to please
agradecimiento *n.* thanks
agregar (gu) to add
agresivo/a aggressive
agrícola *adj. m., f.* agricultural

agricultor(a) farmer (15)

agricultura farming, agriculture (15)

agrio/a bitter

agroturismo agritourism

agroturista *m., f.* agritourist

agrupar to group

agua *f.* (*but* **el agua**) (**mineral**) (mineral) water (7)

aguacate *m.* avocado

aguar (ü) to dilute, water down

agudo/a sharp

águila *f.* (*but* **el águila**) eagle

agujero hole

ahí there

ahijado/a godson/goddaughter

ahora now (2); **ahora mismo** right now (6)

ahorrar to save (*money*) (17)

ahorros: cuenta de ahorros savings account (17)

airado/a angry, annoyed

aire *m.* air (15); **aire acondicionado** air conditioning

ajedrez *m.* chess; **jugar (juego) (gu) al ajedrez** to play chess (10)

ajo garlic

al (*contraction of* **a** + **el**) to the (4); **al** + *inf.* while (*doing something*) **al alcance** within reach; **al lado de** alongside of (6); **al menos** at least; **al principio de** at the beginning of (17)

alameda tree-lined avenue

alberca swimming pool (*Mex.*)

álbum *m.* album

alcance: al alcance within reach

alcanzar (c) to reach; to achieve

alce *m.* elk; moose

alcoba bedroom (5)

alcohol *m.* alcohol

alcohólico/a alcoholic; **bebida alcohólica** alcoholic beverage

alegrarse (de) to be happy (about) (12)

alegre happy (6)

alemán *m.* German (*language*) (2)

alemán, alemana *n., adj.* German (3)

Alemania Germany

alérgico/a allergic

alerta: ojo alerta eagle eye

alfabeto alphabet

alfombra rug (5)

algo something; anything (7)

algodón *m.* cotton; **de algodón** *adj.* cotton (4)

alguien someone, anyone (7)

algún (alguna/os/as) some, any (7); **alguna vez** once; ever

allá (way) over there (4)

allí there (4)

almacén *m.* department store (4)

almacenar to store, save (12)

almohada pillow

almorzar (almuerzo) (c) to have lunch (5)

almuerzo lunch (7)

¿aló? hello? (*telephone greeting*)

alojarse to lodge

alpinismo mountain climbing; **practicar (qu) el alpinismo** to mountain climb

alquilar *v.* to rent (12)

alquiler *m.* rent (12)

alrededor (de) around

alternar to take turns

alternativa *n.* alternative

alternativo/a *adj.* alternative

altiplano high plateau

altitud *f.* height, altitude

alto/a tall (3); **de alta costura** high fashion **de alto riesgo** high risk

altura altitude

alucinante incredible

alumno/a student

aluvial alluvial

amable kind; nice (3)

amanecer *m.* dawn

amar to love (16)

amarillo/a yellow (4)

amasijo dough; mixture

Amazonas *m. s.* Amazon (River)

amazónico/a *adj.* Amazonian; **Selva Amazónica** Amazon Jungle

ambiental environmental

ambiente *m.* atmosphere; environment; **medio ambiente** environment (15)

ambos/as both

América: América Latina Latin America; **Estados Unidos de América** United States of America

americano/a American; **fútbol** (*m.*) **americano** football

amerindo/a *n., adj.* Amerindian

amigo/a friend (2)

amistad *f.* friendship (16)

amistoso/a friendly (16)

amo/a (*f. but* **el ama**) **de casa** housekeeper (17)

amor *m.* love (16)

ampliación *f.* expansion

amplio/a wide; large, spacious

amueblado/a furnished

amueblar to furnish

amuleto charm, amulet

amurallado/a walled

analfabeto/a illiterate

análisis *m. inv.* analysis

analista *m., f.* analyst; **analista de sistemas** systems analyst (17)

analizar (c) to analyze

ananá *m.* pineapple

anaranjado/a orange (4)

ancho/a wide

anciano/a *n.* old person; *adj.* old; ancient; **residencia de ancianos** nursing home (12)

Andalucía Andalusia

andaluz (a) *n., adj.* Andalusian

andar to walk; **andar en bicicleta** to ride a bicycle; **cinta de andar** treadmill

anécdota anecdote

anémico/a anemic

anfitrión, anfitriona host (*of an event*) (9)

ángel *m.* angel

angelino/a from Los Angeles

anglosajón, anglosajona Anglo Saxon

angosto/a narrow

ángulo angle

anillo ring

ánima soul

animación *f.* animation

animado/a lively; animated; **dibujos animados** cartoons

animal *m.* animal (15); **animal doméstico** pet

animarse to cheer up; **animarse a** to encourage someone (*to do something*)

ánimo: estado de ánimo state of mind

aniversario anniversary

annobonés *m. language of African origin spoken in Equatorial Guinea*

anoche *adv.* last night (11)

anónimo/a anonymous

ansiedad *f.* anxiety (14)

Antártida Antarctica

ante *prep.* before; in front of

anteayer *adv.* the day before yesterday (5)

antecedente *m. gram.* antecedent

anteojos *m. pl.* glasses (11)

antepenúltimo/a third from the end

anterior previous, preceding

antes *adv.* before; **antes de** *prep.* before (5); **antes de Cristo (a.C.)** before Christ (B.C.); **antes (de) que** *conj.* before (16)

antibiótico antibiotic (11)

anticipar to anticipate

antídoto antidote

antiguo/a old; ancient; former

Antillas Mayores Greater Antilles

antipático/a unpleasant (3)

antojo appetizer

antónimo antonym

antropología anthropology

antropólogo/a anthropologist

anualmente annually

anunciar to announce (8)

anuncio announcement; advertisement

añadir to add

año year (6); **año académico** school year; **año bisiesto** leap year; **año entrante** next year; **Año Nuevo** New Year; **año pasado** last year; **año que viene** next year; **cumplir años** to have a birthday (9); **este año** this year; **fin** (*m.*) **de año** end of the year (9); **tener... años** to be . . . years old (3)

apagar (gu) to turn off (14)

apagón *m.* blackout

aparato appliance; **aparato doméstico** home appliance (10)

aparcamiento parking place; parking lot

aparcar (qu) to park

aparecer (aparezco) to appear

apartamento apartment (2)

aparte also

apellido surname

apenas barely

aperitivo appetizer

apetecer (apetezco) (*like* **gustar**) to appeal to

apio celery

aplicación *f.* application

aplicar (qu) to apply

apóstol *m., f.* apostle

apoyar to support

apoyo support; help

app *f.* (*but* **el app**) app(lication) (12)

apreciar to appreciate

aprender to learn (3); **aprender a** + *inf.* to learn how to (*do something*) (3)

aprendizaje *m.* learning

apretado/a tight

apropiado/a appropriate

aproximadamente approximately

apuntar to write down; **apuntarse** to enroll; to add one's name to the list

apuntes *m. pl.* notes (*academic*) (14)

aquel, aquella that ([way] over there) (4)

aquello that ([way] over there) (4)

aquellos/as those ([way] over there) (4)

aquí here (2)

árabe *m.* Arabic (*language*); *n., adj. m., f.* Arab

Arabia Saudita Saudi Arabia

arado *n.* plow

araña spider

árbol *m.* tree (9); **árbol genealógico** family tree

archipiélago archipelago

archivo (computer) file (12)

arco arch

ardilla squirrel

área *f.* (*but* **el área**) area, region

arena sand

arepa *patty made of cornmeal and flour and stuffed with different foods*

aretes *m. pl.* earrings (4)

argentino/a *n., adj.* Argentine

argumento argument; plot

árido/a arid, dry

armado/a: fuerzas armadas armed forces

armar un bochinche to throw a (loud) party

armario armoire, free-standing closet (5)

arpa *f.* (*but* **el arpa**) harp

arquitecto/a architect (13)

arquitectónico/a architectural

arquitectura architecture (13)

arraigado/a deeply rooted

arrancar (qu) to start up (*a car*) (15)

arreglar to fix, repair (15)

arrepentido/a sorry; repentant

arroba @ (12)

arrodillarse to kneel

arrogante arrogant

arroz *m.* (*pl.* **arroces**) rice (7)

arruinar to ruin

arte *m.* art (2); **artes** *f. pl.* the arts (13); **bellas artes** fine arts; **obra de arte** work of art (13)

arteria artery

arterial; tension (*f.*) **arterial** blood pressure

artesanía arts and crafts (13)

artesano/a artisan

artículo article; **artículo (in)definido** *gram.* (in)definite article

artista *m., f.* artist (13)

artístico/a artistic (13); **expresión** (*f.*) **artística** artistic expression (13)

arvejas *f. pl.* green peas (7)

asado/a roast(ed) (7); **lechón** (*m.*) **asado** roast suckling pig; **pollo asado** roast chicken (7)

ascendencia ancestry, descent

ascensor *m.* elevator (12)

asegurar to assure; **asegurarse (de que)** to make certain (that)

asesinar to assassinate (18)

asesinato assassination; murder (18)

así thus; so; **asi como** as well as; **así que** therefore, consequently, so

asiático/a *adj.* Asian

asiento seat (8)

asignar to assign

asistencia sanitaria health care

asistente (*m., f.*) **de vuelo** flight attendant (8)

asistir (a) to attend, go to (*a class, function*) (3)

asma *m.* asthma

asociación *f.* association

asociado/a associated; **estado libre asociado** commonwealth

asociar to associate

aspecto aspect

aspiradora vacuum cleaner (10); **pasar la aspiradora** to vacuum (10)

aspirante *m., f.* candidate; applicant (17)

astronauta *m., f.* astronaut (17)

asumir to assume

asunto matter

atacar (qu) to attack

ataque (*m.*) **(terrorista)** (terrorist) attack (18)

atar to tie

Atenas Athens

atención *f.* attention; **poner atención** to pay attention

ateo/a atheist

ático attic

atmosférico/a atmospheric

atracción *f.* attraction

atractivo/a attractive

atraer (*like* **traer**) (*like* **gustar**) to draw, attract (13)

atrás *adv.* back, backward; behind; **de atrás** backwards

atrasado/a (*with* **estar**) late (8)

atún *m.* tuna (7)

audaz (*pl.* **audaces**) bold, daring

audiencia audience

aula *f.* (*but* **el aula**) classroom

aumentar to increase

aumento raise (12)

aun *adv.* even

aún *adv.* still, yet

aunque although

auscultar to listen (*with a stethoscope*)

ausencia absence

ausente absent

austeridad *f.* austerity

auténtico/a authentic

auto auto (15)

autobiográfico/a autobiographical

autobús *m.* bus (8); **estación** (*f.*) **de autobuses** bus station (8); **ir en autobús** to go/travel by bus (8); **parada del autobús** bus stop (12)

autóctono/a indigenous

automático/a automatic; **cajero automático** automatic teller machine (ATM) (17)

automóvil *m.* automobile

automovilístico/a *adj.* automobile

automutilación *f.* self-mutilation

autonomía autonomy; region

autónomo/a autonomous

autopista freeway, interstate (15)

autoprueba self-test

autor(a) author

autorizado/a authorized

autorretrato self-portrait

autostop: hacer autostop to hitchhike

autosuficiencia self-sufficiency

autosuficiente self-sufficient

avanzado/a advanced

ave *f.* (*but* **el ave**) bird

avenida avenue (12)

aventura adventure

aventurero/a adventurous

aventurismo adventure tourism

aventurista *m., f.* adventure tourist

avergonzado/a embarrassed (9)

averiguar (ü) to find out

avión *m.* airplane (8); **ir en avión** to go/travel by plane (8); **volar (vuelo) en avión** to fly, go by plane (8)

avisar to warn

aviso warning

¡ay! *interj.* ah!; ouch!

ayer yesterday; **ayer fue (miércoles…)** yesterday was (Wednesday . . .) (5)

ayuda help (7)
ayudante *m., f.* assistant
ayudar to help (7)
azteca *n., adj. m., f.* Aztec
azúcar *m.* sugar (7)
azul blue (4)

B

baba saliva; **se le cae la baba por** he/she is drooling over
bahía bay
bailar to dance (2)
bailarín, bailarina dancer (13)
baile *m.* dance (13)
bajada ebb; dip
bajar to lower; to download (12); **bajarse (de)** to get down (from) (8); to get off (of) (*a vehicle*) (8)
bajo *prep.* under; **estar bajo muchas presiones** to be under a lot of pressure (14)
bajo/a short (*in height*) (3); low
balcón *m.* balcony
ballena whale (15)
ballet *m.* ballet (13)
baloncesto basketball
banana banana (7)
banano banana tree
bancario/a: tarjeta bancaria debit card (17)
banco bank (17)
bandeja tray
bandera flag
bandoneón *m.* large concertina
bañarse to take a bath (5)
bañera bathtub (5)
baño bathroom (5); **traje** (*m.*) **de baño** swimsuit (4)
bar *m.* bar; **ir a un bar** to go to a bar (10)
barato/a inexpensive (4)
barbacoa barbecue (7)
barcelonés, barcelonesa of Barcelona (Spain)
barco boat, ship (8); **ir en barco** to go/travel by boat, ship (8)
barra bar
barrer (el piso) to sweep (the floor) (10)
barrera barrier
barrio neighborhood (12)
barro mud
basarse en to base one's ideas, opinions on
base *f.* base; **a base de** based on; **base de datos** data base; **con base en** based on
básico/a basic
basquetbol *m.* basketball (10)
bastante rather, sufficiently; enough (16)
bastar to be enough
basura trash; **sacar (qu) la basura** to take out the trash (10)
bata robe

batalla battle
batería drum set (15)
bautizo baptism
bebé *m., f.* baby
beber to drink (3)
bebida drink (5); **bebida alcohólica** alcoholic beverage
beca scholarship
béisbol *m.* baseball (10)
beisbolista *m., f.* baseball player
Bélgica Belgium
belleza beauty
bello/a beautiful (15); **bellas artes** (*f. pl.*) fine arts
bendecir (*like* **decir**) to bless; **que Dios te bendiga** God bless you
bendito/a blessed
beneficio benefit
besarse to kiss each other (11)
beso kiss
bestia beast
biblioteca library (2)
bibliotecario/a librarian (2)
bicentenario bicentennial
bicicleta bicycle; **andar en bicicleta** to ride a bicycle; **pasear en bicicleta** to ride a bicycle (10)
bien *adv.* well (1); **caerle bien a alguien** to make a good impression on someone; **empleo bien pagado** well-paid job/position (17); **está bien** it's fine, OK (6); **estar bien** to be well; to be comfortable (*temperature*) (6); **llevarse bien (con)** to get along well (with) (16); **muy bien** fine, very well (1); **pasarlo bien** to have a good time (9); **portarse bien** to behave (9); **salir bien** to come/turn out well (5); to do well (5)
bienes raíces *m. pl.* real estate
bienestar *m.* well-being (11)
bienvenida *n.* welcome
bienvenido/a *adj.* welcome
bife *m.* beef
bilingüe bilingual
billete *m.* bill (*money*) (17); ticket (*Sp.*) (8); **billete de ida y vuelta** round-trip ticket (8); **billete de ida** one-way ticket (8); **billete electrónico** e-ticket (8)
binacional binational
biodiversidad *f.* biodiversity
biografía biography
biología biology
bisiesto: año bisiesto leap year
bisonte *m.* bison
bistec *m.* steak (7)
blanco/a white (4); **pizarrón** (*m.*) **blanco** whiteboard (2); **vino blanco** white wine (7)
blando/a soft
blog *m.* blog (12)
bluejeans *m., pl.* jeans
blusa blouse (4)

boca mouth (11)
bocadillo sandwich (*Sp.*)
bochinche: armar un bochinche to throw a (loud) party
bocina horn (*car*) (15)
boda wedding (*ceremony*) (16)
bodega grocery store (*Carib.*)
bola ball
bolero love song
boleto ticket (*L.A.*) (8); **boleto de ida** one-way ticket (8); **boleto de ida y vuelta** round-trip ticket; **boleto electrónico** e-ticket (8)
bolígrafo pen (2)
boliviano/a *n., adj.* Bolivian
bolso purse (4)
bomba bomb (18)
bombardeo bombing
bombilla light bulb
bonito/a pretty (3)
bordo: a bordo on board
boricua *n., adj. inv.* Puerto Rican
Borinquen *indigenous name of Puerto Rico*
borrador *m.* draft
borrasca storm
bosque *m.* forest (15); **bosque tropical lluvioso** tropical rain forest
botanas *f. pl.* (*Mex.*) appetizers (9)
botánico/a botanical
botar to throw out
botas *f. pl.* boots (4)
botella bottle
botón *m.* button
boxeador(a) boxer
brasileño/a *n., adj.* Brazilian
brazo arm (11)
brecha gap; **brecha digital** digital gap; **brecha salarial** wage gap
Bretaña: Gran Bretaña Great Britain
breve brief
brindar to toast, celebrate
británico/a British
bromear to joke
bronce bronze
bruja witch
brujo wizard; warlock
bruto/a: producto nacional bruto gross national product
bucear to scuba dive; to snorkel
budista *n., adj. m., f.* Buddhist
buen, bueno/a good (3); **buenas noches** good night (1); **buenas tardes** good afternoon (1); **buenos días** good morning (1); **lo bueno** the good news/thing (11); **muy buenas** good afternoon/evening (1); **tener buena suerte** to have good luck, be lucky (14)
buey *sl.* dude (*Mex.*)
buscar (qu) to look for (2); **buscar en el Internet** to look for on the Internet (12)
búsqueda search
buzón (*m.*) **de voz** voice mailbox (12)

C

caballo horse (10); **montar a caballo** to ride a horse (10)

caber to fit

cabeza head (11); **dolor** (*m.*) **de cabeza** headache

cabina cabin (*on a ship*) (8)

cacerola casserole dish

cacique, cacica chief

cada *inv.* each, every (5); **cada vez más** increasingly; **cada vez mayor** greater and greater

cadena chain

caer to fall; to drop (14); **caer en** to fall on (*day of the week*); **caerle bien/mal a alguien** to make a good/bad impression on someone; **caerse** to fall down (14); **se le cae la baba por** he/she is drooling over

café *m.* coffee (2)

cafeína caffeine

cafetera coffeemaker (10)

cafetería cafeteria (2)

cafetero coffee plantation

caída fall

caimán *m.* alligator

caja cashier window (17)

cajero/a cashier; teller (17); **cajero automático** automatic teller machine (ATM) (17)

cajón *m.* drawer

calabaza pumpkin; squash

calabozo prison cell

calcetines *m. pl.* socks (4)

calculadora calculator (2)

calcular to calculate

cálculo calculus

calefacción *f.* heating (12)

calendario calendar (14)

calentar (caliento) to warm

calidad *f.* quality

cálido/a hot

caliente hot (*temperature*) (7)

calificación *f.* grade

caligrafía calligraphy; handwriting

calle *f.* street (12)

callejero *adj.* (of the) street

calma calm

calmarse to calm down

calor *m.* heat; **hacer (mucho) calor** to be very hot (6); **tener (mucho) calor** to be (very) warm, hot (6)

caloría calorie

caluroso/a hot

cama bed (5); **guardar cama** to stay in bed (11); **hacer la cama** to make the bed (10); **tender (tiendo) la cama** to make the bed

cámara (digital) (digital) camera (12)

camarero/a waiter/waitress (7)

camarones *m. pl.* shrimp (7)

cambiar (de) to change (12)

cambio change; **cambio climático** climate change

caminadora treadmill (11)

caminante *m., f.* walker, hiker

caminar to walk (10)

caminata: dar una caminata to hike; to go for a hike (10)

caminero/a: furia caminera road rage

camino road; path

camión *m.* truck

camioneta station wagon (8); van (8)

camisa shirt (4)

camiseta T-shirt (4)

campaña campaign; **tienda de campaña** tent (8)

campeón, campeona champion

campesino/a peasant (15)

camping *m.* campground (8); **hacer camping** to go camping (8)

campo field; countryside (15)

campus *m.* (university) campus (12)

Canadá Canada; **Día** (*m.*) **del Canadá** Canada Day

canadiense *n., adj. m., f.* Canadian

canal *m.* channel (12)

canario canary

cancelar to cancel

cáncer *m.* cancer

cancha field, court (tennis)

canción *f.* song (13)

candidato/a candidate (18); **postularse (para un cargo) como candidato/a** to run (for a position) as a candidate (18)

cansado/a tired (6)

cansancio fatigue

cansarse to get tired (11)

cantante *m., f.* singer (13)

cantar to sing (2)

cantautor(a) singer, songwriter

cantidad *f.* quantity

cantinero/a bartender

caña sugar cane

capa layer; **capa de ozono** ozone layer (15)

Caperucita Roja Little Red Ridinghood

capilla chapel

capital *f.* capital city (6)

capitán, capitana captain

capítulo chapter

Capricornio Capricorn

capullo bud

caracola large shell

característica *n.* characteristic

característico/a *adj.* characteristic

caracterizar (c) to characterize

caramañola *torpedo-shaped meat pie of Colombia and Panama*

cárcel *f.* jail

cardinal: punto cardinal cardinal point (6)

cargo (political) office (18); **postularse para un cargo (como candidato/a)** to run for a position (as a candidate) (18)

Caribe *m.* Caribbean; **mar** (*m.*) **Caribe** Caribbean Sea

caribeño/a Caribbean

caricatura caricature

cariño affection

cariñoso/a affectionate (6)

carnaval *m.* carnival

carne *f.* meat (7)

carnet (*m.*) **de identificación / de identidad** identification card

caro/a expensive (4)

carpa tent

carpintero/a carpenter

carrera career

carreta cart, wagon

carretera highway (15)

carro (descapotable) (convertible) car (12)

carta letter (3); card; **jugar (juego) (gu) a las cartas** to play cards (10)

cartera wallet; handbag (4)

cartón *m.* cardboard

casa house, home (3); **amo/a** (*but* **el ama**) **de casa** housekeeper (17); **casa natal** house where someone was born; **en casa** at home (2); **limpiar la casa** to clean (the) house (10); **regresar a casa** to go home (2)

casabe *m.* *tortilla-type bread made of cassava*

casado/a married; **estar casado/a (con)** to be married (to) (16); **recién casado/a (con)** newlywed (to) (16); **ser casado/a** to be a married person (16)

casarse (con) to marry (16)

cascanueces *m. inv.* nutcracker

casco helmet (12)

caserío hamlet; farmhouse

casi *inv.* almost (3); **casi nunca** almost never (3)

caso case; **en caso de (que)** in case (16)

castaño/a brown

castellano Spanish (language) (*Sp.*)

castigar (gu) to punish

catalán *m.* Catalan (*language*)

Cataluña Catalonia

catarata waterfall

catarro cold (*health condition*)

catedral *f.* cathedral

categoría category

católico/a *n., adj.* Catholic

catorce fourteen (1)

caucásico/a Caucasian

causa cause; **a causa de** because of

causar to cause

cava cellar

cazador(a) hunter

cazar (c) to hunt

CD *m.* CD (compact disc) (12)

CD-ROM *m.* CD-ROM (12)

cebolla onion

cebuano *Austronesian language spoken in the Philippines*

cédula identity card

celda cell (*prison*)

celebración *f.* celebration

celebrar to celebrate (6)

celta *n., adj. m., f.* Celtic

celular: (teléfono) celular *m.* cell phone (2)

cementerio cemetery

cena dinner, supper (7)

cenar to have (eat) dinner, supper (7)

Cenicienta Cinderella

centavo cent

centígrado Celsius

centro center (18); downtown (4); **centro comercial** shopping mall (4)

Centroamérica Central America

centroamericano/a Central American

cepillarse los dientes to brush one's teeth (5)

cerámica pottery; ceramics (13)

cerca *adv.* near, nearby, close; **cerca de** close to (6)

cercano/a *adj.* close, near

cerdo pork; **chuleta de cerdo** pork chop (7)

cereal *m.* cereal (7)

cerebro brain (11)

ceremonia ceremony

cero zero (1)

cerrado/a closed (6)

cerrar (cierro) to close (5)

cerro hill

certeza certainty

cerveza beer (7)

cesárea C-section

césped *m.* lawn; grass

cesto basket

ceviche *m. raw fish dish*

chabacano *Spanish-based Creole language spoken in the Philippines*

champán *m.* champagne (9)

champiñones *m. pl.* mushrooms (7)

chanclas *f. pl.* flip-flops (4)

chaqueta jacket (4)

charango *stringed instrument*

charlar to chat

chauchas *f. pl.* green beans

cheque *m.* check (17); **con cheque** by check (17)

chequeo check-up (11)

chévere *sl.* cool

chibcha *n., adj. m., f. indigenous people of the Colombian Andes*

chicha *natural fruit soft drink*

chico/a guy/girl (4)

chileno/a *n., adj.* Chilean

chino Chinese (*language*)

chino/a *n., adj.* Chinese

chirriar to squeal

chisme *m.* gossip

chiste *m.* joke (8)

chocante shocking

chocar (qu) con/contra to run into, bump against (14)

chocolate *m.* chocolate

chofer *m., f.* driver

choque *m.* collision, crash (18)

chuleta (de cerdo) (pork) chop (7)

churro *strip of fried dough*

ciclismo bicycling (10)

ciclo cycle

ciclón *m.* cyclone

ciego/a blind

cien one hundred (3)

ciencia science (2); **ciencia ficción** science fiction; **ciencias** *f. pl.* **naturales** natural sciences (2); **ciencias** *f. pl.* **políticas** political science (2); **ciencias** *f. pl.* **sociales** social sciences (2)

ciento one hundred (*used with* 101–199) (4); **ciento dos** one hundred two (4); **ciento noventa y nueve** one hundred ninety-nine (4); **ciento uno** one hundred one (4)

cierto/a true; **es cierto que** it's certain that (13)

ciervo deer; stag

cigarrillo cigarette

cinco five (1)

cincuenta fifty (3)

cine *m.* movies (5); movie theater (5)

cineasta *m., f.* filmmaker

cinematográfico/a *adj.* movie, film

cinta: cinta de andar/correr treadmill; **cinta rodante** treadmill

cinturón *m.* belt (4)

circulación *f.* traffic (15)

circular to circulate

círculo circle

circunstancia circumstance

ciruelo plum tree

cirugía surgery

cisne *m.* swan

cita date; appointment (11)

citar to cite

ciudad *f.* city (3)

ciudadano/a citizen (18)

cívico/a civic; **responsabilidad** (*f.*) **cívica** civic duty (18)

civil civil; **guerra civil** civil war

civilización *f.* civilization

claro/a clear

clase *f.* class (*of students*) (2); class, course (*academic*) (2); **compañero/a (de clase)** classmate (2); **dar clases** to teach class; **salón** (*m.*) **de clase** classroom (2)

clásico/a classic(al) (13)

clasificar (qu) to classify

cláusula *gram.* clause

clave *f. n., adj.* key

cliente/a client (2)

clima *m.* climate (6)

climático/a *adj.* climate; **cambio climático** climate change

clínica clinic

clóset *m.* closet

coalición *f.* coalition

cobrar to cash (*a check*) (17); to charge (*someone for an item or service*) (17)

cobre *m.* copper

coche *m.* car (3); **agencia de compraventa (de coches)** used car dealership

cochera garage; carport

cocina kitchen (5); cuisine (7)

cocinar to cook (7)

cocinero/a cook; chef (17)

coco coconut

cocodrilo crocodile

codiciado/a coveted

código code

codo elbow

coexistir to coexist

coger (cojo) to take (*things*) (*Sp.*)

cognado *gram.* cognate

coherente coherent

cohesión *f.* cohesion

coincidencia coincidence

coincidir to coincide

cola line (*of people*) (8); **hacer cola** to stand in line (8)

colaborar to collaborate

colección *f.* collection

colectivo bus

colega *m., f.* colleague

colegio school

colérico/a furious

colesterol *m.* cholesterol

coletilla tag (as in tag question)

colgar (cuelgo) (gu) to post (*on the Internet*)

collar *m.* necklace

colmado small grocery store (*Carib.*)

colocar (qu) to place

colombiano/a Colombian

colonia colony

colonización *f.* colonization

colono/a settler

color *m.* color (4)

colorido/a colorful

columna column

comadre *f.* godmother

combatir to combat

combinar to combine

comedia comedy (13)

comediante *m., f.* comedian

comedor *m.* dining room (5)

comentario comment

comentarista *m., f.* commentator

comenzar (comienzo) (c) to begin; **comenzar a** + *inf.* to begin to + *inf.*

comer to eat (3)

comercial: centro comercial shopping mall (4)

comercio business, commerce; **libre comercio** free trade

comestibles *m. pl.* groceries, foodstuff (7)

cometer to commit

cómico/a funny; **tira cómica** comic strip

comida food (7); meal (7); **comida rápida** fast food

como like; as; **así como** as well as; **tan... como** as . . . as (6); **tanto como** as much as (6)

¿cómo? how?; what? (1); **¿cómo es usted?** what are you (*form. s.*) like? (1); **¿cómo está?** how are you (*form. s.*)? (1); **¿cómo estás?** how are you (*fam. s.*)? (1); **¿cómo se llama usted?** what is your (*form. s.*) name? (1); **¿cómo se llega a... ?** how do you get to . . . ? (15); **¿cómo te llamas?** what is your (*fam. s.*) name? (1)

cómoda bureau; dresser (5)

comodidad *f.* convenience

cómodo/a comfortable (4)

compacto/a: disco compacto (CD *m.*) compact disc (CD) (12)

compadre *m.* godfather

compañero/a companion; friend; **compañero/a (de clase)** classmate (2); **compañero/a de cuarto** roommate (2)

compañía company

comparación *f.* comparison (6)

comparar to compare

comparativo/a comparative

compartir to share (17)

compasión *f.* compassion

competencia competition

competición *f.* competition

complejo/a complex

complemento (in)directo *gram.* (in)direct object

completar to complete

completo/a complete; **trabajo de tiempo completo** full-time job (14)

complicación *f.* complication

componer (*like* **poner**) to compose (13)

comportamiento behavior

composición *f.* composition

compositor(a) composer (13)

compostero composter

compra-venta: agencia de compra-venta (de coches) used car dealership

comprar to buy (2)

compras: de compras shopping (4); **ir de compras** to go shopping (4)

comprender to understand (3)

comprensible understandable

comprensión *f.* understanding; comprehension

comprensivo/a *adj.* understanding

comprobar (compruebo) to prove

comprometido/a committed

compromiso engagement

compulsivo/a compulsive

computación *f.* computer science (2)

computadora computer (2); **computadora portátil** laptop (computer) (2)

común common

comunicación *f.* communication; *pl.* communication (*subject*) (2); **medio de comunicación** medium of communication (18)

comunicativo/a communicative

comunidad *f.* community

comunión *f.* communion

comunitario/a *adj.* community

con with (2); **chocar (qu) con** to run into, bump against (14); **comunicarse (qu) (con)** to communicate (with) (18); **con base en** based on; **con cheque** by check (17); **con cuidado** carefully; **con frecuencia** frequently (2); **con permiso** excuse me (1); **¿con qué frecuencia... ?** how often . . . ? (3); **con respecto a** regarding; **con tal de** *prep.* provided (16); **con tal (de) que** *conj.* provided (that) (16); **darse con** to run into; **pegarse (gu) con** to run, bump into (14)

concentración *f.* concentration

concentrar to concentrate

concepto concept

conciencia conscience

concierto concert; **ir a un concierto** to go to a concert (10)

conciso/a concise

conclusión *f.* conclusion

concordancia *gram.* agreement

concurso contest

condenado/a condemned

condición *f.* condition

condicional *gram.* conditional

cóndor *m.* condor

conducción *f.* driving

conducir (conduzco) to drive (15); **licencia de conducir** driver's license (15)

conductor(a) driver (15)

conectar to connect

conector *m.* connector

conexión *f.* connection

conferencia lecture

confesional confessional

confianza confidence

confiar (confío) to trust

confirmar to confirm

confundido/a confused

congelado/a frozen; very cold (6)

congelador *m.* freezer (10)

congresista *m., f.* congress member

conjugación *f.* conjugation

conjugar (gu) *gram.* to conjugate

conjunción *f. gram.* conjunction (16); **conjunción de tiempo** conjunction of time (17)

conjunto group

conmemorar to commemorate

conmigo with me (6)

Cono Sur Southern Cone

conocer (conozco) to know, be acquainted, familiar with (7); to meet (7); **conocerse** to meet (16)

conocimiento knowledge

conquista conquest

conquistador(a) conqueror

consciente conscious, aware

consecuencia consequence

consecutivo/a consecutive

conseguir (*like* **seguir**) to get, obtain (9); **conseguir** + *inf.* to succeed in (*doing something*) (9)

consejero/a advisor (2)

consejo (piece of) advice (7)

conservación *f.* conservation

conservacionista conservationist

conservador(a) conservative

conservar to save, conserve (15)

considerar to consider

consigo with himself, herself, themselves

consiguiente: por consiguiente as a result

consistencia consistency

consistir (en) to consist (of)

constante constant

constitución *f.* constitution

constituir (*like* **construir**) to constitute

construcción *f.* construction

construir (construyo) to build (15)

consulta consultation

consultorio (medical) office (11); consultation

consumidor(a) consumer

consumir to consume

consumo consumption

contabilidad *f.* accounting

contable *m., f.* accountant (*Sp.*)

contacto contact; **lentes** (*m. pl.*) **de contacto** contact lenses (11); **mantenerse** (*like* **tener**) **en contacto** to stay in touch

contador(a) accountant (17)

contaminación *f.* pollution (6)

contaminado/a contaminated, polluted (15)

contaminar to pollute (15)

contar (cuento) to tell, narrate (8)

contemplación *f.* contemplation

contemplar to contemplate

contemporáneo/a contemporary

contenedor *m.* container

contener (*like* **tener**) to contain

contenido contents

contento/a content, happy (6)

contestar to answer (7)

contexto context

contigo with you (*fam.*) (6)

continente *m.* continent

contingencia contingency

continuación: a continuación following

continuar (continúo) to continue (6)

contra against; **chocar (qu)/pegarse (gu) contra** to run, bump against (14); **darse contra** to run into

contraseña password (12)

contrastar to contrast

contraste *m.* contrast

contrastivo/a contrasting

contribuir (*like* **construir**) to contribute

control *m.* control; **control de seguridad** security (check) (8); **control remoto** remote control (12); **pasar por el control de seguridad** to go/pass through security (check) (8)

controlar to control

convencer (convenzo) to convince

convención convention, system

conversación *f.* conversation

conversar to converse

convertir (convierto) to convert

convivencia cohabitation; living together

convivir to live together

coordinar to coordinate

copa (wine) glass; **Copa del Mundo** World Cup (*soccer*); **Copa Mundial** World Cup (*soccer*)

copia copy; **hacer copia** to copy

copiar to copy (12)

copioso/a copious

coquí *m. small frog of Puerto Rico*

corazón *m.* heart (11)

corbata tie (4)

cordillera mountain range

coreano/a *n., adj.* Korean

coro chorus

corona crown

corporación *f.* corporation

correcto/a correct

corregir (corrijo) to correct

correr to run (10); **cinta de correr** treadmill

correspondencia correspondence

corresponder (a) to correspond (to)

correspondiente *m., f.* correspondent; *adj.* corresponding

corrido *Mexican folk song*

corriente: cuenta corriente checking account (17); **estar al corriente** to be up to date

cortar to cut

cortejo courting

cortés *m., f.* polite

cortesía courtesy; **expresión** (*f.*) **de cortesía** pleasantry (1)

cortijo country house

cortina curtain

corto *n.* short segment

corto/a short (*in length*) (3); **pantalones** (*m. pl.*) **cortos** shorts (4)

cosa thing (5)

cosecha harvest; crop

cosechar to harvest

cosmético/a cosmetic

cosmopolita *m., f.* cosmopolitan

cosmovisión *f.* world view

costa coast

costar (cuesto) to cost

costarricense *n., adj. m., f.* Costa Rican

costero/a coastal

costo cost

costoso/a expensive

costumbre *f.* custom

costura; de alta costura high fashion

cotidiano/a daily

country *m.* country music

creación *f.* creation

crear to create (13)

creatividad *f.* creativity

creativo/a creative

crecer (crezco) to grow (16)

crédito credit; **tarjeta de crédito** credit card (7)

creencia belief

creer (en) to think; to believe (in) (3)

creíble believable

creyente *m., f.* believer

criatura child

cristal *m.* glass

cristianismo Christianity

cristiano/a *n., adj.* Christian

Cristo Christ; **antes de Cristo (a.C.)** before Christ (B.C.); **después de Cristo (a.D.)** Anno Domini (A.D.)

crítica criticism

criticar (qu) to criticize

crítico/a critic

crónica chronicle

cronológico/a chronological

crucero cruise (ship) (8)

cruz *f.* (*pl.* **cruces**) cross; **Día** (*m.*) **de la Cruz** Day of the Cross

cruzar (c) to cross; **cruzarse con** to cross paths with

cuaderno notebook (2)

cuadrado *n.* square

cuadrado/a *adj.* square

cuadro painting (*specific piece*) (13); **de cuadros** plaid (4)

cuajar to fit in

cual; el/la cual, lo cual, los/las cuales which

¿cuál(es)? what? (2); which? (2); **¿cuál es la fecha de hoy?** what's today's date? (6); **¿cuál es tu onda?** what's your style?

cualidad *f.* quality

cualquier *adj.* any

cuando when

¿cuándo? when? (2)

cuanto: en cuanto as soon as (17); **en cuanto a** regarding

¿cuánto? how much? (2); **¿cuánto cuesta(n)?** how much does it (do they) cost? (4); **¿cuánto tiempo hace que... ?** how long has it been since . . . ?

¿cuántos/as? how many? (2)

cuarenta forty (3)

Cuaresma Lent

cuartel *m.* barracks

cuarto room (2); one-fourth; quarter (of an hour); **compañero/a de cuarto** roommate (2); **menos cuarto** a quarter to (*hour*) (1); **y cuarto** a quarter (fifteen minutes) after (*the hour*) (1)

cuarto/a *adj.* fourth (13)

cuate *sl. m., f.* buddy, pal

cuatro four (1)

cuatrocientos/as four hundred (4)

cubano/a *n., adj.* Cuban

cubanoamericano/a *n., adj.* Cuban American

cubierto/a (*p.p. of* **cubrir**) covered

cubiertos *m. pl.* cutlery

cubrir (*p.p.* **cubierto**) to cover (15)

cucaracha cockroach

cuchara spoon

cucharada spoonful

cuchillo knife

cuenta check, bill (7); **cuenta corriente** checking account (17); **cuenta de ahorros** savings account (17)

cuento story

cuero leather; **de cuero** leather (4)

cuerpo (humano) (human) body (11)

cuervo crow

cuestión *f.* issue, matter (17)

cuestionario questionnaire

cuidado care; *interj.* careful!; **con cuidado** carefully; **tener cuidado** to be careful

cuidar a to care for; **cuidarse** to take care of oneself (11)

culebra snake

culinario/a culinary

culminar to culminate

culpa fault; **tener la culpa** to be at fault

cultivo cultivation

culto cult

cultura culture

cultural cultural; **tradición** (*f.*) **cultural** cultural tradition (13)

cumbia *Colombian folk dance now popular throughout Latin America*

cumpleaños *m. inv.* birthday (6); **pastel** (*m.*) **de cumpleaños** birthday cake (9)

cumplir años to have a birthday (9)

cuñado/a brother-in-law, sister-in-law

cupo quota; capacity (room)

cupón *m.* coupon

curación *f.* cure

curar to cure

curativo curing, curative

curioso/a curious

currículum *m.* résumé (17)

cursi in poor taste, trite

curso course; **programa** (*m.*) **del curso** course syllabus (14)

cuyo/a whose

D

dama lady
danza dance (13)
daño: hacerse daño to hurt oneself (14); **hacerse daño en** to hurt one's (*body part*) (14)
dar to give (8); **dar clases** to teach class; **dar un paseo** to take a walk (10); **dar una caminata** to hike; to go for a hike (10); **dar una fiesta** to throw a party (9); **darse con/contra** to run into; **darse la mano** to shake hands (11)
dato piece of information; *pl.* data; **base** (*f.*) **de datos** data base
de of (1); from (1); **de algodón** *m.* cotton (4); **de alta costura** high fashion; **de alto riesgo** high risk; **de atrás** backwards; **de compras** shopping (4); **de cuadros** plaid (4); **de cuero** leather (4); **¿de dónde eres (tú)?** where are you (*fam. s.*) from? (1); **¿de dónde es usted?** where are you (*form. s.*) from? (1); **de estatura mediana** of medium height; **de exposición** expository; **de forma presencial** in person; **de joven** as a youth (10); **de la actualidad** currently, right now (10); **de la mañana** in the morning, A.M. (1); **de la noche** in the evening, P.M. (1); **de la tarde** in the afternoon, P.M. (1); **de lana** wool (4); **de lunares** polka-dot (4); **de manera que** so that, in such a way that; **de modo que** in such a way that; **de nada** you're welcome (1); **de niño/a** as a child (10); **de oro** gold (4); **de plata** silver (4); **¿de quién?** whose? (3); **de rayas** striped (4); **de remate** hopeless(ly); **de repente** suddenly (11); **de seda** silk (4); **de todo** everything (4); **de todo tipo** of all kinds; **de vacaciones** on vacation (8); **¿de veras?** really?; **de viaje** on a trip, traveling (8); **es de...** it is made of . . . (4)
debajo de below (6)
debate *m.* debate
debatir to debate
deber *n. m.* responsibility (18); obligation (18)
deber *v.* + *inf.* should, must, ought to (*do something*) (3)
debido/a a due to; because of
década decade
decadencia decadence
decente decent
decidir to decide
décimo/a tenth (13)
decimotercer(o/a) thirteenth
decir to say; to tell (8); **eso quiere decir...** that means . . . (11)
declaración *f.* statement
declarar to state
decoración *f.* decoration

decorar to decorate
dedicarse (qu) (a) to dedicate oneself (to)
dedo (de la mano) finger (11); **dedo del pie** toe (11)
deducir (deduzco) to deduce
defender (defiendo) to defend
defensa defense
defensor(a) defender
deficiencia deficiency
deficiente deficient
definición *f.* definition
definido: artículo definido *gram.* definite article
definir to define
degustar to taste
dejar to leave; to let, allow; to quit (17); **dejar de** + *inf.* to stop (*doing something*) (11); **dejar (en)** to leave behind (in [*a place*]) (10); **dejar sin hacer** to leave undone (10)
del (*contraction of* **de** + **el**) of the, from the (3)
delante de in front of (6)
delegación *f.* delegation
delfín *m.* dolphin
delgado/a thin, slender (3)
deliberado/a deliberate
delicioso/a delicious
delito crime (15)
demanda demand
demás: los/las demás the rest, others (12)
demasiado *adv.* too (9)
demasiado/a *adj.* too much (9); too many (9)
demócrata *m., f.* democrat
demonio demon, devil
demora delay (8)
demostración *f.* demonstration
demostrar (demuestro) to demonstrate
demostrativo/a *gram.* demonstrative (4)
denominación *f.* denomination
densidad *f.* density
denso/a dense (15)
dentista *m., f.* dentist (11)
dentro inside; **dentro de** inside; within, in (*time*)
departamento department
depender (de) to depend (on)
dependiente/a clerk (2)
deporte *m.* sport (10); **practicar (qu)** to play (*a sport*)
deportista *m., f.* athlete
deportivo/a *adj.* sporting, sports; sports-loving (10)
depositar to deposit (17)
depósito deposit
depresión *f.* depression
deprimido/a depressed
derecha *n.* right side; **a la derecha de** to the right of (6)
derecho right (18); **(todo) derecho** straight ahead (15)

derivarse (de) to derive (from)
derramar to spill
desacuerdo disagreement
desafío challenge
desahogarse (gu) to let off steam; to vent
desamor *m.* lack of affection
desaparecer (desaparezco) to disappear
desarrollar to develop (15)
desarrollo development (15)
desastre *m.* disaster (14)
desastroso/a disastrous
desayunar to have (eat) breakfast (7)
desayuno breakfast (7)
descansar to rest (5)
descanso rest
descapotable: carro descapotable (convertible) car (12)
descargar (gu) to download (12)
descendiente *m., f.* descendent
descentralizado/a decentralized
descifrar to decipher, figure out
desconectar to unplug, disconnect
desconocido/a unknown
descontento/a unhappy
descortés *m., f.* rude, impolite
describir (*p.p.* **descrito**) to describe
descripción *f.* description
descriptivo/a descriptive
descrito/a (*p.p. of* **describir**) described
descubierto/a (*p.p. of* **descubrir**) discovered
descubrimiento discovery
descubrir (*p.p.* **descubierto**) to discover (15)
desde *prep.* from; since
desear to want (2)
deseo wish
desequilibrio imbalance
desértico/a *adj.* desert
desesperanza desperation
desfile *m.* parade
desgracia misfortune; disgrace
desgraciadamente unfortunately (11)
deshacer (*like* **hacer**) **(el equipaje)** to unpack (one's luggage)
deshumanización *f.* dehumanization
desierto desert
designación *f.* designation
desigualdad *f.* inequality (18)
desilusión *f.* disillusion
desinflado/a: llanta desinflada flat tire (15)
desocupado/a empty; available
desordenado/a messy (6)
despacio *adv.* slowly
despedir (*like* **pedir**) to let (*someone*) go (17); to fire (*someone*) (*from a job*) (17); **despedirse (de)** to say good-bye (to) (9)
despejado/a clear (*sky*)
desperdiciar to waste
desperdicio waste
despertador *m.* alarm clock (14)

despertarse (me despierto) (*p.p.* **despierto**) to wake up (5)

despierto/a (*p.p. of* **despertar**) awake

despistado/a absent-minded; forgetful

después *adv.* afterwards (5); **después de** *prep.* after (5); **después de Cristo (a.D.)** Anno Domini (A.D.); **después (de) que** *conj.* after (17)

destacar (qu) to emphasize

destino destination; destiny

destrucción *f.* destruction

destruir (*like* **construir**) to destroy (15)

desventaja disadvantage

detalle *m.* detail (9)

detective *m., f.* detective

detenerse (*like* **tener**) to stop

determinación *f.* determination

determinado/a specific

determinar to determine

detestar to detest

detrás de behind (6)

deuda debt

devolver (*like* **volver**) to return (*something to someone*) (14)

devoto/a devout

día *m.* day (2); **buenos días** good morning (1); **Día de Acción de Gracias** Thanksgiving; **Día de la Cruz** Day of the Cross; **Día de la Madre** Mother's Day; **Día de los Difuntos** Day of the Dead; **Día de los Muertos** Day of the Dead; **Día de San Patricio** St. Patrick's Day; **Día de San Valentín** St. Valentine's Day; **Día del Canadá** Canada Day; **Día del Padre** Father's Day; **día festivo** holiday (9); **Día Internacional de la No Violencia Contra la Mujer** International No Violence Against Women Day; **días de la semana** days of the week (5); **estar al día** to be up to date (18); **¿qué día es hoy?** what day is today? (5); **todos los días** every day (2)

diabetes *f.* **(juvenil)** (childhood) diabetes

diabético/a diabetic

diacrítico/a: acento diacrítico diacritical mark

diagnosticar (qu) to diagnose

diágrafo group of letters that represent a single sound

dialecto dialect

diálogo dialogue

diamante *m.* diamond

diariamente daily

diario/a daily (5)

dibujante *m., f.* comic strip artist

dibujar to draw (13)

dibujo drawing (13); **dibujos animados** cartoons

diccionario dictionary (2)

dicho saying

diciembre *m.* December (6)

dictador(a) dictator (18)

dictadura dictatorship (18)

diecinueve nineteen (1)

dieciocho eighteen (1)

dieciséis sixteen (1)

diecisiete seventeen (1)

diente *m.* tooth (5); **cepillarse los dientes** to brush one's teeth (5)

dieta diet; **estar a dieta** to be on a diet (7)

dietético/a *adj.* diet

diez ten (1)

diferencia difference; **a diferencia de** unlike

diferenciado/a differentiated

diferente different

difícil hard, difficult (6)

dificultad *f.* difficulty

difundir to disseminate

difunto/a dead; **Día** (*m.*) **de los Difuntos** Day of the Dead

digestión *f.* digestion

digital digital; **brecha digital** digital gap; **cámara digital** digital camera (12)

dígito digit

dignidad *f.* dignity

dilema *m.* dilemma

diligente diligent

dimensión *f.* dimension

Dinamarca Denmark

dinero money (2); **sacar (qu) dinero** to withdraw money

dinoflagelado *type of marine plankton*

dios *m. s.* god; **Dios** God; **por Dios** for heaven's sake (14); **que Dios te bendiga** God bless you

diosa goddess

diptongo *gram.* diphthong

dirección *f.* address (7)

directo direct; **complemento directo** *gram.* direct object

director(a) director; conductor (13)

dirigir (dirijo) to direct (13)

disco disc; **disco compacto (CD** *m.***)** compact disc (CD) (12); **disco duro** hard drive (12)

discoteca discotheque; **ir a una discoteca** to go to a disco (10)

discriminación *f.* discrimination (18)

disculpa apology, excuse; **pedir disculpas** to apologize (14)

disculpar to excuse, pardon; **disculpa, discúlpame** pardon me (*fam. s.*) (14); I'm sorry (*fam. s.*) (14); **disculpe, discúlpeme** pardon me (*form. s.*) (14); I'm sorry (*form. s.*) (14)

discurso speech

discusión *f.* argument; discussion

discutir (con/sobre) to argue (with/about) (9)

diseñador(a) designer

diseñar to design (13)

diseño design

disfraz *m.* (*pl.* **disfraces**) costume, disguise

disfrutar de to enjoy

disminuir (*like* **construir**) to diminish

disparar to shoot

dispensario clinic

disponible available

disposición *f.* disposition

dispuesto/a ready, prepared

distancia distance

distante distant

distinción *f.* distinction

distintivo/a distinctive

distinto/a different

distracción *f.* distraction

distraído/a absentminded, distracted (14); **ir distraído/a** to be distracted (14)

distribuido/a distributed

distrito district

diversidad *f.* diversity

diversión *f.* fun activity (10)

diverso/a diverse

divertido/a fun; **ser divertido/a** to be fun (10)

divertirse (me divierto) to have a good time, enjoy oneself (5)

divorciado/a (de) divorced (from) (16)

divorciarse (de) to get divorced (from) (16)

divorcio divorce (16)

divulgar (gu) to divulge

doblar to turn (15)

doble *m.* double

doce twelve (1)

dócil docile

doctor(a) doctor

doctorado doctorate

documental *m.* documentary

documento document

dólar *m.* dollar

doler (duele) (*like* **gustar**) to hurt, ache (11)

dolor (*m.*) **(de)** pain, ache (in) (11); **dolor de cabeza** headache; **tener dolor de** to have a pain/ache in (11)

domesticado/a domesticated, tame (15)

doméstico/a domestic, related to the home (10); **animal** (*m.*) **doméstico** pet; **aparato doméstico** home appliance (10); **tarea doméstica** household chore

dominación *f.* domination

dominar to control; to dominate

domingo Sunday (5)

dominicano/a *n., adj.* Dominican

dominio control

don *m.* *title of respect used with a man's first name*

donar to donate

donde where

¿dónde? where? (1); **¿de dónde eres (tú)?** where are you (*fam. s.*) from? (1); **¿de dónde es usted?** where are you (*form. s.*) from? (1)

doña *title of respect used with a woman's first name*

dormir (duermo) (u) to sleep (5); **dormir la siesta** to take a nap (5); **dormirse** to fall asleep (5)

dormitorio bedroom

dos two (1); **dos veces** twice (11)

doscientos/as two hundred (4)

drama *m.* drama (13)

dramático/a dramatic

dramaturgo/a playwright (13)

droga drug

dromedario dromedary

ducha *n.* shower

ducharse to take a shower (5)

duda *n.* doubt

dudar to doubt (12)

dudoso/a doubtful

duelo duel

dueño/a landlord, landlady (12); owner (7)

dulces *m. pl.* sweets; candy (7)

dulzura sweetness

duración *f.* duration

duradero/a lasting

durante during (5)

durar to last (18)

duro/a hard; **disco duro** hard drive (12)

DVD(-ROM) *m.* DVD(-ROM) (12)

E

e and (*used instead of* **y** *before words beginning with stressed* **i** *or* **hi,** *except* **hie-**)

e-mail *m.* e-mail (12)

ecocasa ecological house

ecología ecology

ecologista *m., f.* ecologist

economía economy; *s.* economics (2)

económico/a economical

economista *m., f.* economist

economizar (c) to economize (17)

ecoturismo ecotourism

ecoturista *m., f.* ecotourist

ecoturístico/a *adj.* ecotourist

ecuador *m.* equator

ecuatoguineano/a of or from Equatorial Guinea

ecuatoriano/a Ecuadoran

edad *f.* age

edificio building (2); **edificio de apartamentos** apartment building (12)

editar to edit

editorial *f.* publishing house

educación *f.* education

educador(a) educator

educarse (qu) to be educated

educativo/a educational

efectivo cash (17); **en efectivo** in cash (17)

efectivo/a effective

efecto effect

efectuar to carry out, execute

eficiencia efficiency

eficiente efficient

Egipto Egypt

egoísta *m., f.* selfish

ejecutivo/a *n., adj.* executive

ejemplificar (qu) to exemplify

ejemplo example; **por ejemplo** for example (14)

ejercer (ejerzo) to apply, exercise

ejercicio exercise (5); **hacer ejercicio** to exercise (5); **hacer ejercicios aeróbicos** to do aerobics (11)

ejército army (18)

el *def. art. m. s.* the; **el cual** which; **el lunes (martes…)** on Monday (Tuesday . . .) (5); **el primero de** the first of (*month*) (6); **el próximo (martes…)** next (Tuesday . . .) (5)

él *sub. pron.* he (2)

elaboración *f.* elaboration

elaborar to elaborate

elección *f.* choice; *pl.* election

electricidad *f.* electricity (12); electric bill (12)

electricista *m., f.* electrician (17)

eléctrico/a electrical; **energía eléctrica** electrical energy (15)

electrónica electronic equipment (12)

electrónico/a electronic; **billete** (*m.*) (*Sp.*) / **boleto** (*L.A.*) **electrónico** e-ticket (8)

elefante *m.* elephant (15)

elegante elegant

elegir (elijo) to select; to elect

elemento element

elevado/a high

elevador *m.* elevator

eliminar to eliminate

ella *sub. pron.* she (2)

ellos/as *sub. pron.* they (2); *obj.(of prep.)* them (2)

embarazada pregnant

embarazo pregnancy

embargo: sin embargo nevertheless

embarque: puerta de embarque boarding gate (8); **tarjeta de embarque** boarding pass (8)

emblema *m.* emblem

embotellamiento traffic jam

embriagado/a intoxicated, drunk

embutido sausage

emergencia emergency

emigrante *m., f.* emigrant

emigrar to emigrate

emisario/a emissary

emitir to emit

emoción *f.* emotion (9)

emocionado/a excited

emocional emotional

emocionante exciting

emocionarse to get excited about

empanada *turnover pie or pastry*

emparedado sandwich

emparejar to match

empezar (empiezo) (c) to begin, start (5); **empezar a** + *inf.* to begin to (*do something*) (5) +

empleado/a employee

empleador(a) employer

empleo job, position (17); **empleo bien/ mal pagado** well-/poorly paid job/ position (17); **empleo de tiempo completo/parcial** full-/part-time job/ position (17)

empresa corporation (17); business (17); **administración** (*f.*) **de empresas** business administration (2)

empresario/a businessman/woman

en in (1); on (1); at (1); **en casa** at home (2); **en caso de** *prep.* in case (16); **en caso de que** *conj.* in case (16); **en cuanto** as soon as (17); **en efectivo** in cash (17); **en la actualidad** currently, right now (10); **en negrilla** boldface; **en onda** in style; **en punto** on the dot (*time*) (1); **en rebaja** on sale; **en resumen** in summary; **en seguida** immediately (5); **en vez de** instead of

enamorado/a (de) in love (with) (16)

enamorarse (de) to fall in love (with) (16)

enano/a dwarf

encantado/a pleased to meet you (1); enchanted

encantar (*like* **gustar**) to like very much, love (8)

encanto charm

encapuchado/a hooded

encarcelado/a incarcerated

encargado/a in charge

encender (enciendo) to turn on (*appliance*); to light

encerado blackboard

encima de on top of (6)

encontrar (encuentro) to find (9); **encontrarse (con)** to meet (*someone somewhere*) (11)

encuentro encounter

encuesta survey

encuestar to survey

endémico/a endemic

enemigo enemy

energético/a energetic

energía energy (15); **energía eléctrica** electrical energy (15); **energía eólica** wind energy (15); **energía nuclear** nuclear energy (15); **energía renovable** renewable energy (15); **energía solar** solar energy (15)

enérgico/a energetic

enero January (6)

enfado anger

énfasis *m.* emphasis

enfático/a emphatic

enfatizar (c) to emphasize

enfermarse to become sick (9)

enfermedad *f.* illness, sickness (11)

enfermero/a nurse (11)
enfermo/a sick (6)
enfilado/a in a line
enfocar (qu) to focus
enfoque *m.* focus
enfrentarse a to face
enfrente de *prep.* in front of
engordar to gain weight; to fatten
enhorabuena congratulations
enloquecerse (me enloquezco) to go crazy
enojarse (con) to get angry (with) (9)
ensalada salad (7)
ensayista *m., f.* essayist
ensayo essay
enseñanza teaching
enseñar to teach (2); **enseñar a** + *inf.* to teach to (*do something*)
entender (entiendo) to understand (5)
enterarse (de) to find out, learn (about) (18)
entero/a entire
enterrado/a buried
entonces then, next
entrada entrance
entrante: año entrante next year
entrar to enter; **entrar en el Internet** to go on the Internet (12); **entrar en Facebook** to go into Facebook (12)
entre *prep.* between, among (6)
entregar (gu) to hand in (8)
entrenador(a) trainer, coach
entrenar to practice, train (10)
entresemana during the week
entretenimiento entertainment
entrevista interview (17)
entrevistado/a interviewee (17)
entrevistador(a) interviewer (17)
entrevistar to interview
entusiasmar to enthuse
envase *m.* container
enviar (envío) to send
eólico/a: energía eólica wind energy (15)
epitafio epitaph
época era, time (*period*)
equilibrar to balance
equipaje *m.* baggage, luggage (8); **deshacer** (*like* **hacer**) **el equipaje** to unpack; **facturar el equipaje** to check baggage (8)
equipar to equip
equipo team (10); equipment (12)
equivalente *m.* equivalent
equivaler (*like* **salir**) to equal
equivocarse (qu) (de) to make a mistake (about) (14)
eructar to burp, belch
erupción *f.* eruption (18)
escala stop (8); **hacer escalas** to make stops (8)
escalador(a) climber
escalar to climb

escalera staircase; *pl.* stairs (14)
escándalo scandal
escáner *m.* scanner (12)
escapar to escape
escaparate *m.* store (display) window
escaso/a scarce
escena scene
escenario stage (13); scenery (13)
esclavo/a slave
escoger (escojo) to choose, select
escolar *adj.* school
Escorpión *m.* Scorpio
escribir (*p.p.* **escrito**) to write (3)
escrito/a (*p.p. of* **escribir**) written (14); **informe** (*m.*) **escrito** written report (14)
escritor(a) writer (13)
escritorio desk (2)
escuálido/a scrawny
escuchar to listen (to) (2)
escuela school (10); **escuela primaria** elementary school; **escuela secundaria** high school; **maestro/a de escuela** schoolteacher (17)
esculpir to sculpt
escultor(a) sculptor (13)
escultura sculpture (13)
ese/a *adj.* that (4)
esencial essential
esfuerzo effort
eso *adj.* that (4); **eso quiere decir...** that means . . . (11); **por eso** for that reason (3)
esos/as *adj.* those (4)
espacial *adj.* space; **nave** (*f.*) **espacial** spaceship; **transbordador** (*m.*) **espacial** space shuttle
espacio space
espacioso/a spacious
espalda back
espantapájaros *m. inv.* scarecrow
español *m.* Spanish (*language*) (2)
español(a) *n.* Spaniard; *adj.* Spanish (3)
espárragos asparagus (7)
especial special
especialidad *f.* specialty
especialización *f.* major (*academic*); specialization
especializarse (c) (en) to major (in)
especie (*f.*) species (15); **especie en peligro de extinción** endangered species (15)
especificar (qu) to specify
específico/a specific
espectacular spectacular
espectáculo show (13)
espectador(a) spectator (13); *pl.* audience (13)
especulación *f.* speculation
espejo mirror
espera wait; **llamada de espera** call-waiting; **sala de espera** waiting room (8)
esperanza hope, wish (18)

esperar to wait (for) (7); to expect (7); to hope (12)
espinaca spinach
espíritu *m.* spirit
espiritual spiritual
esplendor *m.* splendor
esposado/a handcuffed
esposo/a husband/wife (3)
esqueleto skeleton
esquema *m.* outline
esquí *m.* skiing (10)
esquiador(a) skier
esquiar (esquío) to ski (10)
esquina (street) corner (15)
esta noche tonight (6)
estación *f.* station (8); season (6); **estación de autobuses** bus station (8); **estación de radio** radio station (18); **estación de servicio** gas station (15); **estación del tren** train station/(8)
estacionamiento parking place/lot (15)
estacionar to park (14)
estadístico/a statistical
estado state (3); **estado afectivo** emotional state (9); **estado de ánimo** state of mind; **estado libre asociado** commonwealth; **Estados Unidos de América** United States of America
estadounidense *n., adj.* of the United States of America (3)
estancia stay (*in a hotel*)
estante *m.* bookshelf (5)
estar to be (2); **¿cómo está?** how are you (*form. s.*)? (1); **¿cómo estás?** how are you (*fam. s.*)? (1); **está bien** it's fine, OK (6); **está de moda** it's trendy (hot) (4); **está (muy) nublado** it's (very) cloudy, overcast (6); **estar a dieta** to be on a diet (7); **estar al corriente** to be up to date; **estar al día** to be up to date (18); **estar bajo muchas presiones** to be under a lot of pressure (14); **estar bien** to be comfortable (*temperature*) (6); **estar casado/a (con)** to be married (to) (16); **estar de acuerdo** to agree (3); **estar de vacaciones** to be on vacation (8); **(no) estar de acuerdo** to (dis)agree (3)
estatal *adj.* state
estatua statue
estatura height; **de estatura mediana** of medium height
este *m.* east (6)
este/a *adj.* this (3)
éstereo stereo
estereotipo stereotype
estilo style
estimar to estimate
esto this (3)
estómago stomach (11)
estornudo sneeze
estos/as *adj.* these (3)

estrategia strategy

estrecho *n.* straight; **Estrecho de Magallanes** Strait of Magellan

estrépito crashing

estrés *m.* stress (14)

estresado/a stressed out, under stress (14)

estresante stressful

estresar to cause stress

estricto/a strict

estrofa verse (*poem*)

estructura structure

estructurar to structure

estuario estuary

estudiantado student body

estudiante *m., f.* student (2)

estudiantil *adj.* (of) student(s) (14)

estudiar to study (2)

estudio office (*in a home*) (5); studio (TV); *pl.* studies (*education*)

estufa stove (10)

estupendo/a stupendous

etapa stage, phase (16)

etcétera etcetera

eterno/a eternal

ético/a ethical

etnia ethnicity

étnico/a ethnic

etnolingüístico/a ethnolinguistic

Europa Europe

europeo/a *n., adj.* European

evangélico/a *n., adj.* evangelical

evangelista *m., f.* evangelist

evento event

evitar to avoid (15)

evolución *f.* evolution

exacto/a exact

exagerado/a exaggerated

examen *m.* exam, test (4)

examinar to examine (11)

exceder to exceed

excelencia excellence

excelente excellent

excepción *f.* exception

excepto except

excesivo/a excessive

exclusivo/a exclusive

excursión *f.* excursion

excusa excuse

exigir (exijo) to demand

exiliarse to go into exile

existencia existence

existir to exist

éxito success; **tener éxito** to be successful

exitoso/a successful

exótico/a exotic

expandir to expand

expectativa expectation

expedición *f.* expedition

experiencia experience

experto/a expert

explicación *f.* explanation

explicar (qu) to explain (8)

exploración *f.* exploration

explorador(a) explorer

explotación *f.* exploitation

explotar to exploit

exponer (*like* **poner**) (*p.p.* **expuesto**) to display; to propose

exportador(a) exporter

exportar to export

exposición *f.* exposition; **de exposición** expository

expresar to express

expresión *f.* expression; **expresión artística** artistic expression (13); **expresión de cortesía** pleasantry (1)

expulsar to expel

expulsión *f.* expulsion

exquisito/a exquisite

extender (extiendo) to extend

extensión *f.* extension

externo/a external

extinción *f.* extinction, **especie** (*f.*) **en peligro de extinción** endangered species (15)

extracto extract

extranjero/a *n.* foreigner (2); *adj.* foreign; **ir al extranjero** to go abroad (8); **lengua extranjera** foreign language (2)

extraño/a strange; **es extraño que** it's strange that (13); **¡qué extraño que... !** how strange that . . . ! (13)

extrovertido/a extrovert(ed)

F

fábrica factory (15)

fabricar (qu) to manufacture (15)

fabuloso/a fabulous

Facebook *m.* Facebook (12); **entrar en Facebook** to go into Facebook (12)

fácil easy (6)

facilitar to facilitate

factor *m.* factor

factoría factory

factura bill (17)

facturar el equipaje to check baggage (8)

falda skirt (4)

fallar to crash (*computer*) (12)

falta lack (15); absence (15)

faltar (a) to be absent (from), not attend (9)

fama fame

familia family (3)

famoso/a famous

fantasía fantasy

fantástico/a fantastic

farmacéutico/a pharmacist (11)

farmacia pharmacy

faro lighthouse

fascinante fascinating

fascinar (*like* **gustar**) to fascinate (13)

fatal *sl.* bad, awful

fatalista *m., f.* fatalist

fauno faun

favor *m.* favor; **a favor de** in favor of; **por favor** please (1)

favorito/a favorite

fax *m.* FAX (12)

febrero February (6)

fecha date (*calendar*) (6); **¿cuál es la fecha de hoy?** what's today's date? (6); **fecha límite** deadline; **¿qué fecha es hoy?** what's today's date? (6)

federación *f.* federation

federativo/a federative

felicidades *f. pl.* congratulations

felicitaciones *f. pl.* congratulations

feliz (*pl.* **felices**) happy (9)

femenino/a feminine

fenicio/a Phoenician

fénix *m.* phoenix

fenomenal phenomenal

fenómeno phenomenon

feo/a ugly (3)

feria fair

feriado: día (*m.*) **feriado** holiday

fertilidad *f.* fertility

festivo/a festive, celebratory (9); **día** (*m.*) **festivo** holiday (9)

ficción *f.* fiction; **ciencia ficción** science fiction

fiebre *f.* fever (11); **tener fiebre** to have a fever

fiel faithful (3)

fiesta party (2); **dar una fiesta** to throw a party (9); **hacer una fiesta** to throw a party (9)

figura figure

fijo/a set, fixed; **precio fijo** fixed, set price (4); **teléfono fijo** landline (12)

fila line

Filadelfia Philadelphia

Filipinas Philippines

filipino/a *n., adj.* Philippine

filmar to film, record

filosofía philosophy (2)

filosófico/a philosophical

fin *m.* end; **a fines de** at the end of; **fin de año** end of the year (9); **fin de semana** weekend (2); **por fin** finally (5)

final *m.* end

finalmente finally (5)

financiar to finance

financiero/a financial

finanzas *f. pl.* finances

finca farm (15)

Finlandia Finland

fino/a fine

firmar to sign

física physics (2)

físico/a physical

flaco/a skinny

flamenco flamingo; *music and dance form of southern Spain*

flan *m.* (baked) custard (7)
flauta flute
flexibilidad *f.* flexibility
flor *f.* flower (8)
flota fleet
folclórico/a traditional (13)
folclorista *m., f.* folklorist
folklórico/a traditional
fomentar to encourage, promote
fondo background; fund; bottom
fontanero/a plumber (*Sp.*)
forma form, shape (4); way; **de forma presencial** in person
formación *f.* formation; education, training
formar to form
formidable tremendous
fórmula formula
formulario form
fortalecer (fortalezco) to strengthen
fortaleza fort
fosforescente phosphorescent
foto(grafía) photo(graph) (8); **sacar (qu) fotos** to take photos (8)
fotocopia photocopy (12); **hacer fotocopia** to copy (12)
fotocopiadora copy machine (12)
fotografía photography (13)
fotógrafo/a photographer (17)
fotomontaje *m.* photo montage
fraccionamiento neighborhood
fragmentado/a fragmented
fragmento fragment, excerpt
francés *m.* French (*language*) (2)
francés, francesa *n.* French person; *adj.* French
Francia France
franja stripe, band; border, fringe
frase *f.* phrase; sentence
frecuencia frequency; **con frecuencia** frequently (2); **¿con qué frecuencia… ?** how often . . . ? (3)
frecuente frequent
frecuentemente frequently (11)
frenos *m. pl.* brakes (15)
frente *f.* forehead
frente a facing; **hacer frente a** to face up to
fresa strawberry
fresco: hace fresco it's cool (weather) (6); **fresco/a** fresh (7)
frigorífico refrigerator
frijoles *m. pl.* beans (7)
frío cold(ness); *adj.* cold; **hace (mucho) frío** it's (very) cold (*weather*); **tener (mucho) frío** to be (very) cold (6)
frito/a fried (7); **papa/patata frita** French fried potato (7)
frituras *f. pl.* fried food
frontera border
frustración *f.* frustration
frustrado/a frustrated
fruta fruit (7); **jugo de fruta** fruit juice (7)
frutilla strawberry

fruto fruit
fuego fire
fuente *f.* source; fountain; serving dish
fuera *adv.* outside
fuerzas (*f. pl.*) **armadas** armed forces
fumador(a) smoker; **sala de fumadores** smoking area (8)
fumar to smoke (8); **sala de fumar** smoking area (8)
funcionamiento *n.* functioning, working
funcionar to work, function (12); to run (*machines*) (12)
fundación *f.* foundation
fundar to found
furia rage; **furia al volante** road rage; **furia caminera** road rage
furioso/a furious, angry (6)
fútbol *m.* soccer (10); **fútbol americano** football (10)
futbolista *m., f.* soccer player
futuro *n.* future
futuro/a *adj.* future

G

gabinete *m.* cabinet
gafas *f. pl.* glasses
gallego Galician (*language*)
galleta cookie (7)
gallo/a rooster, hen; **misa del gallo** midnight mass
galope *m.* *traditional dance of Paraguay*
galopera *traditional dance of Paraguay*
gambas *f. pl.* shrimp
ganacia earning
ganador(a) winner
ganar to win (10); to earn (*income*) (13)
ganas: tener ganas de + *inf.* to feel like (*doing something*) (4)
gandules *m. pl.* pigeon peas
ganga bargain (4)
garaje *m.* garage (5)
garantizar (c) to guarantee
garganta throat (11)
garifunas Black Caribs (*descendents of Carib indigenous people and African slaves in Honduras*)
gas *m.* gas (*not for cars*) (12)
gaseosa soft drink
gasolina gasoline (15)
gasolinera gas station (15)
gastar to spend (*money*) (9); to use (*gas*) (15)
gasto expense (12)
gastronomía gastronomy
gastronómico/a gastronomic
gato cat (3)
gaucho Argentine cowboy
gazpacho *cold tomato soup of southern Spain*
gemelo/a twin
genealógico/a: árbol (*m.*) **genealógico** family tree

generación *f.* generation
general general; **en general** in general; **por lo general** generally (5)
generar to generate; to create
genérico/a generic
género genre; gender
generoso/a generous
gente *f. s.* people (12)
genuinamente genuinely
geografía geography
geográfico/a geographic
geología geology
gerente *m., f.* manager (17)
gerundio *gram.* gerund
gimnasio gym(nasium)
gitano/a *n., adj.* gypsy
glaciar *m.* glaciar
gobernador(a) governor
gobierno government (15)
gol *m.* goal (*soccer*)
golf *m.* golf (10)
golpe *m.* blow; **golpe de estado** coup d'état
gordo/a fat (3)
gorila gorilla (15)
gorra baseball cap (4)
GPS *m.* GPS (12)
grabadora (tape) recorder/player (12)
grabar to record (12); to tape (12)
gracias thank you (1); **Día** (*m.*) **de Acción de Gracias** Thanksgiving; **gracias por** + *noun/inf.* thanks for (9); **muchas gracias** thank you very much (1)
grado grade, year (*in school*) (10); degree (*temperature*)
graduarse (me gradúo) (en) to graduate (from) (17)
graffiti *m.* graffiti
gráfico/a graphic
gramática grammar
gramo gram
gran, grande large, big; great (3); **Gran Bretaña** Great Britain; **pantalla grande** big screen (monitor) (12)
granizo hail
granja farm
grano grain
grasa fat
gratis *inv.* free (of charge)
gratuito/a free (of charge)
grave serious
Grecia Greece
griego/a *n., adj.* Greek
grifo faucet
gripa flu (*Mex.*)
gripe *f.* flu (11)
gris gray (4)
gritar to shout
grito shout; cry
grueso/a thick
grupo group; band
guagua bus (*Carib.*)

guaguanco *subgenre of rumba*

guampa *cup made from a hollowed bull's horn used to drink* mate; *cup used to drink* tereré

guanábana soursop (*tropical fruit*)

guancasco *traditional dance of the Lenca of Honduras*

guante *m.* glove

guapo/a handsome; good-looking (3)

guaraní *m. indigenous language of South America*

guardar to keep (12); to save (*documents*) (12); **guardar cama** to stay in bed (11); **guardar un puesto** to save a place (*in line*) (8)

guatemalteco/a *n., adj.* Guatemalan

gubernamental governmental

guerra war (18); **guerra civil** civil war

guía *m., f.* guide (13)

guiado/a guided

guion *m.* script (13)

gustar to be pleasing (8); **¿a usted le gusta... ?** do you (*form. s.*) like . . . ? (1); **me gustaría (mucho)...** I would (really) like . . . (8); **(no,) no me gusta** (no,) I don't like . . . (1); **(sí,) me gusta...** (yes,) I like . . . (1); **¿te gusta... ?** do you (*fam. s.*) like . . . ? (1)

gusto like preference; *pl.* likes (1); **mucho gusto** nice to meet you (1)

H

haber (*inf. of* **hay**) there is, there are (12)

habichuelas *f. pl.* beans

habitante *m., f.* inhabitant

habitar to inhabit

hábito habit

hablar to speak; to talk (2); **hablar con soltura** to speak fluently; **hablar por teléfono** to talk on the phone (2)

hacer to do; to make (5); **hace** + *time* + **que** + *present* to have been (*doing something*) for (*time*) (14); **hace** + *time* + **que** + *preterite* ago (14); *present* + **desde hace** + *time* to have been (*doing something*) for (*time*) (14); *preterite* + **hace** + *time* ago (14); **hace (muy) buen/mal tiempo** it's very good/bad weather (6.); **hace (mucho) calor** it's (very) hot (*weather*) (6.); **hace fresco** it's cool (*weather*) (6.); **hace (mucho) frío** it's (very) cold (*weather*); **hacer** *camping* to go camping (8); **hacer cola** to stand in line (8); **hacer copia** to copy; **hacer (el método) Pilates** to do Pilates (11); **hacer (el) yoga** to do yoga (11); **hacer (foto) copia** to copy (12); **hacer autostop** to hitchhike; **hacer ejercicio** to exercise (5); **hacer ejercicios aeróbicos** to do aerobics (11); **hacer escalas** to make stops (8); **hacer frente a** to face up to;

hacer la cama to make the bed (10); **hacer la(s) maleta(s)** to pack one's suitcase(s) (8); **hacer paradas** to make stops (8); **hacer planes para** + *inf.* to make plans to (*do something*) (10); **hacer reserva** to make a reservation; **hacer** *surfing* to surf (10); **hacer un** *picnic* to have a picnic (10); **hacer un viaje** to take a trip (5); **hacer una fiesta** to throw a party (9); **hacer una juerga** to throw a party; **hacer una pregunta** to ask a question (5); **hacerse daño** to hurt oneself (14); **hacerse daño en** to hurt one's (*body part*) (14); **¿qué tiempo hace?** what's the weather like? (6)

hallaca *Venezuelan meat pastry*

hamaca hammock

hambre *f.* hunger; **pasar hambre** to go hungry; **tener (mucha) hambre** to be (very) hungry (7)

hamburguesa hamburger (7)

hard drive *m.* hard drive (12)

hasta *adv.* until; even; *prep.* until; **hasta luego** see you later (1); **hasta mañana** see you tomorrow (1); **hasta pronto** see you soon; **hasta que** until (17)

hay there is/are (1); **hay (mucho/a)** there's (lots of) (6); **hay que** + *inf.* it is necessary to (*do something*) (13); **no hay** there is/are not (1); **no hay de qué** you're welcome (1)

hecho *n.* fact, event (9)

hecho/a (*p.p. of* **hacer**) made

hectárea *land measure equal to 2.5 acres*

helado ice cream (7)

heliconia *flowering tropical plant*

hemisferio hemisphere

heredar to inherit

herencia inheritance

hermanastro/a stepbrother, stepsister

hermano/a brother/sister (3); *m. pl.* siblings (3)

hermoso/a beautiful

héroe *m.* hero

hervir (hiervo) (i) to boil

híbrido/a hybrid (15)

hidroeléctrico/a hydroelectric

hielo ice

hierba grass

hígado liver

hijastro/a stepson, stepdaughter

hijo/a son/daughter (3); *m. pl.* children (3)

himno hymn; **himno nacional** national anthem

hipopótamo hippopotamus

hispánico/a Hispanic

hispano/a Hispanic (3)

Hispanoamérica Hispanic America

hispanohablante *adj. m., f.* Spanish-speaking

hispanonorteamericano/a Hispanic North American

historia history (2)

historiador (a) historian

histórico/a historical

hockey *m.* hockey (10)

hogar *m.* home

hoja leaf

¡hola! hi!; hello!

Holanda Holland

hombre *m.* man (2); **hombre de negocios** businessman (17)

homeopático/a homeopathic

homogeneidad *f.* homogeneity

homogéneo/a homogenous

hondureño/a *n., adj.* Honduran

hongo mushroom; toadstool; fungus; **sombrero hongo** bowler hat, derby

honor *m.* honor

honrado/a honest; honorable

hora hour; time; **¿a qué hora... ?** at what time . . . ? (1); **es hora de...** it's time to . . . ; **¿qué hora es?** what time is it? (1)

horario schedule (14)

hormona hormone

horno oven; **horno de microondas** microwave oven (10)

horror *m.* horror

hospital *m.* hospital

hospitalidad *f.* hospitality

hospitalización *f.* hospitalization

hotel *m.* hotel

hoy today (1); **¿cuál es la fecha de hoy?** what's today's date? (6); **¿qué día es hoy?** what day is today? (5); **¿qué fecha es hoy?** what's today's date? (6)

huelga strike (*labor*) (18)

huella mark; (finger)print

huerto orchard

huevo egg (7)

huipil *m. traditional Mayan blouse*

huir (*like* **construir**) to flee

humanidad *f.* humanity; *pl.* humanities (2)

humanista *n., adj.* humanist

humanitario/a humanitarian

humano/a human; **cuerpo humano** human body (11)

humorístico/a humorous

I

ibérico/a *adj.* Iberian

íbero/a *n.* Iberian

ícono icon

icónico/a iconic

ida: billete (*m.*) (*Sp.*) / **boleto** (*L.A.*) **de ida** one-way ticket (8); **billete** (*m.*) (*Sp.*) / **boleto** (*L.A.*) **de ida y vuelta** round-trip ticket (8)

idealista *m., f.* idealistic

idear to think up, conceive (*idea*)

idéntico/a identical

identidad *f.* identity; **carnet** (*m.*) **de identidad** identification card

identificación *f.* identification; **carnet** (*m.*) **de identificación** identification card; **tarjeta de identificación** identification card (14)

identificar (qu) to identify (oneself)

idioma *m.* language

ídolo idol

iglesia church (16)

ignorante ignorant

ignorar to ignore

igual same; equal

igualdad *f.* equality (18)

igualmente likewise, same here (1)

ilimitado/a unlimited

ilustrar to illustrate

ilustrativo/a illustrative

imagen *f.* image

imaginación *f.* imagination

imaginar(se) to imagine

imaginativo/a imaginative

imitar to imitate

impaciente impatient

impacto impact

impedir (*like* **pedir**) to impede

imperfecto *gram.* imperfect

imperio empire

impermeable *m.* raincoat (4); *adj.* impermeable

impertinente impertinent

imponer (*like* **poner**) to impose

importancia importance

importante important

importar (*like* **gustar**) to matter, be important

imposible impossible; **es imposible que** it's impossible that (13)

impresión *f.* impression

impresionante impressive

impresionar to impress

impreso/a printed

impresora printer (12)

imprimir to print (12)

improbable unlikely; **es improbable que** it's unlikely, improbable that (13)

improvisar to improvise

impuesto tax

impulsivo/a impulsive

inca *n. m., f.* Inca; *adj. m., f.* Incan

incendio fire

incidente *m.* incident

incienso incense

inclinación *f.* inclination

inclinarse to lean

incluir (*like* **construir**) to include

incómodo/a uncomfortable

inconveniencia inconvenience

inconveniente *m.* inconvenient

incorporar to incorporate, include

incorrecto/a incorrect

increíble incredible; **es increíble que** it's incredible that (13)

incrementar to increase

incremento increment

indefinido/a indefinite; **artículo indefinido** *gram.* indefinite article; **palabra indefinida y negativa** *gram.* indefinite and negative word (7)

independencia independence

independiente independent

independizarse (c) to become independent

indescriptible indescribable

indicación *f.* instruction; direction

indicar (qu) to indicate

indicativo *gram.* indicative

índice *m.* index

indiferente indifferent

indígena *n. m., f.* indigenous person; *adj. m., f.* indigenous

indigenista *m., f. pertaining to indigenous topics and themes*

indio/a *n., adj.* Indian

indirecto/a indirect; **complemento indirecto** *gram.* indirect object

indiscreto/a indiscreet

indispensable indispensible, essential

indistinto/a indistinct

individuo *n.* individual

individuo/a *adj.* individual

industria industry

inesperado/a unexpected

infancia infancy (16)

infantil *adj.* child, children's

infección *f.* infection

infinitivo *gram.* infinitive

inflexibilidad *f.* inflexibility

influencia influence

influir (*like* **construir**) to influence

información *f.* information

informar to inform (18)

informática computer science

informativo/a informative

informe *m.* **(oral/escrito)** (oral/written) report (14)

infraestructura infrastructure

infrecuente infrequent

ingeniería engineering

ingeniero/a engineer (17)

ingenioso/a ingenious

Inglaterra England

inglés *m.* English (*language*) (2)

inglés, inglesa *n., adj.* English (3)

ingrediente *m.* ingredient

ingreso income

inicial initial

iniciativa initiative

inicio beginning

inmediato/a immediate

inmenso/a immense

inmerso/a immersed

inmigración *f.* immigration

inmobiliario/a *adj.* real estate, property

inmóvil unmoving

innecesario/a unnecessary

innovador(a) innovative

innumerable countless

inocente innocent

inolvidable unforgettable

inquieto/a restless

inquilino/a tenant (12); renter (12)

inscribir(se) (*p.p.* **inscrito**) **(en)** to sign up, register (for)

inscripción *f.* inscription

inscrito/a (*p.p. of* **inscribir**) registered

insecto insect

insistir (en) to insist (on) (12)

insoportable unbearable

inspiración *f.* inspiration

instalación *f.* facility

instalar to install (12)

instantáneo/a instantaneous

institución *f.* institution

instituto institute

instructor(a) instructor

instrumento instrument

insulina insulin

integrarse to integrate oneself

intelectivo/a cognitive

inteligente intelligent (3)

intención *f.* intention

intencionadamente intentionally

intensidad *f.* intensity

intensificar (qu) to intensify

intenso/a intense

interacción *f.* interaction

intercambiar to exchange

intercambio exchange

interés *m.* interest (17)

interesante interesting

interesar (*like* **gustar**) to interest (*someone*) (8)

intergaláctico/a intergalactic

interior interior; inner; **ropa interior** underwear (4)

interminable endless

internacional international; **Día** (*m.*) **Internacional de la No Violencia Contra la Mujer** International No Violence Against Women Day

Internet *m.* Internet (12); **buscar (qu) en el Internet** to look for on the Internet (12); **entrar en el Internet** to go on the Internet (12)

interno/a internal

interplanetario/a interplanetary

interpretación *f.* interpretation

interpretar to interpret

interrogativo/a *gram.* interrogative (1)

interrumpir to interrupt

intimidad *f.* intimacy

íntimo/a intimate; close

intolerancia intolerance

intranquilidad *f.* restlessness

introducción *f.* introduction

introducir (*like* **conducir**) to introduce

inundación *f.* flood

inútil useless
invadido/a invaded
invasión f. invasion
inventar to invent
inversión f. investment
invertir (invierto) (i) to invest
investigación f. investigation; research
investigador(a) researcher
investigar (gu) to investigate; to research
invierno winter (6)
invitación f. invitation
invitado/a guest (9)
invitar to invite (7)
invocar (qu) to invoke
inyección f. injection (11); **ponerle una inyección** to give (someone) a shot (11)
iPod m. iPod (12)
ir to go (4); **ir a** + inf. to be going to (do something) (4); **ir a un bar** to go to a bar (10); **ir a un concierto** to go to a concert (10); **ir a una discoteca** to go to a disco (10); **ir al extranjero** to go abroad (8); **ir de compras** to go shopping (4); **ir de safari** to go on a safari; **ir de vacaciones a...** to go on vacation in/to . . . (8); **ir distraído/a** to be distracted (14); **ir en...** to go/travel by . . . (8); **ir en autobús** to go/travel by bus (8); **ir en avión** to go/travel by plane (8); **ir en barco** to go/travel by boat, ship (8); **ir en tren** to go/travel by train (8); **vamos** let's go (4)
ira al manejar road rage
iraní (pl. **iraníes**) n., adj. Iranian
iraquí (pl. **iraquíes**) n., adj. Iraqi
iridiscencia iridescence
Irlanda Ireland
ironía irony
irónico/a ironic
irresponsable irresponsible
isla island (6)
Islandia Iceland
islote m. islet
israelí (pl. **israelíes**) n., adj. Israeli
Italia Italy
italiano Italian (language) (2)
italiano/a n., adj. Italian
itinerario itinerary
izquierda n. left-hand side; **a la izquierda de** to the left of (6)
izquierdo/a adj. left; **levantarse con el pie izquierdo** to get up on the wrong side of the bed (14)

J

jaguar m. jaguar
jamás never (7)
jamón m. ham (7)
Japón Japan
japonés m. Japanese (language)
japonés, japonesa n., adj. Japanese

jarabe m. (cough) syrup (11)
jardín m. garden (5)
jazz m. jazz
jeans m. pl. blue jeans (4)
jefe/a boss (12)
jerarquía hierarchy
jersey m. sweater, pullover
jirafa giraffe
jornada de tiempo parcial part-time job
joropo folkloric music of Venezuela
joven n. m., f. youth; adj. young (3); **de joven** as a youth (10)
joyería jewelry
jubilarse to retire (17)
juego game; **Juegos Olímpicos** Olympic Games
juerga party; **hacer una juerga** to throw a party
jueves m. Thursday (5)
jugador(a) player (10)
jugar (juego) (gu) (a, al) to play (a game, sport) (5); **jugar a las cartas / al ajedrez** to play cards/chess (10)
jugo (de fruta) (fruit) juice (7)
juguete m. toy
julio July (6)
junio June (6)
juntos/as together (8)
jurar to swear (oath)
justicia justice
justificar (qu) to justify
juvenil adj. youth; youthful; **diabetes** (f.) **juvenil** childhood diabetes
juventud f. youth (16)
juzgar (gu) to judge

K

kaki: color (m.) **kaki** khaki
kilo(gramo) kilo(gram)
kilómetro kilometer

L

la def. art. f. s. the; d.o. f. s. you (form.); her, it; **a la(s)...** at . . . (time of day) (1); **la cual** which
labor f. work, job
laboral adj. work, work-related (17)
laboratorio laboratory
lado side; **al lado de** alongside of (6); **por el otro lado** on the other hand; **por un lado** on one hand
ladrar to bark
ladrón, ladrona thief
lago lake (15)
lágrima tear
lamentar to regret; to feel sorry (13)
laminado/a laminated
lámpara lamp (5)
lana wool; **de lana** wool (4)
langosta lobster (7)
lapicero pen
lápiz m. (pl. **lápices**) pencil (2)

largo/a long (3)
las def. art. s. pl. the; d.o. f. pl. you (form. pl.); **a la(s)...** at . . . (time of day) (1); **las cuales** which
lástima shame; **es una lástima que** it's a shame that (13); **¡qué lástima que... !** what a shame that . . . ! (13)
lastimarse to injure oneself
lata can
latín m. Latin (language)
latino/a adj. Latin; **América Latina** Latin America
Latinoamérica Latin America
latinoamericano/a n., adj. Latin American
lavabo (bathroom) sink (5)
lavadora washing machine (10)
lavaplatos m. inv. dishwasher (10)
lavar to wash (10); **lavarse** to wash (oneself)
lección f. lesson
leche f. milk (7)
lechón m. suckling pig; **lechón asado** roast suckling pig
lechuga lettuce (7)
lector(a) reader
lectura reading
leer (like **creer**) to read (3)
legislación f. legislation
lejos de far from (6)
lema m. motto
lempira currency of Honduras
lengua language (2); tongue (11); **lenguas extranjeras** foreign languages (2); **sacar (qu) la lengua** to stick out one's tongue (11)
lentes m. pl. glasses (11); **lentes de contacto** contact lenses (11)
lentillas f. pl. contact lenses (Sp.)
león m. lion; **león marino** sea lion
letra letter; lyrics (song) (7); **letra redondilla** roman font
levantar to raise, lift; **levantar pesas** to lift weights (11); **levantarse** to get up (out of bed) (5); to stand up (5); **levantarse con el pie izquierdo** to get up on the wrong side of the bed (14)
leve adj. light
ley f. law (18)
libanés, libanesa lebanese
liberar(se) to free (oneself)
libertad f. freedom, liberty
libertador(a) liberator
libra pound
libre free, unoccupied (10); **estado libre asociado** commonwealth; **libre comercio** free trade; **ratos** (m. pl.) **libres** spare (free) time (10); **tiempo libre** free time (10)
librería bookstore (2)
libro book (2); **libro de texto** textbook (2)

licencia license; **licencia de manejar/conducir** driver's license (15)

licor *m.* liqueur

licuar to liquefy

liga league

ligero/a light, not heavy (7)

limitación *f.* limitation

limitar to limit

límite *m.* limit; **fecha límite** deadline; **límite de velocidad** speed limit (15)

limón *m.* lemon

limonada lemonade

limonero lemon tree

limosina limousine

limpiar (la casa) to clean (the) house (10)

limpio/a clean (6)

línea line; **patinar en línea** to rollerblade (10)

lingüístico/a linguistic

lío problem; trouble; **meterse en líos** to get into trouble

liquidación *f.* liquidation

líquido liquid

Lisboa Lisbon

lista list

listo/a smart; clever (3)

literario/a literary

literatura literature (2)

litoral *m.* coast

llamada call

llamar to call (7); **¿cómo se llama usted?** what is your (*form. s.*) name? (1); **¿cómo te llamas?** what is your (*fam. s.*) name? (1); **me llamo…** my name is . . . (1); **llamarse** to be called (5)

llanero Venezuelan cowboy

llanero/a of or pertaining to the plains

llanta (desinflada) (flat) tire (15)

llave *f.* key (5)

llegada arrival (8)

llegar (gu) to arrive (3); **¿cómo se llega a…?** how do you get to . . . ? (15); **llegar a ser** to become

llenar to fill (up) (15); to fill out (*a form*) (17)

llevar to wear (4); to carry (4); to take (4); **llevar una vida sana/tranquila** to lead a healthy/calm life (11); **llevarse bien/mal (con)** to get along well/poorly (with) (16)

llorar to cry (9)

llover (llueve) to rain (6); **llueve** (it's raining) (6)

lluvia rain

lluvioso/a *adj.* rainy; rain; **bosque** (*m.*) **tropical lluvioso** tropical rain forest

lo *d.o. m. s.* you (*form.*); him; it; **lo bueno** the good news/thing (11); **lo cual** which; **lo malo** the bad news/ thing (11); **lo que** what, that which (5); **lo siento (mucho)** I'm (very) sorry (14); **lo suficiente** enough (11); **por lo general** generally (5); **por lo menos** at least (9); **por lo regular** in general

lobo/a wolf

localidad *f.* ticket (*to movie, play*)

localización *f.* location

loco/a crazy (6)

locutor(a) commentator

lógico/a logical

lograr to achieve

logro achievement

Londres London

longitud *f.* longitude

los *def. art. m. pl.* the; *d.o. m. pl.* you (*form. pl.*); **los cuales** which; **los lunes (los martes…)** on Mondays (Tuesdays . . .) (5)

lubricar (qu) to lubricate

lucha fight, struggle (18)

luchar to fight (18)

luego then, afterward, next (5); **hasta luego** see you later (1)

lugar *m.* place (2)

lujo luxury

lujoso/a luxurious

luminiscente luminescent

luna moon; **luna de miel** honeymoon (16)

lunares: de lunares polka-dot (4)

lunes *m.* Monday (5); **el lunes** on Monday (5); **los lunes** on Mondays (5); **lunes que viene** next Monday (5)

lustroso/a shiny

Luxemburgo Luxembourg

luz *f.* (*pl.* **luces**) light (14)

M

madrastra stepmother

madre *f.* mother (3); **Día** (*m.*) **de la Madre** Mother's Day

madrileño/a of or pertaining to Madrid

madrina godmother

madurez *f.* middle age (16)

maduro/a mature

maestro/a (de escuela) schoolteacher (17); *adj.* master; **obra maestra** masterpiece (13)

Magallanes: Estrecho de Magallanes Strait of Magellan

magnífico/a magnificent

mago wizard

mahones *m. pl.* jeans

maíz *m.* (*pl.* **maíces**) corn

mal *adv.* poorly (2); **caerle mal a alguien** to make a bad impression on someone; **empleo mal pagado** poorly paid job/ position (17); **llevarse mal (con)** to get along poorly (with) (16); **pasarlo mal** to have a bad time (9); **portarse mal** to misbehave (9); **salir mal** to come/turn out badly; to do poorly (5)

mal, malo/a *adj.* bad (3); **lo malo** the bad news/thing (11); **tener mala suerte** to have bad luck, be unlucky (14)

maleta suitcase (8); **hacer la(s) maleta(s)** to pack one's suitcase(s) (8)

maletero porter (8)

malvado/a evil

mamá mother, mom (3)

mami mom, mommy

mamífero mammal

mancha stain

mandar to send; to order (*someone to do something*) (12); **mandar un mensaje** to (send a) text (2)

mandato command (7)

manejar to drive (12); to operate (a *machine*) (12); **ira al manejar** road rage; **licencia de manejar** driver's license (15)

manera way, manner; **de manera que** so that, in such a way that

manifestación *f.* demonstration, march (18)

mano *f.* hand (11); **darse la mano** to shake hands (11)

mansión *f.* mansion

mantener (*like* **tener**) to maintain, keep (18); **mantenerse en contacto** to stay in touch

mantequilla butter (7)

manzana apple (7); (city) block

mañana tomorrow (1); **de la mañana** in the morning, A.M. (1); **hasta mañana** see you tomorrow (1); **pasado mañana** the day after tomorrow (5); **por la mañana** in the morning (2)

mapa *m.* map

mapudungun *m. language of the Mapuche people*

máquina machine

mar *m.* sea (8); **mar Caribe** Caribbean Sea

maracuyá *m.* passion fruit

maratón *m.* marathon

maravilla wonder, marvel

maravilloso/a marvelous

marca brand; label

marcar (qu) to mark

marcial martial

mareado/a dizzy (11); nauseated (11)

marido husband (16)

marinera *folkloric dance of coastal Peru*

marino/a marine; **león** (*m.*) **marino** sea lion

mariscos *m. pl.* shellfish (7)

marítimo/a maritime; sea, marine

marketing *m.* marketing

marrón *adj., m., f.* brown

martes *m.* Tuesday (5); **los martes** on Tuesdays (5)

Maruecos Morocco

marzo March (6)

más more (2); **cada vez más** increasingly; **más de** + *number* more than + *number* (6); **más… que** more (-er) . . . than (6)

masa mass

máscara mask

mascota pet (3)
masculino/a masculine
masia *country home in Catalonia*
masivo/a massive
masticar (qu) to chew
matar to kill (18)
mate *m. traditional drink of Argentina*
matemáticas *f. pl.* math (2)
materia subject area (2)
material *m.* material (4)
materialidad *f.* material aspect; outward appearance
maternidad *f.* maternity
materno/a maternal
matinal *adj.* morning
matriarcado matriarchy
matrícula tuition (2)
matricularse to enroll, register
matrimonio marriage; married couple (16)
máximo/a maximum
maya *n., adj. m., f.* Mayan
mayo May (6)
mayor older (6); oldest; greater; greatest; **Antillas** (*f. pl.*) **Mayores** Greater Antilles; **cada vez mayor** greater and greater
mayoría majority
mayoritariamente primarily
mayúscula capital (letter), uppercase
me *d.o.* me; *i.o.* to/for me; *refl. pron.* myself; **me gustaría (mucho)…** I would (really) like . . . (8); **me llamo…** my name is . . . (1); **(no,) no me gusta** (no,) I don't like . . . (1); **(sí,) me gusta…** (yes), I like . . . (1)
mecánico/a mechanic (15)
mecanización *f.* mechanization
mecanografía typing
medalla medal
mediano/a: de estatura mediana of medium height
medianoche *f.* midnight (6)
medias *f. pl.* stockings (4)
medicamento medicine
medicina medicine (11)
médico/a (medical) doctor (3)
medio *n.* medium; means; *pl.* mass media (18); **medio ambiente** environment (15); **medio de comunicación** medium of communication (18); **medio de transporte** means of transportation (8)
medio/a *adj.* half; middle; average; **media naranja** better half; **y media** half past (*the hour*) (1)
medioambiental environmental
mediodía *m.* noon (6)
mejilla cheek
mejor better; best (6)
mejorar(se) to improve; to get better
mellizo/a fraternal twin
melódico/a melodious
memoria memory (12)
mencionar to mention

menor younger (6); youngest; less; least
menos less; least; minus; **a menos que** *conj.* unless (16); **al menos** at least; **menos cuarto** a quarter to (*hour*) (1); **menos de** + *number* less than + *number* (6); **menos quince** fifteen minutes till (*hour*) (1); **por lo menos** at least (9)
mensaje *m.* message; **mandar un mensaje** to (send a) text (2)
mensual monthly
mentira lie (12)
menú *m.* menu (7)
menudo: a menudo *adv.* often
mercadeo marketing
mercado market(place) (4)
merecer (merezco) to deserve
merendar (meriendo) to have a snack (7)
merengue *m. dance from the Dominican Republic*
merienda snack (7)
mes *m.* month (6)
mesa table (2); **poner la mesa** to set the table (10); **quitar la mesa** to clear the table (10)
meseta plateau
mesita end table (5)
mesoamericano/a *n., adj.* Meso-American
mestizaje *m.* mixing of races
meta goal
metáfora metaphor
metal *m.* metal
metálico/a metallic
meteorológico/a *n.* meteorological; *adj.* meteorological
meter to put, place; **meterse en líos** to get into trouble
método method; **hacer (el método) Pilates** to do Pilates (11)
metro subway; **parada del metro** subway stop (12)
metrópoli *f.* metropolis
mexicano/a Mexican (3)
mexicanoamericano/a Mexican American
mezcla mix
mezclar to mix
mezclilla denim
mezquita mosque
mí *obj. of prep.* me (6)
mi(s) *poss. adj.* my (3)
microcuento very short story
microondas: horno de microondas microwave oven (10)
miedo fear; **tener miedo (de)** to be afraid (of) (4)
miel *f.* honey; **luna de miel** honeymoon (16)
miembro/a member
mientras while (10)
miércoles *m.* Wednesday (5); **ayer fue miércoles…** yesterday was Wednesday . . . (5)
mierda shit

mil (one) thousand (4)
milenario/a thousand-year
mililitro milliliter
militar *n. m., f.* soldier; *adj.* military; **servicio militar** military service (18)
milla mile
millón: un millón (de) one million (4)
mineral: agua *f.* (*but* **el agua**) **(mineral)** (mineral) water (7)
minidiálogo minidialogue
mínimo minimum
ministerio ministry
ministro/a minister; **primer(a) ministro/a** prime minister
minoría minority
minuto minute
mío/a(s) *poss. adj.* my; *poss. pron.* (of) mine (17)
mirada look
mirar to look at, watch (3); **mirar la tele(visión)** to watch television (3)
misa mass; **misa del gallo** midnight mass
misión *f.* mission
mismo/a same (6); **ahora mismo** right now (6)
misterioso/a mysterious
mitad *f.* half
mixto/a mixed
mochila backpack (2)
moda fashion; style; **a la moda** in fashion, in a stylish way; **es de última moda** it's trendy (hot) (4); **está de moda** it's trendy (hot) (4)
modales *m. pl.* manners
modelo model, example
módem *m.* modem (12)
moderación *f.* moderation
modernidad *f.* modernity
moderno/a modern (13)
modificar (qu) to modify
modismo idiom
modista dressmaker
modo way, matter; mode; *gram.* mood; **de modo que** in such a way that
molestar (*like* **gustar**) to bother (11)
molesto/a annoyed (6)
molino: rueda de molino treadmill
momento moment
monarquía monarchy
monasterio monastery
moneda coin (17); currency
monedero coin purse
mongoloide *adj. m., f.* Mongoloid
monitor *m.* monitor
monitoreo monitoring
monitorizar (c) to monitor
monoparental *adj.* single-parent
monopatín *m.* skateboard (12)
monótono/a monotonous
monovolumen *m.* minivan
monstruo monster
montaje *m.* montage

montaña mountain (8)

montar to ride; **montar a caballo** to ride a horse (10); **montar en bicicleta** to ride a bicycle

montón *m.*: **un montón** a lot

montuno *traditional hat of Panama*

monumento monument

morado/a purple (4)

moreno/a brunet(te) (3)

morir(se) ([me] muero) (u) (*p.p.* **muerto**) to die (9)

moro/a *n.* Moor; *adj.* Moorish

mosca fly

mostrador *m.* counter

mostrar (muestro) to show (8)

motivo motive

moto(cicleta) motorcycle; moped (12)

motor *m.* motor

móvil mobile

movimiento movement

mucho *adv.* much (2); a lot (2); **lo siento mucho** I'm very sorry (14); **me gustaría mucho…** I would really like . . . (8); **muchísimo** an awful lot (8)

mucho/a a lot (of) (3); *pl.* many (3); **estar bajo muchas presiones** to be under a lot of pressure (14); **muchas gracias** thank you very much (1); **mucho gusto** nice to meet you (1); **tener mucha hambre** to be very hungry (7); **tener mucha sed** to be very thirsty (7); **tener muchas presiones** to be under a lot of stress (14); **tener mucho calor** to be very warm, hot (6); **tener mucho frío** to be very cold (6)

mudanza *n.* move

mudarse to move (*residence*) (12)

mueble *m.* piece of furniture (5); **sacudir los muebles** to dust the furniture

muela molar, back tooth (11); **sacarle (qu) una muela** to extract (*someone's*) molar (11)

muerte *f.* death (16)

muerto/a (*p.p. of* **morir**) dead; **Día** (*m.*) **de los Muertos** Day of the Dead

mujer *f.* woman (2); wife (16); **Día** (*m.*) **Internacional de la No Violencia Contra la Mujer** International No Violence Against Women Day; **mujer de negocios** businesswoman (17); **mujer soldado** female soldier (17)

mula mule

mulato/a mulatto

multa fine

multilingüe multilingual

múltiple multiple

multiplicarse (qu) to multiply, grow in number

multirracial multiracial

mundial *adj.* world; **Copa Mundial** World Cup

mundo world (3); **Copa del Mundo** World Cup (soccer)

municipio municipality

muñeca doll

mural *m.* mural

muralista *m., f.* muralist

muralla city wall

murciélago bat

muro wall

músculo muscle

museo museum; **visitar un museo** to visit a museum (10)

música music (13)

musical musical (13)

músico *m., f.* musician (13)

musulmán, musulmana Muslim

muy very (2); **está muy nublado** it's very cloudy, overcast (6); **muy bien** fine, very well (1); **muy buenas** good afternoon/ evening (1)

N

nacer (nazco) to be born (16)

nacimiento birth

nación *f.* nation; **Organización** (*f.*) **de Naciones Unidas (ONU)** United Nations (U.N.)

nacional national; **himno nacional** national anthem; **producto nacional bruto** gross national product

nacionalidad *f.* nationality; **adjetivo de nacionalidad** adjective of nationality (3)

nada nothing, not anything (7); **de nada** you're welcome (1); **para nada…** at all (8)

nadar to swim (8)

nadie no one, nobody, not anybody (7)

nahuatl *m.* Nahuatl (*language of the Aztecs*)

nana *fam.* grandma

naranja orange (7); **media naranja** better half

naranjo orange tree

nariz *f.* (*pl.* **narices**) nose (11)

narración *f.* narration

narrador(a) narrator

narrar to narrate

natación *f.* swimming (10)

natal: casa natal house where someone was born

nativo/a native

natural natural; **ciencias** (*f. pl.*) **naturales** natural sciences (2); **recurso natural** natural resource (15)

naturaleza nature (15)

naturopata *m., f.* naturopath

náufrago shipwreck

nave (*f.*) **espacial** spaceship

navegación *f.* navigation

navegar (gu) to navigate; **navegar la Red** to surf the Internet

Navidad *f.* Christmas (9)

necesario/a necessary (3)

necesidad *f.* need, necessity

necesitar to need (2)

negación *f.* negation

negar (niego) (gu) to deny (13)

negativo/a negative; **palabra indefinida y negativa** *gram.* indefinite and negative word (7)

negociar to negotiate

negocio business; **hombre** (*m.*) **de negocios** businessman (17); **mujer** (*f.*) **de negocios** businesswoman (17)

negrilla: en negrilla boldface

negro/a black (4)

neoyorquino/a *adj.* pertaining to New York

neomático tire (automobile)

nerviosismo nervousness

nervioso/a nervous (6)

neutralizar (c) to neutralize

neutro/a neutral

nevar (nieva) to snow (6); **nieva** it's snowing (6)

nevera refrigerator

ni neither; nor; **ni… ni** neither . . . nor

nicaragüense *n., adj. m., f.* Nicaraguan

nido nest

niebla fog

nieto/a grandson/granddaughter (3)

ningún (ninguna) no, not any (7)

niñero/a baby-sitter (10)

niñez *f.* (*pl.* **niñeces**) childhood (10)

niño/a small child; boy/girl (3); **de niño/a** as a child (10)

no no (1); **no estar de acuerdo** to disagree (3); **no hay** there is/are not (1); **no hay de qué** you're welcome (1); **no tener razón** to be wrong (4); **ya no** no longer

noche *f.* night; **buenas noches** good-night (1); **de la noche** in the evening, P.M. (1); **esta noche** tonight (6); **por la noche** at night, in the evening (2)

Nochebuena *f.* Christmas Eve (9)

Nochevieja *f.* New Year's Eve (9)

nombrar to name

nombre *m.* name (7)

noreste *m.* northeast

norma rule, norm

normal normal; **es normal que** it's normal that (13)

normalidad *f.* normality

noroeste *m.* northwest

norte *m.* north (6)

Norteamérica North America

norteamericano/a North American

nos *d. o. pron.* us; *i. o. pron.* to/for us; *refl. pron.* ourselves; **nos vemos** see you around (1)

nosotros/as *subj. pron.* we (2); *obj.* (*of prep.*) us (2)

nota grade (*academic*) (14); note

notar to note, notice

noticias *f. pl.* news (18)

noticiero newscast (18)
novecientos/as nine hundred (4)
novela novel (13)
novelista *m., f.* novelist (13)
noveno/a ninth (13)
noventa ninety (3)
noviazgo engagement (16)
noviembre *m.* November (6)
novio/a boyfriend/girlfriend (6);
   fiancé(e) (16); groom/bride (16)
nube *f.* cloud
nublado cloudy; **está (muy) nublado**
   it's (very) cloudy, overcast (6)
nuclear: energía nuclear nuclear
   energy (15)
nuestro/a(s) *poss. adj.* our (3); *poss. pron.*
   our, of ours (17)
nueve nine (1)
nuevo/a new (3); **Año Nuevo** New Year;
   Nueva York New York
número number (1); **número ordinal**
   ordinal number (13)
numeroso/a numerous
nunca never (3); **casi nunca** almost
   never (3)
nupcial nuptial; **votos** (*m. pl.*) **nupciales**
   wedding vows
nutritivo/a nutritious

O

o or (1)
obedecer (obedezco) to obey (15)
objetivo *n.* objective
objeto object (2)
obligación *f.* obligation
obligado/a customary
obligatorio/a obligatory
obra work; **obra de arte** work of art (13);
   obra de teatro play (13); **obra maestra**
   masterpiece (13); **obra teatral** play
obrero/a worker, laborer (17)
observación *f.* observation
obstáculo obstacle
obtener (*like* **tener**) to get, obtain (12)
ocasión *f.* occasion
ocasionar to cause
océano ocean (8); **océano Pacífico** Pacific
   Ocean
ochenta eighty (3)
ocho eight (1)
ochocientos/as eight hundred (4)
octavo/a eighth (13)
octillizo/a octuplet
octubre *m.* October (6)
oculista *m., f.* ophthalmologist
oculto/a hidden
ocupación *f.* occupation
ocupado/a busy (6)
ocupar to hold, occupy
ocurrir to occur
odiar to hate (8)
oeste *m.* west (6)

oferta offer, deal
off: voz en off voice over
oficial official
oficina office (2)
oficio trade (*profession*) (17)
ofrecer (ofrezco) to offer (8)
oído inner ear (11)
oír to hear (5); to listen to (*music, the*
   radio) (5)
ojalá (que) I hope (that) (13)
ojo eye (11); **ojo alerto** eagle eye; *interj.*
   ¡ojo! watch out!
olímpico/a: Juegos (*m. pl.*) **Olímpicos**
   Olympic Games
olor *m.* odor
olvidar(se) (de) to forget (about) (9)
omnipresente omnipresent
once eleven (1)
onda wave; **¿cuál es tu onda?** what's
   your style? **en onda** in style; **¿qué**
   onda? what's new/happening?
ONU *f.* **(Organización** [*f.*] **de Naciones**
   Unidas) U.N. (United Nations)
opción *f.* option
ópera opera (13)
operación *f.* operation
opinar to think; to have, express an
   opinion
opinión *f.* opinion
oponerse (a) (*like* **poner**) to oppose
oportunidad *f.* opportunity
optar (por) to opt (for)
optimista *m., f.* optimist; *adj.* optimistic
opuesto/a opposite
oración *f.* sentence
oral oral (14); **informe** (*m.*) **oral** oral
   report (14)
orangután *m.* orangutan
órbita orbit
orden *m.* order
ordenado/a neat (6)
ordenador *m.* **(portátil)** *Sp.* (laptop)
   computer (12)
ordenar to put in order
ordinal: número ordinal ordinal
   number (13)
ordinario/a ordinary
oreja (outer) ear (11)
orgánico/a organic
organismo organism
organización *f.* organization
organizar (c) to organize
órgano organ
orgullo pride
orgulloso/a proud
oriental eastern
origen *m.* origin
originario/a native
oriundo/a native
oro gold; **de oro** gold (4)
orquesta orchestra (13)
orquídea orchid

ortogar (gu) to give
ortografía spelling
oso bear
ostra oyster
otavaleno/a resident of Otavalo (*Ecuador*)
otoño fall, autumn (6)
otorgar (gu) to grant
otro/a other, another (3); **otra vez** again;
   por el otro lado on the other hand
ozono: capa de ozono ozone layer (15)

P

paciencia patience
paciente *n. m., f.* patient (11); *adj.* patient
pacífico/a Pacific; **océano Pacífico**
   Pacific Ocean
padrastro stepfather
padre *m.* father (3); *m. pl.* parents (3); **Día**
   (*m.*) **del Padre** Father's Day
padrino godfather
paella *Spanish dish made with rice, shellfish,*
   and often chicken, and flavored with
   saffron
pagado/a: empleo bien/mal pagado
   well-/poorly paid job/position (17)
pagar (gu) to pay (for) (2)
página page; **página Web** webpage
país *m.* country (3)
pájaro bird (3)
Pakistán Pakistan
pakistaní *m., f.* Pakistani
palabra word (1); **palabra indefinida y**
   negativa *gram.* indefinite and negative word (7)
palacio palace
palestino/a Palestinian
palma palm tree
palmera palm tree
palo stick
pampa plain (*geography, Arg.*)
pampango *language spoken in the*
   Philippines
pan *m.* bread (7); **pan tostado** toast (7)
panameño/a *n., adj.* Panamanian
páncreas *m. inv.* pancreas
pandemia pandemic
pandilla gang
pánel (*m.*) **solar** solar panel
panhispano/a Pan-Hispanic
pánico panic
panorama *m.* panorama
pantalla (grande/plana) (big/flat)
   screen (monitor) (12)
pantalones *m. pl.* pants (4); **pantalones**
   cortos shorts (4)
papa (frita) (French fried) potato (7)
papá *m.* father, dad (3); *m. pl.* parents
papel *m.* paper (2); role (13)
par *m.* pair
para (intended) for; in order to (3); **para**
   + *inf.* (*do something*) (10); **para nada...**
   at all (8); **para que** so that (16)

parabrisas *m. inv.* windshield (15)

paracaidismo skydiving

parada stop (8); **hacer paradas** to make stops (8); **parada del autobús** bus stop (12); **parada del metro** subway stop (12)

paraguayo/a *n., adj.* Paraguayan

parar to stop (15)

parcial partial; **empleo de tiempo parcial** part-time job/position (17); **trabajo de tiempo parcial** part-time job (14)

pardo/a brown

parecer (parezco) (*like* **gustar**) to seem; **parecerse (a)** to resemble

pared *f.* wall (5)

pareja (married) couple; partner (16)

paréntesis *m. inv.* parentheses

pariente *m.* relative (3)

parlamentario/a parliamentary

parque *m.* park

parqueadero parking lot

párrafo paragraph

parrilla grill

parte *f.* part (5); **por todas partes** everywhere (14)

participación *f.* participation

participar to participate

particular particular; unique; **en particular** particularly

partida: punto de partida starting point

partido game, match (10); political party (18)

partir: a partir de beyond (4)

pasado/a past, last (11); **año pasado** last year; **pasado mañana** the day after tomorrow (5)

pasaje *m.* fare, price (*of a transportation ticket*) (8)

pasajero/a passenger (8)

pasaporte *m.* passport (8)

pasar to spend (*time*) (6); to happen (6); **pasar hambre** to go hungry; **pasar la aspiradora** to vacuum (10); **pasar las vacaciones en...** to spend one's vacation in . . . (8); **pasar por la aduana** to go/pass through customs (8); **pasar por el control de seguridad** to go/pass through security (check) (8); **pasarlo bien/mal** to have a good/bad time (9)

pasatiempo pastime (10)

Pascua Easter (9)

pasear to take a walk, stroll; to go for a ride; **pasear en bicicleta** to ride a bicycle (10)

paseo walk, stroll; **dar un paseo** to take a walk (10)

pasillo aisle (8)

paso step

pastel *m.* cake (7); pie (7); **pastel de cumpleaños** birthday cake (9)

pastilla pill (11)

pastor(a) minister

patata (frita) (French fried) potato (7)

paternidad *f.* paternity

patinaje *m.* skating (10)

patinar to skate (10); **patinar en línea** to rollerblade (10)

patines *m. pl.* (roller/inline) skates (12)

patio patio (5); yard (5)

patojo/a *sl.* young man/woman (*Guat.*)

Patricio: Día (*m.*) **de San Patricio** St. Patrick's Day

patrimonio patrimony

patriota *m., f.* patriot

pavo turkey (7)

paz *f.* (*pl.* **paces**) peace (18)

peca freckle

pecho chest

pedazo piece

pedir (pido) (i) to ask for (5); to order (5); **pedir disculpas** to apologize (14); **pedir prestado/a** to borrow (17)

pegar (gu) to hit (10); **pegarse con/contra** to run, bump into/against (14)

peinarse to comb/brush one's hair (5)

Pekín Peking

pelado/a *sl.* young man/woman (*Col.*)

pelear to fight (10)

pelícano pelican

película movie (5)

peligro danger; **especie** (*f.*) **en peligro de extinción** endangered species (15)

peligroso/a dangerous

pelo hair; **teñirse (me tiño) (i) el pelo** to dye one's hair; **tomarle el pelo** to pull someone's leg

pelota ball

pelotero/a baseball player

peluquero/a hairstylist (17)

pen drive *m.* memory stick (12)

pendiente *m.* earring (*Sp.*)

península peninsula

pensar (pienso) (en) to think (about) (5); **pensar** + *inf.* to intend, plan to (*do something*) (5)

pensativo/a pensive

penúltimo/a next to last

peor worse (6)

pequeño/a small (3)

percibir to perceive

perder (pierdo) to lose; to miss (*an event*) (5)

perdón excuse me (1)

perdonar to forgive

perdurable lasting

perezoso/a lazy (3)

perfección *f.* perfection

perfecto/a perfect

pérfido/a treacherous

perfil *m.* profile

perforación *f.* drilling (*well*)

perfume *m.* perfume

periódico newspaper (3)

periodismo journalism

periodista *m., f.* journalist (17)

período period (*of time*)

permanecer (permanezco) to remain, stay

permanente permanent

permiso permission; permit; **(con) permiso** excuse me (1); **permiso de manejar** driving permit

permitir to permit, allow (12)

pero but (1)

perro dog (3)

persecución *f.* persecution

perseguir (*like* **seguir**) to chase; to pursue

persona person (2)

personaje *m.* character (*book, movie*)

personal (*m.*) **médico** medical personnel (11)

personal *adj.* personal; **pronombre** (*m.*) **personal** *gram.* personal pronoun (2)

personalidad *f.* personality

perspectiva perspective

persuasivo/a persuasive

pertenecer (pertenezco) a to belong to

perturbar to perturb, bother

peruano/a *n., adj.* Peruvian

pesado/a boring; difficult (10); heavy

pesar to weigh; **a pesar de** in spite of

pesas: levantar pesas to lift weights (11)

pescado fish (7)

petición *f.* request

petróleo petroleum, oil (15)

petrolero/a *adj.* oil; petroleum

pez *m.* (*pl.* **peces**) fish (15)

picante hot, spicy (7)

picnic: **hacer un** *picnic* to have a picnic (10)

pico peak

pie *m.* foot (11); **dedo del pie** toe; **levantarse con el pie izquierdo** to get up on the wrong side of the bed (14)

pierna leg (11)

pila battery; **ponerse las pilas** to get one's act together; to energize oneself

pilar *m.* pillar

Pilates: hacer (el método) Pilates to do Pilates (11)

píldora pill

piloto *m., f.* pilot (8)

pimienta pepper (7)

pingüino penguin

pino pine (tree)

pintar to paint (13)

pintor(a) painter (13)

pintura painting (*general*) (13)

piña pineapple

pirámide *f.* pyramid

piraña piranha

Pirineos *m. pl.* Pyrenees

pisar to step on, tread on

piscina swimming pool (5)

Piscis *m.* Pisces

pisco *type of alcoholic beverage of Peru and Chile*

piso floor (*of a building*) (12); **barrer (el piso)** to sweep (the floor) (10); **primer piso** first floor (second story) (12); **segundo piso** second floor (third story) (12)

pizarra chalkboard

pizarrón *m.* (chalk)board (2); **pizarrón blanco** whiteboard (2)

placa license plate

plan *m.* plan; **hacer planes para** + *inf.* to make plans to (*do something*) (10)

planchar to iron (10)

planeación *f.* planning

planeta *m.* planet (15)

planetario/a planetary

plano map; blueprint

plano/a flat; **pantalla plana** flat screen (monitor) (12)

planta plant

planta baja ground floor (12)

plasma *m.* plasma (12)

plástico plastic

plata *n.* silver; **de plata** *adj.* silver (4)

plátano plantain

platino platinum

plato dish (5); plate (5); **plato principal** main course (7)

playa beach (6)

plaza plaza, square (4)

plazo deadline (14); **a plazos** in installments (17)

pleno/a complete; full

plomero/a plumber (17)

pluma pen

plurinacional multinational

población *f.* population (15)

pobre poor (3)

pobreza poverty

poco (a) little (2); few (4); **un poco (de)** a little bit (of) (2)

poder (puedo) to be able, can (4)

poder *m.* power; **poder adquisitivo** purchasing power

poema *m.* poem

poesía poetry

poeta *m., f.* poeta (13)

poético/a poetic

policía *m., f.* police officer (15); *f.* police (*force*); **mujer** (*f.*) **policía** policewoman

política politics; policy (18)

político/a *n.* politician (18); *adj.* political; **ciencias** (*f. pl.*) **políticas** political science (2)

pollera *typical indigenous skirt of the Andes*

pollo chicken (7); **pollo asado** roast chicken (7); **pollo frito** fried chicken

polvo dust

poner to put (5); to place (5); to turn on (*an appliance*) (5); **poner atención** to

pay attention; **poner la mesa** to set the table (10); **ponerle una inyección** to give (*someone*) a shot (11); **ponerse** to put on (*an article of clothing*) (5); **ponerse** + *adj.* to become, get + *adj.* (9); **ponerse las pilas** to get one's act together; to energize oneself

popularidad *f.* popularity

por about (6); because of (6); through (8); for (8); by (14); **gracias por** + *noun/ inf.* thanks for (9); **por consiguiente** as a result; **por Dios** for heaven's sake (14); **por ejemplo** for example (14); **por el otro lado** on the other hand; **por eso** for that reason (3); **por favor** please (1); **por fin** finally (5); **por la mañana** in the morning (2); **por la noche** at night, in the evening (2); **por la tarde** in the afternoon (2); **por lo general** generally (5); **por lo menos** at least (9); **por lo regular** in general; **por primera/última vez** for the first/ last time (14); **por si acaso** just in case (14); **por todas partes** everywhere (14); **por un lado** on one hand

porcentaje *m.* percentage

porción *f.* portion, part

poro pore

porotos *m. pl.* beans

porque because (3)

portarse bien/mal to (mis)behave (9)

portátil portable; **computadora portátil** laptop (computer) (2); **ordenador** (*m.*) **portátil** (*Sp.*) laptop computer (12)

portero/a building manager; doorman (12)

portón *m.* front door, gate

portugués *m.* Portuguese (*language*)

portugués, portuguesa *n., adj.* Portuguese

posar to pose

posesión *f.* possession

posesivo/a possessive (17); **adjetivo posesivo** *gram.* possessive adjective (3)

posibilidad *f.* possibility

posible possible (3); **es posible que** it's possible that (13)

posición *f.* position

positivo/a positive

posponer (*like* **poner**) to postpone

postal: tarjeta postal postcard (8)

posterior later, subsequent

postre *m.* dessert (7)

postularse to run (18); **postularse como candidato/a** to run as a candidate (18); **postularse para un cargo como candidato/a** to run for a position as a candidate (18)

potencia power

potencial *m.* potential; *adj.* potential

práctica practice

practicar (qu) to practice (2); **practicar el alpinismo** to mountain climb; **practicar un deporte** to play a sport

práctico/a practical

preadolescencia preadolescence

precedente *m.* precedent

preceder to precede

precio (fijo) (fixed, set) price (4)

precioso/a precious

precipicio precipice

precipitado/a hasty

precisamente precisely

precolombino/a pre-Columbian

predicción *f.* prediction

predominante predominant

predominar to predominate

preescolar *adj.* preschool

preferencia preference (1)

preferir (prefiero) (*i.*) to prefer (4)

pregunta question (5); **hacer una pregunta** to ask a question (5)

preguntar to ask (*a question*) (8)

prehistórico/a prehistoric

premio prize

prenda article of clothing

prensa (print) press (18); news media (18)

prensado/a pressed

preocupación *f.* worry

preocupado/a worried (6)

preocupar(se) to worry

preparación *f.* preparation

preparar to prepare (7); **prepararse** to prepare oneself; to get ready

preposición *f. gram.* preposition (5)

preseleccionado/a pre-selected

presencia presence

presencial: de forma presencial in person

presentación *f.* presentation

presentador(a) presenter; (television) anchor

presentar to introduce; to present

presente *m.* present (*time*); *gram.* present tense; *adj.* present

preservar to preserve

presidencia precedence

presidencial presidential

presidente/a president

presión pressure (14); **estar bajo muchas presiones** to be under a lot of pressure (14); **tener muchas presiones** to be under a lot of stress (14)

preso/a prisoner

prestado/a: pedir prestado/a to borrow (17)

préstamo loan (17)

prestar to lend (8)

prestigioso/a prestigious

presupuestario/a budgetary

presupuesto budget (17)

pretérito *gram.* preterite

prevenir (*like* **venir**) to warn

primario/a primary; first; elementary; **escuela primaria** elementary school

primavera spring (6)

primer(o/a) first (5); **el primero de** the first of (*month*) (6); **primer piso** first floor (second story) (12); **primer (a) ministro/a** prime minister; **por primera vez** for the first time (14)

primo/a cousin (3); *m. pl.* cousins (3)

princesa princess

principal main; **plato principal** main course (7)

príncipe *m.* prince

principiante *m., f.* beginner; novice

principio beginning; **al principio de** at the beginning of (17)

prisa: tener prisa to be in a hurry (4)

privacidad *f.* privacy

privado/a private

privilegio privilege

probabilidad *f.* probability

probable probable; **es probable que** it's likely, probable that (13)

probar (pruebo) to try, taste

problema *m.* problem

problemático/a problematic

procedimiento procedure

procesión *f.* procession

proceso process

procurar to procure

producción *f.* production

producir (*like* **conducir**) to produce

producto product; **producto nacional bruto** gross national product

productor(a) producer

profesión *f.* profession (17)

profesional *n. m., f.* professional, person with a profession

profesionista *m., f.* professional, person with a profession

profesor(a) professor (1)

profesorado faculty

profundo/a deep

programa *m.* program; **programa (del curso)** (course) syllabus (14)

programación *f.* programming

programador(a) programmer (17)

progresivo/a progressive

prohibir (prohíbo) to prohibit, forbid (12)

proliferación *f.* proliferation

promedio average

prometer to promise (8)

promover (promuevo) to promote

pronombre *m. gram.* pronoun; **pronombre personal** *gram.* personal pronoun (2); **pronombre relativo** *gram.* relative pronoun

pronosticar (qu) to forecast

pronóstico forecast

pronto soon; **hasta pronto** see you soon; **tan pronto como** as soon as (17)

prontuario guide

pronunciación *f.* pronunciation

pronunciar to pronounce

propiedad *f.* property, characteristic

propio/a own, one's own (17)

proponer (*like* **poner**) to propose

proporcionar to provide

propósito purpose

prórroga extension

protagonista *m., f.* protagonist

protección *f.* protection

proteger (protejo) to protect (15)

protestante *n., adj. m., f.* Protestant

protestar to protest

proveer (*like* **creer**) to provide

proverbio proverb

providencia providence

próximo/a next; **el próximo (martes...)** next (Tuesday . . .) (5); **la próxima semana** next week (5)

proyección *f.* projection

proyecto project

prudente prudent

prueba quiz; test (14); proof

publicación *f.* publication

publicar (qu) to publish

publicidad *f.* publicity

público *n.* audience (13)

público/a *adj.* public (15); **transporte (m.) público** public transportation

pueblo town

puente *m.* bridge

puerta door (2); **puerta de embarque** boarding gate (8)

puerto port (8)

puertorriqueño/a *n., adj.* Puerto Rican

puesto job, position; place (*in line*) (8)

pulmones *m. pl.* lungs (11)

pulpería grocery store (*C.A.*)

punto point; **a punto de** + *inf.* about to + *inf.*; **en punto** on the dot (*time*) (1); **punto cardinal** cardinal point (6); **punto de vista** point of view

puro/a pure (15)

púrpura *n.* purple

purpúreo/a *adj.* purple

Q

que that, which (3); who (3); **así que** therefore, consequently, so; **hasta que** *conj.* until; **que Dios te bendiga** God bless you; **ya que** since

¿qué? what? which?; **¿a qué hora... ?** at what time . . . ? (1); **¿con qué frecuencia... ?** how often . . . ? (3); **¿por qué?** why?

¡qué... ! what . . .!; **¡qué yuca!** how difficult!

quebrarse (me quiebro) to break

quedar to remain, be left (14); to stay, remain (*in a place*) (6)

quehacer (*m.*) **doméstico** household chore (10)

quejarse (de) to complain (about) (8)

querer (quiero) to want (4); to love (16); **eso quiere decir...** that means . . . (11); **fue sin querer** I didn't mean to do it (14); **quererse** to love each other; to be fond of each other (11); **querido/a** dear (6)

querido/a dear (6)

queso cheese (7)

quetzal *currency of Guatemala*

quien who; whom

¿quién(es)? who? whom?; **¿de quién?** whose? (3)

química chemistry (2)

quince fifteen (1); **menos quince** fifteen minutes till (*hour*) (1); **y quince** fifteen minutes after (*the hour*) (1)

quinceañera *young woman's fifteenth birthday party* (9)

quinientos/as five hundred (4)

quinta country house; farm

quintillizo/a quintuplet

quinto/a fifth (13)

quitar to remove; **quitar la mesa** to clear the table (10); **quitarse** to take off (*an article of clothing*) (5)

R

rabia rutera road rage

ración *f.* portion

radiante bright, shining, radiant

radical *m. gram.* root

radio *m.* radio (apparatus); *f.* radio (*medium*); **estación (f.) de radio** radio station (18)

radioyente *m., f.* radio listener; *m. pl.* radio audience

raíz *f.* (*pl.* **raíces**) root

rama branch

rana frog

ranchera *traditional music of Mexico sung by mariachis*

rancho ranch

rap *m.* rap music

rapanúi *n. m., f.* *indigenous person of Easter Island*

rápido *adv.* quickly

rápido/a fast; **comida rápida** fast food

raqueta racket

raro/a rare; strange

rascacielos *m. inv.* skyscraper (15)

rata rat

rato while, short time; **ratos libres** spare (free) time (10)

ratón *m.* mouse (12)

raya: de rayas striped (4)

raza race (*ethnic*)

razón *f.* reason; **no tener razón** to be wrong (4); **tener razón** to be right (4)

reacción *f.* reaction

reaccionar to react

real royal

realidad *f.* reality

realizar (c) to achieve, attain

rebaja sale, reduction; *pl.* sales, reductions (4); **en rebaja** on sale

rebanada slice

rebasar to pass (*vehicle*)

rebelde *n. m., f.* rebel; *adj.* rebellious

rebelión *f.* rebellion

recado message

recámara bedroom

recepción *f.* reception

recepcionista *m., f.* receptionist (17)

receptor *m.* receiver; recipient

receta recipe (7); prescription (11)

recetar to prescribe

recibir to receive (3)

recibo receipt (17)

reciclaje *m.* recycling (15)

reciclar to recycle (15)

recién recently; **recién casado/a (con)** newlywed (to) (16)

reciente recent

recíproco/a reciprocal

recitar to recite

recoger (recojo) to collect (14); to pick up (14)

recomendable recommendable

recomendación *f.* recommendation

recomendar (recomiendo) to recommend (8)

reconocer (reconozco) to recognize

reconquista reconquest

reconstituido/a remarried: hybrid (*of a family*)

reconstituir (*like* **construir**) to reconstitute; to reconstruct

recordar (recuerdo) to remember (9)

recrear to recreate

recreo recess

recto/a straight; **(todo) recto** straight ahead (15)

rector(a) university president

recuerdo memory

recuperación *f.* recuperation

recuperador(a) recuperative

recuperar to recuperate

recurso resource; **recurso natural** natural resource (15)

red *f.* network; Internet; **navegar (gu) la Red** to surf the Internet; **red social** social network (12)

redacción *f.* editing

redactar to write; to edit

redondillo/a: letra redondilla roman font

redondo/a round

reducción *f.* reduction

reducir (*like* **conducir**) to reduce

referencia reference

referirse (me refiero) (i) (a) to refer (to)

reflejar to reflect

reflexivo/a reflexive; **verbo reflexivo** *gram.* reflexive verb (5)

reforma change

refresco soft drink (7)

refrigerador *m.* refrigerator (10)

refrigeradora refrigerator

refugio refuge

regalar to give (*as a gift*) (8)

regalo present, gift (3)

regatear to haggle, bargain (4)

regateo bartering

reggae *m.* reggae

régimen *m.* regime

región *f.* region

registración *f.* registration

registrar to register

registro register; record

regla rule

regresar to return (*to a place*) (2); **regresar a casa** to go home (2)

regulador(a) regulator

regular *adj.* so-so (1); **por lo regular** in general

regular to regulate

reina queen (18)

reinar to reign

reino kingdom

reír(se) (río) (i) (de) to laugh (about) (9)

reiterar to reiterate

reja bar (*of prison*)

relación *f.* relation; relationship; **relación sentimental** emotional relationship (16)

relacionar to relate

relajado/a relaxed

relativo/a: pronombre (*m.*) **relativo** *gram.* relative pronoun

relevante relevant

religión *f.* religion

religioso/a religious

relleno/a filled

reloj *m.* watch (4)

remate: de remate hopeless(ly)

remedio remedy

remodelado/a remodeled

remoto: control (*m.*) **remoto** remote control (12)

remuneración *f.* remuneration

renovable renewable (15); **energía renovable** renewable energy (15)

renovar (renuevo) to renew

rentar to rent (*Mex.*)

renunciar (a) to resign (from) (17)

reparar to repair (15)

repasar to review

repaso review

repeler to repel

repente: de repente suddenly (11)

repetición *f.* repetition

repetir (repito) (i) to repeat

repetitivo/a repetitive

reportaje *m.* report (*on a news show*)

reportar to report

reportero/a reporter (18)

represa dam

representación *f.* representation

representante *n. m., f.* representative

representar to represent

representativo/a *adj.* representative

república republic

requerir (requiero) (i) to require

requisito requirement

reseña review (*book, movie*)

reserva reserve; reservation (*Sp.*); **hacer reserva** to make a reservation

resfriado *n.* cold (11)

resfriado/a *adj.* congested, stuffed up (11)

resfriarse (me resfrío) to catch/get a cold (11)

residencia dormitory (2); residence (12); **residencia de ancianos** nursing home (12)

residencial *m.* building (*housing*)

residente *m., f.* resident

residuos *m. pl.* waste

resistente resistant, strong

resolver (resuelvo) (*p.p.* **resuelto**) to solve, resolve (15)

respectivo/a respective

respecto: a este respecto in this regard; **(con) respecto a** regarding

respetar to respect

respeto respect

respiración *f.* breathing

respirar to breathe (11)

responsabilidad *f.* responsibility; **responsabilidad cívica** civic duty (18)

responsable responsible

respuesta answer (6)

restablecimiento re-establishment, restoration

restaurante *m.* restaurant (7)

resto rest, remainder

restricción *f.* restriction

resuelto/a (*p.p. of* **resolver**) resolved

resultado result

resumen *m.* summary; **en resumen** in summary

resumir to summarize

resurrección *f.* resurrection

retumbar to resound

reunión *f.* meeting

reunirse (me reúno) (con) to get together (with) (9)

revelar to reveal

revés: al revés backwards

revisar to check (15)

revista magazine (3)

revolucionario/a revolutionary

revolver (*like* **volver**) to stir

rey *m.* king (18)

Ricitos de Oro Goldilocks

rico/a rich (3); tasty, savory; rich (7)

riesgo risk; **de alto riesgo** high risk

rígido/a rigid

rima rhyme

rincón *m.* corner

rinoceronte *m.* rhinoceros

río river (15)

riqueza richness

ritmo rhythm; **ritmo de la vida** pace of life (15)

rito rite; ritual

robar to rob, steal

robo theft; robbery

rodante: cinta rodante treadmill

rodeado/a (de) surrounded (by)

rojo/a red (4)

Roma Rome

romano/a Roman

romántico/a romantic

romper(se) (*p.p.* **roto**) to break (14); **romper (con)** to break up (with) (16)

ropa clothing (4); **ropa interior** underwear (4)

ropero wardrobe

rosa rose; **rosa té** tea rose

rosado/a pink (4)

rosario rosary

rostro face

roto/a (*p.p. of* **romper**) broken

rotulador *m.* felt-tipped pen

rubio/a blond(e) (3)

rueda wheel, tire; **rueda de molino** treadmill

ruido noise (5)

ruidoso/a noisy

ruina ruin (13)

ruso Russian (*language*)

ruso/a *n., adj.* Russian

rutero/a: rabia rutera road rage

rutina routine (5)

rutinario/a *adj.* routine

S

sábado Saturday (5)

saber to know (7); **saber** + *inf.* to know how to (*do something*) (7)

sabiduría wisdom

sabio/a wise

sabroso/a tasty

sacar (qu) to extract (11); get (*grades*) (14); to withdraw, take out (17); **sacar dinero** to withdraw money; **sacar fotos** to take photos (8); **sacar la basura** to take out the trash (10); **sacar la lengua** to stick out one's tongue (11); **sacarle un diente / una muela** to extract (*someone's*) tooth/molar (11)

sacerdote *m.* priest

sacudir los muebles to dust the furniture

safari: ir de safari to go on a safari

Sagitario Sagittarius

sagrado/a sacred

sal *f.* salt (7)

sala living room (5); **sala de espera** waiting room (8); **sala de fumadores/ fumar** smoking area (8)

salarial: brecha salarial wage gap

salario pay, wages (*often per hour*) (17)

salchicha sausage; hot dog (7)

salida departure (8)

salir (de) to leave (*a place*) (5); **salir bien/ mal** to come/turn out well/badly; to do poorly/well (5); **salir (con)** to go out (with) (5); **salir de vacaciones** to leave on vacation (8); **salir (para)** to leave (for) (*a place*) (5)

salmón *m.* salmon (7)

salón (*m.*) **de clase** classroom (2)

salsa sauce; salsa (*music*)

saltar to jump

salud *f.* health (11)

saludable healthy

saludarse to greet each other (11)

saludo greeting (1)

salvadoreño/a *n., adj.* Salvadoran

salvaje wild (15)

salvar to save

san, santo/a *n.* saint; **Día** (*m.*) **de San Patricio** St. Patrick's Day; **Día** (*m.*) **de San Valentín** St. Valentine's Day

sanador(a) healer

sancocho *stew made with meat, cassava, and plantains*

sandalias *f. pl.* sandals (4)

sándwich *m.* sandwich (7)

sangre *f.* blood (11)

sanitario/a health; **asistencia sanitaria** health care

sano/a healthy (11); **llevar una vida sana** to lead a healthy life (11)

santuario sanctuary

sarcástico/a sarcastic

sartén *f.* skillet

satélite *m.* satellite

satírico/a satirical

satisfacción *f.* satisfaction

satisfactorio/a satisfactory

Saudito/a: Arabia Saudita Saudi Arabia

sazonar to season

secadora clothes dryer (10)

secar(se) (qu) to dry (oneself)

sección *f.* section

seco/a dry

secretario/a secretary (2)

secreto secret

secuencia sequence

secundario/a secondary; **escuela secundaria** high school

sed *f.* thirst; **tener (mucha) sed** to be (very) thirsty (7)

seda silk; **de seda** *adj.* silk (4)

sedentario/a sedentary

seducir (*like* **conducir**) to seduce

seguida: en seguida immediately (5)

seguimiento following

seguir (sigo) (i) to continue (6); to keep on going (15)

según according to (3)

segundo/a second (13); **segundo piso** second floor (third story) (12)

seguridad *f.* security; safety; **control** (*m.*) **de seguridad** security (check) (8);

pasar por el control de seguridad to go/pass through security (check) (8)

seguro/a sure, certain (6); **es seguro que** it's a sure thing that (13)

segregación *f.* segregation

seis six (1)

seiscientos/as six hundred (4)

selección *f.* selection; choice

seleccionar to select, choose

selva jungle; **Selva Amazónica** Amazon Jungle

semáforo traffic signal (15)

semana week; **días** (*m. pl.*) **de la semana** days of the week (5); **fin** (*m.*) **de semana** weekend (2); **la próxima semana** next week (5); **semana que viene** next week (5); **una vez a la semana** once a week (3)

sembrar (siembro) to sow, plant

semejante similar

semejanza similarity

semestre *m.* semester

senado senate

senador(a) senator

senda path

sendero path

sensación *f.* sensation

sensibilidad *f.* sensitivity

sensible sensitive

sentarse (me siento) to sit down (5)

sentido sense

sentimental: relación (*f.*) **sentimental** emotional relationship (16)

sentimiento feeling, emotion

sentir (siento) (i) to regret; to feel sorry (13); **lo siento (mucho)** I'm (very) sorry (14); **sentirse** to feel (*an emotion*) (9)

señor (Sr.) *m.* man; Mr.; sir (1)

señora (Sra.) woman; Mrs.; ma'am (1)

señorita (Srta.) young woman; Miss; Ms. (1)

separación *f.* separation (16)

separar(se) (de) to separate (from) (16)

septiembre *m.* September (6)

séptimo/a seventh (13)

ser to be (1); **ayer fue (miércoles…)** yesterday was (Wednesday . . .) (5); **¿cómo es usted?** what are you (*form. s.*) like? (1); **¿de dónde eres (tú)?** where are you (*fam. s.*) from? (1); **¿de dónde es usted?** where are you (*form. s.*) from? (1); **de última moda** it's trendy (hot) (4); **eres** you are (1); **es** he/she is, you (*form. s.*) are (1); **es absurdo que** it's absurd that (13); **es cierto que** it's certain that (13); **es de…** it is made of . . . (4); **es extraño que** it's strange that (13); **es (im)posible que** it's (im)possible that (13); **es (im)probable que** it's (un)likely, (im)-probable that (13); **es increíble que** it's incredible that (13); **es la una** it's one o'clock (1); **es normal**

que it's normal that (13); **es seguro que** it's a sure thing that (13); **es terrible que** it's terrible that (13); **es una lástima que** it's a shame that (13); **es urgente que** it's urgent that (13); **fue sin querer** I didn't mean to do it (14); **llegar (gu) a ser** to become; **pasar de ser** to go from being; **¿qué hora es?** what time is it? (1); **ser aburrido/a** to be boring (10); **ser aficionado/a (a)** to be a fan (of) (10); **ser casado/a** to be a married person (16); **ser divertido/a** to be fun (10); **ser en** + *place* to take place in/at (*a place*) (9); **son las…** it's . . . o'clock (1); **(yo) soy de…** I am from . . . (1)

serie *f.* series
serio/a serious
servicio service (15); **estación** (*f.*) **de servicio** gas station (15); **servicio militar** military service (18)
servilleta napkin
servir (sirvo) (i) to serve (5); **servir para** to be used for (5)
sesenta sixty (3)
sesión *f.* session
setecientos/as seven hundred (4)
setenta seventy (3)
sevillano/a of or pertaining to Seville
sexismo sexism
sexo sex
sextillo/a sextuplet
sexto/a sixth (13)
si if (3); **por si acaso** just in case (14)
sí yes (1); **sí, me gusta…** yes, I like . . . (1)
sicología psychology (2)
sicólogo/a psychologist (17)
siempre always (3)
sierra mountain
siesta nap; **dormir la siesta** to take a nap
siete seven (1)
siglo century
significar (qu) to mean
significativo/a significant
signo sign
siguiente following (5)
sílaba syllable
silencio silence
silla chair (2)
sillón *m.* armchair (5)
simbólico/a symbolic
simbolizar (c) to symbolize
símbolo symbol
similaridad *f.* similarity
simpático/a nice, likeable (3)
sin without (5); **fue sin querer** I didn't mean to do it (14); **sin duda** without a doubt; **sin embargo** nevertheless (6); **sin que** *conj.* without; unless (16)
sinceridad *f.* sincerity
sincero/a sincere
sino but (rather); **sino que** *conj.* but (rather)
sinónimo synonym

sintético/a synthetic
síntoma *m.* symptom (11)
siquiatra *m., f.* psychiatrist (17)
sistema *m.* system; **analista** (*m., f.*) **de sistemas** systems analyst (17)
sistemático/a systematic
sitio place, location; **sitio Web** website
situación *f.* situation
situado/a situated
situarse (me sitúo) to situate oneself; to be placed (*in time*)
snowboard *m.* snowboarding
soberano/a sovereign
sobre *prep.* about (4); on; on top of; over
sobremesa after-dinner conversation
sobresaliente outstanding
sobrevivir to survive
sobrino/a nephew/niece (3)
social social; **ciencias** (*f. pl.*) **sociales** social sciences (2); **red** (*f.*) **social** social network (12); **trabajador(a) social** social worker (17)
socialismo socialism
socialista *n., adj. m., f.* socialist
sociedad *f.* society
sociología sociology (2)
sofá *m.* couch (5)
sol *m.* sun; **hace (mucho) sol** it's (very) sunny (6.); **tomar el sol** to sunbathe (8)
solar solar; **energía solar** solar energy (15); **pánel** (*m.*) **solar** solar panel
solas: a solas alone
soldado soldier (17); **mujer** (*f.*) **soldado** female soldier (17)
soleado/a sunny
soler (suelo) to tend to
solicitante *m., f.* applicant
solicitar to apply for (*a job*) (17)
solicitud *f.* application (*form*) (17)
sólido/a solid
solitario/a solitary, lonely
solo *adv.* only (2)
solo/a *adj.* alone (5)
soltero/a single (*not married*) (16)
soltura: hablar con soltura to speak fluently
solución *f.* solution
sombra shadow; shade
sombrero hat (4); **sombrero hongo** bowler hat, derby
sonar (sueno) to ring; to sound (10)
sonido sound
sonreír(se) (*like* **reír**) to smile (9)
sopa soup (7)
sorprender (*like* **gustar**) to surprise (13)
sorpresa surprise
sostenible sustainable
sostenido/a held
su(s) his, hers, its, your (*form. sing.*); their, your (*form. pl.*) (3)
subir (a) to go up; to get on (*a vehicle*) (8)
subjuntivo *gram.* subjunctive

subordinado/a: cláusula subordinada *gram.* subordinate clause
substituir (*like* **construir**) to substitute
subtítulo subtitle
suburbio suburb
suceso happening
sucesor(a) *m.* successor
sucio/a dirty (6)
sudadera sweatshirt (4)
Sudamérica South America
sudamericano/a South American
Suecia Sweden
suegro/a father-in-law, mother-in-law
sueldo salary (12)
suelo floor
sueño dream; **tener sueño** to be sleepy (4)
suerte *f.* luck; **tener buena/mala suerte** to have good/bad luck, be (un)lucky (14)
suéter *m.* sweater (4)
suficiente enough (11); **lo suficiente** enough (11)
sufijo *gram.* suffix
sufrir (de) to suffer (from, with) (14)
sugerencia suggestion
sugerir (sugiero) (i) to suggest (9)
suicidio suicide
sujeto *gram.* subject
superlativo *gram.* superlative
supermercado supermarket
superstición *f.* superstition
supersticioso/a superstitious
supervisor(a) supervisor
suplemento supplement
supuesto: ¡por supuesto! of course! (14)
sur *m.* south (6)
sureste *m.* southeast
surfear to surf
surfing: hacer surfing to surf (10)
suroeste *m.* southwest
surrealista *adj. m., f.* surreal
suscripción *f.* subscription
suspenso suspense
sustantivo *gram.* noun (2)
sustrato essence
SUV *m.* SUV (15)
suyo/a(s) *poss. adj.* your (*form.*); his, her, its, their; *poss. pron.* (of) your, yours (*form.*); (of) his, her, its, their; (of) theirs (17)

T

tabaco tobacco
tabla table, chart
tablero chalkboard
tabú *f.* taboo
tailandés, tailandesa Thai
Tailandia Thailand
taíno/a *pre-Columbian culture of the Caribbean*
tal such, such a; **con tal de** provided (16); **con tal (de) que** *conj.* provided (that) (16); **¿qué tal?** how are you? (1); **tal como** just as; **tal vez** perhaps

taladro drill
talento talent
talla size
taller *m.* (repair) shop (15)
tamal *m.* tamale
tamalada *get-together to make and eat tamales*
tamaño size
también also (1)
tambor *m.* drum
tampoco neither, not either (7)
tan *adv.* so; as; **tan... como** as . . . as (6); **tan pronto como** as soon as (17)
tanque *m.* tank (15)
tanto/a *adj.* as much, so much; such a; *pl.* so many; as many; **tanto como** as much as (6); **tanto/a(s)... como** as much/many . . . as (6)
tapas *f. pl.* appetizers (9)
tapir *m.* tapir
taquigrafía shorthand
tarde *adv.* late (2)
tarde *f.* afternoon; **buenas tardes** good afternoon (1); **de la tarde** in the afternoon, P.M. (1); **por la tarde** in the afternoon (2)
tarea homework (5); **tarea doméstica** household chore
tarjeta card (8); **tarjeta bancaria** debit card (17); **tarjeta de crédito** credit card (7); **tarjeta de embarque** boarding pass (8); **tarjeta de identidad** identification card; **tarjeta de identificación** identification card (14); **tarjeta postal** postcard (8)
tarta cake
tata *fam.* grandpa
tatuaje *m.* tattoo
taxi *m.* taxi
taza cup (14)
té *m.* tea (7); **rosa té** tea rose
teatral theatrical; **obra teatral** play
teatro theater; **ir al teatro** to go to the theater (10); **obra de teatro** play (13)
techo roof
teclado keyboard
técnico/a technician (17)
tecnología technology
tecnológico/a technological
teja tile
tejer to weave (13)
tejido weave; *pl.* woven goods (13); textiles
tela cloth
tele *f.* T.V.
telefónico/a *adj.* telephone
teléfono phone (2); **hablar por teléfono** to talk on the phone (2); **teléfono celular** cell phone (2); **teléfono fijo** landline (12)
telegrama *m.* telegram
telenovela soap opera

telespectador(a) television viewer
televidente *m., f.* television viewer
televisión *f.* television; **mirar la tele(visión)** to watch television (3)
televisor *m.* television set
tema *m.* theme, topic
temblar to tremble
temer to fear, be afraid (13)
temperatura temperature (11); **tomarle la temperatura** to take someone's temperature (11)
templo temple
temporada season
temporal temporary
temprano *adv.* early (2)
tendencia tendency
tender (tiendo) la cama to make the bed
tenedor *m.* fork
tener to have (4); **no tener razón** to be wrong (4); **tener... años** to be . . . years old (3); **tener buena/mala suerte** to have good/bad luck, be (un)lucky (14); **tener cuidado** to be careful; **tener dolor de** to have a pain/ache in (11); **tener éxito** to be successful; **tener fiebre** to have a fever; **tener ganas de + inf.** to feel like (*doing something*) (4); **tener la culpa** to be at fault; **tener miedo (de)** to be afraid (of) (4); **tener (mucha) hambre** to be (very) hungry (7); **tener (mucha) sed** to be (very) thirsty (7); **tener muchas presiones** to be under a lot of stress (14); **tener (mucho) calor** to be (very) warm, hot (6); **tener (mucho) frío** to be (very) cold (6); **tener prisa** to be in a hurry (4); **tener que + inf.** to have to (*do something*) (4); **tener razón** to be right (4); **tener sueño** to be sleepy (4)
tenis *m.* tennis (10); *pl.* tennis shoes (4)
tensión *f.* tension; **tensión arterial** blood pressure
tentación *f.* temptation
tentempié *m.* snack
teñirse (me tiño) (i) el pelo to dye one's hair
teoría theory
terapeuta *m., f.* therapist
terapia therapy
tercer(o/a) third (13)
tereré *traditional Paraguayan drink*
terminación *f. gram.* ending
terminal *m.* station, terminal
terminar to finish
término term
termómetro thermometer
ternura tenderness
terraza terrace
terremoto earthquake
terrestre *adj.* earth
terrible terrible; **es terrible que** it's terrible that (13)

territorio territory
terrorismo terrorism (18)
terrorista *m., f.* terrorist (18); **ataque** (*m.*) **terrorista** (terrorist) attack (18)
tertulia get-together
tesis *f. inv.* thesis
testigo *m., f.* witness (18)
testimonio testimony
textil *adj.* textile
texto text; **libro de texto** textbook (2)
ti (*obj. of prep.*) you (*fam.*) (6)
tiempo weather; time (6); *gram.* tense; **a tiempo** on time (8); **conjunción** (f.) **de tiempo** conjunction of time (17); **empleo de tiempo completo/parcial** full-/part-time job/position (17); **jornada de tiempo parcial** part-time job; **¿qué tiempo hace?** what's the weather like? (6); **tiempo libre** free time (10); **trabajo de tiempo completo/parcial** full-time / part-time job (14)
tienda shop, store (4); **tienda de acampar** tent; **tienda (de campaña)** tent (8)
Tierra Earth (15)
tigre *m.* tiger
tihuanaco/a Tiwanakan (*of or pertaining to the pre-Columbian Tiwanaku civilization of Bolivia*)
tilma poncho
timbre *m.* doorbell
tímido/a shy
tina bathtub
tinieblas *f. pl.* darkness
tinto: vino tinto red wine (7)
tío/a uncle/aunt (3); *m. pl.* aunts and uncles (3)
típico/a typical
tipo type, kind; **de todo tipo** of all kinds
tira cómica comic strip
tirar to throw
tiritar to shiver
títere *m.* puppet
titular *m.* headline
título title
toalla towel (5)
toallero towel rack
tocar (qu) to touch; to play (*a musical instrument*) (2); to honk (15); **tocarle a uno** to be someone's turn (10)
tocineta bacon
todavía still (6)
todo/a *adj.* all (3); every (3); **por todas partes** everywhere (14); **todo derecho/recto** straight ahead (15); **todos los días** every day (2)
todo *n.* everything; **de todo** everything (4); **de todo tipo** of all kinds
todoterreno *inv.* all-terrain (15)
tolerante tolerant
tomar to take (2); to drink (2); **tomar el sol** to sunbathe (8); **tomar unas vacaciones** to take a vacation (8); **tomarle**

la temperatura to take someone's temperature (11); **tomarle el pelo** to pull someone's leg

tomate *m.* tomato (7)

tono tone

tonto/a silly, foolish (3)

torcido/a twisted

torno: en torno a around

toro bull (15)

torpe clumsy (14)

torre *f.* tower

torta sandwich (*Mex.*)

tortilla potato omelet (*Sp.*); *thin unleavened cornmeal or flour pancake* (*Mex.*)

tortuga turtle

tos *f.* cough (11)

tosco/a rustic; crude

toser to cough (11)

tostado/a toasted (7); **pan** (*m.*) **tostado** toast (7)

tostadora toaster (10)

tostones *m. pl. crispy fried plantain slices*

totalidad *f.* totality

trabajador(a) *adj.* hardworking (3)

trabajador(a) *n.* worker; **trabajador(a) social** social worker (17)

trabajar to work (2)

trabajo work; job (12); report, (piece of) work (14); **trabajo de tiempo completo/parcial** full-time / part-time job (14)

trabajólico/a workaholic

trabalenguas *m. inv.* tongue twister

tractor *m.* tractor

tradición *f.* tradition; **tradición cultural** cultural tradition (13)

tradicional traditional

traducción *f.* translation

traducir (*like* **conducir**) to translate

traductor(a) translator (17)

traer to bring (5)

tráfico traffic (15)

tragedia tragedy

trágico/a tragic

traje *m.* suit (4); **traje de baño** swimsuit (4)

trámite *m.* step, procedure

tranquilo/a calm (11); **llevar una vida tranquila** to lead a calm life (11)

transatlántico *n.* ocean liner

transbordador (*m.*) **espacial** space shuttle

transformar to transform

transición *f.* transition

tránsito traffic (15)

transmitir to pass on, transmit

transporte *m.* transportation; **medio de transporte** means of transportation (8); **transporte público** public transportation

tras *prep.* after

trasero/a back

trasladarse to move

trastienda back room (*of a store*)

tratable treatable

tratado treaty

tratamiento treatment (11)

tratar de + *inf.* to try to (*do something*) (13); **tratar de** + *noun* to deal with + *noun*

través: a través de across; through; throughout

travieso/a mischievous

trayectoria trajectory; path

trece thirteen (1)

treinta thirty (1); **y treinta** thirty minutes past (*the hour*) (1)

tren *m.* train (8); **estación** (*f.*) **del tren** train station (8); **ir en tren** to go/travel by train (8)

trepidar to vibrate

tres three (1)

trescientos/as three hundred (4)

triángulo triangle

tribu *f.* tribe

tributo tribute

trillizo/a triplet

trilogía trilogy

trimestre *m.* trimester

triste sad (6)

tristeza sadness

triunfar to triumph

trofeo trophy

tropical tropical; **bosque** (*m.*) **tropical lluvioso** tropical rain forest

trópico *n.* tropics

tropiezo mistake

trotadora treadmill

trozo piece

trucha trout

trueno thunder

tú *subj. pron.* you (*fam. s.*) (2); **¿de dónde eres (tú)?** where are you (*fam. s.*) from? (1); **¿y tú?** and you (*fam. s.*)? (1)

tu(s) your (*fam. sing.*) (3)

tumba tomb

turismo tourism

turista *n. m., f.* tourist

turístico/a *adj.* tourist

turnarse to take turns

turno shift (*on a job*)

turrón *m. type of candy traditionally eaten at Christmas*

tuyo/a(s) *poss. adj.* your (*fam. s.*); *poss. pron.* of yours (*fam. s.*) (17)

Twitter *m.* Twitter (12)

U

u or (*used instead of* **o** *before words beginning with* **o** *or* **ho**)

ubicación *f.* placement, location

ubicar (qu) to locate

¡uf! *interj.* oof!; whew!

último/a last, final (14); **es de última moda** it's trendy (hot) (4); **por última vez** for the last time (14)

ultramoderno/a ultramodern

un, uno/a one (1); *ind. art.* a, an; **un millón (de)** one million (4); **un poco (de)** a little bit (of) (2); **una vez a la semana** once a week (3)

unánime unanimous

único/a *adj.* only; unique

unido/a united; **Estados** (*m. pl.*) **Unidos de América** United States of America; **Naciones** (*f. pl.*) **Unidas** United Nations; **Organización** (*f.*) **de Naciones Unidas (ONU)** United Nations (U.N.)

unificar (qu) to unify

unión *f.* union

unir to join (together); to unite; **unirse a** to join (*a cause, organization*)

universidad *f.* university (2)

universitario/a (of the) university (14)

urbanístico *n.* urban development

urbanístico/a *adj.* of urban development

urbano/a urban

urgente urgent; **es urgente que** it's urgent that (13)

uruguayo/a *n., adj.* Uruguayan

usar to wear; to use (4)

uso use

usted (Ud., Vd.) *sub. pron.* you (*form. s.*); *obj.* (*of prep.*) you (*form. s.*) (2); **¿a usted le gusta… ?** do you (*form. s.*) like . . . ? (1); **¿cómo es usted?** what are you (*form. s.*) like? (1); **¿cómo se llama usted?** what is your (*form. s.*) name? (1); **¿de dónde es usted?** where are you (*form. s.*) from? (1); **¿y usted?** and you (*form. s.*)? (1)

ustedes (Uds., Vds.) *sub. pron.* you (*form. pl.*); *obj.* (*of prep.*) you (*form pl.*) (2)

usuario/a user

útil useful

utilizar (c) to use, utilize

uva grape

¡uy! *interj.* oh!; ah!

V

vaca cow (15)

vacaciones *f. pl.* vacation; **de vacaciones** on vacation (8); **estar de vacaciones** to be on vacation (8); **ir de vacaciones a…** to go on vacation in/to . . . (8); **pasar las vacaciones en…** to spend one's vacation in . . . (8); **salir de vacaciones** to leave on vacation (8); **tomar unas vacaciones** to take a vacation (8)

vacuna vaccine

vacunación *f.* vaccination

vacunarse to get a shot

vainilla vanilla

Valentín: Día (*m.*) **de San Valentín** St. Valentine's Day

valioso/a valuable

vallenato *Colombian folk music*

valor *m.* value
valorización *f.* appreciation
vals *m.* waltz
vanguardia *n.* vanguard
vapor *m.* mist
vaquero/a cowboy/cowgirl
variación *f.* variation
variante variant
variar (varío) to vary
variedad *f.* variety
varios/as several
vasco/a *n., adj.* Basque
vasija earthenware pot; vessel
vaso (drinking) glass
vasto/a vast
vecindario neighborhood
vecino/a neighbor (12)
vegetariano/a *n., adj.* vegetarian
vehículo vehicle (12)
veinte twenty (1)
veinticinco twenty-five
veinticuatro twenty-four
veintidós twenty-two
veintinueve twenty-nine
veintiocho twenty-eight
veintiséis twenty-six
veintisiete twenty-seven
veintitrés twenty-three
veintiún, veintiuno/a twenty-one
vejez *f.* (*pl.* **vejeces**) old age (16)
vela candle (9)
velocidad *f.* speed; **límite** (*m.*) **de velocidad** speed limit (15)
vena vein
vendedor(a) salesperson (17)
vender to sell (3)
Venecia Venice
venerar to revere, venerate
venezolano/a *n., adj.* Venezuelan
venir to come (4); **año que viene** next year; **lunes** (*m.*) **que viene** next Monday (5); **semana que viene** next week (5)
venta sale
ventaja advantage
ventana window (2)
ventanilla small window (*on a plane*) (8)
ver (*p.p.* **visto**) to see (5); **a ver** let's see; **nos vemos** see you around (1)
verano summer (6)
veras: ¿de veras? really
verbo *gram.* verb (2); **verbo reflexivo** *gram.* reflexive verb (5)
verdad *f.* truth
verdadero/a true; real
verde green (4)
verdura vegetable (7)
verificar (qu) to verify
versión *f.* version
verso verse; line of a poem
verter (vierto) (i) to spill; to shed (*a tear*)
vestido dress (4)

vestir (visto) (i) to dress; **vestirse** to get dressed (5)
veterinario/a veterinarian (17)
vez *f.* (*pl.* **veces**) time; **a veces** sometimes, at times (3); **alguna vez** once; ever; **cada vez más** increasingly; **cada vez mayor** greater and greater; **dos** two (1); **en vez de** instead of; **otra vez** again; **por primera/última vez** for the first/last time (14); **una vez** once; **una vez a la semana** once a week (3); **tal vez** perhaps
viajar to travel (8)
viaje *m.* trip (5); **agencia de viajes** travel agency; **agente de viajes** travel agent; **de viaje** on a trip, traveling (8); **hacer un viaje** to take a trip (5)
vicepresidente/a vice president
víctima victim (18)
victoria victory
vida life (11); **vida académica** academic life (14); **llevar una vida sana/tranquila** to lead a healthy/calm life (11); **ritmo de la vida** pace of life (15)
video video (12)
videojuego videogame
videoturismo videotourism
vidrio glass
viejo/a old (3)
viento wind; **hace (mucho) viento** it's very windy
viernes *m.* Friday (5)
vietnamita *n., adj. m., f.* Vietnamese
vikingo/a Viking
vinagre *m.* vinegar
vino (blanco, tinto) (white, red) wine (7)
violación *f.* violation
violencia violence; **Día** (*m.*) **Internacional de la No Violencia Contra la Mujer** International No Violence Against Women Day
violento/a violent
violín *m.* violin
virus *m. inv.* virus
visión *f.* vision
visita visit
visitante *m., f.* visitor
visitar to visit; **visitar un museo** to visit a museum (10)
víspera eve
vista view (12); **punto de vista** point of view
viudo/a widower/widow (16)
vivienda housing (12)
vivir to live (3)
vivo/a lively; bright (*of colors*)
vocabulario vocabulary
vocal *f.* vowel
voga: en voga in vogue
volante *m.* steering wheel; **furia al volante** road rage

volar (vuelo) to fly; **volar en avión** to fly, go by plane (8)
volcán *m.* volcano
volcánico/a volcanic
voleibol *m.* volleyball (10)
voltear to turn (over)
volumen *m.* volume
voluntario/a volunteer
volver (vuelvo) (*p.p.* **vuelto**) to return (to a place) (5); **volver a** + *inf.* to (do something) again (5)
vos *subj. pron.* you (*fam. s. C.A., S.A.*)
vosotros/as *sub. pron.* you (*fam. pl. Sp.*); *obj.* (*of prep.*) you (*fam. pl. Sp.*) (2)
votación *f.* vote; voting
votante *m., f.* voter
votar to vote (18)
votos (*m. pl.*) **nupciales** wedding vows
voz *f.* (*pl.* **voces**) voice; **voz en off** voice over
vuelo flight (8); **asistente** (*m., f.*) **de vuelo** flight attendant (8)
vuelta: billete *m.* (*Sp.*) / **boleto** (*L.A.*) **de ida y vuelta** round-trip ticket (8)
vuelto/a (*p.p. of* **volver**) returned
vuestro/a(s) your (*fam. pl. Sp.*) (3); *poss. pron.* your (*fam. pl. Sp.*) (17)
vulnerar to violate; to hurt

W

Web *m.*: **página Web** webpage; **sitio Web** website

Y

y and (1); **y cuarto** a quarter (fifteen minutes) after (*the hour*) (1); **y media** half past (*the hour*) (1); **y quince** fifteen minutes after (*the hour*) (1); **y treinta** thirty minutes past (*the hour*) (1)
ya already (9); **ya no** no longer; **ya que** since
yacimiento deposit (*mineral*)
yerno son-in-law
yo *sub. pron.* I (2); **yo soy de...** I am from . . . (1)
yoga *m.* yoga; **hacer (el) yoga** to do yoga (11)
yogur *m.* yogurt (7)
York: Nueva York New York
yuca cassava, manioc; **¡qué yuca!** how difficult!

Z

zampoña *South American panpipe*
zanahoria carrot (7)
zapatería shoe store
zapato shoe; *pl.* shoes (4)
zarzuela *traditional Spanish operetta*
zócalo central plaza (*Mex.*)
zona zone, area (12)
zumo juice (*Sp.*)

VOCABULARIES

English-Spanish Vocabulary

A

@ **arroba** (12)
A.M. **de la mañana** (1)
able: to be able **poder (puedo)** (4)
about **por** (6); **sobre** (4)
abroad: to go abroad **ir al extranjero** (8)
absence **falta** (15)
absent: to be absent (from) **faltar (a)** (9)
absentminded **distraído/a** (14)
absurd: it's absurd that **es absurdo que** (13)
academic **académico/a** (14); academic life **vida académica** (14)
accelerated **acelerado/a** (15)
accident **accidente** m. (14)
according to **según** (3)
account: checking account **cuenta corriente** (17); savings account **cuenta de ahorros** (17)
accountant **contador(a)** (17)
ache n. (in) **dolor (de)** (11); v. **doler (duele)** (like **gustar**) (11); to have an ache in **tener dolor de** (11)
acquainted: to be acquainted with **conocer (conozco)** (7)
act v. **actuar (actúo)** (13)
activity: fun activity **diversión** f. (10)
actor **actor** m. (13)
actress **actriz** f. (pl. **actrices**) (13)
additional **adicional** (1)
address **dirección** f. (7)
adjective gram. **adjetivo** (3); adjective of nationality **adjetivo de nacionalidad** (3); possessive adjective **adjetivo posesivo** (3)
administration: business administration **administración** (f.) **de empresas** (2)
adolescence **adolescencia** (16)
advice (piece of) **consejo** (7)
advisor **consejero/a** (2)
aerobics: to do aerobics **hacer ejercicios aeróbicos** (11)
affectionate **cariñoso/a** (6)
afraid: to be afraid (of) **tener miedo (de)** (4), **temer** (13)
after **después de** (5), **después (de) que** (17)
afternoon: good afternoon **buenas tardes** (1); **muy buenas** (1); in the afternoon **de la tarde** (1), **por la tarde** (2)
afterward **luego** (5); afterwards **después** (5)

ago **hace** + time + **que** + preterite (14); preterite + **hace** + time (14)
agree **estar de acuerdo** (3)
agriculture **agricultura** (15)
ahead: straight ahead **(todo) derecho** (15), **todo recto** (15)
air **aire** m. (15)
airplane **avión** m. (8)
airport **aeropuerto** (8)
aisle **pasillo** (8)
alarm clock **despertador** m. (14)
all **todo/a** (3)
all-terrain **todoterreno** inv. (15)
allow **permitir** (12)
almost **casi** inv. (3); almost never **casi nunca** (3)
alone **solo/a** (5)
alongside of **al lado de** (6)
already **ya** (9)
also **también** (1)
always **siempre** (3)
America: of the United States of America n., adj. **estadounidense** (3)
among prep. **entre** (6)
analyst: systems analyst **analista** (m., f.) **de sistemas** (17)
and **y** (1); and you? **¿y tú?** fam. s. (1), **¿y usted?** form. s. (1)
angry **furioso/a** (6); to get angry (with) **enojarse (con)** (9)
animal **animal** m. (15)
announce **anunciar** (8)
annoyed **molesto/a** (6)
another **otro/a** (3)
answer **respuesta** (6); to answer **contestar** (7)
antibiotic **antibiótico** (11)
anxiety **ansiedad** f. (14)
any **algún (alguna/os/as)** (7)
anybody: not anybody **nadie** (7)
anyone **alguien** (7)
anything **algo** (7); not anything **nada** (7)
apartment **apartamento** (2); apartment building **edificio de apartamentos** (12)
apologize **pedir disculpas** (14)
app(lication) **app** f. (but **el app**) (12)
appetizers **botanas** (Mex.) (9); **tapas** (9)
apple **manzana** (7)
appliance: home appliance **aparato doméstico** (10)
applicant **aspirante** m., f. (17)

application (form) **solicitud** f. (17)
apply for (a job) **solicitar** (17)
appointment **cita** (11)
April **abril** m. (6)
architect **arquitecto/a** (13)
architecture **arquitectura** (13)
area **zona** (12); smoking area **sala de fumadores/fumar** (8)
argue (with/about) **discutir (con/sobre)** (9)
arm **brazo** (11)
armchair **sillón** m. (5)
armoire **armario** (5)
army **ejército** (18)
arrival **llegada** (8)
arrive **llegar (gu)** (3)
art **arte** m. (2); arts and crafts **artesanía** (13); the arts **artes** f. pl. (13); work of art **obra de arte** (13)
artist **artista** m., f. (13)
artistic **artístico/a** (13); artistic expression **expresión** (f.) **artística** (13)
as: as . . . as **tan... como** (6); as a child **de niño/a** (10); as a youth **de joven** (10); as much as **tanto como** (6); as much/many . . . as **tanto/a(s)... como** (6); as soon as **en cuanto** (17), **tan pronto como** (17)
ask (a question) **hacer una pregunta** (5), **preguntar** (8); to ask for **pedir (pido) (i)** (5)
asleep: to fall asleep **dormirse (me duermo)** (5)
asparagus **espárragos** (7)
assassinate **asesinar** (18)
assassination **asesinato** (18)
astronaut **astronauta** m., f. (17)
at **en** (1); at . . . (time of day) **a la(s)...** (1); at all **para nada** (8); at home **en casa** (2); at least **por lo menos** (9); at the beginning of **al principio de** (17); at times **a veces** (3); at what time . . . ? **¿a qué hora... ?** (1)
attack: terrorist attack **ataque** (m.) **terrorista** (18)
attend (class, function) **asistir (a)** (3); to not attend **faltar (a)** (9)
attendant: flight attendant **asistente** (m., f.) **de vuelo** (8)
attract **atraer** (like **traer**) (like **gustar**) (13)
audience **espectadores** m. pl. (13); **público** (13)
August **agosto** (6)

aunt **tía** (3); aunts and uncles **tíos** *m. pl.* (3)

auto **auto** (15)

automatic teller machine (ATM) **cajero automático** (17)

autumn **otoño** (6)

avenue **avenida** (12)

avoid **evitar** (15)

awful: an awful lot **muchísimo** (8)

B

baby-sitter **niñero/a** (10)

backpack **mochila** (2)

bad **mal, malo/a** (3); (very) bad (weather) out **(muy) mal tiempo** (6); the bad news/thing **lo malo** (11); to have a bad time **pasarlo mal** (9); to have bad luck **tener mala suerte** (14)

badly: to come/turn out badly **salir mal** (5)

baggage **equipaje** *m.* (8); to check baggage **facturar el equipaje** (8)

baked custard **flan** *m.* (7)

ballet **ballet** *m.* (13)

banana **banana** (7)

bank **banco** (17)

bar: to go to a bar **ir a un bar** (10)

barbecue **barbacoa** (7)

bargain *n.* **ganga** (4); *v.* **regatear** (4)

baseball **béisbol** *m.* (10); baseball cap **gorra** (4)

basketball **basquetbol** *m.* (10)

bath: to take a bath **bañarse** (5)

bathroom **baño** (5); bathroom sink **lavabo** (5)

bathtub **bañera** (5)

be **estar** (2); **ser** (1); to be . . . years old **tener. . . años** (3); to be a fan (of) **ser aficionado/a (a)** (10); to be a married person **ser casado/a** (16); to be able **poder (puedo)** (4); to be absent (from) **faltar (a)** (9); to be afraid **temer** (13); to be afraid (of) **tener miedo (de)** (4); to be born **nacer (nazco)** (16); to be (very) cold **tener (mucho) frío** (6); to be comfortable (*temperature*) **estar bien** (6); to be distracted **ir distraído/a** (14); to be fond of each other **quererse (me quiero)** (11); to be fun **ser divertido/a** (10); to be happy (about) **alegrarse (de)** (12); to be (very) hungry **tener (mucha) hambre** (7); to be in a hurry **tener prisa** (4); to be left **quedar** (14); to be lucky **tener buena suerte** (14); to be married (to) **estar casado/a (con)** (16); to be on a diet **estar a dieta** (7); to be on vacation **estar de vacaciones** (8); to be right **tener razón** (4); to be sleepy **tener sueño** (4); to be (very) thirsty **tener (mucha) sed** (7); to be under a lot of pressure **estar bajo muchas presiones** (14); to be unlucky **tener mala suerte** (14); to be up to date **estar al día** (18); to be used for **servir (sirvo)**

(i) **para** (5); to be (very) warm, hot **tener (mucho) calor** (6); to be wrong **no tener razón** (4)

beach **playa** (6)

beans **frijoles** *m. pl.* (7)

beautiful **bello/a** (15)

because **porque** (3); because of **por** (6)

become + *adj.* **ponerse** + *adj.* (9)

bed **cama** (5); to get out of bed **levantarse** (5); to get up on the wrong side of the bed **levantarse con el pie izquierdo** (14); to go to bed **acostarse (me acuesto)** (5); to make the bed **hacer la cama** (10); to stay in bed **guardar cama** (11)

bedroom **alcoba** (5)

beer **cerveza** (7)

before **antes de** (16), **antes (de) que** (16)

begin **empezar (empiezo) (c)** (5); to begin to (*do something*) **empezar a +** *inf.* (5)

beginning: at the beginning of **al principio de** (17)

behave **portarse bien** (9)

behind **detrás de** (6); to leave behind (in [*a place*]) **dejar (en)** (10)

believe (in) **creer (en)** (3)

below **debajo de** (6)

belt **cinturón** *m.* (4)

best **mejor** (6)

better **mejor** (6)

between *prep.* **entre** (6)

beyond **a partir de** (4)

bicycle: to ride a bicycle **pasear en bicicleta** (10)

bicycling **ciclismo** (10)

big **gran, grande** (3); big screen (monitor) **pantalla grande** (12)

bill **cuenta** (7); **factura** (17); electric bill **electricidad** *f.* (12); (*money*) **billete** *m.* (17)

bird **pájaro** (3)

birthday **cumpleaños** *m. s.* (6); birthday cake **pastel** (*m.*) **de cumpleaños** (9); to have a birthday **cumplir años** (9)

black **negro/a** (4)

blog **blog** *m.* (12)

blond(e) **rubio/a** (3)

blood **sangre** *f.* (11)

blouse **blusa** (4)

blue **azul** (4)

blue jeans **jeans** *m. pl.* (4)

board **pizarrón** *m.* (2)

boarding: boarding gate **puerta de embarque** (8); boarding pass **tarjeta de embarque** (8)

boat **barco** (8); to go/travel by boat **ir en barco** (8)

body: human body **cuerpo humano** (11)

bomb **bomba** (18)

book **libro** (2)

bookshelf **estante** *m.* (5)

bookstore **librería** (2)

boots **botas** *f. pl.* (4)

bore **aburrir** (*like* **gustar**) (13)

bored **aburrido/a** (6); to get bored **aburrirse** (10)

boring **pesado/a** (10); to be boring **ser aburrido/a** (10)

borrow **pedir prestado/a** (17)

boss **jefe/a** (12)

bother **molestar** (*like* **gustar**) (11)

boy **niño** (3); **chico** (4)

boyfriend **novio** (6)

brain **cerebro** (11)

brakes **frenos** *m. pl.* (15)

bread **pan** *m.* (7)

break **romper(se)** (14); to break up (with) **romper (con)** (16)

breakfast **desayuno** (7); to have (eat) breakfast **desayunar** (7)

breathe **respirar** (11)

bride **novia** (16)

bring **traer** (5)

brother **hermano** (3)

brown **(de) color café** (4)

brunet(te) **moreno/a** (3)

brush one's teeth **cepillarse los dientes** (5)

budget **presupuesto** (17)

build **construir (construyo)** (15)

building **edificio** (2); apartment building **edificio de apartamentos** (12); building manager **portero/a** (12)

bull **toro** (15)

bump against/into **chocar (qu) contra/ con** (14); **pegarse (gu) con** (14)

bureau **cómoda** (5)

bus **autobús** *m.* (8); bus station **estación** (*f.*) **de autobuses** (8); bus stop **parada del autobús** (12); to go, travel by bus **ir en autobús** (8)

business **empresa** (17); business administration **administración** (*f.*) **de empresas** (2)

businessman **hombre** (*m.*) **de negocios** (17)

businesswoman **mujer** (*f.*) **de negocios** (17)

busy **ocupado/a** (6)

but **pero** (1)

butter **mantequilla** (7)

by **por** (14); by check **con cheque** (17)

C

cabin (*on a ship*) **cabina** (8)

cafeteria **cafetería** (2)

cake **pastel** *m.* (7); birthday cake **pastel de cumpleaños** (9)

calculator **calculadora** (2)

calendar **calendario** (14)

call **llamar** (7); to be called **llamarse** (5)

calm **tranquilo/a** (11); to lead a calm life **llevar una vida tranquila** (11)

camera: digital camera **cámara digital** (12)

campground *camping* m. (8)

camping: to go camping **hacer** *camping* (8)

campus (university) *campus* m. (12)

candidate (*for a job*) **aspirante** m., f. (17); (*political*) **candidato/a** (18); to run as a candidate **postularse como candidato/a** (18); to run for a position as a candidate **postularse para un cargo como candidato/a** (18)

candle **vela** (9)

candy **dulces** m. pl. (7)

cap (baseball) **gorra** (4)

capital city **capital** f. (6)

car **coche** m. (3); **carro** (12); convertible car **carro descapotable** (12)

card: credit card **tarjeta de crédito** (7); debit card **tarjeta bancaria** (17); identification card **tarjeta de identificación** (14); to play cards **jugar (juego) (gu) a las cartas** (10)

cardinal point **punto cardinal** (6)

care: to take care of oneself **cuidarse** (11)

carrot **zanahoria** (7)

carry **llevar** (4)

case: in case **en caso de (que)** (16); just in case **por si acaso** (14)

cash (*a check*) **cobrar** (17); in cash **en efectivo** (17)

cashier **cajero/a** (17); cashier window **caja** (17)

cat **gato** (3)

catch a cold **resfriarse (me resfrío)** (11)

CD (compact disc) **CD** m. (12)

CD-ROM **CD-ROM** m. (12)

celebrate **celebrar** (6)

celebratory **festivo/a** (9)

cell phone **teléfono celular** (2)

center **centro** (18)

ceramics **cerámica** (13)

cereal **cereal** m. (7)

certain **seguro/a** (6); it's certain that **es cierto que** (13)

chair **silla** (2)

champagne **champán** m. (9)

change **cambiar (de)** (12)

channel **canal** m. (12)

charge (*someone for an item or service*) **cobrar** (17)

check (*bank*) **cheque** m. (17); (*restaurant*) **cuenta** (7); by check **con cheque** (17); v. **revisar** (15); to check baggage **facturar el equipaje** (8)

check-up **chequeo** (11)

checking account **cuenta corriente** (17)

cheese **queso** (7)

chef **cocinero/a** (17)

chemistry **química** (2)

chess: to play chess **jugar (juego) (gu) al ajedrez** (10)

chicken **pollo** (7); roast chicken **pollo asado** (7)

child: as a child **de niño/a** (10)

childhood **infancia** (16); **niñez** f. (10)

children **hijos** m. pl. (3)

chop: (pork) chop **chuleta (de cerdo)** (7)

chore: household chore **quehacer** (m.) **doméstico** (10)

Christmas **Navidad** f. (9)

Christmas Eve **Nochebuena** f. (9)

church **iglesia** (16)

citizen **ciudadano/a** (18)

city **ciudad** f. (3)

civic duty **responsabilidad** (f.) **cívica** (18)

class (*of students*) **clase** f. (2); (*academic*) **clase** f. (2)

classic(al) **clásico/a** (13)

classmate **compañero/a (de clase)** (2)

classroom **salón** (m.) **de clase** (2)

clean *adj.* **limpio/a** (6); to clean (the) house **limpiar (la casa)** (10)

clear the table **quitar la mesa** (10)

clerk **dependiente/a** (2)

clever **listo/a** (3)

client **cliente/a** (2)

climate **clima** m. (6)

clock: alarm clock **despertador** m. (14)

close **cerrar (cierro)** (5)

close to *prep.* **cerca de** (6)

closed **cerrado/a** (6)

closet (*free-standing*) **armario** (5)

clothes dryer **secadora** (10)

clothing **ropa** (4)

cloudy: it's (very) cloudy **está (muy) nublado** (6)

clumsy **torpe** (14)

coat **abrigo** (4)

coffee **café** m. (2)

coffeemaker **cafetera** (10)

coin **moneda** (17)

cold (*illness*) **resfriado** n. (11); it's (very) cold **hace (mucho) frío** (6); to be (very) cold **tener (mucho) frío** (6); to catch/ get a cold **resfriarse (me resfrío)** (11)

collect **recoger (recojo)** (14)

collision **choque** m. (18)

color **color** m. (4)

come **venir** (4); to come out badly **salir mal** (5); to come out well **salir bien** (5)

comedy **comedia** (13)

comfortable **cómodo/a** (4); to be comfortable (*temperature*) **estar bien** (6)

command **mandato** (7)

communicate (with) **comunicarse (qu) (con)** (18)

communication (*subject*) **comunicaciones** f. pl. (2); medium of communication **medio de comunicación** (18)

compact disc (CD) **disco compacto (CD** m.**)** (12)

comparison **comparación** f. (6)

complain (about) **quejarse (de)** (8)

compose **componer** (*like* **poner**) (13)

composer **compositor(a)** (13)

computer **computadora** (2); computer file **archivo** (12); computer science **computación** f. (2); laptop (computer) **computadora portátil** (2)

concert: to go to a concert **ir a un concierto** (10)

conductor **director(a)** (13)

congested (*cold*) *adj.* **resfriado/a** (11)

congratulations! **¡felicitaciones!** (9)

conjunction *gram.* **conjunción** f. (16); conjunction of time **conjunción** (f.) **de tiempo** (17)

conserve **conservar** (15)

contact lenses **lentes** (m. pl.) **de contacto** (11)

contaminated **contaminado/a** (15)

content *adj.* **contento/a** (6)

continue **seguir (sigo) (i)** (6); **continuar (continúo)** (6)

control: remote control **control** (m.) **remoto** (12)

convertible car **carro descapotable** (12)

cook **cocinero/a** (17)

cookie **galleta** (7)

cool: it's cool (weather) **hace fresco** (6)

copy n.: copy machine **fotocopiadora** (12); v. **copiar** (12); **hacer fotocopia** (12)

corner (*street*) **esquina** (15)

corporation **empresa** (17)

cost: how much does it (do they) cost? **¿cuánto cuesta(n)?** (4)

cotton **de algodón** *adj.* (4)

couch **sofá** m. (5)

cough n. **tos** f. (11); cough syrup **jarabe** m. (11); v. **toser** (11)

country **país** m. (3)

countryside **campo** (15)

couple (*married*) **pareja** (16); **matrimonio** (16)

course (*academic*) **clase** f. (2); (*of a meal*) **plato** (7); course syllabus **programa del curso** (14); main course **plato principal** (7); of course! **¡por supuesto!** (14)

cousin **primo/a** (3); *pl.* **primos** (3)

cover **cubrir** (*p.p.* **cubierto**) (15)

cow **vaca** (15)

craft: arts and crafts **artesanía** (13)

crash n. **choque** m. (18); v. (*computer*) **fallar** (12)

crazy **loco/a** (6)

credit card **tarjeta de crédito** (7)

crime **delito** (15)

cruise (ship) **crucero** (8)

cuisine **cocina** (7)

cultural tradition **tradición** (f.) **cultural** (13)

cup **taza** (14)

currently **de/en la actualidad** (10)

customs (*at a border*) **aduana** (8); to go/ pass through customs **pasar por la aduana** (8)

D

dad **papá** m. (3)
daily **diario/a** (5)
dance n. **baile** m. (13); **danza** (13); v. **bailar** (2)
dancer **bailarín, bailarina** (13)
date **cita** (11); (calendar) **fecha** (6); to be up to date **estar al día** (18); what's today's date? **¿cuál es la fecha de hoy?** (6), **¿qué fecha es hoy?** (6)
daughter **hija** (3)
day **día** m. (2); day after tomorrow **pasado mañana** (5); days of the week **días** (m. pl.) **de la semana** (5); every day **todos los días** (2); the day before yesterday **anteayer** (5); what day is today? **¿qué día es hoy?** (5)
deadline **plazo** (14)
dear **querido/a** (6)
death **muerte** f. (16)
debit card **tarjeta bancaria** (17)
December **diciembre** m. (6)
delay **demora** (8)
demonstration **manifestación** f. (18)
demonstrative gram. **demostrativo/a** (4)
dense **denso/a** (15)
dentist **dentista** m., f. (11)
deny **negar (niego) (gu)** (13)
department store **almacén** m. (4)
departure **salida** (8)
deposit **depositar** (17)
desk **escritorio** (2)
dessert **postre** m. (7)
destroy **destruir** (like **construir**) (15)
detail **detalle** m. (9)
develop **desarrollar** (15)
development **desarrollo** (15)
dictator **dictador(a)** (18)
dictatorship **dictadura** (18)
dictionary **diccionario** (2)
die **morir(se) ([me] muero) (u)** (9)
diet: to be on a diet **estar a dieta** (7)
difficult **difícil** (6); **pesado/a** (10)
digital camera **cámara digital** (12)
dining room **comedor** m. (5)
dinner **cena** (7); to have (eat) dinner **cenar** (7)
direct **dirigir (dirijo)** (13)
director **director(a)** (13)
dirty **sucio/a** (6)
disagree **no estar de acuerdo** (3)
disaster **desastre** m. (14)
disc: compact disc (CD) **disco compacto** (**CD** m.) (12)
disco: to go to a disco **ir a una discoteca** (10)
discover **descubrir** (p.p. **descubierto**) (15)
discrimination **discriminación** f. (18)
dish **plato** (5)
dishwasher **lavaplatos** m. (10)

distracted **distraído/a** (14); to be distracted **ir distraído/a** (14)
divorce **divorcio** (16)
divorced (from) **divorciado/a (de)** (16)
dizzy **mareado/a** (11)
do **hacer** (5); do you like . . . ? **¿a usted le gusta… ?** form. s. (1); to (do something) again **volver (vuelvo) a** + inf. (5); to do aerobics **hacer ejercicios aeróbicos** (11); to do Pilates **hacer (el método) Pilates** (11); to do poorly **salir mal** (5); to do well **salir bien** (5); to do yoga **hacer (el) yoga** (11)
doctor (medical) **médico/a** (3)
dog **perro** (3)
domestic (related to the home) **doméstico/a** (10)
domesticated **domesticado/a** (15)
door **puerta** (2)
dormitory **residencia** (2)
dot: on the dot (time) **en punto** (1)
doubt **dudar** (12)
download **bajar** (12); **descargar (gu)** (12)
downtown **centro** (4)
drama **drama** m. (13)
draw **dibujar** (13); (attract) **atraer** (like **traer**) (like **gustar**) (13)
drawing **dibujo** (13)
dress **vestido** (4)
dressed: to get dressed **vestirse (me visto) (i)** (5)
dresser **cómoda** (5)
drink **bebida** (5); v. **beber** (3); **tomar** (2)
drive n.: hard drive **disco duro** (12); **hard drive** m. 12; v. **manejar** (12); **conducir (conduzco)** (15)
driver **conductor(a)** (15); driver's license **licencia de conducir/manejar** (15)
drop **caer** (14)
drum set **batería** (15)
during **durante** (5)
duty: civic duty **responsabilidad** (f.) **cívica** (18)
DVD(-ROM) **DVD(-ROM)** m. (12)

E

e-mail **e-mail** m. (12)
e-ticket **billete** (m.) (Sp.) / **boleto** (L.A.) **electrónico** (8)
each **cada** inv. (5)
ear **oreja** (11); inner ear **oído** (11)
early adv. **temprano** (2)
earn (income) **ganar** (13)
earrings **aretes** m. pl. (4)
Earth **Tierra** (15)
east **este** m. (6)
Easter **Pascua** (9)
easy **fácil** (6)
eat **comer** (3); to eat breakfast **desayunar** (7); to eat dinner, supper **cenar** (7); to eat lunch **almorzar (ue) (c)** (5)
economics **economía** (2)

economize **economizar (c)** (17)
economy **economía** (2)
egg **huevo** (7)
eight **ocho** (1)
eight hundred **ochocientos/as** (4)
eighteen **dieciocho** (1)
eighth **octavo/a** (13)
eighty **ochenta** (3)
either: not either **tampoco** (7)
electric bill **electricidad** f. (12)
electrical energy **energía eléctrica** (15)
electrician **electricista** m., f. (17)
electricity **electricidad** f. (12)
electronic equipment **electrónica** (12)
elephant **elefante** m. (15)
elevator **ascensor** m. (12)
eleven **once** (1)
embarrassed **avergonzado/a** (9)
embrace **abrazarse (c)** (11)
emotion **emoción** f. (9)
emotional: emotional relationship **relación** (f.) **sentimental** (16); emotional state **estado afectivo** (9)
end of the year **fin** (m.) **de año** (9)
end table **mesita** (5)
endangered species **especie** (f.) **en peligro de extinción** (15)
energy **energía** (15); electrical energy **energía eléctrica** (15); nuclear energy **energía nuclear** (15); renewable energy **energía renovable** (15); wind energy **energía eólica** (15)
engagement **noviazgo** (16)
engineer **ingeniero/a** (17)
English (language) **inglés** m. (2); n., adj. **inglés, inglesa** (3)
enjoy oneself **divertirse (me divierto) (i)** (5)
enough **bastante** (16), **suficiente** (11); **lo suficiente** (11)
environment **medio ambiente** (15)
equality **igualdad** f. (18)
equipment **equipo** (12); electronic equipment **electrónica** (12)
eruption **erupción** f. (18)
evening: good evening **buenas noches** (1); **muy buenas** (1); in the evening **de la noche** (1); **por la noche** (2)
event **acontecimiento** (18); **hecho** (9)
every **cada** inv. (5); **todo/a** (3); every day **todos los días** (2)
everything **de todo** (4)
everywhere **por todas partes** (14)
exam **examen** m. (4)
examine **examinar** (11)
excuse me **(con) permiso** (1), **perdón** (1)
exercise n. **ejercicio** (5); v. **hacer ejercicio** (5)
expect **esperar** (7)
expense **gasto** (12)
expensive **caro/a** (4)
explain **explicar (qu)** (8)

expression: artistic expression **expresión** (*f.*) **artística** (13)

extract **sacar (qu)** (11); to extract (*someone's*) tooth/molar **sacarle (qu) un diente / una muela** (11)

eye **ojo** (11)

F

Facebook **Facebook** *m.* (12); to go into Facebook **entrar en Facebook** (12)

fact **hecho** (9)

factory **fábrica** (15)

faithful **fiel** (3)

fall (*season*) *n.* **otoño** (6); *v.* **caer** (14); to fall asleep **dormirse** (5); to fall down **caerse** (14); to fall in love (with) **enamorarse (de)** (16)

familiar: to be familiar with **conocer (conozco)** (7)

family **familia** (3)

fan: to be a fan (of) **ser aficionado/a (a)** (10)

far from **lejos de** (6)

fare **pasaje** *m.* (8)

farm **finca** (15)

farmer **agricultor(a)** (15)

farming **agricultura** (15)

fast **acelerado/a** (15)

fat **gordo/a** (3)

father **padre** *m.* (3), **papá** *m.* (3)

FAX **fax** *m.* (12)

fear **temer** (13)

February **febrero** (6)

feel **sentir** (13); (*an emotion*) **sentirse (me siento) (i)** (9); to feel like (*doing something*) **tener ganas de** + *inf.* (4); to feel sorry **lamentar** (13)

female housekeeper **ama** (*f.*) (*but* **el ama**) **de casa** (17)

female soldier **mujer** (*f.*) **soldado** (17)

festive **festivo/a** (9)

fever **fiebre** *f.* (11)

few **poco/a** (4)

fiancé **novio** (16)

fiancée **novia** (16)

field **campo** (15)

fifteen **quince** (1); fifteen minutes till (*hour*) **menos quince** (1); young woman's fifteenth birthday party **quinceañera** (9)

fifth **quinto/a** (13)

fifty **cincuenta** (3)

fight *n.* **lucha** (18); *v.* **luchar** (18)

file (*computer*) **archivo** (12)

fill (up) **llenar** (15); to fill out (*a form*) **llenar** (17)

final **último/a** (14)

finally **por fin** (5), **finalmente** (5)

find **encontrar (encuentro)** (9); to find out **enterarse (de)** (18)

fine **muy bien** (1); it's fine **está bien** (6)

finger **dedo (de la mano)** (11)

finish **acabar** (14)

fire (*someone*) (*from a job*) **despedir** (*like* **pedir**) (17)

first **primero** (5); **primer(o/a)** (13); first floor (second story) **primer piso** (12); for the first time **por primera vez** (14); the first of (*month*) **el primero de** (6)

fish (*cooked*) **pescado** (7); (*live*) **pez** *m.* (*pl.* **peces**) (15)

five **cinco** (1)

five hundred **quinientos/as** (4)

fix **arreglar** (15)

fixed price **precio fijo** (4)

flat: flat screen (*monitor*) **pantalla plana** (12); flat tire **llanta desinflada** (15)

flexible **flexible** (14)

flight **vuelo** (8); flight attendant **asistente** (*m., f.*) **de vuelo** (8)

flip-flops **chanclas** *f. pl.* (4)

floor (*of a building*) **piso** (12); first/second floor (second/third story) **primer/ segundo piso** (12); ground floor **planta baja** (12); to sweep the floor **barrer el piso** (10)

flower **flor** *f.* (8)

flu **gripe** *f.* (11)

fly by plane **volar (vuelo) en avión** (8)

following **siguiente** (5)

fond: to be fond of each other **quererse (me quiero)** (11)

food **comida** (7)

foodstuff **comestibles** *m. pl.* (7)

foolish **tonto/a** (3)

foot **pie** *m.* (11)

football **fútbol** (*m.*) **americano** (10)

for **para** (3); **por** (8); for example **por ejemplo** (14); for heaven's sake **por Dios** (14); for that reason **por eso** (3); for what purpose? **¿para qué... ?** (16); what for? **¿para qué... ?** (16)

forbid **prohibir (prohíbo)** (12)

foreign language **lengua extranjera** (2)

foreigner **extranjero/a** (2)

forest **bosque** *m.* (15)

forget (about) **olvidar(se) (de)** (9)

form **forma** (4)

forty **cuarenta** (3)

four **cuatro** (1)

four hundred **cuatrocientos/as** (4)

fourteen **catorce** (1)

fourth *adj.* **cuarto/a** (13)

free (*unoccupied*) **libre** (10); free time **ratos** (*m. pl.*) **libres** (10), **tiempo libre** (10)

freeway **autopista** (15)

freezer **congelador** *m.* (10)

French (*language*) **francés** *m.* (2); French fried potato **papa/patata frita** (7)

frequently **con frecuencia** (2), **frecuentemente** (11)

fresh **fresco/a** (7)

Friday **viernes** *m.* (5)

fried **frito/a** (7); French fried potato **papa/patata frita** (7)

friend **amigo/a** (2)

friendly **amistoso/a** (16)

friendship **amistad** *f.* (16)

from **de** (1); from the **del** (3); I am from . . . **(yo) soy de...** (1); where are you from? **¿de dónde eres (tú)?** *fam. s.* (1); **¿de dónde es usted?** *form. s.* (1)

front: in front of **delante de** (6)

frozen **congelado/a** (6)

fruit **fruta** (7); fruit juice **jugo de fruta** (7)

full-time job **empleo de tiempo completo** (17)

fun activity **diversión** *f.* (10); to be fun **ser divertido/a** (10)

function **funcionar** (12)

furious **furioso/a** (6)

furniture (*piece*) **mueble** *m.* (5)

G

game **partido** (10)

garage **garaje** *m.* (5)

garden **jardín** *m.* (5)

gas (*not for cars*) **gas** *m.* (12)

gas station **estación** (*f.*) **de servicio** (15), **gasolinera** (15)

gasoline **gasolina** (15)

gate: boarding gate **puerta de embarque** (8)

generally **por lo general** (5)

German (*language*) **alemán** *m.* (2); *n., adj.* **alemán, alemana** (3)

get **obtener** (*like* **tener**) (12); how do you get to . . . ? **¿cómo se llega a... ?** (15); to get **conseguir** (*like* **seguir**) (9); to get (*grades*) **sacar (qu)** (14); to get a cold **resfriarse (me resfrío)** (11); to get along poorly (with) **llevarse mal (con)** (16); to get along well (with) **llevarse bien (con)** (16); to get angry (with) **enojarse (con)** (9); to get down (from) **bajarse (de)** (8); to get off (of) (*a vehicle*) **bajarse (de)** (8); to get on (*a vehicle*) **subir (a)** (8); to get tired **cansarse** (11); to get together (with) **reunirse (me reúno) (con)** (9); to get up (out of bed) **levantarse** (5); to get up on the wrong side of the bed **levantarse con el pie izquierdo** (14)

gift **regalo** (3)

girl **chica** (4), **niña** (3)

girlfriend **novia** (6)

give **dar** (8); to give (*as a gift*) **regalar** (8); to give (*someone*) a shot **ponerle una inyección** (11)

glasses **anteojos** *m. pl.* (11), **lentes** *m. pl.* (11)

go **ir** (4); let's go **vamos** (4); to be going to (*do something*) **ir a** + *inf.* (4); to go abroad **ir al extranjero** (8); to go by boat/ship **ir en barco** (8); to go by bus **ir en autobús** (8); to go by plane **ir/ volar (vuelo) en avión** (8); to go camping **hacer** *camping* (8); to go for a hike **dar una caminata** (10); to go home **regresar a casa** (2); to go into Facebook **entrar en Facebook** (12); to go on the Internet **entrar en el Internet** (12); to go on vacation in/to . . . **ir de vacaciones a…** (8); to go out (with) **salir (con)** (5); to go through customs **pasar por la aduana** (8); to go through security (check) **pasar por el control de seguridad** (8); to go to (*a class, function*) **asistir (a)** (3); to go to a concert **ir a un concierto** (10); to go to a disco **ir a una discoteca** (10); to go to bed **acostarse (me acuesto)** (5); to go to the theater **ir al teatro** (10); to go up **subir (a)** (8); to go/travel by train **ir en tren** (8)

gold *adj.* **de oro** (4)

golf **golf** *m.* (10)

good **buen, bueno/a** (3); good afternoon **buenas tardes** (1); good afternoon/evening **muy buenas** (1); good morning **buenos días** (1); good night **buenas noches** (1); the good news/thing **lo bueno** (11); to have a good time **pasarlo bien** (9), **divertirse (me divierto) (i)** (5); to have good luck **tener buena suerte** (14)

good-bye **adiós** (1); to say good-bye (to) **despedir(se)** (*like* **pedir**) **(de)** (9)

good-looking **guapo/a** (3)

goods: woven goods **tejidos** *m. pl.* (13)

gorilla **gorila** *m.* (15)

government **gobierno** (15)

GPS **GPS** *m.* (12)

grade (*academic*) **nota** (14); (*year in school*) **grado** (10)

granddaughter **nieta** (3)

grandfather **abuelo** (3)

grandmother **abuela** (3)

grandparents **abuelos** *m. pl.* (3)

grandson **nieto** (3)

gray **gris** (4)

great **gran, grande** (3)

green **verde** (4)

green peas **arvejas** *f. pl.* (7)

greet each other **saludarse** (11)

greeting **saludo** (1)

groceries **comestibles** *m. pl.* (7)

groom **novio** (16)

ground floor **planta baja** (12)

guess **adivinar** (9)

guest **invitado/a** (9)

guide **guía** *m., f.* (13)

H

haggle **regatear** (4)

hairstylist **peluquero/a** (17)

half past (*the hour*) **y media** (1)

ham **jamón** *m.* (7)

hamburger **hamburguesa** (7)

hand **mano** *f.* (11); to shake hands **darse la mano** (11)

hand in **entregar (gu)** (8)

handbag **cartera** (4)

handsome **guapo/a** (3)

happen **pasar** (6)

happening **acontecimiento** (18)

happy **alegre** (6), **contento/a** (6); **feliz** (*pl.* **felices**) (9); to be happy (about) **alegrarse (de)** (12)

hard **difícil** (6)

hard drive **disco duro** (12), **hard drive** *m.* (12)

hardworking **trabajador(a)** (3)

hat **sombrero** (4)

hate **odiar** (8)

have **tener** (4); to have a bad time **pasarlo mal** (9); to have a birthday **cumplir años** (9); to have a good time **divertirse (me divierto) (i)** (5), **pasarlo bien** (9); to have a pain/ache in **tener dolor de** (11); to have a picnic **hacer un** *picnic* (10); to have a snack **merendar (meriendo)** (7); to have bad luck **tener mala suerte** (14); to have been (*doing something*) for (*time*) **hace** + *time* + **que** + *present* (14); *present* + **desde hace** + *time* (14); to have breakfast **desayunar** (7); to have dinner, supper **cenar** (7); to have good luck **tener buena suerte** (14); to have just (*done something*) **acabar de** + *inf.* (7); to have lunch **almorzar (almuerzo) (c)** (5); to have to (*do something*) **tener que** + *inf.* (4)

he *sub. pron.* **él** (2)

head **cabeza** (11)

health **salud** *f.* (11)

healthy **sano/a** (11); to lead a healthy life **llevar una vida sana** (11)

hear **oír** (5)

heart **corazón** *m.* (11)

heating **calefacción** *f.* (12)

heaven: for heaven's sake **por Dios** (14)

hello! **¡hola!** (1)

helmet **casco** (12)

help *n.* **ayuda** (7); *v.* **ayudar** (7)

her *poss. adj.* **su(s)** (3); her, (of) her *poss. adj., poss. pron.* **suyo/a(s)** (17)

here **aquí** (2)

hi! **¡hola!** (1)

highway **carretera** (15)

hike: to go for a hike **dar una caminata** (10)

his *poss. adj.* **su(s)** (3); his, of his *poss. adj., poss. pron.* **suyo/a(s)** (17)

Hispanic **hispano/a** (3)

history **historia** (2)

hit **pegar (gu)** (10)

hobby **afición** *f.* (10)

hockey **hockey** *m.* (10)

holiday **día** (*m.*) **festivo** (9)

home *n.* **casa** (3); at home **en casa** (2); nursing home **residencia de ancianos** (12); to go home **regresar a casa** (2); *adj.* (*related to the home*) **doméstico/a** (8)

home appliance **aparato doméstico** (10)

homework **tarea** (5)

honeymoon **luna de miel** (16)

honk **tocar (qu)** (15)

hope **esperanza** (18); I hope (that) **ojalá (que)** (13); to hope **esperar** (12)

horn (*car*) **bocina** (15)

horse: to ride a horse **montar a caballo** (10)

host (*of an event*) **anfitrión, anfitriona** (9)

hot (*spicy*) **picante** (7); (*temperature*) **caliente** (7); it's (very) hot **hace (mucho) calor** (6); it's hot (trendy) **está de moda** (4); **es de última moda** (4); to be (very) hot **tener (mucho) calor** (6)

hot dog **salchicha** (7)

house **casa** (3)

household chore **quehacer** (*m.*) **doméstico** (10)

housekeeper: female housekeeper **ama** (*f.*) (*but* **el ama**) **de casa** (17); male housekeeper **amo de casa** (17)

housing **vivienda** (12)

how + *adj.*! **¡qué** + *adj.*! (14); how strange that . . . ! **¡qué extraño que… !** (13)

how? **¿cómo?** (1); how are you ? **¿cómo está(s)?** (1); **¿qué tal?** (1); how do you get to . . . ? **¿cómo se llega a… ?** (15); how many? **¿cuántos/as?** (2); how much? **¿cuánto?** (2); how much does it (do they) cost? **¿cuánto cuesta(n)?** (4); how often . . . ? **¿con qué frecuencia… ?** (3)

human body **cuerpo humano** (11)

humanities **humanidades** *f. pl.* (2)

hungry: to be (very) hungry **tener (mucha) hambre** (7)

hurry: to be in a hurry **tener prisa** (4)

hurt **doler (duele)** (*like* **gustar**) (11)

husband **esposo** (3), **marido** (16)

hybrid **híbrido/a** (15)

I

I *sub. pron.* **yo** (2); I am **soy** (1); I am from . . . (yo) **soy de…** (1); I didn't mean to do it **fue sin querer** (14); I hope (that) **ojalá (que)** (13); I would (really) like . . . **me gustaría (mucho)…** (8); I'm sorry **disculpa, discúlpame** *fam. s.* (14); **disculpe, discúlpeme** *form. s.* (14); I'm (very) sorry **lo siento (mucho)** (14)

ice cream **helado** (7)

identification card **tarjeta de identificación** (14)

if **si** (3)

illness **enfermedad** f. (11)

immediately **en seguida** (5)

impossible: it's impossible that **es imposible que** (13)

improbable: it's improbable that **es improbable que** (13)

in **en** (1); in case **en caso de (que)** (16); in cash **en efectivo** (17); in front of **delante de** (6); in love (with) **enamorado/a (de)** (16); in order to (*do something*) **para** + *inf.* (10); in the afternoon **de la tarde** (1); in the evening **de la noche** (1); in the morning **por la mañana** (2), **de la mañana** (1)

incredible: it's incredible that **es increíble que** (13)

indefinite and negative word *gram.* **palabra indefinida y negativa** (7)

inequality **desigualdad** f. (18)

inexpensive **barato/a** (4)

inflexible **inflexible** (14)

inform **informar** (18)

injection **inyección** f. (11)

inner ear **oído** (11)

insist (on) **insistir (en)** (12)

install **instalar** (12)

installments: in installments **a plazos** (17)

intelligent **inteligente** (3)

intended for **para** (3)

interest *n.* **interés** m. (17); *v.* to interest (*someone*) **interesar** (*like* **gustar**) (8)

Internet **Internet** m. (12); to go on the Internet **entrar en el Internet** (12); to look for on the Internet **buscar (qu) en el Internet** (12)

interrogative *gram.* **interrogativo/a** (1)

interstate **autopista** (15)

interview **entrevista** (17)

interviewee **entrevistado/a** (17)

interviewer **entrevistador(a)** (17)

invite **invitar** (7)

iPod **iPod** m. (12)

iron **planchar** (10)

island **isla** (6)

issue **cuestión** f. (17)

Italian (*language*) **italiano** (2)

its *poss. adj.* **su(s)** (3); (of) its *poss. adj., poss. pron.* **suyo/a(s)** (17)

J

jacket **chaqueta** (4)

January **enero** (6)

job **empleo** (17), **trabajo** (12); full-time job **empleo de tiempo completo** (17), **trabajo de tiempo completo** (14); part-time job **empleo de tiempo parcial** (17), **trabajo de tiempo parcial** (14); poorly paid job **empleo mal pagado** (17); well-paid job **empleo bien pagado** (17)

joke **chiste** m. (8)

journalist **periodista** m., f. (17)

juice **jugo** (7); fruit juice **jugo de fruta** (7)

July **julio** (6)

June **junio** (6)

just in case **por si acaso** (14)

K

keep **guardar** (12); **mantener** (*like* **tener**) (18); to keep on going **seguir** (**sigo**) (**i**) (15)

key **llave** f. (5)

kill **matar** (18)

kind **amable** (3)

king **rey** m. (18)

kiss: to kiss each other **besarse** (11)

kitchen **cocina** (5)

know **conocer (conozco)** (7); **saber** (7); to know how to (*do something*) **saber** + *inf.* (7)

L

laborer **obrero/a** (17)

lack **falta** (15)

lake **lago** (15)

lamp **lámpara** (5)

landlady **dueña** (12)

landline **teléfono fijo** (12)

landlord **dueño** (12)

language **lengua** (2); foreign language **lengua extranjera** (2)

laptop (computer) **computadora portátil** (2), **ordenador** (m.) **portátil** *Sp.* (12)

large **gran, grande** (3)

last **pasado/a** (11); **último/a** (14); for the last time **por última vez** (14); last night *adv.* **anoche** (11)

late **atrasado/a** (8); *adv.* **tarde** (2)

later: see you later **hasta luego** (1)

laugh (about) **reír(se) (río) (i) (de)** (9)

law **ley** f. (18)

lawyer **abogado/a** (17)

layer: ozone layer **capa de ozono** (15)

lazy **perezoso/a** (3)

lead a calm/healthy life **llevar una vida tranquila/sana** (11)

learn (about) **enterarse (de)** (18); to learn how to (*do something*) **aprender a** + *inf.* (3)

least: at least **por lo menos** (9)

leather *adj.* **de cuero** (4)

leave (*a place*) **salir (de)** (5); to leave behind (in [*a place*]) **dejar (en)** (10); to leave on vacation **salir de;** to leave undone **dejar sin hacer** (10); **vacaciones** (8)

left: to the left of **a la izquierda de** (6)

leg **pierna** (11)

lend **prestar** (8)

lenses: contact lenses **lentes** (m. pl.) **de contacto** (11)

less . . . than **menos… que** (6); less than + *number* **menos de** + *number* (6)

let (*someone*) go **despedir** (*like* **pedir**) (17)

letter **carta** (3)

lettuce **lechuga** (7)

librarian **bibliotecario/a** (2)

library **biblioteca** (2)

license: driver's license **licencia de conducir/manejar** (15)

lie **mentira** (12)

life **vida** (11); academic life **vida académica** (14); pace of life **ritmo de la vida** (15)

lift weights **levantar pesas** (11)

light *n.* **luz** f. (*pl.* **luces**) (14); *adj.* light (not heavy) **ligero/a** (7)

like *n.* **gusto** (1); do you like . . . ? **¿te gusta… ?** *fam. s.* (1); **¿a usted le gusta… ?** *form. s.* (1); I would (really) like . . . **me gustaría (mucho)…** (8); (no,) I don't like . . . **(no,) no me gusta** (1); to like very much **encantar** (*like* **gustar**) (8); what are you like? **¿cómo es usted?** *form. s.* (1); yes, I like . . . **sí, me gusta…** (1)

likeable **simpático/a** (3)

likely: it's likely that **es probable que** (13)

likewise **igualmente** (1)

limit: speed limit **límite** (m.) **de velocidad** (15)

line (*of people*) **cola** (8); to stand in line **hacer cola** (8)

listen to (*music, the radio*) **oír** (5); to listen (to) **escuchar** (2)

literature **literatura** (2)

little *n.* (a) little **poco** (2); a little bit (of) **un poco (de)** (2); *adj.* **poco/a** (4)

live **vivir** (3)

living room **sala** (5)

loan **préstamo** (17)

lobster **langosta** (7)

long **largo/a** (3)

look at **mirar** (3); to look for **buscar (qu)** (2); to look for on the Internet **buscar (qu) en el Internet** (12)

lose **perder (pierdo)** (5)

lot: a lot *adv.* **mucho** (2); a lot (of) **mucho/a** (3); an awful lot **muchísimo** (8); there's lots of **hay mucho/a** (6)

love *n.* **amor** m. (16); *adj.* in love (with) **enamorado/a (de)** (16); *v.* **amar** (16); **querer (quiero)** (16); **encantar** (*like* **gustar**) (8); to fall in love (with) **enamorarse (de)** (16); to love each other **quererse** (11)

luck: to have bad/good luck **tener mala/buena suerte** (14)

lucky: to be lucky **tener buena suerte** (14)

luggage **equipaje** m. (8)

lunch *n.* **almuerzo** (7); to have lunch **almorzar (almuerzo) (c)** (5)

lungs **pulmones** m. pl. (11)

-ly (adverbial suffix) **-mente** (14)

lyrics **letra** (7)

M

ma'am **señora (Sra.)** (1)

machine: automatic teller machine (ATM) **cajero automático** (17)

made: it is made of . . . **es de...** (4)

magazine **revista** (3)

mailbox: voice mailbox **buzón** (m.) **de voz** (12)

main course **plato principal** (7)

maintain **mantener** (*like* **tener**) (18)

make **hacer** (5); to make a mistake (about) **equivocarse (qu) (de)** (14); to make plans to (*do something*) **hacer planes para** + *inf.* (10); to make stops **hacer escalas/paradas** (8); to make the bed **hacer la cama** (10)

male housekeeper **amo de casa** (17)

mall: shopping mall **centro comercial** (4)

man **hombre** m. (2); **señor (Sr.)** m. (1)

manager **gerente** m., f. (17)

manufacture **fabricar (qu)** (15)

many **muchos/as** (3); as many . . . as **tanto/a(s)... como** (6); how many? **¿cuántos/as?** (2)

march **manifestación** f. (18)

March **marzo** (6)

market(place) **mercado** (4)

marriage **matrimonio** (16)

married: to be a married person **ser casado/a** (16); to be married (to) **estar casado/a (con)** (16)

marry **casarse (con)** (16)

mass media **medios** m. pl. (18)

masterpiece **obra maestra** (13)

match (*game*) **partido** (10)

material **material** (4)

math **matemáticas** f. pl. (2)

matter **cuestión** f. (17)

May **mayo** (6)

me *obj. of prep.* **mí** (6)

meal **comida** (7)

mean: I didn't mean to do it **fue sin querer** (14); that means . . . **eso quiere decir...** (11)

means of transportation **medio de transporte** (8)

meat **carne** f. (7)

mechanic **mecánico/a** (15)

medical: medical office **consultorio** (11); medical personnel **personal** (m.) **médico** (11)

medicine **medicina** (11)

medium of communication **medio de comunicación** (18)

meet **conocerse** (16); nice to meet you **mucho gusto** (1); to meet (*someone somewhere*) **encontrarse (me encuentro) (con)** (11)

memory **memoria** (12)

memory stick **pen drive** m. (12)

menu **menú** m. (7)

messy **desordenado/a** (6)

Mexican **mexicano/a** (3)

microwave oven **horno de microondas** (10)

middle age **madurez** f. (16)

midnight **medianoche** f. (6)

military service **servicio militar** (18)

milk **leche** f. (7)

million: one million **un millón (de)** (4)

mine, (of) mine *poss. adj., poss. pron.* **mío/a(s)** (17)

mineral water **agua** (f.; but **el agua**) **mineral** (7)

minute: fifteen minutes till (*hour*) **menos quince** (1); thirty minutes past (*the hour*) **y treinta** (1)

misbehave **portarse mal** (9)

miss (*an event*) **perder (pierdo)** (5)

Miss **señorita (Srta.)** (1)

mistake: to make a mistake (about) **equivocarse (qu) (de)** (14)

modem **módem** m. (12)

modern **moderno/a** (13)

molar **muela** (11)

mom **mamá** (3)

Monday **lunes** m. (5); next Monday **lunes que viene** (5); on Monday **el lunes** (5); on Mondays **los lunes** (5)

money **dinero** (2)

monitor **pantalla** (12); big screen monitor **pantalla grande** (12); flat screen monitor **pantalla plana** (12)

month **mes** m. (6)

moped **moto(cicleta)** (12)

more **más** (2); more . . . than **más... que** (6); more than + *number* **más de** + *number* (6)

morning: good morning **buenos días** (1); in the morning **por la mañana** (2); **de la mañana** (1)

mother **madre** f. (3); **mamá** (3)

motorcycle **moto(cicleta)** (12)

mountain **montaña** (8)

mouse **ratón** m. (12)

mouth **boca** (11)

move (*residence*) **mudarse** (12)

movie **película** (5); movie theater **cine** m. s. (5); movies **cine** m. s. (5)

Mr. **señor (Sr.)** m. (1)

Mrs. **señora (Sra.)** (1)

Ms. **señorita (Srta.)** (1)

much **mucho** (2); as much . . . as **tanto/a(s)... como** (6); as much as **tanto como** (6); how much? **¿cuánto?** (2); how much does it (do they) cost? **¿cuánto cuesta(n)?** (4)

museum: to visit a museum **visitar un museo** (10)

mushrooms **champiñones** m. pl. (7)

music **música** (13)

musical **musical** (13)

musician **músico** m., f. (13)

must (*do something*) **deber** + *inf.* (3)

my *poss. adj.* **mi(s)** (3); **mío/a(s)** (17)

N

name **nombre** m. (7); my name is . . . **me llamo...** (1); what is your name? **¿cómo se llama usted?** *form. s.* (1); **¿cómo te llamas?** *fam. s.* (1)

nap: to take a nap **dormir la siesta** (5)

narrate **contar (cuento)** (8)

nationality: adjective of nationality **adjetivo de nacionalidad** (3)

natural: natural resource **recurso natural** (15); natural sciences **ciencias** (f. pl.) **naturales** (2)

nature **naturaleza** (15)

nauseated **mareado/a** (11)

neat **ordenado/a** (6)

necessary **necesario/a** (3); it is necessary to (*do something*) **hay que** + *inf.* (13)

need **necesitar** (2)

negative: indefinite and negative word *gram.* **palabra indefinida y negativa** (7)

neighbor **vecino/a** (12)

neighborhood **barrio** (12)

neither **tampoco** (7)

nephew **sobrino** (3)

nervous **nervioso/a** (6)

network: social network **red** (f.) **social** (12)

never **jamás** (7), **nunca** (3); almost never **casi nunca** (3)

nevertheless **sin embargo** (6)

new **nuevo/a** (3)

New Year's Eve **Nochevieja** f. (9)

newlywed **recién casado/a** (16)

news **noticias** (18); news media **prensa** (18); the bad news **lo malo** (11); the good news **lo bueno** (11)

newscast **noticiero** (18)

newspaper **periódico** (3)

next *adv.* **luego** (5); *adj.* next (Tuesday . . .) **el próximo (martes...)** (5); next Monday **lunes** (m.) **que viene** (5); next week **próxima semana** (5)

nice **amable** (3), **simpático/a** (3); nice to meet you **mucho gusto** (1); (very) nice out **(muy) buen tiempo** (6)

niece **sobrina** (3)

night: at night **por la noche** (2); last night *adv.* **anoche** (11)

nine **nueve** (1)

nine hundred **novecientos/as** (4)

nineteen **diecinueve** (1)

ninety **noventa** (3)

ninth **noveno/a** (13)

no **no** (1); **ningún (ninguna)** (7); no, I don't like . . . **(no,) no me gusta** (1)

no one **nadie** (7)

nobody **nadie** (7)

noise **ruido** (5)

noon **mediodía** m. (6)

normal: it's normal that **es normal que** (13)

north **norte** *m.* (6)

nose **nariz** *f.* (*pl.* **narices**) (11)

not any **ningún (ninguna)** (7)

notebook **cuaderno** (2)

notes (*academic*) **apuntes** *m., pl.* (14)

nothing **nada** (7)

noun *gram.* **sustantivo** (2)

novel **novela** (13)

novelist **novelista** *m., f.* (13)

November **noviembre** *m.* (6)

now **ahora** (2); right now **ahora mismo** (6)

nuclear energy **energía nuclear** (15)

number **número** (1); ordinal number *gram.* **número ordinal** (13)

nurse **enfermero/a** (11)

nursing home **residencia de ancianos** (12)

O

o'clock: it's . . . o'clock **son las…** (1)

obey **obedecer (obedezco)** (15)

object **objeto** (2)

obligation **deber** *m.* (18)

obtain **obtener** (*like* **tener**) (12); **conseguir** (*like* **seguir**) (9)

ocean **océano** (8)

October **octubre** *m.* (6)

of **de** (1); of course! **¡por supuesto!** (14); of the **del** (3)

off: to turn off **apagar (gu)** (14)

offer **ofrecer (ofrezco)** (8)

office **oficina** (2); (*in a home*) **estudio** (5); (*medical*) **consultorio** (11); (*political*) **cargo** (18)

often: how often . . . ? **¿con qué frecuencia… ?** (3)

oil **aceite** *m.* (7); **petróleo** (15)

OK: it's OK **está bien** (6)

old **viejo/a** (3); old age **vejez** *f.* (16)

older (than) **mayor (que)** (6)

on **en** (1); on a trip **de viaje** (8); on Monday **el lunes** (5); on the dot (*time*) **en punto** (1); on top of **encima de** (6); on Tuesdays **los martes** (5); on vacation **de vacaciones** (8)

one **uno** (1); it's one o'clock **es la una** (1)

one hundred **cien** (3); (*used with* 101–199) **ciento** (4)

one hundred ninety-nine **ciento noventa y nueve** (4)

one hundred one **ciento uno** (4)

one hundred two **ciento dos** (4)

one million **un millón (de)** (4)

one thousand **mil** (4)

only *adv.* **solo** (2)

open *v.* **abrir** (*p.p.* **abierto**) (3); *adj.* **abierto/a** (6)

opera **ópera** (13)

operate (*a machine*) **manejar** (12)

or **o** (1)

oral **oral** (14); oral report **informe** (*m.*) **oral** (14)

orange *n.* **naranja** (7); *adj.* **anaranjado/a** (4)

orchestra **orquesta** (13)

order **mandar** (12); (*in a restaurant*) **pedir (pido) (i)** (5)

ordinal number *gram.* **número ordinal** (13)

other **otro/a** (3); others **los/las demás** (12)

ought to (*do something*) **deber** + *inf.* (3)

our *poss. adj.* **nuestro/a(s)** (3); our, of ours *poss. adj., poss. pron.* **nuestro/a(s)** (17)

outdoors *adv.* **afuera** (6)

outer ear **oreja** (11)

outskirts **afueras** *f. pl.* (12)

overcast: it's (very) overcast **está (muy) nublado** (6)

own, one's own **propio/a** (17)

owner **dueño/a** (7)

ozone layer **capa de ozono** (15)

P

P.M. **de la noche** (1); **de la tarde** (1)

pace of life **ritmo de la vida** (15)

pack one's suitcase(s) **hacer la(s) maleta(s)** (8)

paid: poorly paid job/position **empleo mal pagado** (17)

pain (in) **dolor** *m.* (**de**) (11); to have a pain in **tener dolor de** (11)

paint **pintar** (13)

painter **pintor(a)** (13)

painting (*general*) **pintura** (13); (*specific piece*) **cuadro** (13)

pants **pantalones** *m. pl.* (4)

paper **papel** *m.* (2)

pardon me **disculpa, discúlpame** *fam. s.* (14); **disculpe, discúlpeme** *form. s.* (14)

parents **padres** *m. pl.* (3)

park **estacionar** (14)

parking lot/place **estacionamiento** (15)

part **parte** *f.* (5)

part-time job/position **empleo de tiempo parcial** (17), **trabajo de tiempo parcial** (14)

partner **pareja** (16)

party **fiesta** (2); political party **partido** (18); to throw a party **dar una fiesta** (9); **hacer una fiesta** (9)

pass: boarding pass **tarjeta de embarque** (8)

pass through customs **pasar por la aduana** (8); to pass through security (check) **pasar por el control de seguridad** (8)

passenger **pasajero/a** (8)

passport **pasaporte** *m.* (8)

password **contraseña** (12)

past **pasado/a** (11)

pastime **pasatiempo** (10)

patient **paciente** *n. m., f.* (11)

patio **patio** (5)

pay *n.* (*often per hour*) **salario** (17); *v.* to pay (for) **pagar (gu)** (2)

pea: green peas **arvejas** *f. pl.* (7)

peace **paz** *f.* (*pl.* **paces**) (18)

peasant **campesino/a** (15)

pen **bolígrafo** (2)

pencil **lápiz** *m.* (*pl.* **lápices**) (2)

people **gente** *f. s.* (12)

pepper **pimienta** (7)

permit **permitir** (12)

person **persona** (2)

personal pronoun *gram.* **pronombre** (*m.*) **personal** (2)

personnel: medical personnel **personal** (*m.*) **médico** (11)

pet **mascota** (3)

petroleum **petróleo** (15)

pharmacist **farmacéutico/a** (11)

phase **etapa** (16)

philosophy **filosofía** (2)

phone **teléfono** (2); cell phone **teléfono celular** (2); to talk on the phone **hablar por teléfono** (2)

photo(graph) **foto(grafía)** (8); to take photos **sacar (qu) fotos** (8)

photocopy **fotocopia** (12)

photographer **fotógrafo/a** (17)

photography **fotografía** (13)

physics **física** (2)

pick up **recoger (recojo)** (14)

picnic: to have a picnic **hacer un** *picnic* (10)

pie **pastel** *m.* (7)

piece: piece of advice **consejo** (7); piece of furniture **mueble** *m.* (5)

Pilates: to do Pilates **hacer (el método) Pilates** (11)

pill **pastilla** (11)

pilot **piloto** *m., f.* (8)

pink **rosado/a** (4)

place *n.* **lugar** *m.* (2); (*in line*) **puesto** (8); parking place **estacionamiento** (15); *v.* **poner** (5)

plaid **de cuadros** (4)

plan: to make plans to **hacer planes** (10)

plane: to fly, go/travel by plane **volar (vuelo) en avión** (8); **ir en avión** (8)

planet **planeta** *m.* (15)

plasma **plasma** *m.* (12)

plate **plato** (5)

play (*dramatic*) *n.* **obra de teatro** (13); (*a game, sport*) *v.* **jugar (juego) (gu) (a, al)** (5); (*a musical instrument*) **tocar (qu)** (2); to play cards **jugar (juego) (gu) a las cartas** (10); to play chess **jugar (juego) (gu) al ajedrez** (10)

player **jugador(a)** (10)

playwright **dramaturgo/a** (13)

plaza **plaza** (4)

pleasantry **expresión** (*f.*) **de cortesía** (1)

please **por favor** (1)

pleased to meet you **encantado/a** (1)

pleasing: to be pleasing **gustar** (8)

plumber **plomero/a** (17)

poet **poeta** *m., f.* (13)

point: cardinal point **punto cardinal** (6)

police officer **policía** *m., f.* (15)

policy **política** (18)

political: political office **cargo** (18); political party **partido** (18); political science **ciencias** (*f. pl.*) **políticas** (2)

politician **político/a** (18)

politics **política** *s.* (18)

polka-dot **de lunares** (4)

pollute **contaminar** (15)

polluted **contaminado/a** (15)

pollution: there's (lots of) pollution **hay (mucha) contaminación** *f.* (6)

poor **pobre** (3); poorly paid job/position **empleo mal pagado** (17); to do poorly **salir mal** (5); to get along poorly (with) **llevarse mal (con)** (16)

population **población** *f.* (15)

pork chop **chuleta (de cerdo)** (7)

port **puerto** (8)

porter **maletero** (8)

position **empleo** (17); part-time position **empleo de tiempo parcial** (17), **trabajo de tiempo parcial** (14); poorly paid position **empleo mal pagado** (17); to run for a position (as a candidate) **postularse para un cargo (como candidato/a)** (18); well-paid position **empleo bien pagado** (17)

possessive **posesivo/a** (17); possessive adjective *gram.* **adjetivo posesivo** (3)

possible **posible** (3); it's possible that **es posible que** (13)

postcard **tarjeta postal** (8)

potato: French fried potato **papa/patata frita** (7)

pottery **cerámica** (13)

practice **practicar (qu)** (2); **entrenar** (10)

prefer **preferir (prefiero)** (4)

preference **preferencia** (1)

prepare **preparar** (7)

preposition *gram.* **preposición** *f.* (5)

prescription **receta** (11)

present **regalo** (3)

press **prensa** (18)

pressure **presión** (14); to be under a lot of pressure **estar bajo muchas presiones** (14)

pretty **bonito/a** (3)

price (*of a transportation ticket*) **pasaje** *m.* (8); fixed, set price **precio fijo** (4)

print **imprimir** (12)

printer **impresora** (12)

probable: it's probable that **es probable que** (13)

profession **profesión** *f.* (17)

professor **profesor(a)** (1)

programmer **programador(a)** (17)

prohibit **prohibir (prohíbo)** (12)

promise **prometer** (8)

pronoun: personal pronoun *gram.* **pronombre** (*m.*) **personal** (2)

protect **proteger (protejo)** (15)

provided **con tal de** (16); provided (that) **con tal (de) que** (16)

psychiatrist **siquiatra** *m., f.* (17)

psychologist **sicólogo/a** (17)

psychology **sociología** (2)

public **público/a** (15)

pure **puro/a** (15)

purple **morado/a** (4)

purpose: for what purpose? **¿para qué... ?** (16)

purse **bolso** (4)

put **poner** (5); to put on (*an article of clothing*) **ponerse** (5)

Q

quarter: a quarter (fifteen minutes) after (*the hour*) **y cuarto** (1); a quarter to (*hour*) **menos cuarto** (1)

queen **reina** (18)

question **pregunta** (5); to ask a question **hacer una pregunta** (5)

quit **dejar** (17)

quiz **prueba** (14)

R

radio station **estación** (*f.*) **de radio** (18)

rain **llover (llueve)** (6); it's raining **llueve** (6)

raincoat **impermeable** *m.* (4)

raise **aumento** (12)

rather **bastante** (16)

read **leer** (*like* **creer**) (3)

reason: for that reason **por eso** (3)

receipt **recibo** (17)

receive **recibir** (3)

receptionist **recepcionista** *m., f.* (17)

recipe **receta** (7)

recommend **recomendar (recomiendo)** (8)

record **grabar** (12)

recycle **reciclar** (15)

recycling **reciclaje** *m.* (15)

red **rojo/a** (4); red wine **vino tinto** (7)

reflexive verb *gram.* **verbo reflexivo** (5)

refrigerator **refrigerador** *m.* (10)

regret **lamentar** (13), **sentir (siento) (i)** (13)

relationship: emotional relationship **relación** (*f.*) **sentimental** (16)

relative **pariente** *m., f.* (3)

remain (*in a place*) **quedarse** (6); to remain, be left **quedar** (14)

remember **acordarse (me acuerdo) (de)** (13); **recordar (recuerdo)** (9)

remote control **control** (*m.*) **remoto** (12)

renewable **renovable** (15); renewable energy **energía renovable** (15)

rent *n.* **alquiler** *m.* (12); *v.* to rent **alquilar** (12)

renter **inquilino/a** (12)

repair **arreglar** (15), **reparar** (15); repair shop **taller** *m.* (15)

report **trabajo** (14); oral report **informe** (*m.*) **oral** (14); written report **informe** (*m.*) **escrito** (14)

reporter **reportero/a** (18)

residence **residencia** (12)

resign (from) **renunciar (a)** (17)

resolve **resolver (resuelvo)** (15)

resource: natural resource **recurso natural** (15)

responsibility **deber** *m.* (18)

rest **descansar** (18)

restaurant **restaurante** *m.* (7)

résumé **currículum** *m.* (17)

retire **jubilarse** (17)

return (*something to someone*) **devolver** (*like* **volver**) (14); (*to a place*) **regresar** (2), **volver (vuelvo)** (5)

rice **arroz** *m.* (7)

rich (*wealthy*) **rico/a** (3); (*tasty*) **rico/a** (7)

ride: to ride a bicycle **pasear en bicicleta** (10); to ride a horse **montar a caballo** (10)

right (*legal*) **derecho** (18); right? **¿no?** (4), **¿verdad?** (4); right now **ahora mismo** (6); right now (*currently*) **de/en la actualidad** (10); to be right **tener razón** (4); to the right of **a la derecha de** (6)

ring **sonar (suena)** (10)

river **río** (15)

roast(ed) **asado/a** (7); roast chicken **pollo asado** (7)

role **papel** *m.* (13)

rollerblade **patinar en línea** (10)

room **cuarto** (2); waiting room **sala de espera** (8)

roommate **compañero/a de cuarto** (2)

round-trip ticket **billete** *m.* (*Sp.*) **/ boleto** (*L.A.*) **de ida y vuelta** (8)

routine **rutina** (5)

rug **alfombra** (5)

ruin **ruina** (13)

run **correr** (10); to run against/into **chocar (qu) contra/con** (14); **pegarse (gu) con** (14); to run as a candidate **postularse como candidato/a** (18); to run for a position **postularse para un cargo** (18); (*machines*) **funcionar** (12); to run out of **acabar** (14)

S

sad **triste** (6)

sake: for heaven's sake **por Dios** (14)

salad **ensalada** (7)

salary **sueldo** (12)

sales **rebajas** *f. pl.* (4)

salesperson **vendedor(a)** (17)

salmon **salmón** *m.* (7)

salt **sal** *f.* (7)

same **mismo/a** (6); same here **igualmente** (1)

sandals **sandalias** *f. pl.* (4)

sandwich **sándwich** *m.* (7)

Saturday **sábado** (5)

sausage **salchicha** (7)

save **conservar** (15); (*a place in line*) **guardar un puesto** (8); (*documents*) **almacenar** (12), **guardar** (12); (*money*) **ahorrar** (17)

savings account **cuenta de ahorros** (17)

savory **rico/a** (7)

say **decir** (8); to say good-bye (to) **despedir(se)** (*like pedir*) **(de)** (9)

scanner **escáner** *m.* (12)

scenery **escenario** (13)

schedule **horario** (14)

school **escuela** (10)

schoolteacher **maestro/a de escuela** (17)

science **ciencia** (2); computer science **computación** *f.* (2); natural sciences **ciencias** (*f. pl.*) **naturales** (2); political science **ciencias** (*f. pl.*) **políticas** (2); social sciences **ciencias** (*f. pl.*) **sociales** (2)

screen **pantalla** (12); big screen (monitor) **pantalla grande** (12); flat screen (monitor) **pantalla plana** (12)

script **guión** *m.* (13)

sculptor **escultor(a)** (13)

sculpture **escultura** (13)

sea **mar** *m.* (8)

season **estación** *f.* (6)

seat **asiento** (8)

second **segundo/a** (13); second floor (third story) **segundo piso** (12)

secretary **secretario/a** (2)

security (check) **control** (*m.*) **de seguridad** (8); to go/pass through security (check) **pasar por el control de seguridad** (8)

see **ver** (5); see you around **nos vemos** (1); see you later **hasta luego** (1); see you tomorrow **hasta mañana** (1)

sell **vender** (3)

send a text **mandar un mensaje** (2)

separate (from) **separarse (de)** (16)

separated from **separado/a (de)** (16)

separation **separación** *f.* (16)

September **septiembre** *m.* (6)

serve **servir (sirvo) (i)** (5)

service **servicio** (15); military service **servicio militar** (18)

set price **precio fijo** (4)

set the table **poner la mesa** (10)

seven **siete** (1)

seven hundred **setecientos/as** (4)

seventeen **diecisiete** (1)

seventh **séptimo/a** (13)

seventy **setenta** (3)

shake hands **darse la mano** (11)

shame: it's a shame that **es una lástima que** (13); what a shame that . . . ! **¡qué lástima que… !** (13)

shape **forma** (4)

share **compartir** (17)

shave **afeitarse** (5)

she *sub. pron.* **ella** (2)

shellfish **mariscos** *m. pl.* (7)

ship **barco** (8); cruise ship **crucero** (8); to go/travel by ship **ir en barco** (8)

shirt **camisa** (4)

shoes **zapatos** *m. pl.* (4)

shop **tienda** (4); repair shop **taller** *m.* (15)

shopping **de compras** (4); shopping mall **centro comercial** (4); to go shopping **ir de compras** (4)

short (*in height*) **bajo/a** (3); (*in length*) **corto/a** (3)

shorts **pantalones** (*m. pl.*) **cortos** (4)

shot: to give (*someone*) a shot **ponerle una inyección** (11)

should (*do something*) **deber** + *inf.* (3)

show *n.* **espectáculo** (13); *v.* **mostrar (muestro)** (8)

shower: to take a shower **ducharse** (5)

shrimp **camarones** *m., pl.* (7)

siblings **hermanos** *m. pl.* (3)

sick **enfermo/a** (6); to become sick **enfermarse** (9)

sickness **enfermedad** *f.* (11)

sidewalk **acera** (15)

silk *adj.* **de seda** (4)

silly **tonto/a** (3)

silver *adj.* **de plata** (4)

sing **cantar** (2)

singer **cantante** *m., f.* (13)

single (*not married*) **soltero/a** (16)

sink: bathroom sink **lavabo** (5)

sir **señor (Sr.)** *m.* (1)

sister **hermana** (3)

sit down **sentarse (me siento)** (5)

six **seis** (1)

six hundred **seiscientos/as** (4)

sixteen **dieciséis** (1)

sixth **sexto/a** (13)

sixty **sesenta** (3)

skate *n.* (*roller/inline*) **patines** *m. pl.* (12); *v.* **patinar** (10)

skateboard **monopatín** *m.* (12)

skating **patinaje** *m.* (10)

ski **esquiar (esquío)** (10)

skiing **esquí** *m.* (10)

skirt **falda** (4)

skyscraper **rascacielos** *m. inv.* (15)

sleep **dormir (duermo) (u)** (5)

sleepy: to be sleepy **tener sueño** (4)

slender **delgado/a** (3)

small **pequeño/a** (3); small child **niño/a** (3)

smart **listo/a** (3)

smile **sonreír(se)** (*like reír*) (9)

smoke **fumar** (8)

smoking area **sala de fumadores/fumar** (8)

snack **merienda** (7); to have a snack **merendar (meriendo)** (7)

snow **nevar (nieva)** (6); it's snowing **nieva** (6)

so that **para que** (16)

so-so **regular** (1)

soccer **fútbol** *m.* (10)

social: social network **red** (*f.*) **social** (12); social sciences **ciencias sociales** (2); social worker **trabajador(a) social** (17)

socks **calcetines** *m. pl.* (4)

soft drink **refresco** (7)

solar energy **energía solar** (15)

soldier **soldado** (17); female soldier **mujer** (*f.*) **soldado** (17)

solve **resolver (resuelvo)** (15)

some **algún (alguna/os/as)** (7)

someone **alguien** (7)

something **algo** (7)

sometimes **a veces** (3)

son **hijo** (3)

song **canción** *f.* (13)

soon: as soon as **en cuanto** (17), **tan pronto como** (17)

sorry: to feel sorry **lamentar** (13), **sentir (siento) (i)** (13); I'm (very) sorry **lo siento (mucho)** (14)

sound **sonar (suena)** (10)

soup **sopa** (7)

south **sur** *m.* (6)

Spanish (*language*) **español** *m.* (2); *n., adj.* **español(a)** (3)

spare (free) time **ratos** (*m. pl.*) **libres** (10)

speak **hablar** (2)

species: species **especie** *f.* (15); endangered species **especie** (*f.*) **en peligro de extinción** (15)

spectator **espectador(a)** (13)

speed limit **límite** (*m.*) **de velocidad** (15)

spend (*money*) **gastar** (9); (*time*) **pasar** (6); to spend one's vacation in . . . **pasar las vacaciones en…** (8)

spicy **picante** (7)

sport **deporte** *m.* (10)

sporting **deportivo/a** (10)

sports, sports-loving *adj.* **deportivo/a** (10)

spring **primavera** (6)

square **plaza** (4)

stage **escenario** (13); (*phase*) **etapa** (16)

stairs **escaleras** *f. pl.* (14)

stand up **levantarse** (5); to stand in line **hacer cola** (8)

start **empezar (empiezo) (c)** (5); to start up (*a car*) **arrancar (qu)** (15)

state **estado** (3); emotional state **estado afectivo** (9)

station **estación** *f.* (8); bus station **estación de autobuses** (8); gas station **estación de servicio** (15); radio station **estación de radio** (18); station wagon **camioneta** (8)

stay **quedarse** (6); to stay in bed **guardar cama** (11)

steak **bistec** *m.* (7)

stick out one's tongue **sacar (qu) la lengua** (11)

still **todavía** (6)

stockings **medias** *f. pl.* (4)

stomach **estómago** (11)

stop *n.* **escala** (8), **parada** (8); bus stop **parada del autobús** (12); subway stop **parada del metro** (12); to make stops **hacer escalas** (8), **hacer paradas** (8); to stop **parar** (15); to stop (*doing something*) **dejar de** + *inf.* (11)

store *n.* **tienda** (4); *v.* **almacenar** (12)

stove **estufa** (10)

straight ahead **(todo) derecho** (15), **todo recto** (15)

strange: how strange that . . . ! **¡qué extraño que… !** (13); it's strange that **es extraño que** (13)

street **calle** *f.* (12)

street corner **esquina** (15)

stress **estrés** *m.* (14); to be under a lot of stress **tener muchas presiones** (14); under stress, stressed out **estresado/a** (14)

strike (*labor*) **huelga** (18)

striped **de rayas** (4)

struggle **lucha** (18)

student *n.* **estudiante** *m., f.* (2); *adj.* **estudiantil** (14)

study **estudiar** (2)

stuffed up **resfriado/a** *adj.* (11)

subject area **materia** (2)

suburbs **afueras** *f. pl.* (12)

subway stop **parada del metro** (12)

succeed in (*doing something*) **conseguir** (*like* **seguir**) + *inf.* (9)

suddenly **de repente** (11)

suffer **sufrir (de)** (14)

sufficiently **bastante** (16)

sugar **azúcar** *m.* (7)

suggest **sugerir (sugiero) (i)** (9)

suit **traje** *m.* (4)

suitcase **maleta** (8); to pack one's suitcase(s) **hacer la(s) maleta(s)** (8)

summer **verano** (6)

sunbathe **tomar el sol** (8)

Sunday **domingo** (5)

sunny: it's (very) sunny **hace (mucho) sol** (6)

supper **cena** (7); to have (eat) supper **cenar** (7)

sure **seguro/a** (6); it's a sure thing that **es seguro que** (13)

surf **hacer surfing** (10)

surprise **sorprender** (*like* **gustar**) (13)

SUV **SUV** *m.* (15)

sweater **suéter** *m.* (4)

sweatshirt **sudadera** (4)

sweep (the floor) **barrer (el piso)** (10)

sweets **dulces** *m. pl.* (7)

swim **nadar** (8)

swimming **natación** *f.* (10); swimming pool **piscina** (5)

swimsuit **traje** (*m.*) **de baño** (4)

syllabus **programa del curso** (14)

symptom **síntoma** *m.* (11)

systems analyst **analista** (*m., f.*) **de sistemas** (17)

T

T-shirt **camiseta** (4)

table **mesa** (2); to clear the table **quitar la mesa** (10); to set the table **poner la mesa** (10)

take **tomar** (2); **llevar** (4); to take a bath **bañarse** (5); to take a nap **dormir la siesta** (5); to take a shower **ducharse** (5); to take a trip **hacer un viaje** (5); to take a vacation **tomar unas vacaciones** (8); to take a walk **dar un paseo** (10); to take care of oneself **cuidarse** (11); to take off (*an article of clothing*) **quitarse** (5); to take out **sacar (qu)** (17); to take out the trash **sacar (qu) la basura** (10); to take photos **sacar (qu) fotos** (8); to take place at/in (*a place*) **ser en** + *place* (9); to take someone's temperature **tomarle la temperatura** (11)

talk **hablar** (2); to talk on the phone **hablar por teléfono** (2)

tall **alto/a** (3)

tame **domesticado/a** (15)

tank **tanque** *m.* (15)

tape **grabar** (12)

tape player/recorder **grabadora** (12)

tasty **rico/a** (7)

tea **té** *m.* (7)

teach **enseñar** (2)

team **equipo** (10)

technician **técnico/a** (17)

television: to watch television **mirar la tele(visión)** (3)

tell **contar (cuento)** (8); **decir** (8)

teller **cajero/a** (17); automatic teller machine (ATM) **cajero automático** (17)

temperature **temperatura** (11); to take someone's temperature **tomarle la temperatura** (11)

ten **diez** (1)

tenant **inquilino/a** (12)

tennis **tenis** *m.* (10)

tennis shoes **tenis** *m. pl.* (4)

tent **tienda de campaña** (8)

tenth **décimo/a** (13)

terrible: it's terrible that **es terrible que** (13)

terrorism **terrorismo** (18)

terrorist **terrorista** *m., f.* (18); terrorist attack **ataque** (*m.*) **terrorista** (18)

test **examen** *m.* (4); **prueba** (14)

text: to (send a) text **mandar un mensaje** (2)

textbook **libro de texto** (2)

than: less . . . than **menos… que** (6); less than + *number* **menos de** + *number* (6); more . . . than **más… que** (6); more than + *number* **más de** + *number* (6); older than **mayor que** (6); younger than **menos que** (6)

thank you (very much) **(muchas) gracias** (1); thanks for **gracias por** + *inf./ noun* (9)

that *conj.* **que** (3); that *adj.* **ese/a** (4); *pron.* **eso** (4); that ([way] over there) *adj.* **aquel, aquella** (4); that ([way] over there) *pron.* **aquello** (4); that means . . . **eso quiere decir…** (11); that which **lo que** (5)

theater: to go to the theater **ir al teatro** (10)

their *poss. adj.* **su(s)** (3); (of) theirs *poss. adj., poss pron.* **suyo/a(s)** (17)

them *obj.* (*of prep.*) **ellos/as** (2)

then **luego** (5)

there **allí** (4)

there: (way) over there **allá** (4)

there is/are **hay** (1); is there / are there? **¿hay?** (1); there is/are not **no hay** (1); there's (lots of) **hay (mucho/a)** (6)

these *adj., pron.* **estos/as** (3)

they *sub. pron.* **ellos/as** (2)

thin **delgado/a** (3)

thing **cosa** (5); the bad thing **lo malo** (11); the good thing **lo bueno** (11)

think **creer (en)** (3); to think (about) **pensar (pienso) (en)** (5)

third **tercer(o/a)** (13)

thirsty: to be (very) thirsty **tener (mucha) sed** (7)

thirteen **trece** (1)

thirty **treinta** (1); thirty minutes past (*the hour*) **y treinta** (1)

this *adj., pron.* **este/a** (3); *pron.* **esto** (3)

those *adj., pron.* **esos/as** (4); those ([way] over there) *adj., pron.* **aquellos/as** (4)

three **tres** (1)

three hundred **trescientos/as** (4)

throat **garganta** (11)

through **por** (8)

throw: to throw a party **dar/hacer una fiesta** (9)

Thursday **jueves** *m.* (5)

ticket **billete** *m.* (*Sp.*) / **boleto** (*L.A.*) (8); round-trip ticket **billete/boleto de ida y vuelta** (8)

tie **corbata** (4)

time **tiempo** (6); at what time . . . ? **¿a qué hora… ?** (1); conjunction of time **conjunción** (*f.*) **de tiempo** (17); for the first/last time **por primera/última vez** (14); free time **tiempo libre** (10); on

time **a tiempo** (8); spare (free) time
ratos (*m. pl.*) **libres** (10); to have a bad
time **pasarlo mal** (9); to have a good
time **divertirse (me divierto)** (5);
pasarlo bien (9); what time is it? **¿qué
hora es?** (1)
tire: flat tire **llanta desinflada** (15)
tired **cansado/a** (6); to get tired
cansarse (11)
to **a** (1); to the **al** (4); to the right of **a la
derecha de** (6)
toast **pan tostado** (7)
toasted **tostado/a** (7)
toaster **tostadora** (10)
today **hoy** (1); what day is today? **¿qué
día es hoy?** (5); what's today's date?
¿cuál es la fecha de hoy? (6), **¿qué
fecha es hoy?** (6)
toe **dedo del pie** (11)
together **juntos/as** (8)
tomato **tomate** *m.* (7)
tomorrow **mañana** (1); see you tomorrow
hasta mañana (1)
tongue **lengua** (11); to stick out one's
tongue **sacar (qu) la lengua** (11)
tonight **esta noche** (6)
too much **demasiado** *adv.* (9)
tooth **diente** *m.* (5); back tooth **muela**
(11); to brush one's teeth **cepillarse
los dientes** (5)
top: on top of **encima de** (6)
towel **toalla** (5)
trade (*profession*) **oficio** (17)
tradition: cultural tradition **tradición** (*f.*)
cultural (13)
traditional **folclórico/a** (13)
traffic **circulación** *f.* (15), **tráfico** (15),
tránsito (15); traffic signal
semáforo (15)
train **tren** *m.* (8); to go/travel by train **ir
en tren** (8); to train **entrenar** (10);
train station **estación** (*f.*) **del tren** (8)
translator **traductor(a)** (17)
transportation: means of transportation
medio de transporte (8)
trash: to take out the trash **sacar (qu) la
basura** (10)
travel **viajar** (8); to travel by bus **ir en
autobús** (8); to travel by boat/ship **ir
en barco** (8); to travel by plane **ir en
avión** (8)
traveling **de viaje** (8)
treadmill **caminadora** (11)
treatment **tratamiento** (11)
tree **árbol** *m.* (9)
trendy: it's trendy **está de moda** (4), **es
de última moda** (4)
trip **viaje** *m.* (5); on a trip **de viaje** (8); to
take a trip **hacer un viaje** (5)
try to (*do something*) **tratar de** + *inf.* (13)
Tuesday **martes** *m.* (5); on Tuesdays **los
martes** (5)

tuition **matrícula** (2)
tuna **atún** *m.* (7)
turkey **pavo** (7)
turn **doblar** (15); to be someone's turn
tocarle (qu) a uno (10); to turn on
(*an appliance*) **poner** (5); to turn off
apagar (gu) (14); to turn out badly
salir mal (5); to turn out well **salir
bien** (5)
twelve **doce** (1)
twenty **veinte** (1)
twice **dos veces** (11)
Twitter **Twitter** *m.* (12)
two **dos** (1)
two hundred **doscientos/as** (4)

U

ugly **feo/a** (3)
uncle **tío** (3); aunts and uncles **tíos** *m. pl.* (3)
under stress **estresado/a** (14); to be
under a lot of stress **tener muchas
presiones** (14)
understand **comprender** (3); **entender
(entiendo)** (5)
underwear **ropa interior** (4)
undone: to leave undone **dejar sin
hacer** (10)
unfortunately **desgraciadamente** (11)
United States: of the United States of
America *n., adj.* **estadounidense** (3)
university *n.* **universidad** *f.* (2); *adj.*
universitario/a (14)
unless **a menos que** (16); **sin que** (16)
unlikely: it's unlikely that **es improbable
que** (13)
unlucky: to be unlucky **tener mala
suerte** (14)
unoccupied **libre** (10)
unpleasant **antipático/a** (3)
until **hasta que** (17)
up: to be up to date **estar al día** (18)
urgent: it's urgent that **es urgente
que** (13)
us *obj.* (*of prep.*) **nosotros/as** (2)
use **usar** (4); (*gas*) **gastar** (15); to be used
for **servir (sirvo) (i) para** (5)

V

vacation: on vacation **de vacaciones** (8);
to be on vacation **estar de vacaciones** (8); to go on vacation in/to . . . **ir
de vacaciones a…** (8); to leave on
vacation **salir de vacaciones** (8); to
spend one's vacation in . . . **pasar las
vacaciones en…** (8); to take a vacation **tomar unas vacaciones** (8)
vacuum cleaner **aspiradora** (10); to
vacuum **pasar la aspiradora** (10)
van **camioneta** (8)
vegetables **verduras** (7)
vehicle **vehículo** (12)

verb *gram.* **verbo** (2); reflexive verb
gram. **verbo reflexivo** (5)
very *adv.* **muy** (2); very very **-ísimo** (9);
very well **muy bien** (1)
veterinarian **veterinario/a** (17)
victim **víctima** (18)
video **video** (12)
view **vista** (12)
visit a museum **visitar un museo** (10)
voice mailbox **buzón** (*m.*) **de voz** (12)
volleyball **voleibol** *m.* (10)
vote **votar** (18)

W

wages (*often per hour*) **salario** (17)
wait (for) **esperar** (7)
waiter/waitress **camarero/a** (7)
waiting room **sala de espera** (8)
wake up **despertarse (me despierto)** (5)
walk **caminar** (10); to take a walk **dar un
paseo** (10)
wallet **cartera** (4)
want **desear** (2); **querer (quiero)** (4)
war **guerra** (18)
wash **lavar** (10)
washing machine **lavadora** (10)
watch *n.* **reloj** *m.* (4); *v.* **mirar** (3);
to watch television **mirar la
tele(visión)** (3)
water **agua** *f.* (*but* **el agua**) (7)
way over there **allá** (4)
we *sub. pron.* **nosotros/as** (2)
wear **llevar** (4), **usar** (4)
weather **tiempo** (6); what's the weather
like? **¿qué tiempo hace?** (6); it's (very)
good/bad weather **hace (muy) buen/
mal tiempo** (6)
weave **tejer** (13)
wedding (*ceremony*) **boda** (16)
Wednesday **miércoles** *m.* (5)
week: days of the week **días** (*m. pl.*) **de la
semana** (5); next week **la próxima
semana** (5), **la semana que viene** (5);
once a week **una vez a la semana** (3)
weekend **fin** (*m.*) **de semana** (2)
weight: to lift weights **levantar
pesas** (11)
welcome: you're welcome **de nada** (1),
no hay de qué (1)
well: very well **muy bien** (1); to come/
turn out well **salir bien** (5); to do well
salir bien (5)
well-being **bienestar** *m.* (11)
well-paid job/position **empleo bien
pagado** (17)
west **oeste** *m.* (6)
whale **ballena** (15)
what **lo que** (5)
what? **¿cómo?** (1); **¿cuál?** (2); **¿qué?** (1);
at what time? **¿a qué hora… ?** (1);
for what purpose? **¿para qué… ?** (16);
what (a) + *noun!* **¡qué** + *noun!* (14); what

a shame that . . . ! **¡qué lástima que… !** (13); what are you like? **¿cómo es usted?** *form. s.* (1); what day is today? **¿qué día es hoy?** (5); what for? **¿para qué… ?** (16); what is your name? **¿cómo se llama usted?** *form. s.;* **¿cómo te llamas?** *fam. s.* (1); what time is it? **¿qué hora es?** (1); what's the weather like? **¿qué tiempo hace?** (6); what's today's date? **¿cuál es la fecha de hoy?** (6), **¿qué fecha es hoy?** (6)

when? **¿cuándo?** (2)

where? **¿dónde?** (1); where (to)? **¿adónde?** (4); where are you from? **¿de dónde eres (tú)?** *fam. s.* (1); **¿de dónde es usted?** *form. s.* (1)

which **que** (3)

which? **¿cuál?** (2)

while **mientras** (10)

white **blanco/a** (4); white wine **vino blanco** (7)

whiteboard **pizarrón** (*m.*) **blanco** (2)

who **que** (3)

who? **¿quién?** (1)

whose? **¿de quién?** (3)

why? **¿por qué?** (3)

widow **viuda** (16)

widower **viudo** (16)

wife **esposa** (3), **mujer** *f.* (16)

wild **salvaje** (15)

win **ganar** (10)

wind energy **energía eólica** (15)

window **ventana** (2); small window (*on a plane*) **ventanilla** (8)

windshield **parabrisas** *m. inv.* (15)

windy: it's (very) windy **hace (mucho) viento** (6)

wine (white, red) **vino (blanco, tinto)** (7)

winter **invierno** (6)

wish **esperanza** (18)

with **con** (2); with me **conmigo** (6); with you *fam. s.* **contigo** (6)

withdraw **sacar (qu)** (17)

without **sin** (5); **sin que** (16)

witness **testigo** *m., f.* (18)

woman **mujer** *f.* (2); **señora (Sra.)** (1)

wool **de lana** (4)

word **palabra** (1); indefinite and negative word *gram.* **palabra indefinida y negativa** (7)

work (labor) **trabajo** (12); (piece of) **trabajo** (14); to work **funcionar** (12); **trabajar** (2); work of art **obra de arte** (13); *adj.* **laboral** (17)

worker **obrero/a** (17)

world **mundo** (3)

worried **preocupado/a** (6)

worse **peor** (6)

woven goods **tejidos** *m. pl.* (13)

write **escribir** (*p.p.* **escrito**) (3)

writer **escritor(a)** (13)

written **escrito/a** (*p.p. of* **escribir**) (14); written report **informe** (*m.*) **escrito** (14)

wrong: to be wrong **no tener razón** (4); to get up on the wrong side of the bed **levantarse con el pie izquierdo** (14)

Y

yard **patio** (5)

year **año** (6); (*in school*) **grado** (10); end of the year **fin** (*m.*) **de año** (9); to be . . . years old **tener… años** (3)

yellow **amarillo/a** (4)

yes **sí** (1)

yesterday was . . . **ayer fue…** (5); the day before yesterday *adv.* **anteayer** (5)

yoga: to do yoga **hacer (el) yoga** (11)

yogurt **yogur** *m.* (7)

you *sub. pron.* **tú** *fam. s.* (2); **usted** *form. s.* (2); **vosotros/as** *fam. pl.* (*Sp.*) (2); **ustedes (Uds.)** *pl.* (2); *obj. of prep.* **ti** *fam. s.* (6); **usted** *form. s.* (6); and you? **¿y tú?** *fam. s.* (1); **¿y usted?** *form. s.* (1); how are you? **¿cómo está(s)?** (1), **¿qué tal?** (1)

you're welcome **de nada** (1), **no hay de qué** (1)

young **joven** (3); young woman **señorita (Srta.)** (1)

younger (than) **menor (que)** (6)

your *poss. adj.* **tu(s)** *fam. s.* (3); **su(s)** *form. s., pl.* (3); **vuestro/a(s)** *fam. pl.* (*Sp.*) (3); your, (of) yours *poss. adj., poss. pron.* **tuyo/a(s)** *fam. s.* (17); **suyo/a(s)** *form. s., pl.* (17); **vuestro/a(s)** *fam. pl.* (*Sp.*) (17)

youth **juventud** *f.* (16); as a youth **de joven** (10)

Z

zero **cero** (1)

zone **zona** (12)

CREDITS

Grateful acknowledgment is made for use of the following:

Photographs: *Page 2 top* © Corbis/photolibrary; *2 bottom* © Sandra Raccanello/Grand Tour/Corbis; *4 top right* Siri Stafford/Getty Images; *4 bottom left* © Frederico Gil; *5* Beathan/Corbis; *7* dynamicgraphics/Jupiterimages; *8 left* Kevin Peterson/Getty Images; *8 right* Andersen Ross/Getty Images; *10* America/Alamy; *12* © Michael Newman/PhotoEdit; *14* © JAVIER SORIANO/AFP/Getty Images; *20 top* © Pictor Images/ImageState; *20 bottom* © Glowimages/Punchstock; *21 top* © Ulrike Welsch; *21 bottom* © José Fuste Raga/photolibrary; *24* © Simon Jarratt/Corbis/photolibrary; *28* © UNMSM; *30* © Lifesize/Getty Images; *42* © BananaStock/Punchstock; *44 left* Tetra images RF/Getty Images; *44 right* Digital Vision/Getty Images; *45* © Digital Vision; *48* Photography by Marsha Miller, Courtesy of University of Texas at Austin; *52* "La Memoria de Nuestra Tierra: California" 1996 © Judith F. Baca, Courtesy of SPARC, www.sparcmurals.org; *54* © Kevin Winter/Getty Images; *55* © Pixtal/age fotostock; *58* Hill Street Studios/Blend Images/Getty Images; *60 top, left to right* Michael Prince/TAXI/Getty Images; Jose Luis Pelaez Inc./Blend Images/Getty Images; *60 middle, left to right* © Seth Joel/Getty Images; Jose Luis Pelaez Inc./Blend Images/Getty Images; Jose Luis Pelaez Inc./Blend Images/Getty Images; John Henley/Blend Images/Getty Images; *60 bottom left to right* Glow Images/Superstock; Getty Images/Digital Vision; © Blend Images/PunchStock; G.K. & Vikki Hart/Getty Images; Ryan McVay/Getty Images; Michael Matisse/Getty Images; *63* Jose Luis Pelaez, Inc./Getty Images; *66* © Pictor Images/ImageState; *72 left* Corbis/Superstock; *72 right* Lifesize/Getty Images; *82* Pixtal/age fotostock; *84* © 1987 Carmen Lomas Garza; Photo credit: Wolfgang Dietze; Collection of Leonila Ramirez, Don Ramon's Restaurant, San Francisco, California; *87* Collection SFMOMA, Albert M. Bender Collection, Gift of Albert M. Bender, © Banco de Mexico Diego Rivera & Frida Kahlo Museums Trust, Mexico, D.F./Artists Rights Society (ARS), New York; *90* Fernando Castillo/LatinContent/Getty Images; *92* Kevin Winter/Getty Images; *96* © Danny Lehman/Corbis; *98 left* Rubberball/Getty Images; *98 right* Stockbyte/Getty Images; *99 left to right* Ryan McVay/Getty Images; Imagestate Media (John Foxx)/Imagestate; Rubberball Productions; *101 top* © Nicemonkey/Alamy; *101 bottom* Artwork courtesy of La Antigua Galería de Arte Antigua Guatemala, www.artintheamericas.com; *102* The McGraw-Hill Companies, Inc./Barry Barker, photographer; *111* Ingram Publishing; *116* © Diego Lezama/Lonely Planet Images; *118* UncorneredMarket.com/Getty Images; *122* Photo courtesy of Paul Soberanis Letona; *123 top* Courtesy of Exofficio; *124* Photo by Rodrigo Varela/WireImage/Getty Images; *128* © Egon Bömsch/age fotostock; *132* © Tomàs Badia/Flickr; *140* © Thomas Stargardter/LatinFocus.com; *153* © EPA/Roberto Escobar/Corbis; *156* Courtesy of Francesca Tabone; *158* Festival of World Cultures, 2007; *162* © JUAN CARLOS ULATE/Reuters/Landov; *166* Bill Brooks/Alamy; *167* DEA/S. BUONAMICI/Getty Images; *170* Janis Christie/Getty Images; *175 left* Stockbyte/Getty Images; *175 right* © PhotoLibrary; *178* BananaStock/PictureQuest; *179* Courtesy Jennifer Kirk; *182 top* © Image Source/PunchStock; *182 bottom* © Radius Images/PhotoLibrary; *187* Jack Hollingsworth/Getty Images; *188* © Alamy; *192* Courtesy Jennifer Kirk; *194* © Newscom; *198* ELMER MARTINEZ/AFP/Getty Images; *202* © Nicholas Gill/Alamy; *216* © Purestock/Getty Images; *220* © JJM Stock Photography/Alamy; *224* © Norberto Lauria/Alamy; *225* © Certified Angus Beef LLC. All rights reserved; *226* John Parra/Getty Images; *230* © Christian Kober/photolibrary; *235* © Michael J. Doolittle/The Image Works; *236* © Stuart Cohen; *252* Tetra Images/Getty Images; *255* © MedioImages; *258* © age fotostock/SuperStock; *260* © Michael Caulfield/WireImage/Getty Images; *261* © Terry Harris/Alamy; *264* © Don Tremain/Getty Images; *267* ADALBERTO ROQUE/AFP/Getty Images; *268* © A. Garcia/LatinFocus.com; *273* © LatinFocus; *275* © C Bockermann/CHROMOR/age fotostock; *283* © A. Garcia/LatinFocus.com; *286* © Christopher Pillitz/Getty Images; *287 top left to right* Ingram Publishing/SuperStock; © Comstock/PunchStock; Masterfile/Royalty Free; *287 bottom left to right* © Ingram Publishing/Fototsearch; © Image Club; *288* Lucy Nicholson/AFP/Getty Images; *292* © José Francisco Salgado, PhD; *294 top, left to right* Comstock Images/Alamy; © Ingram Publishing/age fotostock; Photodisc/Getty Images; Ben Blankenburg/Corbis; *294 bottom, left to right* TRBfoto/Getty Images; Mark Andersen/Getty Images; Brand X Pictures; *295* © AP Photo/Ricardo Arduengo; *307 left to right* © Stephane Cardinale/Corbis Sygma; Focus on Sport/Getty Images; Stefanie Keenan/WireImage/Getty Images; *311* Courtesy of William Vazquez; *314* Medioimages/Photodisc/Getty Images; *316* MICHAEL BUSH/UPI/Landov; *317* © Hola Images/Getty Images; *320* © Rolf Becker; *325 top left* © Royalty Free/Corbis; *325 top right* © Mike Watson/moodboard/Corbis; *325 bottom* © David R. Frazier Photolibrary, Inc./Alamy; *327* © Marty Granger; *331 top* © Imagesource/photolibrary; *331 bottom* © Pixtal/age fotostock; *332 top* Dosfotos/photolibrary; *332 bottom* © Blend Images/age fotostock; *338* © Corbis Cusp/Alamy;

INDEX

MANDATOS° Y FRASES COMUNES EN EL SALÓN DE CLASE

Los estudiantes

Practice saying these sentences aloud. Then try to give the Spanish as you look at the English equivalents.

Tengo una pregunta (que hacer).	*I have a question (to ask).*
¿Cómo se dice *page* en español?	*How do you say "page" in Spanish?*
Otra vez, por favor. No entiendo.	*(Say that) Again, please. I don't understand.*
¿Cómo?	*What (did you say)?*
¡(Espere,) Un momento, por favor! No sé (la respuesta).	*(Wait,) Just a minute, please! I don't know (the answer).*
(Sí,) Cómo no.	*(Yes,) Of course.*

Los profesores

After you read these Spanish sentences, cover the English equivalents and say what each expression means.

¿Hay preguntas?	*Are there any questions?*
¿Qué opina/cree Ud.?	*What do you think?*
Escuche. Repita.	*Listen. Repeat.*
Lea (en voz alta).	*Read (aloud).*
Escriba/Complete (la siguiente oración).	*Write/Complete (the next sentence).*
Conteste en español.	*Answer in Spanish.*
Prepare (el ejercicio) para mañana.	*Prepare (the exercise) for tomorrow.*
Abra el libro en la página _____.	*Open your book to page _____.*
Cierre el cuaderno.	*Close your notebook.*
Saque (un papel).	*Take out (a sheet of paper).*
Levante la mano si…	*Raise your hand if . . .*
Vaya a la pizarra.	*Go to the board.*
Pregúntele a otro estudiante _____.	*Ask another student _____.*
Déle _____ a _____.	*Give _____ to _____.*
Busque un compañero.	*Look for a partner.*
Haga la actividad con dos compañeros.	*Do the activity with two classmates.*
Formen grupos de cinco estudiantes.	*Get into groups of five students.*
En parejas…	*In pairs . . .*

SELECTED VERB FORMS

Regular Verbs | Simple Tenses and Present Perfect (Indicative)

	PRESENT	PRETERITE	IMPERFECT	PRESENT PERFECT
hablar	hablo	hablé	hablaba	he hablado
comer	como	comí	comía	he comido
vivir	vivo	viví	vivía	he vivido

Common Irregular Verbs | Present and Preterite (Indicative)

caer	caigo	caí	**poner**	pongo	puse
dar	doy	di	**querer**	quiero	quise
decir	digo	dije	**saber**	sé	supe
estar	estoy	estuve	**ser**	soy	fui
hacer	hago	hice	**tener**	tengo	tuve
ir	voy	fui	**traer**	traigo	traje
oír	oigo	oí	**venir**	vengo	vine
poder	puedo	pude	**ver**	veo	vi

Irregular Verbs | Imperfect (Indicative)

ir	iba	**ser**	era	**ver**	veía

Regular Verbs | Simple Tenses and Present Perfect (Subjunctive)

	PRESENT	IMPERFECT	PRESENT PERFECT
hablar	hable	hablara	haya hablado
comer	coma	comiera	haya comido
vivir	viva	viviera	haya vivido

Regular and Irregular Verbs | Future and Conditional

hablar	hablaré	hablaría
comer	comeré	comería
vivir	viviré	viviría

decir	diré	diría	**querer**	querré	querría
hacer	haré	haría	**saber**	sabré	sabría
poder	podré	podría	**tener**	tendré	tendría
poner	pondré	pondría	**venir**	vendré	vendría

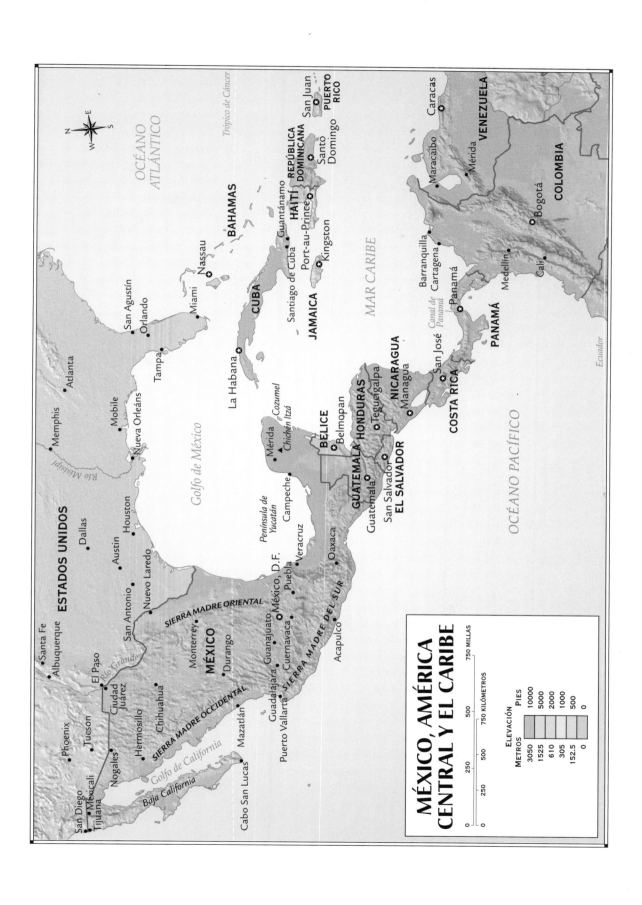

MÉXICO, AMÉRICA
CENTRAL Y EL CARIBE

ELEVACIÓN

METROS	PIES
3050	10000
1525	5000
610	2000
305	1000
152.5	500
0	0

0   250   500   750 KILÓMETROS

0   250   500   750 MILLAS

ESTADOS UNIDOS

Santa Fe
Albuquerque
Phoenix
Tucson
Nogales
Mexicali
Tijuana
San Diego
El Paso
Ciudad Juárez
Hermosillo
Chihuahua
Río Grande
San Antonio
Nuevo Laredo
Monterrey
Durango
Mazatlán
MÉXICO
SIERRA MADRE OCCIDENTAL
SIERRA MADRE ORIENTAL
Guadalajara
Guanajuato
Puerto Vallarta
Cuernavaca
México, D.F.
Puebla
SIERRA MADRE DEL SUR
Acapulco
Oaxaca
Veracruz
Campeche
Península de Yucatán
Golfo de California
Baja California
Cabo San Lucas

Dallas
Austin
Houston
Memphis
Atlanta
Mobile
Nueva Orleáns
Tampa
Orlando
San Agustín
Miami
Golfo de México

Río Misisipí

OCÉANO ATLÁNTICO

Trópico de Cáncer

N
E
S
W

BAHAMAS
Nassau

CUBA
La Habana
Santiago de Cuba
Guantánamo

HAITÍ
Port-au-Prince

REPÚBLICA DOMINICANA
Santo Domingo

PUERTO RICO
San Juan

JAMAICA
Kingston

MAR CARIBE

Mérida
Cozumel
Chichén Itzá
BELICE
Belmopan
GUATEMALA
Guatemala
HONDURAS
Tegucigalpa
EL SALVADOR
San Salvador
NICARAGUA
Managua
COSTA RICA
San José
Canal de Panamá
PANAMÁ
Panamá

Barranquilla
Cartagena

VENEZUELA
Maracaibo
Caracas
Mérida

COLOMBIA
Medellín
Bogotá
Cali

OCÉANO PACÍFICO

Ecuador

MAR CARIBE

NICARAGUA

COSTA
RICA

PANAMÁ

Barranquilla
Maracaibo
⊕ Caracas

Río Orinoco

VENEZUELA

Medellín
Bogotá
Cali

COLOMBIA

Georgetown
GUYANA ⊕ Paramaribo
Cayenne

GUAYANA FRANCESA

SURINAM

OCÉANO
ATLÁNTICO

Quito ⊕
ECUADOR

Guayaquil

Ecuador

Manaus
Belém

Río Amazonas

OCÉANO
PACÍFICO

PERÚ

CORDILLERA DE LOS ANDES

BRASIL

Recife

Lima

Machu Picchu
Cuzco

Arequipa

Lago Titicaca
BOLIVIA
La Paz
Sucre

Brasília ⊕

OCÉANO PACÍFICO
Isla Pinta
Isla Marchena
Isla San Salvador
Isla Santa Cruz
Isla
Isabela
Isla San Cristóbal
Puerto
Baquerizo
Moreno
ISLAS
GALÁPAGOS
(ECUADOR)

0   100 MILLAS
0   100 KILÓMETROS

Antofagasta

PARAGUAY

São Paulo
Asunción ⊕ Puerto Iguazú
Rio de Janeiro

Trópico de
Capricornio

CHILE

Río Paraná

0   8 MILLAS
0   8 KILÓMETROS

Cabo
Cummings
Hanga Roa
Mataveri
Cabo Sur

OCÉANO
PACÍFICO

ISLA DE PASCUA
(CHILE)

Valparaíso

Córdoba

Santiago ⊕

Rosario

ARGENTINA

URUGUAY

Montevideo

Buenos
Aires
Río de la Plata

OCÉANO
ATLÁNTICO

Concepción

San Carlos de
Bariloche

Bahía Blanca

OCÉANO
PACÍFICO

Estrecho de
Magallanes

Islas
Malvinas

Punta Arenas

Tierra del Fuego

Cabo de Hornos

AMÉRICA DEL SUR

0   250   500   750 MILLAS

0   250   500   750 KILÓMETROS

ELEVACIÓN
METROS		PIES
3050		10000
1525		5000
610		2000
305		1000
152.5		500
0		0